中华当代学术著作辑要

柏拉图诗学和艺术思想研究

（修订版）

陈中梅 著

2016年·北京

图书在版编目(CIP)数据

柏拉图诗学和艺术思想研究(修订版)/陈中梅著.—北京:商务印书馆,2016
(中华当代学术著作辑要)
ISBN 978-7-100-10357-2

Ⅰ.①柏…　Ⅱ.①陈…　Ⅲ.①柏拉图(前427~前347)—诗学—思想评论②柏拉图(前427~前347)—艺术哲学—思想评论　Ⅳ.①B502.232

中国版本图书馆 CIP 数据核字(2013)第 249758 号

所有权利保留。
未经许可,不得以任何方式使用。

中华当代学术著作辑要

柏拉图诗学和艺术思想研究

(修订版)

陈中梅　著

商务印书馆出版
(北京王府井大街36号　邮政编码 100710)
商务印书馆发行
北京冠中印刷厂印刷
ISBN 978-7-100-10357-2

2016年5月第1版　　开本 787×960　1/16
2016年5月北京第1次印刷　印张 30¼
定价:79.00元

中华当代学术著作辑要

出版说明

学术升降，代有沉浮。中华学术，继近现代大量吸纳西学、涤荡本土体系以来，至上世纪八十年代，因重开国门，迎来了学术发展的又一个高峰期。在中西文化的相互激荡之下，中华大地集中迸发出学术创新、思想创新、文化创新的强大力量，产生了一大批卓有影响的学术成果。这些出自新一代学人的著作，充分体现了当代学术精神，不仅与中国近现代学术成就先后辉映，也成为激荡未来社会发展的文化力量。

为展现改革开放以来中国学术所取得的标志性成就，我馆组织出版"中华当代学术著作辑要"，旨在系统整理当代学人的学术成果，展现当代中国学术的演进与突破，更立足于向世界展示中华学人立足本土、独立思考的思想结晶与学术智慧，使其不仅并立于世界学术之林，更成为滋养中国乃至人类文明的宝贵资源。

"中华当代学术著作辑要"主要收录改革开放以来中国大陆学者、兼及港澳台地区和海外华人学者的原创名著，涵盖文学、历史、哲学、政治、经济、法律、社会学和文艺理论等众多学科。丛书选目遵循优中选精的原则，所收须为立意高远、见解独到，在相关学科领域具有重要影响的专著或论文集；须经历时间的积淀，具有定评，且侧重于首次出版十年以上的著作；须在当时具有广泛的学术影响，并至今仍富于生命力。

自1897年始创起，本馆以"昌明教育、开启民智"为己任，近年又确立了"服务教育，引领学术，担当文化，激动潮流"的出版宗旨，继上世纪八十年代以来系统出版"汉译世界学术名著丛书"后,近期又有"中华现代学术名著丛书"等大型学术经典丛书陆续推出,"中华当代学术著作辑要"为又一重要接续,冀彼此间相互辉映,促成域外经典、中华现代与当代经典的聚首,全景式展示世界学术发展的整体脉络。尤其寄望于这套丛书的出版,不仅仅服务于当下学术,更成为引领未来学术的基础,并让经典激发思想,激荡社会,推动文明滚滚向前。

商务印书馆编辑部

2016 年 1 月

修 订 说 明

《柏拉图诗学和艺术思想研究》成书于 1998 年,共计十章,分别从本体论、认识论、神学、心魂学以及政治与道德等角度切入,结合对 poiēsis(诗)、muthos(即 mythos,故事)、agathon(善好)、alētheia(真理)、dianoia(思想)、erōs(爱)、mania(迷狂)、mimēsis(摹仿)、phusis(自然)和 technē(技艺)等诸多重要词汇的诠释,较为全面地展示了柏拉图纵深宽广、内涵丰富的诗学思想,客观评估了其理论价值和深远影响。本书还就诗与技巧以及诗与哲学的"结合"等议题展开了较有深度的讨论,研究并解析了柏拉图关于音乐、舞蹈、绘画、雕塑的诸多精彩论述。"附录"共四篇,涉及亚里士多德的美学思想、古希腊悲剧、柏拉图哲学的文学基础和秘索思(或秘—逻模式),亦即对西方文化基本结构及其展开态势的解析等内容。

时光易逝,不知不觉之中十五年过去了。近闻商务印书馆计划出一套丛书,已决定将拙著收入其中。值此再版的机会,我逐字通读全书,修正了其中的诸多错讹与不甚妥帖之处,前后参照,细心补过,几乎每页都有或多或少的改动。当年为写作此书拜读过柏拉图的主要著作,参阅了大量的外文资料,做了三千多张卡片,行文中引证尽可能贴近原典,对西方学者所示引自柏拉图著作的语句,也都本着认真负责的态度逐条核对,一旦发现有误,则以原文的表述为准绳。修订过程中,我就一些重要词句再次复核原著,同时兼顾中文的表达习惯,对个别译词进行微调,从而避免误读,提高了叙事的精度。原文中希腊词汇均用拉丁字母表示，此举可能无助于提升著述的希腊风味，却有利于大多数读者的顺畅阅读和理解，修订本保留了这一做法。修订本坚持了以一般了解带动深入研究的原初设想，使正文与注释的叙述有所分工，前者侧重于介绍，后者侧重于探究，在顾及传统和知识系统性的同时，突出了对一些前沿问题的探讨。柏拉图也许并非如尼采和海德格尔等西方学者所认定的那样"僵化"，他的诗艺学、认识论、宗教观和宇宙学说内容庞杂，却也博大精深，蕴含着打破并超越形而上学桎梏的思想元素。"索引"是本书的着力点之一，旨在帮助读者索寻相关内容并提示重要概念之间的意义关联，今天重新逐条修订，回想起当年为制作它和难度同样很大的维持它的准确度所付出的艰辛，感触良多。感谢我的学生杨秀敏和潘桂英，她们在阅读本书的过程中发现了一些错误，这次一并予以改正。每一种文明都有自己内在的基质，西方文明自然也不例外。秘索思（mythos）和逻各斯（logos）既各自为政，分庭抗礼，也互通有无，互补合作，是撑托西方文明大厦的两根缺一不可的支柱。结合自己近年来对秘索思以及西方文化基本结构的跟进研究，我对"附录四"中的一些措辞做了必要修葺，替换了个别语句，尤其是对结尾部分做了改动。

　　囿于本人的学识，拙著虽经修订，但肯定还会存在这样那样的不尽如人意之处，祈望学界同仁和读者朋友们海涵之余坦诚相见，不吝赐教。感谢商务印书馆给了我这次修订的机会。商务印书馆副总编陈小文先生多年来一直关心此书的再版，资深编辑徐奕春先生认真审阅全书，多有指教，哲学和社会学编辑室主任李霞博士就修订本的版式及其他事宜费心不少，在此一并真诚谢过。

陈中梅　谨识

2013 年 8 月 26 日

目　　录

前　言 ································· 1
第一章　诗与认识论 ······················ 14
第二章　诗与本体论（诗与摹仿） ············ 40
第三章　诗与神学（诗与形而上学） ··········· 76
第四章　诗与心魂学 ······················ 102
第五章　诗与道德及政治 ·················· 126
第六章　诗与语言艺术 ···················· 152
第七章　诗与技巧 ························ 184
第八章　诗与哲学的"结合" ················ 206
第九章　音乐·舞蹈·绘画·雕塑 ············ 236
第十章　柏拉图的美学思想 ················ 264
附录一　论柏拉图哲学的文学基础 ··········· 299
附录二　自然、技艺、诗——论亚里士多德的美学思想 ······ 337
附录三　古希腊悲剧研究 ·················· 375
附录四　论秘索思——关于提出研究西方文学与文化的
　　　　"M—L模式"的几点说明 ············ 406
索　引 ································ 447
　（一）部分人（神）名 ·················· 447
　（二）重要词汇和概念 ·················· 452
　（三）部分古希腊语词汇（用拉丁字母表示） ···· 459

主要参考文献 ································· 466
  （一）西方古典著作 ························· 466
  （二）其他外文著述 ························· 468
  （三）中文典籍图书 ························· 475

前　言

生　平

柏拉图(Platōn)于公元前428年或427年出生在雅典的一个门第显赫的富贵之家,①父母均为贵族后裔,父名阿里斯同(Aristōn),母亲出生梭伦(Solōn)家族,名裴里克提娥奈(Periktionē),娘家的权势可以上溯到德洛庇达一世(公元前664年任雅典执政)和德洛庇达二世(公元前593年任雅典执政)。裴氏的兄弟卡米德和堂兄弟克里底亚双双从政,是雅典"三十摄政"的核心人物。柏拉图乃梭伦的第六代后裔。这位著名的哲学巨子有两个兄弟,阿代蒙托和格拉孔,二者均出现在《国家篇》里。柏拉图有一个姐妹,名波托奈(即日后的学园继承人斯彪西波斯的母亲)。据说柏拉图原名阿里斯托克勒斯,后因胸肩宽阔(platus),被谐音词platōn取而代之。②

柏拉图幼年丧父,母亲改嫁堂叔皮里兰佩,生子安提丰,出现在《巴门尼德篇》里。皮氏与雅典著名政治家伯里克利过从甚密,曾出使亚洲。柏拉图在继父家中度过童年,受过良好的教育,后以二十岁的青春年华投师苏格拉底,从学七年有余,其间要事迭起,政坛风云变幻。首先,伯罗奔尼撒战争以雅典的失败告终,接着是"三十摄政"横出,取消民主政制,复行暴政,仅八个月后被民众推翻。其后,吵吵闹闹的激进民主又把雅典推入风风雨雨的多事之秋,以莫须有的罪名害死了苏格拉底。此事震撼了柏拉图的心灵，使他沉思民主的真实含义，考虑政制的改革，潜心公正、合法的邦国的建立。善恶不分的现状使他想到人的素质，乱哄哄的政局使他想到理性的作用，哲学的制约：

> 只有正确的哲学才能提供有效的分辨：对于社会和个人，正义意味着什么。除非让真正的哲学家获得政治权力，或是因为出于某种奇迹，政治家成为真正的哲学家，否则人类就不会看到美好的未来。③

柏拉图深信哲学不是一门空洞的学问，它的最终目的是服务于人的生活，效力于良好的政治体制的建立。

苏格拉底去世后（公元前399年），柏拉图结识了赫拉克利特学派的克拉提罗和巴门尼德学说的追随者赫谟根尼，受益匪浅。二十八岁时又造访了麦加拉，更加坚定了思想高于行动、理论高于实践、一般高于具体的信念。柏拉图可能去过小亚细亚沿岸，到过埃及，在赫利俄波利驻足，对僧侣们深厚的学问造诣和广博的天文知识留下了深刻的印象。④据说埃及僧侣曾对梭伦说过，与埃及文化相比，希腊文明（即希腊人的学说和思想）还只是处在比较初蒙的阶段。⑤柏拉图可能访问过北非的居勒尼，结识了数学大师西俄多罗（Theodoros）。其后，柏拉图造访了南意大利的一些城市，包括苏拉库赛（Surakusai），结交了毕达戈拉学派的重要人物阿耳库泰（Archutas）。据亚里士多德介绍，毕达戈拉学派对柏拉图的影响"体现在许多方面"。⑥其间柏拉图应邀拜访了苏拉库赛施政（或统治者、独裁者）狄俄尼西俄斯一世以及他的妹夫和近臣狄昂。柏拉图试图说服狄俄尼西俄斯改立新的政制，用最有效的法律治理国家，劝诫中触怒了这位独裁者，幸得狄昂等人劝解免遭大难。斯巴达人波利斯将柏拉图带到埃吉纳出卖（即卖作奴隶），经人赎释生还。

公元前387年,柏拉图回到雅典,创建学园(Akadēmeia),是为欧洲历史上第一所综合性大学。⑦学园以教授哲学(包括辩析学、神学)为主,同时开设多门辅助课程,包括数学、天文学、生物学和植物学。学园注重资料的收集,已有自己的图书馆。柏拉图重视几何学的研究和几何原理的应用,据说学园门前醒目地写着一条告示:不懂几何学者不得入内。当时,雅典政坛已结束了"三十摄政"的恐怖统治,也在一定程度上遏制了激进民主的势头,社会相对稳定。人们思想活跃,学界人士活动频繁。文学艺术得到进一步发展,诗人们竞争激烈,阿提卡戏剧在全希腊的各个重要城市上演。柏拉图适时筹资办学,广招出类拔萃的人才,学园办得生机勃勃,吸引了全希腊的精英。学园拥有当时最杰出的数学家泰阿泰德,此君是立体几何的创始人,开创了对五种多面体的研析。学园的"才子"中还有著名天文学家克尼杜斯的欧多克索,如今已被公认为是数学天文学的奠基人。他在数学和几何学方面的研究为欧几里得纂写《几何原理》的工作铺平了道路。此外,学园里还有当时一流的动植物学家斯彪西波斯和天才的哲学家、杰出的生物和病理学家亚里士多德。亚氏是诗评名篇《诗学》的作者,他的诗艺理论在十九世纪末以前一直被西方学者视为金科玉律。柏拉图本人不仅是一位出色的数学家,而且还对球面地理学的建立做过有意义的开创性研究。⑧我们将在下文提及他的诗情和文采。

学园的另一个特点是致力于培养能够治国立法的人才(比较孔夫子对政治的兴趣)。柏拉图不仅自己深深地卷入了苏拉库赛等地的政治活动,而且还多次派遣或鼓励学生参与各个城邦的宪政建设。阿索斯的执政赫耳弥亚曾在学园就读,后来前去助他的科里斯库等人也是柏拉图的门生。据说亚里士多德曾为家乡斯塔吉拉立法,受到民众的称赞。柏拉图倡导刻苦钻研的学风,反对把学术(如修辞学和讲演术等)与急功近利混为一谈。公元前86年,罗马统帅苏拉率军围攻雅典,学校被迫从郊区迁入城内,以后校址一直未变,直到公元529年罗马皇帝查士丁尼(Justinianus)下令关闭学园。其时,柏拉图的Akadēmeia已经度过了九百多个春秋,至今仍是欧洲历史上办学时间最长的高等教育中心之一。

狄俄尼西俄斯一世去世后,狄昂拥立他的儿子继位,是为狄俄尼西俄斯二世。与此同时,狄昂修书柏拉图,邀请他再访苏拉库赛,以便训导年方二十的狄俄尼西俄斯,同时也表明他自己是个有影响的官员,具备成为"哲学家王"的潜力。柏拉图经过认真考虑,于公元前367年动身前往,认为这是"一个很好的实验机会"。[9]柏拉图从讲授数学和几何入手,开始了对执政者的教育。然而好景不长,狄俄尼西俄斯与狄昂的政治斗争日趋激烈,同时他也怀疑狄昂和柏氏的关系过于密切,恐有谋反的嫌疑,遂以叛国罪流放狄氏,后者去了柏拉图的学园。狄俄尼西俄斯软禁了柏拉图,后经人斡旋保释,返回雅典。

公元前362年(一说前361年),狄俄尼西俄斯二世敦请柏拉图三访苏拉库赛,并答应以后者赞同的方式对待狄昂。于是,柏拉图以六十多岁的高龄,再次漂洋过海。及达后,柏拉图发现狄氏实无让狄昂回国的诚意,对他本人的活动亦多方限制,严加防范。老人壮志难酬,忧郁寡欢,最后在阿耳塔基的帮助下,于公元前360年返回学园。狄昂征集了一支雇佣民军,内有几位学园成员,于公元前357年远征西西里,夺取了苏拉库赛的政权。然而,治国安邦并非易事,狄昂很快在内外胁迫中陷入困境,失去了国民的支持,在公元前354年夏天被人谋害。狄俄尼西俄斯于前346年恢复了对苏拉库赛的统治。

三次西西里之行的失败破灭了柏拉图在苏拉库赛建立由哲学家王管理的邦国政制的希望。其后,柏拉图专心于学园内的教学和研究工作,于公元前348/347年无疾而终,享年八十岁。

著　　述

　　柏拉图是一位勤勉的"作家",一生著述甚丰,计有"苏格拉底申辩"一篇(即《申辩篇》),对话二十五篇,均得传世。⑩另有十三封书信归于柏拉图名下,但作者究为谁人尚有争议,一般认为其中多为伪作,仅《书信二》、《书信七》和《书信八》较为可信,经专家从文本、内容等多方论证,其柏拉图真迹的权威地位已基本得到确认。⑪"书信"涉及面较广,某些记载读来真实可信,是研究柏拉图生平及其思想形成的重要文献。这里,我们谨按《牛津古典词典》建议的排列顺序(按写作年代的早晚)将柏氏的全部论著(书信除外)开列如下:《小希庇亚篇》、《拉凯斯篇》、《卡尔米德篇》、《伊安篇》、《普罗泰戈拉篇》、《欧绪弗罗篇》、《申辩篇》、《克里托篇》、《高尔吉亚篇》、《美诺篇》、《斐多篇》、《吕西斯篇》、《美涅克塞努篇》、《欧绪德谟篇》、《克拉底鲁篇》、《会饮篇》、《国家篇》、《巴门尼德篇》、《泰阿泰德篇》、《斐德罗篇》、《智者篇》、《政治家篇》、《斐莱布篇》、《蒂迈欧篇》、《克里提亚篇》和《法律篇》。部分论著归属难以确定,包括《大希庇亚篇》、《克里托弗篇》、《厄庇诺摩篇》和《阿基比阿德篇》等。

　　柏拉图的著作按成文年代可分为早、中、晚三个时期。早期论著包括《申辩篇》、《拉凯斯篇》、《卡尔米德篇》、《欧绪弗罗篇》、《克里托篇》、《小希庇亚篇》等;中期论著包括《斐多篇》、《会饮篇》和《国家篇》等;晚期著作似乎无疑包括《智者篇》、《政治家篇》、《斐莱布篇》、《蒂迈欧篇》和《法律篇》。

　　柏拉图还有一些"不成文的学说",如今已成为西方哲学界经常谈论的热门。"不成文的学说"主要包括对"空间"、"形与物之间的存在"及"数以后的事物"等一系列艰深的哲学问题的研究。亚里士多德对此略有记载,⑫限于本书宗旨,对此我们不打算多作介绍。

文　采

　　并非每一位哲学家都是才华横溢的文学家。然而,柏拉图却天赋独得,是一位兼具哲学思辨能力和文学想象及表述功力的通才。这种巧妙的结合,这种哲理与文思的高度统一,在历史上并不多见。年轻时代的柏拉图是一位颇有抱负的诗人。如果没有遇到苏格拉底[13]并为他的谈论所吸引,柏拉图——正如他对梭伦的评价那样[14]——很可能会成为一位有造诣的诗人。柏拉图从来没有完全挣脱过诗的诱惑,诗的美,诗的遐想和神奇使他动情,使他兴奋,使他入迷。柏氏写过酒神颂、抒情诗和悲剧,[15]熟知厄庇卡耳摩斯(Epicharmos)的作品,喜读索弗荣(Sōphrōn)的拟剧,对安提马科斯(Antimachos)的诗作亦很感兴趣。[16]和柏拉图同时代的修辞学家伊索克拉底(Isokratēs)赞慕柏拉图的诗才;一千九百多年后,菲利浦·锡德尼尊称柏拉图是他最崇敬的老师,因为在所有的哲学家中,柏拉图是最富诗意的一位。[17]德国浪漫主义文艺理论家F.施莱格尔在《文学史讲演录》里称赞柏拉图"对话"的语言艺术,认为那是阿提卡文学的精品,而柏拉图则"被古人认为是散文作家中最伟大的一位"。[18]当代的文人学子们竞相崇褒柏拉图的文采,对他深厚的诗文功底倍加赞赏。胡克斯利(Huxley)把《国家篇》比作一部"格调高雅的哲学小说",[19]伊斯特林和肯尼则认为柏拉图是一位了不起的语言大师,善于用诗化的日常话语表现文风的特征,娴熟地使用各种修辞手法,包括明喻和暗喻。[20]柏拉图常用浅显的比喻说明深刻的哲理,给人思考的空间,回味的余地。比喻中较为著名的有《美诺篇》中的数学童仆,《国家篇》中的太阳,《斐德罗篇》中的灵魂马车以及《泰阿泰德篇》中的鸟笼。柏拉图擅讲故事。在他看来,精细的叙述(logos)和大胆的想象[体现为muthos(或mythos,秘索思)的产生]并不构成矛盾。哲学的最终目的不是排斥诗化,而是充实它的哲理内涵,拓宽它的思考纵深,改善它的表现功能。《会饮篇》先期表达了《国家篇》以大力度强调的哲学优于诗歌的观点,但同时也和《斐德罗篇》一起赞扬了诗人通神的灵性。只有通过诗的"配合",哲学才能最大限度地发挥自身的潜力,在尽可能深广的范围内展现智辩和形象化阐释的风采。为此,用耶格尔教授的话来说,哲学"必须变成诗歌",或成为饱含诗意的文字精品。[21]在《国家篇》6.501E里,柏拉图把他所设计的"理想国"称作"故事"(muthos),因为只有非现实的样板才可能成为现实的最佳和最有感召力的典范。中年以后的海德格尔把思考的重心部分地转向对荷尔德林的"朦胧诗"的研究,他所采用的以诗化的方式表述哲学观点的写作取向几乎重复了柏氏当年的做法。如果说海氏不曾极有必要地把logos和muthos当作两个对立、互补和同等重要的概念,柏氏却在两千四百年前初步组建起以它们为支撑的西方文化的框架。

　　柏拉图的论著绝大多数用对话体写成。"对话"具有生动活泼的特点,拥有较大的信息含量,具备戏剧化表述的潜力,是一种表现力很强的文字或文学体裁。据说爱利亚的芝诺是"对话"(即用对话形式纂写哲学论著)的创用者,而第欧根尼·拉尔修则认为柏拉图完善了这一写作形式,所以"应该将发明并使之富有文采的功劳归之于他"。[22]《吕西斯篇》布局巧妙,《拉凯斯篇》情节引人入胜,《普罗泰戈拉篇》高潮迭起,《斐德罗篇》充满诗情画意。诚如亨廷顿·凯恩斯所说,柏拉图是第一流的修辞学家,善于用戏剧化的形式阐述哲学命题。"对话"使他得以引导人们"洞悉世界",使他拥有了像一位"当代小说家那样的表述自由"。[23]柏拉图以后的哲学家也写对话,比如意大利的布鲁诺,英国的贝克莱,法国的狄德罗等,但他们不能比肩柏拉图的文学造诣,都没有他的诗才。"许多人摹仿柏拉图",学者马鲁写道,"而他的对话在希腊人那里早已声名远扬,然后播及拉丁人中,从西塞罗到圣奥古斯丁和马克罗比乌斯",但是"他们的摹仿常常显得笨拙",因为抓住原型的可摹仿的实质"总是比机械地因循程序远为容易"。[24]

关于诗和诗人的论述

柏拉图是一位思路开阔、功力老到的诗评专家。西方文评史上现存第一篇广泛论及诗和诗人的著述就是出自柏拉图手笔的《伊安篇》,其影响两千多年来一直持续不衰。柏拉图关于诗、诗人和艺术的论述具有立论新颖、纵深宽广、层面复杂、结论多元的特点。尽管他没有写过一篇专论诗或艺术的对话,但人们却很难从他的著述中找出一篇完全不涉及诗、话语、艺术或技艺(technai)等话题的作品。柏拉图对诗和艺术(及技艺)的论述散见在各篇对话里,入点不同,详简不一,有时立论谨慎,有时泼墨如云,虽然很少形成一统到底的中心,但往往深入浅出,匠心独运,于平凡之处凸显新奇。经过仔细挖掘筛选,认真和小心翼翼的探析评,展现在我们面前的是一个规模惊人的框架,一个内涵丰富、结构基本完整的体系。这位古希腊诗评专家的论述几乎涉及了他的同胞们所知道的人文学科的每一个领域,包括本体论、方法论、雄辩术、自然哲学、形而上学、政治学、伦理学、语言学、美学和心魂学。柏拉图以一位大哲学家的深邃眼光审视诗和艺术,提出了许多极为重要的见解,其中的某些观点,比如关于美的可分性的观点,线条、圈点、几何图形等本身包含美的因素的观点,诗和哲学在某种程度上可以互通的观点,诗人可以超越理性思维的观点,心魂中存在潜意识的观点以及故事的特殊表义功能的观点等,包含极其深刻的思想,发人深省,耐人寻味,即使在今天仍然不失其独特的魅力。事实上,近、当代的某些时髦理论和所谓的"创见"都可在柏拉图的著述里找到它们的影子或雏形。应该说,系统研究柏拉图的诗学和艺术思想不仅具有自身的意义,而且，对国人正确理解当今西方文论界的多元现象和层出不穷的新理论亦可起到不可替代的"基点"和桥梁作用。深入钻研柏拉图的诗学思想将有助于我们更好地把握西方文论学说的整体脉络，理解西方诗论的延续和行导路向，包括当代文艺理论中的某些"突破"，使我们的思绪更紧密地和传统联系起来，看清西方诗论发展的过程，把握其中的要点，判断可能出现的动态。当然，柏拉图的某些观点立论草率，阐解含糊，时有偏颇，有些提法即兴而出，给人缺少深思熟虑之感，难免自相矛盾。对这些，笔者将本着实事求是的态度，尽己所能，予以合乎情理的指正，进行必要的澄清。柏拉图可能比我们伟大，但是他也有作为人的局限，和他的同胞们一样，柏拉图知道这一点。此外，我们自然不会，也没有必要接受柏拉图的每一个观点；不会，也不应该把我们的头脑变成柏氏跑马的草场。

作为一位见多识广的学者，柏拉图的明智和才华不仅见诸他的丰广的知识、深刻的洞察力和对学问驾轻就熟的运用，而且还反映在他对人的智能局限的清醒认识，对轻慢、狂妄和唯我独尊的防范，以及对顽固、封闭和排拒批评的深恶痛绝。柏拉图无疑是个唯心主义者，但他同时也是个正直的人。柏拉图（通过苏格拉底）常常承认自己的无知——尽管有时多少带点讽刺意味——自觉地把自己的理论交付哪怕是最严厉的审辩。在《巴门尼德篇》里，这位古代的辩析学家（dialektikos）甚至敢于对作为自己全部哲学思想的理论支柱的"形论"（the theory of ideas）提出怀疑。如同在谈论哲学和认识论时一样，在讨论诗艺时，柏拉图总在孜孜不倦地探寻各种解释的可能性。他似乎总是感到言不尽意，感到生活中有一些扑朔迷离的东西，感到诗的催动，它那不可抗拒的神力。尽管对诗和诗人的态度有时相当严酷，但他从不认为人的生活可以没有诗的参与和点缀。诗是神赐的"愉悦"，诗是技巧的

"产儿",诗是哲学的对手(由此可见诗的能耐),诗是寻求真理的有效手段。这些乍看互相矛盾的观点,从一个侧面令人信服地表明了柏拉图的治学精神和宽阔胸怀,冲破了由他本人僵化的本体论思想构制的樊笼,体现了诗人柏拉图对哲学家柏拉图的某种形式上的否定,是柏拉图治学思想中的精华。[25]由此,我们想到了当代英国哲学家卡尔·波普尔(Karl Popper)的证伪理论(the theory of falsifiability),想到他关于一切高明的科学见解都有其可否定的一面,以及人的认识永远不会穷尽的精彩论断。[26]

伟大的学者总有一种常人难以真正理解的历史感,他们不想成为每一个世纪的学术潮头,而是谦逊地满足于成为激浪下潺潺流动的源泉。历史是公正的,它给柏拉图的回报永远只有少数几个人可以企及:这位思想家受到了当之无愧的赞誉,一代又一代的学人在他的精神激励下勇敢地面对哲学的危机,诗文的兴衰,面对来去匆匆的岁月,生存的挑战。柏拉图的名字已经成为智慧的象征。两千多年来,西方人从柏拉图的著作里找到寻索的起点,用柏拉图的观点衬映成果的意义,针对柏拉图的迷惘提出新的见解,又在思辨的穷尽之际返回柏拉图哲学,重新追根寻源。[27]

对柏拉图诗学和艺术思想的系统研究,本书的尝试只是个粗浅的开端。[28]

本书稿的撰写得到国家社会科学基金的资助,承王雪梅女士协助搜集、整理及核对资料,全文抄正。商务印书馆哲学编辑室的武维琴先生在百忙之中抽空审阅了部分稿件,提出了一些宝贵的修改意见,使笔者受益匪浅;陈小文先生也提出过一些中肯的建议,并以其一贯的负责精神校阅了书稿。借此机会,本人谨对上述各方的热情帮助表示衷心的感谢。

注　释

① 一说柏拉图出生在埃吉纳(Aegina)(参考第欧根尼·拉尔修《著名哲学家生平》3.2.6)。第欧根尼·拉尔修大概生活在公元三世纪,他的记载有时会有出入。在缺乏第一手资料的情况下,学者们一般把他的记述作为第二手资料引用。据 *The Oxford Classical Dictionary*(1992 年)"钦定",柏拉图的生卒年份约为公元前 429—前 347 年(第 839 页)。

② 一说因他前额宽阔。

③ 详见《书信七》324B—326B。

④ 斯特拉堡《地理》17.1.29。

⑤ 《蒂迈欧篇》22A。许多近当代西方学者(包括 B. 罗素等)认为,古代东方学术缺少纯粹的思辨精神,但柏拉图或许不会无保留的赞同这一点。在论及书面语言的局限性时,他"引用"了埃及人的观点(详见《斐德罗篇》274C—275B),并把这看作是一种具有权威性的意见。

⑥ 此外,对柏拉图哲学思想的形成产生过重要影响的还有苏格拉底的"定义"(即对道德观念的"普遍性"的关注)理论以及赫拉克利特关于变动和对立面相辅相成的学说(详见亚里士多德《形而上学》1.6.987ª)。

⑦ 在此之前,伊索克拉底曾创办学校,但规模较小,课程设置仅限于修辞和讲演术等,存在时间亦远不如学园。亚里士多德曾在学园就读,以后还协助柏拉图,参与并承担了部分教学工作。

⑧ 关于学园成员们的学术活动和创见,详见 P. Friedländer, *Plato 1*, pp.94—96。

⑨ 详见《书信七》827E 以下。

⑩ 在古希腊著名哲学家中,作品能得如此完整传世的可以说是绝无仅有。亚里士多德的"对外的"(即面对公众的)著述已全部佚失。

⑪ 对《书信二》的归属学界仍有争议。

⑫ 详见《物理学》4.2.209ᵇ11—17;《形而上学》1.6.987ᵇ—988ª 等处。关于"数以后的事物"亦即"形以后的事物",见 D. Ross, *Plato's Theory of Ideas*, p.206;另参考《形而上学》1.9.992ᵇ13—18,13.6.1080ᵇ23—28 等处。

⑬ 据第欧根尼·拉尔修记载:苏格拉底在面见柏拉图的前一天晚上做过一个好梦,梦见一只小天鹅飞来停在他的膝上,高鸣几声后展翅飞去(《著名哲学家生平》3.5)。当然,这只是一个传说,是一种充满诗意的表达。值得注意的是第欧根尼的行文方式,他的广纳 muthos(神话、故事、传说)的写作方法可谓颇得包括赫卡泰俄斯(Hekataios)在内的许多古希腊历史学家(logographoi)的"真传"。柏拉图本人亦是一位兼用 logos(即理性叙述)和 muthos 的著述家(详见《附录一》)。

⑭ 《蒂迈欧篇》21 C—D。

⑮ 第欧根尼·拉尔修《著名哲学家生平》3.5。

⑯ 西塞罗《布鲁吐斯》51.191,普卢塔克《鲁桑德罗斯》18。克罗丰的安提马科斯是一位极有天赋的诗人,据说他的诗才仅次于荷马,只可惜已无完整的作品传世。柏拉图自

幼博览群书,熟悉荷马和悲剧诗人的作品(参考本书第五章第 7 段,第八章第 3 段等处)。柏拉图"对话"的"精练"和"微妙性"甚至超过了索弗荣的拟剧(参考 H. Baldry,*Greek Literature*,p. 264)。《会饮篇》里的人物包括悲剧诗人阿伽松和喜剧诗人阿里斯托芬。

⑰　菲利浦·锡德尼《诗辩》6.43。

⑱　"散文"与"格律文"(即诗)形成对比,不是我们通常所说的狭义上的散文。在古希腊,散文(logos)的出现迟于诗歌,约在公元前六世纪。散文作家(logographoi)包括用非诗体写作的哲人、史家和修辞学家等。写散文最初被看作是一种"串珠"式的活动,人们形象地称之为 lexis eiromenē(串连语言,详见 T. A. Sinclair,*A History of Classical Greek Literature*,p. 158)。在《诗学》里,亚里士多德虽曾多次提及格律文(即诗,metron)与散文(logos)的区别,但却把摹仿(mimēsis)当作鉴别诗与历史的主要特征(重点参阅该书之第一、九章)。

⑲　见"Introduction" by P. Shorey, in *Plato* volume 5, p. xxxi;关于《国家篇》的诗画色彩,参见 p. xxxiii。

⑳　详见 P. E. Easterling and E. J. Kenney, *The Cambridge History of Classical Literature* volume 1, part 3, p. 83。柏拉图的著述颇具诗人哲学家恩培多克勒的遗风。柏氏擅长诗化表述。在《国家篇》10.509C 里,他把自编的"线条"和"太阳"等比喻称为 homoioteta(明喻)。

㉑　V. Jaeger, *Paideia*(即 *Paideia*:*The Ideals of Greek Culture*) volume 2,1986,p. 176。

㉒　《著名哲学家生平》3.48。

㉓　"Introduction" by H. Cairns, in *The Collected Dialogues of Plato*, p. xiv。

㉔　"Education and Rhetoric", by H-I. Marrou, in *The Legacy of Greece*, pp. 194—195。

㉕　"柏拉图的著作比亚里士多德的包容更多真正伟大的艺术思想。"(车尔尼雪夫斯基《美学论文选》,人民文学出版社,1957 年,第 129 页)但亚里士多德比柏拉图更注重系统,更注重求证的科学性,立论和推理亦更为严谨。《诗学》是西方历史上现存最早的一部讨论诗(史诗、悲剧等)和如何写诗并进行诗评的、兼具理论深度和实用价值的专著。

㉖　当然,波普尔是主张"开放社会"的,他不会赞同柏拉图的政治哲学。但柏氏的思想有时是相当"开放的",这一点我们将在书稿的相关注释里进行有针对性的讨论。柏氏的治学思想是复杂的。事实上,这位兴趣广泛的哲人既是西方形而上学的鼻祖(如当今西方某些大哲学家们所一口咬定的那样),又是崇尚驰骋想象,主张用诗化表述弥补科学与理性思考之不足的反形而上学的大师。波普尔等人对此只字不提恐怕稍欠公允——须知柏拉图并不是一位一般意义上的优秀的"艺术家"(K. R. Popper, *The Open Society and its Enemies* volume 1, p. 165)。柏拉图无疑参与了欧洲"逻各斯中心主义"的构建,然而,有趣的是,此人或许也是这一体系的第一位有"先见之明"的怀疑者和试图从某种意义上对其实行超越的尝试者。

㉗　恩格斯指出,在包括柏拉图学问体系在内的希腊哲学的"多种多样的形式中,差不多可以找到以后各种观点的胚胎、萌芽"(《马克思恩格斯选集》第三卷,人民出版社,1972 年,第 468 页)。近当代的西方思想家和文艺理论家们重视对柏拉图"对话"的研究。德里达对柏氏的《斐德罗篇》极感兴趣,而雅克·拉康则对《会饮篇》情有独钟;巴赫金从

"苏格拉底对话"里引申出对陀思妥耶夫斯基复调小说的崭新见解,而伽达默尔似乎亦有感于《书信七》的辩证法,并认为"一元论者"黑格尔比其他任何人更有资格充当苏格拉底的门生。《巴门尼德篇》"一直困扰着"西方哲学家的思考,《蒂迈欧篇》至今仍给西方科学哲学和宇宙论作家们以巨大的启示:它的关于原子的形状、相互之间的关系和可破毁特点的描述,曾经并且仍然激发着科学家们的想象(详阅 P. Friedänder, *Plato 3*, pp. 355—356)。

㉘ 柏拉图的诗学和艺术思想既是其哲学尤其是本体论思想中的"部分",又是——我个人认为——对后者的某种意义上的超越。前者具备柏氏的"形论"所缺少的多元性质,包含明显的反形而上学的倾向。这是个十分微妙的问题。笔者相信,对柏氏诗艺思想的深入研究将不可避免地导向对作为一位杰出学问家的柏拉图及其总体思想的某种程度上的重新评估。本书稿将在全面介绍和评析柏拉图诗学和艺术思想的同时,对此展开试探性的研讨。此外,把柏拉图的诗学思想与中国古代思想家和文论家们的论述对照起来研究亦是一件十分有意义的事情。鉴于这方面的探讨超出了本书的范围,我们在论及对比研究时,一般只作些初步的"介绍",而不进行深入的分析。

第一章　诗与认识论

公元前五世纪,古希腊文化在渐进积累的基础上进入了一个空前繁荣的时期。在此之前,包括泰勒斯在内的米利都的哲学家们已从不同的角度探讨了宇宙起源的问题,从"自然哲学"入手,开启了西方人对自然和物理现象的系统研究。继他们之后,毕达戈拉对数和音乐的研究,巴门尼德对形而上学的贡献,赫拉克利特的辩证法,恩培多克勒的"循环学说"和德谟克利特的原子论等等,使希腊哲学第一次拥有了一个较为完整的框架,明确了哲学研究的对象,揭示了它的深远的发展前景。系统哲学在希腊人居住的土地上发芽,在希腊思想精英们的心胸里生根开花。逻辑学的进展,天文学的发现,医学和生理学的贡献,使人们改变了一些愚昧的成见,培养了辨察和分析的习惯,在某种程度上坚定了用科学解释世界的信心。尽管对神的敬畏仍然主导着人们的思维,但那时的希腊科学家们已开始在神学和自然哲学之间开辟纵横驰骋的"战场"。与此同时,政治科学的长足进步从一定程度上解放了人们的思想,促进了与之相关的人文科学的发展。于是,埃斯库罗斯的悲剧开始震撼雅典人的心房,希罗多德的历史带着读者遨游四方,品达的颂歌使人们向往竞技场上的光荣,阿里斯托芬的喜剧把名人权贵带入普通人的笑谈。在公元前五至前四世纪,戏剧(或看戏)是雅典公民的嗜好,是一项受到政府鼓励和资助的社团活动。在诗论领域,斯忒西伯罗托斯(Stēsibrotos)脱颖而出,成为有造诣的荷马问题专家,据说擅长揭示作品中"藏而不露"的意思。[①]高尔吉亚(Gorgias)著书《海伦颂》,厄利斯的希庇阿斯(或希庇亚,Hippias)写过《诗论》,德谟克利特的《诗学》至今尚有少量片断传世。自公元前五世纪中叶起,艺术家中亦有人开始著书立说,阿伽萨耳科斯(Agatharchos)、欧弗拉诺耳(Euphranor)和阿培勒斯(Apellēs)等都写过有影响的论著。到公元前四世纪,古希腊人确实已在一些重要的学科领域里走在世界的前列。

知识的积累使许多人感到高兴,文化的繁荣催发了公民的自主意识。由梭伦和克利斯塞奈的政治改革造成的民主气氛使人们发展自我的愿望成为可能,多元的城邦生活使每个人(当然不包括奴隶)都想一展自己的抱负和才能。希波战争的胜利使人们精神焕发,法制意识的加强使人们更加鄙视东方(主要是波斯)人的没有自主意识的生存。雅典已成为"全希腊的学校"(伯里克利语),雅典人似乎已经陶醉在当时最先进的文明之中。②

然而,雅典人的自豪感很快就变成了威胁别人的霸权意识,旷时二十多年的伯罗奔尼撒战争(公元前431—前404年)以雅典人的失败告终。战争对生产力造成了巨大的破坏,人们流离失所,生活艰难,社会出现了空前动荡的局面。政治斗争中从未休止过的尔虞我诈其时愈演愈烈,道德观的败坏已成为人们瞩目的焦点,城区里已出现毁坏神像的"暴行"。一种伟大的文明在公元前四世纪经受着严峻的考验。

盲目的自信使雅典付出了沉重的代价。当然,危机的产生从来不是简单的偶发现象。事实上,雅典社会从来没有完全摆脱过潜在的动荡因素。生活是引发思考的动力。乱世出英雄。动荡的社会既可产生威震四方的霸主,也会导致产生具备远见卓识的政治才华的思想家。在纷乱的氛围里,一些有趣的对比,如灵魂的纯洁和肉体的脏浊,具体事物的多变和观念的相对稳定性(尽管定义并不等同于对事物的"形"化理解),宇宙的深沉和人们见识的浅薄,文明的建设和战争的残酷等,使古希腊最优秀的反思型思想家陷入了沉思。面对伯罗奔尼撒战争的失败以及雅典政治的不景气和某种程度上的失控状况,苏格拉底,或柏拉图笔下的苏格拉底看到了希腊文明的脆弱,看到了人们试图在一种思想紊乱和只是注重表面繁荣的文化氛围里建设文明国家的幼稚设想的危害性。在苏格拉底看来,雅典人的光荣,如果他们真像政治家伯里克利所说的那样可以当之无愧地享领这份荣誉,不仅在于他们具有崇尚理性的传统,而且——尽管这一点或许更为重要,但却被绝大多数雅典人所忽视——还应该在于擅长利用理性的方法审视理性思考的内容。不错,苏格拉底或许会说,希腊公民是掌握自己命运的主人,但是,他们不理解人生的根本意义,不懂得如何解释和正确使用人的自主意识。一些人滥用民主,更多的人缺少正确理解民主的知识背景。有人把民主等同于"起哄",还有人则利用民主无事生非,图谋私利。有感于这种显然不能令人高兴的局面,苏格拉底坚信,高傲和过分自信的雅典人,像一匹喂养得膘肥体壮的厩马,需要头脑清醒而又敢于说话的哲人的牛虻式的"刺激"。改变思路的走向似乎是那个时代的当务之急;并非只有生活在封建专制社会里的"愚民"才迫切需要启蒙思想家的睿智和勇气。苏格拉底显然已经走向公元前四世纪雅典哲学探索的前沿。经过长时间的认真思考,苏氏得出了一些前人从来没有得出过的、具有深刻理论内涵和可贵实践意义的结论。苏格拉底认为:(一)哲学应该包括并且突出对人的生存状况和人的意识的研究;(二)这种研究应该有一个可靠的、深厚的知识背景;(三)为了建立这个背景,人们必须改变传统的求知方式。不难看出,苏格拉底倡导的实际上是西方历史或思想史上的又一次(如果我们愿意把米利都哲学家的贡献看作是一次认识论意义上的革命)具有大范围的指对性和深远影响力的启蒙运动。

在苏格拉底之前,哲学的研究主要针对和围绕自然或物质世界以及与之相关的问题展开。哲学家们有时也探讨神学或形而上学问题,但这种研究很少涉及人的伦理观念,更没有得出应以人的心魂和行动作为研究中心的结论。哲学家们竞相寻找某种单一的物质(或所谓的综合物),企望毕其功于一役,一劳永逸地从根本上解决所有的疑难。如果说中国哲学(比如孔夫子的思想)的切入是伦理,那么,西方或希腊哲学的"第一入点"则是自然(即物质世界)。前苏格拉底哲学家们大都没有明晰认识到宇宙中的根本问题是存在问题,而存在的核心是人的生存和为了生存所必须面对的竞争与挑战。他们的论证方法往往以某种假设或猜测为前提,推导的过程一般不依靠精确的定义,而得出的结论则往往需要人们通过想象来证实。米利都的哲学家们用关于自然的叙述(logos)部分地否定了荷马的曲折离奇的故事(或"神话",muthos, mythos)。赫拉克利特用更富哲学意味的"变动"取代或补足了毕达戈拉的"宇宙音乐",德谟克利特探讨过"均衡"、"一致"等从医学研究中引申而来的概念,智者们(sophistai)亦在某种程度上对传统的希腊神学表示过不满和厌烦。然而,在苏格拉底之前,学者们尽管勇敢地否定过这样或那样的观点,提出过这样或那样的解释,却从未或很少有人怀疑过希腊人的睿智,从未或很少有人指出过由于未经审视的知识的大量堆积而必然产生的负面影响,也从未有人认真、系统地考虑过应该如何看待知识,如何解释知识并进而如何分辨知识的层次及其内在联系的问题。寻求知识并不等于寻求理解;在苏格拉底看来,求知的真正意义在于对原有理解的"有把握",亦即在说理基础上的否定。

如果没有对自我的认识,人们将很难真正做到对自然、社会和它的上层建筑的清醒认识。是苏格拉底,诚如西塞罗所说的那样,把哲学从天上带回人间;[③]是苏格拉底,正如亚里士多德记载的那样,在研究中系统地采用了"普遍定义"的原则(《形而上学》1.6.987^b);也正是柏拉图笔下的苏格拉底,从某种意义上来说,颠倒了希腊人求知的传统模式,即一反以往的从"已知"出发的研讨方法(在自然科学领域,这或许是一种行之有效的手段),改用了从否定"已知"的基础上达成的"不知"出发寻索知识的求知途径。在认识论领域,苏格拉底几乎完成了一次革命。他做了两件很有意义的事情,即(一)把哲学的主攻方向从对自然的认识转为对人的认识,(二)把哲学探讨的出发点从已知改为"不知"。当然,这里所说的"不知"不是对常识的不了解,更不是愚笨的表现。相反,它反映了对笼统地谈论知识的不满,表现了对随波逐流的批判,展现了柏拉图和苏格拉底的企望,即对一种所指确切、背景扎实、层次分明的知识构架的出现的期盼。

认识到这一点后,我们将不难理解苏格拉底的那种包含强烈反讽意味的谦虚:他曾不止一次地公开声明自己的"无知",表示愿意洗耳恭听对方的高见。在《申辩篇》里,柏拉图讲述过一件有趣的轶事。据说,苏格拉底的好友凯瑞丰(Charephōn)曾去圣地德尔福求讨神谕,询问天底下是否还有比苏格拉底更聪慧的凡人。神谕给出了否定的答复。苏格拉底于是感到纳闷:我是一个凡人,谈不上有什么智慧,神明为何传出此番话语?带着不解的疑惑,他找到一位自以为聪颖过人的政治家,经过一番对话,发现此君聪明是假,无知是真。由此苏格拉底悟出一个道理:我苏格拉底确实比他聪明,因为在大家都所知不多的情况下,此人不懂装懂,而我却尽管无知,尚有自知之明,敢于承认自己的无知。④苏格拉底从中看到了人生的一个侧面,即人们对自己的生存状况实际上缺乏正确的认识。柏拉图把苏格拉底描写成一个勇于自我剖析、自我怀疑的真正的聪明人;他常常扪心自问,认为有意无意的自我欺骗是"最坏的事情"。所以人应该经常回顾、审察自己的行为,像荷马所说的那样,学会"瞻前顾后"。⑤从某种意义上来说,人的聪明与否不能根据他们的自我感觉和言论来判断。在《美诺篇》里,苏格拉底直言对美德(aretē)无所知晓;⑥在《欧绪德谟篇》里,他又承认对许多事情"一无所知"。⑦倘若一定要他声称"知道些什么",苏格拉底答道,那么在所知不多的几件事情里,他知道可靠或明澈的知识(epistēmē)和所谓的"正确看法"(orthē doxa)不同。⑧在西方,对知识的明确而有意义的层次划分开始于苏格拉底或柏拉图的洞悉。

苏格拉底的否定意在澄清传统形成的误解,铲除不懂装懂的有害积习,意在促使人们从虚假的满足感中惊醒过来,认识到寻求知识并不像他们想象的那样简单。知识的积累并非总是一件好事,因为没有受过检验的知识不可避免地包含误导的因素。偏见容易使人产生虚假的信心,产生排外和固步自封的心理。事实上,人们自以为懂得的问题有时恰恰是他们不甚明了的事情,貌似简单的概念往往包含深刻的知识内涵。柏拉图"对话"具有某种通过反题故意把人导向自我"阻塞"的特点,他的问话常常把对方引向难以回答的窘境(aporia)。何为友谊,何为勇敢,何为美德,这些乍看十分浅显和旨在寻求定义的问题⑨难倒了聪明的答话者。他们绞尽脑汁,总难得出令人满意的解释。"在和我谈话之前",苏格拉底在《美诺篇》80D 里说道,"你以为对美德或许已经了如指掌,但现在看来,这似乎是一种误解"。不过,美诺自然也会像别的参与者一样,随着诘问或辩驳(elenchos)的步步深入,领悟到一些深刻的哲理,至少可以清除以往的虚假认识,拓宽心智的视野,抓住磋商的入点,站稳重新举步的起跑线。Aporia 不是目的,而只是一种手段,因为只有"阻"才能形成"破",而只有"破"才能催发新的求知热情。不破不立,犹如肠胃不通不宜进食,心智的梗塞会阻碍真知的获取。⑩"阻"和"破"既是个追求真理的过程,也是个绝妙的认识自我的过程。柏拉图知道,"认识"主要指对人的局限和具有容易满足的倾向的认识。承认自己的无知,实际上是使人变得聪明起来的起点。通过专心致志的辩驳讨论,参与者会抛弃已有的偏见,学会谦虚谨慎,确立求知的正确态度。柏拉图不想否认参与者的收获;一个不容忽略的事实是,辩析问答往往能使后者受益匪浅。在《泰阿泰德篇》的结尾部分,苏格拉底告诉泰阿泰德,尽管没有得出结论(即谈话者仍然处于存疑状态),但通过对话,他们悟出了一个道理,那就是不要在不懂的情况下错误地以为自己已经弄懂了某个问题。只有澄清头脑中的迷雾,真知灼见才会像破开云层的阳光遍洒人的心灵。初始,柏拉图写道,

> 那些常来和我做伴的人中,有的看来并不十分开窍聪颖。然而,随着讨论的深入,有天资的参与者们所获甚丰,进步之快不仅使自己,而且也使他人感到吃惊。当然,他们并未从我这里学到什么。那些令人赞慕的真知产生在他们的内心,为他们自己所发现。[⑪]

然而,柏拉图不会长久地保持这种乐观;谈及诗人,他的情绪马上即会回落到不信任的谷底。作为一位细心的哲学大师,他认真地审视过诗人的活动,形成了诗家是一批没有自知之明、不知天高地厚的无知者的成见。他设身处地(别忘了,柏拉图是一位出色的诗人)地验察了诗的产生和运作过程,得出了诗是一种"放任自流"、与理性无缘的盲目存在的结论。

柏拉图理解诗人的天才,但也鄙视他们的狂野;他向往诗的瑰美,但也讨厌诗的排斥理性的放荡不羁。像一匹脱缰的野马,诗歌奔跑在激情的荒原上,不受牧人的制约,不顾前方的悬崖绝壁,沉湎于片刻的狂欢。在认识论层面上,诗人扮演了与政治家和智者一样的角色。他们不仅似懂非懂,而且不懂装懂(确切地说,应为自以为懂,实则不懂),不仅殆害自己,而且误导他人。他们满足于说说唱唱,花言巧语,一般没有求知的愿望,基本上缺乏寻求知识的真本领。他们接过世代传唱的故事,不假思索,以为那是颠扑不破的真理,从未想到需要寻根刨底,仔细分辨,追问观念的知识背景。诗人缺少正确认知世界的积极心态,没有开创的进取意识,不可能通过自己的行动开拓人们的心智,

深化人们的认识,培养求知的习惯。对知识的酷爱和对智慧的热爱,柏拉图在《国家篇》2.376B 中写道,其实是同一回事情。《国家篇》10.598E 转述了"某些人"的观点,即认为优秀的诗人(如荷马)能够写出或创编华美的诗篇,因此对作品的内容了如指掌,具备解析的知识。这里,"某些人"的意见代表公众的观点。显然,这是柏拉图所不能同意并多次予以驳斥的流行的 doxa(意见、见解)。在他看来,荷马也好,赫希荷德也好,更不用说他们之后的悲剧和喜剧诗人,都不具备这种知识,都没有意识到文字与真理的区别。[12]

不热爱知识的人不会真正热爱智慧,而没有智慧的存在是一种盲目的、不自主的生存。传统意义上的诗歌,在早期的柏拉图看来,是一种属于过去的古董。事实上,诗人总与荷马站在一起,把他奉为无所不知的先师。他们从不怀疑荷马的言论,从不认为神话和传说中包含大量的消极成分。他们没有哲学家的睿智和胸怀,不能像亚里士多德那样,在已有的"积累"上有所创新:我爱师长,但更爱真理。诗人置身当代,回首过去,把历史当作一种伴随人品堕落的"故事",而不是深化认识的过程。诗人缺乏鲜明的时代意识,跟不上哲学和认识论发展的脚步。正当苏格拉底提请人们注意观念的知识背景的时候,诗人们却在食古不化,坐井观天,把未经审辨的故事和传说当作可以用来教育子孙后代的真理。

在《申辩篇》里,苏格拉底在询问过政治家们并发现他们貌似知之、实则不知以后,转而求教于"博学"的诗人,包括悲剧作者、抒情诗人和"其他诗家"(kai tous allous)。他以诗人们最得意的诗作中的问题请教,要他们指点迷津,以期增长自己的知识。然而,结果使他大失所望,诗人们对作品的诠释甚至赶不上任何一位旁观者的见解。苏格拉底于是恍然大悟。诗人们以为只要戴上诗的花冠,就理所当然地成了通今博古、无所不知的全才,昔日生疏的问题会在诗的美妙中消失,诗的光环会自动地驱散人的愚昧(比较《申辩篇》22B—C)。然而,这是一个要不得的误解。诗人们继承了祖传的"误会",把一个简单的"头衔"或名称(即诗人,poiētai)等同于知识。全希腊最好的吟诵诗人(rhapsōidos)、著名的荷马史诗吟诵者伊安居然无法权威地谈论诗艺问题,对作诗的技巧和说唱的内容"一无所知"。[13] 对自己不理解或不甚理解的事物大肆渲染,结果只能闹出笑话。有趣的是,对自己的无知伊安似乎并不十分介意,因为他显然无法完全理解柏拉图揭示无知的真实用意。诗人们稀里糊涂,接受某种激情或灵感(enthousiazontes)的牵导,信口开河,机械唱诵,前后矛盾,捉襟见肘,同占卜者和先知一样,对所说的话语及其含义不得要领。[14] 诗人既不能理解现实,也就不能探究现实的含义。诗人的认知水平甚至还不如一般的知识界人士和平民百姓。如果说柏拉图笔下的欧绪弗罗和拉凯斯尚需了解的是概念的定义,诗人的起步则应从认知的底层,即对事物的切实理解开始。诗人甚至还没有及达谈论观念的知识背景的阶段;在对人(包括人的局限)与世界的认识方面,他们甚至还没有入门。在古希腊,诗人不仅被看作是神学的缔造者,而且还被公认为是知识的传播者。然而,无知者怎能传授知识?本该虚心向哲学家学习和靠拢的诗人怎能权威地解释希腊民族的历史,揭示宇宙和人生的奥秘?诚然,柏拉图从未提出过诸如此类的问题,但他热衷于论证诗人"无知"的做法无疑从一个侧面表明了他对诗人传统的教师地位的怀疑。诗人是未经审视的无效知识的主要集聚人和传授者。他们的过错不仅在于建构了一个虚假的"伪"知识框架,而且,请允许我们顺着柏氏的思路说话,还使人们产生了似懂非懂即是"懂"的错误印象。由无知者提供的知识,在柏拉图看来,多一些不如少一些,深一些不如浅一些。总之,"伪"知识的积聚不仅可能,而且势必会成为认知的障碍。对某些抽象的知识,柏拉图在《法律篇》7.819A 中告诫人们,"全然无知"并不是最可怕的事情,比之更为有害的,是"广博的知识和丰富的经验与粗劣的教养的结合"。

希腊人称技艺为 technē。从阅读古文献中我们似乎可以得到这样一种印象,即 logos(理性思考)和 muthos(虚构的故事、诗歌)是希腊人思考问题的两个具有对立和互补意义的"入点",而 technē 则是连接这两个入点的少数几个成分中的重要一员。依靠虚构的故事和讲究分析推理的理性都能接受 technē 的存在。故事和理性分析的对立在 technē 中得到了某种程度的分解。然而,令人遗憾的是,这不是柏拉图明确表述的观点。在某些需要强调诗的"盲目性"的上下文里,柏拉图彻底否定了做诗或诵诗需要技艺的观点(尽管他承认,就整体而言,诗是"一种技艺")。无知不包含哲学意义上的认识,灵感排斥系统化的知识或表现一般规律的技艺(technē)。技巧或技艺产生于经验和对经验的总结。一种技艺一经形成,便具有较强的针对性和较普遍的应用价值。技艺的形成意味着生产及实践领域中蛮干和盲目性的结束,意味着人的认识实现了由个别到一般,由具体到较为抽象的升华。技艺接受定义(logos)的撑托,是提炼和系统化的产物,具有指导制作和生产并使之产生预期效果的功用。在柏拉图看来,诗人可能会有一些零碎的感性知识,可能熟悉事物的表象,但他们不是善于思考和认知事理的哲人,不是善于归纳和总结的理论家。诚然,诗人没有必要全都成为理论家,但是他们应该熟悉能够反映普遍性的方法,应该掌握行业工作的共性。由于缺乏 technē 的指导,诗人充其量只能是"单打一"的行家。擅写酒神颂(或狄苏朗勃斯)的写不好其他形式的合唱诗,擅作史诗的也写不出优秀的短长格作品。[15]伊安虽擅长吟诵荷马的诗作,但对赫希荷德(Hesiodos)和抒情诗人阿耳基洛科斯(Archilochos)的作品却颇感生疏,因为后者讲述的故事与荷马史诗的内容有着许多情节和细节方面的差异。苏格拉底承认,作为一位出色的荷马史诗吟诵者,伊安意识到荷马出类拔萃的诗才,感悟到荷马的与众不同,或许还可能作出一些有见地的评论。但是,尽管出类拔萃,伊安的见识带有极大的局限性,显然没有超出单一、盲目和就事论事的狭小范围。认识事物的基础是一种可贵的自主精神,需要一种真正的独立思考,要求认识的主体具有迅速抓住事物本质的能力。伊安缺乏这些素质,他的困惑自然早已存在于苏格拉底的预料之中:

> 伊安:这是什么原因,苏格拉底?……当别人,不管是谁,谈论任何其他诗人,我总是漠不关心,讲不出任何有见地的话来。说实话,我只能以打盹应付。然而,只要有人提及荷马,无论何时,我会顿然醒悟,聚精会神,常有许多要说的话语。
>
> 苏格拉底:此谜不难释解,我的朋友。事实上,谁都明白,你之讲述荷马靠的不是技艺和知识。倘若你能凭借技艺讲述(荷马),你便同样能够评说其他诗人。须知作为一个整体(to holon),诗是一种技艺——我说得对不(ē ou)?[16]

这里,柏拉图区分了诗人的吟诵和作为一个整体的关于诵诗的技艺。前者是一种盲目的行为,后者是一种技术,前者是一种单一、具体的活动,后者是一门成熟和包容规则的学问。接着,柏拉图推而广之,将是否掌握 technē 作为一条艺评的标准。有人可以内行地评论波鲁格诺托斯(Polugnōtos)的绘画(zōgraphia),却不能有把握地评判其他画家的作品;同样,有人可以精到地讲述戴达洛斯(Daidalos)的雕塑,却无法同样在行地欣赏其他雕塑家的创作。[17]技艺是普遍性和一般规则的反映,具有向系统知识(epistēmē)趋同的"自觉性"。在著名的《国家篇》里,柏拉图坚持了知识高于"无知"和制作高于"仿制"或摹仿的观点。倘若诗人具备真正有用的知识,他们就不会满足于简单的摹仿,而会直接进入生产和实践领域,做出许多有意义或"高尚的举动"(polla kai kala erga），改变赞颂别人的身份，跃居受人称颂的地位。[18]诗和技艺是对立的两个方面，有时甚至水火不能相容。柏拉图的观点自有它的道理，因为生活告诉我们，掌握技艺的专家并非个个都能成为诗人。事实上，他们中的大多数人缺少诗人的气质。诗的性质决定了它对技艺的出于本能的排斥。诗歌不是讲述一些个别的事例，便是老调重弹，复述世代相传的故事或"秘索思"（muthos）。诗排斥认识，无视规律，轻视技艺。诗的产生，在有时不够冷静与客观的柏拉图看来，具有某种偶发的性质，不是艺术提炼的结晶。人们通过定义认识世界，而诗家则仅靠神的点拨，无须规范化知识的指引。或许正是出于这种考虑，《伊安篇》的作者不认为诗具有体现规则和技艺的属性，在激情的催惑下作出了诗人不是艺术家（technikos）的稍嫌草率的结论。[19]

柏拉图深知浮夸和爱好虚荣是人的本性。凡人不可能像神明那样十全十美；他们有与生俱来的弱点，倾向于自欺欺人。他们常凭想象弥补人生的不足，用美化自己的方式保持心理的平衡。缺少自知之明的人们往往会产生不切实际的错觉，在下述三个方面作出不合实情的判断：（一）有人会把自己想象成阔佬，但实际上却没有富足的财物；（二）更多的人拔高自己的形象，自以为长得身材魁梧，相貌堂堂；（三）最多的还是那种贪恋"美德"的糊涂虫，都以为自己比别人聪明，高人一等。[20]主观上的错误，加上并非总是那么正确的所谓的"公众的意见"（doxa），[21]是把不擅长思考的人们导入误区的主要原因。诗人喋喋不休地标榜自己的"学识"，以"诲人不倦"为己任，一面接受民众的恭维，一面又把民众的doxa纳为诗唱的内容。诗人似乎下意识地感觉到自己的优越：如果说民众必须通过学习不断提高自己，他们则无须刻苦攻读，死记硬背。通神或神赐的灵气可以使他们出口成章，坐享其成。柏拉图或许知道，和绝大多数人一样，诗人中的有识之士也表现出比较强烈的求知欲望，也有一般人所具备的正常的理解力，也具有好铁可以成钢的可塑性。然而,由于诗人的活动,尤其是在诗性勃发之际,受到一种他们自己无法控制和左右的力量的支配和驱使,所以,即使能像伊安那样表现出一定程度的好奇心和求知欲,在业务范围内,诗人一般难以挣脱简单、被动、缺少理性和单打一的束缚。柏拉图怀疑过许多事情,并在若干问题上多次改变或修正自己的观点,但是,在对待"诗兴外来"这一点上却从未有过异议。这种罕见的一致性使这位哲学家成为诗评史上的一个主要"流派"的代表。在柏拉图看来,诗的性质决定了诗人总是处在从属于外力操纵的被动地位;无须掌握技艺和知识便可顺利从事和圆满完成本分工作的奇妙现实,断绝了诗人通往理解与认识世界的道路。迈着蹒跚的步履,诗人既不认识自己,也不熟悉他所反映的世界,怀着一腔喷涌的激情,关闭思考的闸门,被神明牵着鼻子奔走,迷惘中失去了每一分自主精神。

在文学发展史上,诗歌或许是一门最古老的艺术。汉代儒学大师董仲舒把诗歌看作是"天地之心"。最早的诗歌常与巫术相伴,而原始部族的巫师通常是诵诗的能手。到底是诗歌哺育了宗教,还是宗教催产了诗歌,今天或许已很难确切考证,但诗与宗教某种程度上的共存关系,却已经得到了人类学家和文学史家的共识。在古希腊,诗歌包含浓厚的宗教色彩。宗教既是诗(和音乐)的"搭档",又是诗人热情讴歌的内容。诗与宗教的关系极其紧密,以至于撇开神话和传统的故事,人们将很难真正理解希腊诗歌(包括史诗、悲剧等)的实质。诗曲神授的观点,像一棵不可撼动的大树,根扎在古希腊人的心中。如同对待一切神奇然而却无法用常理解释的事物和现象,古希腊人认定诗的产生出于或来自神的恩赐。不用说,这是一种原始的感情,一种汇聚恐惧、不解和感激的自欺欺人。人有时需要一点自我欺骗,假设自己有能力解答事关生存的终极问题。在这种情况下,他们可以不顾认识论提出的一般常识,即认识事物应遵循由易到难、由简单到复杂的一般原则,任意跨越认识论规定的时空。比如,人们或许不能解答生活中的许多"琐碎"的难点(比如,盐为什么是咸的),但却能够假设自己有能力轻而易举地回答诸如"世界是怎么产生的"、"诗是怎么形成的"这样一些更为复杂和基本的问题。或许正是基于这种初朴的"能力",古希腊人相信最早的诗歌是神明馈送的故事,[22]用以点缀凡人平淡而又充满痛苦的生活。最早的诗人大都是神的儿子,诗唱的内容是关于"幸福的神明"的活动和英雄们的业绩。[23]奥菲俄斯(Orpheus)、利诺斯(Linos)和欧摩尔波斯(Eumolpos)等传说中的早期诗人都属于此类"天之骄子"。事实上,早期的诗人不仅是民众的"先生",而且还是最早的巫卜,创立希腊神学的先师。据说宙斯之子安菲昂首创 kitharody(一种用竖琴伴唱的词曲),利诺斯首唱 thrēnoi(哀歌、葬曲),安塞斯则首开 humnoi(颂歌)的先河。

如果愿意参考荷马,我们还会读到一些类似的描述。王者的权杖乃宙斯的赐物,头带得之于阿波罗的恩惠,而诗篇中的词语则来自神(包括阿波罗和缪斯姐妹们)的馈送。[24]荷马常用 dioi(神圣的)、theioi(神一样的)以及"神育的"、"神明抚养的"等词语修饰王者、先知和诗人。须知这是一些分量很重的词语,除了极个别的例子外,平头百姓不可能得到接受它们修饰的福分。抒情诗人品达自称是缪斯的使者和传话人,而他的"同事"巴库里得斯(Bacchulidēs)则自封为缪斯的"侍从"(therapōn)。就连诗唱的主要伴奏乐器,即阿洛斯(或管箫)和竖琴亦得之于神明的赐送。据传雅典娜用鹿角制作了人间第一管阿洛斯,[25]而阿波罗则被古人公认为是竖琴的发明者。[26]神为诗的产生准备了一切必要的条件。事情有时就有这般奇妙:某些虚构的传闻可以"三人成虎",一传十,十传百,最后变成得到民众认可的"事实"。

柏拉图是一位有造诣的辩证学家,但不是一位讲究实效的唯物主义者。他不会撇开神的存在和影响谈论诗的产生。柏拉图也是一介凡人,不可能摆脱时代的局限,跨越历史的鸿沟。事实上,他从前人手里全盘接过了祖传的"神赋论"。然而,作为一位有创见的哲学家,他在继承传统的同时,常常会很自然地加入自己的思考。即便是对一个家喻户晓的传统命题,这位理论巨匠仍然会念念不忘"为我所用"的原则。或许,这正是柏拉图的可贵之处。为了论证诗人在认识论领域缺少根基,他小心翼翼地削减了神赋论或灵感论中的赞褒因素,代之以一些或许包容消极和负面含义和所指。《伊安篇》先是虚晃一枪,承认诗是"一种轻妙和长了翅膀的神圣的东西",诗人讲述许多人间美好的行迹(kai polla legontes kai kala peri tōn pragmatōn),接着笔锋一转,抓住问题的实质,指出(至少是暗示)诗人的盲从,成了神明手中的俘虏:

> 所有出色的史诗诗人,他们之所以能讲诵动听的诗行,靠的不是技艺(ouk ek technēs),而是因为受到神力的附身和迷惑(alla entheoi ontes kai katechomenoi)。同样,优秀的抒情诗人只能在神的驱使下工作,像你一样……他们不凭技艺吟诵,只是听凭神的驱怂(alla theiia dunamei)……神明夺走了诗人的心智,使他们成为自己的传声筒。㉒

挟着巴科斯的狂热,带着难以抑制的冲动,诗人们如痴似醉,手舞足蹈,一如祭神仪式中迷狂的信徒,在诗的甜美和欢快中失去了常态和理智。直到晚年,柏拉图依然坚持诗兴神赐的信念。《法律篇》4.719C几乎重复了《伊安篇》表述的某些观点:当诗人坐上缪斯的三脚祭坛,顿时魂不附体(ouk emphrōn estin),像一口溪泉,喷涌出如注的水流。诗人的失态导发了观众的迷狂,诗的激奋使人难以潜心思考。诗的传播是个连环吸引的过程。神用灵感的磁铁先把史诗诗人(如荷马)牢牢吸住,然后再通过诗的魅力(尤其是荷马史诗的魅力)吸引吟诵诗人

（如伊安和他的同事们），最后通过吟诵诗人的如簧之舌醉迷听众。[28]诗撇开了认知始于事物的一般常识,[29]以诗人的痴迷"锁联"听众,形成了一个特殊的、排拒思考和辨识的认知模式。尽管这一吸引过程受到神的"点拨",但是,由于诗人的无知和浅薄,使他们不能像同样受到神明钟爱的"迷狂的哲学家"那样,把人们引向对真善美的思考,引入绝妙的"真形"(idea,eidos)美的殿堂。[30]诗与科学的认识论截然不同,也和同样崇尚超越的哲学感知同床异梦。诗人,让我们把柏拉图的观点稍作引申,没有把神的点拨变成求知的愿望,没有把迷狂中的灵感化作完善自我的动力。

柏拉图赞慕诗人通神的从业背景,同时也嗟叹他们为之付出了过大的代价。他深知作为神的代言者,诗人拥有某种特异功能,他们常常传诵某些"真实的"既往,[31]比如荷马关于宙斯之子达耳达诺斯创建达耳达尼亚以及人怪库克洛佩斯的活动的描述,体现了神意与自然的完美结合。[32]但是,诗人就像走对路的瞎子,即便说对了话,却不知对在哪里。如同卜者和先知一样,诗人有时也会诵说一些极有见地的诗行,然而他们并不真正知晓说及的内容,因为神赐的灵感已经取代了心智的思考。[33]诗人不会分析,不会进行学术意义上的探讨。诗人似乎不必关心对与不对的问题,因为他们觉得自己所做的一切都是出于神的安排。对于他们,认识论的原则并不重要,而建筑在认识论基础上的道德观更是一些可以随便解释的教条。诗只是一种工具(或药物,pharmakon),即使处于最佳的发挥状态,也包含正向和反向引导的可能。诗不是一种有意识的存在,只能在华丽的辞藻和动听的音乐的掩盖下传送某种外在或外来的意旨。没有神力的"附身",诗者或诗家只是一些缺乏生产和实践知识的庸人;而有了附身的神力,诗人又被迫消隐自我,痛失理智,在麻木不仁的精神状态下被动地生活。在古希腊人看来,"被动"从来不是个值得赞美的字眼。诗人似乎陷入了难以摆脱的困境,进退得咎,在布满棘丛的古代的"第二十二条军规"的低谷里束手无策,无所适从。做人不易,做诗人更难。诗人的窘境得之于内外两个因素。首先,他们缺少自知之明,没有稳固的认知基础,抱着"已知"的错觉,掩饰无知的虚空,这是内因。其次,他们受制于神的摆布,精神恍惚,即使有心"亡羊补牢",虚心求知,也难能摆脱神的"魔力",这是外因。两因相加,互为作用,内外交错,柏拉图由此几乎完全抽去了诗人的认知"底线"。

按照柏拉图的观点,诗与哲学是古来相争的宿敌。㉞所以,对诗的仁慈也就意味着对哲学的罪过。在诗与哲学互不妥协的情况下,即便是爱诗的哲人也只能站在哲学一边。柏拉图是个聪明人,他总结了以往的经验,知道对诗的反击必须从基点开始,必须有一个稳妥的战略。所以,否定诗在认知层面上的积极属性,否定诗在认识论意义上的正面价值,实际上就等于挖掉了诗歌得以站立竞争的土壤,架空了诗的哲理内涵,暴露了诗的防守不严的纵深,使其处于被动挨打的不利地位。柏拉图决心把诗与哲学的抗争继续下去,直到哲学取得胜利的时分。

然而,说到底,诗人有通神的"本领",有神作为后台。柏拉图即便蔑视诗人的无知,怀疑诗人的知识背景,但是,作为一个生活在公元前四世纪的古希腊人,作为一个常常把宗教与文学和历史混为一谈的民族中的一员,柏拉图绝对不能,也不会轻看诗人的"神功"。㉟批评诗人固然需要勇气(须知他们中有神明钟爱的荷马),但承认诗家的"不同凡响"似乎亦能投合那个时代许多人的怀旧情愫。事实上,即使在描述诗人之迷狂的时候,柏拉图亦不时流露出对诗和诗人的难以掩饰的羡慕,表现出一种受到压抑的向往,一种扭曲了的、然而却是十分深沉的挚爱。是啊,有哪个希腊人(何况是诗人柏拉图)不爱诗?诗是他们的血脉,诗是他们的文化,诗是他们喜怒哀乐的归结,诗是他们战胜艰难、释解人生的希望。㊱在一般被认为属于中期论著的《斐德罗篇》里,柏拉图把诗人归为有幸得到神明点拨的受人赞慕的"爱者"(或"爱恋者",包括哲学家)之列。这是一种很高的荣誉,因为神赐的迷狂(mania)甚至比受人尊崇的节制(sōphrosunē)更可贵。民众需要"节制",卫士需要"勇敢",管理国家的领袖需要"智慧",然而这三者还不是典型意义上的神赐之物,比 mania 多一点凡俗的理性,少一些通神的灵秀。通过 mania,人们可以接收到"最美好的信息"(ta megista tōn agathōn)。㊲

柏拉图对诗和诗人的严厉态度中始终含有某种理解与缓和。这里,既有哲学家的认真,也有诗人(柏拉图)的同情;既有抗争到底的勇气,又有随时准备"化剑为犁"的宽容。当然,柏拉图不会牺牲原则,他的"条件"是苛刻的。诗人必须进行严肃的反省,必须作出重大的让步,必须在一些重要的方面接受哲学的规划和监督。否则,诗人的活动与他们作品的"违章"流通一样,将要受到城邦法律的干预和制裁。柏拉图的态度是严肃的。为了维护信仰的尊严,为了提高人民的认知水平,也为了保护社区和城邦的利益,柏拉图似乎不打算仅仅满足于和风细雨式的规劝。随着讨论的展开,我们将对柏拉图诗艺观的方方面面进行有序的分析。鉴于认识论与本体论的关系十分密切,所以属于"交叉"范畴的另一些问题,我们将在第二章中再予论及。

注 释

① 色诺芬《饮讨会》3.6。这或许是古代释义学的开始。值得一提的是,对荷马史诗的研究激发了学人们对语法的兴趣,促进了初朴的语源学(grammatikē)的建立。雷吉昂的塞阿格尼(Theagenēs,生活在公元前六世纪,著 Peri Homērou)是一位以研究荷马史诗著称的"编辑"和"语法学家"。辩说家普罗泰戈拉(参见第六章注⑲、⑳)亦是一位出色的语法学家(参考亚里士多德《诗学》第十九章)。荷马不是一位宗教领袖,他的史诗对后人的影响不同于《圣经》,后者的作用主要体现在精神和信仰方面。荷马史诗的巨大影响是文学的、历史的,具体反映在人文科学的各个领域,如诗学、修辞学和词源学的组建及研究方向的确定等。从某种意义上来说,荷马史诗和《圣经》构成了全部西方文化的人文基础。

② 柏拉图极为关心雅典城邦的建设(《法律篇》3.698A9),为雅典的成就感到自豪,认为她是希腊民族的"解放者"(参阅3.698B—699A)。然而,与此同时,他也为许多雅典市民过激的民主热情担忧(3.700A),希望公民们自觉接受"节制"(sōphrosunē)的协调。对于雅典的历史,柏氏的评价是"明暗参半"。

③ 《图斯库仑谈讨》5.4.10,《学术》1.4.15。当然,这一提法不算十分精确。在苏格拉底以前,智者们已开始对伦理和道德问题的研究。悲剧诗人亦曾广泛论及道德问题。此外,德谟克利特并不是前苏格拉底哲学家中唯一谈论过"道德"和人文意识的思想家。不过,苏格拉底无疑是第一位赋予道德观念以哲学深层的学问家。他的归纳法和以寻求道德观念的"普遍定义"(参考亚里士多德《形而上学》1.6.987^{b}1—4)为目的的研讨直接触发了柏拉图对"形"(idea,eidos)及"形"与物之关系的思考。从这个意义上来说,苏格拉底确实是名副其实的西方伦理哲学的创始者。

④ 详见《申辩篇》21A—D。所谓"知之为知之,不知为不知,是知也"(《论语·为政》)。所以,苏格拉底的审视对象不仅是"别人",而且也包括他自己(《申辩篇》28E)。凡人没有必要,或者说不值得,苏格拉底对法官说道,为过一种不受审视的生活而活着(《申辩篇》38A5—6)。

⑤ 《克拉底鲁篇》428D。荷马的原话见《伊利亚特》1.343,3.109。柏拉图常常以赞同的口吻摘引荷马的诗行(参考本书第八章注⑪等处)。亚里士多德将史诗看作是悲剧的前身,柏拉图似乎持同样的看法,并认为荷马是最出色的悲剧诗人。

⑥ 详见《美诺篇》80C—D。然而,苏格拉底至少已经踏上了寻找 aretē 之真谛的途径。事实上,他希望"每天都能谈论美德"(《申辩篇》38A)。从这个意义上来说,他无疑远比那些自以为知之而实际上却一无所知的人们高明。关于美德与"幸福"的关系,参阅 T. C. Brickhouse and N. D. Smith, *Plato's Socrates*, pp.123—124。Aretē(复数 aretai)指事物固有的天性、属性、特性或功用。不同的事物有不同的 aretē(德、德性)。马的 aretē 是奔跑,鸟的 aretē 是飞翔,房子的 aretē 是供人居住,人的 aretē 是圆满实现自身的价值,成为有利于城邦的公民。历史学家希罗多德曾提及棉花的 aretē(《历史》3.106),柏拉图亦曾论及马和剪枝刀的 aretē(《国家篇》1.352E—353A)。在荷马看来,勇敢(andreia)是人(或勇士)的aretē,做一个好人(anēr agathos)必须勇敢(另参考修昔底得《伯罗奔尼撒战争史》5.9.9;色诺芬《征战记》3.2.39;比较索福克勒斯《菲洛克忒特斯》1306—1307),而在梭伦眼里,"公正"是正人君子或好公民的美德。哲学家们重视思考,思辨精神因此也就和 aretē 牵起手来。《斐多篇》中的苏格拉底可以说真正的美德(aretē)是一种净化(katharsis tis),而思考(phronēsis)则是净化的工具(69B8—13)。Aretē 也可作"品德"、"品性"和"特长"解。然而,在公元前四世纪以前,包括智者、政治家、演说家和诗人在内的古希腊社会贤达们却并不真正理解"美德"首先是一个概念,然后才是指导行为的"规范"的道理。比如,荷马认为,帮助朋友,伤害(朋友的)敌人乃"友谊"的核心内涵,至于朋友是否正确,朋友的敌人是否做过什么错事,"友谊"是否应有某种不变的中性价值或"形"化存在,是否应有必要的知识背景等,则不是他所关心或有意关心的问题。诗人图泰俄斯(Turtaios)虽然崇尚"勇敢",却不会像苏格拉底那样,意识到正确认知"勇敢"是一个涉及知识并与之密不可分的论题。像诗人们一样,包括普罗泰戈拉在内的智者和政治家们显然也不会对寻求普遍定

义的做法产生兴趣。美德即知识(或经过仔细分辨和检验的知识),此乃苏、柏二氏的一个坚定不移的信念。最重要的德或美德是健全的 nous(智、心智),其他所有的美德都将受制于 nous 的运作(《法律篇》12.963A;《美诺篇》88C)。和 aretē 对应的拉丁词是 virtus(比较英语词 virtue),意为(作为美德的)"勇力"。托马斯·阿奎那给该词所下的定义是"力的圆满实现"。斯宾诺莎认为,德性(virtus)和力量(potentia)"是同一种东西"。牛顿用过"粒子的德性"(virtue of particles)一语,这里 virtue 指粒子的吸力(详见 H. S. Thayer, "Plato: The Theory and Language of Function", in *Plato's Republic*, p. 22)。希腊文化与以后的《圣经》文化(或基督教文化)有着一些显著的区别。《圣经》文化所推崇的某些美德(如信仰、谦卑、慈爱等)在古希腊文化里并不占有 aretai 的地位。参考第五章注㊱。

⑦ 293C。

⑧ 《美诺篇》98B。Epistēmē 作"系统知识"或经过检验的"科学知识"解,亦可指对存在(on, onta)的认识,有时和 sophia(智慧)等义,与"事关变动的知识"(doxa)形成对比。掌握 epistēmē(或 gnōsis,《国家篇》5)可以有助于人们理解事物的实质,把握做事的规律,调动一切有利因素,达到预期的目的(eupragia;比较英语词 epistemology)。荷马和悲剧诗人编制的故事(muthos)属于 doxa 的范畴。传统文学传授的知识没有经过哲学的审察,没有经过辩析(dialektikē)的精炼,因此不具备 epistēmē 的普遍适用性。但是,柏拉图有时并不严格区分 epistēmē 与 doxa,尤其是 orthē doxa 的不同,也常常不区分 epistēmē 与 technē(技艺)的差异(参考第七章注⑤)。在《伊安篇》的某些段落里(如 537D—E, 538B3—6),epistēmē 和 technē 的意思并无明显的区别。工匠们凭借自己的知识使用和教授技艺(《普罗泰戈拉篇》361A5—C2)。Epistēmē 和 doxa 都与 logos(定义)的形成相关,故而直接影响并决定人们对自我和世界的理解。关于 orthē doxa 以及 doxa 与 logos 的关系另参考注㉑。Logos 是个多义词,在不同的上下文里分别作话语、叙述、故事、理由、判断、原因、定义和句子解(重点参阅 W. K. C. Guthrie, *A History of Greek Philosophy* volume 1, pp. 422—424;另参考 G. A. Kennedy 主编的 *The Cambridge History of Literary Criticism* volume 1, pp. 80—81)。据 J. Márias 的 *History of Philosophy*, logos 派生自动词 legein(意为"连接"、"收集"、"讲说"),可作"话"或"词语"解,与之相对应的拉丁词是 verbum。他举了《约翰福音》的首句为例:In principio erat Verbum(初始便有 Verbum)。Logos 意为"说";换言之,指"有意义的词语"(详见该书第 75 页)。

⑨ 细读《拉凯斯篇》191C;《欧绪弗罗篇》6D;《泰阿泰德篇》146E。苏格拉底认为,对于像"什么是正义"(dikaiosunē)一类的问题,人们的回答可以是对的,但却经常是错的。一个概念只能有一个正确的定义(logos、logos ousias),但却可能有一个以上的不正确的解释。此外,dikaiosunē 本身只是一个词汇,并不等于真理(参见 W. and M. Kneale, *The Development of Logic*, p. 21)。按照亚里士多德的见解,苏格拉底是第一位认真寻索"定义"(horismos)的思想家,他对哲学的贡献主要体现在两个方面,即(一)归纳法的创用,(二)普遍定义原则的确立(《形而上学》8.4.1078^{b}27)。在苏格拉底之前,德谟克利特已在表述他的物理理论中使用定义。亚里士多德的意思是,下定义之所以能够成为哲学研究中的一种必要和规范的做法,应该归功于苏格拉底的贡献(参阅 N. Gulley, *The Philosophy of Socrates*, p. 3)。苏格拉底知晓定义的性质、作用以及如何获取定义的途径(G. X. Santas, *Socrates*, p. 97)。按

照亚里士多德的解释,"归纳"(epagōgē)的用途是引导(此乃该词的本义,见 W. K. C. Guthrie, *Socrates*, p. 106)和帮助人们从具体(tōn kath'hekasta)走向一般(《论题》105ª13)。苏格拉底从事过对自然物理的研究,以后转向对伦理观的探研(《申辩篇》19C,29D—31C;参考色诺芬《回忆录》1.1,4.7)。色诺芬认为,导致苏格拉底兴趣转变的原因是因为物理研究不能使当事者获取稳定和确切的知识。柏拉图无疑赞同并发展了苏格拉底的普遍高于具体的思想。在他看来,正确的定义是对事物和德或德性(aretē)之"形"(eidos)的解析。

⑩ 详见《智者篇》230C—E。苏格拉底的求知方式曾深深地影响过古希腊怀疑论者(skeptikoi)阿尔克西劳和卡尔内亚德。阿尔克西劳自称是苏格拉底的传人,以"无知"标榜,让学生出题,自己再以反题相驳。公元前 155 年,卡尔内亚德出使罗马,以苏格拉底式的辩驳走俏宫廷。

⑪ 《泰阿泰德篇》150D。这一方法与智者们所用的"灌输法"形成了鲜明的对比。另参考本书第六章第 13 段。苏格拉底用 elenchos 取得的另一点成功,便是使回答者认识到自己的肤浅(或无知)。"知晓你自己"(德尔福阿波罗神庙里的警谕)是苏格拉底反复强调的格言(《卡尔米德篇》164D4—5;《普罗泰戈拉篇》343B3;《斐德罗篇》229E5—6;《斐莱布篇》48C10;以及《法律篇》11.923A3—5)。在《高尔吉亚篇》里,苏格拉底使波洛斯学到了认识自己的"知识"(见 472B6 以下)。值得注意的是,"苏格拉底对话"一般不以确切的答案收尾。换言之,对各篇对话所探讨的道德观念(如正义、虔诚等)苏格拉底不会勉强地给示一锤定音式的定义。或许,在他看来,把人们引上求知的途径比得出明确、"最终"的定义更有意义。诗人和智者们都以"诲人不倦"为己任,都认为自己教授的是一些确切或确凿不误的东西。苏格拉底和柏拉图都不赞成这一观点,认为这种教授法的最大弊端是人为地缩小了哲学探知的范围,窒息了心智的活力。

⑫ 参考注⑨。文字不能对等真理。诗人或许有能力对词句进行解释,但他们通常无法对文字背后的概念作出正确的解释。说明事物之本质的概念乃一种本原性的存在,超越狭隘的文化意识和社会习俗的禁锢。柏拉图所说的求知指的正是求获这种意义上(即语言经常无法准确表述)的知识。

⑬ 《伊安篇》542A。当然,这是一种夸张的说法,伊安不会真的对荷马史诗一无所知。此外,伊安是诗的"使用者";根据柏拉图在另一篇对话里表述的观点,使用者的知识高于制作者的所知(详见《国家篇》10.601D—602B)。不过,柏拉图显然不会认为伊安比荷马更有知识,这位哲人在立论上的不一致性由此可见一斑。在荷马生活的年代(约公元前八世纪),诗人或歌手们共有一个名称,即 aoidoi[歌诵者,-odos 意为"声音",诗人赫希荷德的名字(Hēsiodos)意为"歌者",即"传送声音者"],荷马本人即是一位 aoidos。在祭奠赫克托耳的葬礼上,荷马称 aoidoi 的哀歌为 thrēnos,而称其他人员(包括赫氏的亲属)的随唱为 goos(《伊利亚特》24.723,747,761)。阿基琉斯曾唱颂"英雄们的业绩"(klea andrōn,《伊利亚特》9.189),但他只是一位"业余歌手",而不是像德摩道科斯那样的职业 aoidos。自公元前七世纪始,唱诵荷马史诗成为一种职业,人们开始用 rhapsōidos(复数 rhapsōidoi)指称吟游诗人。伊安即是一位以唱颂荷马史诗为业的 rhapsōidos。在公元前四世纪,poiētēs 既可指广义上的"制作者"(如鞋匠),亦可缩小"范围",专指诗人(参见《会饮篇》205B—C)。"诗"(mousikē)由词和曲组成,因此,poiētēs 通常兼司谱曲,集诗人和音乐家于

一身。古希腊词 mousikē 的含义广于它在现代语言中的派生词（如 music，musique 和 musik 等）。关于 poiētēs，另参考第九章第 1 段。

⑭ 《法律篇》4.719C；《申辩篇》22C。在《普罗泰戈拉篇》347E 里，柏拉图认为谁也不能准确解释诗人的话语。

⑮ 《伊安篇》534C。三大悲剧诗人没有写过喜剧，阿里斯托芬也没有写过悲剧。不过，这不是绝对的现象。此外，在公元前五世纪，悲剧诗人一般送交四出剧作（四联剧）参赛，其中三出为悲剧，一出为萨图罗斯剧。萨图罗斯剧内容荒诞，表演粗俗、放荡，颇具旧喜剧或闹剧的特色。另据亚里士多德记载，荷马不仅是创编严肃作品的杰出大师，而且还是第一位为喜剧勾勒出轮廓的诗人。"他的《马耳吉忒斯》同喜剧的关系，就如他的《伊利亚特》和《奥德赛》同悲剧的关系一样。"（《诗学》4；但《马耳吉忒斯》有可能是后人的冒名之作）有趣的是，柏氏本人亦是一位兼具严肃剧和喜剧才华的诗人。《欧绪弗罗篇》、《会饮篇》与《法律篇》在风格上形成较大的反差，前者轻松、幽默，后者则深沉、凝重。W. C. Greene 指出了柏拉图和阿里斯托芬在立意和写作手法上的相似之处（详见"The Spirit of Comedy in Plato"，*Harvard Studies in Classical Philology* 31）。柏拉图的创作生涯——让我们借用 E. E. Sikes 教授的评论——本身即是对一位诗人可以兼写悲剧和喜剧的证明（*The Greek View of Poetry*，p. 83）。

⑯ 《伊安篇》532B—C。"诗是一种技艺"（poiētikē... estin，532C8），poiētikē 指"诗艺"或"做诗的技艺"。伊安有通神的灵感，也有诵诗的经验，但他没有把经验上升为唱诵荷马史诗（peri Homērou）的技艺（technē）与知识（epistēmēi，532C6），因此不能做到对作为一个整体的 poiētikē 的把握。理解 poiētikē 的真谛和整体价值需要知识（epistēmē），需要掌握普遍适用的技艺（technē）。柏拉图的意思是，吟诵诗人并不必然等于"掌握诗艺的人"，前者只能讲诵某一位诗人的创作，而后者则能融会贯通，得心应手地诵说并权威地解释所有诗人的作品。然而，这后一种人实际上并不存在，柏氏的用意在于论证诗人与系统知识的"隔离"。在 532C6—7 里，"技艺"和"知识"等义。

⑰ 《伊安篇》532E—533B。波鲁格诺托斯是公元前五世纪的大画家，善于描摹处于"冲突"情境中的人物。亚里士多德称波氏笔下的人物"比一般人好"（详见《诗学》第二章），主张应鼓励青少年观赏他的作品（《政治家》8.5.1340ᵃ35—37）。戴达洛斯乃传说中的建筑师和雕刻家，一位家喻户晓的能工巧匠。

⑱ 《国家篇》10.599B。在这里，柏拉图继承了前辈诗人和思想家的传统，坚信"知识"是"行动"的基础。荷马重视"知"的作用，认为王者应该"知晓正义"（《奥德赛》2.231）。苏格拉底和柏拉图的贡献在于从认识论的高度揭示了"知"的不同层次，指出了"知"的可析性。比有关生产的知识更重要和更具根本意义的是有关行为的知识。能够提供正确"解释"的人们不仅具备知识，而且也因此拥有了美德（《申辩篇》29D—30A；日后，亚里士多德区分了"智能美德"与"道德美德"）。一个无法正确回答"什么是勇敢"的人有时会怀疑自己的勇气（《拉凯斯篇》193D—E）；而如果他不能从知识背景的角度出发说明"友谊"和"朋友"的含义，他将不会拥有作为美德的"友谊"，也不可能成为一个真正的"朋友"（《吕西斯篇》212A，223B）。苏格拉底的意思是明确的：一个真正的勇敢者不是有勇无谋的武夫，也不是一般意义上的智勇双全的战将（如俄底修斯），而应该是一个通晓知识，

乐于为实现城邦的根本利益工作的哲学家。知晓"知"的可析性本身即是一种真正的知识;掌握知识符合人们的根本利益(细品《卡尔米德篇》166D4—6;《高尔吉亚篇》457E3—458B1,505E3—6 等处)。诗人既不具备有关制作的知识,亦没有掌握指导行动的知识,而更为"致命"的是,他们中谁也没有看到并指出过知识的可资分析的内在本质。

⑲ 《伊安篇》542A。

⑳ 《斐莱布篇》48E—49A。在同一篇对话里柏拉图认为,无知是"可笑的",有时甚至是一种"邪恶"(49A—E)。人必须认识或知晓自己。一个真正有自知之明的人必须掌握一门不仅能够知晓其他知识而且也知晓知识本身的学问。知晓自身的知识必然或应该同时知晓它的反面,即与"知"形成对比的"无知"(anepistēmosunē,"知识的缺失")。在《卡尔米德篇》里,苏格拉底称这项知识为 sōphrosunē(克制、谦谨、明智,参见 166C—169B)。"节制"不是荷马史诗里的英雄们(特别)崇尚的美德。Sōphrosunē 及其同根词在两部史诗里仅出现四次(而且全部出现在被疑为后人续补的行段,详见 H. North, *Sophrosyne*, p.2)。

㉑ 参考《克里托篇》47A。直到晚年,柏拉图仍然对"公众的意见"表示深深的怀疑(详见《法律篇》2.670B—C)。公众的意见中自然包括诗人的观点。诗人也会发表正确的见解,但他们的提法一般没有扎实的理论基础,缺少系统知识的铺垫。"意见"希腊文作 doxa,亦可作"观点"、"观念"解,它与"知识"、"系统知识"或"科学知识"(epistēmē)的区别,在于前者只能指导有意识的行动,但不能论证为什么这是可取的或"正确的"行为,而后者则能由表及里,统筹兼顾。Epistēmē 是关于存在、原因和事物间的因果关系的知识。《泰阿泰德篇》区分了"感觉"(aisthēsis)、"真实的意见"(alēthēs doxa)和"系统知识"(epistēmē)。对简单的"成分"人们只能有所感觉,对复杂的"事物"则须动用思考,形成(还不成其为 logos 的)alēthēs doxa。当人们用 logos 将具体的成分连成复杂的语句,他们即会说:啊,我已知此事的堂奥(参阅并比较 F. M. Cornford, *Plato's Theory of Knowledge*, p.145)。然而,logos 仍有"真假"之分。在《蒂迈欧篇》28A 里,柏拉图用简洁的语言说明了认识论和本体论的最后通牒:依靠理性释解(logos)的"协助",智析[noēsis,即"智"或"心智"(nous)的运作]得以理解存在(onta,亦指接近"真形")。与之相比,生成的具体方式(不是存在本身)属于"意见"或"判断"(doxa)认知的范畴,借助的手段主要是"感觉"(aisthēsis),与理性或理智(nous、logismos、dianoia)形成对比(参考第二章注⑫和㊱)。但是,在日常生活中,"正确的意见"(orthē doxa,或 alēthēs doxa)具有切实有效的应用价值,在许多情况下,它的作用几乎和 epistēmē 没有区别(参考《美诺篇》97B—98B)。值得注意的是,在公元前六至前五世纪,doxa(好名声,名誉)是古希腊贵族们追求的 aretē。换言之,doxa 不仅代表公众的看法,而且是一个包含道德内容的概念。柏拉图"降格"使用 doxa 的目的是要割裂 doxa 与 aretē 之间的关系,从而为使后者与 epistēmē 和 sophia 的通连创造条件。还有一点需要说明的是,doxa 并不等于 muthos。在《斐莱布篇》里,柏拉图将 doxa 和 logos 归为一方,与 aisthēsis 和 mnēmē(记忆)形成对比,前者心魂的独立活动,而后者只是两种"经验"。Doxa 和 logos 乃"写"在心魂中的话语,此外还有"仿象"(eikones),后者是作为原型的 doxa 和 logos 刻入心魂的翻版(参考 J. Stenzel, *Plato's Method of Dialectic*, p.118)。故事(muthos)的形成主要受制于 aisthēsis 的活动。从这个意义上来说,我们似乎不能把 muthos(即古老的诗歌、故事)看作是柏氏认知体系中的一个有效成分。关于

epistēmē,另参考注⑧。关于"错觉,即自以为懂,实则不懂的危害",参考《智者篇》229C。

㉒ 参阅《荷马诗颂》3.188—193;另参考赫希荷德《神谱》40—51。神也同样需要诗的愉悦。在《伊利亚特》里,"年轻的阿开亚兵勇"曾用"动听的赞歌"平息远射手阿波罗的愤怒(1.472—474)。

㉓ 参考《神谱》100以下;《伊利亚特》9.189,16.787。在古希腊,歌颂神祇的诗乐叫 humnoi(颂),歌唱英雄们的业绩的诗乐叫 enkōmia(赞)。另参考亚里士多德《诗学》4.1448^{b}27。

㉔ 《伊利亚特》2.484—493;《奥德赛》1.10,8.44,17.518,22.347等处。另参考赫希荷德《农作与日子》649—662;品达《普希亚颂》4.176。

㉕ 品达《普希亚颂》12.6以下。阿洛斯有单管和双管之分,是上演酒神颂(即狄苏朗勃斯)和悲剧的主要伴奏乐器。

㉖ 阿波罗乃诗乐之神(参考《伊利亚特》1.603;《奥德赛》8.488;《神谱》94—95)。

㉗ 详见《伊安篇》533E—534D;本段引文中的"你"指伊安。参考该篇535A,536C—D。不过,在《伊安篇》里柏拉图承认了诗歌的绚美(kala、kalōs 词在"对话"里反复出现,参考第534节)。如果诗人并非如同《申辩篇》所描述的那样自以为是,柏氏或许会在他的诗论中掺入更多的同情。诗人的工作是讲故事(muthous),而不是进行依据哲理的叙述(logous,《斐多篇》61B)。然而,传统的故事一般含带强烈的渎神和反知识倾向,这就使爱诗的柏拉图不得不在诗与哲学之间作出忍痛割爱式的选择。柏氏无法与诗人达成真正的谅解。在他看来,传统诗歌的内容决定了诗与哲学的不和。参考注㉟和㊲。对于诗和诗人,柏拉图一直抱着一种掺杂着"怨恨"的赞慕之情。

㉘ 见《伊安篇》535E—536A。

㉙ 《克拉底鲁篇》439B 明确指出,认识事物不能从名称开始,而必须凭借对事物本身的研析。名称不能理所当然地代表事物,也无法揭示事物的本质和诸事物间的关联。

㉚ Eidos 和 idea 亦可作"形"或"真形"解。在柏拉图哲学里,"形"不是一种完全抽象的存在,因此将 idea 和 eidos(尤其是无例外地)译作"理念"似乎不甚贴切。关于这一点,我们将在第二章注⑥中再作解释。至于"迷狂的哲学家",参见本书第八章第10段。

㉛ 赫希荷德唱道:我们知晓如何使假事成真(etuma),但也会叙说真实的既往(alētheia,详见《神谱》22—32)。关于"真实的故事",参考第三章倒数第5段等处。Alētheia 是对 lēthē(忘却)的否定。诗人的监护是缪斯(Mousai),而缪斯的母亲是记忆(Mnēmosunē)。由此可见,诗人有能力讲述真实的既往应该是顺理成章的事情。

㉜ 《法律篇》3.681E—682A。关于达耳达诺斯创建家园的传说见《伊利亚特》20.215—216,关于波塞冬之子库克洛普斯的活动参考《奥德赛》第九卷。柏拉图知道,即便是用严格的神学和道德标准来衡量,荷马和悲剧诗人们也并非只会"说谎"。

㉝ 参见《美诺篇》99D。不会思考(dianoia)意味着难以掌握辩析的知识(epistēmē),而没有知识将意味着不可能正确理解 aretē(德、德性、美德)的内涵。然而,由于"迷狂"(mania)而造成的非思考状态并不是常规意义上的无知。柏拉图从不认为通神是导致无知的原因。在《伊安篇》里,诗人的灵性被当作是一个众所周知的"事实"加以描述;在《斐德罗篇》里,诗人的"迷狂"不仅不是一个弱点,而且还是一种福分。不过,诗人缺少哲学家

的对求知的主动精神,缺少进行哲学研究所必不可少的分辨能力,不能把通神的灵感用于对传统文化中的消极成分和 doxa 的超越。这些或许便是柏氏对诗人的"灵感"时有微词的原因。

㉞ 《国家篇》10.607B。哲学似乎从来不缺少竞争的对手,在中世纪是宗教,在现代则是历史(即与"思"形成对比的"史")。与此同时,现代西方哲学中出现的诗化倾向却似乎从一个侧面反映了哲学与诗歌的妥协。此外,自尼采以来,西方学界和艺术界持文学和艺术高于哲学之观点的人亦不在少数。尼采颠倒了传统的用哲学统领一切的"逻辑",指出"艺术是求生的伟大诱因,是生命的伟大的兴奋剂"(《作为艺术的强力意志》,见《悲剧的诞生》,周国平译,三联书店,1986 年,第 385 页)。"我们的宗教、道德和哲学是人的颓废形式。相反的运动:艺术。"(同上书,第 348 页)事实上,柏拉图并不是一位如许多人所以为的那样只讲 logos、不要 muthos 的"铁杆"哲学家,他的《蒂迈欧篇》实际上是一个新编的 muthos,是一部宇宙论诗篇。当然,我们应该从文化,而不是相对简单的"学术"的角度出发看待这里所说的哲学与诗的"抗争"。在古希腊人的心目中,诗人(尤其是荷马和赫希荷德)是他们从孩提时代起就懂得尊敬与爱慕的"偶像"。诗人是民族文化的传人,他们天分极高,所知甚多,是民众信服的老师。诗是民众学习的起点,认知世界的依据,是他们解释生活的参考,做人的指南。如果对古希腊诗歌的这种文化性认识不足,我们就不会弄懂柏拉图对诗和诗人的批评(W. Jaeger, *Paideia* volume 2, p. 214),不会真正理解他的强调"抗争"的良苦用心。在古希腊,诗与哲学都是教育的工具,也都积极地、全方位地参与了民族和社区文化的构建(当然,与哲学相比,诗歌的资格更老一些)。柏氏所说的诗与哲学的抗争,实际上指的是二者在如何主导民族文化方面存在着严重的、很难弥合的分歧,指的是传统诗歌对哲学充分发挥它的作用和实践它的"政治性"的阻挠。诗与哲学的抗争,是抢夺参与并有效轨导公民的认知倾向和道德意识之发言权和仲裁权的"斗争"。

㉟ 在《国家篇》4.719C 里,柏拉图承认灵感神授是古希腊人普遍接受的信念。柏拉图认为,与先知和卜者一样(《伊安篇》534D),诗人是一些通神的人物。在《斐德罗篇》245A 里,柏氏赞美诗人的心魂(psuchē)"鲜嫩",像神龛一样圣洁。在上述两篇对话里,柏氏关于诗和诗人的描述中充满了诗情画意。在实际生活中,公元前四世纪诗人们的创作观已明显朝向突出人的作用一边倾斜。

㊱ 音乐、诗歌和舞蹈(三者往往合而为一)伴随古希腊人生活的方方面面。祭神、庆典和体育比赛中通常均有诗乐参与(参考《奥德赛》8.97—103,246—253;《荷马诗颂》30.7—16;西俄格尼 757—764,773—779;巴库里得斯片断 4.61—80;埃斯库罗斯《祈援女》667—697;品达《普希亚颂》5.66)。雅典人经常举行气氛热烈的饮讨会(如柏拉图在《会饮篇》里描述的场景),参与者通常必须会唱即兴创作的、短小的 skolia;在从一个饮讨会走向另一个饮讨会的路上,兴奋异常的"歌手们"还会高唱一曲 kōmos。据传营旅生活中的斯巴达武士曾唱图泰俄斯的"战歌",雅典演说家鲁库耳戈斯和历史学家菲洛科罗斯均有过这方面的记述(详见 R. Thomas, "The Place of the Poet in Archaic Society", in *The Greek World*, p. 111)。战争给人带来痛苦,因而是"没有歌舞"和"没有竖琴"的罪恶(埃斯库罗斯《祈援女》681;比较欧里庇得斯《腓尼基妇女》784—791)。希腊词 mousikē(诗歌,比较拉丁词 mūsica)是现代西方语言中众多同义词汇的鼻祖:music, musik, musique, musica, muzsika, muzyka,musiikki,müzik 和 miwsig。此外，一大批音乐词汇，包括 melody，harmony，symphony 和 polyphony 等也都源出于希腊人的首创性贡献（详见 M. L. West, *Ancient Greek Music*, pp. 1—3,13—14）。

㊲ 《斐德罗篇》244A。诗人的迷狂（mania）乃神赐的礼物（theiai dosei,《斐德罗篇》244A8；比较 244C3；theiai moirai,"神赐的命运"）。神灵通过诗人、先知和卜者讲话（《伊安篇》534D），并由此把诗人变成神意的阐释者（ē hermēnēs eisin tōn theōn,534E）。在柏拉图之前，哲学家德谟克利特亦发表过类似的言论。论及诗人的迷狂时,《斐德罗篇》似比《伊安篇》更少一些消极的含义（参阅 M. H. Partee, *Plato's Poetics：The Authority of Beauty*, pp. 32—33）。亚里士多德认为，诗是"天资聪颖或迷狂者的艺术"（《诗学》17.1455^{a}32—33）。据说，苏拉库赛诗人马拉科斯（Marakos）擅长在"迷狂中"创作，失态时能写出更好的作品（《问题》30.1.954^{a}38）。当然，"迷狂"不是精神失常，后者是一种严重的大脑和心智疾病。关于诗人的"灵感"和"通神"，另参考 W. C. Greene, "Plato's View of Poetry", *Harvard Studies in Classical Philology* 29, p.7。M. H. Partee 亦对此作过较为精彩的论述（详见 "Inspiration in the Aesthetics of Plato"，载 *The Journal of Aesthetics and Art Criticism* 30, pp.87—95）。

第二章　诗与本体论(诗与摹仿)

人类历史上最早的巫师常常把世界看作是神或神力的创造。在荷马史诗里,宙斯、波塞冬和哀地斯(克罗诺斯的三个儿子)分管天空、海洋和冥土。他们"三分天下",让可怜的凡人在他们的管区内饱受各种痛苦的煎熬。最早的宇宙观里没有人的地位,因为一切都出自神的决策,神意的定夺。人的参与是多余的。随着时光的流逝和人文主义思想的缓慢传播,凡人中的精英分子开始把目光从追寻神的踪迹转向审视自然(即物质世界)。他们似乎觉得人对世界的解释可以采取另一种方式,即把它看成是一个由某种或若干种基本成分构成的有活动能力的机体。世界甚至可以部分地独立于神的意志存在,它为人提供生息的居所,为人的思考提供最基本的内容。人对"实体"的认真思考导致了最早的哲学意义上的本体论的产生。

在苏格拉底和柏拉图之前,包括泰勒斯、阿那克西美尼和恩培多克勒在内的哲学家们已经提出过多种解释世界的设想。他们把世界想象成一个由某种或某几种物质组合和聚汇而成的实体,相信宇宙可以被分解为某种最小的结构成分。这种定向的探索在德谟克利特的研究中取得了最佳成果。他的原子论成功地结束了一个时代的学人的努力。可以说,这是西方思辨思想的一次耀眼的闪光,是哲学的 logos 力图取代文学的 muthos(故事、神话)的第一次取得丰硕成果的"冲击"。当然,实际上,logos 和 muthos 是西方文化的两个侧面,二者的存在具有互渗、互补和交替"引导"的性质,西方文化史的发展进程证明了这一判断的合理性。本世纪中叶以来,西方出现了一些大反逻各斯中心主义(logocentrism)的学者。在弗莱、卡西尔和维柯等人的影响下,西方的一些大学教授们开始对 myth(神话)发生了强烈的兴趣,文评界亦随之出现了一批崇尚神话批评的专家。然而,我们知道,myth 来自希腊词 muthos,而"神话"亦无疑是"故事"的另一种说法。

前苏格拉底哲学家们对自然的探索功不可没。但是,过分强调物质的独立性也会带来负面效应,使人们忽略对物质赖以解释自身的属性、含义和规则等概念化的东西的探究。或许正是出于这种考虑,柏拉图在某种程度上否认了传统的自然哲学(或自然物理学)所提出的核心观点,认为传统哲学用以解释世界的四种成分,即水、土、火、气不能单独完成组建世界的重任。柏拉图不认为它们是严格意义上的本质或实体,因为它们总在变动之中,没有永恒的形状,来去匆匆,"不及受到'这个'或'那个'以及诸多能够表明(它们)永久存在的词语的修饰"。①在柏拉图看来,它们只是一些"性质"或"属性",展现在"受体"(hupodochē)之中,来而复去,没有确切的本体内容。②这位哲学家似乎打算在一个更为宽阔的理论层面上探讨物质问题。应该承认,从学术争鸣的角度来看,柏拉图的这一观点具有可贵的创新意义。

和苏格拉底一样,柏拉图怀疑物质的精度,蔑视感官的认知能力,不相信实践可以圆满体现理论的全部内涵。在《斐多篇》里,他区分了相同的物质和作为概念的"相同"。"我们承认",苏格拉底说道,世界上存在着一种叫作"同等"的东西(即同等之物的"真形"或抽象的形化存在)。这个"同等"不是指棍棒与棍棒、石头与石头的相似或相等,而是指一种超越和高于它们的存在,即"绝对的同等"(auto to ison)。③相似的棍棒只能表示大致的"近似",而不能说明真正的"同等"。相似之物羡慕和企望及达"同等"的精度,试图有朝一日能和它并驾齐驱,尽管这只是它们的一厢情愿,严酷的现实迫使它们只能以"同等"的不完善的摹本(phaulotera)的形式见诸世人。④按照柏拉图的理解,承认这一点是认识世界的"入门"。很明显,在这里柏拉图用另一套语言更富哲理性地表述了毕达戈拉的数学—音乐理论,修正了巴门尼德的"整一论"所包含的模糊与含混。在西方思想史上,"物"与"形"的正式划分是从柏拉图的"形论"开始的。

柏拉图毫不怀疑,在纷繁芜杂的事物和现象后面,隐藏着一种单一和稳定的存在。一般人通过对比了解事物间属性的差异,哲学家则通过对比揭示反映这种差异的原因。我们常说"这个房间比那个房间大","这位姑娘比那位姑娘美";在这里,"大"和"美"是进行对比,或使有意义的对比成为可能的前提性概念。只有承认作为抽象的形化或标准的"美"的存在,人们才可能进行物体或事物间的评美活动,作出何者较美,何者最美的结论。⑤在巴比伦,在古埃及,在富足的波斯,勤劳勇敢的人民曾经创造过灿烂的文明,制作过难以数计的美丽绝伦的艺术品。但是,对于注重实际的东方人,"美"通常不是一种本身即具有意义的东西。柏拉图充分发挥了西方哲学家注重思辨的优势,极大地拓宽了审美的范围。

按照柏拉图的理解,事物不能完全如实地反映概念的纯一,实践也不能极其准确地反映理论的精度。哲学家必须紧紧抓住决定事物本体性质和制导事物变化走向的关键成分,把难以理出头绪、因为经常变动而不可能真正被人理解的表象丢置脑后。沙滩虽是物质,但不能作为建筑高楼的基础。相反,抽象的解释标准虽然不是可以直接感知的物质,却可以成为理解事物,分析和阐释它们内在联系的指南。在这一点上,中国大思想家老子的看法似乎和远在千里之外的柏氏不谋而合。老子认为,聪明人可以"不出户,知天下"(《老子》第四十七章)。孟子无疑赞同老子的观点,在《告子上》里附和道:"耳目之官不思,而蔽于物;……心之官则思。思则得之,不思则不得也。"柏拉图认为,作为哲学研究的基本实体或主体,本体论的先决成分必须具有最大限度的稳定性,因为只有在稳定的基础上才能把握事物的实质,得出正确的结论,建立说明普遍性的学说。通过对比,柏拉图看到了一种人们常常予以忽略的东西,抓住了赖以建立他的本体学说的基础。人们往往含含糊糊地把"美"作为一种简单的感受,至多也只是把它当作一种"想当然"式的参照,但柏拉图却把它看作是一个高于事物的标准,一种超越意识的绝对真理,一种切切实实的、不容置疑的存在。思辨哲学在柏拉图手中得到了发展;思辨意识,在经过柏拉图的完善后,成为西方每一个伟大时代的主导意识。

　　柏拉图始终把热爱智慧等同于挚爱真理和哲学可以理解与阐述的真实。他摆脱了毕达戈拉的艰涩,舒解了巴门尼德的困惑,提出了一种以"物"、"形"或"真形"(eidos, idea)⑥对立,存(存在)、知(各种观念、知识)配套为基本格局的二元并存、褒"形"贬"物"的哲学本体论。在表现他的成熟思想的中期著作里,柏拉图反复强调了知识是对"形"的反映与解释的观点,认为所有的知识,尤其是高层面上的系统知识,都是围绕和有关"形"(ideai)的知识,而所有的"形"都是"善之形"(idea agathou)的某种"表现"和铺垫。在《美诺篇》里,他把"善"的实质提到了统括一切的高度:它不是某一部分或某一点的善好,而是对所有善好事物的总体概括(kata holou)。⑦柏拉图由此提出了一个崭新的逻辑思想,即一种关于如何最大限度地反映普遍性的学说。"普遍"与"稳定"(只有稳定,才能表现常态;而只有抓住常态,才能理解事物)始终是柏拉图哲学的核心内容。在善于抽象思维的柏拉图看来,"形"或"真形"是最纯的现实(on, onta,即"有"、"是"),是精度最高的存在,而可以感知的现实或物质世界只是"有"和"无",或"是"和"不是"的混合。"形"是唯一靠得住的实体或质体,是本能和永远地排斥"无"及"似有似无"或"似有实无"的现实。⑧从某种意义上来说,柏拉图似乎穷竭了哲学的理论限度,把"存在"的存在形式抽象到了理论所能允许的极限。两千多年后,法国哲人萨特颠倒了柏拉图提出的本体关系,力主存在先于实质,但他不理解柏拉图的苦心,不理解柏拉图哲学的全部所指,不理解那种属于希腊哲学大师的宽阔胸怀。

倘若世人都有苏格拉底的睿智,柏拉图或许就不会忧心忡忡地提醒人们爱护心魂,擦亮眼睛,探寻世界的真实景状,因为在苏格拉底面前虚幻的现象很难弄假成真。然而,令人遗憾的是,在柏拉图看来,世间的芸芸众生(philodoxoi)缺乏识辨真伪的眼光,看不清事物的真相,在表象或现象的误导下庸庸碌碌地生活。他把抱守成见的公众比作山洞里的囚徒;这群可怜的、失去自由和没有见过"世面"的人们,把火光折射在洞壁上的虚影当作洞外的真实景状。人们已习惯于洞里的昏暗,用惯视虚影的眼光欣赏穴内的生活。即便有人被释出洞,他将面临一个难以理解的现实(即物质世界),经受一个必须适应的过程。首先,他将辨识洞外的虚影;然后,他将面视水中的影子;接着,他将眼见投影的实物;最后,他会抬起头来,扫视广阔的天空。起先,他似乎更习惯于夜间的探视,眼望月亮星辰;随着时间的推移,此人(或柏氏心目中的哲学家)逐渐摆脱或摈弃了洞穴生活养成的积习,勇敢地正视光照四方的球体本身,而不再是折射的光影。他看到了一片鲜亮的奇景,看到了火红的太阳。⑨然而,这只是人世间幸运的一例;众多的囚者仍然深居洞穴,仍在麻木不仁、浑浑噩噩地生活。我们注意到,柏拉图在此论及了至关重要的人的存在问题,他指出了两个要点,即(一)人的基本生存状况,(二)环境对人的影响。人有一种天生的惰性,安于守旧,满足于已有的、哪怕是不甚理想的现状。有趣的是,在上文中,柏拉图把太阳比作真理,把物质世界看作是高于洞内的虚影世界的真实存在,无意中突出了现实(即可见)世界的地位,从一个侧面弥补了他对"物"的一再贬薄。当然,我们不能把这类引申推得太远。柏拉图不是唯物论者,尽管他也不是像许多人所以为的那样一个彻头彻尾的先验论者。

事物的"虚假"和人群的无知掩蔽了真理的光芒。事物以非真实的景状出现,愚昧的人们带着虚构的信心行走在雅典的大街上。柏拉图担心洞穴生活的灰暗霉蚀人的心智,盼望着人们转过身子,走出洞口,面对太阳。当然,这是一个形象的比喻,谁都知道人的眼睛不能正视太阳。柏拉图的用意是要人们透过假象,破除迷障,寻见真理,抓住事物的本质。太阳代表知识的光芒,代表真实的"形"化存在。从这个意义上来说,柏拉图的本体论,说到底仍然是一种褒"形"贬"物"的学说,因为从上述分析中可以看出,在讨论哲学问题时,他对"物"的赞美仍然是为了突出"形"的重要。

当然,柏拉图本体论的缺陷是显而易见的,我们无须把他的学说看成是连他自己都不会同意的终极真理和不容置疑的金科玉律。由于沿袭了苏格拉底的研讨入点,柏拉图必须或不得不在阐述普遍性上狠下功夫,而对普遍性的寻觅势必或极有可能会导向对人的智能难以严格论证的"形"的依靠。急躁的柏拉图不愿在前人"翻炒"多遍的物质世界里过多地消磨时光,一脚蹬掉了从分析物质入手的研讨模式,在泼倒脏水的同时也丢掉了水中的小孩。对"形"的偏爱使他忘却了对"物"的客观意识——须知即使是虚影也有它的存在价值。不错,柏拉图提出过颇具"现代"意味的受体(hupodochē)理论,但他似乎从未由此引申出一套完整和条理分明的学说。此外,即便从技术的角度来考察,柏拉图的"形"论也远不是一种完备的理论,它的疏忽至少体现在以下两个方面:(一)阐释面不够完整(比如,对脏杂之物是否有"形"的问题,苏格拉底的做法通常是点到为止,不作详谈)。苏格拉底认为,搅拌好的"泥土"由泥和水混合而成(《泰阿泰德篇》147C)。在论及这些"不体面"的杂物时,苏格拉底先是否认它们具备获取"形"的素质,但继而又对这一结论产生怀疑(参考 F. M. Cornford, *Plato's Theory of Knowledge*,第8页)。(二)对抽象的层次安排,尤其是对它的终结部分没有作出令人信服的说明。比如,人们会问,为什么说"善"的"形"是一切事物和概念的归结？它的背后是否还有更纯的"形"的存在,即"善"的"形"的形化存在？如果说柏拉图的本体论真如自尼采以来的众多西方哲学家所认为的那样是一种以僵化和封闭为特点的形而上学,那么在我们看来,柏拉图的形而上学思想似乎还不够严密;换言之,他的形而上学本身就存在着无法达成自圆其说的缺陷。研究中的偏好往往会把人引入歧途,即使像柏拉图这样的大学问家有时也难以稳妥解答某些最微妙的问题。好在柏拉图还有注重反省或反思的优点,如此,理论中的缺陷有时不仅无损于他作为一位杰出思想家的形象,反而为他的学说开辟出深广的回旋余地,增添了别人夺不走的魅力(亦即巨大的学术吸引力)。被著名的新托马斯主义者 I. M. 鲍亨斯基称为当代最杰出的盎格鲁-撒克逊哲学家的 A. N. 怀特海(Whitehead)曾高度评价柏拉图对西方哲学所做的别人不可替代的贡献,认为全部欧洲哲学中的精华只是对柏拉图学说的注解(footnotes)。怀特海的评价无疑包含某些夸张的成分,"但并没有错得漫无边际"。[10]柏拉图试图把知识的阐解力扩展到最大的限度,试图把人对自我和宇宙的理解穷竭到无法拓展的极限,试图让哲学的和诗化的解释(不过,在柏拉图看来,这经常也是哲学的)都能最大限度地发挥各自的潜力。我们知道,"诗化"是所有形而上学的特征,它使柏拉图哲学拥有了极其深广的纵深,但同时也暴露了它的经不起仔细推敲的"弱点",削减了思辨的严密性。

诗歌不具备哲学赖以生存的那种缺之不可的(当然,这是柏拉图的观点)本体属性,这一点我们将在下文论及摹仿时予以说明。现在,我们将顺便谈谈哲学借以实现自身价值的方法,由此论证柏拉图"引而不发"的观点:哲学对诗的"优势"还体现在另一个重要方面,即拥有后者所没有的研讨或求知的"途径"。在柏拉图看来,诗歌似乎不仅缺少理性认知的倾向,而且不具备或不够稳妥地具备探求真理的手段〔在古希腊人看来,手段(即方法)和目的是一个问题的两个方面;方法的正确与否直接关系到目的的实现〕。在第一章里,我们曾提及苏格拉底的求知方式,即通过 elenchos 的渐进式的反驳论证,使人们抛弃已有的成见和自以为知之、实则不知或知之甚少的感觉,并由此站稳求知的起跑线,在一个更宽广的范域内进行更有成效的、以寻求定义和深化认识为目的的探研。在此,我们将接续这一话题,作出进一步的分析。

说到 elenchos,[11]我们不能不谈一谈与之相关的另一个概念,即受"智"或智性(nous)制导的 dialektikē(辩析、辩析法)。[12]柏拉图明确指出,问答式对话是一种辩析过程(《克拉底鲁篇》390C)。换言之,elenchos 是 dialektikē 在具体和适当范围内的规范体现。随着苏格拉底的"定义"向柏拉图的"形"或"真形"升华的进程的展开,dialektikē 发挥着越来越大的作用。柏拉图似乎暗示这是一种更精密、规则性更强的辩析方法,[13]并不惜承担招致批评的风险,有意无意地夸大它的作用。按照柏拉图的理解,正常运行的 dialektikē 应从某些"知点"或"假设"(hupotheseis)出发,通过对假设的递升论证,逐次推理,顺理成章地得出最后和最完备的结论。[14]根据《国家篇》510B 的解释,dialektikē 是最好的思维模式,它可以使人最终超越推理(dianoia)的范域,进入无须形象并(最终)脱离假设,依靠"真形"本身(即严格抽象的方式)进行高精度思维的阶段。在柏拉图的论著里,dialektikē 并非总是一个明确的概念。在一批属于中晚期的"对话"里,柏拉图未经说明地将辩析法改造成了一种以"归集"(sunagōgē)和"划分"或"对分"(diairesis)为特征的分辨论。《斐德罗篇》和《斐莱布篇》探析了这一新的用法,《智者篇》和《政治家篇》列举了分辨的模式。[15]"归集"的作用是为"划分"创造必要的条件,而"划分"的目的(至少在《智者篇》里)是为了得出科学的定义。除了辩析(和下文将要论及的"爱恋")外,柏拉图还曾多次表述过求知即"回忆"(anamnēsis)的观点。比如,在《斐多篇》72E—77A里,他解说了"回忆"与心魂及"形"的关系;在《美诺篇》80E—86C里,他用"图解"的方法论证了习知抽象知识的可能性。Elenchos 和 dialektikē 促使并帮助人们进行有效的"回忆",推动和规划人们的求知过程,找回心魂中原来已经习得的知识,恢复心智的正常状态。在柏拉图看来,好的哲学不能没有好的方法论的辅佐,方法的有效性与结论的正确性息息相关。

熟悉柏拉图及其著述的学人们一定知道,这位希腊思想家从来不是一个乏味的说教者。他善于用生动和形象的语言表述机械的分析和枯燥的纯理性思维难以表达的意思。柏拉图无疑赞同苏格拉底是一位"爱者"或"爱恋者"(erastēs)[16]的观点,并且似乎亦不想掩饰苏格拉底的 erōs(友爱,情爱)中包含肉体欢爱的成分。认为柏拉图的爱恋观中只包含精神沟通而不包含肉体欢悦的观点,多少带有某种误解。但是,和苏格拉底一样,他坚信 erōs 的主要也是基本的作用应是激励人们对真理的热爱。真正的爱者必须热爱真理。在有影响的《会饮篇》里,"爱"是一种寻求"美"(kallos)的欲望,其动机是填补某种"匮缺"或需要(endeia)。[17]Erōs 包含巨大的"神力"(daimōn),是位于人和神之间的中介(metaxu)。[18]基于上述分析,苏格拉底进一步推导出 erōs 是介于智慧与无知之间的某种认知成分的结论,认为对自己的无知状况缺乏清醒认识的人不会产生热爱智慧或哲学(philosophia)的情感(参阅《会饮篇》204A)。"爱"促使人们激奋,迫使人们向前;"爱"激励人们思考,鞭策人们追求幸福的生活。

在柏拉图看来,哲学似乎是一种天衣无缝的知识组合,它具有高贵的气度,具备良好的本体素质,拥有使自己的本体内容得以充分展示的绝妙方法。不错,与巫术相比,哲学是后起之秀,但后来者居上(从柏氏的著述中可以看出，他似乎赞同这一观点），大有"一览众山小"的霸主气势。这位在荷马史诗里还很难找到踪影的"后生"如今已能向诗文挑战，对人间的一切评头论足。哲学规划一切，指导一切，就连热情奔放的爱欲亦在它的框架中找到了自己的位置。哲学似乎具备了调动一切积极因素的奇特才能。哲学如此，诗艺（poiētikē）如何？我们知道，一般说来，柏拉图并不认为诗是 eidos（形）的展示方式，也不认为 eidos 或 idea 是诗歌直接赞颂的对象。当然，柏拉图从未明确解释过诗与 elenchos、dialektikē 和 erōs 的关系。然而，鉴于他的本体论的精神实质，鉴于他在对待诗与哲学问题上所采取的基本立场，也鉴于他对诗的全面的不信任态度，我们或许可以不必担心柏氏会反对我们循着他的思路，按照他的思考习惯，就上文表述的观点提出一些引申性的见解。当然，我们的分析不应离题太远，不应超出柏氏的诗艺观可以合理涵盖的范围。

很明显，按照柏拉图的观点，诗歌没有哲学所拥有的那种深厚的本体基础（诗人亦无须就读于柏氏的学园）；它就像漂在水面上的浮萍，没有扎实的根基。诗缺乏深刻的哲学内涵，没有配套的方法论体系。史诗不是辩析，不是意味深长的哲学探讨，虽然它能追溯历史，表现氏族社会的政治情貌和酷烈的战斗场面。"诗情"似乎总爱和"画意"联手（这一点在亚里士多德的《诗学》里可以看得很清楚），却很难与哲学的思辨结缘。史诗无须依靠分析的方法，通过对 hupotheseis（假设）的解释，逐步走向和接近对终极真理的论证。史诗只需以曲折的情节，激动人心的场面，可歌可泣的英雄业绩，或引人开怀，或催人泪下，使听众在艺术的魔力下暂时忘却现实生活中的烦恼和艰难。史诗的艺术感染力或许甚于哲学，但它的逻辑性和说理性却不能与后者同日而语。同样，戏剧虽然用对话的形式写成（这和柏拉图的著述一样），但那不是哲学家手中的 elenchos，一般不包含思辨的内容。黑格尔可以借《安提戈妮》说明他的辩证法,但这却既不是柏拉图,或许也不是该剧的作者索福克勒斯可能会不加说明地予以认同的"引申"。剧情在冲突中展开,性格在斗争中形成;悲剧尽管述说情节复杂的故事(多数取材于传说,muthoi),采用内容比较深刻的题材,但却没有哲学的叙事体系,缺乏哲学的内在连贯,不具备哲学的纯学术性的钻研精神。作为一种严肃的艺术,悲剧或许可以使人朦朦胧胧地感悟到人生的某些内在含义,促发人们对诸如希波战争、妇女地位等现实问题的思考,但在柏拉图看来,它的消极影响还是远远超过其有限的积极意义。诗不具备哲学的求知背景,没有思辨所需要的透彻的理性,因此不可能成为释证"形"的理想工具。

　　古希腊人所熟悉的另一类诗歌是品种繁多的抒情诗。[19]抒情诗表达个人的感受,包括爱与恨的情感。早在公元前七世纪,帕罗斯的阿耳基洛科斯就已用缺少含蓄的文字写下过交织着爱和恨的感人诗篇。我们不会忘记莱斯波斯女诗人萨福的挚爱(Lesbian 如今已是女同性恋者的代名词),不会忘记阿尔克曼(Alkman)的滚滚情澜。Erōs 似乎生就应和抒情诗结缘:唯有甜美的诗篇最能表现炽烈的情爱。柏拉图或许不会驳斥上述提法,但他肯定不会仅仅满足于对诗人的激情的颂赞。从他对相关词汇的使用上可以看出,这位道德学家至少不像某些抒情诗人那样注重性爱的直接表述。诗人对 erōs 的理解存在着极大的片面性。他们只是看到了"爱"对情感的刺激,却忽略了它对心智的开发,忽略了它的最佳表述需要一种彻底的奉献精神。他们或许不能理解"爱"是位于智慧与无知之间的一种重要中介成分的观点。"爱",在他们看来,是一种非常直接和具体的东西,带有浓厚的浪漫色彩。诗人们抽去了"爱"的灵魂,使其只剩下一个躯壳,丧失了挚爱所应有的完整含义。此外,"爱"也包含克制(须知 Erōs 是一位神灵),包含对别人的理解,包容深沉的思考;"爱"不仅是一种行动和行动的过程,而且是行动的结果和对人生的直接影响。爱绝不是一个简单的概念。这些或许是诗人,尤其是激情澎湃的抒情诗人们很难理解的道理。阿耳基洛科斯失恋后写过爱欲横流的段子,表述了对纵情时分的美好回忆。相比之下,苏格拉底向往人体的美好,用饱含情意而又不至于太失分寸的语言体面地表达了对美男子的赞慕。真正的风流不应排斥表现人的价值的使命感。苏格拉底具有极强的克制力。正如试图"勾引"他的阿基比阿德发现的那样,这位著名的 erastēs 有着超人的毅力和十分清醒的头脑。他会像往常一样侃侃而谈,直到离别的时候。其时,"他说声再见,扬长而去"。[20]

"爱"绝非像某些诗人通常以为的那样粗糙和简单。即便是低层次上的 erōs,也不只是放纵欲火的柴堆,不只是睡床上的痴蜂浪蝶。完整的爱恋观应该包含人的伦理意识,体现深重的责任感。"爱"的核心是相互理解,它的力量在于催督人们奋发向前。"爱"包含尊严。在《会饮篇》212B 里,苏格拉底相当深刻地指出:"爱"可以"改善"我们的人性,比什么都灵验——我主张人人都要崇拜爱神(panta andra ton Erōta timan)。我认为自己应该崇敬爱的每一种成分,并请求大家都要这么做,道理就在这里。随着爱恋的升华,按照柏拉图的观点,人们将会从对物质世界(包括人体)的爱恋上升到对哲学的挚爱。"爱"是个升华和提纯的过程,是人的一种旨在自我完善的生存方式,是哲学思考的一部分。"爱"与哲学并不构成矛盾,真正的爱者完全可以成为最优秀的哲学家。

既然诗没有哲学的睿智和本体属性,缺少哲学所拥有的求知及自我阐释的手段,那么,诗与哲学的对抗实际上便是一种不等量的竞争。哲学强大,诗歌弱小;哲学似乎胜券在握。然而,这仅仅是问题的一个方面。从另一个方面来看,即如果侧重情感的作用,把诗对人的刺激和感化作为评审的标准,那么诗歌就很有可能会继续保持传统的优势,不断壮大自己的力量,扩大自己的地盘,争夺人心,最终有可能把苦涩、严肃的思辨赶出学园。由此可见,诗与哲学,从某种意义上来说,是半斤八两的对手,孰胜孰负的问题很难一锤定音。柏拉图自然希望哲学胜利,但同时也担心诗歌不会乖乖地认输,低头臣服。他不满于僵持的局面,更不愿看到哲学的失败,因为对于他,这将意味着一种政治理想的破灭。虽然按照柏氏的分析,我们很难判断诗与哲学的抗争最终何者获胜——在晚年写成的《法律篇》里,这位哲学家把自己的"对话"比作悲剧——但抗争(或者说哲学对诗的批评)本身无疑是一件至关重要的事情。在柏拉图眼里,哲学对诗的制约和批判始终是一个不容忽视的问题:它关系到城邦的兴亡,社区生活的繁荣,关系到军队的建设和民众的根本利益。这一点我们将在论及诗与政治以及诗与道德问题的关系时再作探讨。

柏拉图不仅以他的本体论闻名,而且还以他的内涵丰富、层面开阔的诗论吸引了一代又一代的学人。恩格斯曾经作过评论,认为亚里士多德是古代最博学的人。事实上,博学是那个时代的学者们的特点,苏格拉底和柏拉图都是有能力(用现在的话来说)进行跨学科研究的学问家。在柏氏的比较松散的学问体系里,诗论占有重要的地位,它不仅表述了柏氏独特的诗学思想,而且还从一个侧面体现了柏拉图哲学和伦理思想的精华。鉴于他的本体论的实质,我们似乎难以指望这位哲学家会对诗歌采取赞许和支持的态度。事实上,在希腊乃至西方历史上,柏拉图对诗和诗人的批评,就深度、广度、用词的严厉、抨击的次数而言,都创下了空前,甚至是绝后的记录。柏拉图反对诗和诗人的一个重要举措,便是从本体论角度出发论证了诗的虚幻性。他指责诗歌是一种失真的、不负责任的摹仿,其作用不是展示实质,而是构组关于实体的假象。

应该指出的是,柏拉图不是"摹仿论"的首创者。早在公元前六世纪,博学的毕达戈拉已经形成了音乐和数字是制导宇宙运作的第一原则的思想。据考证,这一观点似乎与影响过希腊哲人的东方神秘主义无关,也不是发达的埃及数学的"盗版"。换言之,这是希腊人的思想。毕达戈拉本人或他的学派很可能提出过现实世界摹仿一个深隐的、终极的、超越时空的数字世界的学说,只是因为资料的佚失,我们已无法直接论证这是一个可以毫无保留地予以接受的事实。幸喜亚里士多德给我们留下了一条宝贵的线索,使我们的推断不至沦为完全没有根据的猜测。内容深刻的《形而上学》告诉我们,柏拉图关于现实世界和形念世界的学说接近于毕达戈拉学派关于事物和数字之间的关系的论述。亚里士多德认为,柏拉图的创新在于用"介入"(methexis)取代了毕达戈拉学派的"摹仿"(《形而上学》1.6.987^{b}11—14)。在公元前五世纪,大医学家希波克拉底(Hippokratēs)曾明确提出了技艺(technē)摹仿自然(phusis)的思想,其中的两点论述影响过包括柏拉图和亚里士多德在内的几代希腊学人。希波克拉底认为:(一)技艺的产生得之于自然的启发;换言之,技艺的产生是对自然现象及其运作过程的摹仿。(二)技艺"协助"自然的工作,帮助后者实现自己的愿望。医术顺应生活的需要而产生,随着与自然默契配合(即向自然学习)的过程而发展。[21]哲人兼诗论家德谟克利特发表过类似的具备鲜明"仿生"色彩的论述。他认为,人的生活和创造在一定程度上得益于动物的活动:蜘蛛是织女和修补匠的老师,而歌唱是对鸟鸣的摹仿。[22]不难看出,"摹仿"是一个影响过古代学人思考的重要概念,至于它的不衰的诱惑力,我们可以从今天的蜂窝式房居和美制隼式战斗机中看出来。

在公元前四世纪,"摹仿"(mimēsis)[23]肯定不是一个使人感到生疏的概念。柏拉图意识到"摹仿"作为一个概念的应用潜力,得心应手地将它运用到几乎每一个研述领域。像一度曾对分辨(diairesis)着迷一样,在相当一段时间里柏氏表现出对"摹仿"的嗜好。"摹仿"几乎成了柏拉图手中的"万金油",而摹仿的原则也几乎成了他解释对应和主次关系的一般法则。柏拉图将艺术的再现、行为的效仿、[24]语言的描述[25]等统统纳入摹仿的范畴。字母是摹仿的工具,制法者(即制定法规的聪明人)先用字母和音节组成符号(sēmeion)和名称(即名词,onoma),继而联合其他词类,通过摹仿进行描述。[26]语言是对事物的摹仿。在《政治家篇》里,柏拉图明确指出,人间所有的政府都是对一种绝对善好的政府形态和机制(不完善)的摹仿(alla memimēmenas tautēn)。[27]在《法律篇》274A里,"摹仿"越过了人文的壕沟,进入了自然和物质的领域。事物按照宇宙中的规律生成、变化,根据摹仿的原则形成自己的生存格局。就连在反映生成的最高和最宏大的层面上也留下了"摹仿"的踪迹。柏拉图把宇宙分作三种形态,即(一)样板形态(paradeigmatos eidos),(二)对样板的摹仿形态(mimēma paradeigmatos),(三)接受变化和生成的受体或"境域"。受体(hupodochē)中的形纹来而复去,效仿(即摹仿)永久的轮廓,犹如在一块黄金上刻下的印记,展现出奇妙的图形。[28]可见的宇宙(kosmos aisthetos)是它的世人不可见的原型的"仿象"(eikōn)或仿制品。[29]"摹仿"是一种趋同的方式,亦是一个表述、表现和再"生产"的过程。通过它,试图摹仿的一方努力使自己"像"或"近似于"被摹仿的另一方。"摹仿"是摹仿者达到目的的手段。从这个意义上来说,摹仿论是目的论得以展开的一种方式,柏拉图关于"摹仿"的论述似乎间接地表明了这一点。

和他的同胞们一样,柏拉图认为,包括诗在内的各种艺术都是"摹仿"或"摹仿艺术"(mimētikai technai),而作为从事摹仿的人们,即包括诗人在内的艺术家,则都是制作仿制品的摹仿者(mimētai)。[30]摹仿者"仿制"已经成形或存在的实体和现象,"生产"像原物或旨在表现原型的"产品"。应该指出的是,在公元前四世纪,"摹仿"和"表现"常常是个合二为一的概念;把"表现"与抽象和象征联系起来(如表现主义艺术家所做的那样),使之成为一个有特定所指的术语,是一件发生在近代的事情。在柏拉图看来,画家或雕塑家摹仿人和事物的外形,[31]优秀的造型作品能够准确地表现原型的风貌、色彩和形状。[32]音乐亦可摹仿;好的乐曲可以使人产生想象,可以体现正确的原则,因而是对美的趋同(homoiotēs tou kallou)。[33]舞蹈可以再现生活,舞姿和旋律可以反映人的精神面貌和道德情操。[34]

尽管作为摹仿的艺术可能具有某种积极的意义,但从本体论的角度来考虑,它们中的绝大多数表现样式,至少就传统诗歌和戏剧的表现形式与内容而言,都不包含向哲学趋同的倾向。以诗为例。按照柏拉图的观点,诗与哲学是长期抗争的对手;[35]诗始终干扰着哲学思辨的方向。诗人总爱抓住表面现象鼓舌如簧,以为世界上最美的东西只能是他们所钟爱的五光十色的辞章。诗人本能地反对任何形式的"深入",他们无须重视思考,从不谈论研究的方法。在具体的事物面前,诗人们谈天说地,但在抽象的概念面前,他们却提不出精当的见解,只能"有口难言"。诗的拓展受到诗人能力的限制,诗的具体性加重了其超脱凡俗的困难。洞穴里的囚者无疑包括诗人。即便在《斐德罗篇》里,通神的诗人也不能像哲学家那样,可望步入绝对美(即"美"的"形观")的金碧辉煌的殿堂。诗的粗俗扼制了它的抱负和志向。荷马说过,诗是长了翅膀的话语,而在柏拉图看来,诗的翅膀(即话语)尽管灵巧,但它至多也只能在人间飞翔,到不了"天界"。

如果说哲学家的摹仿包含了向真理和终极美趋同的倾向,艺术家的摹仿通常只能导致对真理,即本体论意义上的对"原体"或"原形"的离异。在形态的平面上,诗歌只能"生产"模糊不清的"仿象"(eikōn)。仿象既不是神造的"形"或"真形"(eidos)——诗人岂敢与神明相比——也不是工匠制作的具有某种实体的器物。在柏拉图的本体论里,"形象"(包括影子、梦觉、幻象等)的位置处于构架的最底层。在《国家篇》第六卷里,柏拉图区分了"可见的世界"和"不可见的世界"(即智识可以理解的世界)。可见的世界包含两种成分,即"形象"和"事物";可智解的世界亦包含两种要素,即"数学研体"(或"数研体",即数学研究的对象)和"善"的"真形"。与这两个"世界"并立的是一组配套的认知手段或理解模式。在这个复合的框架里,"形象"和"想象"(eikasia)牵手,"事物"和"相信"(pistis,即"观念"、"看法")对应;"数学研体"和"思考"(dianoia)结伴,"真形"与"知识"(noēsis,即高层次上的思辨)同行。⑱毫无疑问,"形象"与"真形"不会走到一起(那不是一种从形到"形"的循环),它们之间隔着大海般宽广的距离。柏拉图不认为普通的形象制作者(即诗人和画家等)会有这个能耐,能够踏着本体的阶梯,一步一个台阶,爬上"真形"的顶峰。求知需要知识,而知识又会促导求知。诗人似乎无意迈步漫长的征途,也无力走完艰难的旅程。诗人的才学和所知十分有限,他们的表达受到生活氛围的限制。"众人有目共睹",在《蒂迈欧篇》19D里苏格拉底揶揄道,"并非我想贬低他们",诗人

> 是一个摹仿的部族(to mimētikon ethnos),至多只能轻轻松松地描写自己经历过的生活,仅限于受过教育的范畴,在此之外,他们将难以通过行动,更不能通过话语,进行充分的表述。

诗人的工作性质和"产品"决定了他们在本体论范域内的卑微。诗歌不仅难以与"真形"媲美,而且从某种意义上来说,还比不上工匠制作的实物。柏拉图曾经嘲笑过诗人,仿佛他们之所以从事写诵诗文的工作是因为没有工匠的本领,即没有实干的技巧。诗人和鞋匠都以制作(poiēsis)为业,但前者只能制作形象,后者却能生产供实用的成

品。诗家或许可以写出传世的作品,却不能把制作的形象转变成有用的实物,使之直接服务于民众的生活。在《国家篇》里,柏拉图区分了神工、工匠和画家(zōgraphoi)的作品,并指出制作(产品的)活动是个环接摹仿和逐次离异的过程。画家"生产"的 eidōlon(形象)被认为是对真理的两度(或三度)离异(10.597C—598C,参考第九章注㊱)。不过,画家的"产品"尚有某种实体,尚是一种不仅看得见,而且摸得着的东西。相比之下,诗人制作的形象,就本体的虚实之分而言,甚至还赶不上画家的 eidōlon。㊲当然,在柏拉图看来,画家一般没有诗人的激情,亦没有那种常常得到提及的令人羡慕的通神的本领。此外,从某种意义上来说,画家也不具备诗人所具有的遣词用句的才能。

在哲学的尽管宽深但却弥漫着浓厚的"优越意识"的氛围里,诗歌似乎很难找到一席体面的位子。在柏拉图的著作里,诗和诗人常常是接受批评和指责的对象。讲道理,下定义,不是诗人的强项。面对哲学的责难,诗只能回到属于自己的领地,占据艺术摹仿的小圈子。从技术的角度来看,柏拉图似乎区分了两种形式的摹仿,并在《国家篇》里分别作了阐述。为了行文的方便,也为了便于理解,我们将"广义摹仿"(与下文将要论及的"狭义摹仿"形成对比)列为摹仿的第一形式,虽然若按原文的顺序,有关"狭义摹仿"的讨论出现在较前的位置。在《国家篇》10.596D—E 里,柏拉图把艺术比作一面镜子。倘若有人用镜子扫描世界,他便可毫不费力地照显,或根据对原文的字面理解,"生产"(poiēseis)出太阳、星星、大地,以及人、动物、工具、植物和别的事物。显然,这是一种制作形象(或影象)而不是实物的活动。如果说唐太宗李世民的"镜子"(即历史)可以使人"知兴衰",柏拉图笔下的"镜子"却只能照显事物的外观,不能代替"可见的"实物,结果只能使人产生假象。像镜子一样,艺术家只能制作形象,而不能触及事物本身。柏拉图把画家(zōgraphos)归入了这一类"生产者"。㊳接着,柏拉图归纳出

(我们刚才提及的)三类制作者,认为画家的作品是对"真形"的三度离异,亦即处于"第三者"的位置上。正是在这个意义上,苏格拉底说道,画家是一个"摹仿者"(mimētēn kaleis)。[39]当听者对此表示赞同后,苏格拉底话锋犀利,转指诗人,来了个顺藤摸瓜:

> 这一区分亦同样适用于悲剧的制作者,倘若他是个摹仿者(mimētēs esti),两度离异于王者和真理(apo basileōs kai tēs alētheias pephukōs),和其他摹仿者一样(pantes hoi alloi mimētai)。[40]

悲剧主要通过话语摹仿,重现故事和生活中的景况,用摸不着的形象表现本来就不甚可靠的生活表象。"摹仿"或"摹仿者"在此不具任何积极的意义。诗的摹仿不能像哲学的摹仿那样紧追真理或"真形",具备蓬勃的上升意识。在当时,柏拉图关于艺术摹仿离异于真理的观点似乎没有得到学界和公众的接受,但是,它触发了学人的思考,或许还在学园内部引起过一些讨论。由于资料的匮缺,此类讨论的结果如何我们不得而知,但有一点可以肯定,即随着研讨的深入,学者们会从别的角度入手,用另一种眼光看待诗和诗艺,用更实用的方式解析诗的合成,挖掘诗的潜力。也许,正是为了回答《国家篇》第十卷的挑战,[41]亚里士多德写下了不朽的《诗学》。《诗学》采取了"就事论事"的务实态度,摈弃了把诗和真理或探求真理挂起钩来进行研究的做法,从而使"摹仿"和"摹仿者"获得了某种积极的含义。在亚里士多德看来,诗歌比历史更接近于哲学;诗与自然哲学论著的区别不在于是否使用了格律文,而在于是否通过语言进行了摹仿。作为两大诗评流派的源头,柏拉图和亚里士多德的诗学思想至今仍在某种程度上影响着西方文评家和文艺理论家们的思考。

我们知道,柏拉图不是个拘谨的思想家。在需要的时候,他会大胆地采用新的切入角度,勇敢地提出新的见解。将艺术纳入本体论的研究范畴,通过把艺术形象与实物和"形"进行对比并由此得出不利于艺术的结论这一做法本身,便是一种很有意义的创新。它拓宽了摹仿论的纵深,扩展了它的应用范围。然而,柏拉图在研析"摹仿"问题上的"创举"并非仅限于此。在立意新颖的《国家篇》第三卷里,他有意识地缩小了"摹仿"在一般意义上的所指,提出了富有创意的摹仿是"叙述"的一种手段的观点。苏格拉底照旧以问话开始,对阿德门托说道:你是否赞同,说书人(muthologoi)和诗人所诵的一切都是有关过去、现在和将来的叙述(diēgēsis)?㊷这里,柏拉图似乎暂时忘却了语言(包括诗歌)和文字是对事物的摹仿的"共识",把 muthoi(故事)当作一种泛指的"叙述",而不是上文讨论的摹仿。当对方作出肯定的回答后,苏格拉底进一步发问:那么,此种叙述的载体(或方式)是什么,是凭借纯粹的述诵,还是通过摹仿(即扮演,diamimēseōs)(的表述),或二者并用的做法? 可怜的阿德门托于是陷入了迷惘——他大概还是第一次聆听诸如此类的问题。苏格拉底接着援引了《伊利亚特》中的诗行,以老祭司克鲁塞斯求访阿伽门农一事为例,作出具体的说明。该诗第一卷第 15—16 行诵道:他(指克鲁塞斯)恳求所有的阿开亚人,尤其是阿特柔斯的两个儿子,军队的统帅。柏拉图认为,在这两行诗里,诗人(指荷马)仍以讲诵者或说书人的身份说话,甚至"不曾暗示说话的不是诗人自己"。换言之,观众此时见到的是诵诗者荷马。然而,当他继续开讲,诵说其后的诗行(第 17—22 行),诗人似乎决心代表别人,竭己所能,力图使听众相信说话的不是诗人,而是他所代表的角色,即克鲁塞斯,"那位年迈的祭司"。㊸诗人荷马此时以人物的身份出现在听众面前。这便是史诗使用的两种叙事方式,作品由这两种形式组合而成。接着,柏拉图作了一个总结性的归纳:这两种表达都是叙述(diēgēsis),不管诗人念诵的是人物的讲话,还是讲话或对话之间的描述性段落以及"开场白"一类的介绍。

有了上述铺垫,柏拉图让苏格拉底因势利导,强调了通过"摹仿"(mimēsis)的表述:如此,

当诗人以他者的身份张嘴说话,我们是否可以说,在这种情况下,他会使出浑身解数,使自己的言词语气似同于他曾告知将要说话的那个人的方式?

阿德门托作了肯定的回答。于是,苏格拉底抓住时机,提出了关键性的主张:

通过话语(kata phonēn)或姿势(kata schēma)使自己等同于别人,这种做法即为摹仿(mimeisthai),我说的对吧?㊹

这就是柏拉图在《国家篇》第三卷里阐述的"摹仿",即通过摹仿的叙述。此种摹仿实际上等同于演员的扮演(impersonation),表现人物的喜怒哀乐,而为了进入角色,诗人必须摹拟别人的行动,消隐自己的"存在"。古代的诗人(poiētēs)并不好当,他要写诗(或编诗)、说诵(或唱诵),还要进行摹拟式的表演。忒斯庇斯(Thespis)集诗人、演员和歌队领队于一身,悲剧诗人埃斯库罗斯亦曾是头戴面具的主演。然而,柏拉图却并不打算赞扬诗人,不认为他们没有功劳,还有苦劳。相反,在柏氏看来,"扮演"包含某种不真或欺骗的倾向;它误导听众,使人们把诗人的表演当作现实,把荷马当成克鲁塞斯或阿伽门农。此外,在柏拉图看来,一个人不可能扮演多种性格和秉性不同的人物,不可能超越自身素质或能力的"界限"。㊺我们不妨把此类扮演称作"狭义摹仿",以区别于上文提及的"广义摹仿"。

为了使读者真正弄懂"狭义摹仿"(当然这不是柏拉图的原话)的所指,苏格拉底还对《伊利亚特》第一卷第12—42行中的直接引语(即人物的讲话)作了改动,使之成为清一色的间接叙述(即诗人的说诵):祭司走向前来,开口祈诵,愿神明允许他们(指阿开亚人,即希腊人)攻克特洛伊,安抵家园;请他们接受赎礼,尊重神意。柏拉图指出,此类间接引语是不同于"扮演"的"纯叙述","没有任何摹仿的掺杂"(aneu mimēseōs haplē diēgēsis)。[66]这里,"摹仿"等于"扮演",是一种"狭义"的所指。

应该承认,柏拉图对"狭义摹仿"的分析是比较透彻的,只要顺着他的思路,读者一般不会产生"看不下去"的感觉。然而,在"创新"(指把"摹仿"当作一种叙述)的同时,柏拉图似乎忽略了理论的整体平衡。这位思想活跃的哲学家或许没有意识到,他的这一提法可能带来事与愿违的后果,因为细心的读者很可能会看出此论的要义有悖于柏拉图本人所坚持的诗是摹仿艺术的基本观点。要是不掺杂摹仿的叙述仍然是一个文本,那么诗就不必再背消极摹仿的黑锅,因为它已不再是一个摹仿事物的低劣者。很明显,即便是荷马史诗也可以供人阅读(即不必非"上演"不可),而在公元前四世纪,《伊利亚特》和《奥德赛》已是雅典公民们众口皆碑的读本。如果说《国家篇》394B里提及的"摹仿"是指进入角色的"扮演"(事实也是这样),那么,柏拉图就似乎应该说明此类扮演或狭义上的摹仿是不是一般意义(或广义)上的诗歌或艺术摹仿的一部分,亦即它的某种表现形式。不管答案如何,他似乎都应作出必要的解释。柏氏的疏忽有时会给认真的读者带来麻烦,他的深刻的洞察力有时会给人们带来理解的困难。细腻的区分固然很好,但立论的精确似乎更应得到优先的考虑。

然而,有趣的是,柏拉图的这一疏忽却给他造成了一个机遇,使他得以凭借上述区别划分出三类主要的诗歌形式。或许,这正是他的本意,是他绕着圈子、不惜承担可能引起误解和混乱的后果,一心想要达到的目的。或许,柏拉图(或苏格拉底)原本并没有形成成熟的见解,而是凭借与阿德门托的问答帮他理清了思路。不管怎样,柏拉图确实作了一次极有意义的划分。"现在",苏格拉底自豪地宣称,"我可以明白地对你表述以前无法阐说的意思":

> 有一类诗歌和故事完全凭借摹仿展开,那就是,如你所指出的,悲剧和喜剧。另一类借用诗人的述诵,它们的最佳典型我想应是酒神颂。还有一类兼用二者,比如在史诗和其他类似的情境中。[47]

柏拉图的学生们大概倾向于赞同这一观点,亚里士多德几乎完整地搬用了这一划分。[48]学园外的情况也一样。就连挑剔的伊索克拉底亦没有对此提出过异议。不过,酒神颂一般仅凭语言摹仿,它所产生或引发的形象是肉眼看不见的,我们不妨称之为"虚象"。悲剧通过演员的表演摹仿古人的活动,它所提供的形象是肉眼可见的,我们不妨称之为"实象"。史诗介乎二者之间,产生虚、实两种形象。柏拉图不曾提出上述区别,自然也不会就此进行深层次上的引申性的哲理分析。

包括诗在内的艺术摹仿并非总是包含负面的意义。我们将在本书第八章里较为深入地分析柏拉图诗论中积极,亦即肯定诗歌的一面。我们曾引述过柏氏在《克拉底鲁篇》426—427中所表述的语言是摹仿之工具的观点;[49]事实上,这是他的一贯思想。在《克拉底鲁篇》里,柏拉图不仅先于《政治家篇》提出了上述看法,而且还阐明了语言或名称——作为一种表述手段——在运作效应方面的双向性。制法者用字母和音节摹仿或表现事物的实质。倘若一切做得精确合理,他就能产生"好的"形象,换言之,产生合宜的名称。但是,倘若抽去或任意加上点什么,破坏词与物之间的和谐,他就不能或很难产生好的形象。所

第二章 诗与本体论(诗与摹仿) 63

以,有些名称起得很好,有些则纯属粗制滥造。[50]这一分析精到地指出了摹仿的功能属性,即既可导致好的亦可产生不好的或坏的效果。由此,我们会联想到亚里士多德关于技艺是具有双向运作能力的动能,即既可产生好的亦可产生不好的效果的论述(《形而上学》9.2.1046^{b}4—7,9.5.1048^{a}2—10)。诗是由语句组成的,所以诗的表述或摹仿无疑也会产生或正或负的效果。这是一种合乎逻辑的分析。但是,在论及或提及诗的正负功效时,柏拉图依据的主要是伦理和道德的原则,忽略了诗评与关于名称或语言摹仿的双向性论述的接轨,这不能不说是一个遗憾。

不过,指出语言具备较好的摹仿事物的潜力这一事实,将在一个较为基本的层面上,从一个绝非毫不相干的角度论证诗的积极属性。在论及艺术的"表现"时,柏拉图难能可贵地区分了两种不同的"摹仿":一种摹仿(mimēsasthai)事物的实质,另一种重现它的表象。[51]人的生活或许只能在表象中度过,但人的思考和艺术家的活动应该触及实质。逼真和现实主义的机械摹仿只能再现事物的表象,而不能抓住和反映它的实质。肤浅和轻率的摹仿者"对描述的对象一无所知",他所摹仿的事物"只是那些在无知的民众看来漂亮的表象"。此类摹仿只是一场游戏,玩玩而已,如过眼烟云,不值得认真对待。"那些上演悲剧的人们",柏拉图告诉人们,"无论是用短长格或英雄格表述",全都是无知的摹仿者(mimētai)。[52]尽管对此间的"摹仿者"的确切所指学界尚有争议,但不管它的背景是广义上的"摹仿",还是狭义上的"扮演",我们都可从这句话里感受到柏氏对机械地重现表象或表象美的做法的不满。在绘画领域,柏拉图反对传统的强调真实,或者说崇尚越真越好的表现手法。许多艺术家以能惟妙惟肖地描绘人物感到自豪;大画家宙克西斯笔下的葡萄几乎能以假乱真,使飞鸟上当。在柏拉图看来,此类画家们的"过错"或许主要不在于摹仿,而在于利用人的视觉误差,过分逼真地重现了描绘的景状。与此类现实主义大师们一样,史诗和悲剧诗人极其逼真地摹仿人物的行动,表现他们的喜怒哀乐,试图使人们相信,他们讲述的全都是真实的往事。然而,生活的真实和艺术的真实不是一码事。诗人和艺术家的肤浅就在于不能区分这两种真实的内涵。由于诗人表现民众的生活,因此,他们的活动比花鸟或风景画家的工作更具"感化"和伦理的色彩。诗人置这一点于不顾,我行我素,只图一时的痛快。艺术上的"弱点"反映了道德观的衰败,诗人的信口开河证明了他们缺乏崇高的社会意识。众多的理由促使柏拉图铁下心肠,在《国家篇》第十卷里驱逐了除去颂神诗和赞美诗以外的所有形式的诗文。[53]

然而,柏拉图恨诗的言谈或许正是他爱诗之情的曲折表现。所谓"爱之越深,恨之越切",所谓"恨铁不成钢"等表示爱恨关系的短语,或许正可贴切表示柏拉图对诗和诗人的双重态度。在中国古代,大学问家墨子(大概是苏格拉底的同时代人)曾经提出过著名的"非乐论"(详见《墨子·非乐》),但他似乎只是一味地"反对",而没有明确表示过对诗乐的同情。柏拉图对诗的态度无疑更为复杂。怀着某种程度上的企盼之情,他期待着诗人摆脱无知摹仿的局限,进行求真摹仿的实践。当然,他并没有十分清晰地表述过这个观点,但他的殷切之情跳跃在某些论述的字里行间。正如我们在上段中指出的那样,柏拉图毕竟还承认摹仿可以表现事物的实质,展现表象所无法显现的内容。事实上,他有时并不否认诗人具有掌握"正确观念"(orthē doxa)的能力。他或许寄望于诗人能像管箫吹奏者一样,掌握指导实践的知识(epistēmē),[54]成为真正的、有评判能力的行家。诗人还不至于愚不可及。诗歌或许存在严重的缺陷,但某些方面的改良始终是一种有待开发的可能。对诗和艺术问题的深入思考,或许还使他产生过艺术领域内可能出现某种超"形"(即能较为直接地反映"真形"的)作品的设想,《斐莱布篇》51C

中的表述或许可以从一个侧面佐证我们的"猜测"。⑤

注　释

　　① 《蒂迈欧篇》49E。晚年的柏拉图仍然把主要精力用于对法和政治哲学的研究,但也在一定程度上加大了对自然哲学的兴趣。《蒂迈欧篇》用了较大的篇幅讨论自然物理,并称宇宙为"可见的神灵";在《法律篇》里,柏氏亦高度评价了天文学(或天体学)的作用,认为研究星辰的活动将增进人们对历法的理解(7.809C—D;比较《国家篇》7.528E—530C对天文学的贬低)。参考第三章注④。

　　② 《蒂迈欧篇》49E—51A。按照柏拉图的解释,hupodochē 是生成(genesis)的受体,尽管受体本身不在变动之列(同上,50B—51B)。"受体"是介于可变的世界与不变的"真形"之间的存在,柏拉图有时亦称之为 chōra(境域,同上,52A—B)。柏氏没有详细说明 hupodochē 与 eidos 的本体关系。

　　③ 《斐多篇》74A。正是这种对"绝对性"的关注使西方哲学具备了较强的思辨性。

　　④ 详见同上,75A—B。不用说,柏拉图的观点是唯心的,但不是"不及物"的。他试图在一个包容物质、精神、概念、宇宙论、心魂学和广义上的伦理学的"大范围"内试探性地讨论存在问题。海德格尔等当代思想家之所以重视柏拉图和古希腊哲学,不是没有道理的。海氏的学问观比柏拉图的要小得多,所以他对柏氏的批评有时显得不太公正。

　　⑤ 细读《国家篇》5.479A。柏拉图认为,哲学意义上的认知实体(即本体)应该是"彻底"和完美的。我们所画的直线看似笔直,但实际上却没有一条是完全直的。同样,我们所画的方块看似成方,但实际上却没有一个是不带任何误差的方形。然而,哲学家和几何学家研究的却是完美的直线与方块。这类比较的意义是重要的,它为柏氏的"形论"提供了理论基础。

　　⑥ 希腊词 eidos(复数 eidē)和 idea(复数 ideai)均派生自动词 idein(视、看),本义似为"可见的形状"。根据 H. G. Liddell 和 R. Scott 教授编纂的《希英大词典》的分列,eidos 的意思包括(1)所见之物,(2)形状,(3)种类[eidos 和 idea 既可指"属"(genus),亦可指"种"(species);柏拉图用了两个专指"种"的词汇,即 meros 和 morion(部分)——笔者注]。Idea 的含义更广,包括(1)形态,(2)外观,(3)形式,(4)类型,(5)概念。可能是因为古代新柏拉图主义者阿尔比努和普罗丁等人的"误导",当时及中世纪的学者和神学家们一般把 idea 和 eidos 解作神的意志和观念,基本确定了对这两个词的概念化解释。直到二十世纪初以前,在英语中,这两个词的规范译法经常是 idea(概念,观念);在我国,直到今天,比较流行的对译是"理念"。柏拉图在《斐多篇》等对话里明确提出了有关"形"的思想,认为由于美的"形"的存在,美的事物才能具有人们所能觉察到的漂亮的外观,前者是决定一切美的事物的始因。"形"决定事物的性质,它不仅是后者的原型,而且是后者"介入"或"分享"的形体。Idea 和 eidos 不是简单的主观(的概念化)存在。自本世纪初以来,西方学者对这两个词的释译提出了新的看法,当今比较通行的英语译词是 form(s)。在我国,除了常见的"理念"外,学者们还用过另外一些术语对译 idea 和 eidos,包括"意式"、"理型"、"原型"、"埃提"、"观念"以及"通式"等。陈康先生在 1944 年出版的《柏拉图〈巴门尼德

篇〉》中独辟蹊径,用了"相"一词(有关"相论"的资料,参考汪子嵩和范明生等教授撰写的《希腊哲学史》第二卷之第642—652页;关于我国学者对 idea 和 eidos 的处理,详见该书之第 656—661 页)。陈先生综合了 E. Zeller 和 P. Natorp 的观点,认为"相"在柏拉图的一些著作中是"存在的原则",但"根据另一些著作",则"又是认识的原则"(《陈康:论希腊哲学》,第 179 页)。如果愿意仔细"追究",我们将会发现,在柏拉图的著作里,idea 和 eidos 二词的所指并非始终如一。比如,idea 在《斐多篇》100B 等节段里表示"绝对存在",在《斐德罗篇》251A 里指"爱的动因",在《国家篇》6.508D 中则可解作"真理的源泉"(比较507B:真实的存在)。在某些上下文里,这两个词可以和 genos(种类)、archē(本原)、aition(始因、原因)和 paradeigma(原型)等词互换使用。在《斐莱布篇》里,henas 和 monas 亦与 i-dea 同义。个别上下文里的 idea 似乎确实包含"理念"的意思。值得注意的是,柏氏在论及 idea 时经常使用 phusis(自然)和 ousia(实质)这两个词,由此我们似乎可以感悟到 idea 的及物性。所以,在专门探析柏氏的"形论"时,研究者们似应考虑语境和上下文等因素,做到有所变通,不宜过分偏执于某一种译法。然而,依笔者之愚见,倘若必须确定一种"普通"(即常规)译法,我们似乎不妨可以试一试"形"或"真形"(以区别于"虚象"或"仿象",二者亦是一种与"形象"相关的存在)。B. R. 里斯(Rees)从另一个角度谈论过这个问题,提请人们在解析柏氏的 forms 时应该谨慎小心。在 The Oxford Classical Dictionary 里,里斯指出,将柏拉图的 forms 解作"概念"(concepts)或"假设"(hypotheses)是一个"完全的错误"(事实上,《巴门尼德篇》的作者已经就此作过回答,详见该篇 132B—C,134B)。即使对"本质"(substances)、"普遍存在"(universals)和"理想化存在"(ideals)等译词和短语,使用中亦应十分小心,"注意分辨与保留"(p.840)。Eidos 和 idea 不是人的思想,而是思想思辨的对象。此外,这两个词在用法上还有一些微妙的区别。比如,在自《斐多篇》以后的各篇"对话"里(除《巴门尼德篇》外),eidos 的主导意思是"类"或"类别",而 idea 用于此义的例子则较为罕见。据 David Ross 考证,从表义的鲜明性的角度来看,idea 比 eidos"更为生动",更经常地出现在极富感情色彩和"包含想象成分"的段落里(Plato's Theory of Ideas,p.16)。我们是否可以由此推论 idea 比 eidos 稍微多一些诗的"风韵",多一些接纳诗歌(即文学)并准备与之合作的"诚意"?自然,柏拉图从未这么说过;事实上,他或许甚至根本就没有意识到这一点。不过,柏氏同样没有说过他的诗学思想是对自己的本体论思想(或形而上学)的超越,尽管依照我们的管见,这是一种可以形成框架和有比较充分铺垫的理解(参考第四章注⑤、第七章注⑦以及第八章注⑯和㊾等处)。关于"形"或"真形",另参考第三章注②等处。

⑦ 77A。柏拉图的"形论"(the theory of ideas)在早期写成的《拉凯斯篇》(该篇讨论"什么是勇敢")里已初见端倪(参阅191—192)。在《国家篇》10.596A 里,柏氏明确指出:我们已习惯于借助(一个)"形"来概括用一个名词(或词汇)统称的事物;我们可以说"这是热","这是脏","这是人"和"这是正义"。"善之形"乃所有具体之"形"的归结。柏氏的"中期对话"继续了"早期对话"的探索,即对定义和知识的讨论。在这里,柏氏开始有意识地把知识论(或认识论)引向对本体论(或"形论")的连接。《美诺篇》深化了求知[包括对美德(aretē)的理解]即"回忆"的学说;《斐多篇》阐述了一个崭新的思想,表明"回忆"和苏格拉底的定义理论的最终认知对象是各种具体的"形"。在此基础上,柏氏在《会饮篇》

第二章　诗与本体论(诗与摹仿)　67

里提出了"美之形"(等于《国家篇》里的"善之形",agathou idea)的想法,为哲学家(或真正的"爱恋者")对"美"和"善"的追索设置了终端。

⑧　细品《国家篇》5.479A。在中国哲学史上,老子大概是第一位较为系统地谈论过"有"和"无"的哲学家。《论语》没有从哲学的角度出发分析过这一问题。孔子所云"亡而为有"(《论语·述而》)、"有若无"(《泰伯》)等均不指对哲学命题。孔老夫子首先是一位道德学家。

⑨　关于这个"比喻",详见《国家篇》第七卷。在《国家篇》第六、七两卷里,柏拉图借用"太阳"、"线条"和"洞穴"的寓指(苏格拉底承认他对"善"所知不多,6.506B—C,故而只能借助比喻)论证了知识(包括对人的生存状况的真知灼见)的重要。对本体的理解需要知识。柏拉图知道,在本体论和认识论之间不应有错开和不协调的界线。尽管如此,柏氏的比喻在细节上不够完善,不乏"含糊不清"的环节(详见 J. Annas, *An Introduction to Plato's Republic*, p. 251)。关于比喻、寓指和故事的作用,参考本书第三章倒数第 5 段和第八章第 18 段中的相关内容。

⑩　*Plato's Republic*, edited by A. Sesonske, p. 1。柏拉图的"形论"中既有推理论证的一面,也有诗化朦胧的一面。比如,在《斐多篇》里柏氏把心魂(psuchē)和"形"(eidos)扯在一起,而在《国家篇》里他又把"形"与美和真理混为一谈。很明显,在柏氏哲学里,"形"不单是一个本体论概念,它的触角伸向知识的方方面面,包括辩析学、伦理学、教育学、美学和诗学等。《国家篇》结合了哲理的缜密和诗化的绚美。"善之形"(如同"美之形")体现了凡人可以理解的知识的终极形态。

⑪　Elenchos 意为"辩驳"或"诘问",有时亦可作"辨察"或"审察"解(如《申辩篇》39C7 和 39D1)。苏格拉底承认,他将"乐于"使对方的言谈前后矛盾,以便寻找辩驳的契机(参考《卡尔米德篇》166C8 等处),但同时亦不止一次地申明,这不是他的全部目的(166C7—D6)。尽管学界通常称苏格拉底的研讨方式为"诘问法"(或"苏格拉底法"),但苏氏本人却从未用过类似的指称。柏氏笔下的苏格拉底用了一系列动词,或许是为了展示谈话的性质,也可能只是为了满足上下文和表义的需要。此类词汇包括"审视"(exetazō)、"询问"(zētō, erōtō, ereō)和"探讨"(diereunō, philosophō,不作"使哲学"解)等(参考并比较 T. C. Brickhouse and N. D. Smith, *Plato's Socrates*, p. 5)。苏氏的 elenchos 沿袭了芝诺(参考注⑫)的 dialektikē 中的某些"特点",但芝诺的"争辩"目的完全在于否定(参考 T. H. Irwin, "Plato: The Intellectual Background", in *The Cambridge Companion to Plato*, p. 68),因而更具"解构"的性质。苏氏的 elenchos 在否定的同时还包含创意,带有积极的一面。关于 elenchos 与 eristikē(争辩法)的区别,详见第六章注㉚。

⑫　Dialektikē 派生自动词 dialegesthai [对话,交谈,由 dia-(相互)和 legō 或 legein(说话)组成]。比较拉丁词 dialectica,法语词 dialectique 和英语词 dialectic(但柏氏的辩析法不同于我们所熟悉的辩证法)。相关的词汇包括 dialektos 和 dialektikos(辩析者)。据说巴门尼德的学生、爱利亚的芝诺首用此法。亚里士多德间接肯定了芝诺的贡献,但也指出了苏格拉底对辩析法的发展(比较《形而上学》13.4.1078^{b}23—30)。参考 W. D. Ross, *Aristotelis Fragmenta Selecta*, 15;细读《巴门尼德篇》128C。年过"而立"以后的柏拉图逐渐加重了对 dialektikē(辩析法)的兴趣。柏氏从未明确划定辩析法的应用范围(尽管有的语句暗示此

法适用于所有的领域,参考《斐莱布篇》16C)。辩析法适用于对语言学(《克拉底鲁篇》390)、数学(《国家篇》6.510—511)、修辞学和心理学(《斐德罗篇》269—273)进行有层次的研究;伦理学是它的又一个可以大显身手的领域。辩析学家仅凭理智(nous、logismos、dianoia)思考。正如弹奏家用竖琴演奏,dialektikos 借助语言工作(《克拉底鲁篇》390)。如果说其他方法需要通过语言和别的什么,辩析法则仅凭"不带附加"(即"光")的语言足矣。很明显,辩析学高于诗学。辩析学家喜用对话的方式,谈话时海阔天空,对语句的编排有时亦不求"细节"上的连贯。在现代哲学中,形而上学和逻辑学是互相独立的学科,但在柏拉图那里,哲学和辩析学却是同一门学问。辩析学"不是一种可用可不用的……方法",而是"哲学本身"(R. Robinson, *Plato's Early Dialectic*, p. 71)。柏拉图把人的"理性世界"(to logistikon)分作两个部分或两种心智情态(pathēmata),一种是 noēsis(智性、智析、智感、思),制导 dialektikē(辩析),另一种是 dianoia(思考,分析),制导对"数"及相关问题的研究(在公元前五至前四世纪,"数学"的含义有时比较广泛,包括"几何及类似的技艺",《国家篇》4.511B)。在《智者篇》里,柏拉图阐述了 logos(话语、句子、论述)和 dianoia 的异同。Logos 和 dianoia 都包含"通过话语表达思想"的意思,二者间的唯一不同在于 logos 是一种外向的表述,即指说出来的话(参考 263D 以下),而 dianoia 则指内在的思考(包括"自言自语")。Logos 在语法中指"句子",由名词和动词组成,在逻辑中可指"判断"。柏氏认为,这两个意思也同样适用于对 dianoia 的解释。Noēsis 指 nous(智、心智)的运作,通过对 dialektikē 的使用达到"知"的目的。实践这一过程的活动便是体现 philosophia(哲学、求索)之真义的生活。作为一种认知(包括高层次上的感知)过程,dianoia 高于 aisthēsis 和 doxa,但低于 noēsis。参考第一章注㉑和本章注㊱。

⑬ 辩析是一门艺术(technē),也是一种方法(methodos),柏拉图称之为"辩析法"(hē dialektikē methodos,《国家篇》7.533C)或"谈话的功力"(《国家篇》6.511B),称之为"讨论的方法"(hē methodos tōn logōn,《智者篇》227A)或"关于研讨的艺术"(tēs peri tous logous technēs,《斐多篇》90B)。柏拉图认为,dialektikē 乃最好和"最崇高"的方法,是所有艺术或技艺中唯一可用于探索终极真理的一员(参考《国家篇》7.533B—C)。像许多词汇一样,柏拉图论著中的 methodos(比较英语词 method)亦不是一个具备固定和确切含义的技术性术语。比如,该词既可指"方法"、"手段"(《国家篇》435D,596A;《法律篇》638E),亦可指"程序"或"过程"(《斐德罗篇》270D;《智者篇》265A)。在某些上下文里,"求索"是贴切的解释(如《智者篇》219A);而在另一些上下文里,"方式"大概是比较达意的理解。Methodos tōn logōn 是个包含歧义的短语,既可译作"对定义的寻求"(即"寻求定义"),亦可解作"谈论的过程"。作为一门学问,辩析学的涵盖面似乎大于 elenchos,后者是服务于辩析和体现辩析之效益的方法。

⑭ 参见《斐多篇》101D;《国家篇》6.511E 等处。Hupothesis 亦可作"设想"解。辩析学家无须通过对可见之物的分析认知本源。因此,他既不同于自然物理学家(后者离不开对事物的感觉,aisthēsis),也不同于一般意义上的数学家(后者的思考对象虽然是"数学研体",但他们的工作通常离不开利用脑海中的印象或数学图像)。真正的辩析学家是人中的精华,不可多得。《国家篇》要求"哲学家王(子)们"在学过十年数学之后专门再学五年辩析学(7.531D—534E,537B—539E)。按照柏氏的见解,aisthēsis 和 nous 等分属两套感知

系统,二者均可独立运行。诗人的头脑要么听凭神的摆布,要么根据 aisthēsis 取得的信息创作。在这两种情况下,诗人都只能"生产"物质世界的仿象,误导人们对本体的认识。

⑮ 《斐德罗篇》266B;《斐莱布篇》16C 以下;《智者篇》218E 以下;《政治家篇》258E 以下。亚里士多德降低了 dialektikē 在思辨哲学中的作用,使之成为一种从非确定性前提出发展开工作的辩说艺术(或科学),以区别于依据确定性前提展开讨论的"阐明"(apodeixis)。在柏拉图看来,dialektikē 与诗人的活动无关;而按照亚里士多德的观点,诗家似乎并不缺少向哲学趋同的潜力(诗比历史更富哲学性),他们无疑也应和辩说家(或优秀的演说家)一样,具备从非确定性前提出发进行"描述"的能力。

⑯ 苏格拉底是闻名雅典的"爱者"(或"爱恋者",参考色诺芬《回忆录》2.6.28;《饮讨会》4.27)。苏格拉底本人亦不止一次地声称自己是谈论"爱"的专家(《会饮篇》177E,212B;《斐德罗篇》257A)。苏格拉底和柏拉图都是满怀"爱心"(或受爱神驱动)的思想家。在当时,哲学和神学还没有分家。哲学家也就是神学家,思辨的最终目的是贴近神的思想(比较:爱因斯坦说过,他想知道神的想法)。必须指出的是,在古希腊人(包括亚里士多德)看来,哲学或求知并不是一种纯理性的、完全不掺杂人的情感的冷冰冰的事业。哲学家(或学问家)不能缺少对神的崇敬,不能对人生和人的心魂状况漠不关心。哲学不是一些僵硬的、缺乏感情色彩的教条,哲学家也不应是一批文质彬彬、整天在斗室里冥思苦想的书生。苏、柏二氏都不缺乏炽烈的宗教热情,因为那个时代的人文精神教育他们,热爱神明就是热爱智慧。亚里士多德曾把热爱神话等同于热爱智慧(《形而上学》1.2.982^{b}18)。

⑰ 《会饮篇》200E—201B。爱"美"和爱"善"是同一回事情(206E8—207A2)。在近当代哲学里,"美"经常是一个美学或"文学"概念,"善"则是一个伦理或道德概念,但在柏拉图哲学里却不存在这种区别。在他看来,"美"(to kalon)与"善"(to agathon)是一回事情的两种说法,二者的自然和必然的和谐是(生活)幸福(eudaimonia)的必不可少的条件。追求"美"和"善"的目的是为了尽可能幸福地生活。此外,美的事物还必须"有用",即必须有效地服务于人的社会生活,而善的事物则通常是有益的和"令人羡慕的"(细读《高尔吉亚篇》474D—E)。说到底,柏拉图学说的最基本的特征是道德的,许多近当代西方哲学家恰恰是忽略了这一点。参考第十章注①、⑦、⑨和㊽。

⑱ 《会饮篇》202E。荷马没有提及作为爱神的 erōs。在赫希荷德的作品里,erōs(或 Erōs)是和"大地"和泰耳塔罗斯一样古老的神灵,长得极其俊美,能以爱欲征服人和神明。Erōs 代表一种巨大的聚合力,是维系宇宙秩序和促使其内部生成的主要力量(参考阿里斯托芬《鸟》700—702)。公元前五世纪流行的另一些神把 erōs 当作神祇中最年轻的一位,乃阿芙罗底忒和战神阿瑞斯(一说赫耳墨斯)之子。恩培多克勒将"爱"和"恨"(或"纷争")看作是两股构组和解构世界的原力。柏拉图不反对求知需要静心思考,但他强调的更多的则是"热情",即对学术的难以进行冷静(或康德式的不偏不倚)和四平八稳式的追求。苏格拉底坚信,"爱"是介于无知和智慧(philosophia)之间的神力(《会饮篇》204A),它是一种"渴望"(更准确地说应为"欲望"),驱使人们永久地占有"善好"(206A),满怀激情地向"神圣"(即永存)靠拢(207D)。古希腊思想家们喜用结合神与概念以及概念与事物的思维方式;从某种意义上来说,此乃他们治学的一个特点。《会饮篇》里的 erōs 只是一个

精灵(daimōn)——狄娥提玛称之为"贫穷"和"富足"的儿子——而不是一位严格意义上的神祇(theos)。

⑲ 古希腊人称抒情诗为 melos(意为"歌"、"诗歌",参阅《国家篇》3.398D)。Melos 指有音乐伴奏的格律文;亚里士多德区分了 melos 和无音乐伴奏的 logos,即 metron(《诗学》1.1447^{b}25)。柏拉图有时也用 mousikē 指诗乐(《斐德罗篇》243A)。人们在吟唱 melos 时通常由竖琴(或鲁拉,lura)伴奏。无疑是基于这一事实,生活在公元前三至前二世纪的亚历山大的学者们创用了 lurikē poiēsis 一语,用于指称此类不同于史诗和悲剧的、用"竖琴伴奏的歌"。汉语中的"抒情诗"大概对译自英语词 lyric poetry(lyric 既可指"竖琴的",亦可作"抒情的"解,可谓是对 lurikē poiēsis 的精到"发挥"),颇得"竖琴诗"的谐音之妙。亚历山大的学者们鉴分出九位著名的古希腊抒情(或竖琴)诗人,包括阿尔克曼、萨福、西蒙尼德斯和品达等。抒情诗的出现远远早于荷马创编《伊利亚特》的年代(某些西方文学史家在这一点上显然踏入了误区),荷马史诗本身已为我们提供了这方面的证据。《伊利亚特》里既出现过赞美阿波罗的颂歌(1.473,22.391),也有表达悲痛之情的哀歌(24.720—722,另参考《奥德赛》24.60 以下),还有渲染喜庆场面的婚娶之歌(18.493)。除了上述合唱外,荷马史诗还提供了独唱抒情诗的例子(参见《伊利亚特》18.570,1.603);阿基琉斯亦在《伊利亚特》9.189 里高歌 klea andrōn,但这很可能是一种类似于史诗的叙事诗。另参考安德罗玛开的"领唱"(《伊利亚特》24.723)。

⑳ 《会饮篇》217B。阿基比阿德是雅典出名的美男子。关于他"勾引"苏格拉底的描述,参见《会饮篇》217A—219D。古希腊人对同性恋(一般在男子之间)的态度较为宽容,但也主张爱者对被爱者(通常是少年男性)的钟情不应仅限于对肉体的慕爱和情欲的满足——他们有责任"关照"对方的心灵,使其在"精神"上得到关爱。当然,这是一种在特定文化背景下产生的社会现象,主题已超出本书稿研究的范围。

㉑ 详见 *Hippocrates on Diet and Hygiene*, edited by J. Precope, I. pp. xi—xiii。这种集自然和技艺(即人的努力)为一体的医学观点颇具东方色彩,和我国的中医调治理论亦有某些相通之处。希波克拉底认为,包括立法和陶器制作在内的全部技艺(technai)都是对自然及其运作程序的摹仿。"自然"(或"神智")教会人们掌握技艺。医药的镇痛作用是对自然的自我解痛的摹仿。众多的音符和五花八门的菜肴是世界本身多样化的反映,而宇宙的运作可以微缩为制作陶器的轮盘的转动(陶工摹仿宇宙的运作)。尽管人们并非总能意识到自己正在从事摹仿,但"摹仿"的确是技艺的一个显著特征(参考 A. J. Close, "Art and Nature", *Journal of the History of Ideas* 30, p. 469)。另参考第七章注②等处。

㉒ 德谟克利特片断154。德氏还认为建筑师的工作受益于燕子筑巢的启发。比较唐代文人贾岛的诗行:"人有不朽语,得之烟山春。"(《延康吟》)陆游诗曰:"天工不用剪刀催,山杏溪桃次第开。"(《新燕诗》)

㉓ 名词 mimēsis 派生自动词 mimeisthai,源出 mimos(摹拟,拟剧)。Mimos 很可能和梵语词 māyā 同宗,最早的印欧语词根大概是 māimi-或 mim,包含"转化"、"变幻"等意思。柏拉图大量使用了 mimeisthai 及其同根变体词;"摹仿"是柏氏喜用的词汇。G. F. Else 考证了 mimēsis 的词源及该词在阿提卡方言中的使用情况(详见"Imitation in the Fifth Century", *Classical Philology* 53, pp. 79—90;另参考 S. Halliwell, *The Poetics of Aristotle*, pp. 109—

115;J. J. Pollitt,*The Ancient View of Greek Art:Criticism,History and Terminology*,pp. 37—40)。笔者在此参考并引用了Else教授的观点。当然,在柏拉图哲学里,"摹仿"不只是体现为一组词汇,也不只是一个无关紧要的概念。"摹仿"是一个原则,是一个区分表象与实质的手段,是试图摹仿的一方努力使自己"像"或"近似于"被摹仿对象的"仿效"。"摹仿"既是目的论的工具,又是本体论得以进行自我阐述的条件,既是伦理学的助手,又是哲学与美学、心魂学和语言学通连的渠道。从这个意义上来说,研究柏拉图哲学固然可以从eidos入手,但也可以将mimēsis作为起点。

㉔ 《斐德罗篇》252D—E,264E;《普罗泰戈拉篇》326A—B。

㉕ 《克里提亚篇》107;《克拉底鲁篇》426C—427C,431D等处。

㉖ 详见《克拉底鲁篇》426C—427C;参考该篇423C—424B。在当时,词类的划分尚不明确。名称(onoma)可指名词、形容词和代词,而动词(rhēma)则可指短语的缩合和谓语(参考《克拉底鲁篇》399C;《智者篇》257B)。在公元前五至前四世纪,语法(或"关于书写的艺术",grammatikē)尚不是一门完善的学科。智者普罗泰戈拉等曾为古希腊语法学的建立做出过重要的贡献。广义上的文字工作者(包括哲学家,如蒂迈欧和克里提亚等)都是摹仿者。柏氏有时似乎无意区别哲人的辩说和诗家的谈论。哲学辩谈可以具备摹仿的性质(参考《国家篇》9.588B),人的谈讨是对事物或事件的摹仿。哲学家克里提亚指出:"我们所说的一切都是摹仿,都是为了制作形象。"(参见《克里提亚篇》107B—D)

㉗ 《政治家篇》293E。在《法律篇》第七卷里,柏拉图以"雅典人"的身份说道:我们也是悲剧的作者(poiētai),而且是最好和最优秀的悲剧的作者。我们设计的城邦摹仿最好和最美满的生活。事实上,此乃最真实的悲剧[817B;请注意,"悲剧"(tragōidia)在此可作"戏剧"或"剧作"解]。城邦的宪法(politeia)是对国家之"真形"的摹仿。显然,摹仿(mimēsis)在此具备积极的含义(参考第八章注㊿)。柏拉图区分了对实质的摹仿和对表象的不真实的效仿(参考注(51))。诗人的摹仿显然属于后者的范畴。

㉘ 细品《蒂迈欧篇》48E—49B,50A—C。

㉙ 同上,30C—D。宇宙是效仿"智性"的"形象"(eikōn tou nōetou,92C)。世界是原"形"的仿物(mimēma),一切可变动和正在变动的事物(或物质)都是对永恒实体的摹仿(mimēmata,39D—E,另见48E和50C等处)。Mimēsis是制导世界之"产生"的法则。神工摹仿原"形"制作"宇宙之魂"(psuchē tou pantos)和功力相对弱小的诸神(29D—30C),后者摹仿神工(dēmiourgos)的杰作,按照宇宙空间中的原型创制凡人(参考42E,69C)。从某种意义上来说,人(也和"次神",即神工制作的诸神一样)可以摹仿神的活动(88D,比较《斐德罗篇》252C—D,263B)。《法律篇》主张最大限度地开发和使用(或服从)心魂中"不死的成分"(4.714A)。这种意义上的摹仿,在柏氏看来,无疑应该得到肯定,因为它展示了摹仿者向"形"趋同的愿望和努力实践的过程。但人(包括哲学家)的仿制(或效仿)总是难比神的摹仿。诗人和画家的摹仿属于另一种性质的活动,它不仅没有争取向"形"或"真形"靠拢,而且背离了实物(如木工制作的床)的完整形貌,失去了它的物质性(参考S. Halliway,*The Poetics of Aristotle*,p. 120)。晚年的柏氏加大了对宇宙的兴趣,认为所有的星宿都是神灵。他相信宇宙是一个包含道德取向的实体,它的运作反映理性原则的绚美。宇宙之魂和人的心魂中包含同一种神圣的东西。柏拉图并非像一些西方学者所说的那样背叛

了苏格拉底的事业。相反,正是他把苏氏的心魂学说扩展到宇宙论的范围,从而为完整和立体地解释人与自然的关系奠定了理论基础。

㉚ 《国家篇》2.378B。在这里,mimētēs 是个贬义词,包含"一个试图制作(即不真实地仿制)一切事物的人"之意。人不可能无所不知,所以,若想"制作"一切,诗人和艺术家们就只能"假道"欺骗。参考注㊲。另参阅《蒂迈欧篇》19D—E。

㉛ 详见《国家篇》3.401A,10.596—598;《智者篇》234A—236C;《法律篇》2.667—670 等处。关于艺术家的摹仿,我们将在第九章里详细讨论。

㉜ 《克拉底鲁篇》431C。

㉝ 《法律篇》2.668A—B;细读该篇 7.798D—E。参考本书第八章第 2 段、第十章第 12 和 22 段。古代的中国人认为,"乐"(包括舞蹈)效法"天"的准则,因此可与四时相符:"乐以象天,礼以法地。"(《白虎通·礼乐》)这里"象"含有"摹仿"的意思,但摹仿的对象显然不是可见的形观。按照"亚里士多德和一般希腊人的观点",音乐"乃最擅'摹仿'的"艺术。它给人"直接的形象和(表示)性格的摹本"(S. H. Butcher, *Aristotle's Theory of Poetry and Fine Art*, pp. 128—129)。音乐比色彩和形象更具道德的张力,节奏和均衡的音程与人的心魂有着特殊的亲情(详见《政治学》8.5,1340^b)。

㉞ 细读《法律篇》2.655B 以下。柏拉图不把艺术当作一种独立的存在。在他看来,艺术品必然表现人的伦理观念,因而亦是伦理学的研究对象。优秀的艺术品应该是形象美与观念美的结合。在我国,"音乐,德之华也"(《乐记》)向来是得到学人认可的提法。音乐可以感化人的心灵,陶冶人的情趣,所谓"声乐之入人也深,其化人也速"(《荀子》)。

㉟ 《国家篇》10.607B。哲人塞诺芬尼(生活在公元前六世纪)曾批评过荷马和赫希荷德,而喜剧诗人阿里斯托芬则曾在《云》剧里嘲笑过哲学家的工作。不过,实际情况或许并非如柏拉图想象的那么严重。史诗和抒情诗人们没有反对过哲学,三大悲剧诗人也没有对哲学表示过不敬。当然,柏氏打算予以驱逐的主要是渎神和有害身心的传统诗歌。德才兼备的诗人不仅可以在理想国里占有一席之地,而且还可继续担当民众之师的重任。

㊱ 数学的重要性在此不言而喻。然而,数学还只是"思考"(dianoia)认知的对象,因而不能替代辩析学的认知(noēsis)。数学的"不足"体现在两个方面,即它的有效运作需要(一)可以想见的图形或图示等,(二)有赖于 hupothesis(假设)作为论证的前提。与之相比,哲学家的 noēsis 则不受这两点限制,只针对"形"或"真形"进行思辨(《国家篇》6.511B—C)。"数学研体"比其他任何事物都更接近于认知所需要的抽象,而摆脱可见之物的干扰,不满足于对物质世界的具体和常规理解——在柏拉图看来——乃哲学探索和使人变得聪明起来的起点。

㊲ 详见本书第九章第 12 和 14 段。工匠具有某种知识或掌握一些"正确的观点"(见《国家篇》10.601E)。神和人都具备制作"原体"和"影象"的能力。神制的"原体"乃自然界中的万物,而所谓的"影象"乃事物的形影和人的梦幻。凡人通过技艺制作用品(如建造房屋),此乃"原体",他们中的艺术家则借助各种媒介(如绘画)制作用品的虚象(详见《智者篇》266B—D)。在《智者篇》236A—C 里(另参阅 233D 以下),柏拉图区分了两种制作,一种复制或再现原物的形貌,另一种则迎合人的视觉误差,改动部分之间的比例,以期取得"逼真"的效果(参考第九章注㊲和㊳)。柏氏称前一种制作的产物为"幻象"

(phantasma)。Phantasma 是对表象(即视觉效应)的摹仿。包括诗歌在内的摹仿艺术都是"制作幻象的技巧"(phantastikē)。在《智者篇》和《国家篇》里,诗人和画家等都是制作此类"虚象"(eidōla)的艺术家(或摹仿者,mimētai)。艺术家的工作是对幻象的摹仿(phantasmatos mimēsis,《国家篇》10.598B;参考《克拉底鲁篇》434A)。关于 eidōlon、eikōn 和 phantasma 等,另参考第九章注㊲、㊳和㊸等处。柏拉图知道,对本体的误解会导致人的狂妄。诗人会像一面"折射一切"的镜子,以为自己也如智者一样,是无所不能的用文字描绘一切的"通才"(《智者篇》232E,尽管这不可能,233A),可以重现整个世界(《国家篇》10.598D—E)。和画家一样,诗人的活动只是"一场玩笑"(《国家篇》10.602B)。参考第八章注㊿。比较第九章注㊵。

㊳　毫无疑问,诗人亦是生产虚象的摹仿艺术家。在《国家篇》第三卷里,柏拉图把诗人的"说谎"归咎于心魂中的无知(即虚假的认识);诗人的谎言是对心魂中的"谎言"的摹仿(mimēma,382B)。换言之,不真实(如渎神)的虚象是心魂中的假象的反映。尽管诗人可以"制作一切",但却所知甚少。诗人和智者一样,都犯了"勉为其难"的错误。另参考注㊲和㊺。然而,柏氏似乎区分了诗的效仿和词汇(onomata)的摹仿。在《克拉底鲁篇》423B里,苏格拉底指出:一个名称……是用声音对被仿物的摹仿(mimēma);摹仿者(mimētai)通过声音称呼他所摹仿的事物。文字具备表现"实质"(ousia)的潜力,rho-这个音节是表现一切运动的"工具"(organon,《克拉底鲁篇》426C)。在这里,柏氏似乎暗示名称可以成为表示"形"的手段。当然,我们不能把这一理解推向极限。值得引起我们注意的是,柏氏似乎没有把对语言的这种认识用于对诗歌的理解。诗是由文字组成的。按柏氏的见解,在节奏、旋律和文字(logos)中,后者乃最重要的成分。没有词汇的参与,听者将难以把握诗乐的内容(《法律篇》2.669E)。然而,在研究诗歌时,柏氏却不愿让诗的语言具备上述特性。这种割裂文字和作品(指诗)的做法或许是柏氏诗论中的一个缺陷。柏氏实际上已经走到了"语言乃存在之居所"(海德格尔语,《海德格尔基本著作选》,伦敦,1978 年,第 193 页)的边缘,但对诗的不信任态度妨碍了他对诗歌语言(在揭示真理方面)的可塑性的探研。

㊴　直译:"……你称之为摹仿者"(《国家篇》10.597E)。关于"三类制作者",参考本书第九章第 12 段。《克拉底鲁篇》区分了两种效果不同的摹仿(mimēmata)。名称摹仿事物的实质或本质(ousia),颜色和形状(代表绘画和雕塑等艺术)只能摹仿事物的不稳定的表象(详阅《克拉底鲁篇》423D—E)。因此,名称产生揭示实质的仿象,而绘画(等艺术)却只能给人以重现表象的 mimēma(拟象)。

㊵　《国家篇》10.597E。对 mimēsis 及其同根词在《国家篇》第十卷里的所指学界向有不同的意见。亚当(J. Adam)和科尔福德(F. M. Cornford)等教授主张作狭义(即"扮演")解,但大多数学者则倾向于认为本卷里的 mimēsis 不同于它在第三卷里的所指,"包容更广的含义"(G. Sörbon,*Mimesis and Art*,p. 129)。在《国家篇》10.595A—602B 里,柏拉图对诗歌的攻击不仅针对戏剧,而且也针对史诗(甚至"祸及"抒情诗,参见 607A)。在这里,摹仿"涵盖所有展现和描述人间及自然界的行动与事件的诗歌"(W. K. C. Guthrie,*A History of Greek Philosophy* volume 4,p. 545)。

㊶　详见《国家篇》10.607C—D。柏拉图请本身不是诗人但却懂诗的学人接受挑战,用"不带格律的散文"替诗歌辩护(607D)。参考注㉟和本书第四章倒数第 2 段及第八章

第13段。

㊷ 《国家篇》3.392D。生活在二十世纪的一些著名学者(如 B. 罗素和 R. 罗蒂等)都认为柏拉图对欧洲思想(包括文艺理论)的贡献大于亚里士多德。法国学者 R. 热奈特将柏拉图的 diēgēsis 和亚里士多德的摹仿论看作是欧洲文艺思潮中的两股主流的发轫者。柏拉图的论著"无疑地是命运从古代给我们保存下来的最美的礼物之一"(黑格尔《哲学史讲演录》第二卷,贺麟、王太庆译,商务印书馆,1983年,第152页)。

㊸ 《国家篇》3.393A—B。

㊹ 同上,393C。除了在《国家篇》3.388C 里用过 mimēsasthai 一词外,柏拉图故意拖延 mimēsis 的出现,直至在 392D 里方使其正式亮相。根据 G. F. Else 教授的理解,柏氏此举的目的是为了形成一个表义上的空间,以便推出 mimēsis 的新义,即"戏剧化的表演"(*Plato and Aristotle on Poetics*, p. 28)。把史诗诗人的叙述分为"讲诵"和"摹仿"两类是柏拉图对文本研究的贡献。从现存的古文献来看,在柏氏之前似乎还没有人提出过类似的主张。

㊺ 参看《智者篇》233A。在柏拉图设计的城邦里,人们分工明确,各司其职,每人只做固定的一份工作(比较柏氏在《伊安篇》里对伊安只能"单打一"的评论)。摹仿能够塑造人的性格,决定人的气质。城邦的卫士们必须从儿童时代起就注意摹仿的对象,培养自制、勇敢、公正和崇尚自由的品质。他们决不能效仿各种失控和"奴隶式"的举动(包括行为、身姿、声音和想法),降低自己的人格(细读《国家篇》3.395C)。不过,《国家篇》里的"摹仿者"带有特定的所指:mimētēs 是一个试图通过虚象"制作"一切的摹仿艺术家(参考注㊳)。

㊻ 《国家篇》3.394B。

㊼ 同上,394C。事实上,古希腊悲剧和喜剧都包含大段的"叙述",即在场者对已发生之事或外在场境的描述(如克鲁泰墨丝特拉在埃斯库罗斯的《阿伽门农》里对残杀阿伽门农一事的描述)。柏拉图的划分并非十分严格。此外,柏氏关于酒神颂乃纯叙述的定论也不尽确切。在公元前四世纪,酒神颂的合唱者们已开始进行摹拟,他们"在不得不摹仿掷铁饼的情景时便扭转身子,在表演《斯库拉》时又冲着歌队领队穷扯乱叫"(《诗学》26.1461^{b}30—32)。然而,从整体上来看,柏氏的首创性区分仍然功不可没。他对作为形象制作者的文学的"载体"的划分,曾经影响过亚里士多德及其学派成员的思考。

㊽ 见《诗学》3.1448^{a}19—24。

㊾ 参见本章第21段。柏拉图令人扼腕地割裂了语言与诗歌之间在表述真理方面的通连。我们注意到,近当代的一些西方学者或许正是有意无意地看到了这一点,从而在一定程度上促使传统哲学完成了向分析哲学(或语言哲学)的转向。

㊿ 《克拉底鲁篇》431D。

○51 《国家篇》10.598B。同样,在《智者篇》里,柏拉图区分了"凭知识"的摹仿和"出于无知"的摹仿,并认为智者(sophistēs)的摹仿属于后一种类型(详见 267D—E)。"我们刚才提及的摹拟(mimēma)需用知识",陌生人对泰阿泰德说道,"因为谁要是打算扮演你(mimēsaito),谁就得熟悉你的特征(son schēma)"(267B)。当泰阿泰德对此表示同意后,陌生人进一步指出:许多人对德性所知甚少(ouk annountes),只是听过一些传闻(doxazontes),但他们劲头十足,大张旗鼓,装出一副有德之士的派头,通过行动和话语(ergois te kai logois)，"演得"惟妙惟肖（malista... mimoumenoi, 267C）。所以，我们必须区分"无知的效仿"和有识之士（即有知识者）的摹仿（267D）。囿于词汇的匮缺，我们不妨接受传闻或意见指导的扮演叫作"蒙骗摹拟"（men meta doxēs mimēsin doxomimētikēn），而称依据知识（met' epistēmēs）的那种为"有识摹仿"（historikēn tina mimēsin，参阅267D—E）。

㊾　《国家篇》10.602B。"英雄格"即六音步长短短格，也叫"史诗格"。

㊿　见《国家篇》10.595以下，605B和607A（比较《法律篇》7.817）。参考《国家篇》3.398A。颂神诗以歌颂神祇为主，赞美诗以赞扬"好人"的业绩为主（humnous theois kai enkōmia tois agathois, 10.607A）。"好人"（agathoi）指古时的英雄豪杰（参考《法律篇》7.801D—E, 8.829C—D）。其实，如用传统的"希腊观点"来衡量，荷马描述的人物大都是公认的"好人"（agathoi andres）。柏拉图的意思大概是要求诗人用更符合道德规范和社会效益原则的方式描写古时的豪杰和志士仁人的行为，以期取得教育公民，尤其是儿童的效果。在早期"对话"里，柏氏对神话的态度远为温和。苏格拉底说过的最严厉的评语是"难以相信"（《欧绪弗罗篇》6A）。关于"众多的理由"，重点参考本书第三、四两章。不过，为了维护我们心魂的善好，城邦会留用那些创作态度严肃、较少嬉嗷倾向的诗人（或说书者），让他们按照我们制定的标准，"摹仿优秀人物的言论，讲说合宜的故事"（《国家篇》3.398A—B）。对于"摹仿一切的外来者，带着试图演诵的诗歌，我们将弯腰致意，像尊仰一位神圣、非凡和可爱的客人……我们会把没药洒在他的头上，给他套上羊毛冠带，礼送出境"（3.398A）。

㉝　详阅《国家篇》10.601E—602A。关于epistēmē，参见本书第一章注⑧及其他相关内容。

㉞　参考本书第十章中的相关论述。R. W. Hall教授认为，柏拉图希望艺术家们表现高于或抽象于具体事物的图形，通过所谓的"形录"（formcopy）揭示事物的实质及其所包含的普遍性（参见"Platos's Theory of Art: A Reassessment", *The Journal of Aesthetics and Art Criticism* 33, p.78）。诚然，柏拉图没有说过（至多只有一点"暗示"）艺术可以再现"真形"（idea、eidos）一类的话。实际情况经常是相反的，即他的神学意识和伦理观念加重了他对文艺的偏见。新柏拉图主义理论的主要阐释者普罗丁（Plōtinos，即普罗诺露，公元205—270年）几乎全盘接受了柏拉图的文艺摹仿论，认为艺术的产生迟于自然，故而只能通过"虚弱的"再现（mimēmata）摹仿自然中的景观（比较柏拉图《法律篇》10.889D）。艺术摹仿是一种"玩耍"（比较注㊲），"没有什么价值"（《九章集》4.3.10）。然而，在《九章集》5.8里，普罗丁创造性地发展了柏氏曾经暗示过的某些观点，从而在理论上肯定了艺术的价值和艺术家的作用。他指出，"形"（eidos）是"美"的精神载体，存在于神的心目（nous）之中。石头的"美"并不存在于石头本身，而是在艺术家的心中，存在于艺术创作的过程，亦即艺术之中。艺术家的心智可以接受"神智"（nous）的感召，将接收到的美感注入材料之中，从而产生美的艺术作品。当菲迪亚创作奥林匹亚的宙斯时，他没有使用具体的模特，而是凭借关于宙斯的意念创作，遵循宙斯的意愿，"倘若他选择以这样的形象让我们看到"。艺术可以折射理念（或"形"）的光辉，因而具有积极的一面："不要因为艺术摹仿自然而小看它们……我们应该看到，艺术不是简单地再现肉眼所见之物，而是追溯理念的光辉……艺术创造许多有新意的东西，它们是美的'模型'，修补自然的不足。"（《九章集》5.8.1）

第三章　诗与神学(诗与形而上学)

　　柏拉图高举理性的旗帜,纵横捭阖,势如破竹,成果卓著。和苏格拉底一起,他把哲学从天上带回人间,创立了系统的伦理科学;和亚里士多德一起,他完成了学科的分类,完善了方法论的建设。在"师徒"三人中,柏拉图承上启下,发挥了别人不可替代的作用。在哲学领域,他第一次提出了认识是一个逐步深化的过程的思想,拆除了认识论和本体论之间的障碍。他拨开传统的积习和时兴学说布起的迷雾,告诫人们擦亮眼睛,抓起思辨的武器,反思已经形成的求知方法,铺设伦理观的知识背景。他要人们先站稳脚跟,然后起跑,而不是像性急的小孩子那样,在还没有学会走路之前,就想品尝跑动的潇洒和甜美。他反对人们只顾拉车,不抬头看路,因为瞎子式的摸行,即便走对了路(这是可能的)也不会有太大的意义。当然,"看路"不是全部,它只是一种求知的意识;只有把它和"问路"结合起来,才能使人踏上通往真理的坦途。Elenchos 和 dialektikē 使求知者超出诗人的局限——让我们循着柏拉图的思路——抛却诗人带给他们的沾沾自喜,踏着理性照亮的路基,走向与真、善、美的通接。

　　认识论意义上的无知使诗人在本体论范域内处于茫然不解、束手无策的被动地位。诗人似乎注定了与哲学本体无缘,只能在远离 philosophia(智慧)的某个角落毫无意义地敲打边鼓。柏拉图不认为诗是一种具有真实本体意义的创造,诗人制作的形象和幻影一样处于极低的认知层次上。诗人必须改造形象的虚幻,跨过实体的门槛,由此继续前进,靠拢万物的本真,即作为样板的"形"或"真形"(idea, eidos)。然而,做到这一点,对诗和诗人来说,决不是一件容易的事情。柏拉图指出了一个重要的、带有本质意义的问题:传统诗歌的本体属性和诗人的工作性质决定了二者在本体论范域内的卑微地位。诗的被动摹仿使它只能跟在实物后面亦步亦趋,诗的活动体现不出明显的创新意识和包含积极意义的自主精神。与之相比,"真形"高高在上,统领所有,洞察一切。它具有稳定、不变的特性,具有昭示万物、接受后者向其趋同的深刻内涵。作为最高和最基本的本体存在,"形"(即"真形")包含理性的力量,体现规律的普遍意义,明了事物的变幻方式,把握制导、评审和拒斥的主动权。思辨哲学终于找到了一个"支点",有了属于自己的框架。在这一点上,以后的大哲学家们,从笛卡尔到康德,从莱布尼茨到黑格尔,基本上都没有什么创新。理性思考使柏拉图受益匪浅;事实上,他似乎收取了这种具有极宽的覆盖面和通常是相当精确的思维习惯所能带给人们的每一分进益。

但是,这不是问题的全部。对柏拉图博大精深的学识,人们在赞叹之余或许会问:既然作为最真实的本体,"真形"具有如此巨大的"威力",既然作为它的"摹本"或不完善的"仿制品"的实物和艺术形象分别都有拙劣的制作者,那么作为原型的 eidos(或 idea)本身,它的出处何在?换言之,eidos 是否出自某个高明的制作者——而如果是的话,这位了不起的"形"体之父又是哪一位?显然,这是个涉及形而上存在的问题。柏拉图当然不想在这个问题上保持沉默,也不愿让别人抓住抨击他的把柄。事实上,他似乎已先行考虑过这一点,并在提出"离异摹仿论"的同时,对此作了至少在他自己看来是可以自圆其说的解释。有没有解释是一回事,能不能解释是另一回事。柏拉图相信,人的智慧可以解释一切(当然,指在常规意义上),这一点与荷马一样,不同之处在于荷马用的是从 muthos(故事)入手的做法,而柏氏则较多地依靠

logos(理性)。然而,柏拉图并不是一位彻底的理性主义者;在论及形而上存在的问题时,他似乎过多地运用了自己的想象,而想象,正如我们所知道的,通常是 muthos 赖以生成和栖居的家园。在《国家篇》第十卷里,柏拉图区分了三类制作者(参见第九章第 12 段),并把制作"床"之"真形"的光荣拱手让给了远比人间的凡夫俗子高明的神祇。在他看来,只有神才具有这样的睿智,只有神才有这般奇特的本领,也只有神才能把最完美的想象变为最美好的现实。按照柏拉图的观点,人的制作(poiēsis)一般不能具备形而上的意义;只有神的"工作"才能实现制作活动的最有意义的目的。柏拉图指出:

> 神(theos),不管是出于自己的意志,还是因为受制于某种必然(tis anankē),不能制作一张以上的睡床……所以,他只做了一张(mian monon),一张真正的、本体意义上的睡床;神不会制作两张或更多这样的东西,这些也不会成为现实。①

这里,theos 是希腊语中指"神"的规范用语。所谓"真正的睡床"指的是床的 eidos(形)。根据柏拉图的观点,神不仅是床之"形"的制作者或"作者"(phutourgos),而且还是其他事物的"实质"或"本质"(即"形")的制作者。通过"思考",theos 制造了所有的"真形"。②这样,柏拉图的理性主义把他的思辨引向了对"超越境界"的思考。在这一范域内,他所依靠的已不再是科学的分析,而是充满虔诚和良好意愿的信仰。古希腊人深信理性本身包含局限,只要是人的所有就不会十全十美。理性的具体表现是科学,但科学不能解释所有的事情。信仰修补了理性的不足,给理性的思考插上了神学的翅膀。理性促人精细,给人自信,信仰使人摆脱智能的局限,满足人的精神寄托。按照苏格拉底的观点,假设神的存在③可以使人更深切地体会到自己的渺小,遏制个性或人性中的狂妄(西方人更具此种倾向)。联想到柏拉图对诗和诗人的思考,人们或许会产生更深一层的感悟。柏拉图或许会赞同我们的分析,即认为诗人的自信是一种缺乏理性铺垫的狂妄,而这种应该受到压制的感觉,从根本上来说,大概产生于因为缺少正确的宗教观而"养成"的无知和浅薄。承认神的存在和至高无上必须成为一个不容置疑、无须实物验证的前提,它与人的信仰而不是各种分析相关,这是所有宗教哲学的基点。圣奥古斯丁深受柏拉图神学思想的影响,他的《忏悔录》便是一部讨论和解释信仰的神学专著。理性和信仰是柏拉图主义的两大支柱,也是全部柏拉图学说的智能归向。应该指出的是,在公元前四世纪,"信仰"只是一种对神的意识,而不是像"勇敢"、"克制"、"智慧"、"正义"那样,被普遍看作是一种美德。换言之,在那个时代,"信仰"和另一个基督教美德"慈善"一样,还没有被纳入神学和伦理学的研究范畴。

追求信仰哲学化的思维方式和取向使柏拉图的本体论(ontology)最终走向与神学(theology)或神学宇宙论④的结合。不过,柏氏并不认为所有的科学都是对神学的复归,像生活在十三世纪的波拿文图拉在《论科学向神学的复归》中所主张的那样。在当今西方,一些学者往往片面重视柏拉图的哲学见解,而不甚合宜地忽略了他的神学造诣。在国内,学界研究柏拉图神学的论著和文章偏少,也表明人们对柏拉图神学思想的重视不够充分。有些事情是忽略不得的。事实上,从现存的古文献来看,柏拉图是使用 theologia(神学、关于神的叙述)一词的第一人。⑤也许,仅凭这一点我们就应承认柏拉图在西方神学史上的地位,更何况他还是一位对神和"神论"颇有研究、颇多著述的严格意义上的神学家。如果说荷马和赫希荷德草创了希腊神学,苏格拉底和柏拉图则拓宽了神学的纵深,铺设了它的知识背景。在我国历史上,至少在殷周以后,神学并不是学者关注的中心学科。孔子说过:"务民之义,敬鬼神而远之,可谓知矣。"(《论语·雍也》)所以,孔夫子是一位诗论家,而不是神学家,但柏拉图却兼而有之,可谓一身两任。中西学术以后两千余年的走向竟然在某种程度上取决于两位大哲学家的个人"爱好",这一点不仅确实有趣,而且实在值得我们重视。鉴于柏拉图的论述具有包罗万象的特点,我们认为,深入研究他的诗学思想离不开对他的神学观的了解。此外,鉴于柏拉图不是白手起家,而是继承了前人留下的一笔丰厚的神学遗产这么一个事实,所以对他的神学思想的研究又似乎离不开对他的前人的神学意识的剖析。为此,我们将尽可能地遵循深入浅出的原则,先对柏拉图之前的哲学家们的神学观作一简单的分析,用以衔接柏拉图的思想,衬托并显示他的创新与见解。

在古希腊,就哲学领域而言,此处还需采用一种独特的角度来考量,"神圣"或"神性"(theion)意识的出现,或许略微早于栩栩如生的、有性格、意志和思想的从某种意义上来说"人格化"的神(theos)。不错,荷马史诗里已有众神的活动(稍后,赫希荷德完善了众神的家谱),但那是在催生文学、驰骋想象的前哲学时期,而米利都哲学的诞生是公元前六世纪的事情。最早的自然哲学家们认为,"神性"(请注意,不是宙斯或阿波罗)是解释世界的最终原因(archē)。万物都受神意的定导,宇宙按照神的意志运作。凡人不能忽略神意的存在,否则他将难以在社区内生活。由此出发,人们似乎达成了两点共识,即(一)信奉祖传的、相对原始的泛神论,突出地见诸泰勒斯坚持的泛生机论的观点,以及他的关于"神灵无处不在"的论述。[⑥](二)既然神灵是活力的来源,生活便只能是运动的体现;运动存在于万物和生活之中。[⑦]依据神力—运动(theion-kinēsis)的原则,哲学家们开始了对宇宙规律的探讨,开始了对事物的存在方式和运行规律的思考。随着研究的深入,人们逐渐倾向于把 theion 当作一种比较具体的、相对独立的动因,它含有明确的目的(telos),体现或显示清晰的运行轨迹。此外,它还是一种有意识的力量,一种强有力的"智"或"智能"(nous)。"推动者"运用"智"的杠杆,展现目的论的实质,规导宇宙中万物的生成、变化和衰亡。"智"与"力"的结合可以产生高质量的"生命"。随着知识的积累和时间的推移,神性已不满足于幕后的操纵;它要走向前台,它要清晰地表现自己。于是,泛指的 theion 一定程度上逐渐被具体的 theos(神)所取代,宗教哲学的发展也随之进入了一个新阶段。

在早期的 phusikoi(自然哲学家们)看来,事物的动因存在于事物本身,因此不存在动因外来的问题。但是,随着巴门尼德关于否定真实的存在中包含任何运动的学说的问世,自然哲学家们的观点受到了前所未有的猛烈冲击。巴门尼德认定真实的存在体中不存在富余的空间(即不存在的东西),由此从根本上否定了变化和生成(genesis),即从"无"到"有"的发展递变的可能性。[⑧]否定生成无疑等于否定运动——巴门尼德给世人提出了新的问题。这意味着哲学必须在本体以外寻找动因(archē),并用新的动因原则解释催导宇宙的生成和运作(kinēsis)的力源属性。巴门尼德在本体论范围内所取得的最新成果,实际上从一个侧面论证了塞诺芬尼在神学领域内的革新,后者否认神具有人格化的特点,主张 theos 应该是一种绝对静止不动的存在。[⑨]

巴门尼德否认生成,实际上也否认了人对世界的解释,因为传统的希腊学观认为,宇宙是某种"制作"的结果,世界在不断的、各种形式的"创造"或"制作"中表现它的生机,展示神的万能。埃及人的雕像往往正襟危坐,但古希腊雕塑,至迟在公元前五世纪初年以后,则着重于表现动感。希腊人不会接受一个没有运动的世界。为了解决这个难题,恩培多克勒提出了"爱"和"恨"的互补原则,[⑩]认为二者是制导生成和变化的根本动因。其后,阿那克萨戈拉又从智性的角度提出了"智"(nous)为运动之源的观点,力主 nous 不仅是催启的动因,而且是制导的原力。令人遗憾的是,阿氏的原著已基本佚失,他的许多精彩论断或许将永远销声匿迹。

巴门尼德关于"有"不会变"无"和"无"不会生"有"的论述,无疑给了柏拉图以极大的启发。柏拉图重视巴门尼德的思想并专门写过一部《巴门尼德篇》。"形"的背后似乎隐藏着巴氏"一论"(或"一体论",en kai pan)的幽灵。但是,和大多数前苏格拉底哲学家一样,柏拉图不同意巴门尼德关于只有存在是可知的,不存在是不可知的,以及真实的存在是一个(不是两个或多个)范域的设想。⑪柏拉图认为,真实的本体是作为复数的 eidē(形)的存在;他有时也说一个 eidos,但那只是为了便于理解。真实的存在,在他看来,不是一个 eidos,而是一个形成体系的 eidē。Eidē 的最完美的体现是作为"善"的形化存在的 eidos。⑫

很明显,要解决肯定运动的问题,就不能忽视"不存在"和"无生成"的观点。在《蒂迈欧篇》里,柏拉图提出了"受体"(hupodochē)的理论,设想 hupodochē 的位置介于真实存在和不存在之间,因而是承受 genesis(生成)的载体。⑬这是柏拉图的一个重要的理论突破,充分展示了一位大哲学家的审辨眼光和奇妙的想象力。在今天,只要是从事哲学研究的人们似乎都不能、也不会忽略这一极有吸引力的观点。此外,在柏拉图看来,变动不仅存在于 hupodochē 之中,而且还以某种较为低级的形式存在于可感知的事物或形象(aistheta)之中。⑭生成是事物的一种可感知的形式,虽然柏拉图并不认为这是事物存在的最基本的表现形态或常态。这样,运动不仅活跃在一般的表象之中,而且也出现在连接"形"的 hupodochē 之中,因而是一种不可忽略的客观存在。

如果说 hupodochē 为本体论平面上的 genesis 创造了条件,柏拉图的神学—心魂学则在一个远为宽广的境域内为运动(kinēsis)提供了一展身手的机会。《智者篇》《斐莱布篇》《蒂迈欧篇》和《法律篇》等"对话"相继论及了运动问题。运动是人之心魂(psuchē)的自我运行规则,和心魂一起作用于可感知的事物与超然的 eidē 之间。运动贯穿于宇宙之中,导致并展现各种具体事物的变化。⑮宇宙本身亦是个有机的实体,接受"宇宙之魂"(psuchē tou pantos)的催动和制约。除了 eidē 的深层存在以外,运动几乎无孔不入,活跃在天上人间。

宇宙之魂的制作者是一种能动和有意识的神力,柏拉图称之为 dēmiourgos(制作者、工匠)——它还是人之心魂中的永生部分的制予者。⑯ Dēmiourgos 亦司制作事物的"原形",工匠摹仿他的杰作制作各类有用的成品。这样,柏拉图从巴门尼德的绝对否定运动谈到运动的存在,又从心魂的运动论及宇宙之魂和 dēmiourgos。深入的剖析使他走完了从静态的形而上学到承认运动之存在的"准神学"的路程,使他从本体论的"绝境"过渡到神学的哲学边端。当然,诗人们不会理解 hupodochē 的确切所指,也不会认为 psuchē tou pantos 或 dēmiourgos 与"神"有什么区别。事实上,柏拉图亦没有系统地论述过 hupodochē 与 eidos 的关系,也没有明确说明 theos 与 dēmiourgos 的实质性差别。他的用意或许是想为神学或形而上学铺设某种哲学基础,但匆忙和活跃的思考有时迫使他急于阐述自己的思想,不及把一切说得明明白白。

巴比伦和埃及都曾是星象学高度发达和十分流行的地域,但那里的人们却大都倾向于把有关星象和天体的知识用于巫卜的实践,服务于迷信和巩固王室统治的目的。是希腊人最早把天体的存在作为一门学科来研究,并且把它从庸俗和迷信的桎梏中解脱出来。尽管如此,东方人的"天神一体观"还是深深地影响了希腊人,反映在他们最早的哲学论著里。在古希腊哲学家的宇宙起源论里,天或天体常常被看作是一种具有生成意识的力量。⑰阿那克西美尼(Anaximenēs)曾作过"众多的天体(ouranoi)都是神灵"的猜测,用他的天体多元论取代了古代诗人的"多神论"。⑱太阳、月亮、行星等天界实物于是成了哲学研究的天体对象;专业化或准专业化的星象学和天文学的产生,把人们的视野带向广阔的天空。在公元前四世纪,"天"有时仍然是个包藏神意的泛指的概念,柏拉图常常把 ouranos 和 kosmos(宇宙)当作两个可以互换使用的名词。⑲"天"常常是"神"或"神意"的喻指;"天体中的诸物是神的家族"。"天"还有另一层与宗教(请注意,宗教和愚昧的迷信不同)相关的含义:它代表了一种最理想的有序状态,而这一状态是人们追求的最高精神境界。天体中充满神的旨意,哲学家的企愿是思考那些高高在上的星空中的精神存体,仰望苍天。天代表人的精神寄托,体现人生中最美好的感觉。公元一世纪,谙熟柏拉图哲学并曾摹仿他的文体写作的哲人斐罗(Philōn)发展了柏拉图的"天魂学"思想,认为上帝创造天体(heavens),以便让凡人沉思它们的和谐,并由此受到感召,认真钻研哲学。⑳很明显,这与以后统治西方人思想的基督教宇宙观已经十分接近。

柏拉图似乎感悟到天体(heavenly bodies)中包含某种伦理意识,坚信它们具有潜在的教育功能。这与董仲舒的名言"天不变,道亦不变"似有某些相通之处。《国家篇》528E—530C 直陈天文学是研习辩析学(dialektikē)的"入门"。㉑"天"的秩序是心魂趋同的标准,天体的和谐是心魂看准的目标。《蒂迈欧篇》47A—C 力主,对天体的思考会把人们导向对回复心魂之和谐(harmonia)的重要性的认识。《厄庇诺摩篇》将上述思考融入了一种新的"星体神学"。于是,"天"澄清了 theion 的朦胧,成了神明居住的地方,等同于浩瀚的宇宙,高耸的奥林波斯。㉒宙斯,"强有力的统领"(megas hēgmōn),雄居天庭,统辖众神,定导一切;众神忙忙碌碌,各司其职,相处和睦,亲善的气氛中不存在妒忌一类的情绪。㉓神的生活中已不再像荷马和赫希荷德所描述的那样充满仇恨,神的世界里不再会出现纷乱的格斗场面。神的伦理观已经趋于成熟(按照柏氏的观点,神应是"善"的化身),神的活动应该成为人的"样板"。柏拉图完成了对神学的伦理内容的改造,使它成为伦理意识的涉及形而上存在的延伸。神学终于有了实在的内容,它摆脱了诗的盲目,驾起畅游的马车,奔向和哲学"并网"的路程。

以上,我们用了不短的篇幅分析和阐述柏拉图的神学思想。我们的用意并非就事论事,更不是故弄玄虚,而是为了指出柏拉图诗学深广的宗教背景,阐明他的爱憎分明的诗学观。在柏拉图看来,一方面,无论是诗学还是神学都不是独立的学问范畴;它们和哲学交织在一起,在哲学思考的总体规划内寻找自己的位置,彰显自己的意义。另一方面,成熟的宗教观或神学又是哲学思辨的最终和必然的归向;形而上学补足了哲学的缺陷,使它成为一种无所不包的学问大全。神学还是道德规范的指导原则,它不仅是伦理学的延伸,而且也是审视伦理意义的最高标准。在古希腊,诗是最早提及神的存在和活动的"故事",诗人是最早释解神意和神人关系的"神学"权威。所以,从总体上来看,诗学必须同时接受神学和哲学中的伦理学原则的检验。由于受到一种总体意义上的目的论的支配,柏拉图常常不能容忍学问和研究脱离伦理和道德的约束,不认为非道德的意向是制导神学和诗学的积极因素。认清这一点,将无疑有助于我们加深对柏拉图诗学思想的理解,深刻认识他为何如此痛斥诗和诗人的隐藏在意识之深层次里的思考和动机。

柏拉图和苏格拉底都是颇为虔诚的信神的公民。苏格拉底常常感觉到某种精灵(daimonion ti)的出现,劝阻他不要做某件事情。[28]在《申辩篇》27D里,他告诉人们,相信精灵即是相信神明。相信神的存在,按照柏拉图的观点,就是坚信正义和光明,就是相信伦理观的形成不仅只是得力于人的智慧和创造,而且体现了神的意愿和英明。诗人应该赞颂神的伟大,帮助人们树立正确的神学观。当然,这只是柏拉图的一厢情愿。诗人在认识论和本体论范域内的表现,我们已在第一、二两章中作过初步的分析,如果再加上神学的检验,那么诗和诗人的所作所为离柏拉图的要求即便不是南辕北辙,也已是大相径庭。严酷的现实使柏拉图的愿望难以成真,使这位爱诗的哲人不得不对"背道而驰"的诗人举起批判的武器。按照柏拉图的理解和判断,传统的希腊诗文堵塞了哲学向形而上学靠拢的正常途径,妨碍了一种健康和完整的道德观的建立。事实上,柏拉图从未放松过对诗和诗人的贬神及渎神倾向的批评。在论及"神圣"的定义时,欧绪弗罗指出:我们不能容忍不虔诚的人们,不管他是谁。宙斯是最公正、最伟大的神明。诗人及说书人编造和传播虚假的故事,使人们信以为真。为了纠正诗人的错误,柏拉图甚至不惜与强有力的传统开战。他反对传统形成的一个共识,即为了报复克罗诺斯腹吞儿子的野蛮行径,宙斯(只是克氏众多儿子中的一个)囚禁了他的亲爹,而克罗诺斯亦曾以类似的理由,用残忍的方式对待他的父亲。每当人们讲起这一类故事,苏格拉底说道,我就感到讨厌。㉕同样,波瑞阿斯卷走奥里茜娅的故事尽管动人,但它的编制者和讲述者们却不配接受人们发自内心的尊敬。㉖人们会没完没了地讲述和解释类似的无法严格论证的事情,而哲学家们却没有太多的兴趣在这些论题上消磨时光。传统文学创造了几乎全部希腊神话,但创编故事的诗人却没有起码的神学意识。他们不懂神学应是诗的进取精神的代表,不懂神学有义务为社会和人的伦理活动提供符合道德原则的规范。就像故事不是历史一样,神话不是神学。

形而上学是希腊哲学的终端,柏拉图意识到传统的希腊文学对建立一种符合贵族意愿的形而上学的潜在威胁。很明显,无论是哲学还是伦理学都不允许诗人想写什么就写什么,想怎么写就怎么写。诗必须有所收敛,诗人必须受到约束。人生的自由不等于写作的自由,"自由人"必须谨防滥用自由带来的危害。柏拉图关于诗艺与神学问题的思考在《国家篇》里形成了落点明确、攻击力极强的理论"拳头"。作为"理想国"的缔造者——他自豪地宣称——我们有责任替诗人制定一些标准,供他们在写诗和编说故事时参照执行。在希腊(亦即在西方)

历史上,这位诗评理论家第一次比较系统地提出了描述神的活动必须有所依循的思想,提出了诗人必须认真考虑和严肃对待的神学标准(tupoi peri theologias)。[27]柏拉图认为,不管自身素质如何,诗人必须承认一个前提,那就是必须按照神的真实或应有的情状描写他们的活动。换言之,神的活动不仅应该,而且必须体现道德的原则。诗人不能自行其是。归纳起来,柏拉图的主要论点有两个,即(一)神是善的,[28]所以只能是善好事物或行为的促成者;(二)神绝不会改变自己的形态,绝不会要人们相信他有这个意愿。神不会,也不愿改变自己。由此,我们似乎可以联想到中世纪神学院里的"告诫",那种充满离奇想象和美化上帝的说教。

柏拉图一反人们惯常的做法,在致使事物发生变化的原因中区分出导致"善"和"恶"的动因。他认为现实中的神明是体现善好的象征,因此只能是催发好事的原因。柏拉图不同意大多数人的观点,以为神是一切行为的催动者。人世中善事极少,恶事太多,因此只有善事才来自神的恩赐。至于恶事或错恶,我们得从别处寻找原因,而不能在神明身上动脑筋(all' ou ton theon)。[29]人的生存包含选择(由此,我们会想到萨特),而选择常常是个人的事情。神不会代替凡人生活,人必须对自己的行为负责。虽然柏拉图肯定不会赞同萨特的"他人即地狱"的存在主义信条,但他似乎坚信人必须竭己所能,承担起应该承担的责任。《国家篇》第十卷明确指出,倘若有人择取不当(指心灵对来世的选择),那么,"该受指责的是选择者自己,而不是神明"。[30]柏拉图特别提到荷马的叙述,后者笃信宙斯的家门口放着两个坛罐,一个装着善好,另一个填满错恶;走运的人们收受好坏参半的给予,倒霉的人们只能接受清一色的错恶。[31]接着,柏拉图举出了另一些例子,诸如宙斯和雅典娜唆使潘达罗斯破坏停战,诸神使尼娥北尽失子女,备受凄苦等等。他责备荷马草率,指责埃斯库罗斯不该把神说成是罪恶的动因。[32]从某种程度上来说,柏拉图是神学观念的革新者,他以犀利的文笔驳斥荷马,批评悲剧诗人,包括某些和他同时代的悲剧诗人对神明的不恭和对神意的公正性深表怀疑的态度。当然,由于受到时代和文化氛围的影响,柏拉图也像荷马和悲剧诗人一样,不会赞同无神论的观点。要是能够活到今天,柏拉图会对尼采关于"神死了"的宣言嗤之以鼻——在他看来,此类提法大概至多只能说明一个迷途者的狂野。尼采有独到的见解,但可能没有或缺少信仰。柏拉图是神学伦理学的开创者,他奠定了(或试图奠定)诗人编写神话和故事的原则,促成了神学和伦理学的结合。㉝包括阿伯拉尔和波拿文图拉在内的大多数中世纪神学家,都或多或少地受过柏拉图神学思想的影响。

柏拉图坚信,作为神学之基础的神的存在应该和作为本体论之基础的"形"(eidos)的存在一样,具有必要的不变和稳定的属性。这便是柏拉图神论观的第二个原则,即神绝不会改变自己的形态。神明永远处于最好和最佳的内在和形观状态,他无须改变自己,也不会有改变的意愿。作为尽善尽美(kallistos kai aristos)的存在,神若要改变现状,只能往较为不完善或坏的方向发展。㉞变化,在柏氏看来,不是"神通广大"的表现;相反,不变(不等于不动)才是永恒的反映,才是神明应有的属性。柏拉图大概不会欣赏孙悟空的七十二变,因为变化常常是不得已而为之(如为了欺骗某个妖怪)的手段,而真正有力量的大神不会有需要变形才能战胜对手的时候。所以,诗人不应描写神的变形。然而,令柏拉图深感遗憾的是,描述神的多变性恰恰是荷马的拿手好戏。㉟埃斯库罗斯不应描写赫拉变成女祭司的模样征集财物,为了拯救阿耳吉维河流伊那科斯的儿子。此类故事有损神的形象,不符合神不会变形的事实,因而是骗人的谎言。谎话不具实体的意义,只能算作心魂中的错误印象的复制品(mimēma)。如果说诗人不得不以谎言欺世,神却没有这个必要。神们通今博古,无所不知,不像油嘴滑舌的诗人,需要借助谎言。神不是会说谎的诗人(poiētēs pseudēs en theiō ouk eni)。㊳谎言腐蚀人的心智,不利于对儿童的教育。此外,柏拉图告诫诗人不要"摹仿"有失神明身份和不体面的事情。比如,不要描写宙斯悲叹赫克托耳和爱子萨耳裴冬面临的死亡,因为这么做不符合神不应和不会动情失态的事实。㊴诗人不应如此失真地描写或摹仿神明(anomoiōs mimēsasthai)。

柏拉图生活在一个由古代的自然神学向伦理神学过渡的时期。所以,描写神是为了教育人,描写神的世界是为了塑造人的世界。这不是说柏拉图怀疑或"利用"神的存在,而是从一个方面表明这位神学家一生为之奋斗的目标:使人的道德观拥有神学的庄严。作为一位心理学家,柏拉图深知恐惧,尤其是对死亡的恐惧,是影响和干扰人生的一种消极的心理意识。他谴责诗人添油加醋,推波助澜,加深人们对死的惧怕。地府的恐怖,斯图克斯河水的湍急,《伊利亚特》和《奥德赛》中某些令人毛骨悚然的描写,使听者为之心惊,闻者为之丧胆。充满自信的人生不应惧怕死的威胁,因为死亡不会使善好的人们受到伤害。㊵诗人们描述了一幅可怕的死后图景,用不真实的描述诱使人们产生消极和不健康的情感。为此,柏拉图主张删除有关的诗行,并"请求荷马和其他诗人不要因此怀恨在心"。在《国家篇》3.387B 里,他申明查禁的原因

> 不是因为它们缺少诗意,不能使大多数听众感到愉悦,而是恰恰相反:文句越富诗意,就越不适合于男孩和成年人聆听,因为他们将成为自由的公民,比害怕死亡更为惧怕沦为别人的奴隶。

应该指出的是,从某种意义上来说,柏拉图神学和伦理学反对的不是说谎本身,而是对神的不敬以及不负责任的描述和污蔑。柏拉图不认为假设神的存在是一个弥天大谎,但却坚信对神的非美化式的描述

是不能容忍的谎言。这一事实本身即说明了柏拉图对谎言的态度,表明了他有时采用的实用主义的治学观。当然,柏氏会把神的存在归入信仰的问题,这样便可省去论证神的存在的麻烦。纵观柏氏的有关论述,我们不难看出,这位学问家似乎区分了三种不同的真实性,即历史真实性,神学或形而上学意义上的真实性和文学意义上的真实性。历史真实性应该服从形而上学意义上的真实性,因为后者是对包括历史在内的一切生活现象的最后总结。历史真实性也应该服从文学的真实性,因为后者不仅告诉人们过去的生活,而且还教育人们应该如何生活。文学意义上的真实不等于照搬现实,柏拉图无疑知道文学应该有所提炼。所以,尽管世界上发生过并且无疑还将继续发生好人受屈、恶人得志的不公平之事,诗人却不应把它们写进作品。赫希荷德编说的那些故事,"即便是真的"(ei en alēthē),也不宜对青少年讲述;最好的办法是把它们束之高阁。㊴相反,某些传说,尽管有人或许接受不了(以为是虚构的),"但我却认为是真实的"。㊵"适宜的谎话"比不合适的事实更可取。说谎似乎亦有目的的问题,即是为了实现某种善,还是为了加剧某种恶。"金属寓言"是个虚构的故事,"不仅过去没有发生过,而且今天也不太可能发生",但是,由于它形象地说明了某种柏拉图认为可行的抚育后代的方式,因此是个可以接受的或"适宜的"谎话。㊶只要是为了城邦和公民的利益,城邦的管理者(当然,最好应是哲学家)可以"欺骗"人民。㊷对人民的负责也包含对人民的欺骗,这一点乍看似乎很难理解,但只要稍微知晓柏拉图对"人民"的基本态度,这一疑难便会迎刃而解。在柏氏心目中,人民不是"历史的创造者",不是革命的主力军,他们通常缺少教养,容易感情用事,常常无事生非。他们需要的不是吹捧(当然,他们也不会容忍严厉的管教),不是完全"开诚布公"式的教育,而是各种形式的引导,包括欺骗。所以,对柏拉图来说,谎言本身并不可怕,可怕的是用谎言毒害人的身心,危害社团和城邦的利益。诗人的愚蠢不仅在于说了不合适的谎话,而且还在于缺乏在复杂的情况下鉴别真伪的本领。诗人不理解真实和真理的不同,不懂真实性在理论和实践中可能具有的不同的含义,也不知道真实和虚假或事实和谎言的转化时机、条件和哲学背景。

在认识论层面上,诗人的"无知"导致了审时度势的浅薄;在本体论层面上,诗的虚幻(作为不具实体的形象)丧失了或本来就不具备深刻的哲学内涵;在方法论层面上,诗本能地排斥科学的分析,不愿和辩析学齐心协力,透过现象和表面,抓住实质。此外,在神学或形而上学领域,诗和诗人颠倒黑白,真假不分,散布流言,欺世盗名。他们歪曲神的形象,混淆变与不变的关系,否认神与善的统一。柏拉图当然不认为诗人是一伙无恶不作的歹徒,不认为他们怀藏凶险的动机。但是,诗是"长了翅膀的话语",诗人是颇受欢迎的"神学大师",[43]所以柏拉图不能忽略诗的影响,不能不顾诗人广泛的群众基础。事实上,诗的听众和读者远远超过哲学,诗人和演员的数目亦远远超过哲学家。在公元前四世纪的雅典,上演悲剧已造成市井里万人空巷、剧场内人头簇动的景象。所以,尽管诗人于无意中(即并非真正出于自己的意愿)犯下各种各样的错误,柏氏也不准备宽恕他们的作为,丢弃鞭笞的笔杆,同他们握手言欢,和平共处。在柏拉图生活的年代,诗人和诡辩家们活跃在雅典的剧场和街头巷尾,用巧辩和实用主义的观点迎合市民们急功近利的心理,争得了越来越多的听众。与此同时,对诗歌谈不上有什么造诣的平民百姓已在某种程度上取代了有教养的社会贤达,成为一支左右诗评的力量。[44]为了迎合观众的喜恶,诗人们不惜牺牲本来应该坚持的神学原则和艺术标准,用昂贵的"付出"换取廉价的掌声。[45]诗的"堕落"导致了人或心魂的"堕落",诗的不如人意加深了柏拉图对它的戒心。

深埋的戒心打消了柏拉图对诗的爱好,不信任的态度使他常生驳斥的愿望。然而,不够冷静的心态有时使他混淆哲理的明晰,过激的批评有时把他带入不讲逻辑的误区。比如,在论及产生诗兴的源泉问题时,他强调了神的驱使,认为灵感神授。然而,在谈到诗与神的关系时,他又把诗人想定为描述神明活动的主体,从而使人产生诗和诗人应对神学的不道德现状负责的印象。这样,诗人以"无知"受到谴责,又以"说谎"受到声讨。诗家动辄得咎,横竖受批,像风箱里的老鼠,两头受气。柏拉图达到了他的目的,同时也暴露了一个违反逻辑的错误:诗人既然只是神的传声筒,既然只是一群无知的狂人,他们就不应对所述的故事内容负责,不应对传播神学过程中出现的所谓的消极因素承担责任。如果把这一分析继续推向深入,我们就会发现,柏拉图将承冒渎神的风险,使自己处于十分不利的境地。⑱"渎神"是这位哲学家对诗人的谴责,也是雅典的激进民主强加给苏格拉底的罪名之一,柏拉图显然不会不知道它的严重性。诚然,为了说明问题,人们有时可以把话说得过分一点(所谓矫枉过正),以引起有关人员或相关方面的注意,但这种"过分"和在论及两个相关或相似问题上先后提出两种互相矛盾的见解并认为二者都有道理的做法不是一码事。

　　再者,如果根据柏拉图的本体论,诗人和艺术家只是一些抓不住实质、远离真理的摹仿者;他们"生产"虚假的形象,至多也只能通过文字和扮演摹仿人物的行动。哲学研究的对象是所谓的"形"或"真形",而在神学平面上,"形"和神的存在是同一种东西。作为"形"外的游离分子,诗人本来就没有资格承担编制和阐释神学的重任。柏拉图有时否认诗人有这个权利并进而批评他们的浅薄,有时却又假设他们拥有这个权利并进而抨击他们滥用"职权",丑化和歪曲神的形象。柏氏一面批评诗人和辩说家的实用主义倾向,一面又重蹈实用主义的覆辙。这一事实告诉我们,伟大的哲学家也是普通的常人,也会在某些情况下钻进走极端的死胡同。

　　当然,我们指出柏拉图的错误,目的是为了加深对他的诗学思想的认识。学问的价值,从某种意义上来说,不仅在于它的正确与否,而且还在于它的切入角度,它的全局"观念",它对人的思考的启发。四平八稳的理论最后往往很难做到真正的四平八稳,而想要不说一句错话的思想家恐怕常常会说错话。正是在这个意义上,我们认为,柏拉图的探索具有特殊的价值,他的错误并没有超出可以原谅的范围。作为学者,我们或许并不十分希望前人把一切都说得明明白白,把所有的问题都予以一劳永逸式的解决。我们希望他们留下点什么,希望他们不要把我们的头脑当作他们跑马的草场。或许,正是在这个意义上,人们重视柏拉图的学说,因为它确实给别人留下了许多表述观点的机会。柏拉图的"闪失"会引起人们的思索,促使他们采取新的视角,挖掘智能的潜力,永不满足于已经取得的成果。所有不带偏见的学者,都会把柏拉图当作一位有学问但有时也会"失手"的良师益友。我们要学习他的求索精神,认真总结他治学的正反两方面的经验,扬长避短,做好我们自己的工作。

注　释

① 《国家篇》10.597C。世界上有成千上万的(桌子和)睡床,但却只有一个床的 eidos(596A)或 idea(596B)。在《蒂迈欧篇》里,eidē(形)也是神工(dēmiourgos)在制作时所必须参照的蓝本(30C—31A)。eidē 似乎是一类先行存在的"事物";带着创作的激情(tokos en kalōi),神工(请注意,他还不是《圣经》里万能的上帝)"仰望'真形'"。我们将会看到,柏拉图的神学是一个内容十分复杂的"体系"。单就 theos(神)一词来看,我们便可感受到柏氏学说的扑朔迷离。比如,在《蒂迈欧篇》里,theos 有时指"神工"(即 dēmiourgos,34B),有时指"被创的宇宙"(92C),有时指"星宿"(40D),有时则指传统意义上的"神明"(40E)。在《法律篇》第十卷里,theos 乃心魂的属性。形容词 theios(神的、神圣的)通常出现在与"形"相关的上下文里。

② 把"形"与神连在一起是柏拉图"形论"的一个显著特点。"形论"(the theory of ideas)于是难免带上了一些神奇甚至可以说是神秘的色彩。在柏拉图看来,"形"是一些具备灵性的存在,它们的寓所在 topos huperouranios(云天之外,参阅《斐德罗篇》247C;比较《国家篇》9.592B)——很明显,那不是凡俗的人世,而是神明居住的天界。尽管柏拉图从未将"形"与神完全等同起来,但他所津津乐道的"形"的神性,无疑从一个侧面为他的本体

论与神学的通连作了铺垫。"善之形"(等于知识世界的"太阳")不仅是"形"的当之无愧的代表,而且还是"知识和真理的始因"(详阅《国家篇》6.508B—508D)。从这个意义上来说,"善之形"(agathou idea)是凡人无法最终和彻底理解的"现实"(心魂只能"碰触"这一真实的存在,细读《国家篇》6.490B;《会饮篇》212A)。知识(epistēmē)既是"形"的蕴含,也是人们得以理解各个具体之"形"的必要条件。然而,对"善之形"的思考却迫使人们超出知识的界线,进入沉思(theōria)的范域,进行对存在、真理、美和善的冥思。这种层次上的 theōria 要求人们超越一般意义上的思考和理解,介入到冥思的对象之中,在"真形"的感召下进行没有 epistēmē 参与的感悟(参考 A. Louth,*The Origin of the Christian Mystical Tradition*,p.3)。追求"真(理)"、"善"、"美"是哲学求索和冥思的目的。哲学家的思考将最终把人们引向对某些单一"事物"的认知和趋同。这个单一之物在《斐多篇》里是"存在",在《国家篇》里是"善",在《会饮篇》里是"美",而在《斐莱布篇》里则是"一"或"限定"。受自身能力的限制,凡人不可能在有生之年真正把握这些真知的全部内涵;事实上,人们甚至无法为相关的概念备制定义。所以——在柏拉图看来这是合乎逻辑的结论——哲学是一门为死亡(即心魂向"形"的复归或"回家")做准备的学问(《斐多篇》64A)。柏拉图的这一观点影响过后世许多知名的学者,大概也包括西塞罗。在《论哲学即是学死》里,法国思想家蒙田(M. E. de Montaigne)写道:"西塞罗说哲学不是别的,只是准备死。"不过,我们不知蒙田是否认真读过柏拉图的《斐多篇》。从他对这句话的解释来看,他似乎无意把苏格拉底的思想引入自己的见解:"这大概是因为潜究和深思往往把我们的灵魂引到身外来,使它离开躯壳活动,那就等于进行死的练习……或者因为世界上一切理智及智慧……教我们不要怕死。"(《蒙田随笔》第 65 页)柏氏受奥菲俄斯秘仪的影响甚深,他之把哲学引向神学的做法自然顺理成章。哲学是"知识分子"的宗教,而哲学家是既能思考又极具宗教热情的真正的"巴科斯的信徒"。神与"形"分别在神学和本体论领域显示神性的存在,表明了知识与信仰的互补,"证明"了(在人生中实现)"超越"的可能。这些或许便是柏氏在多篇"对话"里试图通过说理和诗化的语言予以表述的他的宗教哲学思想中的核心内容。西方学者围绕"神"是否等于"善"或"善之形"的问题争论了一百多年,至今难以达成一致。E. Zeller 和 J. Adam 坚信二者可以等同(详见 Zeller 的 *Plato and the Older Academy*,pp. 279—292 和 Adam 的 *The Republic of Plato* volume 2,pp. 50—51),但更多的学者则倾向于站取"不同论"的立场(参考 J. Burnet,*Greek Philosophy*,pp. 336—337;P. Shorey,*What Plato Said*,p. 231;A. H. Armstrong,*An Introduction to Ancient Philosophy*,p. 39)。

③ 当然,在柏拉图看来,神的存在是一个现实,而不是假设。不过,比之荷马,柏拉图的神明已具更多的理性(亦即理想化)色彩。柏拉图承认包括宙斯家族在内的众神的存在。在论及神明时,他的所指通常是此类神祇。然而,尤其是在中年以后,柏氏对"神"的存在产生了一些新的想法。《斐莱布篇》27B 推出了能思考的效因,《蒂迈欧篇》则形象地描述了 dēmiourgos(神、神工)的创造。柏氏"发明"并塑造的 dēmiourgos 既不同于传说中的奥林波斯众神(他是善的,因此不会妒忌凡人,《蒂迈欧篇》29E—30A),也不同于前苏格拉底哲学家们所泛谈的神意——这两种神力均与"形"的存在与否无关。柏拉图的神明还不同于耶和华或万能的上帝,因为他既不要求人们的顶礼膜拜,也无意接受芸芸众生的歌功颂德。在柏拉图看来,尊重科学和忠实于信仰并不矛盾。在《申辩篇》和《斐多篇》等早期

"对话"里,苏格拉底表示了他对自然科学的失望。包括阿那克萨戈拉在内的自然物理学家们无法从天人合一的角度提供解释世界的原因(参阅《斐多篇》97—99)。《国家篇》从知识论的角度反映了柏氏对物理宇宙论的不信任态度:星象的排列可以给人"几何"图式的联想,但却不能成为严格意义上的认知或思辨"审视"的对象(详见7.529—530)。年过五十以后,柏氏似乎意识到对自然物理的研究,或许并不一定会妨碍他按照自己的意图阐述神学和伦理学的原则。这种意向在《智者篇》里已有初步的表露,在《蒂迈欧篇》和《法律篇》里得到了正面的确认。神的睿智并非完全不可捉摸,因为广袤的天体(可以)昭示神的意图(《法律篇》12.966A)。年迈的柏氏似乎得出了一条结论,那就是科学和神明可以"共存",科学的进步和无神论的确立不是理所当然的"因果"。

④　宇宙的运作体现神的意图,遵从神的安排。知晓天体的和谐将有助于修补心魂中的残缺(《蒂迈欧篇》90D)。柏拉图关于天体昭示神意和凡人可以通过对天体的沉思(即研究)将心魂导向神灵的论述,对后世产生过重大的影响。亚里士多德的逸作《论哲学》重复了这一见解,西塞罗和斐罗等学者也都表述过极为近似的观点。基督教神学基本上接受了这一思想(参看 A. Louth,引书见注②,第15页)。

⑤　见《国家篇》2.379A。哲学家凯尔德(E. Caird)倾向于赞同"善之形"就是"理性神"的观点(另参考注②),认为柏拉图是"思辨神学的奠基人"(详见 *Evolution of Theology in the Greek Philosophers*, in 2 volumes, p. 791)。柏拉图问题专家 B. 乔伊特曾在《圣保罗》一书中指出,一切思想(包括基督教思想)的萌芽都可在柏拉图的著述中找到。近代最伟大的柏拉图主义者莱布尼茨亦持同样的观点。当代德国学者 W. Burkert 认为,柏拉图神学是"个体神秘主义的源泉";古代社会后期和整个中世纪"都镌刻着柏拉图主义的印记"(*Greek Religion*, pp. 332—333)。亚里士多德曾用 theologia 指称诗人有关神和宇宙的叙述(详见《形而上学》3.4.1000^a,12.6.1071^b)。在古希腊,神学的实际创始人不是先知,也不是祭司或巫卜,而是诗人、艺术家和哲学家(见 F. M. Cornford, *Greek Religious Thought*, p. xiii)。荷马和赫希荷德系统地整理了古希腊神族的家谱(包括使某些神祇有了确定的名称),在一定程度上规范了古希腊人对神祇的态度。或许,正是在这个意义上,希罗多德将荷、赫二氏看作是希腊神谱记事的开创者(《历史》2.53)。诗人是古希腊历史上最早的神学家。参考注㊸。一些学者认为,柏拉图还是与 theologia 有关的另一个词汇,即 muthologia(神话、神话研究)的首用者(参考 L. Edmunds, *Approaches to Greek Myth*, p. 1; J. Puhvel, *Comparative Mythology*, p. 2)。

⑥　见亚里士多德《论心魂》1.411^a;比较《法律篇》10.899B。

⑦　神灵是运动之源泉的观点在亚里士多德的著述中发展成神是"第一推动"的思想。柏拉图的"宇宙之魂"包含运动,而神,作为一种元力,是"形"的制作者(参看注①)。

⑧　参考柏拉图《泰阿泰德篇》180E。

⑨　片断26。塞诺芬尼的目的是想纠正古代诗人将神祇"拟人化"的"错误"(片断14)。"神"应该是一种客观存在,不应按创作者的愿望和趋同想象袭取形貌[比如,埃塞俄比亚人将他们的神祇涂作黑色(片断16,另参考片断15)]。据传西方"哲学之父"泰勒斯已先行发表过类似的言论(参考 J. Portnoy, *The Philosopher and Music*, p. 5)。

⑩　参考第二章注⑱。在《形而上学》1.4.985^a 里,亚里士多德把"爱"和"憎"当作两

个对等的道德原则,分别是"善"与"恶"的源泉。和我国古代的"阴阳论"相比,"爱恨说"似乎多一些道德色彩,这或许与古希腊人普遍赞同从道德原则的角度出发解释宇宙论的做法有关。古希腊人解释世界的另一条路子是从"自然物理"起步,以入点的科学性(如德谟克利特的"原子")否定诗化宇宙论的"荒诞"。

⑪ 片断8,第42—49行。

⑫ 即"善之形"(或"善"的"形")。Eidē 是 eidos 的复数。这一点我们在第二章中已有提及(关于 eidos,详见本书第二章注⑥)。"善之形"是"源"或其他"形"的根本,它是知识的始因(或形成知识的动因),因而也是真理和真实存在的始因。其他"形"(eidē)在"善之形"的实践中体现它们的意义,获得与各自的存在相关的知识和真理(详阅《国家篇》6.508E—509B)。参考注②。

⑬ 《蒂迈欧篇》52A—C。

⑭ 细读《智者篇》240B;《蒂迈欧篇》35A,52C。

⑮ 详阅《法律篇》10.893B—894C。

⑯ 详见《蒂迈欧篇》29D—30C,34A—37C。Dēmiourgos 是一位 theos,即神明。参考注①。有的西方柏拉图学者(如 A. E. 泰勒等)将"神"等同于"心魂"(psuchē),理由是柏拉图曾对后者的作用作过高度的评价,认为心魂乃一切运动的导因(详见 A. N. Zakopoulos,*Plato on Man*,pp. 93—94)。

⑰ 参考《蒂迈欧篇》40D—E;亚里士多德《形而上学》14.3.1091^b。古代的巴比伦人亦持这种看法。这一初朴的宇宙观至今仍然流行在非洲的一些部落里。

⑱ 多神论的观点明显地见诸于荷马、赫希荷德、品达和悲剧诗人的作品。自公元前六世纪始,古希腊神学中已开始掺杂或明或暗的"一神论"的成分。不过,即使在荷马史诗里,最高的权威也只能有一个,即作为"神和人的父亲"的宙斯。埃斯库罗斯完成了宙斯与"命运"(或复仇女神)的和解(《善好者》1044—1046),从而为一个完全受"命运"制约的神主的出现铺平了道路。

⑲ 见《斐德罗篇》247B;《政治家篇》269;《厄庇诺摩篇》977B 等处。我们知道,殷人用"帝"指氏族的祖先神(或老祖宗),周人则用"上帝"指天,即泛指的主宰之神,同时尊祀祖先,创立了二元论的神学,所谓"宗祀文王于明堂以配上帝"。王者在周代始称"天子",如"天子之尊"。在荷马史诗里,"神育的"或"神明养育的"常常是王者的饰词。有趣的是,在古希腊传说里,古代的诗人(如奥菲俄斯等)大都是神的儿子,"天子"不一定是一国之尊。

⑳ *De opif.* 17.53—54,转引自 F. E. Peters,*Greek Philosophical Terms*,p. 149。斐罗出生在公元前25年前后,其论著涉及面相当广泛,影响亦比较深远。他对西方神学的贡献主要体现在初步完成了犹太教义与柏拉图神学的调和。

㉑ 比较《法律篇》7.820A—822D,12.967A—968A 等处。另参考注③。在我国古代,"天"是"理"的同义词。细读:"尽其心者,知其性也;知其性,则知天矣。"(《孟子·尽心上》)比较:"天地之道,恒久而不已也。"(《周易》)

㉒ 《厄庇诺摩篇》977A—B。毫无疑问,《厄庇诺摩篇》作者的此类描述带有浓烈的诗化色彩。在"哲理"显得勉为其难和局促不安的困窘之际,正是"诗化"大显身手、一展抱

负的绝妙时机。

㉓ 《斐德罗篇》246E—247A。在《伊利亚特》里，诸神勾心斗角，尔虞我诈，践行着一种从野蛮向文明过渡的道德观。如果说在荷马史诗里，"神一样的"只是一句程式化的赞美之词，在柏拉图看来，学习神明已是一种趋于成熟的伦理观的组成部分。不过，无论是荷马还是柏拉图，都不认为人神均等，不认为人可以成为或同比"幸福的神明"。人不可能长生不老，也不可能"无所不知"。人不是神，这是希腊学观中的一项基本内容。所谓"认识你自己"，指的便是认识人的局限，认识人生的短暂，认知人不可企望成为神明，不可试图"婚娶金色的阿芙罗底忒"。参考第一章注⑪。

㉔ 《申辩篇》31C7—D4。"倘若我即将做下错事"，哪怕是"细小的事儿"，我的daimonion便会予以劝阻，"这是经常发生的事情"(《申辩篇》40A4—6)。苏格拉底相信多种形式的"显灵"，视其为规范行为的指南。他听从"神示"(《申辩篇》40C3—4, 41D6;《欧绪德谟篇》272E4;《国家篇》6.496C4)，或"声音"(《申辩篇》31D3;《斐德罗篇》242C2)，或"某种神意"(《申辩篇》31C8—D1;《欧绪弗罗篇》3B5—7;《斐德罗篇》242B8—9)。这是一种不寻常的感觉，连苏格拉底自己也感到颇为神秘(参考 W. Burkert, 引书同注⑤, p. 317)。信奉 daimonion 的做法或许是法庭指控他渎神的理由之一，"苏格拉底为此付出了生命的代价"(W. Burkert, 引书同注⑤, p. 181)。另参考 W. K. C. Guthrie, *A History of Greek Philosophy* volume 3, pp. 402—405。

㉕ 《欧绪弗罗篇》5E—6A。克罗诺斯乃宙斯之父；克氏的父亲是乌拉诺斯(Ouranos, 即"天")。诗人歪曲神明的形象，用不正确的神学观教育民众，这也是柏拉图"恨"诗的根源。然而，宙斯并不是柏拉图心目中的能够体现"新意"的神祇(参见注③)。事实上，对奥林波斯众神，柏氏的敬仰中有时也会夹杂一些不打算紧跟的怀疑(参考《蒂迈欧篇》40A 以及《克拉底鲁篇》400D;《斐德罗篇》246C;《厄庇诺摩篇》984D 等处)。构思"大宇宙论"的创作愿望，从宏观上配套组建本体论、认识论和神学的凤愿，这些，当然还有传统诗歌中的不利于教育的诸多因素，促使柏氏在批判诗和诗人的同时认真思考神的存在价值，他(们)的作用，神与人的关系，以及一种正向发展的神学观应该具备哪些特点，涵盖哪些方面的内容等一系列关系到古希腊神学走向的问题。应该指出的是，在柏拉图以前，古希腊人早已开始了塑造一位"道德的(即品行高尚的)宙斯"(或单一的最高神主)并将其区别于其他奥林波斯众神的进程(参看 I. Murdock, *The Fire and the Sun*, p. 51)。当然，不管柏拉图有什么新的想法，他知道传统诗歌(或 muthos, mousikē)在老百姓中的影响。因此，在他看来，首要和必须尽快解决的问题还不是如何想方设法用新的神祇取代原有的宙斯一族，而是如何竭尽所能，批判诗和诗人的"过错"，规范诗人的行为，使他们逐步接受他的神学观点，遵守他所制定的创作原则。

㉖ 详见《斐德罗篇》229C—D。波瑞阿斯(Boreas)即"北风"，厄罗斯(Erōs)和埃丝特莱之子。奥里茜娅乃雅典国王厄瑞克修斯之女，波瑞阿斯因求婚未果，遂将姑娘强行卷走。塞诺芬尼曾激烈批评荷马与赫希俄德"俗化"神明的做法，抨击他们按描写凡人的模式塑造神明，使他们做下凡人会做的所有应受指责的错事(包括偷窃、通奸、欺骗等不光彩的行径，参见片断 11 和 12)。

㉗ 《国家篇》2.379A。阿拉伯人曾经做过类似的事情，但那是在多少年以后。在柏

拉图之前,塞诺芬尼和赫拉克利特[片断35、111 和 119(Nahm)]都曾批评过诗人的神学观。但他们主要是就事论事,没有提出过有深厚理论铺垫的"标准"。按照 F. Solmson 教授的观点,柏拉图是"最后一个"透过政治滤镜看待并审视"神的性质和人们对他们的态度"问题的希腊人。亚里士多德和希腊化时期的思想家们完成了神学与政治的分离:神的位置在自然界里(详见 *Plato's Theology*, pp. 177—178)。

㉘ 或"好的"(agathos)。

㉙《国家篇》2.379C。基督教思想家奥古斯丁发展了柏拉图的这一观点,认为上帝不是恶的导因,因为恶并没有真实的存在;恶是善的缺失(《忏悔录》)。在《上帝之城》里,奥古斯丁进一步指出,上帝并非完全撒手不管:他知道人的意志会误导自己的行动,而上帝会用他的善拯救凡人,使他们脱离罪恶。在公元前四世纪,神还不是"救世主",但神应该善好,应该行善,似乎已逐渐成为市民们的共识。

㉚ 10.617E。换言之,当事人必须为自己的过错负责。错恶受心魂中的欲念或邪念驱使。在论及悲剧人物的 hamartia(错恶、过错)时,亚里士多德指出,尽管悲剧人物往往在无意中铸下大错,但他们必须对自己的行动负责(参阅《诗学》第十三章)。《国家篇》以"艾耳的故事"结尾,用 muthos 论证了"神不应对人的错误选择负责"这一 logos(道理;关于 muthos 与 logos,另参见第一章注㉑和㉞等处)。悲剧诗人欧里庇得斯大概不会赞同这一观点。在他看来,在一个变幻莫测的世界里,凡人即使不想作恶,也很难真正做到"独善其身"。厄运的降临有时很难预测,它的出现不受因果关系的制约。神不等于"公正",不是"正义"的化身。欧里庇得斯的深刻,在于指出了人生的不受道德原则制约的机遇性。神的道德水准有时甚至低于凡人(如《赫拉克勒斯的疯迷》中的塞修斯)。神可以使清白无辜的人遇难,他们的自私和随心所欲可以使善好的人们(如墨拉尼珮等)受害。毫无疑问,这些正是柏拉图指责诗和诗人的理由。然而,他或许没有意识到,就在他高举德育的大旗,"封杀"传统诗歌的同时,他也在窒息希腊人的思考,伤害属于那个民族的思辨之魂。在公元前五至前四世纪,希腊学界存在的一个突出问题便是诗评的质量实际上低于作品的创作。悲剧作家的一些最精湛的思想在诗评中没有得到应有的反映。我们经常赞叹希腊学术的精深,却往往忽略它的"漏洞"。在这方面,古希腊诗评(尤其是悲剧评论)的落后状况的鲜为人知,便是一个明证。

㉛《国家篇》2.397D。关于这个故事,详见《伊利亚特》24.527—533。在古希腊人看来,凡人不会、也不可能有那份福气,可以收受清一色的善好(那是神的"专利")。

㉜《国家篇》2.380A。尽管在许多论题上和柏拉图意见分歧,但在这一点上,修辞大师伊索克拉底(Isokratēs)却和柏氏所见略同。他批评荷马关于神的描述,认为诗人和散文家们不应只会编造故事,而不擅讲述真理,给人以善好的忠告(*To Nicocles* 48—49)。然而,社会的动荡,生活的艰难,如果再加上深入的思考,便很容易使国民中的有识之士产生"疑神"的念头。这一点中西皆然。欧里庇得斯曾对神的公正性表示怀疑。在我国周代,初民中便有人喊出了"天降丧乱,灭我立王","昊天上帝,则不我遗"的呼声。然而,即便用柏拉图的标准来衡量,传统诗歌也决非一无可取之处。诗歌有"败"的一面,也有"成"的一面,诗人即便有"过",但也功不可没。比如,赫希荷德的《农作与日子》便是一部相当不错的教诲诗,而古希腊悲剧中也不乏热情讴歌神明之"伟大"的段落。指出这一点还不足以揭示

柏拉图诗论中有时倾向于失衡的一面。我们的研究表明,在古希腊,诗人不仅远在柏拉图之前已经意识到传统诗歌中的"问题",而且还身体力行,亲自参与了纠正某些不良倾向的工作。若能抓住这一现象并对此作些思考,柏氏的诗论中或许便会多一些有利于诗人的评述。荷马的《奥德赛》肯定比先期完成的《伊利亚特》更重视神祇的道德品位;《奥德赛》的作者作出了有目共睹的努力,"使诸神尤其是宙斯的所作所为显得更加崇高"(W. Jaeger, *Paideia* volume 2, p.213)。埃斯库罗斯和索福克勒斯都是观点正统、思想虔诚的剧作家。埃斯库罗斯坚信文明会战胜野蛮,光明会取代黑暗,神的英明会使凡人的生活幸福美满(《奠酒人》便是明证);索福克勒斯的多出悲剧(如《俄底浦斯王》、《厄勒克特拉》、《菲洛克忒特斯》和《俄底浦斯在克罗诺斯》等)均以神谕开场,在神意的兑现中结尾。凡人的不幸往往得之于自己的犟拗,屈从于激情的驱动(有趣的是,这也正是柏拉图的观点,是他对人生的一个基本认识)。"虔诚"、"恭谨"、"高尚"等观念"就像瓦格纳歌剧里的标示性旋律(leitmotifs)一样"出现在索氏的作品里(T. B. L. Webster, *An Introduction to Sophocles*, p.19)。柏氏的责备有时似乎显得重了些,而且可能流于片面。他或许没有看到,他对诗和诗人的"不道德"倾向的批评,实际上是继续了由诗人们"启动"的工作,即逐步推进和实现对传统文学和文化中的"不良"成分的优化与改造。

㉝ 比较墨子的"天人观":"顺天意者,兼相爱,交相利,必得赏;反天意者,别相恶,交相贼,必得罚。"(《天志上》)

㉞ 《国家篇》2.381C。比较:我乃神明,我不会改变(《玛拉基书》3.5—6)。必须指出的是,尽管柏拉图认为神是"尽善尽美"的,但他的神学观与基督教神学观的区别仍然是明显的(参考注③)。比如,柏氏不认为神是无所不能的(当然,神也不会总是为所欲为)。在《蒂迈欧篇》里,神或神工(dēmiourgos)还得顾及"必然"(anankē)的存在,在"创作"过程中尽可能地协调与后者的关系,保持与它的合作。比较我国唐代学者刘禹锡的观点:"天之道在生植,其用在强弱;人之道在法制,其用在是非。天之能,人固不能也;人之能,天亦有所不能也。"(《天论》)

㉟ 例如《奥德赛》17.485 以下。在公元前六世纪,哲学家塞诺芬尼(亦是一位诗人)已先行提出过神只用思想,而不是行动制导宇宙的观点。神是"一体的"、"不变的"和"不动的";他"知晓一切"、"听闻一切"(参考片断24、25 和 26;另参考亚里士多德《形而上学》1.5.986^b)。巴门尼德将塞诺芬尼的神的不变性改造成了"有"(即"存在")的绝对稳定性;以后,苏格拉底又反复强调了伦理观的建立在稳定性基础上的普遍适用性。

㊱ 《国家篇》2.382D。或直译作:神里没有说谎的诗人。由此可见,诗人"说谎"是不得已而为之(因为他们不能通古博今;神就无须说谎)。此外,诗人"说谎"和政治家的"谎言"有所不同,前者歪曲神的形象,后者则是为了教育儿童和公民(并且是一种有意识的行为),维护城邦和社团的利益。

㊲ 《国家篇》3.388C—D。关于宙斯的哀叹(萨耳裴冬死后,宙斯还痛降血雨),分别参见《伊利亚特》22.168 和 16.433。

㊳ 苏格拉底认为,他在受审的那天没有做错事情[否则,他的精灵(daimonion)会出来阻拦],因此,法庭对他的死刑判决将是一件好事(《申辩篇》40A)。人死后,灵魂要么破灭,滞留人间,要么离开尘世,前往别地。苏氏将第一种情况比作"永久的睡眠"(或"长

眠",《申辩篇》40C),并说这是一种"可贵的进益"(40D1—2)。第二种情况包含多项"变体",苏氏只谈了其中的一个,即死后前往冥府(如诗人们所说的那样),与著名死者的灵魂会面。苏氏指出,他会把这看作是一种"难以想象的幸福"(41C)。好人在生前和死后都不会受罪,神灵也不会撒手不管(41D)。《高尔吉亚篇》表述了相似的观点。死后被判定善好的人们将前往"幸福之岛"享受清闲(《高尔吉亚篇》523A,526C),而十恶不赦者的灵魂则会受到"最严厉、最痛苦和最可怕的"惩罚(525C)。介于二者之间的灵魂,即犯了可悔改(或可纠正)之错恶的死鬼会从受到的惩罚中取得教益(525A—C)。

㊴　《国家篇》2.378A。但是,如果出于必须,少数人(人数越少越好)可在经过发誓保密后,听闻这些故事(378A)。总的说来,诗人讲述的故事(muthos)不同于以说理为主的logos。Muthos(故事、神话)通常是虚构的,因而是"虚假的",尽管它也可以包含(亦即表述)真理(377A)。

㊵　《高尔吉亚篇》523A。在《高尔吉亚篇》的结尾部分(见523以下),苏格拉底讲了一个证明"善有善报"的故事(相比之下,《斐多篇》里的故事则是为了警诫恶人)。苏氏称之为"一个 logos"(522E5),而且还是一个"mala kalou logou"(523A1,即"很好的故事")。稍后,苏氏重申:我相信这是个真实的故事(524A8—B2;比较526D3—4,527A5—8)。Muthos 和 logos 并不完全分别对等谎言和真理。在道德层面上,任何符合城邦利益、有益于人的身心健康的作品都是"真"的,反之则是"假"的。柏拉图并不反对作为一种艺术的诗歌;诗的去留取决于作品的内容。应该看到的是,柏氏的上述看法实际上揭示了他的诗艺思想中的另一个侧面。这个侧面肯定了文学(即"故事")的作用,部分地开发了它的潜力,使之服务于教育的目的,也为日后诗(即"故事")对形而上学的超越作了铺垫。我们不敢断定柏氏会有这种"一盘棋"的想法,但至少在客观上,他的上述言论为我们的分析提供了依据。当然,真实的故事(logos)仍然只是一个"故事"(即一件文学作品)。广义上的 logos 可以包括 muthos(P. Friedländer 称这一意义上的 logos 为"思想",Plato 3,p.138),指语言,与"实践"或"行动"(ergon)形成对比。正如药物有"良药"和"毒药"之分(即既可"治"病,亦可"致"病)一样,logos(语言)既可表述真理,亦可包含谎言。柏氏对诗歌的不信任态度似乎也部分地取决于文字的这种不稳定或不一致性。

㊶　《国家篇》3.414C—415C。柏拉图把谎话分为"适宜的"[比如,《斐德罗篇》包含"故事性的颂词"(265C1),而《国家篇》也为"神话式的谎言"保留了位置(2.382D)]和"不适宜的"两类,实际上等于肯定了伦理观念的某种意义上的"摇摆性"。请注意,这和智者们所持的观点,即道德观念的实用性,已没有太多的区别,只是智者们一般注重个人利益的获取,而柏拉图则倾向于强调国家和社团的利益。如果说"说谎"是可以的,又是不可以的,"欺骗"是可取的,又是不可取的,那么,我们又该怎样理解道德观念的中性意识,如何(将这种"相对论")衔接苏格拉底的(伦理概念的)"普遍定义"? 当然,在柏拉图看来,"说谎"并不等于"欺骗",因此并非"不好"或"坏"的同义语(参考注㊷),尽管他从未认真区分过二者,从未就此作过必要的说明。

㊷　细读《国家篇》3.389B—C。在古希腊人看来,说谎可以不包含欺骗的意图。荷马曾以赞赏的口气描述俄底修斯说谎的才能,称他能把许多虚假之事说得活灵活现(《奥德赛》19.203)。赫希俄德宣称:我们知晓如何诵说许多谎言(pseudea polla),把它们讲得像

真事一般;但我们也能讲说真话(alētheia),只要愿意(ethelōmen,《神谱》27—28)。诗人政治家梭伦有句名言:诗人们谎话连篇(即"讲说众多的谎话",polla pseudontai aoidoi)。品达有时也会带着自豪和赞赏的口气承认他的作品包含"机巧的谎言"(参考《奈弥亚颂》8.15;片断94。比较《奥林匹亚颂》9.26—28,14.3—12;《奈弥亚颂》4.8—12等处)。亚里士多德赞慕荷马编说故事的技巧,称后世的诗人"首先是从荷马那里学得说谎的本领"(《诗学》24.1460^{a}19—20)。品达的前辈、抒情诗人西蒙尼德斯曾有过一番精到的表述,暗示诗歌是一种特殊的语言现象,其中的"谎话"甚至可以"逼挤"真理(片断598。参阅 D. C. Freeney, *The Gods in Epic*, p. 19)。参照上述分析,我们似乎可以得出两点结论,即(一)从某种意义上来说,诗人是古希腊最早的诗艺"理论家";(二)柏拉图显然没有意识到诗人的理论造诣,低估了诗人作为评论家的可塑性(参考注㉚)。诗人还是古希腊正统神学的创始人(参考注⑤)。比较注㉜。

㊸ 奥菲俄斯、慕赛俄斯和利诺斯等传说中的早期诗人,既是通神的"先知",又是声名显赫的歌手。亚里士多德曾把"神学家"(宜作"精通'神事'者"解)的头衔送给赫希俄德(见《形而上学》3.4.1000^{a}9,12.6.1071^b 27等处),波弗里奥(Porphurios)等古代学者尊荷马为神学家(详见 R. Lamberton: *Homer the Theologian*, pp. 23—31)。参考注⑤。

㊹《法律篇》3.701A。柏拉图显然对此感到不满。

㊺ 参考亚里士多德《诗学》13.1453^{a}34—35。在公元前四世纪,人们的伦理观和神学观已经发生某些变化。许多人对神的正确性表示怀疑,越来越注重人的作用,关心人的生存状况。在艺术上,过多和过激的"推陈出新"破坏了柏拉图所崇尚的纯朴。悲剧已开始向讲演靠拢,音乐和台词都在趋于"复杂"。诗人们任意变动词序,让歌词"适应"音乐(柏氏认为,音乐应该服务于语言,详阅《法律篇》2.669—670)。诸如此类的"革新"在当时已经引起了一些人的反对(参阅 F. M. Cornford, *The Republic of Plato*, p. 83)。"这一时期的文学已经显露出一些柏拉图一定会恨之入骨的迹象。"(G. C. Field, *Plato and his Contemporaries*, p. 134)

㊻ 比如,人们可以发问:如果说诗家只是神的传话人,那么诗人所说的一切必然代表神的意志——难道是神愿意进行自我诽谤,愿意往自己的脸上抹黑?如果说神不会这么做,那么柏拉图的居心何在?当然,这只是我们的假设。此外,相信神和神意的存在是古希腊人的一个共识[而且,他们还倾向于从这一"共识"出发理解自然(phusis)和宇宙(kosmos),参考 F. Solmsen, *Plato's Theology*, p.4],我们尊重他们的文化和信仰。

第四章 诗与心魂学

　　古希腊人不仅喜欢"穷追"世界的本源,找出构成世界的某种单一的物质,比如泰勒斯的"水"和德谟克利特的原子,而且擅长从不同的角度或侧面出发,对同一个现象作出求诸于不同"原因"的解答,形成不同走向的思考。他们同时注重"单一"和"复合",注重"简单"和"复杂"。在《论心魂》里,亚里士多德指出了分别从"自然"的角度和用辩析的观点解释同一种心理现象的可能性。以"愤怒"(orgē)为例,"辩析学家会推测这是意在致送痛苦或类似感觉的报复愿望的反映",而物理学家(phusikos)却会将起因归之于"热血沸腾"和"心中的炽烈成分"。[①]对同一种现象可以进行不同角度的研究;出发点的不同会决定结论的不同。在这方面,柏拉图的造诣一点也不比亚里士多德逊色,苏格拉底的学生们似乎都有这份才干。在《普罗泰戈拉篇》351A—B里,柏拉图指出,"力量"(dunamis)和"勇气"(ischus)不同,前者展示人的心理和生理状态,其引发因素可以是(一)知识,(二)火气,(三)迷狂(mania)。与之相比,勇气和人体的"自然构组"以及"身体的养育"相关。勇敢是符合自然属性的表现,是健康的心魂状态的反映(apo phuseōs kai eutrophias tōn psuchōn gignetai)。

　　值得注意的是,在上述例子里,柏拉图和亚里士多德都提到了"心"或心魂的作用,都把它看作是进行细致的综合性分析时不可忽略的重要成分。在荷马史诗里,心魂是生命某种意义上的根本;人死后魂息(psuchē)[②]飘出体外,"像一缕轻烟"。随着时间的推移,心魂受到了人们越来越多的关爱。抒情诗人品达声称,心魂乃神赐的珍品(和赫希荷德笔下的诗歌一样),它与睡梦结缘:当身体和四肢忙于运动时,心魂处于沉睡状态,而当前者入睡后,它却成了梦境的主宰,预言将来的欢乐与烦恼。③荷马和品达的表述虽然有所不同,但他们都把心魂(psuchē)看作是和肉体相对应的另一种存在:它比肉体"长久",即使在冥府里也不会腐烂。

柏拉图不能割断历史,他对心魂的重视无疑受到传统文化的影响。像他的同胞们一样,柏拉图把人的存在对分为心魂(psuchē)和肉体(sōma)两个部分。④不过,柏拉图没有停留在肯定传统划分的框架里,而是在创造性地继承包括毕达戈拉和德谟克利特等前辈哲学家的有关学说的基础上,对心魂和肉体进行了具有哲学意义的"界定",极大地深化了传统的心魂观。柏拉图认为,心魂是为人或使人成为人的根本,是规划实现人的功用(ergon)的主体,而肉体只是心魂的仆从,服从它的指令,是构成生活或现实景观的"表面"。心魂的存在使肉体的存在成为可能。在重要的《法律篇》里,柏拉图写道:心魂具有"原力"的特征,是一种"自主引发的运动";它是"运动的力源,万物中最早生成的捷出者,是绝对完整的存在"。⑤所以,心魂优于肉体,后者只是接受驱动的对象,而前者是驱使或驱动的力源。心魂和肉体是"源"和"流"的关系,但肉体之流可以枯竭,心魂之源常在。心魂不灭。在《斐多篇》里,柏拉图告诉读者,心魂不是肉体的附庸;在《蒂迈欧篇》里,他进一步指出,心魂是唯一具备智能的"机体",具有隐而不显的属性,而水、火和气等都是可见的实物。⑥心魂具有灵性。"在人所拥有的一切事物中",柏拉图说道,"除了神以外,心魂是神圣的、真正属于他的东西"。像神一样,心魂永生不灭;即使把世上所有的黄金堆在一起,也不足以换得心魂的精粹,人的美德(aretē)。⑦心魂是善与恶的渊源,美和丑的动力,正确和错误的导因。⑧《斐多篇》79D—C甚至把人的一切感知统统归为心灵的活动,宣称心灵通过肉体和各种器官获得感觉(aisthēsis),凭靠自身的能量进行认知(phronēsis)。心魂具有可贵的主动性。在苏格拉底和柏拉图之前,哲人们也研究心魂的状态,但谁也没有像他们那样对它的作用予以如此高度的重视。

柏拉图关于心魂的论述并不仅限于针对人的活动以及心魂与肉体的关系。如果仅是这样,他就不可能成为一位有创见的心魂学家。中西文化的历史告诉我们,伟大的时代产生伟大的思想家,而伟大的思想家往往都是博学的奇才。在柏拉图看来,广义上的或大范围内的 psuchē 是促使宇宙运动的始因。《智者篇》248E—249B 提出了心魂和智能应在真实存在中出现的设想,而《斐莱布篇》26E—30D 则进一步阐明了宇宙的"智"或"心智"(nous)是效能之动因的观点。所有这一切都取决于心魂的活动,而承认这一点,在苏格拉底看来,是认识世界的一个起码的前提:

苏格拉底:宇宙中存在着大跨度的"无限"和众多的"有限",这些都受制于一个拥有巨力的始因,它设定和协调年份、季节及时月,毫无疑问地具备智和智慧(sophia kai nous)。

普罗塔耳科:确实如此。

苏格拉底:但是,如果没有心魂(aneu psuchēs),智和智慧都将无从谈起。

普罗塔耳科:你说得很对。⑨

如果说心魂的作用在于促使认识的深化,把人们对事物的感知引向对"形"(eidē)的认识,⑩那么,宇宙之魂的作用则在于规导世间的万物,控制宇宙的"活动"。⑪人的心魂和宇宙之魂属于同一种通神的东西。柏拉图以这种具有希腊特色的心魂观表述了庄子的"与天为一"

的思想。

很明显,在柏拉图看来,心魂制导人的智能,规范人的行为;它展现人生的意义,解释宇宙的运行规律。心魂是一种可贵的活力,它超越人生的局限,把人的乐观精神引向对真善美的通接。心魂的活动是除了辩析(dialektikē)、爱恋(erōs)和"回忆"(anamnēsis)以外的又一条通达真理的途径。苏格拉底毫不惧怕死亡,充实的心灵使他敢于笑对死后的"未来"。[12]或许是从切身的体会中感受到锤炼心魂的甜头,或许是严峻的现实提醒他必须重视人的生存状况(抑或是受神的驱使,如他自己所说的那样,抑或是为了回应智者和诗人们的挑战),苏格拉底明确宣示了自己的工作"性质",毫不掩饰自己作为知识"接生婆"的真实企图。在《拉凯斯篇》185E里,这位见解深刻的哲学家自豪地宣称,他的工作是"照料人的心魂"(therapeia psuchēs)。[13]在苏格拉底看来,照料人的心魂比阐述科学原则更为重要,因为自然界中的事物总是处于捉摸不定,因而使人难以对其进行认真研究的变动之中。没有善好的心魂,凡人不仅找不到真理,而且不会有幸福的人生。当然,苏氏没有看到科学研究的"渐进"特点,没有看到这或许正是科学的可贵之处。真正的科学不同于形而上学,不会试图一劳永逸地解决所有的问题。

如果说柏拉图也和苏格拉底一样强调心灵和肉体的不同,但他似乎比老师更清醒、更深刻地看到了心魂本身潜在的"隐患"。苏格拉底比较达观,柏拉图则似乎更为深沉。在《国家篇》里,已经形成稳笃见解的柏拉图把心魂分为三个部分(当然,还是通过苏格拉底),即(一)理性(to logistikon),(二)激情(to thumoeides),(三)欲念(或欲望,to epithumētikon)。[14]To thumoeides 和 to epithumētikon 乃心魂中与肉体的要求关系相对密切的部分,前者较后者"高贵",是理性部分的天然盟友(虽然动物亦有此种机制),而后者则相对(或最为)卑劣,带有放任和纵欲的天然倾向。To logistikon 是心魂中展示理性光彩的神圣部分,它也有自己的愿望,那就是对真理,即抽象的"爱"(erōs)的追求。"理性部分"具备两种功能:(一)通过 dianoia(思考)研析广义上的"数学"(包括几何、天文学等);(二)通过 noēsis(智感、智析)知悉 eidē(形)的永存。注意保养心魂的人们应该伸张 to logistikon 的活力,争取 to thumoeides 的支持,压制 to epithumētikon 的粗蛮。近两千年来,西方的基督教神父们一直在重复柏拉图的观点,提醒人们注意心魂中脏杂的一面(以及由此引出的"心灵"与"肉体"的抗争)。在这个论题上,柏拉图并没有给他们留下太多想象的余地,他们的创见或许仅限于系统地提出了关于拯救灵魂的主张。

肉体由于自身的凡俗而不具备包含神性的部分,难以摆脱必然要走向死亡的结局。但心魂同样不是十全十美的存在,因为变动不居的 thumoeides 可能使人暂时失去理智,忘乎所以,而狂野的 epithumētikon 则可能随时都会把人引入歧途,使人做出错恶之事。粗蛮的欲念夺杀人的理智,迷幻人的思考,模糊人的观念,昏浊人的自主意识。柏拉图的心魂学把我们带到了前人没有或很少涉足的深层。我们注意到,中国的圣人孔子尽管注重伦理意识的培养,却没有论及过心魂的状态对行为的影响。他要人们行善,遵守古时的礼仪,方法上主要依靠正面的说教,避而不谈"心理"对人们行为的影响。在《智者篇》228D 里,柏拉图指出,不明智的心魂缺少应有的形态,失去了可贵的、必须找回的"均衡"。失衡的心魂是滋生过错或错恶的"温床";均衡是心魂正常运作的前提。心魂中可能产生两种错恶(kakōn en antie genē),一种是失调(或丑恶),另一种是无知(agnoia)。

泰阿泰德:毫无疑问,我承认……心魂中有两种错恶;我们可以把胆小、放纵和不公正看作是心魂的疾病,把形形色色的无知看作是心魂内在的变形。[15]

《蒂迈欧篇》延续了《智者篇》228 的思路，提醒人们注意心魂的"疾病"。柏拉图告诫读者，缺乏聪达和明智是导致"病变"的原因，具体表现为两种形式，即"迷狂"(mania)和无知。不管"发病"的状况如何，只要感受着上述二者中的任何一者，人的心魂便算进入了某种病乱的状态：

> 极度的痛苦和喜悦是心魂所能得发的最严重的恶疾。当有人惊喜若狂或剧痛难忍时……他便不可能以平和的心态聆听别人的话语；他疯了，彻底地拒绝理智的参与。⑯

应该指出的是，柏拉图接受了苏格拉底的观点，相信人们不会真正愿做错恶之事(oudeis hekon hamartanei)。"我敢担保"，陌生人对泰阿泰德说道，"世上没有人甘愿领受无知的心魂"。⑰"谁也不愿有意使坏；坏事之所以成为现实，只是因为人的身体失调，接受了次劣的教育。"⑱然而，尽管人们不会真正乐于作恶，但人世上错事恶事举目可及，比比皆是。基于这一事实，柏拉图对人生并不抱有类似苏格拉底所持的那种开朗和乐观的态度。柏拉图反复强调人的无知，⑲认为接受某种形式的心智"启蒙"是山洞里的囚徒们(喻指世人)必须予以重视的当务之急。"无知"使人们不能正确认识自己，放弃对心魂的照料，"无知"使人们失去辨识的能力，在黑暗中把虚假当作真实。聪明人并非无所不知，而真正的智者是那些知晓并承认自己无知的人。柏拉图并不因为人会犯错误而"杞人忧天"(人非圣贤，孰能无过)，使他担心的是，人们似乎没有明晰的自我意识，没有一种急迫的需求，急于调动心魂中 to logistikon 的力量，纠正自己的无知。纵容无知，便是纵容错恶，因为"知"是"行"的前提。在柏拉图看来，"无知"不是这个或那个公民的"过错"，也不是这个或那个民族的"缺陷"；作为一个普遍现象，它是人的一种生存景况，一种难以最终完全摆脱的局限。当萨特和加缪等人津津有味地大谈荒诞人生的理论,当贝克特挥笔描述一对难兄难弟束手无策,日复一日地等盼救星戈多的人生场景时,他们是否想到过柏拉图的忧虑,想到他对人生入木三分的深刻认识？当然,柏拉图有时过于偏重理性,而有时则又会走向另一个极端,崇尚玄学和迷信。但是,与现代存在主义者的失去平衡的反叛意识和明显附带阴沉情绪的悲观论调相比,他的见解中似乎少一点不负责任的夸大,多一点客观评估人类生存状况时所需要的均衡。

不言而喻,我们研讨柏拉图的 psuchē 学说并不是为了宣扬他的心魂观,而是为了帮助读者更好地掌握柏氏诗论的实质,全面了解他对诗和艺术的态度。我们知道,希腊的古典时期(即公元前五至前四世纪)是个宗教气氛浓烈的时代；我们也知道,希腊哲人在举起 logos(逻各斯、话语、理性思考)的大旗时,并没有完全丢弃 muthos(秘索思、故事、传说)的传统,淡化荷马的魅力。Logos 和 muthos 的活力始终体现在西方人文精神之中,在不同的时期内交替着发挥主导作用。对于古希腊人,宗教不仅是他们的信仰,而且从某种意义上来说也是他们的艺术。希腊人不能想象没有宗教的生活。史诗描述神的活动,抒情诗表达人对神和生活的认识,悲剧表现波澜壮阔的人生,高歌人在神的关怀、鼓励乃至戏耍、作弄的情况下自强不息的奋发精神。颂神的需要使人间产生了诗歌,[20]而通过诗篇的传诵,关于神和英雄们的故事又满足了人的精神需要。诗可以博取神的欢心,[21]也可以给凡人带来欢乐。[22]慕赛俄斯认定诗乃凡间最能快慰人心的"乐事"；[23]提及歌唱时,荷马喜用 terpein 一词,意为"使高兴","使愉快"。心魂是诗歌作用的对象,是诗歌试图打动和感化的"另一方"。诗"可以群,可以怨"(《论语·阳货》),可以表述人的情感,触及人的灵魂。在此,我们不妨提出一个假设,即假设在它的实际展开中,古希腊诗论已在"不知不觉"之中勾画出一个神—诗—心魂的三联模式或三角关系,虽然当时的诗家和哲人们并没有明确提出过这一观点,也没有做过这方面的解释和论证。然而,这确实是个显而易见的模式,从本书第三、四两章的论述中读者可以清晰地感觉到这一点。诗有自身的价值,但它的作用也旁及"天"和"人"。在我国古代,汉儒董仲舒指出:"正朔服色之改,受命应天;礼制作乐之异,人心之动也。二者离而复合,所为一也。"当然,董仲舒没有提出过系统的心魂学,他的论述只是从一个侧面表明了"作乐之异"与"人心之动"的关系。

柏拉图似乎下意识地摸准了神—诗—心魂之间的三角关系,并且,值得注意的是,在把它作为一种笼统的框架看待时,这位诗评家一般不采取批评或反对的态度。使柏拉图不满的是,对这个三角关系,传统的"解释"抓住了形式,忽略了实质;使他担心的是,传统的错解会把人们引入误区,用简单的"满足"或"愉悦"代替对心魂的关心和爱护。令人高兴的事情不一定是好的事情;同样,易于满足的心魂不一定是好的心魂。心魂需要愉悦(柏拉图反对没有笑声的生活),但愉悦不是简单的感官享受。传统的理解歪曲了神的"面貌",不能反映神学的道德内涵;流行的说法把诗歌等同于知识,而对诗人的肤浅却只字不提。还有那种受庸俗的政治家和辩说家们鼓动而形成的所谓大多数人的观点(doxa),更是常常泛谈心魂的感受,而忽略了它所承担的责任,淡化了它所应当履行的义务。柏拉图似乎看到了问题的症结,下决心要进行一番清理,使人们不仅能够理解诗与心魂的关系,而且能够较好地把握这一关系的具体所指和应该予以强调的中心内容。照料人的心魂实际上就是关心人的生活,而关心人的(精神)生活是提高生活质量的关键。柏拉图和亚里士多德很少仅从物质条件出发考虑生活问题。此外,更为重要的是,他们所要的"精神文明"通常含带较多的中性色彩,内容涉及对人的心魂的"关怀"。

人的心魂状态的好坏将直接影响社会组织形态的状况,影响人的生存质量和氛围。紊乱的心魂会导致肌体的失衡,破坏生活的正常秩序。所以,柏拉图认为,设法保持人的心理平衡,形成健康稳定的心理常态是维持社会稳定和建立良好社区生活秩序的关键。社会贤达们有义务从关护人的肌体和心魂的健康入手,借助教育和包括诗歌在内的文化形式的辅佐,为改善人的生存状态,提高人的整体素质,增强人的公共意识和伦理观念而努力奋斗。人的完善不仅符合城邦的利益,而且说到底也符合每一个人的自身利益,因为人们很难设想,一个心智紊乱、肌体瘦弱的男子或妇女(至少在古希腊人看来)会有真正幸福的人生。带疾的身体"只能导致带疾的生活",[24]这似乎是古希腊人的一个共识。所以,医生的工作旨在养护和协调人的肌体,而政治家的任务——倘若他不是个眼光短浅的单纯的经验主义者——则在于中调和护理人的心灵,目的在于培养公众健康的心理常态,产生向节制(sōphrosunē)和正义(dikaiosunē)趋同的意愿。有了好的心魂才会有好的人民,而有了好的人民(当然,还必须有好的领导者)才会有好的国家。所以,治理国家必须从治理心魂开始。高明的政治家和富有责任感的雄辩家们应该勇于且乐于为培养和形成一种奋发向上的、平衡发展的和积极稳妥的"民族性格"贡献自己的智慧与才华。倘若公民的 epithumia,即民族或邦国的"雄心"或"愿望"出了问题,走偏了路子,崇尚对"邪恶"的向往,担任公职的人们,即城邦的领袖们,要果断地采取行动,包括使用责惩的办法,压制公民不正当的要求,迫使他们改变主意,形成较好的"邦国之魂"。"对于心魂",苏格拉底满怀信心地说道,"规限比不加约束为好"。[25]人和神不一样;神可以十全十美,而人通常只有好坏参半的命运。即便是对人中的俊杰,也同样存在必须加强改造、接受制约的问题。很明显,在提及他的心魂"三分论"时,柏拉图所说的并非某个或某几个人的心魂,而是作为一个整体的人的存在状况,是人的睿智和局限。柏拉图认为,承认这一现实(所以人必须"认识你自己")是建立政治哲学和法规的人文基础。

在柏拉图看来,关心心魂的状态,保持心魂的和谐,不仅事关城邦的建设和人民的幸福,而且关系到超脱今生的永存,关系到人生的终极意义。人为什么崇尚克制,为什么追求真理?人为什么主持正义,为什么强调把城邦的利益放在首位?因为人不只为今生今世存活,不只为物质的享受和看得见的利益奔波。心魂是人体中唯一不灭的成分(当然,这是柏拉图的观点),是人们向往永生和高尚的精神寄托。心魂是人体中唯一通神的部分,所以,爱护心魂即是向神明靠拢,是升华人生的具体举措。很明显,柏拉图的心魂学拓展了道德观的外延:它给"实在的"道德意识注入了超脱的成分,使之拥有更坚实的伦理背景。几百年后,西方的神学专家们正是在这一点(即加强宗教观的"知识性")上大做文章,实现了宗教信仰与伦理意识的更为"美满"的结合。在《美诺篇》81B里,苏格拉底指出,心魂死后仍会复活。他援引了品达的诗行以为佐证:心魂的活动"在某一时刻息止,人们称之为死亡,但在另一时刻又得到新生;它永远不会消亡。考虑到这些情况,一个人必须自始至终尽可能正直地生活。"不用说,这是狭义上的唯心主义观点,但又是东西方成千上万人的信仰。当一种虚构成为"事实"并进入千家万户以后,它就不再是简单的"谎话",对其嗤之以鼻或以过激的态度进行无情批判,似乎都不是会带来实质性收获的良方。较好的办法或许是正视它,研究它,脚踏实地地做一些澄清和纠偏的工作。

护理人的心魂当然主要是哲学家和政治家⑧的任务。但是,诗人决不是无所作为的。事实上,从诗的性质(它是一种娱乐)和社会影响来看,诗人的工作可以发挥相当重要的作用。然而,"可以"并不等于"实现"——柏拉图从现实中领悟到的是另一番感受。诗人的工作难以使他振奋,诗人的随心所欲使他难以保持沉默。在他看来,诗人没有恪尽自己的职责,有愧于"民众之师"的美名。诗人不理解神—诗—心魂这一三角关系的深刻内涵,把严肃的事情当作可以随便说唱的儿戏。他们中的许多人用通神掩饰自己的被动,用诗的五光十色模糊生活的道义内容,把人的心魂看作欢愉的对象,而不是需要小心呵护、关怀的立身之本。诗人没有区分生活的层次,没有把生活看作是一种需要接受检验的社会活动。不错,诗人,首先是荷马,创立了某种初朴的心魂不灭的"理论",[27]品达亦曾高度评价心魂的"神性",然而他们(或许应该除开奥菲俄斯)没有进行有深度的分析,没有把对心魂的讨论上升到哲学的高度,作出有铺垫的系统化阐述。此外,在他们中的大多数人看来,心魂不具备伦理的含义,关于心魂的解释也不是构成民众的道德意识的重要组成部分。

诗人不理解人的生存不光光是为了满足感官的需求,不了解人生的敌人常常隐藏在自己的心魂之中(而清醒地看到这一点恰恰是柏拉图对西方心魂学的一大贡献)。对心魂的了解,人必须十分认真。在《国家篇》第十卷里,柏拉图把他在第四卷里所作的心魂"三分论"浓缩成"两分论",即进一步归纳为理性的和非理性的两部分。[28]理性部分受理智和智能的制约,因而是心之"精华";欲念即非理性部分受情感和冲动的支配,因而是心之"糟粕"。理性部分以符合理性原则的工作方式证明了自己的优越;同样,欲念部分以它的粗俗,它的活动方式的盲目性以及它对理性原则的出于本能的排斥,证明了自己的卑劣。作为一种"潜能",源于心魂的粗蛮意识始终存在,即便是最理性的"正人君子",也难以完全杜绝——用我们的话来说——"小人之心"。虽然从本质上来看,理性部分是强大的,但柏拉图似乎无意排斥欲念部分可能一时或局部地压倒理性部分,从而使人违背自己的真实愿望,做出错误的决定。纵欲是理性的天敌。由于欲念的作祟,人不可能总是坚强的。从某种意义上来说,人具有任性、放纵和随心所欲的天然倾向。物质世界的引诱,艺术和表象美的迷惑,随时可能摧毁理性的防线,使欲念压倒正面意识的抵抗，统治人的心灵。人性中"最好的部分"，柏拉图在《国家篇》10.606A 中指出，倘若"从来没有受过理智或习惯的合乎规范的教育"，会在诗的冲击下土崩瓦解，溃不成军。诗是经过提炼的语言，它的内容是人们爱听的故事。史诗和悲剧可以轻而易举地操纵人的感情，影响人的心绪。诗本能地喜欢渲染大起大落的场面，而观众也似乎对此类描写特别感兴趣。诗和观众可谓"一个愿打，一个愿挨"。此外，沉默的、有智慧的人物不仅不好演，即使演出来了，素质不高、水平有限的普通观众也看不懂。表现此类人物的场面，既超出了一般观众的欣赏水平，也不符合他们的欣赏习惯。[29]包括诗在内的摹仿艺术，柏拉图毫不客气地贬薄道，是一种"低劣的东西"，和一个"低劣的伙伴为伍"，产生"低劣的后代"。[30]

诗人弄虚作假，把人们引入喜怒哀乐、缠绵悱恻的迷宫。即使诗人并无害人之意，但他们的工作客观上腐蚀了人的心魂。使柏拉图担忧的是，他在感情上十分钟爱的诗歌，在理性和欲念的斗争中扮演了不光彩的角色。诗增添了自然的妩媚，迎合了市民们低级的感官需求，诱发了本来应该受到抑制的欲望，助长了导致懦弱、非理性和懒散的灵魂的欲念部分的"威风"。[31]破坏心魂的平衡和破坏生活的和谐是同一个意思的两种不同说法，其所指并无实质性的区别。从某种意义上来说，诗使理性的潜在对手变成了现实中的敌人，使一种非理性的存在变成了反理性的存在，使本来就强大得足以使人担心的欲念变得更加难以对付。柏拉图知道，人生活在"情景"之中，而不同的"情景"会产生不同的心理效应，促使人们选用不同的行为模式。诗歌开辟了一种不同于日常生活的艺术场景，它使人们忘记可贵的克制，让心中的激情(pathos)放任自流。像被硬物碰伤的孩子，人们在剧场里失声痛哭，沉湎在悲伤的情感之中。他们把理智抛到九霄云外，尽情享受悲愁酿制的含带甜味的苦酒。柏拉图似乎相信，诗人及其作品的感染力越强，他所产生的负面影响越大。从这个意义上来说,最著名的诗人便是最危险的蛊惑家。荷马的名字于是再次跃然纸上,紧跟其后的是"其他悲剧诗人"。[32]"即便是我们中最好的人",柏拉图感叹道,也没有那种坚强的意志,足以抵消荷马和悲剧诗人的诱惑,抵挡他们用唇枪舌剑发起的进攻:

> 他们摹仿某位愁容满面的英雄,念说或唱诵大段的台词,痛不欲生,拍打自己的胸脯,使我们由此感到愉悦,忘却自己的身份,将同情付诸(他们的)表演,趋之若鹜。谁要是最擅使用这种方式,使我们感动,谁就是最好的诗人。[33]

诗增大了欲念的强度,削弱了理性的力量,破坏了心理的平衡。失去理性控制的心灵是可悲的,因为这意味着人的心智进入了一种不正常的状态,意味着人可能在剧场里做出某些日常生活中视为耻辱的蠢事。诗给人的放任提供场景和"理由"。在大街上行走的人和在剧场里看戏的人并不完全一样。即便是同一个人,不同的环境会使他产生不同的感觉。柏拉图无疑看到了环境对人的影响,区分了一般意义上的"人"和"环境中的人"的不同。在当时,这或许是一个有创见的观点。在生活中(尤其是在大庭广众之下),人们遇到不幸的事情往往会采取克制的态度,因为他们知道,痛哭流涕是女子,而不是大丈夫的作为。但是,在剧场里,观众看到人物的不幸便会产生悲戚和怜悯之情,并进而做出有失身份和不体面的事情(如号啕大哭,捶胸顿足)。诗夺走了人的理智,削弱了人的判断能力,使人在不知不觉中失去可能须用极大的努力才能找回的、符合理性原则的表达情感的习惯。人们或许不会想到,面对别人的痛苦并在通过由此引发的怜悯的情感中获得快感的观众,会把这种感情移用到对付生活中自己所遭受的不幸。人们会变得缠绵悱恻,多愁善感,失去男子汉的刚烈,保卫城邦的决心。同

样的道理也适用于对喜剧的感受,因为人有倾向于宽容自己的一面,有一试小丑心态的潜意识:

>在观看喜剧时……难道你不会对自己不愿表演的小丑的言行喜不自禁,浑然不觉这是粗俗的行为,一如你在体验悲伤时的感觉?这里,情况也一样,你释放出平时惧怕遭受谴责而予以压制的试作小丑的情感,使其得到淋漓尽致的表现。放任的结果,通常会在你有所意识之前,已经变成了私下里的喜剧演员(kōmōidopoios genesthai)。㉞

柏拉图或许没有想到,一味的克制和堵塞会使人的精神受到压抑,最终可能导致人性的异化或病变。对心魂状态的关切使他不愿公正、客观地评判诗的作用。作为一门艺术,诗固然会挑动人的情感,摇惑人的心绪,移变人的习惯。但是,柏拉图或许没有看到(或没有予以足够的重视),人们在经过诗(如悲剧)的"刺激"后,往往会得到一种难以表述的满足感。人不能总是一本正经,他们的情感需要得到发泄。适度的疏泄可以减轻心魂的负担,去除其中的情感积淀,从而焕发理性的活力,促进心理的和谐。当然,柏氏或许会说,维护心境的平和可以通过其他途径来实现,人之发泄情感的需要可在别的场合,比如宗教仪式中得到满足。但是,不管怎样,他以"诱发人的情感"为由指责诗和诗人的做法,常常会使读者产生过于生硬和不近情理的感觉。悲剧(按照柏氏的观点,包括荷马史诗)岂可不悲,喜剧中又岂可没有刻薄的语句,荒唐的行为?由此可见,柏拉图意欲禁堵的实际上是希腊文学的主流。事实上,即便是他赞同的颂神诗和赞美诗也不能总是平平淡淡,死水一潭。对神和英雄的赞颂,即便是正面的,也不能完全摆脱"反面"角色或对立面的陪衬,这是"讲故事"的一般常识。诗(和艺术)有自己的规律,自己的特点,包括注重对情感的渲染和编排内容上跌宕起伏的情节。柏拉图是强调正面教育的。在他看来,哲学家和道德学家的责任是把人的才智引向对国家和公众事业的奉献。为了实现这个目的,诗人和艺术家们必须全力以赴地予以配合,把政治的标准放在第一位,用倾向性明确(比如惩恶扬善)但立意和内容并不十分深刻的作品教育人民。这种艺术观的优点是有利于促进人心的凝聚,社会的稳定;它的缺点是忽略了对心魂的锤炼,限制了艺术潜力的发挥。很明显,见识不广的民众只能在风平浪静的港湾里生活,而不能或无力应付深海里的惊涛骇浪。社会必须使它的公民具备承受巨大变革和危机的能力,这样才能真正做到长治久安。所以,人们或许会赞赏柏拉图的虔诚和执著,赞赏他对维护人的身心健康的关切之情,但却不会同意他所主张的因噎废食的做法,不会同意把诗和心魂的调养截然对立起来的"革新"。亚里士多德正是抓住了柏拉图理论中的这一漏洞,在《诗学》里提出了诗有助于疏泄人的情感,协调人的心境,维系心理平衡的作用的观点。[35]

凭借诗不真实和迎合人的非理性需求等足以使传统诗歌丢尽脸面的理由,柏拉图断然"决定"驱逐诗和诗人,只有颂神诗和赞美诗例外。[36]在柏拉图看来,这一举措理由充分,亦是自古以来诗与哲学之争的合乎情理的"结局"(当然,如果柏氏的决定能被付诸实践的话)。但是,必须指出的是,柏拉图不是他所痛恨的暴君,不是骄横跋扈、唯我独尊的学霸。尽管有时或许显得急躁,但他从不过分专横;尽管有时或许爱走极端,但他从不认为求索的路子仅此一条。柏拉图不是不讲道理的人。他随时准备倾听别人的意见,修正或充实自己的观点;他似乎亦能以宽容的态度对待别人的见解,认为真理只会越辩越明。所以,就在驱逐诗人的同时,他还表现出网开一面的宽容(可能是出于过分的自信,亦多少带点酸溜溜的味道):如果摹仿或复制艺术能够提出充分的理由,证明它有资格在一个管理有序的国家里生存(这使我们想起古希腊民事法庭上审判者要求被告人对状词作出辩答的情景),"我们将高兴地予以接纳,因为我们自己亦十分敏感于诗的奇妙",尽管不能以出卖真理为代价。"我说得对吗,我的朋友?难道你没有感受到它的魔力",尤其是当有人"念诵起荷马的作品,在那种关头?"㉚我们将允许诗的代言人,他们

> 本身不是诗人(hosoi mē poiētikoi),但却是诗的爱好者(philopoiētai de),以不用格律的散文形式替诗歌辩护,论证它不仅能给人欢悦,而且有益于管理妥善的政府和人民的生活。我们将洗耳恭听,见教于他们的高论;我们一定会从中受益匪浅,倘若有人能够证明诗歌不仅甜美(hēdeia),而且有益于人生(ōphelimē)。㉝

很明显,只有懂诗的行家才会有这样的胸怀,因为他知道心胸狭窄的人不足以理解诗的宽阔;只有出色的心魂学家才会有这样的见识,因为他知道拘困心灵,束缚想象,不是自由人的生活。柏拉图始终挣扎在矛盾之中,他要驰骋心魂的想象,又要顾及诗对心灵的催化作用;他要维护人的根本利益,又难以摆脱诗的诱惑;他想教训别人,又不能彻底地说服自己;他想驱逐诗歌,但又不能接受没有诗歌(包括音乐、舞蹈)的生活。柏拉图在矛盾中走完了自己的一生,在思辨的石板上磨快了话语的锋芒,在历史的长河里留下了一代伟人的踪迹。伟人的矛盾往往是后人的财富,他们的困惑会深化后来者的思考。

注　释

① 详见《论心魂》403^{a}29以下。
② Psuchē 派生自动词 psuchō(我呼气),在荷马史诗里意为"魂息"。人死后,psuchē

从口中呼出,离开肉体,前往冥府,"像一缕轻烟"(《伊利亚特》23.100)。作为"魂息"的 psuchē 与 thumos(气、气息)等义(《伊利亚特》7.131)。Psuchē 和 thumos 在含义上仍有一些细微的差别;荷马曾多次并用二词(见《伊利亚特》11.333—334;《奥德赛》21.154,171)。Psuchē 飘离人体,宛如死者的虚影,并以 eidōlon(虚形)的形式存在于哀地斯(即冥府)里。与之相比,人死后,thumos"遭到摧残","被彻底粉碎"。有人认为,thumos 指活人身体里的热气,死后生命冷却,呼出,即成 psuchē,但这一解释似不能涵盖全部词例。Thumos 位居胸腔(stēthos)或肺叶(phrenes),且有感觉,能思考,psuchē 则占位身体之中(荷马没有说明具体的部位),并且似乎不具备感觉和思考的能力(人死后自当别论)。按照 R. B. Onians 教授的建议(他曾综观荷马史诗里的有关词例),psuchē 的首选"居处"当为人的头脑(*The Origins of European Thoughts*, p. 95)。关于 psuchē,重点参考该书之第 93—101 页;另参阅 D. J. Furley, *The Early History of the Concept of Soul* pp. 1—18)。比较注⑭。荷马还用了另一个词表示"心"或"思",即 noos(后世则通行其合成式 nous),其位置在胸腔之中(《伊利亚特》4.309)。从词源的角度来看,noos 或许与动词 neomai(回归)同宗,但对词义的发展演变学者们向有不同的说法。Noos 不具物性,即不是物质(J. Bremmer, *The Early Greek Concept of the Soul*, p. 57)。

③ 品达:残诗 96(edited by Christ)。荷马认为,梦有真假(即能否兑现)之分(《奥德赛》19.562)。普罗米修斯告诫人们,要注意区分真梦和虚假的梦幻(埃斯库罗斯《被绑的普罗米修斯》485)。柏拉图区分了两种情况:(一)受人之低俗本能控制的梦境,(二)受理性意识操纵的睡梦。只有在第二种情况下,梦者才能接受真理的感召(详见《国家篇》9.571C)。

④ 此乃苏格拉底在包括《斐多篇》在内的多篇对话里表述过的观点(细读《斐德罗篇》246C;《国家篇》5.462C—D;《蒂迈欧篇》34B—C,35A—B,41D4—E1 和 42A—E)。区别心魂的神圣和肉体的脏俗是公元前五世纪初后流行于希腊地区的奥菲俄斯宗教的核心观点。据色诺芬的《回忆录》记载,苏格拉底强调了心魂与肉体的二元存在,认为心魂具有非物质的特性,为肉眼所无法看见(1.4.9,4.3.14),指导肉体的行为(1.4.9,13—14)。心魂与肉体(sōma)的明确区分标志着人对自我的认识达到了一个新的高度。在荷马史诗里,sōma 指"尸体",与带有 psuchē 的"活人"形成对比。史诗中的人物可用"肢"或"肢腿"(melē, guia)喻指身体或身躯(详见 B. Snell, *The Discovery of the Mind*, p. 8)。在荷马史诗里,psuchē"是个简单的概念"(N. Gulley, *The Philosophy of Socrates*, p. 193;当然,这一认识并不十分正确,参考注②)。公元前七世纪后,psuchē 的所指面不断扩大,逐渐发展成为一个连接生活的方方面面的核心观念。悲剧和抒情诗人们有意识地将 psuchē 与人的喜怒哀乐(自然还有爱情)相挂钩(参考品达《普希亚颂》1.47;《奈弥亚颂》9.32;埃斯库罗斯《波斯人》840;索福克勒斯《俄底浦斯在克罗诺斯》498;欧里庇得斯《希波鲁托斯》504,526;另参考希罗多德《历史》3.14,5.124;修昔底得《伯罗奔尼撒战争史》2.40.7),而哲学家们则很自然地将心魂的活动伸展到智识和智能的领域(如赫拉克利特所做的那样)。智者高尔吉亚写过一部《海伦颂》,突出强调了语言在情和智性两个方面对心魂的触动(详见 N. Gulley,同上书,第 193 页)。苏格拉底熟悉奥菲俄斯宗教;柏拉图去过南意大利,与毕达戈拉学派的成员们有过频繁的接触,受到至深的影响。柏拉图哲学在许多方面受到奥菲俄斯

宗教和毕达戈拉宗教哲学的潜移默化。比如，柏拉图接受了奥菲俄斯宗教关于肉体是心魂之坟墓的说教，而他之称哲学为"一种极高的艺术形式"（megistēs mousikēs，《斐多篇》61A）则是明显重复了毕达戈拉的观点。此外，柏拉图对当时较为流行的厄琉西斯宗教（或秘仪）亦颇感兴趣，将哲学研究比作秘仪中的净洗（katharsis）。关于柏氏学说与宗教的内在联系，详见 M. L. Morgan, *Platonic Piety*, pp. 63—67。在柏拉图和亚里士多德的论著里，psuchē 是个多义词，可视语境的不同分别解作"心魂"、"心智"、"生命"、"理智"和"推理"等。关于对柏拉图心魂学说中的核心内容的阐述，另参考 T. M. Robinson, *Plato's Psychology*, pp. 1—50, 146—163。比较荷马的心魂观（参考注②）。

⑤ 详见《法律篇》10.896A—C。在影响深远的《蒂迈欧篇》里，神或神工（dēmiourgos）是宇宙和众神的制作者。他还使用同样的材料（即所谓的"同等"和"区别"），制作了"宇宙之魂"（或"世界之魂"）以及人之心魂中神圣（或"不死"）的部分（《蒂迈欧篇》35A—B）。人的身体（即肉体）和心魂中凡俗的部分由神工创制的神明制作（42D6—E4, 69C3—D1）。心魂"最早出生"（《法律篇》10.892C4），"先于肉体"（10.896C1—2），乃一切生成的事物中"最古老的一员"（12.967D6—7）。然而，在《斐德罗篇》里柏拉图却表达了截然相反的观点，指称心魂并非由外力"创制"或"孕生"，而是一种没有起始（即时间性）的存在（《斐德罗篇》245C—246A）。柏氏的这些自相矛盾的提法至今仍在困扰着西方的柏拉图学者，迫使人们做出各种解释。我们知道，《斐德罗篇》和《蒂迈欧篇》或许是柏氏作品中的两部最具浪漫色彩的"对话"（柏氏称后者为"一个可然的故事"，eikos logos），他的"诗情"确实给后人带来了麻烦。有趣的是，柏氏在抨击诗歌的时候却没有捎带批评（自己的）这种明显地属于 muthos（故事、诗化描述）的"前后脱节"。不过，从时段上来看，晚年的柏拉图似乎是一位坚定的心魂（被）创制论者，讲究实际的《法律篇》用毫不含糊的辞藻反复肯定了这一点。心魂的一个具有本质意义的特点是"自动"（即"自我驱动"，《斐德罗篇》245E；《法律篇》10.896A），而具备"自动"的优越性又使它得以成为推动其他事物运动的力源（《斐德罗篇》245C；《法律篇》10.895B, 896A）。心魂乃生命的始源（《斐德罗篇》245C7—10；《克拉底鲁篇》399D11—12）。在《国家篇》里，柏氏发展了这一思想，干脆指出心魂就是生命，二者是同一回事情（1.353D）。苏格拉底反复强调人的无知和神的"英明"（如《申辩篇》23A5—7），而凡人身体中唯一"似神"和可以"近神"的部分便是珍贵的 psuchē。柏拉图坚信心魂的神圣和不灭（《斐多篇》80B, 105E；《斐德罗篇》245C, 246A；《国家篇》10.608D），是永恒的"形"的亲缘（《斐多篇》80B1—3，参考该篇 78B 和 79D）。参考并比较第二章注㉙、㉜，第三章注①、③、④和㉞等处。

⑥ 《蒂迈欧篇》40D。德谟克利特认为，心魂是驱动的主体，使人酩酊大醉的"罪魁"不是肉体的欲望，而是心魂的软弱。心魂是"隐在"的原因。和古希腊哲学家一样，古代的印度和中国哲人也都重视对水、火、土、气的非实证性研究。

⑦ 《法律篇》5.726A, 728A。苏、柏二氏强调"照料人的心魂"，因为 pusche 不仅是生命的象征，而且是体现生命之价值（注意，这是个道德概念）的关键。关于 aretē，参考第一章注⑥。

⑧ 《法律篇》10.896D。心魂乃理性和智性的居所（《蒂迈欧篇》30B；《斐莱布篇》30C；《智者篇》249A；《法律篇》10.897B；比较色诺芬《回忆录》1.2.53, 1.4.17）。心魂（而

不是肉体)的行为即是一个人的道德行为。心魂决定一个人该做什么,不该做什么(《回忆录》1.4.19)。在《克里托篇》里,柏拉图暗示心魂("不管它是什么")乃决定道德行为的对与错的关键(详见47E—48A)。心魂乃个人的自由与责任的体现(参阅《蒂迈欧篇》87B—90D;《国家篇》10.617E)。

⑨ 《斐莱布篇》30C。公元前五世纪,哲学家第欧根尼(Diogenēs)在阿那克西美尼的"气"论里加入了"智性"(noēsis)的成分,使之拥有了心魂的活力。他认为,"气"的实体是具备 noēsis 的心魂(psuchē),所以 noēsis 的活动也就是心魂的活动,反映心智(亦即 noēsis)的神性。柏拉图无疑熟悉第欧根尼和其他先哲的相关理论,他的创新在于指出了 noēsis 的思考对象以及心魂与认知实体,即"形"的关系(参考注⑤)。关于 nous 和 noēsis,参考第二章注⑫。

⑩ 详见《法律篇》10.893B—894C 等处。按照柏拉图的充满诗意的理解,心魂(psuchē)和"形"(eidos)都是神圣的和永恒的存体(从这个意义上来说,二者是具备同一性质的东西)。心魂在与肉体结合之前已经见过"形"(或"真形"),以后也始终保持原有的神性。当心魂"沉沦"到肉体里以后,即使在"被拘禁"的情况下,它仍然渴望重见"形"和"形"的世界。在《斐德罗篇》里的苏格拉底看来(这无疑也是柏拉图的观点),哲学家(philosophos)就是爱恋家(erōtikos),哲学就是热爱智慧,热爱心魂向"形"的回归。哲学家(或热爱智慧者)是人群中最愿意俯首帖耳地听从驭手"指挥"(参考注⑭)和最热切地渴望重见"真形"的凡人中的精英。柏氏将"形"看作是心魂的"粮食",也就是说,在他看来,心魂对"形"的趋同不仅是出于"归真"的愿望,而且也是为了维持自身的状态,完善自我的运作。不难看出,无论是《斐德罗篇》里的"心魂马车"还是《高尔吉亚篇》里的"审判",都属于故事或神话的范畴。柏氏用这些"故事"表述了用自然物理理论和科学知识所无法表述的"道理"。诸如此类的比喻和故事在柏拉图哲学里占有重要和显著的位置,发挥着巨大的作用。要想深入、全面(而且似乎也更为准确)地研究柏氏的诗学思想,我们显然不能像以往所做的那样,把目光仅限于对他的诗论或文艺理论的扫描。我们要研究柏拉图对文学的运用,对它的潜力的探索,分析他在对概念进行诗化表述时所流露出来的诗情,抓住连他自己都未必已经清醒地认识到的对诗与文学的倚靠。

⑪ 详阅《蒂迈欧篇》34A—37C;《政治家篇》269D—273B。关于"宇宙之魂"(或"世界之魂"),请参考本书第三章中的有关论述。

⑫ 参考《斐多篇》63E—64A。苏格拉底入狱后,有人曾劝其逃跑,遭到拒绝;临死前他面无惧色,侃侃而谈。参考第三章注㊳。苏氏相当熟悉奥菲俄斯宗教(参考《伊安篇》533C,《申辩篇》40C 等处),并且似乎接受了该宗教关于灵魂"转世"的观点(请注意,奥菲俄斯乃传说中的诗人)。奥菲俄斯宗教的基本内容是东方的,明显不同于荷马的心魂观,它所关注的焦点和佛教一样,即如何对待生死,超度亡灵,如何把今生的活动与来世的命运衔接起来。苏格拉底把哲学(philosophia)看作是某种形式的宗教,把今生仅仅看作是灵魂向"真形"靠拢的全过程中的一个肯定不是最重要的阶段。两千多年后,法国人卢梭重复了苏氏在《斐多篇》等"对话"里多次强调过的观点,指出一个人的今生只是"他生命的一半","灵魂的生活"要等肉体消亡以后方才开始(《爱弥儿》)。不用说,苏格拉底的心魂学是先验的,它的虚构性甚至已经超过了一般意义上的诗化的程度。

⑬ Therapeia"包含有'帮助'、'辅助'、'照看'、'抚养'、'培育'等意思"(王宏文、宋洁人《柏拉图研究》,第278页)。按照苏格拉底的见解,心魂是安身立命的"基点",也是生命之意义的体现(巴尔扎克则会说,灵魂比剑强大)。因此,照料人的心魂也就是关注生活的"根本",关心生存的质量,提高人对自我和作为一个群体的"人"的认识。"心魂"不仅是心理学和心魂学的研究对象,而且——柏拉图相信——关于心魂及其状况的理论是形成政治哲学的基础。在苏格拉底和柏拉图看来,"照料心魂"和"对善的关注"(即"照料")以及"对(真实的)自我的关注"(或"照料")是同一个意思的不同表述(细品《申辩篇》29D—30B,31B 和36C等处;色诺芬《回忆录》1.2.2,1.2.4 和1.2.8)。"心魂"还是苏、柏二氏认识人的起点。有的人只关心自己的身躯(即肉体),因此一味追求财富(《斐多篇》66B)或荣誉(68C),忽略了心魂的要求。作为人中的俊杰,哲学家关心的则是人体中的永恒因而具有根本意义的部分,即"不死的"心魂。他们具备强烈的求知(或寻求智慧)的"欲望"(erōs),将心魂的善好看作是人和生活本身的善好(细读66D—67B)。心魂的和谐意味着心智状态的和谐,而心智状态的和谐是进行公正和有效的政治实践的心理基础。关心人的心魂状况也就是关心政治(politikē,"治理城邦的艺术",《高尔吉亚篇》464B)。或许,正是在这个意义上,柏拉图称苏格拉底为雅典唯一的政治家。亚里士多德认为,任何事物的"善好"在于它的功用(《尼各马可斯伦理学》1.7.1097^{b}26)。人所特有的功用是心魂(psuchē)的按照理性原则的指导(kata logon)而展开的活动(1.7.1098^{a}7—8);心魂之理性部分的功用是获取真理(6.1.1139^{a}12—15)。显然,在亚氏看来,忽视心魂的状况无异于忽视人的功用的最完美的发挥,实际上也就等于对人生的精义缺少理解,丧失了对生活本身的把握。

⑭ 在《斐多篇》里,柏拉图提出了关于欲望(或欲念、心念)具备"抗衡性"的思想。一般认为,这是对苏格拉底心魂观的发展。如果说《斐多篇》将这种对抗看作是心魂和肉体的(96C—E),《高尔吉亚篇》则把它移植到心魂的内部,即把心念的抗争看作是心魂中理性与非理性成分互相冲突的反映。在《国家篇》里,柏拉图指出:每一个感到焦渴的人都有饮水的愿望(4.439A—B),此乃人的本能。然而,并非每个焦渴者都会无例外地遵守"渴了就喝"的原则;换言之,"喝水"的欲望可能会受到某个因素的阻止而暂时不能(或不应)得到实施。柏氏认为,这一阻止因素只能存在于人的心魂,而不可能会在想喝水的冲动之中(4.439B3—6)。接着,柏氏在分析了心魂中的理性和欲念部分之后,提出了第三个成分(或部分),即与人的愤怒或类似情感相关的"激情部分"(4.439E)。"激情"(或"精神部分")是"理性"的同盟(4.440E),尽管二者并不相同(4.440E—441A)。儿童和动物都可具有"激情",却不能像成年人那样拥有理智(4.441A—B)。在论及美德(aretai)时,柏氏结合使用了他的心魂"三分论"。"智慧"乃心魂中的理性部分的美德(比较亚里士多德的观点,见第七章注③),"勇敢"属于激情部分;但"克制"(此乃欲念部分的美德)和"谨慎"会使心魂趋于和谐——当其中的欲念和激情两部分俯首听命于理性的支配(4.442C—D)。"正义"在三种成分(或部分)的和谐运作中发挥统合的作用。《国家篇》第九卷讨论了"三分论"与快感(或愉悦)的关系,柏氏指出,心魂的每一个部分都各有自己独特的欲望和愉悦,都具备在特定条件下主导心魂之运作的能力(9.580D,581C)。我们知道,"快感"可以是一个美学概念,是一个评价诗(如悲剧)的艺术价值和教育作用的重要参照项。《蒂迈欧

篇》沿循了《国家篇》第四卷的思路,A. E. 泰勒教授在 A Commentary to Plato's Timaeus 里充分肯定了这一点(见该书第 496 页)。神工制作了心魂中永存的部分(《蒂迈欧篇》44D,45A,69D,90A),它的位置在人的头脑之中(44D,45A)。心魂中的凡俗(即"会死")的部分由地位比 dēmiourgos 低下的众神制作(42D—E),"激情"存居心脏(70A—D),"欲念"位于小腹(70D—E)。《斐德罗篇》采用了更富诗意的叙事手法。柏氏把人的心魂比作一驾马车,驭马中一匹种源高贵、善好(kalos te kai agathos),另一匹则品质低劣、放荡不羁。这一好一坏的搭配给驭手带来了麻烦(细读 253C7—254E5)。很明显,在这个比喻里,驭手代表理性,代表"智"(或心智)和知识(nous and epistēmē,细析 247C—D),带着对"形"的出于本能的热爱。所以,尽管奔马中有一匹生性顽劣,但驭手仍可克服困难,掌控马车。此外,好马代表"激情",而劣马则喻指狂莽的欲念。"智"和知识(即智慧)乃心魂的"食粮",而"形"则是心魂之最佳部分的"养料",借助它的"哺育",心魂才能长出借以返回"形"域的翅膀(详见 247D 和 248B—C)。柏拉图的心魂学(尤其是他的心魂"三分论")曾经影响过包括弗洛伊德在内的一批近当代西方精神分析学家。弗洛伊德在许多方面重复了柏氏的思想(重点参考 A. N. Zakoroulos, Plato on Man, pp. 103—109),尽管这么说并不等于暗示弗氏的理论中缺少原创的成分。比较弗洛伊德精神分析学中的核心成分:本我、自我和超我。"本我"指人性中原始的、被压抑的欲望和冲动;"自我"是受理性控制的、对"本我"实施改造的积极意识;"超我"反映社会的准则,它以公众接受的道德观制配"自我",并鼓励和支持"自我"有效地压抑"本我"。在中国古代,一方面是解剖学的落后,使人不了解自己的肌体,另一方面是心魂学的落后,使人难以充分了解自己的心理。参考第五章注㉞。在柏拉图看来,典型意义上的"内部"抗争当在理性和欲念之间展开,而 to thumoeides 是理性可以有效联合的力量。后世,尤其是十七世纪以后的西方文学家们一般倾向于强调理性与激情的抗争,尽管他们所说的 passion 和 to thumoeides 有所不同。

⑮ 心魂的第一种错恶(kakia)犹如身体上的疾病,具体表现为感觉、观念和思考及推理上的失衡,使品质低劣的人变得胆小,产生缺失之感和犯罪的欲望。另一种错恶便是无知,尽管性质远为严重,但却往往被人忽视(人们一般不把它看作是一种 kakia),其最恶劣的表现便是自以为知之甚多,而实际上却一无所知(详见《智者篇》227E—228E;参考 G. M. A, Grube, Plato's Thought, p. 226)。对于由第一种错恶引起的犯罪,国家要动用法律手段予以制裁,而对于各种"无知",最好的办法是实施教育。教育是比刑法更有效的治国手段。

⑯ 《蒂迈欧篇》86B。在《蒂迈欧篇》里,柏拉图用不同的术语重复了在《智者篇》里表述过的思想(请注意,此乃这位哲人惯常的做法)。《蒂迈欧篇》(见 86A 以下)称所有的罪恶为心魂的疾病,并将一切错恶全都归咎于无知(agnoia),即"缺少智慧"。和苏格拉底一样,柏拉图坚信"知"是"行"的前提,正确的认识乃从善(即做好事)的保证。值得注意的是,《蒂迈欧篇》提到了导致错恶的"非"心魂因素,比如人体中过多的精液和腥苦的黏液等。毫无疑问,传统诗歌无法满足柏氏的心魂论和知识论对文艺作品的要求。诗歌既不教授有关人的正确知识(比如怎样才能正确认识自己),也不传授有关如何做一个合格的好公民的知识(这种知识似乎不可避免地会带有较多的倾向性),因此不仅无益于心魂的保健(更不用说治愈其中的疾病),而且还会导致健康心魂的病变,加重带疾心魂的病情。

⑰ 《智者篇》228C。

⑱ 详见《蒂迈欧篇》86D—E。柏拉图反复强调了这一见解(参考《智者篇》227C—D等处)。作恶不如忍受错恶,这是苏格拉底的又一个信念。作恶会从根本上损害心魂,而忍受错恶至少不会使人堕落。我们知道,基督教的教义中亦包括类似的主张。《国家篇》实际上是一部教育论。优秀的诗作可以作为教育的手段。苏格拉底似乎相信,只有不好的国家(及其教育体制),没有不好的人民。

⑲ 当然,这也是苏格拉底的观点。但柏拉图在许多方面深化了苏氏的思想。比如,他把人(或许应该包括自以为"自由"的雅典市民)比作山洞里的囚徒。一般认为,这个"故事"出自柏氏的创作。智慧(sophia)是最美的事物(《大希庇亚篇》296A),而它的反面,即"无知",则"永远是一种邪恶"(oukoun tēn agnoian eipomen hoti kakon pasin,《斐莱布篇》49D)。无知的"好人"依然是一个无知者。西塞罗说过,无知是智慧的黑夜,没有月亮,没有星星,一片漆黑。雪莱的评价或许包含更多的道德和知识论色彩:无知永远和邪恶并行;谁要行善,谁就必须得有智慧。

⑳ 或者说,根据某些诗人和柏拉图的理解,是神明把诗歌"送给"了诗人(参阅本书第一章第12、13段)。按照亚里士多德的观点,颂神诗和赞美诗是古老史诗的"前身"(详阅《诗学》第四章)。

㉑ 见《伊利亚特》1.474,603—604;《神谱》40—51。在古希腊人看来,博取神的欢心是重要的,因为神的恼怒和愤恨将给凡人造成灾难。凡人绝对不能得罪神明。神祇是"不死的",但有人的七情六欲,并且按人的方式思考,做出判断。

㉒ 《奥德赛》8.44—45,17.518—519。在《农作与日子》里,赫希俄德表述了近似的观点,尽管他也强调了生活的艰难。

㉓ 亚里士多德《政治学》8.5.1339^{b}22。

㉔ 《高尔吉亚篇》505A。我国古代有"文治武功"一说。柏拉图重视法治,但更为重视教育,即对公民的"文治"。

㉕ 同上,505B。

㉖ 在柏拉图看来,最好的哲学家也就是最好的政治家;政治和哲学不是全然对立的学问范畴。有趣的是,在崇尚跨学科的今天,哲学家的思考已越来越多地包含"政治因素"。像马尔库塞、W.V.奎因和H.普兰特等当代哲人都是出色的政治和社会问题评论家。

㉗ 详阅《奥德赛》第十一卷等处。不过,荷马的心魂观既不同于奥菲俄斯宗教的心魂转世"学说",也不同于基督教哲学所鼓吹的心魂—肉体"二元论"(参考注㉒和⑭)。

㉘ 《国家篇》10.603A。

㉙ 同上,10.604E。

㉚ 同上,10.603B。

㉛ 同上,10.606D;参考603B—C。摹仿一切的诗人谄媚和讨好心魂的非理性部分,"在人的心魂中构组出一种邪恶的政治秩序"(kakēn politeian idiai hekastou tēi psuchēi empoiein,605B)。和孔子同为鲁国人的墨子曾批评儒家"繁饰礼乐以淫人,久丧伪哀以谩亲"(《墨子·非儒下》),指出了礼乐可以"淫人"的事实。其实,孔子一生反对淫乐,认为"诗三百,一言以蔽之,曰'思无邪'。"(《论语·为政》)比较:"诗缘情而绮靡,赋体物而浏

亮。"(陆机《文赋》)按柏氏的看法,诗的质量亦即它的优劣与否会直接影响人的心态和认知取向的形成。

㉜ 柏拉图把荷马看作是第一位悲剧诗人(《国家篇》10.607A)。参考本书第八章第3段。亚里士多德视悲剧为严肃作品(包括史诗)的发展"归向",代表了严肃文学的最高水平。荷马是严肃作品的杰出大师(《诗学》4.1448^{b}34,另参考1448^{b}38—1449^{a}2)。悲剧"具备史诗所有的一切",不仅在许多方面优于史诗,而且还比后者"更好地取得了此种艺术(即严肃文学——笔者按)的功效"(详见《诗学》26)。亚氏的上述观点(以及《诗学》里的其他内容)影响过包括黑格尔和尼采在内的一些德国文论家。在古希腊人看来,悲剧(tragōidia,"山羊歌")可以不悲,但必须严肃。有的作品以"大团圆"式的结局收场(如欧里庇得斯的《伊菲格妮娅在陶里人里》)。

㉝ 《国家篇》10.605C—D。该篇3.386—388禁止诗人用"不真实"的情状描写神明。比如,不应"摹仿"神明唉声叹气,号啕大哭,也不应让他们狂欢失态,因为那样有失神的尊严,会引出不检点的行为。很明显,柏氏想要限制的正是神的"人化"(这一点与塞诺芬尼不谋而合),推崇的是神性的永恒、不变和非凡。"神"(或神力,神的行为)必须具备超然于人类及其思想和行为的尊严(但荷马却拿神明"开心",如让赫法伊斯托斯对其妻阿芙罗底忒和战神阿瑞斯进行捉奸等),必须具备因尊严而显得可靠的正确性。

㉞ 《国家篇》10.606C。柏拉图或许夸大了艺术的作用,低估了人(包括青少年)的判断力。观众不会见什么学什么;他们会思考,会分析。柏拉图在此谈论的问题(即演出对观众的"感染")属于普通心理学的研究范畴:换言之,柏拉图心目中的观众都是正常人。对于精神紊乱者,摹仿的后果肯定会远为严重。在电影《双重生活》里,罗纳德·科尔曼(R. Colman)扮演了一位演员,后者因为无数次摹演奥赛罗而变成了生活中的"摩尔人",最终(像奥赛罗杀妻一样)杀死了扮演德丝黛墨娜的妻子(转引自 G. Klosko, *The Development of Plato's Political Theory*, p.123)。

㉟ 见《诗学》6.1449^{b}24—28。参考亚里士多德《政治学》第八卷第七章。亚氏不同意柏拉图提倡的对某些情感采取绝对压制的办法。如果说产生情感的机制和它的工作效能是天生的(人们无法改变这一点),但情感的表露和宣泄却是可以控制和调节的。有修养的人不是不会发怒,也不是不会害怕,而是懂得在适当的时候,对适当的人或事,在正确动机的驱使下,以适当的方式表露诸如此类的情感(《尼各马可斯伦理学》2.6.1106^{b}12—33)。事实上,在讨论心魂的"三分"时,柏拉图谈到了理性(to logistikon)对激情(to thumoeides),尤其是对欲念(to epithumētikon)的制约(参见注⑭)。只有充分发挥理性的作用,心魂的和谐才能得到真正的实现。在《斐德罗篇》里,柏氏暗示了驭手(喻理性)的作用,即尽管"劣马"难以驾驭,但它终究不能为所欲为,导致车翻人亡。

㊱ 《国家篇》10.607A。当然,如果新写的悲剧符合柏拉图的要求并能够通过严格的审查(《法律篇》2.658B,7.817A),这位哲学家或许会考虑给它们(在"理想国"里)以适当的位置(参考 E. E. Sikes, *The Greek View of Poetry*, p.79)。在《法律篇》11.935D—936B里,柏拉图同意保留或接纳某些无害的喜剧。

㊲ 《国家篇》10.607C。对于柏拉图,诗和优美动听的演讲有着几乎是难以抗拒的魅力(参考《普罗泰戈拉篇》315),这是他指责诗和诗人的原因之一。无独有偶,孔夫子亦喜

爱音乐,优美的乐曲(《韶》乐)使他听后竟然三月不知肉味,曰:"不图为乐之至于斯也。"(《论语·述而》)参考本书第六章注⑧。

㊳ 《国家篇》10.607D—E。柏拉图的真实想法如何值得讨论。或许,他真的想听听别人的意见,集思广益;或许,他并不认为有人能够对这些问题作出会令他满意的解答,因此"欲擒故纵"。在这里,我们又一次感受到了苏格拉底式的"揶揄"。一些西方学者认为,亚里士多德的《诗学》是对这一挑战的间接应答。亚氏不是诗人(应该说,不是"职业"诗人;他写过诗篇,尚有片断传世),但熟悉诗歌。除了《诗学》外,这位被包括黑格尔在内的许多人誉为古代奇才的学者还写过《论诗人》、《荷马问题研究》等著作,均已失传。

第五章　诗与道德及政治

在上一章中,我们提及了柏拉图对"本身不是诗人,但却是诗的爱好者们"发出的挑战,要他们证明诗不仅能"给人欢悦",而且"有益于管理妥善的政府和人民的生活",以此作为接纳诗和诗人的条件。[①]时过境迁,沧海桑田。生活在二十世纪的西方诗人(如马拉梅、科比埃尔等)或许很难接受柏拉图的立场。在许多现代派艺术家看来,诗就是诗,诗的目的是表现人的情感和意识,仅此而已。这是一种相当"谦卑"的估计,它限制了诗和文学的作用范围;这又是一个相当高的要求,它反映了诗文的自主意识,试图"抢占"一个只能属于自己的领地。这是一个很有趣的主张,关于它的可行性问题人们还会进行长期的争论。然而,正像许多现代派诗人难以理解柏拉图一样,古希腊哲人和诗家也不会不无保留地接受他们的观点。奥斯卡·王尔德曾经疾呼过"为艺术而艺术"的口号,但在古希腊人看来,这是一种不可思议的、如果说还不是出于无知和不负责任的偏见。他们倾向于坚持一种保守然而却是相当稳笃的观点,认定脱离文化讨论文学,脱离伦理评述诗歌,脱离人的存在解释人的感受是荒谬的"奇谈"。时间本身即是一条评判的准则,世代相传的东西往往(会被认为)具备不受挑战的权威。当然,并非古希腊人当时已预见到日后会出现"为艺术而艺术"的流行观点,因而事先明智地作好了应付和驳斥的准备——希腊人还没有聪明到这种程度。客观地说,希腊人继承了一种传统,这种传统把人的文化和文化意识当作一个总括一切的人文范畴。在这个范畴里,人们可以谈论哲学和宗教,研究政治和经济,探讨历史和人生,讨论诗学和艺术。荷马是这样做的,毕达戈拉和恩培多克勒是这样做的,同样,苏格拉底和柏拉图也是这么做的。天文地理、"诸子百家"、经典荟萃、无所不包,集思考和笔谈的细流,汇成知识和学问的海洋。事实上,在柏拉图的著述里,philosophia 通常不是现代意义上的"哲学"的对应词——把它解作"学问"、"研究"、"谈讨"等或许更为合适。古希腊文化是西方文明的源头,古希腊人的成就曾在一些重要方面深深地影响过西方人的思考与生活。但是,这不等于说后世的西方文明是以前的古希腊文明的翻版;事实上,二者之间存在着我们必须予以重视的时段及地域性差异。

古希腊人没有在美学和伦理学(或政治学)之间画出一条泾渭分明的界线。②在他们看来,这两门学科是一个问题的两个方面。希腊词 nomos 包含两层意思,即(一)法律、规则,(二)歌、诗歌。柏拉图的愿望或许正是想把二者有机地结合起来。古希腊人相信,美的事物应该是有用的;在文艺范围,美的或好的作品应该反映人的积极向上的思想意识和道德观。美好的艺术可以陶冶人的情操,塑造人的性格,规范人的行为。艺术包含道德取向,反映作者的伦理观。在公元前五至前四世纪,从伦理的角度出发评判诗和诗人是通行的做法。喜剧大师阿里斯托芬严厉批评悲剧诗人欧里庇得斯,用词和语气尽管包含注重美学的意向,但仍然难以掩饰他对欧氏"反传统"(如怀疑神的正确性)做法的愤恨。在他眼里,欧里庇得斯是个"坏毒的"公民,因而也是个不称职的诗人。欧氏对当时流行的神学观中的某些在一般人看来不成问题或天经地义的内容的挑战,对人的政治意识和自我控制能力的怀疑,对艺术的不负责任的"改动"和"摧残",激起了许多人的愤恨。就连比较冷静和至少是自以为比较客观的亚里士多德,也在《诗学》里多次批评了欧氏的诗艺观。有价值的创新,阿里斯托芬或许会说,离不开正面走向的伦理意识的支撑,否则,随意"标新"的结果将和胡闹无异。诗是写给人读的,是演给人看的,所以诗人不能不考虑作品的读者和观众,不能不考虑它们的社会效应。

　　包括柏拉图在内的古希腊文论家们普遍认为,在许多情况下,伦理和审美是两个不可分割的研评范围。伦理和艺术应该联起手来,紧密配合,协同作战。柏拉图知道,精美的文学和艺术有助于培养人的善好性格,激发民众的爱国热情;而作为问题的另一个方面,正确的伦理观的建立将有助于诗人和艺术家们认识人的社团性质,承担起不容推卸的社会责任。③"美"、"丑"、"典雅"、"粗俗"、"高尚"、"平庸"等概念,在苏格拉底看来,不仅是评判诗和艺术的常用术语,而且也是表现人的精神面貌和性格特点的极为形象生动的词汇。"美"从来不是一个孤立的概念,从来不仅仅只是适用于对文学或文艺的评论。柏拉图认为,"美"是个包含等级的范畴,其触角涉及人们生活的各个领域。这一点,我们将在第十章里再作讨论。把"美"与伦理观念混为一谈的做法可能导出错误的结论(如柏拉图对诗人的"放逐"),但也可能促使人们加深对"美"的认识,拓宽"美"的纵深(如柏拉图在《会饮篇》里对"美"的论述)。作为"丑"的对立面,"美"包含深刻的伦理内容,而这些内容(如正义、勇敢、服从等),正如我们在第一章里已经讨论过的,必须经过严格的审察和认真的界定。伦理意识需要坚实的知识背景。苏格拉底不会赞扬一个头脑简单、是非不明的"英雄",也不会赞扬一个阿谀奉承、善恶不分的公务员。这些人不"美",因为"美"说到底是人文精神的活力,而不是心智的闭塞。如果说东西方"诗礼观"中有一些相似之处,但我们刚刚提及的这一观点无疑属于希腊人,是他们最早注意到这一点。中国的传统戏剧反映了国人希望惩恶扬善的审美心理,但对善恶的分辨却往往流于直观,缺少深层次上的分析。

　　我们知道,西方人本主义文化的源头是希腊史诗。闪烁着个人英雄主义光彩的阿基琉斯不仅是亚历山大立志效仿的楷模,而且也是两千多年来西方英雄们心中的"明灯"。我们可以从凯撒、拿破仑,乃至巴顿、蒙哥马利等名将身上看到阿基琉斯的影子,在西方人好强、善斗、注重个人利益、勇于拼搏的性格和人生观中看到希腊英雄对后世的影响。但是,我们切莫以为强调突出个人和大胆追求个人利益是西方伦理哲学的全部内容。诚然,由于阿伽门农夺走他的"战礼"(一名美貌的女子),阿基琉斯曾一度拒绝出战,从而使希腊联军屡遭挫败。但是,当帕特罗克洛斯阵亡后,他不顾个人安危,赴汤蹈火,杀了赫克托耳,以后又屡建战功,直到被帕里斯射死在特洛伊城前。阿基琉斯是为希腊人,或者说,为希腊联军的利益阵亡的,虽然其中也有个人恩怨的因素。事实上,希腊人并非如许多人以为的那样,是捏不成团的"散沙一盘"。从荷马史诗中可以看出,联军的议事会议具有很高的权威性,重大的问题一般都要通过讨论决定。军队通常以编队的形式作战,队伍间的协作常能给人攻防有序、配合默契的感觉。应该说,特洛伊战争的胜利是"阿开亚人的儿子们"共同努力、奋勇拼搏的结果,是无数并肩战斗、暴死疆场的英雄用鲜血换回的"光荣"。当然,这是一场掠夺性的侵略战争,希腊人实际上扮演了"围攻者"的角色,给特洛伊人带去了深重的苦难。此外,我们还应该看到,西方人对个人英雄主义的推崇势必会造成一些负面的影响;用历史的眼光来衡量,这种行为似乎是某些西方人至今仍然感到习以为常的强权政治的人文基础。

自公元前六世纪,尤其是梭伦(Solōn)"变法"以后,希腊人加强了城邦或邦国(polis)的建设,并在强化公民意识的同时,逐渐增大了城邦利益在社团生活中的比重。人们在公共场合抛头露面的机会增多了,几千人的政治集会,场面宏大的法庭审判,上万人观看的悲剧比赛,气氛热烈、历时数日的宗教活动,还有包括奥林匹克和普希亚赛事在内的多种常常是汇聚全希腊精英赛手、人们极为关注和争相观看的体育盛会——所有这一切,加之"抱团取暖"以抵抗波斯入侵的实际需要,加强了希腊人的集体观念,加大了他们对城邦及社区生活的依赖。公民们在户外的城区环境里度过白天,直到黄昏时分才回到与那些耸立在公众活动场所的高大、宏伟的神庙相比显得十分简陋、寒酸和采光不足的家院。古希腊人于是形成了一种根深蒂固的观念,一种从城邦利益出发审视一切的眼光。他们开始强调城邦的重要,而政治学说也在这一时期以前所未有的速度和规模发展起来。他们理直气壮地认为,个人是城邦中的或属于城邦的个人,而家庭亦是城邦中的或属于城邦的家庭。城邦既是他们生活的区域,又是他们奋力保卫的家园;既是他们辩论集体利益的地方,又是他们实现个人价值的场所。人们在城邦中成为政治家、哲学家,成为战功卓著的军事长官,成为人人羡慕的奥林匹克赛场上的体育明星。城邦给人们提供用武之地,同时也需要人们用鲜血来保卫它的安宁。城邦是朋友的家园,侵略者的坟墓。所以,个人不能脱离城邦生活,而关于城邦(polis)的事务(politikē)是每个公民应该关心的"政治"。城邦是谈论政治及其有效性的"起点"。在公元前四世纪,politikē(比较英语词 politics)的含义远较今天的"政治"广泛,包括涉及城邦建设和防卫事务的一切方面。亚里士多德写下过"人是政治动物"的名言,这句话概括性地反映了当时的公民阶层对人和城邦之关系的理解。Politikē 是希腊人公认的"第一艺术",对其他艺术(包括诗艺)拥有居高临下的管辖权。在这种氛围下,人们关心政治,谈论政治;事实上,当时的许多学问大师都是有深厚造诣的政治家和教育家。智者普罗泰戈拉声称,他的职业是"政治艺术",负有"使人成为好公民"的责任。[①]柏拉图的《国家篇》、《政治家篇》和《法律篇》等论著用了大量篇幅讨论城邦的建设问题,主张理想的国度应由哲学家或懂哲学的政治家,即所谓的"哲学王"来掌管。他坚信城邦的利益高于一切,所有的技艺必须服从政治艺术的统领。国家应该全面规划民众的生活,杜绝任何有损城邦利益的现象出现。教育是全体公民的大事,关系到国家的兴亡和未来。因此,国家要强迫儿童入学,包括男孩和女孩,⑤因为孩子们"与其说是父母的,倒不如说是国家的财产"(详见《法律篇》7.804D—E)。

当然,重视教育(包括伦理观念的教育)不是柏拉图的首创。从荷马时代起,希腊就是个注重教育的民族。希腊人把教育的重点放在文武两个方面。"文"以善辩为主,讲究演说技巧的发挥;"武"以战力作为基础,以战斗或竞技中的胜负作为评判的标准。荷马要求贵族子弟们争做辩论中的高手,战场上的英雄。⑥能说会道、英勇善战是希腊英雄的标志,也是古代教育的目的。自古以来,诗歌便是重要的教育手段,和体育或竞技一起构成古希腊教育的两个互为补充的方面。体育强健人的体魄,用柏拉图的话来说,音乐(mousikē)陶冶人的心灵。⑦苏格拉底曾多次随军出战,悲剧诗人埃斯库罗斯也是一位出色的战士,参加过马拉松和萨拉弥斯战役。在古希腊,mousikē 常常包括话语(即叙说,logos)。⑧正像诗人常常身兼作曲一样,诗和音乐通常是"歌"的两个不可分割的组成部分。此外,音乐或诗歌还常常包括舞蹈,⑨歌与舞的结合无疑有助于使人产生和谐的感觉。

诗的神圣和它的教育功能使诗人获得了"民众之师"的美称。⑩古代的诗人们关心部族的利益,能给民众带来"好处"。他们通常是部族里最有学问的人。奥菲俄斯曾教授举行宗教仪式的程序,劝阻杀戮;慕赛俄斯曾传送神谕,行医治病;⑪赫希荷德告诫农夫应该如何生活,荷马传授各种战法,激励人们勇敢无畏。通过埃斯库罗斯之口,阿里斯托芬告诉我们:小学教员教育孩子,诗人教育成年的公民。⑫柏拉图转述了当时流行的观点,认为荷马是希腊民族的老师。⑬哲学家赫拉克利特承认,赫希荷德是"许多人的先生"。⑭阿里斯托芬指出,喜剧诗人不仅使公众愉悦,而且还是他们的伦理教员和政治顾问。[15]"喜剧亦和正义结缘",[16]它把严肃的劝诫寓于欢乐之中。[17]通过《阿卡尼亚人》一剧的歌队述诵(parabasis),阿里斯托芬自称是全希腊最好的诗人,具有超常的勇气;他深感自己重任在肩,有义务告诉雅典公民应该怎样做人。[18]阿里斯托芬的夸耀或许还有另一层含义,那就是试图抬高喜剧诗人的地位,使其和史诗及悲剧诗人并驾齐驱。我们知道,亚里士多德(柏拉图有时亦然)没有把喜剧归入严肃文学之列。诗人多少有点自命不凡,但他们的言论并非完全没有根据。熟悉希腊历史的同仁们知道,在公元前五至前四世纪(乃至以后相当长的一段时间内),诗是雅典地区小学生的"必修课",孩子们通过读诗了解历史,学习做人的美德。受过教育的希腊人无例外地熟悉荷马史诗,许多人(包括柏拉图和亚里士多德)能随口摘引或"援引荷马",还有的能背诵大段的诗行,甚至整部作品。[19]荷马史诗既是文学,又是历史;既是供阅读的课文,又是古代的"学问大全"。荷马的创作凝聚了希腊民族,他的名字是诗和诗人的同义词。

  不过,是不是教师是一回事,能不能胜任教师的工作,或是不是合格的教师,则是另一回事。评审名称的产生与名称的合适与否,标准不同。在柏拉图看来,诗人显然不是合格的或勉强合格的民众之师。当然,这位哲学家从未正面回答过诗人是不是合格教师的问题,但是从他的关于诗和诗人的全部论述中,我们似乎可以看到一条贯穿始终的主线,那就是怀疑诗人的知识背景,不相信诗人的工作能力,谴责诗人的伦理(亦即政治)思想,否定诗人的神学观。诗人不具备求知的主动精神,不懂一般的对话和 elenchos 的不同;诗歌不具备本体的意义,只是热衷于摹仿人的行动和事件,亦即满足于对表象的再现;诗歌模糊神学或形而上学的真义,歪曲神明的形象;诗和诗人忽视心魂的主导精神,满足人们低级的感观需求。[20]诗和诗人干扰哲学的方向,误导了对人的教育,损害了民众和城邦的根本利益。这些都是柏拉图绝难容忍的事情。

柏拉图批评诗和诗人,矛头通常并非直指诗文本身。他知道,作为载体,诗或音乐本身只具中性的含义,是具体的编制和运用给它添加了表示道德倾向的内容。在《法律篇》里,他认定节奏和音乐(包括诗)表述人的心境,表述高尚的君子或低劣小人的感受。[21]"诗言志"(《今文尚书·尧典》);"乐者,通伦理者也"(《礼记·乐记》)。诗人可能讲说好的故事,也可能散布不好的传闻,[22]关键在于他的叙事取向或选择。接触诗歌的人们应该有所选择,不要来者不拒,一视同仁。孔子曾修删《诗经》,柏拉图亦主张剔除传统文学里的"糟粕",[23]东西方的古人都重视"读好诗"的问题,尽管对什么是"好诗"人们会有不同的理解。习读者应把好的诗歌背得滚瓜烂熟,把不好或有害的"束之高阁"(《法律篇》7.811A)。

与之平行的另一个问题,是观众或读者对作品的理解具有"多向运行"的特征。我们似乎应该注意下述两种可能,即(一)一部作品可能引起不同的反响;(二)内容不同、倾向不同的作品可能产生不同的效果。好的作品可以陶冶心性,给人美的感受,不好的作品则会毒害人生,误人子弟。如果说(二)的效应取决于作品本身,那么(一)的效果则取决于读者或观众的心理素质和道德水平。在柏拉图看来,人的素质如何应该是政治家们经常予以重视的中心问题。一个具有良好道德品质的人会自觉地控制自己的情感,即便面对强有力的刺激,亦能保持稳定的心态,减缓冲击的强度。[24]只要经常注意培养克制的习惯,加强心魂的理性部分的主导意识,抵制欲念的"作怪",那么对某些人来说,抗击外来的干扰就不会是一件决无可能之事。要是人人都有善好的心魂和高尚的道德情操,诗和诗人就难以乘虚而入,鱼目混珠。然而,由于世上庸人居多,愚昧的民众常常不会从善如流,所以要做到卓有成效地解决问题,国家的管理者们还应针对上述(二)的所指,采取强有力的措施。按照我们的理解,在处理诗和伦理及政治的关系时,柏拉图建议采取双管齐下的办法,即一方面注重对人(包括儿童)的正面教育,另一方面则强调有效运用国家机器的检查手段,限制不合格的诗作进入流通领域。在对待诗与教育的问题上,晚年的柏拉图采取了比较务实的态度。

教育应从儿童抓起。儿童的心灵纯洁、晶莹,儿提时代(即所谓的"人之初")是开始正规教育的最好时机。先入为主的印象极为重要,教育应以谨慎的态度实施。教育的目的是吸引和训导孩子们(即城邦未来的管理者和卫士)养成遵纪守法的习惯,按照已被前辈们的言行证明是正确的方式行事。[25]柏拉图或许是西方历史上第一位有长篇论著传世的儿童教育理论家。按照他在《国家篇》等"对话"里所表述的观点,社会对年幼无知者的教育应从"讲故事"开始:

难道你不明白,我说,我们首先用故事(muthous)教育孩子。当然,就整体而言,故事都是假的,但里面包含真理,我说的对不?在他们接触体育之前,我们先用故事(muthois)教育孩子。[26]

城邦的管理者应挑选优秀诗人的作品让孩子们习读,直到他们可以背诵为止。这类诗歌包含寓意深长的教诲,包含众多的故事和颂神的描述;它们讲述古时贤哲的事迹,读后能激励孩子们向他们学习,渴望能像他们一样做人。[27]柏拉图有时也表露出一些"信而好古"的想法,认为今人应向古时的贤哲学习。

学习是孩子的义务,而保证让孩子们学到"好"的东西,则是诗人的责任。诗人要培养孩子们敬神的美德,仰慕英雄的情感;要使他们树立高尚的情操,关心城邦的事务。关心城邦就是关心自己,关心城邦的兴衰就是关心希腊观念的确立,维护希腊人对外族人的道义和精神上的优越感。诗人有责任使孩子们养成善好的性格,使他们既有思辨的头脑,又有喋血疆场的体魄和果敢。儿童是未来的公民,是希腊文化的传人;所以,他们应该具备自我克制的毅力,具备主持公道和正义的品质。他们必须树立正确的价值观念,成为堂堂正正的自由人。"小子何莫学夫诗?诗可以兴,可以观……"(孔子语)诗人肩上的担子可谓不轻,他们的工作意义重大,事关全局,集中体现为如何教育儿童懂得什么是幸福的人生。

诗人本来可以创造奇迹,但是他们没有这么做。正如我们已在本书前四章中指出的,诗人的素质和所作所为,在柏拉图看来,有愧于"民众之师"的称号。他们手握面向大众的媒介,却不为公众的根本利益服务。像雄辩家或演说家那样,诗人把愉悦公众作为唯一的目的,以此沽名钓誉,从未认真想过如何使自己的"产品"成为升华人的道德意识的动力。[20]"老师"岂能这么好当?诗人玩忽职守,错过了擦肩而过的绝好机会。现在的情况是:一方面,对儿童的教育必须从讲故事开始,而所谓的"故事"主要指诗歌(包括史诗、悲剧等);另一方面,诗人却没有这个"能耐",不能令人放心地担负起教育儿童的工作。事实上,传统诗歌中的绝大部分,让我们顺着柏拉图的思路,根本不是培养年轻一代理想的启蒙教材。怎么办?柏拉图是个聪明人,他想到了政治和法律的威望,想到了上文提及的国家机器的作用。城邦必须全面实行对诗人的监督,毫不放松对诗作的检查。对诗和诗人的宽容意味着对哲学的藐视和亵渎,意味着对城邦利益的侵犯和削弱。尽管对悲剧的评选制度早已有之(而柏拉图批评的都是经过评选后"上市"公演的作品),但评选的标准却经常由于受到有关人士的素质和观众情绪的影响而流于形式。从现存的古代文献资料来看,柏拉图很可能是西方历史上第一位系统和明确提出动用国家机器规定和限制文艺发展观点的思想家。

诗歌应该促进心魂的和谐,尤其是对年轻的读者和听众。诗人必须选用优美和高雅的辞藻,动用各种修辞手段,在节奏、曲调的配合下,描写庄重、善好和勇敢的人生。㉙神的伟大应该歌颂,古人的业绩也要通过宜的方式来表述,媒介是"我们所称谓的'歌曲'"(has ōidas kaloumen)。㉚这便是柏拉图所要的诗歌。当然,歌颂神和英雄不是诗可以描述的全部内容。诗可以抒情,可以叙事,但是不管诗人写什么,他决不能违反法律的规定,自作主张,好坏不分:

> 他也无权把诗作私自交给某个公民,不管此人是谁。他必须把作品呈交专门的检审官和法律的司掌者,征得他们的同意。事实上,我们已在选出的制定音乐法和监督教育的官员中任命了一批这样的检审官。㉛

喜剧诗人,无论是在短长格诗中,还是在抒情的段子里,都不准通过言词或动作贬损和嘲弄公民。虽然喜剧向来便有"骂"人的传统(亚里士多德在《诗学》第三、四两章里对此作过介绍),但随着社会的发展和人民素质的提高,这种现象应该得到彻底的纠正。如果有人破违此法,主持节日活动的官员要严令他离开国境,在一天之内。㉜编写讽刺剧作要以善意的取笑为主,不能出于恶意,发泄对别人的不满和愤恨,违律者不得上演送交的作品。㉝在内容、形式和摹仿的对象方面,喜剧与悲剧不同,但就社会责任而言,二者却都应服务于同一个目标,那就是培养合格的公民。

按照柏拉图的观点,做一名合格的诗人光有诗才还不行。诗人生活在城邦之中,他们的工作必须符合城邦的利益。诗人和市民们接触交往,他们的作品必须有益于人性的陶冶,有益于儿童和成年人的教育。为了心魂的舒谐与善好,国家宁可起用严肃有余而娱感不足的诗家和说书人,尽管在许多人看来,诗的作用在于取悦观众。政治和道德的要求必须高于艺术的标准。"骥不称其力,称其德也。"(《论语·宪问》)在"有德无才"和"无德有才"之间,柏拉图大概也会像孔夫子那样毫不犹豫地选择前者。[34]不过,这是在矮人中挑选高个子的做法;最佳的选择自然是德才兼备的诗人。没有健康的心魂意味着没有善好的人生,而没有善好的人生就不能管好作为生活的最高政治组织形式的城邦(polis)。没有城邦,一切都将无从谈起,人的生活将回复到原始的散漫状态。大流士庞杂的帝国不是柏拉图的政治蓝图(和老子一样,柏氏提倡"小国寡民"),而埃及的君主,尽管富有,也不是他心目中的"哲学王"。柏氏欣赏巴比伦的天文学和医术,但显然不想恭维它的政治体制。这位古代的理想主义者要的是政治开明、分工贴切、组织良好、占地不大的邦国,要的是学识渊博、品行端正、英勇无畏、多谋善断、克己奉公的一代新人。然而,现实和理论并非同一种东西,它们之间总会或多或少地保持着某种距离。人民有待教育,政治有待改革;"水可载舟,亦可覆舟"。柏拉图或许并非纯属杞人忧天,对公众利益的极大关注使他在《法律篇》829C—D里把人的"德性"(或品性)选定为录用诗人的第一标准:

> ……此外,他不应只是通晓文字、谙熟音乐的诗人,而从未做过高尚和卓著的事情。相反,人们应该唱诵那些个编诗者的作品,他们人品可靠,行为高尚,受到公众的尊敬,哪怕诗才差些,作品缺乏音乐的魅力。

道德问题始终是柏拉图全神贯注的中心。在他看来,不仅人的生活,不仅人的全部政治活动,就连事物的变化,天体的形成也反映了道德的原则。[35]实践"德"或美德(aretē)[36]需要知识(epistēmē),美德与知识的结合将会加深人们对道德观念的认识,形成稳笃的见解,成为意志坚定、品格高尚的 andres agathoi(好人)。"善"(agathon)与"恶"(kakon)是人们评价事物及行为的最高和最终的标准。不受伦理观念或规则支配与解释的事件不是有目的的作为,因为任何有目的的作为都会反映人的道德水准。人的不懈追求,人对哲学的挚爱,一切善好的意愿,全部伦理价值的终极意义,都将在"形"的存在中找到归宿,而"形"的最精湛的核心最终将通过"善"的"真形"(或"善之形",agathou idea)来展示。这种观点以后受到过学园内外的怀疑主义者的挑战,但在基督教哲学里却始终受到青睐。柏拉图不怀疑宇宙的生成和发展,人的存在以及环境的改变,在扑朔迷离的表象下受到"善"的原则的支配。人们可能,或者说必然地会一时避离"善"的原则,但他们终究会在"善"的引导下重新振作起来。诚然,由于受到激情的驱使或干扰,人们并非总能了解自己的真实企愿(即根本利益之所在),所以难免会做出坏事蠢事。但是,这不是出于他们的"自觉自愿";没有谁会真的"愿意"做坏人,对于受到严重局限的人生,"善"(agathon)的真形永远是一种精神感召,永远是自由人的行动指南。城邦的管理者应该抓住政治活动的实质,克服虚假的说教和蛊惑人心的言词的干扰,启发人们深挖心智的潜力,明确奋斗的目标。在柏拉图心目中,道德观应该是政治学说的基础,是人的历史意识的直接反映。正是在这个意义上,柏拉图认为苏格拉底是一位出色的道德学家,并且似乎同意苏氏的自我评价,即认为在当时的雅典,他是唯一和真正的政治家。[㉚]必须指出的是,理解柏拉图提出的人不会真正愿意做坏事的观点应该承认一个前提,即人生或人的存在有一个根本的目的。如果抽去这个前提,柏氏的观点就会丧失可以成立的基础。在今天,许多人不认为人生有什么最大或最高的利益,因此他们明知吸毒不好,于己无益,却偏要与毒品为伴;明知杀人不好,却偏要杀害无辜,把人命关天的事情当作刺激神经的游戏。柏拉图的观点或许不能完全适用对当今社会中的某些现象的解释，但深入讨论这个问题显然已经超出了本书的研究范围。

在古希腊，诗是教育的手段，是孩子们效仿古代志士仁人的途径。优秀的诗歌是全民族的财富，合格的诗人是必不可少的知识的传播者。柏拉图认为，掌握知识（epistēmē），包括实用知识（gnōsis）的目的，不是为了终日闭门不出，冥思苦想，因为幸福的生活不会从天而降。和孔夫子一样，柏拉图深信"学以致用"的道理，认为学问应该接受实践的检验。掌握知识的人们必须树立效命邦国、服务社会的志向，把自己的所学无私地奉献出来。真理不等于脱离生活，它应该找到具体的表现方式，通过各种技艺（technai）和理性思考（phronēsis）的辅佐，成为促使人们奋起的力量。有知识的人往往能做出正确或明智的抉择，在"善"与"恶"的争夺中选定自己前进的方向。[38]抉择总和行动通连，而善好的行动能培养人的健康的心理常态。行动和心态决定人的伦理习惯，无私的动机和自觉的行动是连接幸福（eudaimonia）的纽带。公正的生活是最幸福的生活，公正的人生是最幸福的人生。[39]"在我看来，波洛斯"，苏格拉底说道，"我认为（行为）高尚的男士和女子是幸福的，而邪恶和卑劣的人们是可悲的"。[40]遵纪守法的公民比肆无忌惮的无赖幸福。[41]权利和义务是对等的，二者都和城邦公民的生活密切相关。能够为公众服务是一种光荣，需要参与者发扬无私的奉献精神（参考注[34]）。倘若城邦的卫士们得以从繁琐的家庭事务和日常生活的纠缠中挣脱出来，全力以赴地效命为公众和国家服务的宏伟事业，那么，尽管会失去一些常人享有的欢乐，他们将取代获胜奥林匹克赛会的英雄，成为最幸福的人中豪杰。[42]柏拉图善于用诗一般绚美的语言激励人们产生奋发向上的情感。

毫无疑问，柏拉图希望诗歌能为城邦的建设服务，能致力于改善人的心魂状态，为民众的行为设置佳好而又切实可行的规范。但是，希望毕竟不是现实。在柏拉图看来,这里列举的一切无疑超出或部分超出了荷马和传统诗人可以想象和理解的范围。然而,这还不是诗人的全部悲哀。在柏拉图眼里,诗人的局限并非仅限于此,因为诗的"危害"还与滥用语言有关。语言是诗的载体,是诗歌得以进入千家万户的"翅膀"。㊸诗人天天和语言做伴,却没有真正了解语言,弄不清它的长处和短缺。如果说在工艺领域,柏拉图认为使用者的知识高于制作者的经验,㊹但在诗艺领域,他却不打算让诗人(作为语言的使用者)享有这份荣誉。诗人们或许不会心服柏拉图的指责,反讥他小题大作,吹毛求疵,但作为哲学家的柏氏却自有他的道理——谁让诗与哲学共用同一种媒体,在一个文史哲之间泾渭不甚分明的时代?㊺柏拉图不会放过诗人的任何一个"过失",也不会给他们任何可以产生侥幸心理的机会。作为一位功底深厚的语言学家,柏氏对语言及其功用的分析至今仍给人入木三分的感觉。当今擅长数理分析的哲学家们都十分注重对语言的研究,把语言的运作看作是人类存在的一个基本形式。哲学和语言曾经脱节了多少个世纪,如今又重新牵起手来,致力于研究人类如何认识并解释世界和自我的根本问题。西方人对语言的重视或许超过了我们可以想象的程度,而从语言的角度出发研究哲学,进行高精度的思辨,是他们反复使用的手段。

注　释

　　① 参考第四章注㊳。柏拉图承认,包括他在内的"我们"也极为敏感于诗的魅力(或魔力,《国家篇》10. 607C6—7;参考第四章注㊲)。"我们美丽的政府"(kalōn politeiōn,607E7,此语包含明显的讽刺意味)早已把爱诗的感觉注入了我们的脑际(607E6—7)。所以,我们将高兴地看到辩护者的论证"能够表明诗歌的善好,就是真理"(608A1—2)。

　　② 参见 W. Jaeger,*Paideia* volume 1, p. 35。列夫·托尔斯泰大概会对古希腊人的这种大美学观点持无保留的赞同态度。柏拉图无意明确区分美学和伦理学之间的界限,也很少撇开道德原则的约束谈论诗歌。尽管善于抽象,但他却从未论及过抽象的诗歌(尽管曾表述过对抽象化图形,即几何图形的兴趣,《斐莱布篇》51C;比较《蒂迈欧篇》53E—

54A),并且似乎也没有认真考虑过诗歌的"非"道德性问题。在他看来,诗要么是道德的,要么是"不"道德的。诗乐可以刺激人的心魂,改变和形成人的心态,但最终的目的是模塑人的道德观念,影响人在城邦里的行为。在《诗学》里,亚里士多德区分了政治和艺术的范畴,但他的评审标准仍然是"哲学"的(即把诗艺当作是一种低于哲学的参照项)。他认为诗(指史诗、悲剧等,不包含抒情诗)高于历史,因为它比后者"更富哲学性"(详见《诗学》第九章)。此外,亚里士多德对"范畴"的理解也还带有时代赋予的特征。比如,他的行为哲学里的一个"最令人吃惊的特点"便是他对 politikē(治理城邦的艺术)的理解。在他看来,politikē 的研讨对象"不是国家的性质",也不是"政治权威的基础",而是作为行动指南的"道德理论"(C. C. W. Taylor, "Politics", in *The Cambridge Companion to Aristotle*, p. 233)。他的《政治学》实际上是《尼各马可斯伦理学》的续篇,其目的是为了接续并完成所设定的论题(参考《尼各马可斯伦理学》10. 9. 1181^b 12—23)。对于亚氏来说,政治理论"既非不同于道德理论的独立学说,亦非道德理论在政治领域里的运用";事实上,它只是"道德学说的一个附属性分支"(C. C. W. Taylor,同上书,p. 233)。

③ 应该说明的是,这里所说的"人"主要指城邦的公民(politai);谈论奴隶,柏拉图会用另一些词语,尽管他对奴隶的态度有时远比当时及后来的许多人开明。我们知道,柏氏在《会饮篇》里提出了"美之形"(等于《国家篇》里的"善之形")的观点(参考《会饮篇》211)。"美之形"具备任何美好事物所无法拥有的纯度,是全部伦理意识的终结。由此可见,"形论"的产生不仅是哲学思辨的结果,而且也是为了适应建立一种有理论深度的道德学说的需要(参考 I. Murdock, *The Fire and the Sun*, p. 25)。和他的宇宙论一样,柏氏的诗学思想是道德的(即基于道德原则之上的),其政治倾向性是十分明确的。古代的中国人认为,诗乃"天地之心",所以应该反映"君祖之德,百福之宗"(《诗纬含神雾》)。孔子曾提出过诗、乐并举的思想。在《论语》里,诗、礼、乐是可以并立提及的词汇:"兴于诗,立于礼,成于乐。"(《泰伯》)

④ kai hupischneisthai poiein andras agathous politas(《普罗泰戈拉篇》319A)。不用说,普罗泰戈拉以此感到光荣。普氏以教授"政治美德"为己任。所谓的"政治美德",指一个好的或合格的公民所应该或必须掌握的在城邦生活中安身立命、并进而出类拔萃的本领(包括雄辩)。普罗泰戈拉(参考第六章注⑲、⑳)和基俄斯的普罗底科(自然还有高尔吉亚,参考第六章注⑯)等智者(sophistai)都是当时(公元前五世纪)最好的高等教育家。古希腊人重视教育,因为教育是使人得以介入城邦政治并在政治生活中发挥作用的最有效的手段。在古希腊,教育与政治的关系远比它们在现代社会里密切。荷马史诗里的英雄们不仅武艺高强,而且口才出众,自小受过良好的教育。阿基琉斯的成长无疑受益于福伊尼克斯的教诲(参考《伊利亚特》9. 485—495),据传他还曾册从培养过伊阿宋、卡斯托尔等英雄的马人开荣。俄底修斯谙熟各种修辞(即讲演)技巧,据色诺芬记载,苏格拉底称他是一位出色的演说家(《回忆录》4. 6. 15)。《奥德赛》描述了俄底修斯之子忒勒马科斯的成长过程(参考注㊸),描写了他从一个毛头小伙成长为一位成熟和敢于斗争、善于斗争的年轻贵族的过程。像塞诺芬尼一样,哲学家赫拉克利特曾猛烈抨击荷马及赫希俄德(还有抒情诗人阿耳基洛科斯)的认知和价值取向,认为他们不配承担教师的重任。当然,赫拉克利特反对的不是教育本身,而是传统的以荷马史诗为倚靠的教育体系(尽管荷马是"最聪

明的希腊人")。他坚信世界上只有一种智慧,那就是如何不断揭示(和领会)逻各斯(logos)的具备本原意义的内涵。对于受教育者来说,"教育是第二个太阳"(K. Freeman, *God, Man and State*, pp. 170—171)。如果说品达相对注重人的天分或才气,德谟克利特(亦是一位见解深刻的教育理论家)则认为教育的重要性不亚于天分。"天分与教育其实一致:教海可以改变人,并在改变(人)的过程中塑造他的本性。""受过教育者的希望比无知者的财富可贵。"(转引自 K. Freeman,同上书, p. 176)柏拉图赞同传统的观点,称教育为"最严肃"的事业(《法律篇》7.803D)。尽管普罗泰戈拉相信他的"政治艺术"(politikē technē)可以培养善好的公民(agathous politas《普罗泰戈拉篇》319A4—5),柏氏却不认为智者们的教授真的会有益于国民的身心健康。真正的政治艺术应该研究人的心魂状况(参考注㊱),拥有坚实的知识基础。智者们以实用主义的态度理解知识,以个别取代一般,以具体否定普遍,其结果只能使人产生投机心理,放弃对真理的寻索。智者们的教育无益于人的心魂,因此(在柏拉图看来)在本质上不符合城邦政治的需要。参考第六章注㉖等处。

⑤ 注意,这是一项有远见的建议。在当时,只有男孩才有接受学校教育的权利。女子的活动"天地"主要在家里。关于"教育",参考注④。

⑥ 即能说会道,办事果断(参考《伊利亚特》9.443)。在荷马史诗里,联军的重大事宜一般都在首领们的联席会议上解决,所以,足智多谋、能说会道是表现才华、出人头地的必备条件。中国古人注意到了"行"与"德"的关系,《周易》中已出现"君子以果行育德"的名言(《蒙(卦四)》)。

⑦ 《国家篇》2.376E。比较:"声乐之入人也深,其化人也速";"君子以钟鼓道志,以琴瑟乐心"(《荀子》)。在柏拉图的著作里,mousikē 通常作"诗乐"(即包括诗和音乐)解。教育儿童(即培养人才)要从"智"(包含"德")和"体"两方面入手。体育强健儿童的身体(epi sōmasi gymnastikē),诗乐陶冶他们的心灵(epi psuchēi mousikē)。Mousikē 包含故事(logous, 376E9)。故事分两类,一类是"真的"(alēthēs),另一类是"假的"(psudos, 376E11)。教育必须使用这两类故事,但应从"虚假的"开始(proteron d' en tois pseudesin, 377A1—2)。正如在古希腊 poiētēs 的含义远比我们今天所说的"诗人"宽广(参考第一章注⑬、第三章注㊸等处),希腊词 mousikē 的涵盖面也大幅度地广于我们今天所说的音乐(参考 G. M. A. Grube, *Plato's Thought*, p. 180)。Mousikē 指"缪斯的艺术",其涵盖面包括音乐、诗歌、文学、文艺,乃至文化和哲学[参考 *The Republic*, translated by P. Shorey, Loeb Classical Library, (Plato) volume 5, p. 175]。真正的 mousikos(音乐家)是一位有高深和全面文化修养的人。诗乐可以陶冶人的心灵,给人美的享受。苏格拉底认为,关心人的生活必须首先照料人的心魂(参考《申辩篇》29D7—13, 35C5—6)。对人的道德教育应该从"改善心魂"做起,因为善好的心魂(psuchē)是善好人生的标志,反映人的道德风貌(参考第四章注⑬)。正如健康的头脑是决定和改善全身肌体状况的关键,心魂是所有"好"和"坏"的渊薮(《卡尔米德篇》156D—157B)。若要使人勇敢,就必须使心魂具备表现勇敢的素质(参考《拉凯斯篇》185B9—E6),而能否取得这一效果则取决于道德教育的质量(《普罗泰戈拉篇》313A1—314B4)。这一切将决定人的生存状况,决定人生是否幸福。苏、柏二氏要求雅典人照料自己的心魂,而不仅仅是形成做出善好举动的习惯。在他们看来,美德反映心魂的状态(换言之,美德是一种状态),反映人们对解释"善"与"恶"的知识的了解(参考注

㊱),而非只是按照规章办事的习惯。规则"并不能指定最佳的行为",而知识却可以"提供"人们必须从善的原因(参考并比较 T. Irwin, *Plato's Moral Theory*, p. 93)。诗和音乐是古希腊人对儿童进行德育的主要手段,柏拉图对传统诗歌的指责无疑也基于这一层考虑。诗人不能以为只要使人"开心"便算大功告成(参考第二章注㉙和㊳等处);他们还要考虑诗对心魂的触动,对人的行为规范的潜移默化。和体育(或体能训练)一起,诗歌必须为培养合格的公民和卫士服务。斯特拉堡(Strabōn)似乎倾向于赞同柏拉图的观点。他不同意厄拉托塞奈斯(Eratosthenēs,约出生在公元前 275 年)的见解,以为诗的目的只是为了取悦于人。斯氏认为,"诗是一种初级的哲学,使我们在年轻时期即能了解生活。诗给我们附带愉悦的训导,涉及性格、情感和行为"(《地理》1.2.3.)。比较注㉙。

⑧ 《国家篇》2.376E。从现有的资料来看,mousikē 指"诗"(包括词和音乐)最早出现在品达的《奥林匹亚颂》1.15 里。在《诗学》里,mousikē 仅出现一次(26.1462ª16),指"音乐"(不含词语,即 logos);亚里士多德用于指"诗"(即诗的制作)的规范词汇是 poiēsis(比较本书第一章注⑬)。毕达戈拉认为,诗乐(mousikē)具备"净化"(katharsis)的功用,可直接用于对心魂的"洗涤"[参考伊安伯利科(Iamblichos)的《毕达戈拉生平》110]。这一观点曾促使柏拉图进行过有关"净化"等于哲学(philosophia)的思考(参阅《斐多篇》67A—D)。广义上的 mousikē 可以指"文化"(参见注⑦)。

⑨ 《法律篇》7.802A。古时诗、歌一家,中西雷同。和 mousikē 一样,在我国周代,礼乐制中的"乐"并不单指音乐,而是指诗、乐、舞的三位一体,似乎相当于今天所说的"文艺"。春秋时诗乐开始分家,如《墨子》中有"诵诗三百"、"歌诗三百"、"舞诗三百"的提及。

⑩ "我们是否可以这样设想,人间最早的教育来自缪斯和阿波罗的馈赠?"(《法律篇》2.654A)关于诗的"神圣性",参考本书第一章第 13 段等处。柏拉图"对话"里的人物经常引述诗人的话,从这一点上也可以看出作为民众之师的诗人的影响。在给"正义"下定义时,波利马科斯引用了抒情诗人西蒙尼德斯的语句:"使个体获得应得的所有"(详见《国家篇》1.331D—E)。也是在《国家篇》第一卷里,凯法洛斯认为,人的性欲会随着年龄的增长(即衰老)而减弱。在论证这一观点时,他引用了悲剧诗人索福克勒斯的"回答"(1.329B—C)。苏格拉底(或柏拉图)本人也常常信手摘引荷马。"如果有人嘲笑我们在这把年纪还要上学",苏氏说道,"我们将引用荷马的权威言论予以回答:'谦谨不是亟需帮援者的美德'"(《拉凯斯篇》201A—B;引文见《奥德赛》17.347)。

⑪ 据传奥菲俄斯乃缪斯(卡莉娥佩)之子,阿波罗的仆从。他的歌声可以治愈病痛,激发人们的宗教热情。智者普罗泰戈拉(比较第六章注㉙)的讲演极具魅力。像奥菲俄斯一样,他的话可使听众入迷,如痴似醉(《普罗泰戈拉篇》315A)。阿里斯托芬称慕赛俄斯(据传为奥菲俄斯的门生)为心魂的医生,亚里士多德亦曾提及他对诗歌之功用的评价(《政治学》8.5.1339ᵇ)。

⑫ 详见阿里斯托芬《蛙》1054—1060,参考 1029—1036。孩子们通过诵读诗歌学会怎样做人(参考注㊱),所以诗人自然也是他们的教师。不少诗人声称他们具备教育民众的资格和"资本"。诗人政治家梭伦说过,诗人从"记忆"(Mnēmosunē)的女儿们(即缪斯姐妹)那里学得智慧(或技巧,sophiē,即 sophia);抒情诗人西俄格尼(Theognis)称诗人为缪斯的信使和随从(品达亦有类似的说法),因而拥有 sophiē(详见 R. Thomas, "The Place of the

Poet in Archaic Society", in *The Greek World*, pp. 117—118)。在公元前五世纪,诗人和哲学家一样,是人群里的知识分子(sophistai, sophoi)。在品达的作品里,sophistēs 意为"诗人",等于 poiētēs(《伊斯弥亚颂》5.28)。诗家不仅教育民众,而且"教导"各地的权贵和王者。诗人西俄格尼擅写格言,用以教育贵族子弟;品达亦曾通过诗颂劝导西西里的王者,要他们循守传统的行为规范和价值观念(详阅 W. Jaeger, *Paideia* volume 1, pp. 216, 221, 198—199);伊索克拉底(参见第六章注㉕)则以讲演的形式做过类似的事情。

⑬ 荷马的赞慕者们要求人们按这位诗人的描述建构希腊文化的框架,用他的教诲规范市民的生活(细读《国家篇》10.606E)。公元前五世纪的希腊人还把荷马看作是战争的教师(E. E. Sikes, *The Greek View of Poetry*, p. 65)。从某种意义上来说,荷马在古希腊文化和文明发展史上的地位,颇为近似于柏拉图在西方哲学史上所占据的位置。古希腊学人的世界观和价值观(包括诗艺观)要么是荷马的,要么是反荷马的,但却几乎不可能是完全非荷马的(由此我们想到怀特海和波普尔对柏拉图及其哲学的评价)。荷马对古希腊文化的影响是多层次和全方位的。至少在公元前六至前四世纪,荷马史诗是公众心目中内容丰富的百科全书(参阅 E. A. Havelock, *Preface to Plato*, pp. 61—84;"The Homeric Encyclopedia"),而荷马则被看作是一种有影响的文化的奠基人和最权威的阐释者。我们注意到,柏拉图哲学同样具备"百科全书"的性质。柏氏之所以否定和反对荷马(文化),他之所以与奥林波斯众神保持一定的距离(参考第三章注③),其真实的用心难道不是试图用他的"新百科"换下荷马的"旧百科",用他的包罗万象的泛哲学取代荷马"老气横秋"的诗歌文化?至少,在教育领域,柏氏已决心撇开荷马史诗,而代之以符合他所设定的标准的、以颂神诗和赞美诗为骨干的 mousikē(诗乐)。荷马史诗对拉丁文学的发展产生过重要的影响,维吉尔的《埃涅德》在许多方面摹仿了荷马的《伊利亚特》。在文艺复兴时期,荷马史诗开始在欧洲广为流传,平均每十八个月便有一种版本或一种新译问世。荷马几乎成了欧洲的"老师"。拉辛曾"熟读荷马",弥尔顿尽管摹仿了维吉尔的诗风,但他最喜爱的书本一是《圣经》,其次便是荷马史诗。生活在十九世纪的卡莱尔(T. Carlyle)重复了弥尔顿的"喜好"。席勒曾高度评价《伊利亚特》;歌德承认,荷马和他的史诗使他"每天受到教益"。雪莱的评价似乎更值得我们深思:必须承认,作为诗人,在表现"真理、和谐、持续的宏伟和形象的令人满意的完整性方面","荷马的功力胜过莎士比亚"(详见 H. W. Smyth, "Epic Poetry", in *Greek Literature*, pp. 43—46)。荷马史诗,用当代文评家 H. J. Rose 的话来说,"在一切方面为古希腊乃至欧洲文学"的发展设定了"一个合宜的起点"(*A Handbook of Greek Literature*, p. 15)。

⑭ 片断 35(Nahm)。

⑮ 《蛙》1009—1010。参考注④。

⑯ 《阿卡尼亚人》500;《蛙》686—687。

⑰ 《蛙》389—390(比较柏拉图对诗论家们发出的"挑战",见本章开篇部分)。罗马文论家贺拉斯相信,"愉悦"和"教益"是文艺的两大功能。他在《诗艺》中提出的这一观点曾被后人"无数次地重复"(B. H. Clark, *European Theories of the Drama*, p. 24)。

⑱ 《阿卡尼亚人》644—646。赫希荷德的《农作与日子》是西方现存最早的"训导诗"。古希腊悲剧不仅包含着丰富而深刻的思想内涵,而且还纳入了许多格言、警句和说教

性的谚语等。品达的"诗颂"表述了作者(亦即贵族阶级)的人生观和价值取向,带有浓厚的训导色彩。

⑲ 参看色诺芬《饮讨会》3.6;另参考柏拉图《普罗泰戈拉篇》325E。

⑳ 这四点内容我们已在前四章中分别作了较为系统的阐述。诗歌,尤其是悲剧,扰乱人的心境或"内在的国家"(详阅《国家篇》10.605B,608B),像金钱、荣誉和权力一样威胁和破坏"内在国家"的机制运行(细读9.591E以下)。心魂的紊乱会阻塞认知渠道的畅通(一个痛哭流涕的人不会理智地考虑问题),会妨碍坚定的以神学为支撑的伦理观的确立(神祇的为所欲为和人生的苦难会使公众怀疑神意的正确)。柏拉图相信,诗人没有明确的政治意识,缺少从宏观上把握和运用道德原则的能力(道德教育是一个系统工程)。"内在国家"的紊乱是邦国政治失控的先行。"治世之音安以乐,其政和;乱世之音怨以怒,其政乖"(《礼记·乐记》)——中国古代的有识之士也像柏拉图一样重视音乐(或诗乐)与政治的关系。

㉑ 或:好人和品行低劣者的感受。这里,笔者借用"君子"和"小人"二词,希望能"暗示"中西文化在这一点上的连通。中国文化是讲究"君子"与"小人"之别的,并且常常给人不是"君子",便是"小人"的感觉(其实大多数"平头百姓"都是介于二者之间的普通人)。无独有偶,在谈论摹仿的对象时,亚里士多德指出:摹仿者表现的"必然不是好人,便是卑俗低劣者(性格几乎脱不出这些特性,人的性格以善与恶相区别)"。或许,在亚氏看来,人的性格只有好、坏之分,而"不坏"亦应被划入"好"的范畴。有趣的是,他在紧接着的下文中提到了一类不算太好,但也不至于不好的人。他写道,摹仿者表现的人物"要么比我们好,要么比我们差,要么是等同于我们这样的人"(《诗学》2.1448ª4—5)。接着,亚氏又以画家波鲁格诺托斯的创作作为例,重复了三类人的观点。至少,从理论上来说,艺术可以摹仿(即描写、刻画)"像我们这样的普通人",但实际情况是:喜剧倾向于表现比今天的人差的人(cheirous),悲剧则倾向于表现比今天的人好的人(beltious,2.1448ª17—18)。

㉒ 《法律篇》7.811B。

㉓ 孔子和柏拉图分别为东西方文化的巨人,其出生年代的隔距不到一百二十五年。二位哲人都对伦理学和政治极感兴趣,都注重文艺对人的感化作用,在一系列问题上表述过相似或近似的观点(参考本书第四章注㊲、第九章注⑥等处)。孔子和柏拉图都是有精到见解的教育家,他们的学说分别对中国和欧洲产生过他人无法替代的影响。由于东西方文化的底蕴不同,孔子受到中国历代统治者的推崇,逐渐取得了在古希腊由诗人占据的民众之师的地位,成为"千古师表",而柏拉图的影响则缓慢渗入到以后的基督教文化之中,受到实际上的分流和某种程度上的淡化。在西方人心目中,柏拉图首先是一位哲学家,而从来不是"教师"。苏格拉底不仅反复申明不司教授,而且还认为需要别人的指点:"我们亟需""最好的教师"(《拉凯斯篇》201A)。作为道德学家,孔夫子更为注重道德观的实用价值,而柏拉图则常常着意于寻找它(们)的可以接受知识阐释的"背景"(如定义等)。作为诗论家,孔子评论的对象主要是抒情诗,而柏氏则多以悲剧和史诗为话题。中西文化以后的走向多少亦与它们所拥有的诗歌形式有关:中国文化一直受到抒情诗的主导,以后又加入了戏剧的"才子佳人"。孔子对诗的态度始终是现实的,而柏氏在抓住"实用"的同时,也表现出对浪漫的向往。"诗化"一直是他用以表述哲学观点和宇宙观的重要

手法。孔子的务实态度具备"一以贯之"、恪守传统的优点,而柏拉图的"二元"诗观则具备开拓思维、驰骋想象之长。

㉔ 《国家篇》10.603D—E。苏格拉底在《国家篇》第十卷的开卷部分指出,悲剧对"所有的人都有危害",只有少数人例外,后者了解悲剧的实质,而这是一种"补救"(pharmakon,595B3—7)。其后,苏氏又在606B里提及了上述对悲剧的危害性有着清醒认识的"少数人"。但是,我们不能因此认为柏拉图会允许传统诗歌中的精品(如荷马史诗和三大悲剧诗人的作品等)在他所设计的邦国里拥有一席之地。事实上,柏氏决意把上述诗歌"赶出城邦"(607B),并没有因为少数人的睿智和拥有抵消手段而对它们心慈手软(参考 G. R. F. Ferrari, "Plato's Poetry", in *The Cambridge History of Literary Criticism*, p. 142)。此外,即便是这些"少数人"(如包括柏拉图在内的哲学家)也未必真能做到清心寡欲,对诗的魅力无动于衷(参考第四章注㉗等处)。柏拉图说过,像他这样的老年人,"爱听史诗"(《法律篇》2.658C—D)。

㉕ 详见《法律篇》2.659C—D。柏拉图认为,哲学的"灵魂"是探索,是一种饱含热情的"追求"。哲学求索的对象是"善",即要么是道德的善好,要么是智能活动的善好,也可以二者兼顾。"善"与智能活动的结合构成了苏格拉底知识论的核心,即"美德是知识"。《国家篇》第二至四卷以讨论道德善好为背景,引导并要求"卫士们"具备良好的人文素质。"懂哲学"(或"掌握哲学知识")在这里是提高道德意识,使城邦的卫士们具备某些必须具备的道德品质的另一种说法。与之形成对比的是,《国家篇》第五至七卷以讨论知识的层次性和重要性为主,开拓了知识论的应用领域,增强了它的系统性(参考 R. Robinson, *Plato's Early Dialectic*, p. 71)。哲学可以拓宽人的心智,增强人的责任感。柏拉图知道,对儿童的教育应该突出知识的适用性,即对实践的指导意义,而对青年或成年人的教育则应加大"智育"的比重,包括使其中的某些人掌握辩析(dialektikē)的本领。

㉖ 《国家篇》2.377A。参考注⑦和《普罗泰戈拉篇》326E。在公元前五至前四世纪的雅典,男孩子们一般在七岁时上学,路上由一位奴隶或"监护"(paidagōgos)陪同。学校里有专职的教师(grammatistēs)教授书写和阅读,教材一般选自诗人,尤其是荷马的作品。除了算术,孩子们接受的另两项教育是音乐(包括诗歌)和体育。诗乐由 kitharistēs(里拉演奏者)教授,体育(或形体训练)则由 paidotribēs(训导者)负责。小学"毕业"后,青少年们开始走入社会,也可继续求学,进入较高等的学校(比如,伊索克拉底即在雅典办学;参考 K. Freeman, *God, Man and State*, p. 189)。亚里士多德在十七岁时进入柏拉图的学园。智者(sophistai)的活动以教授修辞和讲演为主,收费,是当时从事高等教育的骨干力量。参考第二章注⑭。

㉗ 细读《法律篇》2.659D—E。

㉘ 详见《高尔吉亚篇》501D—502E。

㉙ 详见《法律篇》2.660A。诗人应该或必须有强烈的道德心和责任感,这是从古至今的许多中外文论家们坚持的观点。罗马文人贺拉斯说过,诗人是人类的启蒙教师(《诗艺》);俄罗斯近代文艺理论家别林斯基在评论一八四七年的俄国文坛状况时指出:"在诗人的图画中应该有思想,由这幅图画产生的印象,应该作用于读者的智力,并且应该给他对生活特定方面的看法一定的方向。"(《别林斯基论文学》,梁真译,新文艺出版社,1958

年,第203页)"什么是艺术?"在回答这个问题时,列夫·托尔斯泰几乎把柏拉图的带有明显道德色彩及注重"教育价值"倾向的言论"重复了一遍"(E.卡西尔《语言与神话》,于晓等译,第182页)。托尔斯泰认为,真正的文艺精品数量很少,大量的作品"不仅没有价值,而且比没有价值还坏,因为它们是骗人的,会把人们的趣味引向邪路"。所有的唯美主义、为艺术而艺术的提法,(在托氏看来)都是不健康和危险的。什么没有目的的艺术(法国现代派诗人科比埃尔在"Paria"里声称:"我的思想是一股倦怠的气流……我的话语是空洞的回声,啥也没说",详见 J. P. Houston, *French Symbolism and the Modernist Movement*, Baton Rouge:Louisana University Press,1980,p.62),什么本身就是目的的艺术(比如,参考 M. Valency,*The End of the World*,Oxford University Press,1980,pp.48—49;此外,托翁一定也熟知王尔德在《道连·葛雷的画像·序言》里表述的艺术与道德无关的观点——按照这位出生在爱尔兰的唯美主义文艺理论家的判断,艺术不依赖于道德而存在,它"有自己的追求,那就是美","艺术与道德无关",参见《西方文论史》,马新国主编,高等教育出版社,1994年,第353页),诸如此类的提法都是骗人的鬼话。艺术的目的是感化人,教育人,引导人们的"感情"由低级向高级发展。"这就是艺术的目的……艺术的高下优劣之分,要依在多大程度上达到这一目的而定。"(转引自《语言与神话》,第182—183页)另参考注③。

㉚ 《法律篇》2.659E。

㉛ 同上,7.801C—D。检查官由年逾五十的公民担任,负责从现有的作品中挑选合宜的诗歌(详见7.802A—B)。应该看到的是,在柏拉图设计的国度里,就作品的遴选而言,"筛选"的原则不仅适用于对诗和音乐,而且也同样适用于对其他艺术或工艺(technai),包括绘画、编织和家具制作等(《国家篇》3.401A)。"柏拉图认为,所有这些媒介都能摹仿好的和坏的性格。"(G. Klosko, *The Development of Plato's Political Theory*, p.124)

㉜ 《法律篇》11.935E。参考第四章注㊱。对外来的"摹仿一切"的诗人(参考第六章注㉖),我们要以礼相待,但不予接纳,劝其"去往别的城市"(《国家篇》3.398A;参考第二章注㊼)。

㉝ 换言之:违法者送交的作品不会得到审查者的批准。详见《法律篇》11.936A—B。

㉞ 柏拉图所谈论的智慧(sophia, phronēsis)并不仅指"智力"或"聪明"(deinotēs)。智慧是理性思考的产物,表现人对生活和世界的认识,因而必须包含表示取舍的倾向性,必须表现认知和行为的道德属性。Nous 并不单指"智"或"智能";它还包含任何受理性制导的事物所必定包含的趋"善"的本能。柏拉图认为,宇宙受"太空之智"(或"宇宙之智")的制导。《斐莱布篇》称这一智能(nous)为"制作者"和"混合之因"(26E—27C,参考第四章注④),近似于《蒂迈欧篇》里的神或神工(dēmiourgos),后者以"使其尽可能完美"的方案创制宇宙(《蒂迈欧篇》30A—B)。Nous 代表人的心魂中的理性(logistikon)部分(参考第四章注⑭和㉟;关于 nous、noēsis、logos 等参考第二章注⑫),负责实施对"激情"和"欲念"的掌控,主司对"形"的知悉。当人的欲望拒绝接受理性的制约,冲破它的阻拦,心魂便会陷于混乱,引起运作上的失调。柏氏称这种紊乱为"愚蠢",并说决不能让心魂失控的"蠢才"担任政职(《法律篇》3.689F)。"我们要责备他们愚蠢,即便他们是最为工于心计的聪明人(logistikoi),在各方面受过良好的训练……"相反,"那些与之截然不同的公民才是真正的聪明人,(我们要称)他们拥有智慧(sophous),哪怕他们,诚如谚语中所说的那样,'既

不能阅读,也不会游泳'"(《法律篇》3.689C—D;参考《泰阿泰德篇》176—177)。谁要是把自己的聪明才智只是用于谋取私利,那么他们不仅不是通达之士,而且简直就是坏蛋(panourgia anti sophias,《法律篇》5.747C)。由此可见,知识的"正确"不仅在于它的普遍性(如定义的普遍适用性),而且还在于它的道德性(即表述普遍性的理性意义)。在着重谈论知识的普遍适用性时,柏拉图强调了人的行为和伦理意识必须具备知识纵深的观点;然而,当他转而着重谈论实践问题(如城邦的法制建设)时,这位哲学家却又侧重于强调"德"(或"德性")的重要性。作为一位知识论者,柏氏不会赞扬那种盲目从善的"厚道人"(在他看来,这些人是走对了路的瞎子);然而,作为一位道德论者,诚如上述引文所显示的那样,柏氏显然又会依循"先德后才"的标准,把政职交到这些人的手中,哪怕他们目不识丁(mēte grammata)。这里有一个难以调和的矛盾,而柏拉图似乎从未就此作出必要的说明,论证为什么某些在知识的拥有上明显占有优势的人们,反而会在德性上不如没有什么知识但却"厚道"的老实人。当然,柏拉图无疑相信,这两种人都不是城邦最高统治者的适宜人选,因为他的哲学王们肯定不会热衷于谋取私利,也肯定不会只知道"埋头拉车",而不会"伸手指路"。与哲学王们相比,第一类人缺少关于"形"的知识,因而不理解"德"的真义,无力进行辩析(参考第一章注⑫),而第二类人则因受到知识的局限,难以在智能美德上有所拓展,最终(我们不知道柏氏是否这样想过)有可能在"善良"愿望的驱使下做出不利于邦国和国民的事情。参考第二章注⑥,第四章注⑭等处。城邦的管理者和卫士们必须是热爱学习的人,必须是热爱智慧的人(philosophoi),因为热爱学习和热爱智慧是同一回事情(to ge philomathes kai philosophon tauton,《国家篇》2.376B—C)。所以,就本性而言,哲学家必然钟爱智慧,而不是统治(7.521B)。国家必须强迫他们担任公职,为城邦服务,而不能让他们只是关心自己的善好(6.500D,比较517—519)。见过光明的哲学家要有献身精神,重新回返洞穴,教育和帮助置身其中并已经习惯于里面的黑暗的人们。

㉟ 参考本书第四章有关内容。在柏拉图的论著里,"道德"的含义广泛,有时近似于我国古人常说的"道"或"天道"。抱着"尽可能使其完美"的愿望,不带妒忌心理的神明(见第二章注③)创制了世界(《蒂迈欧篇》29D—30A)。柏拉图认为,宇宙的运作(也像人体一样)受到心魂(即神力或"宇宙之魂")的支配,因此必然反映正向运行的理性原则。人的理性生活只是构成理性世界的一个部分。人的生活应该服从道德的支配,因为符合道德的原则也就是符合制导宇宙的原则。人并不是柏氏心目中的神明所关心的唯一中心(有时甚至不是中心)。在《蒂迈欧篇》里,神似乎更关心天体的运作。在他的早期"对话"里,人似乎是神的"孩子";在《蒂迈欧篇》里,人是神的"孙辈";在《法律篇》里,人是神的"玩物"(参考10.889C,902—907)。宇宙并非为了人而存在,人生的幸福与否不是它的最终目的(参考10.903C)。很明显,柏氏的这一思想具有不可忽视的现代意义,海德格尔等人曾反复表述过近似的观点,只是有意无意地淡化了贯穿柏氏哲学的道德主线。

㊱ 古希腊人把人和事物的"功用"(ergon)的正常发挥(参考《国家篇》1.353B)看作是一种善好(agathon);"善"或"善好"的潜存和应用状态便是人和事物的"德"或"美德"。荷马将"勇敢"(andreia)当作美德(后世的文人们长期袭用了 aretē 的这层含义)。在《七勇攻忒拜》第610行里,埃斯库罗斯列举了四种美德,即"自制"、"公正"、"善好"(agathos)和"虔诚"。柏拉图的《拉凯斯篇》举出了三种美德(aretai),排列顺序为"自制"或"克制"

(sōphrosunē)、"正义"或"公正"(dikaiosunē)和"虔诚"(hosiotēs)。《普罗泰戈拉篇》329D和《美诺篇》78D作了同样的枚举,但将dikaiosunē调到了排列的首位。《斐多篇》69C不仅接收了"勇敢"(andreia),而且还列入了"智慧"(phronēsis),和"自制"及"公正"一起构成了四大美德的格局(另参考《国家篇》4.427E和433B;《法律篇》1.631D,12.956D)。柏拉图把他的"德论"纳入了涵盖面更为广阔的政治—心魂学说。在《国家篇》里,"智慧"(sophia)是哲学王们的美德,因为只有他们才掌握分辨善与恶的终极标准,所以理所当然地拥有美德的魁首。城邦的卫士们所应有的美德是"勇敢",属于第三阶层的市民们要以"克制"自律,服从领导。三部分人群各司其职,充分展示各自的美德,其结果便是正义(dikaiosunē)的实现和邦国政治的美满运作。柏氏把人的心魂看作是国家的"微缩"——心魂是一个个小小的邦国(参考注⑳)。"智慧"、"勇敢"和"克制"分属于心魂的三个部分(参考第四章注⑭),"正义"指内在的调节,是各部分密切配合、协调工作的推动、体现和结果(《国家篇》4.443C—E)。《欧绪弗罗篇》把"虔诚"当作是"公正"的部分(12D);《普罗泰戈拉篇》则更进一步,指出了"虔诚"、"公正"、"自制"和"智慧"(还有"勇敢")的共性,即它们的知识基础(参考J. Ferguson, *Moral Values in the Ancient World*, p. 28)。《美诺篇》72C提到了美德(aretē)的eidos,《巴门尼德篇》130B则论及了各种具体美德(aretai)的"形"。所有的"形"最终都将向"善之形"归结。在《拉凯斯篇》里,参与谈话的各方最后达成一致,即认为可以把所有的aretai归纳为一种美德,那就是掌握关于"善"与"恶"的知识。其他几篇讨论美德的对话也都从不同的角度提出过类似的观点(参见T. Irwin, *Plato's Moral Theory*, p. 86)。亚里士多德认为,美德的要旨在于不偏不倚,在于"中道"(meson)。他区分了道德美德和智能美德(《尼各马可斯伦理学》2.1.1103^{a-b}),却没有把aretai等同于dunameis(力、力量,比较第一章注⑥)。事实上,他认为道德美德不是"力",而是"心态"、"性格的状态"或"心理常态"(hexeis,参见《尼各马可斯伦理学》2.5.1106^a 5—12)。相比之下,柏拉图倾向于保留aretē的"力"和"勇力"的含义。美诺反复强调美德与"能力"的关系,认为aretē乃"获取tagatha(佳好)的力量"(dunamis,《美诺篇》78C)。

㊲ 苏格拉底不认为许多雅典人引以为豪的"政治"是一种真正有意义的活动。在《申辩篇》31C里,苏氏申诉道,尽管他把毕生的精力奉献给了提高雅典人的道德素质的事业,却从未把"树立(自己的)公众形象"当作是他的工作(32A)。他是一个以圈外者身份从事"活动"的人(参考T. C. Brickhouse, *Plato's Socrates*, p. 137)。这种把自己置于通行的城邦政治以外的"超然",在当时是一种反潮流的举动,显示了强烈的反讽精神。雅典人关心政治,离不开政治,用修昔底得笔下的伯里克利的话来说:只有我们不把不参与公众政治的人当作是另有所为的公民,我们把他看作是无所事事的人(《伯罗奔尼撒战争史》2.40.2)。亚里士多德显然赞同这一典型的希腊观点。就本性而言,人是政治(即不可能脱离城邦生活的)动物。在他看来,一个公民必须使自己成为城邦政治的有机组成部分,否则(严格说来)他就只能是一个(非人的)动物。此外,谁也不能脱离城邦谈论"自足",除非他是一个超人,或是(用亚氏的话来说)"一位神明"(《政治学》1.2.1253^a 25—29)。事实上,苏格拉底并不认为他只是个"吃闲饭"的政治的门外汉;相反,在他的心目中,真正的政治正是他所从事的行当,即"照料人的心魂"。正像诗和讲演(术)有真假之分一样,政治也有真伪之别。苏格拉底把他的诘问(elenchos)和辩析(dialektikē)看作是真正的政治

(politikē,即事关城邦的艺术):"我想,在雅典人中,我是少数几个人中的一员——如果不是唯一的一员——试图实践真正的政治艺术;我是从事政治活动的独一无二的人。"(《高尔吉亚篇》521D6—8)参考该篇507C—D;《卡尔米德篇》173D—174E。当然,对于"政治",古希腊人和现代西方人有不同的理解;在前者(至少是在他们中的亚里士多德)看来,政治是伦理艺术中的部分(参考注②)。

㊳ 参考《普罗泰戈拉篇》357D—E。

㊴ 参阅《法律篇》2.662D—663A。苏格拉底认为,"做得好"(euprattein)即为"生活得好"(euzēn),而"做得好"无疑又等于做得符合道德原则;因此,"生活得好"即"等于公正地生活"(《申辩篇》48B5;另参考《欧绪德谟篇》278E,280D;《国家篇》1.354A)。人生的目的是追求幸福(eudaimonia,比较亚里士多德《尼各马可斯伦理学》1.4.1095ᵃ 19—20)。公正(dikaiosunē)可以使人心态平和,圆满地实现自己的"功效",从而享受幸福的生活。因此,阻挠一个人崇尚公正,阻挠一个人为了争取善好而工作,即是"损坏"或伤害他的根本利益(比较《国家篇》1.335B—D)。应该说明的是,希腊词dikaiosunē(或dikē)包含"正直"、"公断"或"正当的行为"之义,因此并不完全对等英语词justice(正义、公正)。亚里士多德认为,生活的目的在于行动,人的幸福与否体现在行动之中。人的性格决定他们的品质,但人的幸福与否却取决于自己的行动(详见《诗学》第六章)。在《政治学》里,亚氏强调了人对城邦的依赖。美好的生活是接受phronēsis(智慧、实用性智慧)引导的生活,而若能将phronēsis用于城邦的善好(即服务于公众事业),便是最大限度或最圆满地实现了这一美德的功效。一个合格的公民是自觉接受phronēsis指导的聪明人(phronimos),而理想的聪明人是用自己的才智服务于共同善好(即市民的根本利益)之目的的"从政者"(详见《政治学》3.5.1278ᵇ1—5;参考《尼各马可斯伦理学》6.5.1140ᵃ25—28)。

㊵ 《高尔吉亚篇》470E。在《国家篇》里,柏拉图似乎发展了这一思想。他指出:最完善和最正直的人是最幸福的,因为他能很好地控制自己的情感,理智地行事。作为对应,最邪恶和最不公正的人是最不幸福的,因为他像(无知的)暴君(turannoi,参考第八章注㉛)一样不懂得节制,害人害己(参阅9.580C;比较《法律篇》2.664C)。

㊶ 参考《高尔吉亚篇》493C。另参考注㊴。

㊷ 《国家篇》5.465D。古希腊人家里一般都有奴隶,后者是操持家务的主体。柏拉图有自己的分工蓝图,认为城邦的骨干分子(或上层人物)不可有个人的家产,应该过一种"共产共妻"的生活。

㊸ 荷马说过,诗是长了翅膀的话语(《奥德赛》16.180,22.100等处)。古希腊人重视诗的传媒作用,推崇英雄们的业绩(klea andrōn)。对于古人的功业,诗歌常常具有"一锤定音"的权威。诗是最早的"历史",既可使人名垂青史,亦可使人遗臭万年。在《奥德赛》第三卷里,老英雄奈斯托耳称赞忒勒马科斯(俄底修斯之子)长得高大英武,鼓励他大胆行动,以便让后人称颂。忒勒马科斯于是提到了奥瑞斯忒斯(阿伽门农之子)的作为,并说阿开亚人将世代传唱他的功绩(kleos,199—205)。海伦抱怨宙斯给了她和帕里斯邪恶的命运,以便让他俩的行径成为后人传唱的丑闻(《伊利亚特》6.357—358;参考《奥德赛》24.192—202)。

㊹ 参见本书第九章第15段。

㊺ 古希腊人常常把荷马史诗当作历史。在柏拉图看来,哲学既是一门学问,又是学问的综合,既是对知识的寻索,又是一种有特点的生活方式。修辞学家伊索克拉底称他的工作(即教授各种形式的 logoi,"话语")为 philosophia(《交换》181)。有趣的是,古希腊语里有"悲剧"、"喜剧"、"诺摩斯"、"狄苏朗勃斯"(或酒神颂)等词汇,却没有一个可起统括作用的语词,即"文学"。自二十世纪初叶以来,西方的文人墨客们似乎一拥而上地进入了一个向古希腊"归真"的时代,一些著名的哲学家们抓住某些在他们看来至关重要的希腊词(如 logos 和 phusis 等)大做文章,以为只要是符合词汇"原义"的就是正确的。在文评领域,解构主义者们(如 J. H. Miller 和 G. Hartman 等)不仅决心打破文学内部的"关节"(比如表述风格的迥异),而且还试图弥合文学、历史、哲学和社会学之间的裂痕,打通学科间的隔阂,用包括柏拉图在内的许多古希腊哲人用过的"讲故事"的方法解析文本及其所包蕴的文化和历史内涵。Logos(逻各斯)和 muthos(即 mythos,秘索思)是驱动西方文明之车缓慢前行的两个功能不同的引擎。遗憾的是,诗人的"对手"偏偏是柏拉图;要是换成亚里士多德,他们的日子一定会好过一些。不过,要是没有柏拉图,今天的西方文论家们(如德里达等)或许会失去一些可供他们"大书特书"的内容。欧洲人"仍然生活在"柏拉图和亚里士多德的"身影之中"(E. Havelock, *Preface to Plato*, p. 305)。

第六章 诗与语言艺术

语言的产生无疑是人类文明的一大进步,是人类发展史上的一件大事。至今我们仍然没有发现有哪一种动物可以像人类这样用系统的语法组句,用丰富多彩的词汇表达哪怕是最复杂和最微妙的意思。中世纪的最后一位诗人但丁说过,语言是交际的工具,它与思想的关系犹如骏马之与骑士。文豪高尔基认为,文学的第一要素是语言;语言是文学的主要工具,它和各种事实、生活现象一起构成了文学的"材料"。语言既是思维发展的产物,又是促进思维发展的强劲动力。当今高科技的发展,电脑应用的极大普及,都离不开语言这个"参照系",离不开语言和数字的完善结合。语言的产生使人类丢弃了落后和原始的手势,进入了更直接、更准确(显然也更方便)地表达情感和思想的发展阶段。今天,我们已无法想象人的生活可以没有语言。语言使人类从"低级"走向"高级",又从高级走向更为奇妙、从某种意义上来说不可思议的明天。语言是历史发展和标示人类自我完善的里程碑,是人类区别于动物的一个重要和显著的标志,是人们组建和改造社会,探索和征服自然的强有力的武器。现代哲学重视对语言的研究。维特根斯坦区分了语言能够和不能够清楚描述的事物与现象,试图探索语言的存在与思维活动之间的关系。《逻辑哲学论》以精确的方式和简练的叙述将语言问题重新提上理论研究的议事日程,引起了学者们极大的兴趣。德国哲学家海德格尔颠倒了笛卡尔的"我思,故我在"的模式,提出了"我在,故我思"的观点。他多次强调语言和存在的难以分割的关系,认为语言首先是存在的语言,而存在只有通过语言才能显现。人们只有通过语言才能发现自我,因为"语言是存在的寓所"。哈贝马斯从"行为"的角度对语言进行了深入的剖析,一反福柯对语言的批判态度,认为语言体现人际交往的规则,具有协调、规范和表述行为的功能。自十九世纪末、二十世纪初以来,"语言研究"已成为一种跨学科的时尚。列维-斯特劳斯进行了结合人类学与神话语言的研究,罗兰·巴尔特把"结构主义"引入了文学批评,雅克·拉康从语言分析入手,拓宽了心理学的应用范围。

如果认为一位像柏拉图这样杰出的思想家不了解语言的功用(包括对"存在"的认识),无视语言对推动社会进步的积极意义,那无疑将是十分荒谬的。但是,承认语言的重要性并没有使苏格拉底和柏拉图收起审视的目光,全盘接受已有的一切。诗的组成部分,从实体的角度来衡量,正是人们十分看重并坚信是生活中必不可少的交流工具的语言。很明显,对诗歌的系统研究离不开对语言的探析,而对诗的批评也难免不"祸及"作为它的载体的语言。当然,柏拉图本人并没有明确表示过这层意思,但从整体上看,他的论述似乎明显地带有这一倾向。

从某种意义上来说,柏拉图对诗的指责和他对语言的态度是一致的。这位哲学家和出色的语言学家认为,如果说做诗的灵感是神赋的,语言却是"人造"的。诗和语言并非完全一样。词汇的"发明者"是一些具有思辨意识的聪明人,包括有才华的制法者[①]和"擅长辞令"的哲学家。[②]但是,尽管比一般人更能胜任这份工作,他们也像一般人那样可能犯错误——只有神是永远正确的。不仅如此,正因为他们是凡人中的俊杰,他们的错误可能导发更严重的后果。人们会沿用他们的"创作",以讹传讹。倘若制法者的观念出了问题并根据自己的认识选择名称,苏格拉底问道,"我们这些跟随者们将会陷入何样的境地?难道我们能寄望于不受骗上当?"[③]像图画(zōgraphēmata)一样,语言或名称(onoma)也是一种摹仿(mimēma)。④摹仿是对原型的离异,是一种失真的再现。因此,一般说来,语言缺乏事物本身的精度,不能总是精确地反映事物的实质以及它们之间的内在联系。寻求有关事物的知识不应从名称(ouk eks onomatōn),而应从对事物本身的研究出发。⑤

名称本身并不必然地包含真理,它的正确与否取决于它的给定者对事物的认识。如果"指派"得当,名词或名称可以"表述真理"(alētheuesthai),但要是"指派"不当,则会"制造谎言"(pseudesthai)。⑥正如名称或名词(onomata)可能表示谬误一样,由名词或动词(或谓语)组成的句子(logoi)也可能出现偏差。⑦使用语言必须小心谨慎,大意不得。一方面是词汇的短缺,致使许多意思不能得到确切的表达,另一方面是词汇的重叠,致使许多事物具有一个以上的名称。柏拉图本人亦有这方面的嗜好,常用不同的词汇表述同一个或十分相似的概念(比如,在他的著述中,idea 和 eidos 均可指"形",而 epistēmē 和 technē 有时均可解作"知识",参考第一章注⑧)。这一事实本身说明了事物和名称之间似乎不存在完全对应的关系,柏拉图的"实践"(即用不同的词汇表示同一个概念)或许在一定程度上有助于揭示名称的游移和不可靠的一面。此外,语言没有自我更正的机制,因此无法从根本上排除误导的可能。一般说来,即便是"最正确"(或最准确)的词汇也只能是人与真理之间的中介,而不是,也不可能是真理本身。一般人很难准确地使用语言;诗人和诡辩家的小聪明只能增添语言的诱惑力,⑧而不能证明他们掌握了真理。由此可见,揭示真理需要借助语言,但语言不能想当然地代表真理。和某些当代著名哲学家不同,柏拉图坚持了主客体的区别,认为语言只有在实用中(即通过人的正确使用)才能发生效益。

我们知道,语言分"口头"和"书面"两种。似乎可以肯定,口语的出现远远早于书面文字的产生。山顶洞人生活在五十万年以前,而书面文字的产生大概发生在距今不远的几千年以前。在古希腊,荷马史诗长期以口诵的方式传世。即使在公元前五世纪,尽管早已有了书面文字,口诵仍然是文学活动的主要形式。智者普罗泰戈拉曾在雅典念诵作品,历史学家希罗多德和修昔底得都十分重视通过口头问答得来的资料。苏格拉底一生没有写过一部著作,一篇文章。口语或口传知识的重要性和权威性一直延续到《圣经》产生以前。或许是受传统的影响,也可能是出于对文字与真理之关系的思考,亦可能是因为对诗人和演说家的工作的不信任——抑或,是出于这三者的"总和",柏拉图常常对书面文字的最终有效性表示深深的怀疑。书面文字或许可以作为官方的公告,可以作为对证法庭的讲稿,可以作为小学生手中的课本,但它不能理所当然地代表人的思想,不能成为真理的不受审视和督察的"表述者",不能成为哲学家们可以不假思索、放手使用的工具。文字是通过口头传诵的话语的"虚象"(eidōlon),[9]是一种有魔力的"药物"(pharmakon),它可以给人提示,但不能替代实实在在的、不可更改的真理。柏拉图有时觉得,关于善的"真形",即哲学探索的知识极限,人们很难真正把握其中的"奥秘",因为它超出了人的智力可以及达的范围,高于一切生存之物的昭示。《书信七》告诫人们不要迷信文字,因为真正深刻的思想是难以用书面语言表达的。只有用心灵记住的知识才是真正有用的活的知识。正确的学习方法不是啃读书本(语言不是知识本身),而应是多听多记,经常与别人探讨磋商,这样,久而久之,像一束突发的火花,真知灼见会在人们心中"油然产生"。[10]柏拉图谦虚地表示自己没有写过任何著作;"对话"是苏格拉底的成果,他的贡献仅限于对文字作了些润色和细小的改动,使之更适合于当时的读者。[11]这不禁使人想起孔夫子"述而不作,信而好古"的名言。两位先师在这一点上可谓不谋而合。有趣的是,在这一问题上,当代的某些哲学家们似乎提出了相反的理论。德里达认为,除人类的表音文字以外还存在着另一种语言。他把"语音中心主义"(phonocentrisme)等同于他所认为的迄今为止一直主导西方文明的"逻各斯中心主义"(logocentrisme),并主张用"写"(l'écriture),即广义上的"文句学"(grammatologie)取而代之。

文字既不明晰,也不可靠,所以,热衷于从书面文字中寻找真理的学者文人并不是真正的智者或聪明人。从一定程度上来说,成文之作的产生使语言失去了可贵的"弹力"和伸缩性,使语言变得僵硬而缺乏应对能力,并因此从哲学的工具变为思辨的桎梏。成文之作阉割了语言的精华,葬送了语言的活力。一件事情一旦被诉诸书面文字,便进入了机械的单向流通领域;文字既把它传送给可以理解它的人,也把它硬塞给对它毫无兴趣的"局外者"。像图画一样,僵硬和死板的文字不懂如何"因材施教",因此一旦出现被人误解的局面,便只能束手无策,坐等作者的救援。⑫诗人和辩说家的说教都包含僵化语言的倾向。在柏拉图看来,这或许是一种危险的信号:僵化语言无疑等于僵化知识,而僵化知识的必然结果是窒息人的思想。"学而不思则罔",麻木的头脑会阻碍研讨的展开,俗化人的生活。知识代表了一种探讨的过程,而成文之作将过程变为结论,梗塞了知识的流通渠道。成文之作无视,也不能顾及人们的要求;作者根据自己的一厢情愿为公众提供自以为他们需要的东西。它把读者当作被动的"受方",只有接受的义务,没有答复的权利。这是一种单向发展或展开的教学形式,同充满活力和生机的 elenchos(诘问、辩驳)相比,难免显得古板、迟钝和单调。对真理的探索在这里显然已踏入了误区。

语言具有难以捉摸的多变性。同一个词,同一句话,在不同的语境中可以产生不同的"意思"。伽达默尔的释义学或许带有某种现代的含义,但古希腊人早在两千五六百年前已经得出了某些他所津津乐道的结论。"释义学"英文作 hermeneutics,源出希腊词 hermēneus,意为

"解释者",派生自 Hermēs,"信使","传送信息之神"(此神亦司传递玄秘之职)。在公元前六至前五世纪,古希腊已出现专门诠解荷马史诗的专家,对荷马的用语作了相当周密的考证(可惜,他们的著述均已失传),进行过有意义的争论。在《诗学》21.1457^{b}6—7 里,亚里士多德指出,对塞浦路斯人来说,sigunon(矛)是个普通词,但对我们来说,却是个外来词。稍后,在 24.1461^{a}12—13 里,这位柏拉图的高足说道,荷马称道隆"此人的确形状古怪",所指或许不是道隆的体型不佳,而是面貌丑陋,因为克里特人用"形态好"表示人的五官端正。柏拉图无疑熟悉这类问题。事实上,在《普罗泰戈拉篇》里,他提出了既古老又"新派"的释义学观点,其中的某些见解与近、当代的一些思想家和文学大师的精辟论述有着异曲同工之妙。在该篇对话里,柏拉图抓住时机,借用苏格拉底的如簧之舌指出:

> 谁也无法解释诗人的话语。在讨论中,通常的情况是,人们意见纷纭,有人说这,有人道那,这样的论题使参与者无法得出一致的结论。聪明人往往避开这类讨论……[13]

语言有着种种局限,而其中的某些"不足"又反过来成为表明语言拥有某些优势的体现。语言词义含糊,变化多端,结构上既有历时和共时的特点,又有表层和深层的区别。柏拉图或许还没有形成诸如法国语言学家索绪尔和美国学者乔姆斯基所精彩表述过的那种系统思想,但形成系统似乎从来不是他真正关心的问题。在他看来,任何系统都有本身无法避免的局限,都不会是天衣无缝的、尽善尽美的"最后总结"。在理论领域,任何试图毕其功于一役的做法都是不明智的。柏拉图担心语言本身的局限,更不满人们滥用语言造成的后果。自公元前五世纪末以来,除了诗以外,哲学又多了一个强有力的对手,那就是当时的热门学科,年轻人趋之若鹜的讲演术(即雄辩术、修辞术,technē rhētorikē 或 rhētorikē)。崇尚民主的雅典是西方历史上自麦锡尼王国覆灭以后的第一个经济发达、文化繁荣的"国际中心"。有造诣的学者、诗人和艺术家们都想在雅典一试自己的才华,交结四方精英。自由的气氛为学术的交流和发展创造了条件,各种观点的交汇和碰撞迸射出五彩缤纷的智慧光芒。雅典人为自己的国邦感到自豪。然而,民主精神既是科学探索的基础,也是产生奇谈怪论的"温床"(当然,人们很难做到在自然科学领域充分发挥想象,颇多创新,而在人文科学领域则抱守成规,在重大的问题上一筹莫展)。自由的政治氛围既使人们无所顾忌,尽情地驰骋想象,最大限度地发挥自己的聪明才智,也诱使人们利用民主的宽宏,不负责任地标新立异,哗众取宠,混淆和误导公众的视听。在柏拉图看来,"民主"不是个无须经过思辨审察就可随意推广应用的概念。他似乎有理由相信,智者和辩说家的活动包含了滥用民主的倾向。他们凭借诱惑力极强的言词迷惑人的心智,使年轻人看不见生活的真实目的,关心许多本来应该予以淡化的"琐事"。诗和讲演术的"联手"使哲学处于艰难的境地。

应该指出的是,重视讲话的技巧,注重口才的培养,始终是希腊文明的一个重要组成部分。按照荷马的观点,典型的希腊英雄必须具备三个基本条件,那就是(一)强健(phuē),(二)辩才(agorētus)和(三)明智(phrenes)。"讷讷无言"(所谓"讷近仁")不是希腊英雄的美德。古希腊人希望自己的子弟不仅"敏于行",而且"敢"(而不是中国人推崇的"讷")于言。俄底修斯几乎囊括了凡人可能具备的一切优点(当然,和倾向于"占天功为己有"的罗马人不同,在荷马看来,这些都是神赐的):他身材魁梧,雄辩滔滔,精于谋略,英勇善战。荷马英雄必须敢作敢为,话锋翘健。《伊利亚特》第一、二、九卷中有大段的演说及劝讲之词,第三卷第 213—224 行还专门评述了俄底修斯和阿伽门农的胞弟墨奈劳斯的辩说风格。《赫耳墨斯颂》展示了基于作为希腊雄辩术之逻辑工具的可然性(eikos)的辩论。在《复仇女神》中,埃斯库罗斯借助情节和剧景,从一个侧面反映了当时雅典法庭的审判程序。当然,荷马史诗和悲剧中的英雄几乎都是贵族,他们所受的教育无疑和一般平民的有所不同。一般说来,在公元前五世纪以前,民主制度还没有在雅典扎根,有效和大规模的公民教育还没有成为时尚。在这种情况下,系统的、实用的、针对性极强的讲演术的兴起尚需等待更合适的时机。

作为一种成系统的规范教育,也作为一种颇受欢迎的语言艺术,严格意义上的 technē rhētorikē 出现在公元前五世纪。[14]西方学术界一般倾向于认为,出生在西西里岛的科拉克斯(Corax)是教授讲演术(或修辞学)的鼻祖。[15]他的学生提西亚(Tisias)撰写了一本有关讲演技巧的小册子,分作四个部分:(一)引言(prooemion),(二)叙述(diēgēsis),(三)证据(pistis),(四)结论(epilogos)。不难看出,此种叙事格式有利于显示逻辑的力量。有理由相信,当时已有一批人从事讲演术的研究和教授。学习讲演术或雄辩术的目的,主要在于增强人的辩论能力,争取听众的好感(这一点至关重要),以便在公民大会上展现自己的才华,或在法庭上打赢官司,战胜对手。希腊人注重法治,也爱打官司。在公元前四世纪的雅典,如果一个没有辩说经验的公民被卷入了一场民事或法律纠纷,为了澄清问题,在裁审会上争得主动,他可以像提西亚那样熟悉辩说技巧,或去买一本"指南"(也叫 technē)一类的小册子,钻研一番,也可以求助于职业的"撰写员"(logographos),买一份演说词,由他自己在会上"照本宣科"地演诵。雅典人好胜心极强,喜欢表现自己,这不奇怪,因为打赢官司不仅会给当事人带来物质上的利益,而且能使人获得"有能力"和"口才好"的美名。雄辩是每一个雅典男人的梦想。

在古希腊,讲演术的兴盛无疑和智者们(sophistai)的活动有关。

公元前427年,著名智者高尔吉亚(Gorgias)⑯从家乡勒昂提尼出使雅典,从而揭开了讲演术和修辞学在雅典"正式"走红的扉页。一般说来,智者的教授对象常常不是小学生,而是有一定文化基础的青年或成年人。从这个意义上来说,智者,作为一个群体,或许是西方历史上第一批从事对口明确的高等教育的职业教育家。读到这里,人们或许会问,何谓智者,或智者何许人也?这里,我们愿借本章些许篇幅,对智者作一番简短的介绍。

智者(sophistēs,复数 sophistai),顾名思义,自然是一些有智慧(sophia)的人。在《普罗泰戈拉篇》311E里,苏格拉底曾探问对方:人们称荷马为诗人,称菲迪亚为雕塑家,请问普罗泰戈拉的称谓,除了他的名字以外?对方答道:人们称他为智者。苏格拉底又问:你认为智者何许人也?回答是:正如名称本身所指的那样(hōster tounoma legei),是一个富有智慧的人。⑰荷马和赫希荷德的作品里没有"智者"一词。智者的出现应在公元前七世纪以后。最早的智者是社区内德高望重的"圣人"或"贤士"。他们见多识广,或学有所长,或著书立说,被认为是天底下最聪明和最有才华的人。伊索克拉底告诉我们,梭伦是雅典第一位智者。史学家希罗多德称梭伦和毕达戈拉为智者,安德罗提昂(Androtiōn)则把这一称呼敬献给从古时的所谓"七贤"到苏格拉底的所有的聪明人。在品达生活的年代,sophistēs 的所指不受职业的局限,可以包括诗人、先知、哲学家和广义上的思想家。品达曾用 sophistēs 指诗人(《伊斯弥亚颂》5.28),索福克勒斯及喜剧诗人欧波利斯亦曾用该词指吟诵诗人。德谟克利特说过:"心魂被剥夺了理智;智者(或聪明人)和神灵拥有第六感觉。"这里,"聪明人"指诗人、先知和哲学家,"第六感觉"指人的直觉感知。⑱和诗人一样,智者也从事公民的道德教育,⑲针对热门的道德问题发表意见。一般认为,公元前五世纪下半叶后,智者及他们所从事的行当(即游说、讲学)开始带上了某种受人贬鄙的色彩,逐渐失去了早先的声誉。在《云》剧里,阿里斯托芬曾讽刺挖苦智者,包括苏格拉底。在《普罗泰戈拉篇》313A 里,柏拉图指称他们(当然不包括苏格拉底)是批发或零售"灵魂粮食的商人"。然而,即便在公元前四世纪,智者也不是声名狼藉、受人唾弃的"江湖骗子"。事实上,他们仍然受到社会有分寸的尊敬,他们的活动仍然遍及包括雅典在内的许多城邦。苏格拉底认为,普罗泰戈拉是最聪明的学者,[20]智者卡利克勒斯(Kallikles)、高尔吉亚和波鲁斯(Polus)是当时最有才华的希腊人。[21]从柏拉图和亚里士多德的著述中可以看出,在当时的雅典,智者(尤其是有名望者)收授众多的学生,影响之大远非一般的诗人可以比及。智者以教授雄辩为业,侧重于功利性的得失,可以"把'好'的说成'坏'的,把'坏'的说成'好'的",所以又被人们称为诡辩家。

由此可见,与苏格拉底"对阵"的是当时最好的学者。这些人是享誉四方的修辞学家,颇受欢迎的语法学家和功底深厚的文学家。虽然从某种意义上来说,苏格拉底也是一位智者,因为他亦从事公民教育,并且也使用口头讲授的方式,但从本质上来看,他的工作却与普罗泰戈拉或高尔吉亚等人的活动有着明显的区别。第一,苏格拉底不收学费(尽管家境贫寒);[22]第二,他从不声称自己是诲人不倦的教师(他只是谈讨的一方);第三,他的教授方式以启发式的 elenchos 为主,不同于智者的单向灌输;第四,他不强调暂时的功利,而是侧重于对知识本身和某些终极问题的探讨。智者们关心的是如何使用概念,而苏格拉底强调的则是人们必须首先弄清概念的含义。

早在公元前五世纪末,古希腊人已初步完成了修辞(technē rhētorikē)和诗艺(technē poiētikē)的分家。在实践中,technē rhētorikē 以陈述事实(或表明可然性)为目的,而 technē poiētikē 则以虚构(或讲故事)为主。[23]直到今天,英美人仍用 fiction 指称小说,意为"虚构的故事"。对当时的公民,诗是一种消遣的方式,而讲演术则是生活的手段。尽管诗和雄辩有着种种不同,但是,由于二者都是使用语言或话语的艺术,所以难免在一些重要方面具有相通和相似之处。比如,作为语言艺术,广义上的修辞可以横贯二者,因为无论是诗还是讲演都离不开对词语的妙用。此外,诗和讲演都面向公众,都以煽动听众的情绪、迎合他们的趣味为目的。没有公众的捧场,就不会有诗和讲演的成功。柏拉图曾在同一篇对话里讨论诗和讲演术,并经常把二者相提并论。[24]著名修辞学家伊索克拉底相信做诗的某些手段同样适用于散文(包括讲演),认为陈述性(epideictic)演说比争论性(forensic)演说更接近于诗和音乐。[25]事实上,就连智者们自己也不否认诗和讲演术的相通。普罗泰戈拉声称自己是古代诗家的"接班人",[26]而高尔吉亚则把诗和讲演的"说服力"看作是同一种东西。[27]在公元前四世纪,许多悲剧诗人都是经过专门训练的修辞学家(如塞俄得克忒斯等)。

上文说过,高尔吉亚于公元前427年出使雅典,激发了人们对讲演术的空前兴趣。但这不等于说,在高氏到来之前,雅典人对讲演技巧一无所知。对 rhētorikē 感到完全陌生的人不是希腊公民。高尔吉亚的造访与其说是带来了讲演艺术,倒不如说是带入了一些有创意的、在一些方面显得光怪陆离的修辞手段。雅典人似乎还没有见过这等"奇妙"的散文(或非格律文),它似乎动用了诗歌的每一种修辞方式,并把某些技术性"修饰"推向超规范的极限。散文的发展几乎因此进入了一个新的阶段,使人刮目相看。高尔吉亚大胆地使用了过分夸张的隐喻(trope)、词的对换(hypallege)、象征比喻(catachresis)、对称表达(parisosis)、指对讲述(apostrophe)等众多的修辞手段,加上词句的重复、节奏的变换、谐音的妙用,使他的文体在庄严中显得沉重,在瑰丽中略显纷杂。可以想见,当时的雅典诗人不可能对此置若罔闻,无动于衷,不可能在"高氏旋风"的吹刮下紧锁想象的心扉。高尔吉亚十分重视语言的"感染"效果,强调行文和讲演要动之以情,感人至深。在这方面,他不认为诗和讲演术有什么差别;诗在他看来只是带格律的演说词。他主张好的演说应该打动听众,使他们产生诸如恐惧、焦虑、悲痛的感觉,使人们潸然泪下,大声哭喊。㉘显然,这原本是悲剧诗人的绝活。语言可以产生魔术(或巫术)般的效应。㉙

在承认诗和讲演术具有某些共通之处方面,柏拉图与智者和修辞学家之间似乎没有什么原则上的分歧。换言之,柏拉图并不反对智者们把诗和讲演术混为一谈;他所不能接受的,是智者们对待真理的态度和鼓吹以投机取巧为特点的实用主义价值观的做法。为了表明他们的哲学观点,智者们采取了走捷径的方式,不顾原则,一味迎合市民们试图出人头地和打赢官司、急于求成的庸俗心理。他们以教师自居,但却亵渎教师的职责;他们夸大修辞的作用,滥用诡辩,视文字为游戏,颠倒知识和所谓的"正确观念"的位置。他们教人不教本,助人不为善,或欲急功近利,或图拔苗助长,置人的心魂状况于不顾,以牺牲政治的根本目的为代价。在他们看来,讨论即是"争辩"(eristikē),㉚而为了取胜参与者可以不择手段。智者们似乎也重视理论,但他们抽掉了理论研究的精髓,误导了探寻真理的方向。"智者的学说"——亚里士多德在《形而上学》1004^{b}中指出——"是一种貌似哲学而并非哲学的东西"。在《诡辩反驳》256^{a}里,这位哲学家驳斥道:"智者的艺术是空洞无物、似是而非的智慧,智者就是一批靠似是而非的智慧赚钱的人。"很明显,理论研究必须有自己的目的和意义;对某些根本问题的态度,理论和指导性言论的指针不能因为时间、地点和环境的变动而出现偏差。尽管这不是本书打算从正面探讨的问题,我们还是愿意借此机会,提请了解康德的"非功利论"的读者注重柏拉图治学的这个侧面。

柏拉图对智者的批评出现在多篇对话里,涉及面相当宽广,择其要者,归纳起来,似乎有两点特别应予提及,即(一)否定智者的"相对论",(二)驳斥讲演术是高超技艺的观点。我们知道,普罗泰戈拉有一句名言,那就是"人是衡量一切的尺度,是衡量存在者存在和不存在者不存在的尺度"。[31]如果从人文主义的角度考虑问题,普罗泰戈拉的观点具有无可非议的重要性。它把人的作用提到前所未有的高度,削减了神的重要性。这是欧洲文艺复兴时代的主导精神,从某个侧面反映了欧洲思想的精华。但是,柏拉图采取的是典型意义上的西方哲学的立场,它的主要特征是承认一种永恒不变的、不以人的意志为转移的质体的存在。在这种哲学的反衬下,普罗泰戈拉的论述就显得多少有点单薄,似乎过多地突出了科学理论所不应有的功利性。按照普罗泰戈拉的见解,主观可以定导客观,人的感觉决定外界的一切:"在我看来事物是这样的,它们就是这样的",这一原则适用于每一个人(《克拉底鲁篇》386B)。事物的真伪取决于人的感觉。正如亚里士多德(由于资料的佚失,生活在公元前四世纪的亚氏一定会比我们更多地了解普氏的思想)所理解的那样,普罗泰戈拉的意思是:一件事物既是"有",又是"没有";一件事情既是"好的",又是"坏的",完全取决于当事人的评判,人世间似乎没有客观的标准(《形而上学》11.6.1062^{b}以下)。按照智者的观点,人的意思可以左右真理,不烂的三寸之舌可以所向披靡;真理(或"占理")的多寡取决于争辩(eristikē,参考注[30])的水平。经验可以取代真理,而无须经过实践的检验。语言不是探求真理的工具——它是会变动的"真理"本身。只要巧舌如簧,善用辞藻,辩说家便可以左右逢源,甚至弄假成真,把对的说成错的,又把错的说成对的。高尔吉亚公开声称,语言(logos)是掌握自己命运的主人,是一个了不起的"力的载体"或"力能贩子"(dunastēs),可以使一切成为它的奴隶。[32]这使我们联想到海德格尔等当代哲学家对语言的倚重,尽管在事隔两千多年之后。

很明显,在"为人"方面,智者在错误的道路上走在诗人的前头。

在柏拉图看来,诗人只是有点狂妄,喜欢不懂装懂,而智者则不然,他们打着传授知识的幌子,以学问家的面貌出现,吸引了众多无知的青年,散布一种有系统的,然而却是十分荒谬的理论。智者比诗人多一层伪装,多一些欺哄的手段;他们更为老练,更知道如何迎合人们的心理,因此更能混淆视听,更容易使人上当受骗。从这个意义上来说,智者比诗人具有更大的危害性。此外,由于智者的教授直接影响人的活动,所以他们的欺骗行为对城邦利益的损害亦应在诗人的作为之上。

像驳斥诗人一样,柏拉图在批评智者的过程中强调了知识,即哲学(包括有关"形"的知识)的重要性。和诗人一样,智者们怀揣虚假的自信,置身不见光明的黑暗的"知识角落",自以为恰得其所,舒适自在,缓缓前行,而实际上则是两眼一抹黑,昏暗中辨不清方向。㉝如果说诗人不会思辨,智者则藐视思辨;如果说诗人把意见或观点(doxa)误当作知识(epistēmē),智者则企图用"观点"架空知识,取而代之。说到底,以博学自居的智者和诗人一样无知。在精彩的《高尔吉亚篇》里,苏格拉底区分了两种"劝说",一种产生不包含真知的观念(pistin),另一种产生知识(epistēmēn)。观念是人们对事物的看法,而知识则反映事物的实质。讲演术或雄辩术(rhētorikē),苏格拉底进一步指出,无疑只能形成观念(或信念),而不能区分好坏(peri to dikaion te kai adikon)。㉞换言之,rhētorikē 是一门实用的技术,而不是经过分辨的知识。诗人和演说家们往往抱定一种错误的观念,以为教育公众仅凭 doxa 即可胜任。然而,不知真理何以谈得上教授真理,何以能给人忠善的劝告? 在柏拉图眼里,无知不仅是个认识问题,而且还是个道德问题。当一位演说大师,苏格拉底问道,

善恶不分,用犀利的话语劝讲和他一样无知的听众,不是把一头可悲的蠢驴说成是一匹货真价实的跑马,而是把邪恶当作真正

的善好赞颂,通过对大众所接受的观念的分析,他劝励人们作恶,而不是从善——对这样的讲演,它所撒下的种子,你觉得会长出什么样的庄稼?㉟

显然,柏拉图知道,并且似乎还要人们和他一样相信,只有在真正了解事物的前提下,讲授者才能充满信心地讲说有关该事物的方方面面,也只有在吃透讲述内容的前提下,才能归纳出相关事物的正确不误的 logos(道理)。和诗人一样,演说家们满足于对事物的一知半解,逢场作戏,信口开河。他们或许所知甚多,但却往往没有精到的见识。没有知识固然可悲,而有一些知识却不会正确地使用,同样令人担忧。《斐德罗篇》提请演说家们注意对知识的把握,因为这是关系到他们能否成功的关键。倘若演说者想要"发现"可然(eikos)的原则(此乃雄辩的基础),他就必须掌握区辨真伪的本领,寻找探求真理的途径。诚然,可然性还不是真理本身,但它看来似乎接近真理,至少比荒谬可贵。㊱诗和讲演术的真正目的,不是为了愉悦民众(像诗人和辩说家们所做的那样),而是为了愉悦神明(theois kecharismena)。㊲在《法律篇》里,柏拉图郑重其事地提出了针锋相对的观点:是神,而不是人,才是衡量一切的标准(4.716C)。在柏拉图的宇宙论里,人并不一定是神所关注的中心。宇宙之中充满神意,凡人的生活只是构成宇宙机制运作的一部分。㊳只要神明满意,凡人自然也会满意,因为神是坚持善好道德原则的楷模。很明显,在这里,柏拉图又一次迈入了"诗"的领域。

按照柏拉图的见解,生活的真实意义在于展现人生的目的。面对纷繁芜杂的世界——他曾反复强调这个观点——聪明人要善于透过表象,紧紧抓住实质。人要认识世界,人应该敬祭神明,人要培养对哲学的爱好,人要严于律己,成为有益于城邦的公民。要做到这一切,柏拉图认为,人必须掌握真正的、包括如何辨识谬误的知识。公元前五世纪的古希腊人已经注意到成功不是偶发现象,而是有条件的"获取"。成功也不会从天而降,对神的敬仰不应成为取代个人努力的借口。当然,神的关怀是重要的,因为它决定一个人是否能够具备或具备多少天赋。对任何人,尤其是对诗人、演说家及爱好文字(或文学)的人们(philologoi),成功的先决条件有三个,那就是(一)天分,(二)知识,(三)实践(《斐德罗篇》269D)。三者相辅相成,互为补充,共同构成连接成功之路的金桥。在荷马史诗里,诗人斐弥俄斯既是神明钟爱的凡人(所以势必天分很高),又是通过自学成才的歌手(所以肯定掌握技巧)。抒情诗人品达曾研究过天分和技艺(即素质与实践)之间的关系,主张天分乃第一性的要素。[39]作为一名颇有文学造诣的著名修辞学家,伊索克拉底自然会倾向于赞同品达的观点,即力主天分或天赋是最重要的先决条件。[40]与此同时,他相对地不太重视实践和知识,有时甚至把知识当作可有可无的"点缀"。在《斐德罗篇》里,柏拉图谈到了上述三者间的关系——在当时,这是个比较热门的话题。柏拉图认为,被伊索克拉底贬为次要因素的两个成分,尤其是知识(epistēmē),实际上具有无可辩驳的重要性。没有知识就谈不上提出明智的见解,而没有明智的见解就谈不上在政治上建功立业。当论及政治家伯里克利的辩说技巧时,柏拉图承认了他的天才(euphia),但同时也指出,这位雅典将军是阿那克萨戈拉的门生,从老师那里修习过哲学。[41]言外之意是,伯里克利的成功(至少部分地)得益于哲学家的教诲。此外,柏氏亦比较重视实践。在学园里,逻辑学不仅是列入教学大纲的理论,而且是一种实践性很强的"练习"。柏拉图知道,学问的掌握要通过严密的逻辑训练来实现,而知识的运用要符合伦理的规范。逻辑方法与知识的结合将使人处于不败之地。柏拉图不能想象一个是非不明、真假不分的公民能够成为教育别人的行政首长,一个没有知识的讲演者能够成为出色的演说家。真正的知识,在柏拉图看来,是凡人所能拥有的第一财富,是世界上最宝贵也是最难获取的东西。诗人因为无知而受到指责,因为不负责任的唱诵而被逐出柏氏的理想国。如果说哲学是一顶王冠,知识便是闪耀在冠冕上的一颗璀璨的明珠。知识是昨天的积淀,今日的风采,它伴随着一代代学者的脚步,面向未来的召唤。

要是把话说得具体一点——这么做同样合乎柏拉图的观点——我们可以把知识当作是经验的升华,理性思考的结晶,当作科学的基础,技艺的支撑点。知识并非只是抽象的公式,它有实用的一面。我们在第一章里说过,柏拉图有时不那么严格细分知识(epistēmē)和技艺(technē)的区别。㊷在《高尔吉亚篇》和《斐德罗篇》的某些段落里,他明显地坚持了这一观点。柏拉图认为,城邦的力量在于团结起来的个人,所以,管理城邦的人们要强调集体的利益。但是,城邦的责任在于教育公民,所以,政治家们又必须重视作为个体存在的具体和独立的心魂。城邦必须重视公民的生存景况,使他们的心智和身体都能得到最好和最充分的护理。管理城邦(和公民)要有一套方法,集中表现为对某些技艺和技术程序的运用。立法关照健康的心灵,正义看护有病的灵魂。关照健康人体的是体育,治疗有病肌体的是医术。立法、正义、体育、医术分别照料人的心魂和肌体,使人无病养生,有病得治。㊸按照柏拉图的理解,上述四种"行当"(或行动)是严格意义上的技艺(technai),因为它们反映了人对自身及客观世界的深刻认识,表现了人对规律的掌握以及在此基础上的对理性知识的得心应手的运用。它们分工明确,各司其职,针对事物的实质,而不是热衷于事物的表象;它们的目的具有"实在"的意义,而不是为了使人上当受骗。㊹技艺包含知识,它们使人受益,使人的心魂和肉体的状况得到护理和改善。不过,古希腊人并没有精细地区分我们今天所说的"技术"(包括"工艺"、"技艺")和"艺术":表达这些概念,他们都用一个词汇,即 technē(有时也用 epistēmē 或别的词语)。

与上述四种技艺对应的是另外四种行当,即智术、雄辩、化妆和烹饪。四者中,智术与立法对应,雄辩与正义匹敌,化妆与体育(或健身运动)对阵,烹饪和医术并行。这四种行当只是为了愉悦人的感觉,满足人的虚荣。它们无视人的自我完善,不顾人的根本利益;⑮它们的知识背景不是稳笃的学识,不是放之四海而皆准的真理。它们把希望寄托于未经理论升华的经验(empeiria),把成功的机会当作是"老经验"的重新运用。当然,它们决非完全无用的东西——倘若全然无用,人们就不会把它们引入日常生活。事实上,它们产生效果,这和真正的技艺一样;但是,它们不能讲述产生效果的程序,更不能保证使效果包含向上的伦理意义,这和真正的技艺大相径庭。和巧妙的、带有欺骗动机的化妆一样,雄辩术(即讲演术)讨好人的企愿,谄媚人的弱点,掩饰人的缺陷(即无知)。柏拉图把此类低级的"经验"称作"恭维"(kolakeia),⑯称之为前四种真正的技艺的不完善的"虚象"(eidōla)。它们是虚假的技艺(或伪技艺),是一些花里胡哨的、不实在的"窍门"(如果还不是江湖骗术的话)。很明显,人不能通过化妆来表明自己的健康(如果他不想自欺欺人的话),也不能借助智术来证明自己对真理的把握。讨论技艺,现代人一般不会把它们与真理和伦理挂钩,但在柏拉图生活的年代,在古希腊文化氛围里,这却是一种通行的规范做法。在这一点上,柏拉图继承了古来有之的传统。

寻欢作乐不是人生的目的。包括诗、修辞和雄辩在内的"文字游戏"通常缺乏严肃的政治内涵。它们只是一些雕虫小技,不是意义深刻的学问。柏拉图认为,各种诗歌(和音乐),尽管形式不同,包括管箫演奏、合唱、酒神颂和悲剧等,都把"恭维"大众当作唯一的目的,只要观众或听众喜欢,它们便算大功告成。所以,如果抽去节奏、格律以及曲调等成分,诗实际上只是一种剧场内的应景之作,一种面向公众的演说(dēmēgoria)。⑰和雄辩术一样,为了讨得公众的喜欢,诗趋附世俗的观点,迎合小市民的欣赏格调,而不是关照人的心魂,把人引向崇高。诗以虚假的媚态迷人,像年轻人脸上的青春光华,虽然脸蛋本身并不漂亮——一旦青春流逝,年轻人的魅力将一扫而光。[48]包含误导和虚假的活动不符合理性的原则,而任何排斥知识的举动都不是严格意义上的技艺。在论及烹饪时,柏拉图再次用了 kolakeia 一词,指控它"假冒医术",是"一件坏事",偏离了"善好"。与医者不同,厨师可以无视营养学方面的知识,也可以全然不知哪些是真正有益于人体的食物。烹饪只是一种"例行的事务",不能展示指导本业务的工作原则。柏拉图于是宣布了拒绝承认包括烹饪、雄辩等四种"经验"为技艺的另一条理由:我不打算用"技艺"这个术语指称任何非理性的(alogon)活动。[49]从这里,我们不仅可以读到柏氏对真"假"技艺的基本态度,而且还可以窥察到希腊文明的一个侧面,即不十分注重"吃"的文化。柏拉图没有专门写过一篇论"吃"或"吃"与"养生"之关系的对话。相比之下,中国人重视"吃"的学问(民以食为天),欣赏"食不厌精,脍不厌细"的美食功夫。我们的祖先还从烹饪中悟出了治国安邦的道理,并用形象的语言道出了含义深刻的感想:治大国如烹小鲜。应该承认,在这一点上,柏拉图(如果他还健在的话)只能自叹弗如。

必须指出的是,柏拉图极力反对的主要是当时的人们所熟悉的那种 rhētorikē,而不是讲演或雄辩术本身。作为一位哲学家,柏拉图不会幼稚到以为妥帖的表达和说话的技巧不具任何积极的作用。在《申辩篇》里,苏格拉底承认自己不是个很会讲话的人,缺乏辩说的技巧。但是,他转而说道,除非人们把能说会道和表述真理联系起来。换言之,如果涉及讨论真理,他的言谈技巧绝不会比别人逊色。"我是个演说家,但不属于他们那种类型。"[50]在《欧绪德谟篇》里,柏拉图严格区分了"辩析"和"争辩"的不同;在《普罗泰戈拉篇》和《高尔吉亚篇》里,他认为辩析是一种比修辞学家的辩说好得多的方法。"争辩"(eristikē)只是为了取胜,不管其他;"辩析"则意在探索,以理服人。苏格拉底活跃在雅典的大街小巷,主动找人谈话,陈述自己的观点,研析别人的意见,目的不是为了展示自己的雄辩,也不是为了在争吵中消磨时光,而是(至少在柏拉图和他自己看来)为了探寻真理,为了照料人的心魂。

我们知道,《斐德罗篇》和《高尔吉亚篇》都用了大量的篇幅讨论雄辩术,但内容相似,立足点不同。[51]前者把雄辩与哲学对比,后者则试图把雄辩套上哲学的马车,也就是说,让讲演术为哲学服务。不错,rhētorikē 仍然不是 technē,但柏拉图似乎告诉人们,只要有意识地做出努力,讲演者可以按照辩析的原则,将它"改造"成一种技艺。《斐德罗篇》要求讲演术向医学或医术看齐,学习医生的工作方法,[52]成为哲学的工具。哲学观点的阐述需要借助语言的表述,哲学问题的探讨(在当时)也经常采用讲演的形式(如亚里士多德对非学园人士的讲授),哲学和讲演术并不缺少进行某种形式的联合的基础。正如"造词者"(onoma to thetēs)和辩析学家的密切合作可以定设正确的名称,雄辩术和哲学的结合可以为政治提供更好的表述手段。柏拉图不怀疑他的政治哲学是新型雄辩术的典范,能够引导人们穷竭自己的潜力,成为尽可能善好的公民。关于语言(包括诗和修辞)与哲学的这层关系,我们将在第八章中再作更为深入的探讨。

柏拉图对讲演术的态度相当苛刻,在包括《高尔吉亚篇》、《普罗泰戈拉篇》和《斐德罗篇》等多部著作里对它进行了不比对诗的态度温和的批评。诗和讲演都给哲学的阐述设置了障碍。修辞学或讲演术是实用性很强的学科,而对有实用价值的东西,古希腊人总是抱有几分好感。柏拉图对讲演术的批评并没有一概不留期待的余地。尽管如此,在他的同胞们看来(在今天的人们看来,情况或许也一样),柏拉图对智者和讲演术的批评,有时或许会使人产生过火和不够客观的印象。普罗泰戈拉强调真理的相对性似乎自有他的道理,而高尔吉亚重视修辞和辩才的培养，从某种意义上来说，客观上也正好适应了当时民主政治的需要。当普通人有机会发表自己的政见并试图用自己的观点影响别人时，他们就会想到智者，想到有必要学一点辩说的技巧。事实上，即使在今天的西方，讲演术仍然是一门受到重视的课程。此外，智者的观点并非完全缺少哲学基础（当然，那是另一种哲学），而苏格拉底的言谈，即使在《高尔吉亚篇》和《斐德罗篇》里，有时也难免显得刁钻、吹毛求疵和前后矛盾，个别段落甚至可以作为他所不齿的"争辩"式讨论的典范。掺杂感情的批评有时反而会影响实现批评的目的，也会干扰批评者意图的贯彻，何况智者们的某些观点已被实践证明具有极强的概括力和极宽的社会接受面。柏拉图或许没有想到，在二十世纪末的今天，智者们注重实用和直接效果的观点或许比他的学说更具吸引力，至少在资本经济比较发达或比较受到重视的地域是这样。当然，柏拉图的本意是好的，他的用心是良苦的，他的理论是值得后人认真研究的。他的唯一过错就在于抓住一点，不及其余，使思辨的天平失去了他所极为珍惜，但有时又似乎过于"大方"地予以打破的平衡。

柏拉图对诗和语言艺术的批评是苛刻的，有时似乎还是不太近情理的；但是，同样无可非议的是，他的观点常常是入木三分，极其深刻的。有人反对他的观点，还有的人不能完全苟同他的意见，但是，所有的人都会正视他的见解。柏拉图确定了从事文学和艺术研究的一些（显然不是全部）基本范畴，而这一点不是每个人都可以做到的。柏拉图对诗和诗人（及艺术家）的批评是不留情面的，关于这一点，我们已在本书的前半部分（第一至六章）作了阐述。在下面几章中，我们将研究探讨柏拉图诗学和艺术思想中的其他内容。我们想提请读者注意，柏拉图绝不是一个只会"挑刺"的人。事实上，柏拉图不仅善于"破"，而且善于"立"，善于从不同的角度思考问题，在看似芜杂的辩讨中寻找表述思想和观点的突破口。他的学识纵深宽广,经验丰醇老到。此人有着极为罕见的宏观控制能力(在这一点上,两千多年来只有少数几个人可以比及),能使读者循着他跳动的思绪,起伏的意识潮流,在乍看含糊不清的论述中抓住他的意图,用思考的镢头劈刨出闪烁在字里行间的知识火花。只要小心对待,认真研读,展现在我们面前的,无论是他的哲学分析还是艺术理论,都将是一种风格清新、内容丰富的谈讨,像一幅多彩的油画,似一片垂熟的麦田。

注　释

① 《克拉底鲁篇》389A,另参见431E。正确的名称(onomata)必须反映事物(即被命名者)的实质或本质(phusis)。柏拉图认为,强调词汇的自然性并不等于或应该否认它们的法规性。在《克拉底鲁篇》里,自然(phusis)和法规(nomos)并不构成矛盾;法规使人们拥有了程度不等地符合事物属性的名称(参考《克拉底鲁篇》388D)。制法者(nomothetēs)不该,也不会违背"自然";相反,他会自觉听从 phusis 的指引。Nomos 在《克拉底鲁篇》里共出现六次,在400E里指"法律",在401B里指"习俗",在417E里指"音乐"。比较中国古代的仓颉造字说。

② 详阅《克拉底鲁篇》401B—C。

③ 同上,436B。参考注⑤。

④ 同上,430B。《克拉底鲁篇》用了大量的篇幅讨论"名称"(onoma,复数 onomata)。Onoma 的含义比较广泛。R. Robinson 教授认为,英语里没有一个可以精确对译 onoma 或 onomata 的词汇,"名称"是"最接近的译词"(*Essays in Greek Philosophy*, p. 100)。Onomata 亦可作"词"解,主要指名词(包括专有名词、种类名称等),亦指形容词和动词(亚里士多德《论阐释》16^{b}19),有时也可涵盖介词或连词等。句子(logos)由名词和动词(rhēma)组成(《克拉底鲁篇》431B;《智者篇》261E)。柏拉图笔下的 rhēma(复数 rhēmata)包容较广的含义,可作"表示行动的词汇"或广义上的"谓语"解,除了可指诸如"坐"、"走"一类的动词外,可指"聪明"、"高"和"白"等我们今天称作形容词的词汇(H. S. Thayer, "Plato: The Theory and Language of Function," in *Plato's Republic*, p. 37)。除了 onomata 可以勉强用于表示"语言"外,古希腊语里还有另外三个词汇,即 dialektos(讲话、对话)、logos(《书信七》343A1;《克拉底鲁篇》425A;《政治学》1.2.1253^{a}7—18)和 glōtta(参考《克拉底鲁篇》422E,423B 和427B 等处)。制法者(亦是一个名称)的任务是尽可能提高名称在表义上的精度,"摹仿事物的本质"(《克拉底鲁篇》433E),促进 phusis 与 nomos 的合作。就其本性(phusis)而言,每一个事物都应有一个正确的名称(参考390E)。

⑤ 《克拉底鲁篇》439A。克拉底鲁:"我说我们必须知晓真理"(alētheias,439B2)。苏格拉底:如何发现和研究真实的存在或许超出了你我力所能及的范围,但我们至少应该

承认这一点,即关于事物的知识"不能从名称中获取"(ouk ex onomatōn),而应从"研究和审视事物本身入手"(auta ex autōn,439B6—7)。柏拉图知道,习俗或成规在人际(语言)交往中发挥着重要的作用,而这种作用往往不受约定俗成的用语是否像似被称事物的"程度"所制约(细读435B)。名称难以避免出现误差的危险,因为它们的制作者有可能误解事物的本性(436B—D)。因此,使用语言不可大意,必须小心。然而,知识的存在是个确凿的事实,它的稳定性在于自身的可靠性。名称可以表现(或揭示)真理,也可以暂时遮蔽甚至(导致)误解真理。知识反映事物的实质,展示它的功用,因此,研究事物的本质,知晓关于它的知识,必须从研究事物本身,而不是它们的影象(即名称)开始。在著名的《克拉底鲁篇》里,柏拉图区分了描述性名称(如 Hermogenes,意为"赫耳墨斯的部族")和某些按成规(nomos)制定的名称(如"柏拉图"),后者并不直接反映被命名者(即柏拉图)的性质(或本质)。柏氏认为,事物(pragmata)具备属于自己并界定自己的本质(ousia);理解事物和"行动"(praxeis)也就是理解它们的 ousia,即决定它们固有特质的"自然属性"(phusis)和"形态"(eidos,390E)。

⑥ 《克拉底鲁篇》431B。尽管无知,诗人却自以为是称职的民众之师。所以,他们不得不求助于谎言,不得不硬着头皮从事本身无法胜任的工作。只有无所不知的神明才无须说谎。神不是会说谎的诗人(参考第三章注㊱)。此外,诗人不具辩析的能力,无法判明真伪。尽管语言中可能出现错误,他们却看不出其中的问题,只能以讹传讹,用诗的绚美加重误导的倾向。

⑦ 参阅《克拉底鲁篇》385B—C。

⑧ 连苏格拉底也不能完全摆脱语言美的诱惑(参考《斐德罗篇》234D;《申辩篇》17A)。苏格拉底承认,出色的讲演者可以使人灵魂出窍,如痴如醉,使人一连几天感到兴奋无比,仿佛生活在"幸福之岛"的怀抱(详见《美涅克塞努篇》234C—235C;参考注㉙)。比较第四章注㊲。

⑨ 《斐德罗篇》276A。参考《政治家篇》300C—D。另参考注⑫;比较注㉖及其他相关内容。

⑩ 《书信七》341C—D。毫无疑问,这是对苏格拉底创用的 elenchos 的公开称颂(参考注㉚)。柏拉图明确指出,他拒绝录写某些事情,包括对他的本体论作出充分的解释。任何关于创世和自然哲学的理论都只是"可然"或"可能"的解说(参阅《蒂迈欧篇》30B—C)。这种对宇宙论的"非确定性"的理解(颇为接近于卡尔·波普尔的"可否证性"理论,可惜波氏没有充分意识到这一点)在一定程度上摆脱了本体论的僵化,表示了对形而上学的普遍适用性的蔑视(参考注⑫)。至少在宇宙论领域,柏拉图是个诗人,用赫希荷德式的"故事"(muthos)表述了他的天体观。黑格尔在《哲学史讲演录》中指出,语言只能指称"普遍"的事物,而难以表述人们想象中的任何事情;列宁在《哲学笔记》中肯定了这一观点。克尔凯郭尔试图用一种神秘主义的(艺术)表述来反对理论中心主义;维特根斯坦也曾考虑过"直观表达"的可能。维氏似乎不愿"泼墨如云",担心后人会误解他的思想(伽达默尔曾对柏氏的见解有所发挥,但谈得比较零碎,参见《伽达默尔论柏拉图》,余纪元译,第78页)。他曾批评自己的某一部著作,并称"如果这是哲学,你可以把它背下"(转引自 I. Murdoch, *The Fire and the Sun*, p. 23)。很明显,对文字的"可释性",维特根斯坦也像柏拉图对

它的"僵化"一样感到难以放心。我国古代的著名学子们有时也会感到"有口难言"的苦衷。比如,子贡曾求问"予欲无言"的孔子:"子如不言,则小子何述焉?"孔子答道:"天何言哉? 四时行焉,百物生焉,天何言哉?"(《论语·阳货》)庄子曰:"可以言传者,物之粗也;可以意致者,物之精也;言所不能论,意之所不能察者,不期精粗焉。"(《庄子·秋水篇》)陆机云:"意不称物,文不逮意。"清代学人刘熙载认为,事物的"精神"写不出来,但可以通过画面间接地表示之:"山之精神写不出,以烟霞写之;春之精神写不出,以草树写之。"(《艺概》)比较禅宗名言:"不立文字,教外别传","不立文字,直指本心"。什么是哲学? 回答可以多种多样。在《泰阿泰德篇》165A 里,哲学意味着问答式的口头研讨(psiloi logoi)。在柏拉图看来,这是寻找真理最有效的方式。

⑪ 详见《书信二》314B—C。

⑫ 详见《斐德罗篇》275D—E(比较《普罗泰戈拉篇》329A)。应该承认,柏拉图的这些话包含深刻的思想。为了说明问题,柏氏自编了一段"来自埃及"的神话(见该篇 274—275)。据说塞乌斯(或索斯)曾对国王萨姆斯道说:我的主上,我发明了一种神奇的东西,叫作"书写",它将有助于埃及人的记忆,增进他们的智慧。萨姆斯听后提出了相反的见解:书写只能是记忆的不称职的替代,缺少话语的活力。书卷既不能回答问题,也不能区分聪明和愚笨的读者。书写是一种玩物(或游戏),旨在取悦于人(paidias charin),尽管斐德罗和苏格拉底都承认,它比其他游戏高尚,多一些尊严(参阅《斐德罗篇》276D—E)。书写出来的词语是口语的"影象"(eidōlon an ti legoito dikaiōs),后者(指口头谈论)充满活力,是合法和具有权威性(gnēsios)的语言(276A,278A)。书面语言是对口语的摹仿。"摹仿"不仅决定了书写的游戏性质,而且也是导致它的不可靠性的直接原因。所以,如果有人以为自己的写作可靠性强,表义清晰(saphēneia),此人就应该受到批评(277D,275C)。所有成文的作品都值得怀疑,无论作者采用什么技巧,无论他们是过去或将来的文人学子,也不管内容是有关法律还是政治,不管是用散文还是诗歌作为载体(277D—E,278C,258D)。由此可见,受到柏氏"怀疑"的成文之作中实际上也包括他自己的"对话"——《斐德罗篇》自然不能例外(J. Klein, *A Commentary on Plato's Meno*, p. 12)。然而,应该看到的是,无论是苏格拉底还是斐德罗都不认为书写(如某些人所以为的那样)本身是一件"可耻的事情"(ouk aischron auto)——坏的言谈和坏的写作一样可耻(258D)。"最好的成文之作"(278A1)除了具备"嬉耍"的一面外,还可以作为"提示"(276D3),使那些"知者们"回想起书面词语的真义(275C—D)。两千多年后,法国人德里达对胡塞尔提倡的"写"的重要性产生了浓厚的兴趣。像他的同胞保尔·利科(Paul Ricoeur)一样,德里达坚持了解构主义(包括对索绪尔的经典结构语言学的解构)的立场。德里达认为,他的解构学的核心是承认"写"的作用,将"说"置于次要和附属的地位。德氏坚信西方哲学自柏拉图以来一直对语言的本质作出了错误的解释,因此有必要颠倒"说"与"写"的关系。他在研究希腊词 gramma(书写、痕迹)的基础上提出了 grammatologie(文字学)的基本概念,认为这是在哲学、语言学和语义学等文字学科被解构以后唯一可以存在和取而代之的学问。我们不知道德里达将如何解释 grammatologie 与他所极力反对的"逻各斯中心主义"的关系——难道"写"和 grammatologie 不是"logos 中心主义"的另一种反映? 此外,和胡塞尔一样,他以为只要找出某些希腊词的"原义"就等于找到了反传统的金钥匙,就有了正本清源的本钱。

事实上,至少在古希腊,无论是口语还是书面语言里的词汇,都不具备这种权威。难道在反掉欧洲的"逻各斯中心主义"以后,人们应该或必须回到"希腊中心主义"去不成?

⑬ 347E。寻找这方面的"知音",我们无须"踏破铁鞋"。哲学家克尔凯郭尔曾批评语言的多变,戏剧大师尤涅斯库也曾嘲笑过语言的"悲哀"。伽达默尔的历史观中有柏拉图的影子;他的释义学无疑在某些"点"上发展和完善了柏氏的思想。

⑭ 古希腊人擅长 rheō(谈论),由此派生出动词 rhētoreuō(讲演;名词为 rhētoreia)。讲演者为 rhētōr[亦常作"政治家"解;rhētēr(等于 rhētōr)最早见之于《伊利亚特》9.443],而他的技艺(technē)即为 logōn technē,或 rhētorikē,等于 rhētorikē technē(讲演术)。在公元前五世纪,"讲演者"(rhētōr)是政治家的规范称谓,表示"从政"的身份,他的工作包括制定政策、主持评审和处理公众事务的集会等。柏拉图意识到古希腊语里哲学词汇的匮缺,故而创用了一大批包括以-ikē(意为"技艺")结尾的词语,包括 eristikē(争辩术)、dialektikē(辩析术)和 antilogikē(反驳术)等。据 E. Sciappa 考证,柏氏很有可能亦是 rhētorikē 一词的创用者,时间约在公元前385年前后,即他写作《高尔吉亚篇》的年代(详见 Protagoras and Logos, pp. 40—44)。在现存的古文献中,rhētorikē 最早出现在《高尔吉亚篇》里。亚里士多德区分了三种类型的"三段分析",即(一)展示(特征是从本原性的真实前提出发进行论证),(二)辩析三段论,其论证前提或基点是被普遍接受的观点(这显然不同于柏拉图对辩析的理解),(三)争辩或争吵三段论(依据似是而非,即看来像似但实则不是被普遍接受的观点进行辩争,参见《论题》1.100^{a}27以下)。亚里士多德把修辞(即讲演)看作是和辩析具备同样特点的艺术,二者都从被普遍接受的观点或见解出发,展开对任何问题的评析(参见《论题》1.100^{a}18以下)。辩析不同于哲学,前者主司检审(或审察),后者产生和提供知识(参阅《形而上学》4.2.1004^{b}17—26)。亚氏给讲演(术)所下的定义是:发现针对任何论题的可能的劝说手段的能力(《修辞学》1.1.1355^{b}25—27)。他区分了讲演的三种类型(这一区分的影响一直持续到近代以前),即(一)法庭讲演,(二)政论讲演,和(三)礼仪讲演(用于各种节庆和丧葬场合,内容以赞颂为主)。在柏拉图看来,流行的讲演术即为争辩或争吵之术(eristikē,参考注㉚),因而基本上等于智术或智者们倡导的辩说(详见《高尔吉亚篇》465 C;520A),完全不同于辩析(dialektikē);亚里士多德则在坚持对 eristikē 的"不敢恭维"的立场的同时,提高了 rhētorikē(讲演术)的地位,调低了 dialektikē 的作用。参考并比较第二章注⑫、⑬和⑮。我们注意到,孔夫子讲授的六艺中没有讲演或讲演术。

⑮ 据西塞罗记载(《布鲁吐斯》46),亚里士多德在《技艺集锦》(已佚失)里提到,科拉克斯和提西亚是最早的修辞理论家。在《诡辩反驳》里,他认为提西亚的活动迟于一些"最早的创始人"(183^{b}32)。西塞罗和昆提里安或许是接受了亚氏的观点,分别在《论创造》2.6 和《演说家的教育》3.1.8 里将科、提二氏列为讲演术的创始人。柏拉图曾在《斐德罗篇》272E—274A 里提到提西亚,并择要"转述"了提氏对"可然"所下的定义(273A)。科、提二氏的著述均已佚失。据伊索克拉底和另一位雅典演说家鲁西亚(Lusias)曾师从提西亚(E. P. J. Corbett, *Classical Rhetoric*, p. 596)。

⑯ 高尔吉亚(约公元前483—前375年)是公元五世纪末至前四世纪初蜚声雅典的智者和演说家。据说他曾提出过一种独特的认识论,包括三点内容,即(一)无物存在;(二)即便有所存在,人们也无法知晓;(三)倘若确有存在并且尚可知悉,人们也无法表述它的

真谛。高尔吉亚是一位传授讲演术的"教师"(《高尔吉亚篇》449)。在《高尔吉亚篇》里，柏拉图表示了对他的有分寸的尊敬；但在《会饮篇》里，他却通过阿伽松的谈话讽刺了高氏的文体。高氏现存的著作尚有《海伦颂》和《帕拉墨德斯辩》。《海伦颂》展示了争辩(eristikē)的某些特点。高尔吉亚的修辞风格影响过雅典演说家安提丰和历史学家修昔底得，尤其是他的门生、修辞大师伊索克拉底(参考注㉕)。

⑰ 《普罗泰戈拉篇》312C。如果说画家的"所知"在于制作"形象"，智者的本领则在于培养聪灵的讲演(或讲述)者(312D)。和普罗底科一样，普罗泰戈拉是一位有造诣的修辞学家和语法学家，已经注意到划分词类的问题。Sophistēs 是 sophia(智慧)的实践者。荷马认为，凭借雅典娜致送的灵感，造船者可以掌握本行当的全部技巧(sophia，《伊利亚特》15.410—412)。技能的拥有者是"聪明"的，是城国或社区里的聪明人(sophos，复数 sophoi)；品达、埃斯库罗斯、索福克勒斯和欧里庇得斯无疑在这一点上达成了"共识"(参考《普希亚颂》5.115;《七勇攻忒拜》382;《俄底浦斯王》484;《伊菲格妮娅在陶里人里》1238等处)。在公元前五世纪末以前，sophos 和 sophia 主要指"智慧"的拥有者们精通"某一种特定的行当"(W. K. C. Guthrie, *The Sophists*, p. 27)。品达喜用 sophia 指诗(参考《普希亚颂》6.49，10.22);在《伊斯弥亚颂》5.28 里，他用 sophistēs 指诗人。在一个相当长的时期内，E. Havelock 教授写道，sophistēs 是指"知识分子"的规范用语，亦可指称诗人(*Preface to Plato*, p. 306；参考 F. M. Cornford, *Plato's Theory of Knowledge*, pp. 186—187)。智者是"实用学说"的倡导人(参见 W. K. C. Guthrie, *A History of Greek Philosophy* volume 4, p. 546)。在柏拉图看来，那些自称以教授美德为己任的智者们其实并没有掌握真正的智慧，没有把自己的才智用于改善人的心魂状况和探寻真理的事业(参考《智者篇》233C)。针对"什么是智者"这一问题，《智者篇》为读者提供了一个内容丰富的"定义"。智者是(一)追捕富家子弟的"猎者"，索取报酬；(二)贩卖精神食粮(即知识)的商人；(三)兜售此类物品的零售商；(四)出售自己的知识产品的贩子；(五)用词语拼搏的竞技者(athletēs)，以争辩(eristikē)见长；(六)心魂的净涤者，致力于清醒阻碍求知的观念(231D—E)。柏氏笔下的"陌生人"认为，上述第六点提法"值得怀疑"(231E3)。亚里士多德赞成柏拉图的观点，并在有关研讨中加入了自己的见解。在《诡辩反驳》中，亚氏指责智者们用"荒谬"取代反驳(164[a])，认为智术只是"貌似"智慧。他在《形而上学》中指出：辩析只司批评，哲学才真正涉及知识；"智术像似哲学，其实不然"(1.1.1004[b])；另参考 6.1—2.1026[a—b])。总而言之，在亚氏看来，智者们的共性是曲解知识，错用辨析，意在欺骗。

⑱ 详见 A. Sperduti, "The Divine Nature of Poetry in Antiquity", in *Transactions of the American Philological Association* 81, p. 235。在色诺芬的《回忆录》1.4 里，"智者"指诗人和画家。应该指出的是，在柏拉图以前，"哲学家"(philosophos)还不是一个通行的术语。名词 philosophia 和与之配套的 philosophos 分别出现在《卡尔米德篇》和《申辩篇》等多篇对话里。在学园以外，当时的雅典市民们更为熟悉的用语是"智者"，而非"哲学家"。人们会把阿那克萨戈拉和第欧根尼等哲人看作是"智者"或"气象学家"，而不是"物理学家"或"哲学家"。

⑲ 普罗泰戈拉声称自己是一位道德教员，可以使人具备德性(《普罗泰戈拉篇》317B3—C1)，他的工作是教授政治艺术(319A3—7，比较 322B5)。高尔吉亚似乎不像普罗

泰戈拉那样"雄心勃勃"。他以教授讲演技巧和修辞为主,不兼伦理教员之"职",声称他的愿望是培养能说会道的讲演者(《美诺篇》95B9—C4)。在《高尔吉亚篇》里,他不认为自己是教授美德的权威。不过,在公元前五至前四世纪的雅典,任何人(指所谓的公民)都不可能对政治和道德问题不闻不问。像高尔吉亚这样的知名人士确实很难做到不被卷入从事德育和谈论德性的旋涡(参考《申辩篇》19E1—4)。柏拉图认为,作为知识,美德是可以教授的(换言之,是可以学而知之的),关键在于采用什么方法。关于美德(aretai)的知识是一个整体,不容割裂,不容对其进行片面的取舍。此外,"教授"的取向不应是灌输,而应是点拨、诱导和反复的启发。

⑳ 《普罗泰戈拉篇》309D,338C。普罗泰戈拉大约出生在公元前485年,家乡是斯拉凯(即色雷斯)的阿巴德拉。他一生遍游希腊各地,以教授"政治美德"(politikē aretē),即使年轻人在城邦和个人事务中获得成功的知识和技巧为业,收入甚丰。他是雅典政治家伯里克利的朋友,著作包括《论真理》和《神论》等。在知识论方面,他是个相对论者;在神学方面,他是个怀疑论者。"至于神明,我无法知晓他们是否存在,也不知他们的长相";"人是衡量一切的尺度"(《泰阿泰德篇》152;参考第欧根尼·拉尔修《著名哲学家生平》9.51)。据第欧根尼记载,普氏还写过一部《争辩的艺术》(同上书,9.55)。据N. Gulley教授推测,在这一点上,传记作家第欧根尼大概"不会搞错"(*The Philosophy of Socrates*,p.24)。

㉑ 《高尔吉亚篇》527A。在《美诺篇》里,苏格拉底承认受过智者普罗底科的教诲;在《大希庇亚篇》里,他称普罗底科是他的朋友和伙伴。在《普罗泰戈拉篇》里,苏格拉底有时显得不那么讨人喜欢,而普罗泰戈拉则受到了作者的敬待(E. Schiappa,*Protagoras and Logos*,p.6)。然而,作为一个整体,智者的活动显然已引起了部分市民的反感。斐德罗指出,许多人不愿或不敢写作,怕的是被人们当作智者(《斐德罗篇》257D)。

㉒ 智者们收取学费,因而是"挣钱的人"(chrēmatistikoi)。普罗泰戈拉的收入远远超过著名雕塑家菲迪亚;即便是十位雕塑家的工资加在一起,也比不上他的所得(《美诺篇》91D)。与之相比,苏格拉底家里"一贫如洗"(只因执行他的哲学使命,"为神明效力",《申辩篇》23B9—C1),却有一位脾气火暴的妻子。柏拉图曾打算系统地区分哲学家和智者,并曾计划写一部与《智者篇》和《政治家篇》配套的《哲学家篇》(参考《智者篇》217A;《政治家篇》257A),但不知何故,最终未能兑现。

㉓ 希腊地处南欧,气候温暖。古希腊人喜爱在户外活动,酷爱诗乐,善于交际。在公元前五至前四世纪,"认知"并"操练"如何使用语言是一项受到公众欢迎的热门活动(或一个知识含量丰足的"范畴")。广义上的语言艺术包括哲学和历史,包括诗歌和修辞,包括辩析、智术、辩驳(elenchos)、争辩(eristikē)以及词源学和释义学等。

㉔ "诗是一种演说"(《高尔吉亚篇》502C)。欧里庇得斯的创作明显地受到"讲演"的影响。公元前四世纪,在悲剧创作中使用大段讲演词的做法是诗人们的拿手好戏。诗乃"雄辩的一个部分",这是古希腊人"普遍接受的观点"(W. Jaeger,*Paideia* volume 2,p.144)。

㉕ 《交换》46—47。雅典人伊索克拉底(Isokratēs)出生在公元前436年,曾受过苏格拉底的影响,师从过普罗底科、高尔吉亚(参考注⑯)和提西亚,以擅写演说闻名。大约在公元前392年,伊氏在雅典创办了一所以教授讲演和修辞为主的学校,吸引了希腊各地的青年。在政治上,他主张全希腊的联合,建立一个统一、强大的国家。伊索克拉底把讲

演词的构思看作是一门艺术,把修辞看作是(讲演)散文的核心。他注重文句的结构和形式美,不惜以表义的含糊不清为代价。他的修辞理论曾对希腊和拉丁文学的发展产生过重要的影响。伊氏的作品中有二十一篇讲演和若干书信得以传世。"伊索克拉底还很年轻,"苏格拉底说道,"随着岁月的消逝"他会出类拔萃,使前人在修辞技巧方面"看来就像小孩一样"(详见《斐德罗篇》278—279)。伊索克拉底认为,智者们写作的散文论著,无论就内容还是形式而言,都是西俄格尼式的格言诗的"后代"。在《致尼可克勒斯》43 里,他特别提到了赫希俄德、西俄格尼和福库里德斯(Phokulidēs)的说教诗,从一个侧面表明了自己是诗家的继承人(W. Jaeger, *Paideia* volume 2, p. 85)。

㉖ 柏拉图把荷马、赫希俄德和奥菲尔斯等也当作智者;智术"是一种古老的行当"(详见《普罗泰戈拉篇》316D—E)。像智者们一样,伊索克拉底认为,他的创作继承了诗人的工作。在柏拉图心目中,智者与"摹仿一切"的诗人(参考第二章注㊲)和画家没有太大的区别。在《智者篇》里,"陌生人"指出:世界上有一类艺术,它声称可以摹仿所有的事物(233D—E)。然而,它的产品不具备实在的内容和"严肃"的性质,因而只是一些"玩笑"。绘画无疑属于此类艺术,擅长以假乱真,鱼目混珠(参考 234B)。和画家一样,智者以行骗谋生,用词语构组"会说话"的图案,摹仿所有的事物(peri pantōn, 234C6)。所以,智者是一个摹仿者(mimetēs ōn tōn ontōn, 235A1,比较《国家篇》10.596C—E),掌握的不是真理,而是制作虚象的艺术(tēn eidōlopoiikēn technēn, 235B8—9)。智者、诗人和画家都是制作(用于欺骗目的的)虚象(eidōla)的、以歪曲被仿物原形见长的摹仿艺术家。关于 eidōla,参考第九章注㊲和第十章注㊱。和摹仿艺术家一样,智者并没有掌握真正的知识(参考注⑦和㉙;另参考第九章注㊲、㊳等处)。

㉗ 我们无法查证"悼词"(散文)何时(在一定程度上)取代了传统的"哀歌"(诗歌),但公众场合及盛大节日中的"展示性演说"(epideixeis)的产生似乎和智者们的长期努力有关。C. S. Baldwin 指出,小范围内文品或文风的变换是一种切实存在的事实:欧里庇得斯的某部剧作可能倾向于展示雄辩,而伊索克拉底的某篇演说则可能较多地表现诗的情调(*Ancient Rhetoric and Poetics*, p. 4)。

㉘ 详见高尔吉亚《海伦颂》8 以下。请注意,在亚里士多德看来,怜悯和恐惧是悲剧应该引发的情感(详见《诗学》第六章)。按照柏拉图的见解,史诗亦能引发恐惧。高尔吉亚认为,讲演具备打动听众的魔力,像药物一样可以引发好的或坏的效果。讲演艺术有自己的目的,那就是打动听众,使之入迷,在艺术美的冲击下产生假象或虚假的印象(apatē)。讲演是"高水平"的欺骗,使人产生不真实的"真实"感觉。

㉙ 在《美涅克塞努篇》里,颇具高尔吉亚风格的礼仪讲演使苏格拉底产生了着魔一般的感觉(goēteuousin hēmōn tas psuchas, 235A)。讲演者的称颂像普罗泰戈拉的声音一样迷人(参考第五章注⑪),使苏氏在三、四天后方才醒悟过来,知晓自己站立的位置(235B—C)。苏氏的讽刺在此得到了淋漓尽致的发挥。所有制造假象的艺术都是巫术,包括讲演、画景制作(skiagraphia)和魔幻(thaumatopoiia)。智者制造虚象(eidōla),因而是以假乱真的巫师(tōn goētōn...tis),只会摹仿现实。讲演者迷幻听众(包括法庭的审判),犹如巫者迷幻蛇虫。在《国家篇》10.598D 里,柏氏似乎把诗人也塞进了"摹仿者"(或"巫师")的行列。魔术、智术和摹仿,在柏拉图看来,都是对真实和求真的背离,具备虚假和欺骗的共性

(参考 J. de Romilly,"Plato and Conjuring", in *Plato: True and Sophistic Rhetoric*, pp. 159—160)。柏氏在多篇对话里把讲演比作魔术(即巫术,goēteia),除了上文提及的作品外,另参考《欧绪德谟篇》、《斐多篇》、《普罗泰戈拉篇》和《政治家篇》中的有关叙述。在《高尔吉亚篇》里,他否认讲演(术)具备技艺的特点(因袭了《伊安篇》对待诗的做法),把它当作医术的反衬。尽管《高尔吉亚篇》没有把讲演比作巫术,但柏拉图的用心显而易见:医术的反衬即为巫术,前者是一门科学,后者则是一种蒙混江湖的欺骗。当时的雅典居民或许会把苏格拉底也看作是一位智者;事实上,苏格拉底的讲演也具有巫术般的魅力。《美诺篇》(80A—B)和《会饮篇》(215B—E)形象地描述了苏格拉底魅迷人心的巫师功夫。然而,如果说智者和诗人们用巫术制造假象,模糊人的认知,产生误导的效果,苏格拉底则用他的魔幻之术(让我们循着柏拉图的思路理解)开通人的心智,刺激人的感觉,催发他们的悟性,激励他们追求真理。歌谣(ōidai)可以服务于教育(paideia)的目的,醉迷人的心魂,产生魔术(epōidē)般的奇效。《法律篇》把通过诗文实施的"巫魔"(epōidai)当作是一种理想的教育手段,反复使用了这一类词汇(如 epōidai、epōidos 和 epaidein 等,细读 2.659E,664B,665C,666C,6.773D,7.812C,10.887D,903B 和 12.944B 等处)。动听的诗乐就像"糖衣药丸"(2.659E—660A),使公民们在服用之后渴望多吃此类甜食(参考 665C)。狄俄尼索斯的礼物(即诗乐)甚至可以温暖和酥软妇女和老年男子的心房(666B,671B)。制法者可以改变和"模铸"人们的心魂(671C;另参考 W. Jaeger, *Paideia* volume 3, p.230)。国家必须加强对诗歌"市场"的管理,从选题(7.802B—D)到歌手的筛选(8.829C—D),从诗乐竞赛的规则的制定(8.834E—835B)到评审人员的选择(6.764D—765D),诗的流通必须全方位地接受国家权力的监督和制约。这些也是"咒迷"的部分,用以"咒惑公众的心灵",使其接受魔术的规劝(详阅 G. R. Morrow,"Plato's Conception of Persuasion",*The Philosophical Review* 62,pp.234—250)。

㉚ 像喜剧作家阿里斯托芬一样,柏拉图之所以反对智者及其教授方法,在很大的程度上是因为受到了某种责任心或道德感的促使。"在《普罗泰戈拉篇》、《高尔吉亚篇》、《欧绪弗罗篇》、《斐德罗篇》,尤其是《智者篇》等重要的'对话'里,他进行了一系列的对比,将讲演、智术和争辩定为一方,将辩析作为比较的另一方。"(G. E. R. Lloyd, *Magic, Reason and Experience*, p.100)柏拉图知道,辩析(dialektikē)不是唯一的陈述和谈话方式。真正的辩析学家要保持警惕,以防某些貌似辩析但实际上却与辩析精神背道而驰的对话方式破坏辩析的名誉,干扰它的求知方向。柏氏认为,辩析法的貌合神离的对手有两个,一个是"争辩"或"争辩术"(eristikē),另一个是"反驳"或"反驳术"(antilogikē),二者都以驳斥对方或某个特定的论点为目的,乍看颇似苏格拉底的辩驳(elenchos)。然而,如果说 elenchos 的工作中心是启发人的心智,为追求真理铺平道路,eristikē 的运作则是不择手段,以争取辩论的胜利为目的。此外,dialektikē 及其在对话中的展开方式(即 elenchos)一般不搞吹毛求疵,注意维持谈讨的气氛,而 antilogikē 则往往咄咄逼人,专找谈话对方的空子,一概否定对方的每一个观点。无论是 eristikē 还是 antilogikē 都缺少 dialektikē 的道德意识,没有把追求善好当作是认知的目的。在《美诺篇》75C—D 里,柏拉图区分了"辩析的"与"争辩的";在《欧绪弗罗篇》里,他又夸张性地渲染了"争辩"的蛮横。《国家篇》揭示了 antilogikē 的无能为力,面对分辨的需要束手无策(5.454A);《斐多篇》区分了好的方法与 antilogikē

的迥异，前者比较宽容，一次只"怀疑"一个论点，而后者则试图一次性地推翻所有的一切（101D—E）。参阅 R. Robinson, *Plato's Earlier Dialectic*, pp. 84—87。一位生活在公元前五世纪的智者写过一部 *Dissoi Logoi*（《双向辩论》），是阐述 eristikē 的经典。按照该书（已佚失）的观点，人们可用争辩之术对任何一个论点进行正向和反向（即相反方向）的论述（比如坚持美德可以教授和否认这一观点），结果都可以得出令人信服的结论（N. Gulley, *The Philosophy of Socrates*, p. 25）。欧绪德谟便是一位典型的收取学费的争辩型智者。在《诡辩反驳》183[b] 里，亚里士多德介绍了两种争辩，一种采用大段的演说论证或否证某个流行的观点，另一种则通过问答的方式展开——提问者试图把对方逼向自相矛盾的窘境（详见 F. M. Cornford, *Plato's Theory of Knowledge*, pp. 176—177）。

㉛ 详见 M. C. Nahm, *Selections from Early Greek Philosophy*, pp. 224—225。

㉜ 《海伦颂》片断 11.8—14；参考柏拉图《斐莱布篇》58A—B。

㉝ 《智者篇》254A。

㉞ 详见《高尔吉亚篇》454E—455A。

㉟ 《斐德罗篇》260C—D。

㊱ 参考同上，272E。

㊲ 同上，273E。演说家和诗人若想"愉悦神明"，就必须使自己的讲演和诗篇摆脱智辩的干扰，接受道德原则的检验。

㊳ 参考第五章注㉟。

㊴ 细读《奥林匹亚颂》9.100—102；《奈弥亚颂》3.40—42；《普希亚颂》8.44—45 等处。不过，品达也承认技艺或实践的作用（《奥林匹亚颂》8.54—61；《普希亚颂》8.73—76 等处）。在品达之前，诗人们似乎还没有认真讨论过此类问题。在古罗马，天分、技艺（ars）和实践被公认为是取得成功的前提。

㊵ 伊索克拉底《反智者》16 以下。天分不高的人们可以通过训练（paideusis）提高讲演的水平（即掌握较多的技巧），但他们不可能成为一流的演说家或讲稿写作者（《反智者》15）。像品达一样，伊索克拉底也把自己的工作比作雕塑；在《交换》里，伊氏把自己和雕塑家菲迪亚及画家宙克西斯等相提并论。柏拉图和亚里士多德也常常把诗与图画相比较。"书画同体而未分……无以传其意，故有书；无以见其形，故有画。"（张彦远《历代名画记》）

㊶ 《斐德罗篇》269E—270A。

㊷ 详见该章注⑧。

㊸ 《高尔吉亚篇》464A—C。

㊹ 当然，柏拉图对技艺的要求并非总是那么严格，这一点读者会在本书第九章里看得很清楚。技艺具备正向和反向运作的特点（比如医学可以治病，亦可致病）。掌握技艺是一种 aretē（德、美德），但柏拉图知道，所有的 aretai 都必须接受"善"，即"善之形"的制约。在道德领域，只有正向发展的道德观念才是"善"和"美"的体现，才是真正的 aretai。此外，柏氏允许政治艺术（politikē technē）实施必要的欺骗；换言之，只要符合城邦和公民的根本利益，政治家可以欺骗人民。当然，理想国里的政治家也都是哲学家，他们（在柏拉图看来）知道如何掌握"欺骗"的时机，具备解释"欺骗"和反"欺骗"的道德原则之间的矛

盾的知识，而这或许正是他们必须接受长时间的文、理科尤其是辩析学训练的原因。

㊺ 详见《高尔吉亚篇》465C—D。

㊻ 同上，463B。苏格拉底认为，讲演是一种不光彩的东西，既不利于人的道德修养，也无益于城邦的建设。讲演不是技艺（technē），因为它不能解释（它）所提供的内容的性质，因而无法说明为何提供的理由（细读《高尔吉亚篇》465A、C）。像竖琴和管箫演奏以及酒神颂一样，悲剧也是一种"谄媚"（502B）。悲剧亦是一种讲演，因此受到了同样的批评（P. Friedländer, *Plato 3*, p. 78）。

㊼ 《高尔吉亚篇》501B—502B。政治家的演说不是非功利性的研讨，它的目的在于赢得或争取公众的理解与支持。所以，政治家知道什么该说，什么不该说，以及该说的应该如何（即用何种方法）说。

㊽ 《国家篇》10.601B。

㊾ 详见《高尔吉亚篇》464E—465A。"非理性的"在此似应作"不受知识指导和制约的"解。

㊿ 《申辩篇》17B。柏拉图区分了真正的和智者的讲演术。讲演的功用是影响人的心魂（《斐多篇》269D），真正的演说家会试图将每一种美德"栽入"，同时把每一种邪恶"铲出"人的心魂（《高尔吉亚篇》504E）。智者们教授的只是习知讲演术的前提，而不是这门艺术本身（《斐德罗篇》267A—269B）。讲演术的全部精义，在柏拉图看来，在于它"潜在"的积极属性，在于它对人们如何精当使用语言的能力所构成的挑战。《高尔吉亚篇》和《斐德罗篇》所体现的作者对 rhētorikē 的迥然不同的态度早就引起了学者们的注意，今天仍是西方柏拉图专家们关注的一个焦点。E. Black 教授指出，《斐德罗篇》在"最堂皇的诗的遮掩下"表述了包含"建设性和肯定内容的判断"。他认为，柏拉图只是反对那种不称职或名不符实的演说家，而不是 rhētorikē 本身（详见"Plato's View of Rhetoric", *Quarterly Journal of Speech* 44, pp. 362—363）。G. Ryle 教授不仅赞同上述"历时性"结论（参考注(51)），而且还提出了在方向上与"历时"保持一致的"共时"观点。Ryle 认为，《高尔吉亚篇》在抨击智术的同时，也表明了作者对 rhētorikē 的清醒认识：柏拉图已开始区分简单的反驳与说理的不同，开始区分一般的"求胜"和旨在清除"阻塞"及解决问题的研讨的不同。柏拉图已着手准备"将有系统的分辨，即辩析法引入哲学"（参阅 *Plato's Progress*, pp. 206—207）。

(51) 《高尔吉亚篇》先成，《斐德罗篇》作于约十七年之后（详见 R. Hackforth, *Plato's Phaedrus*, pp. 3—6）。《斐德罗篇》提出了一系列重要的观点，展示了作者娴熟运用辩析法的原则处理讲演问题的能力，在收集和归纳的基础上得出了讲演和修辞艺术的一般定义：讲演是一门通过文字的表述影响心魂的艺术（比较《高尔吉亚篇》453—454）。柏拉图认为，和诗人一样，无知的讲演者们用流行的说法论证自己的观点，试图说服同样无知的听众，其结果只能是"以假乱真"。讲演者必须掌握真理，然后方能表述真理（参考《斐德罗篇》259E—260C，另见 262）。

(52) 详见《斐德罗篇》270C—D。在古希腊，医生是一个受人敬重的职业群体。医术是一种技艺。《奥德赛》列举了四类"为民众服务的人"（dēmioergoi，即 dēmiourgoi），即先知、医者、工匠和"通神的歌手"（17.383—384）。《伊利亚特》里的马卡昂和波达里琉斯是名医阿斯克勒庇俄之子。在第四卷里，马卡昂治愈了墨奈劳斯的伤痛，为其吸出淤血，搽敷镇痛的草药。在荷马看来,一名医生的价值抵得上许多兵勇(《伊利亚特》11.514)。公元前五世纪,科斯人希波克拉底创建了初具规模的病理学,提倡医德和发扬救死扶伤的人道主义精神。"圣人之术,为万民式……循经守数,按循医事,为万民副,故事有五过四德,汝知之乎?"(《黄帝内经素问·疏五过论》)在柏拉图生活的年代,各类巫医和江湖郎中远没有绝迹。真正的讲演术应该像科学的医术一样有益于人的身心健康(另参考注㉙)。柏拉图认为,医术是一门解释人体的需求和欲望以及如何满足和"匮乏"它们的知识(详见《会饮篇》186C)。医术可以弥补自然的不足(《法律篇》10.889D;参考第九章注㉘)。尽管如此,医术还不是高度"严密"的科学,在精度上不如木工(《斐莱布篇》56B—C;参考第九章注㉞)。

第七章 诗与技巧

在本书第一章里,我们讨论了柏拉图关于诗与灵感之关系的论述。这位诗论家不仅继承了祖传的"神赋论",而且青出于蓝而胜于蓝,比前辈的思想家们更为注重强调诗兴神授的观点。恩培多克勒和巴门尼德都曾用诗体写作(换言之,他们都是诗人),却没有像柏拉图那样念念不忘诗与神的关系。许多悲剧作家,包括某些有成就的佼佼者,也不把写诗看作是一个通神的过程。在柏拉图看来,诗是神给凡人的礼物,是神明的恩赐。诗具有通神的性质,它的产生得之于神的点拨。诗的产生及运作过程不受理性的轨导和制约,诗人的活动完全听凭于神力的驱使。①诗人是神的传话筒,在神和大众之间担当传讲故事(muthoi)的被动角色。诗是灵感的产物,诗人是灵感的附体,诗和诗人都是神赐的灵感的仆人。绝妙的念头在头脑中油然产生,连珠般的妙语于是脱口而出,要是没有神力相助,谁有此般奇才,能够唱诵美妙绝伦的诗篇?灵感藐视规则,不把任何条条框框放在眼里;它自视清高,自信可以独步天下,在文学特别是诗歌领域里创造奇迹。灵感是对理性的超越,因此高于一般意义上的分析、推理、思考和判断。灵感注重成果的取得,这和理性一样;但灵感不在乎诸如"如何取得","为何可以取得"一类的问题,这就和理性很不一样——回答这些问题正是理性思考热切而又"在行"地试图完成的事情。人的理性集中反映为"思考",而思考的内容之一是自然(phusis)与人为(nomos,technē)之间的关系,②其导向是形成各种技艺(technai)。③"技艺"一头连接自然,另一头连接产品

(和效果),是人们在世界(即自然)和生活(即社会)中进行自我定位的"手段"。技艺(technē)④包含解释、规划和指导的范式倾向,而这些都是傲慢和"无知"的灵感不屑一顾的东西。灵感无须解释,因此,顺乎其然的结论是:做诗无须技艺(参考《伊安篇》534A—C;比较542A—B)。

在本书第六章里,我们讨论了柏拉图关于语言艺术的思想。我们指出,柏拉图从研究实体的哲学价值出发,区分了严格意义上的技艺(如文法)和所谓的"伪技艺",即 kolakeiai(如雄辩术)。柏拉图提出了两个值得重视的观点:(一)技艺(technē)不是经验(empeiria),也不是经验的随意和不负责任的总结;技艺无疑高于经验,(有时)和知识(epistēmē)大致平行。⑤(二)技艺必须善于透过表象,抓住事物的实质,而不能一味迎合公众的喜好,奴颜婢膝,取悦于人。如果再把视野放宽一点,扫视柏拉图关于理性和技艺问题的总体论述,我们将会发现,柏氏对技艺之作用的重视或许超出了我们想象的程度。柏拉图认为,尽管在灵感面前,理性的作用经常是有限的,但在缺乏知识背景的"恭维"即"伪艺术"面前,理性却具有不可战胜的威力。理性思考的威力来自严密的逻辑推理,来自雄厚的知识基础,来自开明和正确的道德观念。作为经验的理性升华,技艺是安邦治国和改善生活所不可缺少的"工具"。法律舒解社团内的冲突,规定生活的准则;医术为人祛病除灾,使其重享生活的安乐。技艺的利用或使用水平直接表现城邦的文明水准,展示公民的身体素质和艺术修养。技艺常常是令人羡慕的东西,因为它展现人性中光明的一面,显示人的知识水平,反映人的理性思考能力。

有了上述两段文字的铺垫,我们将不难看出,讨论柏拉图的诗艺思想我们应该采取何等谨慎的态度。我们应该提请读者注意,不要仅仅根据《申辩篇》、《伊安篇》等少数对话中的某些广为人知的语句,不加

"防范"地撒手对柏拉图诗论,尤其是关于诗的产生(或形成)的理论进行不留余地的批评。这么做很可能弄出差错,误导读者对柏拉图诗论的把握。我们的担心并非多余。事实上,由于种种原因,在以往出版的文论著作中,不少学者正是在这个"陷阱"里栽过跟头。许多人强调问题的一面,忽略问题的另一面,忽略了柏拉图诗论多角度、多层次、多元化的特点。多年来,国人中似乎已经形成了一种定论,即把"神赋论"或"灵感论"(当然,还有"摹仿论")当作是柏拉图有关诗歌创作理论的全部内容。显然,这是一种不够客观的认识。其实,柏拉图重视技艺,重视"技术"在写作诗文方面的作用。这一点我们马上即会再予提及。

或许,柏拉图是一位灵感至上论者;但是,同样不可忽略的是,他决不是一位唯灵感主义者。把一切交给神明,凡人只需无休止地念诵经文,无所事事,日复一日地等盼神明恩赐的被动"想法"不是希腊人的观点。对于诗人和艺术家(包括语言艺术家),灵感是重要的。但是,正如其他重要的事物和手段一样,灵感也不是可以包打天下的英雄。灵感有它的应用范域,并且通常也有自己的典型的或最佳的运作时机。它不能盲目地、随心所欲地闯入知识和技艺的领域,因为"越俎代庖"只会制造麻烦,引起混乱。柏拉图不认为灵感可以代替理性,不认为人的文学活动可以完全排斥技艺。我们已在第六章中讨论过柏氏的"创作观",即认为在天赋、知识和实践中何者更为重要的问题。⑥和主张天赋(phuē)第一的伊索克拉底不同,柏拉图似乎倾向于认为应该突出知识(epistēmē,比较 mania)的重要性。⑦这一事实以及柏氏毕生的著述和学术活动(似乎亦应包括他的政治活动)表明,这位思想复杂的哲学家并不是狭义上的神赋论或灵感论者。在某些上下文里,他提出过与之相悖的观点,有时甚至走到了神赋论的反面。柏拉图信神,但却不是完全不切实际的幻想主义者;他常常打出神的招牌,但更多的时候是突出强调人对知识的把握,以他的方式间接然而却是更为深刻地先行阐述过近两千年后英国哲人培根提出的"知识就是力量"的观点。⑧在现代人看来,知识可以转化为生产力,但在柏拉图看来,知识是一种更为深沉的东西——没有它,人将会失去存在的意义。

另一个应该指出的要点是,在对待技艺(technē)的问题上,柏拉图的态度有时明显地呈现出"波动"的特点:不同的上下文会对技艺作出不同的解释,不同的需要可以部分地改变技艺的属性(不过,考虑到二十多篇"对话"的成文年代前后跨度较大,出现某些"变动",应是可以理解的事情)。比如,与灵感相比,造船是一种技艺,但与医术相比,烹饪只是一种"窍门"或"恭维"。按一般常理推断,烹饪怎么说也应是一种技艺,因为它不仅具备理性活动的特征,而且(它的实施)必须依循严格的程序。此外,满足吃喝的需要乃人之生存的前提,烹饪关系重大,服务于一个根本的目的。⑨反之,医术倒是一门相对次要的技艺,其要旨包括"修复"、"恢复"和满足病人之需要等内容。从某种意义上来说,医术并不是第一性的技艺,因为就连医生也必须先吃饱喝足,才能从事治病救人的工作。人必须先吃饱肚子,然后才能进行上层建筑领域内的活动,这是马克思主义的一条基本原理,无论是从理论还是常识出发都不难理解。但是,柏拉图不会按我们的思路设想,过人的才华使他可以得心应手地拆解和组合知识机床上的零部件。人们指责柏拉图随心所欲的做法,但赞叹他纵横捭阖的奇才;人们责怪他东一锒头,西一棒子,但赞美他选题的精细,分析的鞭辟入里。在文艺复兴之前,柏拉图的形而上学通过普罗丁、奥古斯丁等人的发挥和引申,曾经长期主导西方人的神学思维。十三世纪以后,随着托马斯·阿奎那的《反异教大全》的问世,亚里士多德的物理学开始融入西方神学,他的《诗学》亦缓缓迈入理论权威的"圣殿"。自本世纪初以来,西方学术的天平开始向方法论倾斜,在新思想、新观点层出不穷的文化氛围里,柏拉图的入点多元的研讨方式理所当然地引起了人们极大的兴趣。人们重视柏氏独特的治学方式,欣赏他出入自如地驾驭学问的高超本领。柏拉图不是简单地把人们推向混乱;他使人们在混沌中看到秩序,在紊乱中找到规律。柏拉图不是毫无目的、莫明其妙地打破原有的范畴;他的用意是把人们引向范畴以外更加宽广的天地,寻索知识的极限。他组建范畴,但又打破范畴,在破碎和重建的过程中发现新的契机。柏拉图也有闭塞的一面(例如他的本体论和政治哲学),但作为思想家,他从来没有放弃过上下求索的精神。这是柏拉图学说在二十世纪末的今天仍然受到人们关注的原因之一。相比之下,亚里士多德的学问体系显得更为缜密,立论也更为精细,但就治学的方法和入点的多变来看,柏拉图的著述似乎更符合现代人的口味。

我们已经讨论过柏拉图的神赋论(或灵感论),指出了他对先验性或先验现象的重视。但是,尽管他或许过多地强调了"神授"的一面,我们切莫以为这位诗人哲学家忽略了诗和做诗的技术性问题,切莫天真到指责他对这一切不闻不问。柏拉图不会愚蠢至此。我们知道,"技艺"包含"制作"(但不仅指"制作";比如政治亦是一种技艺,即管理城邦的艺术),后者是一种实用性很强的"技巧"。在重要性仅次于《国家篇》的《会饮篇》等少数"对话"里,柏拉图接受了公众的观点,认定写诗即为制作(poiēsis),⑩和其他制作活动没有什么本质上的区别。人们之所以用"制作"专指诗歌,目的或许是为了避免可能出现的误解:

> 以诗为例。你或许会同意,就(诗的)本义而言——即使原来不存在的东西成为存在——诗(poiēsis)不止一种。所以,每一种艺术创造都是诗,每一位艺术家都是诗人(pantes poiētai)……尽管如此,我们却不把他们都称作诗人,对吧?我们用不同的名词称呼不同的艺术,而把"诗"这一称谓只送给其中的一种,它的工作对象是音乐和格律(peri tēn mousikēn kai ta metra),虽然只

要是制作都可接受这个称呼。我们仅仅称这种技艺为"诗歌"（poiēsis gar touto monon kaleitai），而从事这项工作的人即为"诗人"（poiētai）。⑪

在这段话里，柏拉图用明晰的语言表明了诗是（一种）技艺的观点。"诗艺"，希腊语为 poiētikē，意为有关 poiēsis 的艺术，泛指"制作艺术"，等于 poiētikē technē（拉丁语作 ars poetica，英语为 poetics）。和 rhētorikē 或 technē rhētorikē（参见本书第六章第 14 段）一样，technē poiētikē 亦是公元前五至前四世纪的学者们颇为重视的一门学科（或技艺）。柏拉图不止一次地说过做诗凭靠灵感（或神的驱使），无须技艺，但他从不认为 poiētikē 不是技艺。⑫作为一位诗人，柏氏深知做诗不是一件易事。他显然不会同意做诗只需坐等灵感的观点，不会鼓励诗人蒙头睡觉，等待神明把现成的诗句送到心里。诗人必须发挥自己的主动精神，挖掘自身的潜力，掌握必要的技艺，完成神圣的使命。柏拉图十分赞赏苏格拉底吃苦耐劳的精神，因为巨大的成功不会得之于偶然。神只会帮助那些愿意并且有能力自己"帮助"自己的人，这与东方人"听天由命"的思想不同，是西方人的一个基本信念。即使在强调"神赋论"的《伊安篇》里，苏格拉底仍然承认伊安了解荷马史诗的内容，因为他不仅吟诵，而且还担负着阐释作品的责任。⑬事实上，苏格拉底不仅承认吟诵是一门艺术，而且还认为这门艺术包含某种知识。请看《伊安篇》538B 中的一段对话：

苏格拉底：吟诵艺术（rhapsōidikē technē）不同于驾车，对吗？
伊安：是的。
苏格拉底：这么说它是另一种艺术，是关于另一些事情的知识（epistēmē）。

伊安：是的。

由此可见，伊安的"过错"似乎不在于缺少诵说荷马史诗的本领（请注意，苏格拉底在上述引文中用了 epistēmē 一词，此乃那个时代的人们用以表示"知识"的规范用语），而在于缺乏对作为一个整体的诗艺（poiētikē gar pou estin to holon）的了解。⑭比如，伊安只能"单打一"，即只擅诵说荷马的作品，而这正是苏格拉底十分关注的问题。所以，技艺和灵感不同，前者只能习而得之，后者则要靠神的赐送。纯熟的技艺也不同于初朴的经验（柏拉图有时不加区分地使用 epistēmē 和 technē），前者可以由点及面，融会贯通，后者则只能就事论事，满足于"单打一"的成功。柏拉图寄望于诗人掌握知识。显然，至少从形式的角度来看，做诗不能无视技艺，不能把它拒之门外。事实上，诗人不仅应该掌握某些基本技巧，而且，如果他们想成为像索福克勒斯和欧里庇得斯那样的大家，还必须善于使用辩析的方法，对语言艺术（包括悲剧等）本身进行深入的研究。柏拉图对诗人是有要求的，并不是一味地进行批评。

我们说过，在古希腊，诗和歌常常是难以割裂的姐妹艺术。说得更准确一点，诗歌是包容诗和音乐（有时还有舞蹈的"助兴"）的艺术，即"缪斯的艺术"（mousikē 或 mousikē technē）。在《国家篇》第三卷里，柏拉图谈到了组成诗歌（melos）的三个部分或成分，即语言（logos）、音调（harmonia）和节奏（rhuthmos）。⑮语言是诗的第一要素，音乐和节奏必须配合语言组诗。⑯《法律篇》第二卷提出了诗评的三项内容，其中之一是，艺术家是否有效地使用了语言、音调和节奏。⑰柏拉图不主张诗人任意割裂语言和音乐（包括节奏、舞蹈），抱怨没有词语的所谓纯音乐只能给人模糊不清的感觉，使听众难以把握作品的内容。⑱如果把这一点与他的"摹仿论"联系起来，我们将不难看出，艺术表述与形象或形观的关系如何始终是柏拉图关心的问题。

在《斐德罗篇》里,柏拉图区分了两类词汇,一类是有具体所指的名词(或名称),如"铁"、"银"等等,另一类是较为抽象的词汇,如"好"、"正义"等等。一般说来,公众对第一类词汇的所指不持异议——换言之,认识比较一致:只要有人提及"铁"或"银"等有实物所指的词语,听者的心中就会浮现出它们的形象。这是一种比较直接的、有明确所指的"对应"。相比之下,对后一类词汇,公众的反应常常会出现明显的差别,因为"好"或"正义"的所指涉及人的道德标准,因而都包含可以商榷或争议的内容。人们对"正义"会有不同的理解,对"好"或"善好"的所指也会有各自的看法和标准。智者们正是抓住了这一可乘之机,夸大事物和观念中变化的一面,混淆视听,浑水摸鱼。所以,有志于学习讲演艺术(technē rhētorikē)的人们首先必须学会区分这两类词汇,注意把握二者间的区别性特征。[19]语言艺术家们应该掌握如何使用第二类词汇的本领,因为它们通常包容意义难以准确把握的概念,而公众也恰恰正是在对概念的理解方面常常遇到困难,不能形成稳笃的见解。[20]公众需要引导。很明显,语言艺术家们有责任深入探析语言的潜力,正确使用词汇。倘若只是满足于用话语"追随公众的意见"(doxas de tethēreukōs),而不是追寻真知和真理,那么这将是一种"滑稽的东西"(geloian tina),说得难听一点,根本就没有艺术可言(atechnon)。[21]

在柏拉图的《巴门尼德篇》里,巴门尼德对他的"一体论"作了较为翔实的说明。他认为,如果承认"一体"的存在,人们就不能假设许多或多个"体"的存在。"一体"不包含部分,因此不同于一般意义上的"统一"或"一统"。"一统"包括部分,是部分的统一,因此不能有所遗缺。"一统"或完整的事物一般包括起始、中段(或过程)和结尾,因为这些是形成"一统"的部分。起始和结尾是"一统"的极限;[22]换言之,

"一统"的事物具有"限"(或"有限")的特点。巴门尼德的用意当然是为了区分"一体"和"一统"的不同,意在阐述"一体"是不包含部分、没有起始、中段和结尾的、无界的、单一和唯一存在的本体论观点。巴门尼德哲学(实际上是一种高明的宇宙论)对后世产生过重大的影响,是一套思辨性很强的理论。但是,思辨性并不等于缺乏实际意义的抽象性。事实上,如果撇开巴门尼德哲学的深奥内涵,如果把他的学说"颠倒"过来,人们或许可以从中发现另一种闪光的东西,看到它很强的实用价值。比如,我们可以接过《巴门尼德篇》论及的"内分理论"(即按照顺序,把整体切分为起始、中段和结尾三个部分),用以指导对事物的认识和分析。巴门尼德或许不会同意此番"舍本求末"的做法,但柏拉图无疑会把这一划分看作是认识事物的一条便捷的途径。巴门尼德哲学倾向于抹杀区辨的意义,而柏拉图却似乎从中得到了启示,在强调"形"之重要性的同时,在"整体"和技艺领域内进行了大刀阔斧的分辨。

我们知道,在公元前四世纪,古希腊已出现供人阅读的作品。文学已开辟出另一个"市场",以前单一的"聚众模式"已部分地被以个人阅读为特征的"私己模式"所取代。广义上的书面文学(包括剧本、历史、讲演词等)已开始进入与传统上不受挑战的口头文学(自然也是广义上的)竞争的时期。[23]在《斐德罗篇》里,苏格拉底曾较为系统地探讨过"如何写出好作品"的问题。当然,写作可用诗体,也可用散文(即非格律文)。首先,苏格拉底认为,作者(或讲演者)必须真正了解打算付诸笔墨的内容;换言之,他必须阐说真理。对于一位优秀的诗人,如果他想很好地"诗化"事件,就必须掌握知识,否则他将难以落笔。[24]其次,作者必须说明和解释谈及的内容。[25]第三,作品要有严谨的结构,做到布局合理,联合紧凑,形成一气呵成的整体。写作不是放羊,可以任其游走,撒手不管;写作者亦不应只知昏天黑地地蛮干,不问技巧,像荷马史诗里所描述的那种特别能吃苦的骡子。为了强调布局的重要性,柏拉

图曾在《斐德罗篇》264C里提及过我们刚才讨论过的问题,即对作品的三分论,只是这一回他把三分的观点表述得更加生动贴切:

> 每篇话语(panta logon)都应该被组建得像是一个活的生物(zōion),有自己的身体,不能缺头少脚,必须有个中段,有始有终,衔接有序,组成完好的整体。㉖

作者(或讲演者)必须得有良好的语言修养,用词简洁准确,风格清新明快,表达流畅自如,断句恰到好处,"不能像鲁莽的屠夫,乱砍一气"。㉗

当然,做诗行文不能仅凭心血来潮,不能仅凭作者个人的意愿。成文之作不是词汇的盲目堆砌,不是句子和段落的机械连接。行文之道,"犹如玉之于琢磨也"(《荀子·大略》)。柏拉图强调规则的作用,认为这是从事任何艺术活动的指南。文学家和修辞学家应该掌握必要的语法知识,知晓如何用合宜的办法连接字母,遣词用句。同样,诗人不仅要通习语言,而且还要学习有关音律的知识,能够分辨声音的高低变化,知道哪些音符可以连合,哪些搭配应该避免。柏拉图称这种辨识能力为技艺(technē),而掌握这种技艺的人就是合格的音乐家(mousikos)——反之,便是音乐的门外汉(amousos)。㉘音乐是一种"细活"。由此可见,一些诗人的过错或许正是在于无视艺术本身的规律,我行我素,自作主张,以为只要有诗的激情,一切都不在话下。这些人天分很高,但判事不明。他们错用词语,不顾形式,在颂神诗中掺入哀歌的成分,在赞美诗中加入酒神颂的歌词,甚至用竖琴演奏(或摹仿)管箫的乐音。他们破毁了诗的神圣,践踏了做诗的规律,造成了很坏的影响。他们错误地以为做诗只是为了寻欢作乐,无所谓对与不对的区分,无意中贬低了自己的职业,降低了自己的身份。无视规则的诗乐会给人紊乱的感觉,并由此引发不体面的行为。无知的观众们会在诗的挑逗下激动万分,以为自己一下子身价暴涨,成了评判剧作优劣的权威(即所谓的 theotrocracy)。他们一扫平时的压抑和羞涩,狂呼乱叫,歇斯底里,指手画脚,滥用民主,把剧场闹得地覆天翻,乌烟瘴气。㉙剧场是生活的缩影,痛失理智的观众使人们想到民主政体下"暴民"闹事的危害性。

柏拉图知道,蔑视规则(包括伦理原则)的艺术,如果遇到放荡不羁的干柴,那将和引发危险的山火没有区别,其结果只能断送艺术,毁坏正向发展的审美观。柏拉图了解诗的感召力,叹恨当时的诗剧已经走上了挑激轻视法规、滥用或错用民主权利的歧途。不过,尽管规则重要,在柏拉图看来,至少从写作的角度来说,人对艺术的分析能力,或人对语言艺术的真正理解,是决定演说家和剧作家们最终能否超脱平庸,获得成功的关键。柏拉图深知浅薄的危害,深知肤浅的"只知其一,不知其二"有时和无知没有区别。㉚倘若有谁以为只要能够参照书本的记载按图索骥,粗知几味草药后便开始洋洋自得,声称已是一位医生——鉴于此君的态度,斐德罗评价道,"我想,人们一定会说这小子疯了","他自以为成了医生",而"实际上却对医术一窍不通"。㉛要是让他治病,谁还会想到人命关天? 同样,苏格拉底说道,要是有人走到索福克勒斯和欧里庇得斯面前,告诉二位大师他有非凡的本领:他能针对一件小事写下洋洋洒洒的道白,能用寥寥数语概括一起重大的事件;他能挥毫书写悲怆的段子,写出威胁恫吓的语句,无所不能;他自以为有能力教授写诗的技巧,使学生成为悲剧诗人——对此君的狂妄,谨慎的、头脑清醒的人们会作出何样的反应? 不用说,人们的反应自然是否定的。不懂装懂从来不是美德,人们不会同情那些在基本的认知问题上犯错误的无知者。斐德罗的答语当在苏格拉底的预料之中:我猜想他们也会嘲笑此般自以为是的人们,因为懂得如何编排句子和段落还不足以使人成为有造诣的戏剧大师。㉜

柏拉图笔下的苏格拉底认为,自我感觉和实际情况有时不是一码

第七章　诗与技巧　195

事(我们已在第一章中论及这一点),它们之间常常存在着难以填合的"空隙"。有人或许会高估自己的本领,以为只要能拨响最高和最低的音阶就能成为一名深谙音律或音调的乐师。半桶水反倒"淌得很"。事实上,他只是抓到了一些皮毛,对音调学的实质谈不上有什么造诣。他只是"具备了习知音调的条件,但对音调本身却一无所知(all' ou ta harmonika)"。㉝同样,苏格拉底接着说道,

　　索福克勒斯会告诉那位想在他和欧里庇得斯面前炫耀自己的人,他所知晓的不是编写悲剧的本领(ou ta tragika);他只是掌握了从事这项工作的前提。阿库墨诺斯亦会作出同样的区分,即分辨医术与习得医术之先决条件之间的差别。㉞

　　不过,有了先决条件总比没有要好;想做点什么,尽管条件还不完全具备,总比胸无大志,无所事事要好。或许正是出于这种考虑,苏格拉底颇为大度地指出,不要粗暴地辱骂这类人的狂傲。也许,正确的做法应是耐心的规劝,使他们认识到自己的浅薄,从已有的基点出发,步入研究语言艺术的门槛,掌握辩析的本领,成为高水平的行家。诗人的提高,在柏拉图看来,应该体现在下述两个方面,即(一)增强对神的信念,把通神的灵感用于对知识的求索和公民的道德教育;(二)认真学习专业知识,更好地掌握写诗的技巧,用自己的灼灼才华展现 mousikē(缪斯的艺术)的无穷魅力。

　　通神的悟性(或神的点拨)使诗歌像缪斯花园里的潺潺流水,裹挟着天地间的灵性。严密的理性思考,技艺的通盘规划,使诗歌结构紧凑,编排得当,像一个活的生物,给人完整划一的感觉。此外,对语言艺术的深刻理解,对定义和辩析法的较为娴熟的运用,使诗人(或某些诗人)有可能克服自身的局限,走向与哲学接轨的路程。从上文的分析

可以看出,柏拉图似乎给了当时已经闻名遐迩的索福克勒斯和"有争议的"欧里庇得斯(此君真正"走红"是在公元前四世纪以后)相当高的荣誉,暗示他们已真正掌握了编写悲剧的技巧。他们不仅具备"前提",而且掌握高超的"本领",足以成为初出茅庐者学习的楷模。柏拉图同时似乎也承认这两位悲剧诗人拥有知识,其程度和医生及懂行的音乐家处于同一个水平。当然,柏氏没有明说,但他的暗示已明晰到了使每一个读过《斐德罗篇》268—269 的学人都能知悉和理解的程度。诚然,索福克勒斯和欧里庇得斯还不是哲学家,但比起伊安和大多数吟诵诗人以及演说家来,他们已远为高明。至少在《斐多篇》里,哲学对于诗人已不再是不可捉摸的"天方夜谭"。优秀的诗作具有向哲学趋同的倾向;当它处于最佳的发挥状态时,这一点表现得尤其明显。对于诗,柏拉图从来没有完全丧失过信心;相反,他始终认为,诗是一种神奇和可以(至少是可能)包容高度智慧的"载体"。只要引导得当——柏拉图或许会同意我们的分析——哲学可以化敌为友,铸剑为犁,和诗歌一起携手前进。哲学有时也会采取比较"开明"的态度,因为"开明"符合哲学一贯倡导的兼容精神。柏拉图似乎隐隐约约地领悟到某种新奇的感觉,这种感觉促使他相信诗不仅可以为哲学增色,而且从某种意义上来说,还可以与哲学合二为一。

注　释

① 参考第一章注㉝、㉟和㊲。诗人的工作带有"被动"的性质。诗人诵诗不是依靠智慧(ou sophiai),而是凭借某种天然的赐予(alla phusei tini)和外来的灵感(enthousiazontes,《申辩篇》22B9—C1)。另参考《斐德罗篇》245A 以下;《伊安篇》533D 以下。细读第八章注⑳,比较该章注⑱。

② 古希腊人喜好归纳,并在归纳的基础上进行划分。受奥菲俄斯宗教的影响,他们把人体分作"心魂"和"肉体"两部分(参考第四章注④)。同样,在解释生成的动力和存在状态时,他们归纳出两种力源,一种是先于人而存在的自然(phusis),另一种是后于人而出现的(人的)成规(nomos)或技艺(technē,参考《法律篇》10.889D)。阿波罗尼亚的第欧根

尼曾从目的论的角度出发分析过自然与技艺的关系。在一部伪托亚里士多德名义发表的论著《论宇宙》里,作者引用了赫拉克利特的观点,认为技艺通过对各种"抵触"之力的平衡进行与自然的竞争(396^{b}7;转引自 A. J. Close, "Art and Nature", in *Journal of the History of Ideas* 30, p.468)。在《法律篇》10.889 里,柏拉图显然赞同当时流行的观点,将宇宙中的动力三分为自然(phusis)、技艺(technē)和偶然(tuchē)。亚里士多德的《物理学》(第二卷)重复了这一划分。然而,尽管柏、亚二氏对三者进行了有深度的分析,但他们的研究重点却是三者中的前两个,即 technē 和 phusis。亚里士多德显然是全盘接受了传统的"技艺摹仿自然"的观点(参考第二章中的有关论述及该章注㉑、㉒和㉝等处),并在多部著作里作过近似的论述(参阅《物理学》2.8.199^{a}18;《动物的部分》1.1.639^{b}12—22,641^{b}12—642^a;《动物的生成》2.1.734^{b}22—735^{a}10)。技艺效仿自然的生成原则,效仿它"有意识地"用合宜的方式(自然不会盲目行事)实现既定目的的工作手段。技艺的活动证明自然运作的目的性,同时也展现自身的理性规则。柏拉图喜用 phusis,并且照例不加说明地变动该词的含义。在他的论著里,phusis 有时可作生成的"动力"解,有时则可作现实的"界定"、"真理"或真实的"存在"解。不管是出于自愿还是被迫,神只做了一张床,这张"形"化的床存在于"自然之中"(en tēi phusei,《国家篇》10.597C2)。在这里,phusis 作真实或真正的"存在"解。木工摹仿神的杰作制作具备实用意义的床,而画家和诗人则只能(不完善地)"仿制"木床的外形(详见 10.598)。绘画和诗乐摹仿自然的生成,结果只能生产一些"虚影般的""玩具"(《法律篇》10.889D)。技艺不仅(被动地)摹仿自然,而且可以发挥主动精神,协助自然,服务于实用的目的(比较刘禹锡《天论》:"天之能,人固不能也;人之能,天亦有所不能也。"巴拉赫认为,艺术家有必要"美化"自然,见第九章注㊶)。奥斯卡·王尔德生活在工业革命席卷欧洲的十九世纪下半叶。他赞同惠斯勒的见解,用反传统的"自然摹仿艺术",而不是"艺术摹仿自然"的观点,扼要和集中地表达了他的唯美主义文艺观(《西方文论史》,马国新主编,高等教育出版社,1994 年,第 350 页)。某些技艺生产具有"真实价值"的"产品",如医学、养殖和体育(即健身,详见《法律篇》10.889D—C)。有些技艺(如体育)强健人的身体,另一些技艺(如苏格拉底的 elenchos)照料人的心魂。亚里士多德认为,促成心魂的完善既是生活的目的,也是自然的目的(自然是一个有目的的运作体系)。教育和人文艺术"哺育"人的心魂,对哲学和智慧的追求符合人的根本利益。艺术与人的努力合作帮助自然实现自己的目的,使标志人体得到最充分发展的心魂的完善得以最终的实现。教育协助自然,弥补自然的不足(参考《政治学》7.17,1337^a)。据说希波克拉底曾提出过两个观点,即(一)人间的一切技艺都是(程度不等地)对自然的摹仿;(二)自然(或"神智")导致人们创造技艺,使之"和谐地"融入自然的运作体系。亚里士多德(德谟克利特亦然)接受了这一见解。《动物的部分》从目的论的角度出发论证技艺与自然的关系,阐述了技艺帮助自然实现其企愿的观点(687^{a-b},694^{b}12)。

③ 在希腊语里,technē(复数 technai)是个古老的词汇。在荷马史诗里,technē 意为"手艺"或"技艺"。"神一样的"亚里克山德罗斯(即帕里斯)曾把赫克托耳比作技艺纯熟的工匠(《伊利亚特》3.61);在《奥德赛》第六卷里,荷马称有幸受到雅典娜和赫法伊斯托斯指点的金匠掌握"每一种技艺"(technēn pantoiēn,234)。Technē 还可表示"魔幻"、"狡猾"和"诡谲"之意。在《奥德赛》4.455 里,荷马用该词形容普罗丢斯的变形之术,在该卷

第529行里则用它称埃吉索斯"策划了一个邪毒的阴谋"（doliē technē）。赫希荷德曾用 technē 指伽娅为惩治乌拉诺斯（天空）而设定的"计划"（《神谱》160）。一般认为，technē 来自印欧语词根 tekhn-(或 tehn-)，后者意为"木器"或"木工"，和梵语中的 tákṣan（木匠、建筑工，比较希腊词 tektōn，"木工"）同根。Technē 似亦与赫梯语中的 takkss-(建造、制合)和拉丁语中的 texere（编织、建造）以及 tegere（覆盖）有着某种同源关系（G. Bogliarello, *The History and Philosophy of Technology*, p.172）。Technē 的形容词形式是 technikos，后者是法语词 technique 和英语词 technic(al) 的"前身"。柏拉图认为，technē 是包含和体现理性原则（logos）的制作或行为（参见《高尔吉亚篇》465A），它近似于 epistēmē（系统知识），但又不是严格意义上的纯理论（theōria），即与功利和一般意义上的实用无关的学说（参考《政治家篇》258E）。技艺与"伪"技艺的区别在于前者"自然地"接受了 logos 的指导（参考第六章中的有关论述）。最高层次上的习知或认知手段（gnōsis）不再是 technē 的包含局限的展示，而是体现为 logos 本身的最佳运作。通过辩析（dialegein），哲学家的心智将超出经验的范围，进行最精密的思考（参阅《斐莱布篇》58A 以下）。诗艺是一种知识，乃"一种形式的实用性科学"（H. Osborne, *Aesthetics and Art Theory*, p.39）。亚里士多德发展了柏拉图的技艺思想，使之更多地具备了系统的魅力。亚氏认为，"技艺"具备以下几个特点:（一）包含某种形式的知识，旨在实现生产或制作的目的;（二）包容规则，重在实践;（三）实践中需要心力与体力的配合;（四）功用在于改变"材料"的形状、体积和位置;（五）从某种意义上来说，是自然（phusis）的对立面（参考《形而上学》$1032^{b}1—2$,《物理学》$199^{a}8—21$;《尼各马可斯伦理学》$1140^{a}1—24$）。当然，技艺也是自然的合作者（参考注②）。亚氏认为，技艺摹仿 phusis 的运作程序，摹仿它的理性意识和严密的逻辑内涵。他不同意柏拉图关于艺术是对"真形"的两度离异的提法，认为诗是对"行动"的摹仿，体现事件之间的因果关系，因而比历史更具哲学性。和柏拉图一样，亚氏重视人的理性思考（logos），因为 logos 不仅使人区别于动物，而且还是指导人的特殊功用的实施（即心魂的活动）的原则（psuchēs energeia kata logon,《尼各马可斯伦理学》$1.7.1098^{a}7—8$）。人的"功用"的实施离不开理性原则的指导，检验的标准是（人）是否反映了表现"功用"之价值的美德（aretē，参考 $1098^{a}16$—17）。心魂（psuchē）包括理性和非理性的部分（$1.13.1102^{b}33—34, 6.1.1139^{a}3—5$;比较柏氏的观点，见第四章注⑭），而它的理性部分的美德即是正向展示它的功用，接受 logos 的制导。心魂的功用是获取真理，可以通过五条正当的途径。换言之，心魂的理性部分的功用具备五种德或美德，即（一）technē,（二）epistēmē（系统或科学知识）,（三）phronēsis（实践智慧）,（四）sophia（理论智慧），和（五）nous（智，$6.3.1139^{b}16—17$）。人的美德分两类，一类是智能美德，另一类是道德或行为美德（$1.13.1103^{a}3—7$）。技艺一方面有智能和理论作为依托，另一方面又有实践和训练作为"内容"，贯彻在人的行动之中。亚里士多德给 technē 所下的定义是:一种在（真正的）理性思考的指导下从事制作的能力或习惯（meta logou poiētikē hexis, $6.4.1140^{a}8—9$, 或 hexis meta logou alēthous poiētikē, $1140^{a}10$）。Technē 不同于 phronēsis，前者与"行当"相关，主要指导制作（poiēsis），而后者则展示人对道德观的理解，主要指导行为（praxis）。Technē 也不同于 sophia，前者围绕"评估"、"计算"和"应用"展开，后者则是在逻辑知识（epistēmē）的基础上实现对事物的理论（theōria）平面上的把握，反映和代表知识的确凿性（参考并比较 J. Ferguson, *Moral Values in the Ancient World*, p.31）。

缺少 technē 的制作将很难避免盲目性的干扰，它的展开只能在两种不利的情况下进行，即（一）没有 logos 的参与，或（二）受虚假的 logos 的误导（参考 1140^a 20—23）。使 technē 产生积极作用并达到预期目的 logos 必须是"真实"的，能够反映思考对原因或动因（aition）的把握（《形而上学》1.1.981^b 6—7）。关于柏拉图的技艺观，另参考第九章注㉘、㉙等处。在我国古代，和 technē 意思相近的字是"藝"（以下简写作"艺"），本义为"种植"，引申指百工的技艺。《墨子》中九次出现"艺"字，均连用作"耕稼树艺"。在《论语》里，"艺"字有两层意思，即（一）技能、才能，如"志于道，据于德，依于仁，游于艺"（《述而》）；（二）多才多艺，无所不能，如："求也艺，于从政乎何有?"（《雍也》）《论语》中的"艺"主要指礼、乐、射、御、书、数这六项所谓的君子应该练习的技艺，不含农夫、工匠的"活计"和各种靠体力谋生的"技巧"，即孔子所说的"鄙事"（《子罕》）。

④ 希腊词 technē 涵盖我们今天所说的"技术"、"技艺"和"艺术"。换言之，古希腊人没有明确区分"技术"和"艺术"（参考本章注⑩和第九章注㉜）。英语词 art 和法语词 art 都不能完全对等 technē 的含义。Technē 既是一种或一套法规，因而具备一定程度上的理论（theōria）可塑性，又是一种旨在生产的实践，需要经验（empeiria）作为基础。然而，technē 却不是严格意义上的 theōria，也不是无需限定的 empeiria。Technē 既不对等 theōria（纯知识），因为它总与实践或实干相关（在这一点上，它与 empeiria 相似，参考《形而上学》1.1.981^{a}12），也不等于 empeiria，因为它是对"经验"的以认真观察为前提的提炼和总结（同上，981^{a}5）。伏尔泰的见解或许会有助于我们加深对亚里士多德的这一观点的理解："一切技艺都是由大部分人具有的一种机械本能而来的，绝非得之于纯正的哲学。"（《第十二封信·谈掌玺大臣培根》，见《哲学书信》，高达欢等译，上海人民出版社，1961年，第 47 页）Technē 同时具备理论与实践的内涵（参阅 W. Jaeger，*Paideia* volume 2，p. 130），因而在古希腊思辨哲学中占有独特和重要的地位。它是理论联系实际的纽带，也是知识与文艺结合的"部位"。这一特性决定了文艺必然含带不可否认的"技术性"。柏拉图认为，做诗要靠灵感，但同时也承认，诗人必须掌握知识，熟知音律。

⑤ 我们说过，technē 具备向"理论"（theōria）趋同的一面（参考注④），因而可以在一定程度上反映知识的系统性（比较 epistēmē，见注②）。在强调技艺的知识性时，柏拉图笔下的 technē 常常和 epistēmē 等义（W. Jaeger，*Paideia* volume 2，p. 130；另参考第一章注⑧）。亚里士多德认为，technē 与 epistēmē 都表示人对自然和世界的清醒认识，因而可以传授，可以进入教授和流通的领域（《形而上学》1.1.981^{b}8—10）；二者的不同（严格说来）在于 technē 通常指对并作用于变动或可变动的事物，而 epistēmē 则主要负责对不变和永恒的事物作出解释（细读《尼各马可斯伦理学》6.6）。

⑥ 参考第六章注㊴、㊵等处。应该指出的是，天赋，在古希腊人看来，是"神赐"的另一种说法。

⑦ 当然，柏拉图也知道，仅仅掌握写诗的一般"规则"是不可能成为像索福克勒斯和欧里庇得斯那样的悲剧大师的。在《斐德罗篇》里，柏氏列举了四种通神的"迷狂"，包括诗人的 mania（245A）。诗人在神的操控下失去理智，但却可以写出传世的作品。倘若有人"走向诗的门槛"（epi poiētikas thuras，245A6），"没有缪斯致送的迷狂"（aneu manias Mousōn，245A5），自信可以成为出色的诗人，"仅凭已经掌握的技艺"（ek technēs hikanos，

245A6),那么,此君肯定不会成功,只能站等诗门之外。神赐的迷狂可以使诗人超越"清醒者"的创作极限,诗兴大发,进入迷狂创作的领域(细读245A7—8)。通神的迷狂是对凡人最好的祝愿(244A7)。在这里,柏氏的"迷狂论"与他的在《伊安篇》等处表述过的"灵感论"形成了配套展开的格局。在柏氏看来,灵感的重要性超过技艺;灵感是第一位的,技艺只能占据"其次"的位置。值得重视的是,在柏拉图的学问体系里,mania 不仅是出好诗的"保证",而且也是哲学和哲学化生活的一个基本特征。"哲学(philosophia)是最高形式的mania,是最真实的讲演艺术,是对'爱恋'(erōs)的最逼真的表述。"(M. L. Morgan,*Platonic Piety*,p. 161)我们今天所重视的科学与非科学、学术与玄术的区别,在柏拉图哲学里并不存在。在当时,学问是一个包罗万象的体系,哲学家可以对人生的每一个侧面进行探研。哲学家(philosophos)是"爱"(或"爱恋")的尊崇者,既是善于辩析的学问家(dialektikos),又是可能陷入迷狂(mania)的"爱恋者"(erōtikos)。他知道应该如何正确使用有助于知悉"形"的启示,也知道有必要永远和接纳宗教激情的秘仪保持接触(《斐德罗篇》249C—D),接受神力的"激奋"(enthousiazōn,249D2)。哲学家的"狂热"是迷狂的最佳表现形式(详见249E1—3,250B8—C1)。哲学的终端不在于成文的理论,而在于驰骋想象的探研。《斐德罗篇》是一部包含"故事"(muthoi)的诗篇。像《会饮篇》和《国家篇》一样,它用诗一般的文字为哲学、诗学、修辞学和政治艺术提供了一个汇合的契机。不错,诗人的地位远在哲学家之下(249D—E),诗人的迷狂也远不如哲学家的来得强烈、奔放,少一些追求真理的活力。但是,柏拉图的表述不仅没有真正达到"贬诗扬哲(学)"的目的,而且反证了诗的不可战胜和诗化表现的生机盎然。正是在《斐德罗篇》等对话的"故事"里,柏氏表述了他的某些最精湛的思想;也正是在充满活力和表现出开放意识的诗化(而不是纯哲学)论述里,读者感受到了柏拉图哲学真正的魅力:它的灵动和充满生机的一面。柏拉图或许没有想到,生活的真谛其实不是哲学的,而是诗的(荷尔德林可以说,"人诗意地居住")。诗的五彩缤纷和勃勃生机将对他的本体论和趋于僵化的形而上学构成直接的威胁(我们在此谈论的是柏拉图学问体系内部的诗与哲学的抗争)。参考第一章注㉞等处。

⑧ 我们已较为详细地分析过 aretē(美德、德性)的含义及其在柏拉图哲学中的所指(包括 aretē 即为 dunamis,参考第一章注⑥、第五章注㊱)。现在,让我们进一步来看看 aretē 与"力"或"力量"(dunamis,复数 dunameis)和知识(epistēmē)之间的关系。柏拉图认为,任何事物都有自己的 aretē,而 aretē 的"实现"体现为事物的"功用"(ergon)的实施。那么,是什么东西使 ergon 得以表现自己的"威力"? 是什么动因(aitia)使事物得以体现自己的 aretē? 柏氏指出,这种动能便是 dunamis;"是 dumamis 使事物具备了实施功用的能力"(H. S. Thayer,"Plato:The Theory and Language of Function",in *Plato's Republic*,p. 34)。Dunamis 并非总能产生好的效应。柏氏认为,人们对"坏"或"欠缺"(kakia,kakōs)可作两种解释,即(一)事物缺少它所特有的 aretē(即缺少实施 aretē 的"力"),(二)事物具备实施坏的或邪恶功用的能力。只有正向运作的 dunamis 才能使事物本身的善好得以充分的展示。这一点在对道德观的阐释上显得尤为重要。在柏拉图看来,讨论道德观念的 aretē 是一个寻找定义(logos)的过程,而定义的获取需要知识(epistēmē)的铺垫。Aretē 指的是接受知识规导和符合规律的功用(的实施),指的是体现"德"或"美德"之精义的 dunamis 的符合伦理和知识指向的运作。说到底,"善之形"(agathou idea)是关于"善本身"的知识。"善

是动因(aitia),是力能(dunamis),是存在的源泉。美德即知识(参考第一章注⑥),也是"获取美好事物"的"力"或"能力"(《美诺篇》78C)。知识和力量是界定"德"或"德性"(aretē)的两个关键成分,前者为解释它的要义提供必要的知识背景,后者则为展示它的"功用"的实施提供"力"的保证。在亚里士多德哲学里,dunamis 有时是 technē(技艺)的同义词。亚氏把 dunamis 分作两类,一类是有生命或附属于生命的"能力",另一类是无生命的自然力(如火)。有生命的"力"分两种,即(一)有理性的,(二)无理性的。包含理性的动能指(1)技能(technē),(2)某种潜能,(3)思考(dianoia)。Technē 和 dianoia 都是运用和展示知识(epistēmē)的行为,前者表现为制作,后者指思考者内心的活动。我们说过(参考第一章注⑧),柏拉图经常把经受"力"之驱动的 technē 当作是 epistēmē 的同义词(见《智者篇》257D;《伊安篇》537D—538B)。

⑨ 即为了人的幸福(参考本书第五章倒数第 3 段以及第十章第 24 段和注㊺、㊱等处)。我们中国人向来有"药补不如食补"的说法,即把"食"看作比"药"更受欢迎的东西。中国人是愿意和擅长在烹饪上下功夫的。孔子曰:"食不厌精,脍不厌细"(《论语·乡党》),尽管他也说过,"君子食无求饱,居无求安"(《学而》)。

⑩ Poiēsis 派生自动词 poiein(制作),从词源上来看并不包含"天赋"、"灵感"、"神赐"一类的意思。(一位)诗人是 poiētēs(希罗多德《历史》2.53;参见第一章注⑬),而关于做诗的技巧则为 poiētikē(诗艺)。古希腊人一般不把做诗看作是严格意义上的"创作",而是把它当作一个制作或生产过程。诗人做诗,就像鞋匠做鞋一样,二者都凭靠自己的技艺,生产或制作社会需要的东西。诗的另一个称谓是 mousikē(等于 mousikē technē,"缪斯的艺术";参考第一章注⑬和第五章注⑧)。柏拉图亦常用 mousikē 指诗(包括音乐,参考第五章注⑦);比较中国周代礼乐仪制中的"乐"(参见第五章注⑨)。荷马把诗人(连同先知、医者和木匠)归入"工匠"(dēmiourgoi)之列(《奥德赛》17.383—384),赫希俄德亦曾并列枚举"歌手"(aoidos,即"诗人")、"木匠"(tektōn)和"陶工"(kerameus,《农作与日子》25—26)。据 G. Nagy 教授考证,希腊词 kerdos(技艺)和古爱尔兰语中的 cerd(掌握技艺的人)同源。Kerdos 既指"技艺",亦可指"潜在的诗艺"(参考品达《伊斯弥亚颂》1.51;《普希亚颂》1.92),而 cerd 则可指各类工匠,包括诗人(*The Cambridge History of Literary Criticism* volume 1, p. 19)。

⑪ 《会饮篇》205B—C。很明显,这种意义上的诗人即为"工匠"或"诗匠"。如果说 aoidos(参考第一章注⑬)还不可避免地依附于远古的玄妙的神力,poiētēs 则已经进入自觉和按规则创作的领域。Poiētēs 是掌握技艺的能工巧匠。喜剧诗人阿里斯托芬曾不止一次地称悲剧艺术为 technē(《蛙》93,766,770 等处)。抒情诗人们也常常把诗或诗艺比作"木工"(品达《普希亚颂》3.113)和"编织"(巴库里得斯 5.9—10,19.8)。在《法律篇》里,柏拉图对诗和诗人的态度比在《国家篇》里相对宽松一些,但哲学对诗的"斗争"仍在继续。不讲政治和道德原则的诗歌仍然必须受到"禁止"。柏氏的理由很明确:诗人和制法者是规划社区生活的竞争者,同为价值观和生活观的"制作者"(poiētai,"诗人"),因此,对诗人在原则问题上的让步就意味着违背教育的宗旨,牺牲城邦的利益。符合条件的诗人可以留在国内,但他们必须和另一类"制作者"(即制法者们)密切配合,"用一个声音说话"(E. Asmis, "Plato on Poetic Creativity", in *The Cambridge Companion to Plato*, p. 338)。弗洛伊德

将诗歌等同于人的创造力,所以"从本质上来讲,人人都是诗人:只有当人类消亡时,诗人才会消失"(详见《论创造力与无意识》)。诗人政治家梭伦曾对雅典公众诵读他的名作"萨拉弥斯"——不是把它当作一篇普通的演说词,而是作为一首词序井然、结构完美的诗歌(参见 B. Gentili, Poetry and Its Public in Ancient Greece, p. 50)。

⑫ -ikē 是个表示"技艺"的后缀(如 mousikē、rhētorikē、politikē 等,参考第六章注⑭)。事实上,"灵感"(或"神赐")与"制作"是两个互相排斥的概念。"灵感"否定技艺,而"制作"则意味着充分发挥制作者的主动精神,利用掌握的技艺达到推出产品或成品的目的。做诗需要技艺(连品达也不否认这一点),而技艺也需要通过诗歌(或文学)展现自身的绚美。柏拉图的"对话"是一批精心编制的剧作(柏氏亦曾把哲学家比作是"最好的悲剧诗人"),充分显示了作者高超的构思技巧和驾轻就熟地处理内容与形式之关系的老到功力。高超的技艺使古希腊三大悲剧诗人至今受到人们的尊崇,也使萨福和品达等抒情(或竖琴)诗人的作品成为用形式服务于内容,用技艺"制约"灵感和规导诗兴的典范。内容健康和结构完美的作品(如柏拉图的《法律篇》)可以使人读后感到快慰,产生喜悦之情(详见《法律篇》7.811D—E)。

⑬ 苏格拉底:你必须了解荷马的想法,而不是仅仅满足于背出他的诗行……事实上,倘若不理解诗人的话语,吟诵者就无法胜任自己的行当,因为他必须对听众解释史诗诗人的思想,而要做到这一点,除了熟知诗人的言语外,别无他法(《伊安篇》530B—C)。

⑭ 《伊安篇》532C。伊安已掌握"单打一"的本领,换言之,他已是一位掌握某项技艺的"工作者"。但伊安只具备某些具体的知识,而没有掌握事关全局和解释普遍性的知识。对于艺术家,即便是对像伊安这样的杰出的荷马史诗吟诵者,学习仍然是一种必要。

⑮ 有规律的音程运动叫"节奏",有规律的发音(即抑扬顿挫)是为"音的强度",合二为一,形成合唱艺术(详见《法律篇》2.665A)。在公元前四世纪,对语法和语音的研究亦已形成规模,取得了阶段性成果。

⑯ 《国家篇》3.398D。比较 400A 和 D。语言可以直接表述思想,而思想或理智远比激情和感觉重要。现代哲学重视对语言的研究,福柯和哈贝马斯等人都是在语言、社会、心理和行为的边缘或交叉点上"行走"的哲学家。海德格尔则可以把语言的重要性提升到"存在之居所"的高度(F. 培根说过:人们以为他们的理性支配言语,但言语有时反而偏偏支配理性)。当然,现代哲人重视语言是为了避开"物质—精神"的老生常谈,而柏拉图对语言的重要性的强调——至少在这里——是因为语言能给人以较为明晰的"形象"(参见《法律篇》2.669E)。在公元前四世纪(即柏拉图生活的年代),演技的好坏已成为观众评判悲剧的一条标准。换言之,人们在重视台词(即语言)的同时,已把更多的注意力投向演员的表演(即演技)。

⑰ 《法律篇》3.699A—B。另两条标准是:(一)作品的内容,(二)表述的正确性(即是否正确)。参考本书第十章第 17 段。按照亚里士多德的观点,音调和节奏可以体现"顺序"(《问题》9.38.920^{b}30 以下),而"顺序"或"程序"是一种原则(《物理学》8.1. 252^{a}12—14)。

⑱ 《法律篇》2.669E。不宜用乐器摹仿野兽的叫声(2.670A)。音乐不是制作形象的理想工具。在诗乐(mousikē)领域,我们的举措"要格外谨慎"。诗人的过错会产生难以发现的严重后果,催生并形成恶劣的道德倾向(669B)。我们的诗人无法与缪斯相提并论

(669C)。没有语言参与的管箫和竖琴音乐会误导听众的想象,因而是应该予以克服的"过错"之一。当然,在《法律篇》2.699B—E里,柏拉图谈论的主要是mousikē(诗、诗乐)里的问题,而不是纯音乐。在柏拉图的《国家篇》等对话里,mousikē通常指诗乐,和我们今天所说的音乐或music不尽相同。自文艺复兴以来,西方著名文学家和艺术家们对音乐的赞美,指的大都是"没有语言"的纯音乐。贝多芬认为,音乐是比一切智慧和一切哲学更高的启示(《致贝蒂娜》);威尔逊说过,音乐是世界的共同语言(《神圣的夜晚》);罗曼·罗兰指出,音乐最能表露一个人的心思,泄漏最隐秘的思想(《约翰·克利斯朵夫》)。在叔本华和尼采看来,纯音乐可以直接表现人的意志,因而是文艺中的上品。叔本华指出,"音乐肯定不像其他艺术那样摹仿观念,而是摹仿意志本身……。这就是为什么音乐比其他艺术更加有力,更加透彻。其他艺术表现的是事物的影子,而音乐则表现事物本身。"(*Philosophies of Art and Beauty*,edited by A. Hofstadter, p. 488)纯音乐是"最强有力的艺术"(A. Schopenhuaer, *The World as Will and Idea* volume 3, p. 228)。尼采认为,纯音乐的表述功能远远优于语言;语言只能涉及表象,而纯音乐则可表现所谓的原始统一体的本质:"语言永远无法充分表现音乐的宇宙象征意义,因为音乐与原始统一体中最基本的矛盾与痛苦之间存在着象征的关系,因而也象征着一切现象之外的领域。或者说,一切现象与音乐相比,只不过是象征符号而已。因此,作为现象的符号,语言无法揭示音乐中最深奥的东西……"(*The Birth of Tragedy*,translated by WM. A. Haussmann, p. 202;以上摘引均由王天明先生译自本人用英文撰写的博士论文《从IMI到IM:一种研究作为形象制作者的文艺的新途径》中的相关引文)。柏拉图认为,节奏(rhuthmos)与音调的和谐(harmonia)是最能进入人的心魂并在里头牢牢扎根的东西(《国家篇》3.401D;参考第九章注⑫)。在近当代,一些诗人和小说家的作品(即语言)呈现出向音乐趋同或"看齐"的倾向(详见第九章注⑫)。

⑲ 《斐德罗篇》263B。从现有的资料来分析,柏拉图之前的语法学家们(包括普罗泰戈拉)似乎还没有注意到这一点。对词汇的研究将有助于清晰的概念划分。用哲学分析的眼光看待语言,是西方学人从事语言研究的一个特点。

⑳ 所以,苏格拉底把审视道德观念的知识背景看作是哲学研讨的入点。了解一个概念的所指实际上就是了解它的定义;真正可靠的知识必须建筑在对普遍性的理解上。基于这一认识,柏拉图用了多篇对话的篇幅讨论道德概念的定义问题。《欧绪弗罗篇》、《拉凯斯篇》、《卡尔米德篇》和《小希庇亚篇》直接围绕这一"中心"展开,《吕西斯篇》和《普罗泰戈拉篇》则以间接的形式反映了作者对定义的关切。知识的重要在于它是行动的指南。当然,这种知识必须经过elenchos(诘问、辩驳)的检验,必须能够反映概念本身的善好,必须冲破反知识和排拒审视的狭隘。真正的勇敢不仅仅是出于"好心",更不是"鲁莽",它是思考的产物,依附于"智慧"(phronēsis,参考《普罗泰戈拉篇》360B)。苏格拉底认为,所有的美德(aretai)都是表现phronēsis的形式(参看亚里士多德《尼各马可斯伦理学》6.1144^{b}19)。

㉑ 《斐德罗篇》262C。

㉒ 《巴门尼德篇》137C—D。

㉓ 自公元前六世纪下半叶起,荷马史诗的某些抄本已在民间(小范围)流传。在公元前五世纪,悲剧已拥有最早的读者群(参考阿里斯托芬《蛙》52;另参考《诗学》26,

1462ª17—18）。然而，即使在公元前四世纪，书面文学实际上也没有对源远流长的口头文学构成威胁。在阳光明媚的希腊，置身于一个酷爱歌舞的民族，希腊老百姓一般没有静读的习惯。古希腊人敬神、颂神，也有名目繁多的宗教节日，但是，他们没有一部权威的教规读本，没有一本成文的"圣经"。柏拉图怀疑文字和书面语言的可靠性，认为语言不能想当然地代表真理（参考第六章注⑫）。鲜活的思想存在于生机勃勃的谈论之中，而小范围内的对话（或问答）是求知的最佳途径。诗和讲演都意在谄媚听众，取悦于人，因此，无论是以口头还是书面的形式展开，都不能提供可靠的知识，也不能用于教育的目的。

㉔ 《国家篇》10.598E。

㉕ 详见《斐德罗篇》263D—264B。

㉖ 在这里，"身体"（sōma，比较 psuchē，参考第四章注④）喻指作品的中段（或正文），和下文中的 mesa（中部、中段）等义。一篇精心构思的 logos 还要有"两端"（akra），不能缺头（mēte akephalon）少脚（mēte apoun），各个部分要前后呼应（preponta allēlois），形成统一的整体（《斐德罗篇》264C4—5）。参考第十章中的有关节段。在《诗学》第七章里，亚里士多德几乎重复了柏拉图的这一观点，包括沿用了（作品的构合应像一个）"活的生物"一语。亚氏特别重视情节［他称之为悲剧的"灵魂"（psuchē）和"目的"（telos）］的连贯性，认为部分与部分之间的关系应该体现可然和必然的原则。美国当代解构主义文学评论家 J. H. 米勒在《寻求文学研究的立场》一文中主张用"讲故事"的方法释读作品，在理解的过程中促成"起始、中段、结尾和潜在的逻各斯（logos）的结合"。与之形成对比的是，在某些现代戏剧中，尤其是在贝克特和尤涅斯库等现代派剧作家的作品里，情节的"可然性"和"可信性"已不再是评判的核心内容。中国是个诗文大国，"悠悠乎文哉"；我国古代的文人也都重视作品的启承连接。元人乔吉说过："作乐府亦有法，曰凤头、猪肚、豹尾六字是也。"清人谢榛曰："凡起句当如爆竹，骤响易彻；结句当如撞钟，清音有余。"（《四溟诗话》）Logos 是个多义词，除了可指"句子"、"话语"、"故事"外，还可指"观点"、"判断"和"定义"等（参考第一章注⑧等处）。

㉗ 《斐德罗篇》265E。简洁的音乐给人以沉稳之感（详见《国家篇》3.404D—E）。暴躁、好动、性格复杂的人物比沉静、内向、思想深刻的人物好演（详阅《国家篇》10.604E—605A）。

㉘ 《智者篇》253B。Mousikos［从事缪斯艺术（mousikē）的人］亦指"诗人"和广义上的"有教养（即受过良好教育）的人"（参考第五章注⑦）。任何音调，只要由合宜的成分组成，便是好的（或正确的），否则便是不好的（或不正确的，《法律篇》2.670C）。

㉙ 详见《法律篇》3.700D—701B。在当时，观众因为种种原因而起哄闹事的现象已不属罕见。柏拉图熟知剧场里的嘘声和杂乱的喊叫声（《法律篇》3.700C 以下；《国家篇》6.492B—C）。另据雅典演说家德谟塞奈斯记载，当梅迪亚进入剧场时，观众投之以表示奚落的唏嘘声（《谴责梅迪亚》226）。罗马文人塞内卡曾提及观众要求欧里庇得斯中场停演某一部作品的传闻（详见 A. W. Pickard-Cambridge, *The Dramatic Festivals of Athens*, pp. 272—273）。

㉚ 换言之，诗人需要对诗和语言的本质有精到的理解，努力克服"知其一，不知其二"的片面，通过学习和积累掌握对作为观念的"善"的解释。

㉛ 《斐德罗篇》268C。不知天高地厚，信口开河，是"疯了"（mainetai, 268C1）的表现。这种"疯狂"不同于典型意义上的诗人的"迷狂"（mania，参见245A），前者导致自我膨胀，加深人的无知，而后者则受到神力的驱使，使人超越生活的平庸。不过，在柏拉图看来，诗人的迷狂尽管令人羡慕，却还不是mania的最佳表现形式。只有迷狂的哲学家才能自觉接受神的指引，接近"形"化的真、善、美（详见249D—E；参考注⑦）。哲学家是真正的"爱者"（erōtikos），是缪斯艺术真正的追索者和实践者（mousikos）。从这个意义上来说，柏拉图在《斐德罗篇》等"对话"里谈论的"哲学家"，实际上指的是有高深文化修养的社团精英，指的是极富想象力并有能力把想象与哲学思辨融为一体的真正的艺术家，是（柏拉图心目中）真正的诗人。关于这一点，我们将在第八章里详细讨论。柏拉图崇尚医术的"真功夫"及其体现的科学精神[这与他所宣扬的"迷狂论"构成了鲜明的对比；理性和"超理性"，或者说logos（逻各斯）和muthos（秘索思），乃柏氏治学的两件用来得心应手的"武器"]并曾反复用它来反衬讲演术的"冒牌"和虚伪（参考第六章注㉙和㉒）。

㉜ 详见《斐德罗篇》268C—D。

㉝ 同上，268D—E。在《法律篇》里，柏拉图指出，不要以为只要能和着管箫的乐声唱几句，走几步，便能够成为音调和节奏的合格的评审者——他们很可能只会跟着大伙"起哄"，而对音乐一窍不通。柏拉图认为，持这种观点（即自以为是）的人是"可笑的"（2.670B）。"了解实质"是柏拉图哲学的精髓，也是柏氏哲学思想中的一个基本内容（国内的著述家和评论家们往往忽略这一点）。当然，针对什么是实质，到底有没有实质，应该怎样理解实质与非实质等问题，自康德以来的西方哲学家们已从不同的角度作过"切入"，提出过各种各样的观点。柏拉图远没有成功解决所有的问题。谁能真正做到这一点？对诗和艺术的实质性意义，柏拉图大都从教育和道德的角度予以阐述，真正就事论事的例子不多。我们会在相关的节段和注释中提及一些虽然立意精湛但柏氏却未作深究的观点（比如，参考第八章注⑳、第九章注⑫等处）。

㉞ 《斐德罗篇》269A。

第八章　诗与哲学的"结合"

我们曾多次说过,柏拉图是一位诗人。①从孩提时代起,他就对荷马抱有好感,尊敬和爱慕这位古希腊最伟大的诗人。②柏拉图不是那种整天钻在书房里拼命"爬格子"的学究,而是一位兴趣广泛、感情丰富、想象"离奇"的议政型文人。诗的汹涌澎湃似乎奔腾在他的血管里,诗的深情呼唤似乎总是回响在他的耳际。除了哲学,他显然想象不出世界上还有什么比诗更美的"话语"。作为一位思想敏锐的哲学家,他赞慕苏格拉底对追求真理的执著;作为一位天才的诗人,他十分欣赏荷马过人的才华和诗情。他似乎从未停止过对诗与哲学的思考,似乎决心要从中悟想出某些新意,提出一些前人没有提过的见解。对诗的挚爱使他难以相信诗歌真的会成为哲学的敌人,③对诗人的经常是有意识地予以压抑的崇敬使他即使在痛斥诗人的种种"过错"之际,仍然念念不忘他们的功绩。

和他的同胞们一样,柏拉图承认早期的诗人是神的儿子;④诗人具有通神的灵性,负有传授智慧和各种美德(phronēsin te kai tēn allēn aretēn)⑤的责任。和塞满大街小巷的平头百姓不同,诗人具备影响别人的能力,他们的工作具有引导舆论的性质。诗人绝非从来不做好事;相反,他们教育百姓,活跃气氛,是希腊文化的直接传人。诗家常常讲述许多历史事实,诗和音乐有益于儿童的身心健康。⑥颂神诗和赞美诗可以提高人的伦理素质,激发人们向神明和英雄学习的热情。在《克拉底鲁篇》398 里,苏格拉底同意赫希荷德的观点,认为好人死后可以得到超常的殊荣,成为"半仙"。柏拉图重视诗人的记载,认真研读诗人的叙述,⑦常常用诗人的话语论证自己的观点,说明自己的意图。在当时(今天亦然),能够引诵诗人的话语是有文化、有教养的标志,柏拉图的诗文造诣无疑有助于他的哲学思想的传播,有助于大学问家形象的确立。不错,他相当严厉地批评过荷马的神学观,嘲笑过伊安的无知,但是,他赞美过品达,欣赏喜剧诗人厄庇卡尔摩斯(Epicharmos)⑧的卓绝才华。他说过"绚美的萨福"和"聪明的阿那克瑞昂"(《斐德罗篇》235C)等充满诗意的短语,带着赞同的心情信手摘引过埃斯库罗斯、索福克勒斯和欧里庇得斯的诗行。相比之下,智者和演说家们却较少提及诗人,尽管他们也和诗人一样,都是面向公众的述诵者。柏拉图批评诗人,但也赞美诗人。他对诗和诗人的态度因需而异,因景或语境而异。

在柏拉图心中,荷马始终占有特殊的位置。荷马既是他最"恨",又是他最常提及的诗人。他对诗人的批评,严厉莫过于对荷马的指责;然而,他对诗人的赞褒,盛誉亦莫过于对荷马的称颂。是荷马生活的简朴时代诱发了他的怀古之情?是荷马传奇般的经历使他心向往之?是荷马的双目失明和不算讲究的衣着引起了他的怜悯?不,这一切都不是柏拉图赞美荷马的原因。柏氏欣赏荷马的诗才,佩服他对诗意的深刻理解,赞赏他对诗歌艺术的全身心的奉献。在许多方面,正如亚里士多德在《诗学》里指出的那样,荷马是"无与伦比的"奇才。口气严厉的批评并没有消解柏拉图对荷马的崇敬之情。"你的行当(technē)要求你穿得漂漂亮亮地上场,打扮得尽可能俊美潇洒",苏格拉底对伊安说道,"与此同时,你必须和许多出色的诗人'对话',尤其是与荷马(malista en Homēriō),诗人中最杰出和最神圣的一位"。⑨荷马是悲剧诗人的启蒙教师(prōtos didaskalos),是悲剧美的第一位"开创者"。⑩《国家篇》10.607A称荷马最富诗的意识(poiētikōtaton),是第一位悲剧诗人

(prōton tōn tragōidopoiōn)。《法律篇》6.776E 从另一个侧面表述了柏拉图对荷马的颂扬,即通过"雅典人"之口,承认荷马是最有智慧(sophōtatos)的天才。当然,赞颂荷马不等于赞颂诗人,但荷马是古代诗人的代表,柏拉图肯定知道这一点。只要需要,柏拉图可以随心所欲地引用荷马(的诗行)。[11]很明显,和当时的许多"知识分子"一样,他熟记了荷马史诗中的许多诗行;事实上,关于荷马史诗及悲剧的知识构成了他深厚的诗文功底。从荷马和悲剧诗人那里,柏拉图似乎汲取了某种难以抑制的激情,这种激情既是驱使他研究哲学的动力,又是促使他批评和责斥诗人的原因之一。柏拉图明显地感悟到诗和哲学有着某种相通之处,它们在某些重要方面似乎表现出令人鼓舞的共性。诗和哲学都以各自的方式表现人对世界的总体认识,表现人的最原始,然而也是最基本的企求;诗人和哲学家都具有一般民众所没有的极其细微的感察力,都是受到社会重视、深受民众欢迎的人。古代的博学者中不少人懂诗,有的还用诗体写作(诗的产生早于散文)。柏拉图有时用mousikos(音乐家、诗人,从事缪斯艺术的人)指称哲学家。英语词music(音乐)和museum(博物馆)都源出希腊词Mousa(缪斯)。缪斯是诗乐和知识的象征。在《克拉底鲁篇》406A 里,柏拉图似乎打算从词义学的角度出发解释"缪斯"(Mousai,单数 Mousa)的来源,认为缪斯姑娘们之所以得取这个名字,是因为她们从事了对广义上的哲学或学问的探索(mōsthai)的缘故。[12]《斐德罗篇》259D 把哲学家的工作和生活看作是对缪斯姐妹中最年长的两位,即卡莉娥佩和乌拉尼娅的尊崇,因为她们讴歌的主题是天体和所有关于神和人的故事,她们的诗歌是最崇高的乐章。和人间不同,神界没有哲学家,因为"不死的"神明往往高瞻远瞩,无须哲学家的开导。然而,神界需要欢乐,需要充满睿智的谈讨。于是,他们中出现了通古博今、嗓音甜美的缪斯,出现了谙熟音乐、崇尚理性的阿波罗。凡人不可奢望神的生活。但是,在柏拉图看来,他们应该学习神明,完成哲理与诗乐的结合。

我们知道,柏拉图是一位擅喜划分的哲学家。在《斐德罗篇》248D里,他按掌握真理的多寡把人分作九等。第一等是掌握真理最多的凡人中的精英,他(们)是典型意义上的聪明人,享受过最幸福的生活,柏拉图称之为哲学家或"热爱智慧的人"(philosophos),"爱美的人"(philokalos),称之为诗人或"缪斯的追随者"(mousikos),称之为"爱者"或"爱恋者"(erōtikos)。第二等是守法的王者或军事长官,第三等是政治家或商贾,第四等是运动员、训练者或医生,第五等是卜占或祭司(mantikos bios ē telestikos),第六等是诗者或其他摹仿艺术家(hektēi poiētikos hē tōn peri mimēsin tis allos harmosei),[13]第七等是工匠和农人,第八等是智者或蛊惑人心的政客,第九等是柏拉图和希腊人痛恨的暴君。哲学家既然是爱美的人,就不会对生活中的五彩缤纷视若无睹;哲学家既是"缪斯的追随者",就不会对缪斯的艺术(mousikē,"诗","音乐")一窍不通。事实上,按照柏拉图的见解,"缪斯的追随者"不仅是最好的哲学家,而且也是最好的诗人。当然,在上面这段话里,柏拉图区分了 mousikos 和一般意义上的 poiētikos,拉开了二者间的"档次",区分了天才的创作者和一般意义上的、平庸的摹仿艺术家。如果说一般人很难身兼两任,但对于人中的佼杰,最好的哲学家和最好的诗人却并不构成矛盾。重要的是自觉接受"爱"的启迪,认真研习缪斯的艺术,成为缪斯钟爱的凡人。

运动、节奏、对称、平衡等是古希腊人十分重视的基本概念。包括悲剧、雕塑在内的古希腊艺术中的精品一般都能较好地体现这些原则。我们只要哪怕是粗略地浏览一下庄严的雅典娜神庙和米伦的"投掷者",便可实实在在地领悟到那种属于古希腊艺术的不可抗拒的美感。一般说来,柏拉图告诉我们,动物不具备体察运动中的顺序或混乱(即无顺序)的能力,感受不到我们称之为节奏和音调这样的东西。

但是,就人而言,在狂欢中,你我现在谈论的神明……给了我们这种能力,使我们得以体察和欣赏节奏与音调;通过这种感觉,他们驱使我们行动,担当我们歌队的引导。用歌与舞的绳索,他们把我们牵绑在一起,并以由此产生的喜悦(chara)很自然地命名我们的歌队……难道我们不应如此设想,缪斯和阿波罗给了我们最初的教育?[14]

在柏拉图看来,没有受过合唱训练的人不算受过正规的教育,因而是"没有受过教育的人";反之,一个受过教育的人,应该是歌唱的好手,舞蹈的行家。以"雅典人"的身份,柏拉图进一步指出:对此,我们是否应该加上某种限定,即认为只有"唱'好'歌的和跳'好'舞的公民"才是真正受过良好教育的人。[15]

在这里,柏拉图似乎有意识地淡化了诗人和哲学家之间的界线,主张参加歌队是接受教育的一个基本形式;民众的启蒙教师此时已不再是人们公认的荷马或赫希荷德,而是缪斯和阿波罗。显然,这是一种充满诗意的提法,因为缪斯和阿波罗不会真的从奥林波斯山上下来,充当歌队的教练。缪斯不仅激发人们诗的想象,而且还促使人们从事包含哲学意义的探索。凡人有自身的难以彻底克服的局限,他们对过去和将来的所知不能与神灵相比。凡人的成功不可能是绝对和彻底的。哲学不能解答所有的问题,只有与诗的结合才能使它克服本身带有的"确定"一切的倾向,给不懈的探索留下余地。凡人不应辜负神的希望,应该用神赐的诗歌赞颂神的光荣,以神赐的睿智解答生活中的疑难。柏拉图知道,理性的思考终将穷竭人的智慧,凡人或许总有一天会面临无法解释许多事情或现象的严酷现实。然而,聪明的人类不会乖乖地放弃属于自己的最基本的权利,那就是永无止境的求索。人的睿智不仅在于不怕穷尽理性思考的极限,而且还在于决心先于理性思考的穷竭之前,在理性与非理性或准理性的交接之处开辟出一片衔接的地域,从而使人们能在一个以理性思考设计出来的非理性或非科学的"乐园"里享受思辨的最后成果,保存人的最后一点(然而也是永久的)尊严。由此,我们想到宗教和形而上学的产生,想到教会和各种唯心主义思潮在今天的西方世界仍然拥有的巨大影响。不过,"乐园"不是柏拉图的原话,虽然他本人实际上已是这片地域的一位重要的开拓者。在这片神奇的"乐土"上,柏拉图的 erōs(爱)或关于"爱"的理论充当着实际上的"主人"的角色。按照柏拉图的观点,虽然低层次上的爱或爱欲主要针对可感知的世界和人体,但真正的爱慕或爱恋之情不会长期停留在这一阶段。自觉的爱者(如苏格拉底)会把对物质(包括人体)美的爱慕转变或升华为对精神美的追求。他会纯炼爱的成分,提高爱的质量,实现爱的企愿。在柏拉图看来,纯正的"爱"是个超越或(当它处于最佳工作状态时)高于一般意义上的理性的存在。典型意义上的爱者常常不受一般意义上或世俗化的理性的制约:他凭借对神的信念和高层次上的直觉感知,凭借自己的聪明才智和神的助佑,对事物作出超常的判断,对生活进行超脱尘世的理解,使人对自己和大自然的认识在一种掺和着智慧和朦胧的境况中(所谓恍兮惚兮,窈兮冥兮——老子语)达到理想化的统一。这是一种典型的宗教精神。所以,"爱者"(或"爱恋者")有时会处于极其激动和亢奋的心态,世俗的观念和标准此时已不再是他考虑问题的基点。用苏格拉底的话来说,爱是一种迷狂(mania)。⑯迷狂使人癫狂,也使人进入灵感的最佳发挥状态,是使人感到"通神"的美好瞬间。

《斐德罗篇》区分了两种迷狂,一种系由身体本身的病变引发,另一种则由神的干预所致。"最好的祝福来自神赐的迷狂"(ta megista tōn agathōn ēmin gignetai dia manias)。⑰在第二种迷狂中,苏格拉底进而区分出四个类型,即(一)占卜中的迷狂,其主导之神是阿波罗;(二)祭祀或秘仪中的迷狂,其主导之神是狄俄尼索斯;(三)诗言中的迷狂,其催发者是缪斯姐妹(apo Mousōn katokōchē te kai mania);[18](四)爱恋中(或哲学家)的迷狂,其催发者是阿芙罗底忒和厄罗丝(爱神)。[19]对于诗人,迷狂不仅是一种通神的心态,而且是使他们出类拔萃的一个重要"外因"(即"外来之因")。在柏拉图看来,死守教条、小心翼翼的安分守己者写不出好诗,因为放荡的诗文不会长期受锢于狭小的心魂。平庸者死死抱住不可须臾离失的技艺——如果我们愿意把品达的观点稍作引申——就像死死抱住手中的饭碗,而佼佼者则在神赐的迷狂中漫游诗的海洋,像翱翔在鸡群之上的雄鹰,独领诗的风骚。罗马诗人贺拉斯说过,对于一位癫狂者人们只能作出两种解释:要么疯了,要么正在做诗。作为哲学家,柏拉图没有诗篇传世;然而,作为一位学识渊博的文论家,他写过许多充满诗意的段子。也许,这是诗与哲学结合的一种表现;也许,这是最好的诗人应该做出的奉献。在论及诗与迷狂之关系时,柏拉图所用的完全是一位一流诗人的口吻:

> 诗的迷狂抓住了一颗鲜嫩、纯净的心灵,通过歌和其他形式的诗体构合,促使它产生狂热的激情(ekbakcheuousa),以充沛的精力唱颂古人无数善好的行迹。然而,倘若有人走向诗的门槛,没有缪斯致送的迷狂,自信可以成为出色的诗人,仅凭已经掌握的技艺,那么此君只能站等诗门之外(atelēs),因为清醒者的工作只能无例外地处于迷狂者的创作和努力的阴影之中。[20]

在柏拉图看来,迷狂是通神的标志,而能够通神又是有灵性和有作为者的"专利"。优秀的诗人和艺术家不能仅仅满足于所掌握的技艺,因为技艺只能指导通行的"做法",而不能使人出类拔萃。很明显,这位"灵感论"专家和公认的理性主义者并不认为头脑清醒永远是一件好事;当神赐的迷狂使人处于精神恍惚的状态时,他们便可能产生超乎寻常的艺术感觉。苏格拉底常常感悟到某种神灵或神力的出现,在当时,这是可以理解并被人们接受的事情。即使在今天,我们还会听到文艺家们做出诸如此类的表述,把内心深处的奇妙感觉归之于神的显灵。在重要的《斐德罗篇》里,当斐德罗称赞苏格拉底在那天的谈话中表现出"超乎寻常的辩才"时,这位穿着随便,但却十分虔诚的神学哲学家答道(238C—D):

> 毫无疑问,这里有神的显灵。所以,你可不要为之大惊小怪,倘若随着探讨的深入,我会变成着魔的怪人。事实上,我的谈话几乎已和酒神颂相差无几。

稍后,苏格拉底又半真半假地指出,他讲话的风格已从酒神颂的迷狂掉入了史诗的旋涡。"难道你没有看出",他对斐德罗问道,"我将被女仙的魔力缠住,而你却故意把我摔向她们的手中?"[21]为了使斐德罗高兴,苏格拉底承认,他的某些话语用了诗的风格(poiētikois)。[22]他恳求神明不要夺走他爱者的才能,不要枯竭他心中爱的源泉。在《会饮篇》里,就连阿基比阿德也看出了苏格拉底的哲学狂热,那种"巴科斯式的迷狂"。[23]对诗和哲学的挚爱使柏拉图产生了对作为求知之核心的"爱"的强烈兴趣,因为只有"爱"才能通连诗和哲学,只有 mousikos 才能用诗一般的激扬文字写出形式瑰美、内容精湛的词篇。显然,"爱"的迷狂曾经几度主导过柏拉图的思维。如果说孟子主张"爱人",柏拉图则把"爱"当作一位神明。西方人擅长把感觉变成动力的传统,使柏拉图拥有了更大的活动空间。爱既是人的感觉,又是驱使感觉的神力。功力老到的《会饮篇》不加掩饰地端出了作者对"爱"的真实见解:

> "爱"是这样的聪颖,本身就是一位出色的诗人(poiētēs),能在人们的心里点燃诗的火花。无论多么呆板迟钝,我们中的每一位都是诗人,只要此君置身爱河之中……"爱"是一位诗人(hē Erōs poiētēs),精通每一种包含创制的艺术(kata mousikēn)。[24]

由此可见,并非每一位诗人都是两度(或三度)离异于真理的卑劣的摹仿者,至少 Erōs 就不在此列。应该指出的是,我们切莫把柏拉图对迷狂(mania)的推崇态度和他一贯尊重知识的立场对立起来。虽然在某些场合或语境中强调了 mania 的重要,但他从未明述或暗示过这样的假设,即要人们相信他怀藏用迷狂取代或贬低知识的企图。很明显,人不可能总是处于迷狂状态,却可以总是处于有知识的状态。柏拉图认为,"爱"是四种迷狂中最好的一种,因为真正的 erōtikos(爱者,即哲学家)通常掌握知识,[25]而有知识的人(包括爱者)的生活是最充实的生活。"爱"不仅不会排斥知识,而且还会欢迎知识的参与,因为知识有助于使人把握"爱"的真谛,使人在追求和实践"爱"的过程中不致迷失方向。没有哲学支撑的诗歌是没有爱与洞悉的文字的堆砌,而排斥知识的文字只能误导人的思考。诗歌必须包含丰富的知识内涵,必须使人们相信,除了给人愉悦以外,诗使人增长知识,开阔心胸,热爱生活。在《斐德罗篇》的结尾部分,苏格拉底请斐德罗转送一条来自缪斯的信息:给荷马和其他诗人,给梭伦和其他立法者,给鲁西亚(Lusias)和其他讲稿撰写人——倘若他们知晓真理,指出自己的作品是无用的废物,那么他们就可获得"哲学家"的美名,以取代原有的称呼,即诗人、立法者和讲稿撰写人。[26]在所有的文字工作者(包括诗人、演说家、修辞学家、政治家、历史学家和讲稿撰写人等)中,哲学家是最能挖掘语言的潜力,最能使其扬长避短的群体。所以,在柏拉图看来,诗人应该尽量向哲学靠拢,学习哲学家看察问题的方法,分析问题的能力。诗人应该争取掌握,至少应该理解辩析的本领,把语言的魅力用于对"真形"(eidos)美的昭示。㉗当然,柏拉图知道,诗者中的大部分人或许做不到这一点。但是,他们至少应该表现出争求上进的希愿,以虚心的态度向哲学家学习。有没有愿望是一回事,能不能做到是另一回事。关键在于努力学习,力争习得较多的知识,成为尊重科学、积极进取的热心人。柏拉图指出,除非真正理解节制、勇敢、自由和崇高以及与之相关和对立的概念,换言之,除非把握了上述概念的确切含义而不是简单和具体的表现形式,人们将不能指望成为真正的 mousikoi,"无论是我们,还是我们致力于教育的卫士们"(或城邦的保卫者们)。㉘人不是神,所以都要接受教育,都要注重肉体和心魂的磨炼。完整的美应该是心灵的善好与肉体美的统一,真正的 mousikoi 会爱慕由此产生的和谐。Mousikoi 不会热爱有欠缺的心灵(心魂是为人的根本,它的重要性肉体无法比及);但是,对于身体,即便有一点缺陷,他们仍会献出自己的厚爱。㉙缪斯会调节人们的行为,培养人的正向发展的道德观。人的完善需要依靠内、外两个主动性,而诗的"触动"属于外来的动力。诗歌可以给人快感,可以愉悦人的心灵,柏拉图并不反对这一点。但是,这种短暂的快感或"幸福"不应麻木或扼杀心魂的活力,不应转移人们的视线,模糊对真理的察辨。适度的克制可以使人获得长久的快感,而一时的冲动可能使人坠入痛苦的深渊。快感有短暂和持续之分;追求持续的欢乐符合人的根本利益。当缪斯姑娘们通过语言传送意旨,真正纯妙的快感便会随之而来。各种形式的节奏与音乐可以"纠正"心魂的缺陷,平抚其中的紊乱,使它按照缪斯的意愿,找回失去的和谐。㉚吃、喝、性(或产生后代的愿望)是人的三大本能,防止过度的办法是动用"恐惧"、"法律"和"说理"三件法宝。缪斯和神明会使人们的努力得以实现。㉛诗人要看到自己的局限,不仅歌颂缪斯,而且学习缪斯的本领,不断向真理靠拢,献身于缪斯的艺术(mousikē),成为缪斯喜爱的"随从"。凭借"爱"的指引和缪斯姑娘的助佑,诗人和雄辩家们可以切实把握交流的目的,抓住语言的实质,打动读者和听众的心灵。高明的讲演者不能说一套,做一套;言行不一会使人恼怒,使人产生反感。拉凯斯的此番话语无疑贴切和忠实地传送了柏拉图的心声:

> 当我聆听别人讲述美德或其他形式的智慧,而此君确是讲授这一课题的合格人选,其时,我会高兴万分,我会比较其人和他的话语,发现其间的对应与和谐。我认为,这样的人是真正的音乐家(mousikos),比竖琴更能表现美好的和谐。在他的生活中,言行已经达到真正的统一,不是用伊俄尼亚,也不是用弗鲁吉亚或鲁底亚音调,而是用正宗的赫勒尼卡,即多里斯音调。此君的话音使我心旷神怡;我边听边想,觉得自己是一位谈论的爱好者(philologos)——我是那样热切地吞下了他的话语。但是,一个言行不一的人会使我恼怒,他讲得越好,我就越发恨他。这时,我又会变成一位谈论的恨恼者(misologos)。㉒

行为高尚者的话语比竖琴弹奏的声音更为美好,这样的人是名副其实的mousikoi。真正的音乐家不仅要精通音调,而且要注意言行的一致,用自己的人品吸引听众。只要使用得当,语言可以产生奇特的功效,给人以难忘的印象。在柏拉图以前,人们也谈论语言的魅力,但谁也没有像他那样予以刻意和多方面、多层次的强调。诗人们没有理由不重视语言。阿基比阿德承认,他听过许多著名演说家(包括伯里克利)的讲演,但他们从未真正打动过他的心灵,使他认识到自己的浅薄。唯有苏格拉底,这位"末世马尔苏阿斯"的话语,使他幡然醒悟,肉跳心惊:

你和马尔苏阿斯的唯一区别,就在于你能取得同样的效果而无须动用任何乐器——啥也不用,仅凭几句简单的话语……当旁听别人谈话,不管他多么雄辩,我们根本不把它当作一回事情。但是,当我们听你谈说,或听别人转述你的话语,哪怕他做得糟糕透顶……我们就会变得压根儿站立不稳,就像着魔一般。就说我吧……听了他的叙述,我大吃一惊,害怕至极,比任何科鲁邦特都更难以自制,我的心跳到了喉头,眼里泪水汪汪……㉝

在这段话里,阿基比阿德把苏格拉底比作传说中的"山野歌魔";在他看来,苏氏似乎成功地促成了诗(或语言)与哲学的"合作"。当然,这种合作无须公开宣布,比如发表一个"宣言"。

诗与哲学的结合可以创造奇迹,柏拉图的用心就在于此。在他看来,诗与哲学的合作并非完全没有可能。事实上,苏格拉底已经做出了榜样,虽然他的交际工具并不是音步工整的格律文。我们说过,在古希腊,缪斯既是诗歌之神,又是哲学探索的倡导者。在实际生活中,柏拉图本人是一位著名的哲学家兼诗人(亚里士多德也颇具诗才,尚有短诗传世)。此外,卡尔米德,如果我们可以相信克里提亚的话,亦是一位哲学家和"不错的诗人",不仅"他自己这么认为",而且也是"许多人的看法"。㉞诗和哲学并不是天生的对手。相反,从某种意义上来说,最早的诗歌是哲学的摇篮。在西方,就成文之作而言,诗歌的产生无疑早于哲学。荷马史诗不仅是西方力能哲学的源头[荷马区分了命运(力)、神力、自然力和人力],而且是西方伦理学的始祖。《奥德赛》告诫人们不仅应该善,而且应该凭借善好的愿望奋力拼搏。恩培多克勒曾用诗体写过《净化》,巴门尼德的《论自然》是典型意义上的诗体哲学,柏拉图无疑知晓这一切。但是,用诗文撰写哲学著作似乎不是或不完全是他心目中的诗与哲学的通连。用诗体撰写哲学著作,写好了固然很好,写坏了则会损害哲学的名誉。柏拉图从未要求人们(包括他的学生)用诗体表述哲学观点;他想看到的是诗与哲学在文字表达的深层上的融会。换言之,他不认为诗与哲学在形式上的联合是一件重要的事情(这件事前人已经做了),而二者在实质上的连接和内容上的互补才是他真正关心的问题。

所以,一方面,诗可以从哲学那里学到知识,增强表现的力度,打动读者或听众的心灵,这一点我们已在上文中作了说明。另一方面,哲学亦应适度借用诗的叙事方法和修辞手段(而不是诗的格律形式),以便更好地达到弘扬学术、开发心智和教育民众的目的。"我用了一个特别的明喻",阿基比阿德振振有词地说道,"不是因为它好玩,而是因为这是真理"。㉟柏拉图"对话"采用了戏剧化的表达形式,通过对场景的描述和人物的交谈,使读者能够设身处地,产生如临其境、如闻其声的感觉。《伊安篇》、《斐多篇》和《会饮篇》等"对话"已被公认为是构思巧妙、脍炙人口的剧作。㊱比起《椅子》、《饥渴》、《等待戈多》等现代戏剧,柏拉图的"对话"不仅情节远为生动,而且笔调也更富典雅的诗文色彩。从当今的国内外报纸上我们常常可以读到一些观众来信一类的短文,抱怨有的戏剧、电影和文学作品看后让人觉得枯燥无味,内容不知所云。然而,这不是大多数人对柏拉图著作的评价;很少有人对柏氏的构思技巧、文采和深入浅出的叙事方式表示怀疑。㊲事实上,早在公元前四世纪,亚里士多德已把索弗荣和塞那尔库斯的拟剧以及"苏格拉底对话"当作一种文学体裁,只是还没有一个"共同的称谓"。㊳

柏拉图酷爱文学,喜欢引用和编造故事,以象征和借喻的方式表达用抽象的哲学语言无法或难以表述的意思。在《斐多篇》里,苏格拉底告诉我们:当诵完了对神的颂词,他顿时想到,一个诗人(poiētēs),如果想做到名副其实,就应使用凭借想象产生的题材(poien muthous),而不是采用叙述性的文字(ou logous,61B)。换言之,诗人应该"讲故事",

而不是平铺直叙地"摆道理"。柏拉图讨厌装腔作势,故弄玄虚。从他的著述中可以看出,他常常不把真理当作是很抽象的东西,因为最深奥的道理有时只是最简单的知识图形。就连 idea 也有它的形象化的一面:人们通过对桌子的观察理解它的"真形"。柏拉图显然没有也不想解开古来有之的"神话"情结,因为正是这些朦朦胧胧的东西包含着无穷的智慧,拨动着人们的心弦。并非每一个人都喜欢抽象的哲学说教,但所有的人都爱听故事,喜欢从远古的如烟往事中寻找初朴,然而却是颠扑不破的真理。所以,柏拉图说过"金属的寓言",[39]讲过"阿特兰提斯的故事",[40]写过"坛罐的传说"。[41]在许多人看来,此类故事纯属谎言,不足为信,但在柏拉图眼里,这些却是"真的",[42]因为它们包含深刻的内容,用形象的方式讲述了真理。诸如此类的故事,克里提亚问苏格拉底,是否足以达到开发雅典人的心智,使他们了解过去的目的?"抑或,我们还要用别的什么方式来取而代之?"苏格拉底毫不犹豫地反问道:还有什么别的叙述比这更适合于祭神的庆典?不用这个,我们还能有什么别的选择?这不是虚构的故事(mē muthon),而是可信的事实(all' alēthinon logon)。[43]由此,熟悉中国典籍的读者或许会联想到《庄子·秋水》里河伯与北海的问答,并进而从比较文学或文化的角度对此进行深入的探研。

　　诗和哲学某种程度上的"配合"给柏拉图关心的语言艺术带来了蓬勃的生机。语言可以接受升华,可以讲述含义深刻的道理。富有诗意的"哲学论谈"将最大限度地发挥语言揭示真理的潜力。在柏拉图生活的年代,哲学已从"天上回到人间",人的幸福与否已成为哲学家们关心的热点。人学的中心是政治哲学(即关于城邦的管理和建设的学问与实践),而政治哲学的中心是各种配套法规的建立。因此,最好的哲学家同时也是或应该是最优秀的立法者,最好的学问家同时也是或应该是出色的城邦事务的活动家。古希腊人重视理论的运用,即便是柏拉图设计的包含严重空想成分的"理想国"也有它连接现实的一面。事实上,柏拉图有时把它当作国家的典范(尼采也许会有所保留地赞同这一观点),当作国家应该仿效的模式,是比现有的国家(或城邦)更像国家的典范式存在。比起托马斯·莫尔的乌托邦或陶渊明式的"世外桃源"来,柏拉图的理想国不仅纵深更为宽广,而且铺垫更为严密,更具"试用"的价值。㉞我们知道,柏拉图曾三赴苏拉库赛,不遗余力地培养想象中的"哲学王子",而亚里士多德亦曾继承了梭伦的传统,为家乡斯塔吉拉立法。有趣的是,中国古代的著名学者中,很少有人直接参与立法。孔子和孟子都不是立法者,但孔子当过鲁国的司寇,即"公安部长",是一位执法者。以为哲学是不敷实用的夸夸其谈,以为学问只是空洞的、与实践无关的抽象知识,这不是柏拉图和大多数希腊哲学家的观点。

如果说柏拉图的本体论包含较多的中性成分,他的诗学思想则带有明显的倾向性。在他看来,诗歌不为政治服务是不可思议的。诗与哲学的结合不是为了凸显诗的本体性质,而是为了维护城邦的利益。语言应该服务于城邦的法制建设,包括诗歌、政治演说在内的各类语言形式都应围绕这个中心展开。"如果我们能够找到一种比合唱和公演的戏剧更好的音乐",年迈的柏拉图写道,"我们将把它交给那些人去处理,他们,正如我们说过的那样,急切地希望参与最高尚的诗乐的谱写"(《法律篇》2.667A—B)。立法者应该参与社会的文学活动,应该成为主导(广义上的)文学发展的力量。难道我们只是一味关注别人的写作,柏拉图问道,比如只是关注诗人和其他写过作品的人们,无论是散文还是诗歌,只让他们说三道四,针对公众的生活,而对法典制定者的工作不闻不问?难道立法者不是公民们应该特别尊敬的人杰?柏拉图似乎有感于社会对诗人、演员和演说家的过分重视,而相对贬低了哲学家或学问家,亦即有知识的立法者或法典制定者的工作:

不用说，我们不能以为，在所有的作者中，唯有法典制定者无权针对高尚、善好和正义提出见解和忠告，无权教授这些概念的含义，以及告诉那些想过幸福生活的人们，如何培养和塑造这些品质。[45]

柏拉图似乎预见到日后各种"法典"将越来越受到重视的前景（比如摩西的"十诫"等），把此类著述的重要性"提升"到了前所未有的高度。如果说荷马和图泰俄斯（Turtaios）设定了不好的生活准则，鲁库耳戈斯（Lukurgos）或梭伦的立法，即使不至尽善尽美，却有着正面的实用价值。城邦的法规著述是所有成文的著作中最好和最出色的样板，其他作品形式要么效法于它，要么——倘若自行其是——成为受人鄙视的破烂。[46]诗歌时而赞褒，时而贬薄，演说家们众口不一，意见纷呈，还有那种街头巷尾的评说争论，更是天南地北，信口胡说。民主不等于放任自流。当今美国式的民主，柏拉图或许会说，降低了教育的标准，削弱了政府的职责。人有滥用民主和权力的天然倾向。所以，社会需要一种主导的意见，一种仲裁的力量；它需要一批睿智的人们，一批明判是非的权威。这种仲裁的力量便是有关国家和法的著述，这批明判是非的权威便是公正无私的哲学家。[47]

对哲学的挚爱使柏拉图毅然中断了诗人的生涯。但是，这位富家子弟是一位极具诗人气质的哲学家，自我克制和压抑终究不能完全打消他对诗的爱好。他似乎不想仅仅满足于哲学家的称谓；在内心深处，他似乎一直认为自己仍然是一位诗人（或真正的诗人，mousikos）。一位真正的哲学家应该懂诗。当然，柏拉图不会不知道诗的特征之一是格律，[48]换言之，诗必须用格律文写成。[49]但是，我们注意到，深谙乐理的柏拉图不仅没有写过一篇专论门类繁多的诗格的对话，而且在论及诗歌时，也常常避而不谈诗的格律问题。很明显，在他看来，作为一种制作艺术（poiēsis），诗的首要任务不是拘泥于这种或那种形式，而是用文句优美的辞篇教育民众,尤其是儿童,使之成为具有高度政治意识和稳妥道德观念的自由人。真正的好诗不仅应该给人美的享受,而且应该表现人的睿智、责任感和求索精神。值得一提的是,在《诗学》里,亚里士多德虽然多次提及诗或格律文(metron)与散文(logos)的区别,但却把"摹仿"(mimēsis)当作甄别诗与历史(historia)的主要特征。谈论诗歌并不一定总得和格律联系起来,这在当时或许是个一般人可以接受的观点。所以,正像苏格拉底尽管没有毕生从政,但却是"最好的政治家"一样,"苏格拉底对话"尽管没有采用格律文的形式,却是柏拉图心目中最好或"最适合于青少年的"诗篇。本来,柏拉图完全可以通过别的方式,用别的词汇来突出"对话"的哲学性和文学品位,但是,天生的诗人气质使他不愿承认"对话"是诗或广义上的诗文以外的东西。没有诗歌,语言将难以展示极致的绚美;没有诗歌,哲学也会在照料人的心魂和超越自身的规范性过强的缺陷时感到力不从心。完美的人生不能没有诗的参与,传世的文章不能没有诗意。柏拉图是固执的,而且也会有咄咄逼人的时候。根据他的某些言论推断,读者或许会认为,将哲学论述称之为"诗"似乎是一种降格的处理(诗比不上哲学的"档次",这是包括《国家篇》在内的多篇"对话"谈及的内容),但诗才横溢的柏拉图有时却不这么认为。在《法律篇》第七卷里,柏拉图把包括他自己在内的哲学家们比作最好和最出色的悲剧诗人:

> 我们自己便是一出最好和最完美的悲剧的作家(poiētai)。事实上,我们关于全部城邦事务的规划是对一种最高尚和美满的生活的摹仿(mimēsis);在我们看来,这才是最真实的悲剧。所以,你们是诗人,我们也是诗人(poiētai de kai hēmeis esmen),风格相同。你们与我们是竞争的对手,竞争中的艺术家和演员……不要妄想我们会随随便便地同意你们在市场上挨着我们搭建戏台,借用演员悦

耳的嗓门压倒我们的声音,对着孩子和女人散布陈腐的言论……去吧,温柔的缪斯的后人,先去试试你们的段子,当着行政首脑的脸面,和我们的作一番比较。如果你们的诵说和我们的一样或比我们的更好,我们将答应给你们歌队;但如果事实不是这样,我的朋友们,我们将难以从命。(50)

哲学家有义务为人民的生活设计某种健康的模式(paradeigma),表述智慧的言谈和精美的诗篇一样有利于对青少年的教育:

> 事实上,我还是抓住了某种形式。回顾你我从天明谈到现在的这番话语,我确实相信我们受到了某种神力的指引。在我看来,我们的谈话正像一种诗篇(poiēsei)……是的,当我审视此番结构紧凑的话语,心中感受到极大的欢悦,因为在我所听过或接触过的作品中,无论是诗还是散文,这是最令人满意和最适合于青少年的。(51)

柏拉图把青少年作为教育的重点,因为他们代表城邦的明天。和孔夫子一样,柏拉图是一位有远见的、身体力行的教育家。当然,在这两段引文中,尤其是在第二段文字里,柏拉图用了比喻的手法——他不会荒唐到把"对话"当作是传统意义上的诗歌。(52)柏拉图的意思是想把自己的作品(或哲学论著,即"对话")当作包括文学、哲学著述和政治演说在内的成文之作的典范。至少,在他看来,"对话"具有这方面的潜力。柏拉图不会怀疑"对话"的哲学价值,但同时也坚信,这些苦心撰写的篇章亦是最好的文字精品。柏拉图不愿把话说得太白,他要留出一点余地,让人们用想象来充填。然而,不管怎么说,柏拉图把哲学与诗的抗争改造成"诗"与"诗"的抗争的做法本身,即在一定程度上肯定了诗的作用,间接地表明了它的巨大潜力。应该看到,泛谈诗文的做法，在柏拉图生活的年代远比今天更能得到人们的理解。我们不应忘记，在那个时候，古希腊语里还没有专用的"文学"一词。我们要带着理解的心情看待柏拉图的比喻以及某些含糊其辞的说法，通过认真的分辨来清除时间、文化背景和大学问家洒脱的笔调设置的疑难。然而，尽管如此，柏拉图的疏忽仍然是显而易见的，而其中最大的问题便是忽略了思考的连贯性和立论的一致性。柏拉图把"跨学科"当作儿戏，把"泛谈"当作有学问的标志。我们注意到，柏氏是在一种没有明确定义和严格的种属划分（比如诗是一种什么样的"制作"）的前提下讨论诗和诗与哲学问题的。这种方法有利于开辟新的研究范域或扩大命题的评述范围，触发人们的想象；它的弊端是容易造成概念的混乱，增大理解的困难，甚至使不太细心的读者产生误解，坠入五里雾中。事实上，柏拉图从未正面解释过诗的全部区别性特征，也从未明确地告诉过我们，诗和哲学著作的撰写在方法和内容的编排上可以和应该有什么不同（当然，即使在当代，人们对诗歌也可以有广义与狭义的理解；[53]至于比喻，比如把某人的某部小说比作诗篇，则是更常见的事情）。在具有奇妙想象力的柏拉图那里，严格的限定有时是必须遵循和贯彻到底的方法，有时则似乎是可以松动和无须十分重视的点缀，有时甚至可以不予理睬。此外，他似乎还过多地论及和求助于缪斯，尽管在古希腊人看来，承认神的作用和承认人的智能局限有时只是同一层意思的两种不同的表述形式而已。这些或许是柏拉图的"长处"。但是，正如对任何严谨的著述者来说这些都是应该尽量避免的做法一样，也是他的"短处"。

诗与哲学的结合是柏拉图隐而不宣的心愿。[54]在西方人文发展史上，是柏拉图第一次把这一类"愿望"纳入了学术研讨的范围。他揭示了诗与哲学的内在联系，拓宽了人们对二者的思考层面，定导了诗学研究向相关学科"延伸"的走向,在一些具体问题上提出了极有价值的见解。然而,柏拉图的梦想最终并没有全部成真,当年他费了九牛二虎之力试图有所突破的难题今天仍然困扰着学人的思考。海德格尔把本源性的"对话"或"话语"当作是对"现实世界"的理解,而这种理解是统合哲学和诗意的历史性"存在"。不难看出,海德格尔试图从一个新的角度揭示诗与哲学的通汇。但是,他成功了吗?学界对海德格尔的指责一点也不少于对柏拉图的批评。或许,有些问题从本质上来说不好解决,它们的价值在于永远只能作为问题存在。此类问题总能刺激人们的大脑皮层,促使他们深挖自己的智能潜限,不断创新,用点滴奉献的杠杆推动学术研究的车轮滚滚向前。

注　释

① 参见"前言"中"关于诗和诗人的论述"以及第一章末段等处。说明:此章正文部分载《外国文学评论》1995 年第四期,现经修改并征得该杂志编辑部同意,作为本书的一部分发表。笔者对注释进行了大量充实。

② 详见《国家篇》10.606E。荷马与柏拉图是耸立在古希腊文学及文化史上的两座丰碑。

③ 参考本书第一章倒数第 4 段。事实上,柏拉图看到并直接或间接地指出过诗与哲学的一些共同或相似之处。比如,诗与哲学同为语言艺术,也都可以作为教育的手段;诗人和哲学家一样受到神赐的"迷狂"(mania)的感召,都是有影响的作品的制作者(poiētai)。诗人是希腊文化当仁不让的缔造者,但是,他们也和哲学家一样,是希腊文化的传人。正因为这样,二者才可能构成对抗的"均势",成为主导社会潮流和争夺民心的力量。柏拉图清醒地看到了这场"斗争"(参考第二章注㉟等处)的重要性,并试图通过对传统文学的批判,用他的以强调认知及认知的道德内涵为特点的知识论取代荷马的以歌颂个人英雄主义和贵族政治(包括战争)为中心的初朴的行为"哲学"。

④ 见《国家篇》2.366B;《克拉底鲁篇》425D 等处。

⑤ 《会饮篇》209A。事实上,作品的道德取向不仅是评判诗的好坏的标准,而且,在柏拉图心目中,正确的认知导向还是一切优秀的成文之作所必须具备的共性。柏氏可以无所顾忌地把自己的作品比作悲剧或诗歌,因为它们不仅有很高的欣赏价值,而且最适用于对青少年的教育(详见《法律篇》7.811C—D)。

⑥ 可见,诗人的"摹仿"(mimēsis)并非只具负面的效应。参考注⑬。根据斯特拉堡(Strabōn)的分析,荷马史诗包含 historia(真实的叙述)和 muthos(虚构的故事)。Diathesis

的作用是把二者巧妙地组合起来,以便取得最佳的效果(《地理》1.2.17)。

⑦ 参见"前言"里的相关论述及本章注⑪。另参考第五章注⑩。

⑧ 厄庇卡尔摩斯可能出生在西西里的苏拉库赛,其创作年代在公元前五世纪上半叶,一生中写过几十出喜剧和闹剧,喜欢将赫拉克勒斯和俄底修斯作为剧中的主人公,作品已全数佚失。厄氏对希腊喜剧的发展做出重要的贡献;柏拉图曾把作为喜剧诗人的"代表"的他与作为悲剧的开创者的荷马相提并论(《泰阿泰德篇》152E)。

⑨ 《伊安篇》530B。

⑩ 《国家篇》10.595C。荷马是悲剧诗人的"首领"(10.598D)。柏拉图曾不止一次地并提荷马和悲剧诗人。在他看来,悲剧诗人是荷马的直接继承者。亚里士多德无疑接受了柏氏的这一观点。

⑪ 而且常常是带着赞同的口气。细读《高尔吉亚篇》523A,526D;《美诺篇》100A;《克拉底鲁篇》412B,428D,428A;《泰阿泰德篇》183E,194C;《斐莱布篇》47E;《法律篇》776E,804A 等处。柏拉图亦多次引用悲剧诗人的语句。参考第五章注⑩。

⑫ 柏拉图还认为,mōsthai 亦是 mousikē(音乐、诗)的词源(详见《克拉底鲁篇》406A;参考《会饮篇》205)。在柏拉图生活的年代,哲学与文学还没有明确分家[柏氏最终把哲学与诗歌的抗争演变成了诗(即他的"对话")与诗的抗争便是一个例证],logos(理性、科学)与 muthos(神话、诗、文学)还没有彻底"决裂"(亚里士多德对促成这一"决裂"起了关键的作用,但文学式地泛谈哲学或知识的做法在当时远远没有绝迹)。文艺复兴以后,logos 精神在西方大放异彩,科学主义畸形发展,一家独大,终于引起了一大批近当代学者的反感。他们提倡哲学向诗和神话的归真,要求用"文字批评"的眼光审视长期统治西方人思想的"逻各斯中心主义"。柏拉图哲学与笛卡尔或康德的哲学不同;柏氏似乎从来没有认真划分过诗与哲学的界限。在古希腊人的神学观里,缪斯姐妹们不仅是诗、音乐、文学和舞蹈之神(参考《会饮篇》197A),而且至少从公元前五世纪开始,还是"兼管"天文、哲学和一切研习活动的神明。诗乐与哲学同源。缪斯姐妹的母亲是"记忆"(Mnēmosunē)。柏拉图似乎是不加思考地承接了希腊文化中的某些"想象成分"。作为"缪斯的艺术",mousikē 可以含带"学问"甚至"哲学"之义。苏格拉底常在睡梦中听悉同一条谕示,要他"实践和护理缪斯的艺术"(mousikēn,《斐多篇》60E 6—7)。苏氏原以为这里的 mousikē 指的是他正在从事的哲学,直到受审期间方始感到它的所指可能是民众所喜欢的诗乐。于是,他开始创作诗篇,但发现自己并没有写故事的心态(ouk...mouthologikos,详见同上,61A—B;参考注㊽)。可见,连苏格拉底也曾一度"弄错"了梦谕里的 mousikē 的确切含义(尽管苏氏的口气里或许带有某种讽刺意味)。柏拉图大概不会想到,在两千多年后的今天,哲学研讨的"对象"又一次成为西方学者关注的焦点。恩斯特·卡西尔认为,哲学以及知识论的研讨对象(至少是它们的起点)不是,也不应该是精纯的科学知识;先于逻辑的神话思维比僵硬的纯理性思考更能反映知识的属性。哲学家的任务是要尽可能明晰地揭示神话思维和语言思维之间的关系,"找出语言和神话世界的同一性,即二者所共享的隐喻式思维"(《语言与神话》,于晓等译,第 102 页)。至少在《人文学的逻辑》和《语言与神话》等著作里,卡西尔没有提到 mousikē 的上述所指,没有看到柏拉图哲学对一些微妙问题的精细处理。

⑬ 柏拉图在此把诗人归入了"摹仿艺术家"之列,而不是如他在上文(245A)里所做的那样,将其划入"迷狂者"(包括哲学家)的圈子(参考注⑳)。不过,诗人仍然属于"脑力劳动者",地位高于屈居第七的工匠和农人(古希腊贵族和所谓的"知识分子"一般鄙视体力劳动者,这或许是广泛使用奴隶的"民主"制社会的一个特征)。值得注意的是,柏氏在此明显区分了诗人和智者,拉开了二者的"排名",这与他在《高尔吉亚篇》等对话里将他们相提并论的做法有所不同。智者,尤其是政客型知识分子,只是比暴君好些,不像"天真无邪"的诗人那样,他们常常居心叵测,恶意伤人,因此显然属于道德败坏者之列。知识分子并不一定比没有知识的体力劳动者高贵,尽管城邦的管理者必须是有知识的人。谈及诗和艺术的摹仿,柏氏常常赋以贬义,但有时也会附加一些褒义。在本注释所涉的上下文里,柏氏的所指无疑是他在《国家篇》里抨击过的"摹仿"(mimēsis, R. Hackforth, Plato's Phaedrus, p.84)。

⑭ 《法律篇》2.653E—654A。"歌队",希腊语作 choros,意为"舞场"、"歌舞",和 chortos(场院)同源。比较 Terpsichorē(专司歌舞的缪斯),由 terpsis(欢乐)和 choros 二词合成。

⑮ 详见同上,2.654B—C。

⑯ 《斐德罗篇》265A。"爱是一位神明,是阿芙罗底忒的孩子"(242D)。请注意,这是典型的诗化表述。《会饮篇》187D—E 区分了两种"爱",并要人们注意分辨其间的不同(详见本书第十章注⑩)。关于"爱"或"爱恋"(erōs),另参考第二章注⑱。苏格拉底是闻名雅典的"爱者"(详见第二章注⑯)。

⑰ 《斐德罗篇》244A。多多那的女祭司只有在迷狂之际才能有所作为,清醒时反倒一无所成(详见 244B)。

⑱ 同上,245A。推而广之,"缪斯(导致)的迷狂"同样适用于散文家、修辞学家和广义上的语言艺术家。柏拉图不仅有时把诗与讲演相提并论(参见第六章注㉔和㉖),而且还不止一次地把诗人和先知(或祭司)作为性质相似的谈论对象(参见第一章注㉟和㊲)。如果把此间的叙述与前两章中的有关内容串合起来,读者将能了解到柏拉图"创作论"中的几乎全部要义。柏拉图认为,"神圣的迷狂"(theia mania)是使诗人出类拔萃的保证。通神(entheos)是导致诗人迷狂的原因。荷马和赫希荷德承认灵感的作用,但他们都没有把灵感推向(被神灵)"缠迷"或"迷狂"(mania)的极致。荷马、赫希荷德以及荷马史诗中的诗人(如德摩道科斯等)始终保持着清醒的头脑,条理分明地涌唱故事(参考 E. E. Sike, The Greek View of Poetry, p.20)。品达重视天分的作用,声称自己是缪斯的代言人,但他对说唱的内容了如指掌,恰到好处地使用了各种修辞技巧。亚里士多德赞同诗是"迷狂者的艺术"(参见《诗学》第十七章)的观点,但他没有像柏拉图那样对"迷狂"作过近似于走极端式的强调。《斐德罗篇》比《伊安篇》和《申辩篇》等更多地"表露"出柏氏对诗和诗人的同情(说得更准确一点,应为赞慕)。天生的诗人气质使他暂时淡化了诗与哲学的抗争,促使他在谈论诗人的灵感时加重了"神赐"的分量,发展了德谟克利特的"迷狂论"(参考注⑳)。

⑲ 柏拉图认为,此乃神赐的迷狂中最好或"最高级"的表现形式。对于它的拥有者,也对它的分享者,表现爱恋的迷狂将使人进入最纯的美的境界。爱美的人们若受这种 mania 的点触,便可成为"爱者"。其时,他能受尘世中美景的启发,回想起早先见过的"形"(或真正)的绚美。他的心魂的翅膀开始生长,翘首期盼着能够早日腾飞,冲刺云天(《斐德

罗篇》249D—E)。柏氏在这里指的显然是哲学家或以追求真正的瑰美为己任者的"迷狂"(参考第七章注⑦)。哲学,在柏拉图看来,应该是一种要求人们全身心投入的事业,它激励人们超脱凡尘(这和宗教一样),放弃对财富和名利的追求,不断纯化自己的心态,优化自己的意识,把人生(即今世的生活)看作是最终实现心魂的企求,亦即回返美妙的"形"态世界的一个不应放弃审视和改造的"步骤"。这是一种结合知识和信念的彻底的"投入",柏拉图在《国家篇》里称之为哲学,在《会饮篇》里称之为"爱恋",在《斐德罗篇》里则称之为受到爱恋启迪的"迷狂"。对于哲学,"爱恋"(erōs)的重要性不仅不亚于辩析(dialektikē),而且还在一些重要方面补足了后者的欠缺。"爱恋"表现人对信念的追求和对自身局限的超越;它鼓励冲动,促使人们把充满激情的行为和追求真理结合起来。"爱恋"不是简单或一般意义上的理性。哲学家(philosophos)固然应该是一位辩析学家(dialektikos),但同时——此乃柏氏哲学的奇特之处——也必须是一位爱恋者(erōtikos)。寻求智慧和热爱智慧是同一回事情。说到底,柏拉图是一位诗人。受荷马、赫希荷德以及巴门尼德和恩培多克勒的思路和行文风格的影响,柏拉图的"对话"表现出强烈的想象化和诗化一切的倾向。关于柏拉图哲学的文学基础,参阅"附录一"。

⑳ 《斐德罗篇》245A。德谟克利特说过,诗人只有在迷狂中才能写出绝好的辞章(片断18)。柏拉图或许在此间接地重述了德氏的观点。在英国人看来,诗人是天生的,而演说家是造就的。记得小说家巴尔扎克说过,仅仅熟知修辞和不犯语法错误,是不能成为一个伟大的诗人的(《玄妙的杰作》)。《斐德罗篇》重复和发展了作者在《伊安篇》、《申辩篇》和《美诺篇》等对话里表述过的诗人不靠技艺而凭灵感创作的观点。诗人是一种轻捷、神圣、长着翅膀(比较荷马的名言:诗是长了翅膀的话语)的生灵;诗人接受神意的缠迷(entheos),神不守志(ekphrōn),理智离他而去(详见《伊安篇》534B)。其时,他六神无主,但诗兴勃发。缪斯致送的灵感先是缠住诗人,继而又通过吟诵诗人(如伊安)的三寸不烂之舌"痴迷"听众。伊安的诵说靠的"不是技艺或知识"(ou gar technēi oud' epistēmē),而是"神力的操纵"(alla theiai moirai)和掌控(katokōchēi,536C;参考《申辩篇》22B—C)。在536D里,柏氏再次强调了操控诗人的 theia moira。《美诺篇》(参阅98B以下)突出了 theia moira 的作用,使之成为诗人和先知们通神的象征。在上述三篇对话里,enthousiasmos 及其同根变体词均带有程度不等的贬薄之义。作者的意思是:诗兴不包含知识;诗歌本能地排斥知识。然而,在《斐德罗篇》里,诚如 R. Hackforth 教授所指出的,柏氏对诗人的 mania 进行了"无条件的称颂",其热切程度几乎使人产生这样的印象,即"由于没有知识,通神的诗人可以干得更棒"(*Plato's Phaedrus*, p. 61;不过,诗人的 mania 显然比哲学家的差些,参考第七章注㉛)。灵感(或受到神力的操控)既是柏氏从认识论角度出发指责诗人的依据,也是他从创作论和诗化表述的角度出发自内心地羡慕诗人的理由。柏拉图在矛盾的心理中度过了自己的一生。作为诗人,他向往诗的绚美,赞慕它的神奇;然而,作为道德学家,他又不得不严厉地批评诗和诗人(包括他所敬重的荷马),不惜采用"放逐"的做法(《国家篇》10.607A)。我们不知道柏氏当年是否认真考虑过如何解决这一矛盾的办法。不过,有一点可以肯定,那就是他确实在寻找诗与哲学的共性方面用过心思,试图借 theia moira 来统贯诗人与哲学家的悟性,缩小诗与哲学的差距。

㉑ 《斐德罗篇》241E。

㉒ 《斐德罗篇》257A。柏拉图知道，谈论超越理智的现象必须采用"诗"的风格。只有诗歌可以使人摆脱科学求证的束缚，谈论充满诗意的真理。"人诗意地栖居在这片大地上"（荷尔德林语）。"诗"可以使成文的书面语言"改善"（乃至"超越"）文字造成的表义上的僵化，给人鲜活和清新的感受。哲学是充满诗情画意的研讨，是一门糅合哲理与诗意的学问。僵硬的本体论需要诗的点缀，确定终端的形而上学也必须借助诗的活力展示它的"无限"。从这个意义上来说，任何形而上学都是反现实的，因而都是"诗"的。哲学也是教育的手段，因此它必须符合希腊人对教育的要求，采用诗化表述的形式，避免枯燥无味。即便是讨论法制的著述，如果要达到教育的目的，也必须向诗化靠拢，提高自己的文学品位。所以，柏拉图声称《国家篇》结合了 logos 与 muthos 的精华，而他的关于法的论述是一出悲剧，一部诗篇。参考注㉛和㉜。

㉓ 《会饮篇》218B3—4。巴科斯即酒神狄俄尼索斯。柏拉图认为，不能把哲学的求索与宗教的执着和虔诚分割开来。哲学家的求知并非限于今生，而要延续到肉体泯灭（但心魂不灭）以后的"来世"。从这个意义上来说，哲学是一种带有强烈宗教色彩的活动（柏拉图受奥菲俄斯宗教影响至深），是一个使人们摆脱肉体的阻挠，使心魂得以直接习知真理的过程（细读《斐多篇》66B—68B）。人的最大欲望应是对智慧的迷恋。因此，真正的美德应该是一种信念，一种宗教式的"净化"（katharsis tis），而知识（phronēsis）是实现净化的工具或途径（细读 69B8—13）。哲学家要有教徒般的狂热；说得确切一点，哲学家就是巴科斯的信徒，只有他们才真正知晓哲理的精义（68C8—D2）。哲学家迷狂而不淫迷，投入而又不致放荡或为所欲为。苏格拉底是"神圣的"（daimoniōi hōs alēthōs，《会饮篇》219B7—C1；参考 221D—222A），是巴科斯秘仪中的魔幻者和丙祭者，但他的工具是"词和言谈"，而不是"管箫"；他的手段是"哲学式的超越"，而非表情上的失态或"手舞足蹈"（M. L. Morgan, Platonic Piety, p. 95）。在柏拉图看来，宗教活动和哲学的追求不仅不构成矛盾，而且，从根本上来说，还会促进心魂的善好，既有益于今世的生活，也有助于生命的精华（即不灭的心魂）在肉体泯灭后实现对智慧或"形"的趋同。柏拉图信服一些在我们看来属于极端荒谬的奇谈。包括文学、艺术、哲学和宗教在内的全部上层建筑（当然，柏氏不会用这个现代词汇）必须服务于人的心魂的善好（照料人的心魂是苏格拉底的工作），而不是（我们过去常说的）经济基础。在遭词用句方面，柏氏使用了不少包含明显宗教倾向（尤其是在奥菲俄斯和巴科斯教仪中使用）的术语，用以描述哲学追索的终端和哲学家的"迷狂"。柏拉图沿袭了恩培多克勒泛谈"大宇宙论"的做法［应该看到，即便是米利都的哲学家们（如泰勒斯）也不是纯粹的唯物主义者，也没有完全划清哲学与宗教的界限］。柏氏心目中的哲学家（至少在《斐多篇》和《斐德罗篇》等对话里）应能正确对待人间的绚美，把它看作是向"真形"复归的启示，经常介入纯化心灵的秘仪（teleous aei teletas teloumenos），以期求得自身的完善（teleos，《斐德罗篇》249C7—8）。哲学家是正式入会（并参加秘仪）的信徒（eidon te kai etelounto tōn teletōn, 250B8）。庆祭者们是秘仪的参与者，他们的所见被认为是所谓的"圣象"（细读 muoumenoi te kai epopteuontes, 250C3）。哲学既是理性的思想求索，也是狂热且极富秘仪色彩的生存体验（详阅 M. L. Morgan, 同上书, p. 172）。秘仪（teletē）的作用是激发对神的信仰，使它的参与者们（teletai）得到永生。柏拉图以哲学秘仪的祭司长的身份，答应把长生不死的美妙"赐给他的会员，即哲学家"。秘仪是"哲学的象征"（symbol），

或许还"不只是这样"(W. K. C. Guthrie, *A History of Greek Philosophy* volume 4, p. 418)。柏拉图以"故事",或者说"神话"(muthos)的形式表达了上述观点,这表明他知晓 muthos 与 logos 的区别(参考第三章注㊴等处),掌握使用神话的时机,旨在最大限度地挖掘它的潜力。神话虽属虚构,但可以表述真理(alētheia)。另一方面,神话描述现实中不存在的事情,作为"老妪的趣谈",又可避开唯理性主义者的指责,以非纯哲学的形式"暗度陈仓",从一个奇异的角度表达"科学语言"所难以或不屑于以表述的观点。柏拉图不反对科学(他是 epistēmē,即"系统知识"的热切推崇者),但也知道神话和"迷狂"的作用。

㉔ 《会饮篇》196E。孔夫子也懂诗,但他或许不会说"'爱'是一位诗人"。基督教关于"圣父、圣子、圣灵三位一体"的说教实际上继承了西方文化的一个特点,即有意识地把具体和抽象的东西"混为一谈"。

㉕ 参考本书第二章第 16、17 段。

㉖ 《斐德罗篇》278B—E。在《法律篇》里,"立法者"(或"法典制定者")有时是"哲学家"的代名词。梭伦曾以诗体撰写政论。鲁西亚出生在公元前 445 年,十五岁时离开雅典,前往南意大利求学,曾师从提西亚,公元前 412 年返回雅典。

㉗ 当然,绝大多数诗人不可能做到这一点。此外,优秀的诗作应该不仅能给人带来愉悦(hēdeia),而且必须服务于教育公民的目的——换言之,必须"有用"(ōphelimē,详见《国家篇》10.607D—E)。

㉘ 《国家篇》3.402B—C。

㉙ 细读同上,3.402D—E。

㉚ 详阅《蒂迈欧篇》47 等处。

㉛ 《法律篇》6.783;参考 2.653,665 等处。《国家篇》第九卷区分了三种欲念,它们分别导致人们追求(一)财富、纵欲和过度的物质享受,(二)个人的名利和荣誉,(三)学习和知识(580D—581C)。虽然对财富和名利的追求也同样存在于善好的心魂之中,但行为高尚的人们会用知识和理智予以节制,使它们从属于求知的心念。适度的节制得之于知识的引导,不仅会有利于求知的顺利进行,而且还会使人们懂得应该如何正确对待财富和名利,从而能最大限度地享领它们所能带来的喜悦(586C—587A)。柏拉图区别了人对必需品(如面包)的需求和对非必需品(如山珍海味和性)的嗜求(558D—559D),前者属于正当的愿望,后者则是不正当的贪图,它们的根本差异在于前者能起到维持生命的作用(这使一切成为可能),使人拥有健康,生活幸福,而后者则损毁人的身体,毒害他们的心灵。柏氏称后者为"不必要的欲念"。独裁者(turannoi)的私欲带有"无法无天"(paranomoi)的性质,不受抑制的欲望使他肆无忌惮,使他迷狂(参阅 M. L. Morgan,引书见注㉓,p. 143)。独裁者的迷狂与哲学家的 mania(参考注㉓)不可同日而语,前者由欲念的无限膨胀所致,后者则在神的感召下使心魂趋问"真形"。

㉜ 《拉凯斯篇》188C—E。

㉝ 《会饮篇》215C—E。参考第六章注⑧。柏拉图肯定熟悉悲剧的效果。马尔苏阿斯(Marsuas)乃传说中的山野精灵(silēnos),擅管箫,据说是狄俄尼索斯(即巴科斯)的随从和教师。科鲁邦特(korubantes)是弗鲁吉亚女神蕾娅库贝莱的一群随从,善跳狂野的舞蹈。高尔吉亚已在《海伦颂》里先行揭示过语言的这种奇效。

㉞ 《卡尔米德篇》155A。塞诺芬尼、恩培多克勒和巴门尼德等都是诗人或诗人哲学家。恩培多克勒认为，先知、诗人、医者和领袖人物是凡人中的精英，而他自己则身兼这四种人的才干（M. R. Wright, *Empedocles : The Extant Fragments*, p. 10）。诗和哲学同为广义上的"缪斯的艺术"（参考注⑫）。

㉟ 《会饮篇》215A。诗人华兹华斯认为，诗的目的在于揭示生活的真谛，不是个别和局部的正确，而是普遍和有效的真理（《〈抒情诗歌谣集〉序言》）。文笔犀利的菲利浦·锡德尼或许没有柏拉图那样高深的哲学造诣，但他同样看到了诗人与哲学家之间的某种"共性"，即对人民群众的教育。在名著《诗辩》（1595年发表）里，这位英国文论家指出：哲学家固然教导人们，但他们的教诲艰涩难懂，而诗作是"适合于最柔弱的脾胃的食物"，所以，诗人"其实是真正的群众哲学家"。美国人梭罗在他的《日记》中写道：诗歌包含全部真理，而哲学只不过是真理的一颗种子。歌德指出，诗人"有足够的智慧，能从惯见的平凡事物中看到引人入胜的侧面"（《歌德谈话录》）。大学问家王国维认为，优秀的诗人对"宇宙人生"可有"入乎其内"和"出乎意外"的理解（《人间词话》）。不少当代欧陆哲学家和文论家主张研究"前逻辑的东西"，寻找西方文化的"根基"。在他们看来，神话和文学比呆板的logos更接近于真理。

㊱ 西塞罗告诉我们，有人认为德谟克利特和柏拉图的著述比喜剧更富诗意。不少近现代文论家亦持类似的观点。关于柏拉图的文采，参考 *The Legacy of Greece*, edited by M. I. Finley, pp. 194—195; *The Cambridge History of Classical Literature*, edited by P. E. Easterling and E. J. Kenney, p. 93。《斐德罗篇》既是一篇出色的哲学论文，也是一部不朽的文学名著，它的开篇部分瑰丽、抒情，"几令所有描述自然美景的古代作品黯然失色"（E. 卡西尔，引书同注⑫，第29页）。

㊲ 不用说，柏拉图也会写内容深奥的作品（比如他的《巴门尼德篇》），也会有意无意地给读者制造"疑难"。

㊳ 《诗学》1.1447^{b}10—11。"苏格拉底对话"（Sōkratikoi logoi）指柏拉图、色诺芬和埃斯基奈等人的对话体作品，通常以苏格拉底作为交谈的一方。

㊴ 参见本书第三章倒数第5段。为了城邦和市民的根本利益，行政官员们可以"说谎"（详见《国家篇》2.382C—D, 3.389B）。此类谎言不仅无害，而且有益。"金属的寓言"是一个"有用的谎言"（gennaion pseudos），有利于稳定人心，使各个阶层的人民安分守己，和睦相处。当然，这只是柏拉图的一厢情愿。

㊵ 或"大西洋岛的故事"（参阅《蒂迈欧篇》20C—25D）。

㊶ 《高尔吉亚篇》493B—C。

㊷ 参考本书第三章倒数第5段。"说理"（或"分析"）与"故事"（或"描述"）分属logos和muthos的范畴。Logos展示哲学的思辨，muthos则呈现文学的诗化。柏拉图认为，终极形式的真理总是不可避免地包含诗化的成分（只有神明才能较其精确地把握真理的全部内涵）；真理的显现超出了logos可以驾轻就熟地予以展示的范围。此外，表达和"接收"的需要也会要求著述者们摆脱logos的冷漠，浓添muthos的情趣。可能是出于这些考虑，柏氏大量使用或创用了神话、故事、寓言、比喻等文学形式，用以弥补"分析"和"严格论证"的不足（许多事情事实上难以严格论证）。仅以《国家篇》为例：在第三卷里他讲了"金

属的寓言",在第六卷里他用了"船员造反"的比喻,在第七卷里我们读到"洞穴的故事",在第九卷里作者描述的"怪物"又把读者带入诗的氛围。柏氏试图用结合 logos 和 muthos (hēn mutholögoumen logōi,501E),亦即哲学与诗的写作方式增强表现的力度,开阔描述的层面,最大限度地表现人的睿智。《国家篇》兼具《巴门尼德篇》的精细和《蒂迈欧篇》的玄幻,在 logos 与 muthos 的结合部开垦"荒原",模糊了"真"与"假"的界限。哲学是严肃的,必须力求缜密,但由于人的智能的有限和研讨对象的"无限",哲学不可能把这种"严肃"推向极限——否则,对一些事情它将无从谈起。所以,人的研讨有时需要接纳一些"玩笑"(《国家篇》7.536C),需要采用半真半假的方式,以混合"严肃"与"玩笑"的态度展开讨论(8.545E;柏氏要是能够活到今天,不知会对某些后现代主义作家文人惯用的"戏谑"文风产生何样的感想)。柏拉图似乎是有意识地促使诗与哲学的结合,用一种新型的"诗歌"取代古旧的故事(P. Friedländer,Plato 3,p.134),旨在把前辈们的宇宙论和自然哲学抛入"阴影"之中。柏拉图和他的同胞们都知道,归根结底,诗和哲学都是"缪斯的艺术"(《斐多篇》60E—61A)。

㊸ 《蒂迈欧篇》26E。关于"谎言"与"真实"的微妙关系,参见本书第三章倒数第4、5段。

㊹ 柏拉图的国邦存在于现实与非现实的交界之处,存在于诗与哲学互相通融的层面。柏氏的国家存在于语言(logoi),而不是现实世界之中(《国家篇》9.592A—B)。它是"一番话语"(lexis),而非"发生的事件"或"行动"(praxis,5.473A)。然而,这些特点,诚如 P. Friedländer 教授指出的那样,并没有抹杀理想之国的真实性。Logos 并非只是词语而已,它的含义"指对'真理',指对真实的存在"(Plato 3,pp.137—138)。在论及语言与"形"的关系时,柏氏可以怀疑它的精度(参考第六章注⑩等处);然而,在论及思想与行动的关系时,他又会强调"思"的第一性和"行"的第二性。知识永远是行动的指南。苏格拉底坚信,知识决定行动的正确与否,思想比实践它的行为精密(详阅《国家篇》5.473)。实践不可能或很难达到理论的精度。现实世界或任何实践中的"生活",都不可能在接近真理方面达到存在于 logos 之中的"理想国"的精度,不可能超越这一指导实践的典范。

㊺ 《法律篇》9.858D。

㊻ 同上,9.858E。

㊼ 详见同上,12.957C—D。"民主"不能排斥"集中";"纲举"才能"目张"。哲学家是 mousikē 的真正和忠实的实践者。

㊽ 苏格拉底:"……我将不用格律的形式叙述,因为我不是诗人"(《国家篇》3.393D);"我们不是诗人"(《国家篇》2.378E;参考注㊿)。然而,苏格拉底做过颂神诗(《斐多篇》61B),尽管他又随之补充道:"我不擅长创编故事"(ouk... muthologikos,61B5)。柏拉图笔下的苏格拉底是一位勇敢、坚毅、富有智慧和品格高尚的长者,是一个"好人"。然而,"好"不等于我国传统文化所提倡的"老实巴交","讷讷无言"。苏格拉底具备强烈的"进攻"意识,他会讽刺,会挖苦,会把谈话的伙伴逼入窘境。对苏格拉底以及他的话语我们不能做片面和孤立的理解。苏氏自称一无所知,然而他却是神谕钦定的"最聪明的人";苏氏反对智者的争辩法(eristikē),然而却并不排斥对它的运用。苏氏说过他不是政治家(《高尔吉亚篇》473E),然而就在同一篇对话里,他又一本正经地告诉卡利克勒斯,他是唯

一从事政治活动(即实践政治艺术)的雅典人(521D)。同样,苏氏自称不具创作故事的心态,但却在包括《斐多篇》、《高尔吉亚篇》、《斐德罗篇》和《会饮篇》在内的多篇对话里连篇累牍地大讲自编的故事。斐德罗承认,苏格拉底可以信口编说"来自埃及或任何他能想象的地方的故事"(《斐德罗篇》275B;在这里,柏拉图用 logoi 指故事,等于 muthoi)。所以,讨论柏拉图的诗学思想我们不能采用就"诗论"论"诗论"的做法,不能只是抓住他对诗的某些"直接"论述(比如只是注重他的"灵感论"和"摹仿说"),而应把研讨的范围扩大到他对诗(包括故事、文学)的总体看法,扩大到他对诗与哲学的结合的关注,扩大到他对诗化表述和故事的广泛运用。这么做或许会有助于大大加深我们对柏氏内容丰富的诗学思想的理解,有利于沟通古今学术,在方法论的评估上形成纵向通接的"视野"。哲学家即为真正的诗人,这或许是长期蛰伏在柏拉图头脑里的潜意识。哲学与诗可以在摹仿"形"的努力中汇合(参考 W. K. C. Guthrie,引书见注㉓, p. 547)。U. von Wilamowitz-Moellendorff(*Platon* volume 1, p. 479 以下)和 H. Flashar(*Der Dialog Ion als Zeugnis platonischer Philosophie*, p. 107)等学者也都在这一问题上提出过精到的见解。

㊾ 否则就是"散文"。在古希腊人看来,诗是一种"生产"或"制作"(poiēsis,参见第七章第6段)。他们有时亦倾向于从其他角度来理解诗歌。比如,亚里士多德认为,诗人应该摹仿完整的行动和可能发生的事情,至于用不用格律似乎并不十分重要。诗人和历史学家的不同并非在于前者用格律文而后者用散文写作;希罗多德的著作即使被改写成格律文,也还是一种历史(《诗学》9. 1451^{b}1—5)。不过,亚里士多德从未明确说过写诗(poiein)可以不用格律。

㊿ 《法律篇》7. 817B—D。在这里,柏拉图把诗与哲学的抗争(《国家篇》10. 607B)变成了诗人(或制作者)与诗人(另一些制作者)之间的竞争(参考⑫)。"对话"是结合求索与教育的文学精品,既适合于开拓成年人的心智,又有益于青少年的身心健康。苏格拉底在《国家篇》2. 378E—379A 里说道,"我们不是诗人"(ouk esmen poiētai),"你与我,眼下不是"(egō te kai su tōi paronti)。据 P. Friedländer 教授解释,这里的"眼下"表明苏氏在另一些时候可能是诗人(*Plato 1*, p. 359)。如果说悲剧诗人不懂立法的程序和作用,哲学家却知道用法的"盾牌"保卫城邦的安宁(包括市民们心理的宁静);如果说悲剧诗人的作品是对生活的扭曲的摹仿,哲学家或立法者的工作则抓住了治国安邦的关键,实现了对最高尚和美满的生活的效仿(mimēsis tou kallistou kai aristou biou,817B4)。柏拉图把《法律篇》看作是语言摹仿生活的典范,认为它理应获得(悲剧)比赛中的头奖。哲学家诗人比悲剧诗人更具责任感,更有才华,所以有资格取代后者的地位,成为规导城邦生活和确定是非标准的力量。哲学家必须变成诗人然后才能战胜他们的对手,即包括荷马在内的"悲剧"诗人,这是《法律篇》811C—D 给读者的"暗示",尽管柏拉图本人也许没有或没有完全意识到这一点。比较柏氏的"悲剧"(tragikōs,《国家篇》8. 545E;参考第二章注㉗)。

㊾ 《法律篇》7. 811C—D。当时还没有专门的儿童和青少年文学。德国学者伽达默尔指出,在上述两段话里(指7. 811C 以下和817B 以下),柏拉图表述了对"自己的文学作品"的看法(《伽达默尔论柏拉图》,余纪元译,第79页)。立法是一项严肃的工作,然而,在《法律篇》里,柏拉图却称之为"戏剧"、"传说"和"梦幻"。柏氏或许是受了当时颇为流行的将谈论(包括专找对方逻辑空子的问答)看作是一种消遣或"玩耍"的做法的影响,多次

提及并阐述过学问的游戏性。在《国家篇》里，柏氏称文学(荷马史诗)为"游戏"(einai paidian tina)，是一种不严肃的摹仿(ou spoudēn tēn mimēsin，10.602B)。有趣的是，在《斐德罗篇》276D 里，苏格拉底亦用 paidia[比较 paideia，"培养"，即对儿童(pais)的教育，参考第九章注㊵]形容写作，并认为此举令人高兴，是一种消遣："正如其他人沉湎于宴会和别的游戏"，哲学家在写作中感受喜悦。斐德罗赞同苏氏的观点，承认"在语言中"(en logois)做游戏(paizein)是一件极富娱感的美事，比"别的"(话题或游戏)更能快慰人心(276E)。关于宇宙和变动中的世界，凡人不可能作出确切的解释，不可能进行百分之百的科学论证。因此，在柏氏看来，所有的宇宙论和全部物理科学都只能是"可能(或可然)的故事"，而所有的立法和规章也都包含出现谬误的可能。语言本身就会带出错和误导的危险，此害尤以在书面语中为烈。柏拉图称《蒂迈欧篇》里的神话式描述"令人高兴"，认为这是一种"有分寸和合乎情理的游戏"(paidia，《蒂迈欧篇》59D)。《国家篇》既非纯粹的"神话"，亦非绝纯的理性思考的结晶；它是一场"玩笑"(《国家篇》7.536C，8.545C)，既包含针对现实的"严肃"，又包含表述理想(如果说还不是想入非非)的笑谈。全部成文的哲学论述(包括柏拉图的"对话")都是严肃的"游戏"或"玩笑"。(书面)文学包含僵化知识的倾向(《斐德罗篇》275—276)，不能表达真正高深(或最高深)和明晰的思想(详见《书信七》341—344；另参考 R. Hackforth，引书同注⑬，p.163)。或许，只有对神的信仰和人的心魂的照料，只有包含最高智慧(然而，什么是最高智慧？)的口头谈论，只有信念与不断求索的结合，才可能具备不打折扣的"严肃"内涵。诗与哲学的结合(像柏氏所尝试的那样)，即便能够成功，也还只是一种成文之作，还不是真正和彻底的"大智大勇"。由此，我们联想到老子的妙言："道可道，非常道。"细品《庄子·知北游》对老子上述见解的附和："道不可言，言而非也。"诗的一个特点便是能使人读后感到快慰。

㊕ 尽管如此，"苏格拉底对话"的文学品位仍然是显而易见的(参考《诗学》第一章)。柏拉图早期作品里的苏格拉底是一位俄底修斯式的英雄。他沉着、果断、勇敢、刚强、足智多谋，能够经受逆境的考验。俄底修斯在神的指引下克服重重困难，漂洋过海，回返家园；同样，苏格拉底接受神的感召，串街走巷，为寻找知识的"家园"不辞辛劳。俄底修斯杀死求婚的"歹徒"，净涤了自家的庭院，苏格拉底则竭尽全力，探寻道德原则的知识背景，向陈腐的观念开战，净化人的心魂。相比之下，俄底修斯是为自己和家人而战，苏格拉底则是为了城邦和公民的根本利益奋不顾身。苏氏继承了古代英雄的品质，只是比他们更具智慧，多一点"公"心。柏拉图笔下的苏格拉底显然不完全是现实生活中的某个叫作苏格拉底的公民；他源于生活，高于生活，是一位生活在文学作品里的人物，一位具有典型意义的"角色"。一位生活在公元三世纪的文论家(朗吉诺斯)说过，柏拉图是所有著述者中"最能展现荷马风范"的作家(《论崇高》13)。荷马史诗和悲剧摹仿生活，柏氏的"对话"摹仿生活的原型，即它的"形"态。诗人是制作者，城邦的立法者也是制作者(poiētai)，二者都是"诗人"或"摹仿艺术家"。在行文的风格方面，"对话"颇具诗的洒脱和超俗的气质。柏氏说过，他的"理想国"只接纳颂神和赞美行为高尚者的诗作。或许是出于刻意的安排，也可能是一种巧合，我们注意到，《会饮篇》和《斐德罗篇》里颇多颂神的"诗"段；《会饮篇》在阿基比阿德对高风亮节的苏格拉底的称颂中达到对话的高潮。哲学家也可以吁请缪斯，"像荷马那样"(ōsper Homēros，《国家篇》8.545D)。

(53) 如今,诗歌的形式五花八门,但总的说来,不用韵律的“自由诗”已在新诗中占压倒的比例。如果把柏拉图的著述稍加改动,以行序排列,不也就是相当不错的诗篇?此外,有些现代“诗歌”其实只是字母的堆砌,强调突出节奏,根本不表示意思(据说是为了取得音乐的效果),如德国诗人弗朗兹·蒙(Franz Mon)的一首“杰作”(见 Peter D. Hertz, “Minimal Poetry”, *The Western Humanities Review* 24, p. 37)。

(54) 如果说柏拉图的本体论和伦理哲学强调“形”和“善之形”(agathou idea)的至高无上,如果说他的认识论和神学思想最终把人的思绪引向知识论层面上的僵化,因而诚如尼采以来的不少西方思想家所指出的,导致了一种统治西方人思想达两千多年之久的、以确认某个终端为目的的形而上学的产生,但他的语言学说中的某些内容以及他的诗化思想却在立论的牵导方面走的是相反的方向。西方学者们或许没有看到,正是在对语言及其表达形式和“作品”的研究上,柏氏表现出相当灵活的治学态度,在一定程度上流露出对反形而上学的向往。成文之作会窒息人的思想,而苏格拉底的 elenchos 则可以消解人对自己和世界的成见,形成喜好求知、探索及审视的心态。任何以解释终极现象为目的的宇宙论和标榜崇尚科学的物理哲学——此乃柏氏在《蒂迈欧篇》里传送给世人的一个极为重要的信息——实际上都缺少科学理论所必须具备的精度,因而不可能成为颠扑不破的真理(不过,这一认识也有它的片面性。很明显,我们不能因为科学带有某种意义上的局限性,而彻底否定它在对“局部”问题的处理上的确凿性)。最深刻的思想只能通过口头谈论来表述(参考注(51));此外,为了避免很难避免的误解,阐述者还必须随时作出必要的解释。然而,柏拉图仍然希望能有成文之作传世(否则他就不会撰写“对话”),而他所用的使其避免和对抗僵化的手段便是采用“讲故事”的方式,进行兼容思辨性和游戏性的诗化。柏拉图在对语言之性质的思考中感悟到摆脱形而上学的必要,在对诗的体验(注意,这是一位真正的诗人的体验)和深刻理解中初步找到了发表在他看来更能经得起“考验”的宇宙论和政治学说的方式。诗与哲学的结合一方面解决了传统诗歌的不道德和虚假问题,从而宣告了一种新型的非荷马文化观的诞生,另一方面也部分地克服了自然哲学(如物理宇宙论)的机械和“硬性规定”,使哲学研讨展现出强健的后劲和盎然的生机。我们注意到,柏拉图正是凭借“诗”的帮助部分地阻止和减缓了哲学的形而上学倾向,在一定程度上实现了对他的形而上学的本体论和神学观的超越。诗与哲学的结合使二者共同受惠,为一种新的研究方式的形成指明了方向(很可惜,亚里士多德、笛卡尔和康德都没有看到这一点)。作为一位杰出的思想家,柏拉图受到了近当代几乎每一位重要哲学家的重视,其中的“堂奥”或许正在于他的思想的广博,在于他的形而上学的“坚固”,也在于他的诗歌—语言理论中的反形而上学——在柏拉图那里这不构成矛盾——的思想火花。令人遗憾的是,迄今为止,西方还没有哪一位学者对这一课题进行过真正成系统的研究。关于柏拉图哲学的文学性,我们已在本章中作了较为深入的探讨。事实上,在国外学者中,将柏拉图“对话”直接视为戏剧者亦不乏其人。比如,Jerrald Ranta 写过一篇题为“The Drama of Plato's ‘Ion’”的论文;J. A. Arieti 还就此写过一部专著,题为 *Interpreting Plato: The Dialogues as Drama*,认为(柏拉图的)“the dialogues are dramas”(p. 5)。

第九章　音乐·舞蹈·绘画·雕塑

和古代的中国人及印度人一样，古希腊人爱诗。诗伴随他们走向征战的沙场，伴随他们度过和平的时光。古希腊人热爱音乐，因为在他们看来，诗和音乐常常是不可分割的"一家子"。在公元前五世纪至公元前四世纪，poiētēs（复数 poiētai，"制作者"）通常既要做诗，又要谱曲，换言之，既是诗人，又是作曲家。①歌以诗为本，诗以歌为体。诗还和舞蹈及表演密不可分。荷马史诗里出现过载歌载舞的动人情景；即使在悲剧里，歌队的任务也不仅仅是歌唱——舞蹈是剧场里必不可少的景观。歌舞合璧是古希腊文学的一种表现形式。显然，讨论古希腊"音乐"离不开对诗的研究，而对诗的探究实际上也包含对音乐的研析。在柏拉图的《国家篇》等"对话"里，mousikē 指诗（或故事）与音乐。在讨论"音乐"的时候，我们要请读者记住这一点。②

古希腊音乐，按诗的格律、乐曲的基调、性质以及应用场合的不同分成许多门类。倘若以"歌"的形式统计，古希腊抒情诗乐大致可分为（一）赞歌，（二）哀歌，（三）颂歌，③（四）酒神颂，④（五）诺摩斯⑤等主要类型（参考《法律篇》3.700A—B）。若以地域或曲调的风格划分，古希腊乐曲中最为流行的大概有如下四类，即（一）伊俄尼亚调，（二）弗鲁吉亚调，（三）鲁底亚调，和（四）多里亚（或多里斯）调。柏拉图推崇多里亚调，认为它稳重、庄严，是真正的希腊曲调，能够较好地表现言行的完美、和谐与统一。⑥在词或言语与音乐的关系方面，音乐一般处于附属的地位。按柏拉图的见解，纯音乐（psilē mousikē）难以形象地表达意思。⑦毕达戈拉或许不会完全同意这一观点,因为在他看来,宇宙中最可宝贵的东西只有两个,那就是数字和音乐;音乐的重要性胜过语言。可惜,今天我们已经找不到一份完整的古希腊乐谱,人类文明的发展过程中曾经不止一次地出现过这种令人痛心的绝迹现象。

和诗一样,音乐属于摹仿艺术。《斐莱布篇》62C 称音乐(mousikē)是一种含糊不清的摹仿(mimēsis);《厄庇诺摩篇》975D 认为摹仿可由不同的乐器实施。⑧美妙的乐曲给人带来欢乐,动听的旋律使人心旷神怡。⑨音乐(或诗乐)是关于"爱"的科学(epistēmē),⑩它为庆典增辉,为祭祀创造合宜的氛围。歌舞既可表现喜庆和欢乐,亦可表述人的痛苦和哀怨,可以平衡烦乱的心情。柏拉图无疑熟悉当时医界盛行的"同类相克"或"以毒攻毒"(simila similibus curanter)的治疗手段(在当时,医学是一门颇受重视的学科),并倾向于认为音乐具有相似的功效。他知道,音乐可以消泄人的多余的激情,平调亢奋的心绪,宽抚焦躁不安的神经。对于一个极具忧患意识、对人和生活的不稳定性有着深刻认识的民族,音乐的作用显得特别重要。《国家篇》8.560D 提及了某种宗教仪式,认为它(似乎不会没有音乐的参与)能对人的心魂发生作用,其疗效就像"净化"(katharsis)之于人的肉体。在《法律篇》里,柏拉图讨论了如何养育婴儿的问题,建议多让他们处于动态之中,仿佛置身于颠簸的大海。接着,他指出平慰宗教狂热的办法应是奏响动听的乐曲——一如保姆们"骗哄"婴儿入睡的办法,即不是把他们静静地抱在怀里,而是不停地摇动催眠的臂膀。两件事情异曲同工,方法是借助外来的催动或运动(kinēsis),目的是平抚内心的烦躁或不安。⑪柏拉图远比毕达戈拉和巴门尼德更为重视"动"的作用。

从技术的角度来看,横贯诗、音乐和舞蹈的是一个三者共有的成分,即节奏(rhuthmos)。没有节奏就无所谓诗乐。节奏是一种"内外兼顾"的东西,既是内在的规律,又是外在的表述(通过声响)。诗可以不包括音乐,音乐可以不用语言,舞蹈亦可不要诗和音乐,但三者都离不开节奏;节奏是贯穿广义上的诗歌(包括音乐和舞蹈)的"生命线"。没有节奏等于取消艺术。人们把音符按规则排列起来,组成音程,形成曲调和节奏,展现人的智能状态。[12]音乐可以愉悦人的心胸,陶冶人的情怀,教育公民,尤其是年青的一代。[13]音程的排列反映数字间的均衡和比例,而"有秩序"是包括行为、政体在内的一切美好事物必须具备的条件:混乱、无规则、无节奏、缺乏规范和避简求繁的音调或旋律,只能是"不好"或"丑陋"的同义词,完全不具备数字的完美和精确。[14]音乐的有规律的节奏运动给人匀称、舒适的感觉,因此有助于心魂的调养,增强人的自我约束能力;[15]歌队的表演可以反映人的道德观。在亚里士多德看来,音乐是最擅摹仿的艺术。《问题》的作者认为音乐可以直接摹仿(即表现)人的性格。在《政治学》8.5.1340ª18—20 里,亚里士多德写道:"凭借节奏和音调,我们可以最逼真地摹仿愤怒、温柔、勇敢和节制……"中国古代的思想家们同样重视"乐"与"礼"之间的关系,所谓"不能诗,于礼缪,不能乐,于礼素"(《礼记·仲尼燕语》)的说法或许可以证明这一点。当然,这里的"礼"有它的特定所指,较少中性的含义。和古希腊人一样,中国的先哲们认为诗乐可以反映人的伦理观念和道德情操。

另一个通连三者的重要成分是"和谐"(harmonia)。柏拉图反复强调和谐的重要,[16]因为没有和谐就无所谓对称,而没有对称就不会有均匀。弯弯扭扭,参差不齐和混乱无序只能给人丑陋的感觉,因此不符合古希腊人的审美观。在音乐中,节奏与和谐是一对互相依存的概念。没有节奏就不会有和谐,而没有和谐节奏就不能连成一个"有规则"的整体。节奏产生和谐,和谐反映节奏的工作效率。和谐是健康的心魂必不可少的标志;推而广之,和谐也反映了社会及天体运行的正常状态。与节奏一样,和谐协调心灵的动作,帮助它提高抵御不规则和杂乱思绪的入侵,增强心智的活力。[17]

　　音乐虽然不能传递明晰的形象,但却可以直接(或比其他艺术形式更直接地)作用于人的心灵。诗人和演说家们以诗和音乐作掩护,散布蛊惑人心的谎言。柏拉图把 sophistikē(智术,智者的艺术)当作是一种古老的职业,指责荷马、赫希荷德和抒情诗人西蒙尼德斯招摇撞骗,[18]毒害民众的心灵。今天的人们或许不会苟同柏拉图对荷马史诗的每一个评价;把话说得"过分一点"不仅是柏拉图,而且也是古往今来的许多西方学者容易犯发的毛病。不过,柏拉图的过激批评并非完全没有理由。在西方文论史上,柏拉图或许是第一位以十分严肃的态度认真对待一些直到今天仍在困惑着许多人的文评"难点",包括探讨能使人看后感到高兴的作品是否一定就是优秀作品的问题。应该看到,在柏拉图生活的年代,智者的活动已经遍及社会教育的各个方面,他们的说教已经深深地影响了人们的道德观。柏拉图显然不能同意当时流行的"人是衡量一切的标准"以及音乐的好坏取决于"是否能使人欢悦"的观点。他坚信"愉悦"不等于"好",认为"愉悦论"或"快感至上论"是一种难以容忍的奇谈。[19]他号召人们不要接受这种观点,不要相信"愉悦"是审视音乐的首要和唯一的标准。[20]评审音乐的优劣,在柏拉图看来,除了观察它的结构、内容和表现形式外,[21]最重要的是看它的人文效益,也就是说,根据它的知识品位和道德内涵。在柏氏看来,艺术的好坏与国家的利益和人的生存景况息息相关。所以,谈论艺术有时不能就事论事,不能把艺术当作是一个与政治和伦理无关的独立的本体。优秀的音乐必须有利于心智的开发,有利于良好的社会风气的形成,有利于稳笃、健康、持之以恒的道德观的建立:

　　任何动作或音调,只要有助于心灵或身体的善好(arētē)——不管是与善好本身,还是它的某种形象有关(tinos eikonos)——都是好的(melē kala),而那些与"不好"相关的则恰恰与之相反。[22]

优秀的音乐可以改变人的精神面貌,影响人的行为;它可以促使人们形成完美的性格,养成良好的习惯。这些不仅是城邦的管理者和保卫者们必须具备的素质,而且也是全体公民应该努力达到的"境界"。就连妇女也应该接受诗和音乐的熏陶,只是所用的"歌曲"应和教育男子的有所不同。[23]在公元前四世纪,音乐在初级课程中占有相当大的比重,和诵诗及书写一起构成文科的支柱。从现存的古希腊陶罐上,我们可以看到当年孩子们在老师的指导下引吭高歌的情景。

柏拉图对舞蹈的态度基本上与他对音乐的态度持平,表现出明显的道德倾向。舞蹈的设计师和参与者必须遵守城邦的法规,违背者将受到国家和社团的制裁。[24]舞蹈通过人体的有节奏的运动进行,可以单独上演,亦可作为(并且似乎常常是)古希腊诗乐的极富表现力的辅助成分。舞蹈分庄严或严肃的和荒诞或滑稽的两种,通过不同的体态展示和运动的方式分别表现之。严肃的舞蹈又可分作两小类,即(一)坚忍型:表现战斗和在艰难困苦中拼搏的人们,展现斗士刚健的体魄,勇敢无畏的心魂;(二)克制型:表现在和平、富足及可有适度享受的条件下人的自制精神,展示他们沉静、充实的心灵。从荷马开始,古希腊人就习惯于把人的生存放在"战争"与"和平"这两种景况中来讨论。在阿基琉斯的战盾上,匠神赫法伊斯托斯铸下了战争与和平的图景(见《伊利亚特》第十八卷)。坚忍型的"战斗舞蹈"描绘战场上浴血搏杀的情景,动作起伏的幅度较大。人们时而左右躲闪,跌打滚爬,时而开弓放箭,振臂投枪。尽管条件艰苦,面对生死存亡的考验,但优秀的战士意志顽强,坚韧不拔,一往无前。舞蹈者要表现真正的勇士风度,重现战士们视死如归的英雄气概。因此,舞姿要雄浑有力,刚劲挺拔,动中见稳,猛而不乱。与之相比,克制型的"和平舞蹈"旨在表现国度中人

们遵纪守法、井然有序的生活景观。因此,舞姿要从容不迫,舒展优雅,给人收放得体、威而不露的感觉。㉕

虽然柏拉图没有明言昭示,但我们似乎可以把他随之论及的"巴科斯的信徒们"所跳的舞蹈归为荒诞或滑稽类。此种舞蹈似乎更具"摹拟"的性质,表现人们在女仙、潘神和萨图罗斯等精怪的迷纵下,酗酒闹事,神志恍惚,如痴如醉的怪诞场面,通常盛行于放荡的宗教活动和内容奇特的秘仪之中。荒诞舞既不同于雄健的战斗舞蹈,亦不同于典雅的"和平之风";事实上,人们难以弄清这种舞蹈有什么明确的目的。最好的办法是把它搁置一边,"宣布它不宜于公民的参与",㉖不适用于对公民的教育。艺术从来就不是"铁板一块",只能有一张面孔。在我国,诗乐向来有"阳春白雪"和"下里巴人"之分。在《诗学》里,亚里士多德追溯了诗的起源,把诗歌分为"严肃的"和"滑稽的"两类,认为悲剧和喜剧分别代表了这两类作品的成熟形式。

除了诗与音乐外,柏拉图经常论及的艺术㉗是绘画(zōgraphia)。绘画属于技艺的范畴。熟悉柏拉图艺术理论的读者或许知道,这位艺术理论家曾对技艺作过多种形式的划分,㉘囿于本章的宗旨,这里不便一一提及。但是,根据我们的研究分析,一般说来,"三分论"似乎代表了柏拉图技艺划分理论中的一个比较明显的趋向。所谓"三分",指把技艺(technai)分作三个大类,即(一)摹仿类,(二)工艺或建造类,(三)治养类。㉙《法律篇》进一步澄清了《国家篇》第三卷提出的有关"摹仿技艺"的观点,用 technai eikastikai 和 mimētikai㉚表示包括诗、音乐、绘画、舞蹈和雕塑在内的摹仿艺术。此外,综观柏拉图的全部论述,摹仿艺术还包括广义上的文学,即诗、散文、修辞、讲演以及神话和传说等。我们今天所说的"艺术",属于柏拉图技艺体系中的摹仿类。㉛不过,从某种意义上来说,音乐、绘画和雕塑等技艺兼具"工艺"的性质,像木工一样,采用某些既定的工序和技巧,生产或制作"产品"或"成品"。[32]应该指出的是,"摹仿艺术"和"摹仿"不是同一个概念。按照柏拉图的见解,哲学和政治也从事摹仿,但它们不是特指的摹仿艺术。"摹仿"是一种趋同方式,而"摹仿艺术"则通常是某一类有特定所指的艺术的总称。

柏拉图承认,摹仿艺术有时具备积极的意义,但在论及摹仿与现实的关系时,他却经常迫于立论的需要,把它们当作负面的"陪衬"。在《智者篇》里,柏拉图指出,神可以制作两类形态,一类具备实体,如自然景物,另一类是对实体的摹仿,如梦、影子和幻觉等。和神明一样,人间的工匠亦可制作两类形态或形象,一类是"真形"或样板的仿制品,(如具体的、有实体存在的)房屋,另一类是对仿制品的再摹仿,如艺术作品中的房屋。显然,同现实相比,艺术就像它的影子一样。在柏拉图的本体论中,绘画等摹仿艺术提供的形象似乎和梦、影子和幻觉等处在同一个层次上。我们注意到,在谈论这一问题时,柏拉图的态度是严肃的。他知道,当他提出这一观点时,他是在研讨本体论中的一个重要问题,即如何令人信服地把对本体的寻索引向物质世界以外的境域。

在本书第二章里,我们讨论过诗的摹仿问题。从本体论的角度出发,柏拉图认为诗是对真理或"真形"的两度离异。在这一点上,绘画和诗歌一样,处于虚软的地位。事实上,在提出诗的本体性质时,柏拉图举了绘画为例。世界上有许多桌子和床,但只有一张桌子和床的"形"或"真形"(eidos)。[33]神或神工是桌子和床的"形"的制作者。很明显,柏拉图在此创造性地运用了苏格拉底的归纳法和普遍定义原则。与神工对应的是人间的工匠,他们跟踪神的创造,盯视或仰视(blepōn)神工的产品(即 eidos),制作具体的桌子和床。[34]另有一类艺匠,即人间的画家或画匠,亦擅"制作"某种意义上的床(klinē),即平面上的床的画像。不管画家的本事多大,也不管画得如何逼真,画面上的床既非床的"真形",亦非得用的实物,而只是或仅仅是某个具体床的表面形象（phainomena）的复现——换言之,只是对"表象的摹仿"（phantaōmatos mimēsis）。[35]作为缥缈的虚象（eidōlon）,画家的作品甚至难以反映床的全貌。他只能从某个角度入手,画出床的某个面观;用柏拉图的话来说,他只能表现床的"零星碎片"（smikron ti hekastou ephaptetai）。[36]画家的工作有着极大的局限性。和画家一样,诗人及所有的（文艺）摹仿者都是远离真理的艺术家。柏拉图对造型艺术的分析没有停留在机械摹仿的观点上。如果仅仅是这样（即只是注重机械摹仿）,他的艺术理论中就会失去一些颇受当代艺术评论家们重视的闪光的思想。柏拉图不仅精通诗艺,而且对造型艺术亦有独到的研究。

上文说过,按照柏拉图的理解,人和神明一样,生产实物及实物的仿制品或形象（即虚象）。《智者篇》把人的"虚象制作艺术"（eidōlopoiikē technē）分类两种,一种叫作"复制艺术"（eikastikē）,它旨在重现原型的形貌,使作品极其精确地摹仿原型的形观,制作它的"复制品";[37]另一种叫作"幻象艺术"（phantastikē）,它以人为的改动取代原型（或摹仿对象）的形观和部分间的比例,制造失真的艺术效果。[38]然而,无论是"虚（或仿）象"还是"幻象"都带有欺骗的倾向,前者以假乱真,后者"歪曲"或"扭曲"事物即原型的模样。如同巧舌如簧的智者,雕塑家和建筑师们利用透视的原则,有意识地加大作品的上部,因为在一般情况下,与下部相比,它的位置离观赏者更远。这是一种通过变动事物应有的科学比例（或实际比例）,用扭曲的"幻象"顺应或迎合人的视觉误差的创作手法。我们知道,在公元前五世纪中叶,古希腊艺术家们就已经掌握了包括透视在内一些高难度技术,他们中的一些人,如阿伽萨耳科和欧弗拉诺耳等还曾著书立说。柏拉图熟知当时造型艺术高度发展的趋势,担心技术的发展会带来负面的效果。柏拉图认为,造型艺术家们巧妙地利用了人的"弱点",他们的"欺骗"包含两层意思:（一）制造假

象,误导公众;(二)掩饰自己的无知,让人产生艺术家们无所不能的错觉。以画家为例:

> 我们知道,有人会声称自己本事很大,能用一种技巧画绘世间的万物。当用笔画出和真实事物同名的作品并把它放出一定的距离,他就能欺骗儿童纯洁的心灵,使他们以为此君能极其逼真地"创制"他想描绘的任何事物。㊴

画家和雕塑家"炮制"两度离异于真理(即处于"三度"位置上)的作品,制造迷人的假象。柏拉图不赞成这种形式的"欺骗",因为如果不是为了邦国和社团的利益,"说谎"就失去了它的道德基础。在《国家篇》10.665A—B里,苏格拉底再次把诗人比作画家,认为诗人的作品和图画一样,是对现实的拙劣摹仿,它们"讨好"心魂中低劣的部分,而不是它的精华。柏拉图向来注重心魂(psuchē)的状况,坚信这不仅是政治家,而且还应是艺术家们不可忽略的问题。在公元前四世纪,中国的亚圣孟子也曾谈及"心"的问题,但在重视的程度上似乎比不上苏格拉底和柏拉图。从苏格拉底起,对心魂的"照料"一直是西方"人学"中的一个重要内容(当然,其中不乏宗教的糟粕)。相比之下,在我国古代,对心或心魂的研究始终没有成为一门有影响的学科。

柏拉图指出,在非纯知识的平面上,人与器物间的关系分三种,即(一)使用和被使用,(二)制作和被制作,(三)摹仿和被摹仿。三种关系包含三种不同的智能状态,即(一)使用者掌握有关物品的性质与性能的知识(epistēmē),(二)制造者掌握有关制作的"正确方法"(pistin orthēn),(三)摹仿者(mimētai,包括诗人)既不掌握知识,也没有 pistis orthē,因而对摹仿的正确与否或好坏与否(eite kala kai ortha eite mē)一无所知。摹仿只是一种游戏(paidian),根本不值得认真对待。㊵虽然此番话的直接所指或承受者是悲剧作家,但我们似乎有理由相信,柏拉图的实际所指并非仅限于这些人,因为他在 602D 里接着指出,画家善于利用人们的视觉误差,绘画"就像巫术一样"。和诗人一样,画家需要学习,不应满足于工匠的技能。当然,诗人的工作性质决定了他们在某些方面不同于画家,他们的误导不是利用人的视觉误差,而是侧重于制作变幻莫测的虚象。

作为摹仿艺术家,画匠和诗人都不具备太多的知识。但是,在某些上下文(比如《高尔吉亚篇》503E—504B)里,柏拉图明显地倾向于将画家(zōgraphoi)等同于工匠或"技工"。至少,在他看来,画家的工作性质决定了他们比诗人更接近于木工(tektones,单数 tektōn,亦可作"建筑师"和"技术人员"解)。当把画家与 tektones 相提并论时,柏拉图毫不犹豫地肯定画家掌握某种知识,[41]和智者处在同一个对比层面上:

> 人们可以同样的方式评估画家(zōgraphoi)和工匠(tektones),承认他们掌握知识,知晓包含智慧的事情。但是,倘若有人发问,画家掌握何种知识(sophia),我们便应这样回答:他们拥有关于制作形象(eikones)的知识……倘若有人发问……智者是哪方面的专家,我们又该如何作答?
>
> 我们只能回答,他掌握教授的技巧,培训聪灵的演说者。[42]

所谓"制作形象(eikones)的知识"既不同于使用者的知识,也不完全等同于制作实物的知识或"正确的方法",所以在知识的阶梯上处于最低的位置,因为它只涉及事物的表象。[43]然而,画家毕竟还有一些知识,毕竟还能凭靠自己的力量(包括构思、技巧等)完成别人难以胜任的工作。古希腊没有专门的艺校,学习绘画就像学习制作陶罐一样,通常要靠师傅或已经成名的画师的指点。同诗人相比,画家及其他造型艺术家的知识——如果他们有一些知识的话——或许更具"实干"的性质,因此从某种意义上来说,他们是比疯疯癫癫的诗人更有实践知识的"准工匠"。然而,尽管工匠"仰视"神工制作的"真形"(换言之,摹仿神制的"原型"),但却无法真正理解神工的伟大。画家没有哲人的睿智,并且似乎也缺少"挚爱"(erōs)和对事业的"迷狂"(mania),不能把对"真形"的向往上升为对真理的追求。所以,图画也像诗歌和其他形式的文学作品一样,不具备深层意义上的哲学内涵,不具备辩析和elenchos的科学精神,不具备积极开发人的心智的天然倾向。艺术摹仿不能使实践者真正变得聪明起来,不管他们干得多么认真,付出多大的力气。[44]真正的或最高层次上的知识,按照柏拉图的见解,不是实践的产物。如果实践可以代替知识,那么被赶出理想国的就不是诗人,而应是追寻知识的哲学家。实践有属于自己的工作领域,这是柏拉图的一贯思想。图画缺乏应变的能力,一经形成,就成了一堆僵固和缺乏活力的颜料的堆砌,"像成文之作一样,不能回答人们的问题"。[45]画家也缺少诗人的灵性,后者可以凭靠神的指点,借助通神的迷狂(mania),讲述过去发生的事情,讲诵世代相传的故事。画家和造型艺术家必须依靠自己的努力,像工匠那样吭吭哧哧地实干,用辛勤的汗水催开通常不如诗歌耀眼的鲜花。在著名的《奈弥亚颂》5里,品达唱道:"我不是雕石的工匠,不是制作石像的匠人……我的甜美的诗歌,随着每一艘海船,每一叶小舟,扬帆远航。"直到西塞罗生活的公元前一世纪,绘画和雕塑仍然属于"匠人的劳作"(或脏俗的艺术),而诗人却是所谓的"杰出人物"。文艺复兴期间及以后,西方艺术界发生了一个值得我们重视的变化,那就是诗人的"神圣性"的逐渐减少和包括画家在内的造型艺术家的地位的逐步提高。

像荷马一样,柏拉图擅用比喻。比喻(包括明喻、隐喻及各种变体)是古希腊诗论和修辞学中的一项重要内容,亚里士多德曾对此作过专门的研究。柏拉图常常把诗和造型艺术相比,也曾多次使用比喻的手法,把绘画和其他技艺(如语言、文法等)相提并论。这种方法加强了立论的形象性,能给人生动、立体的感觉。此外,使用比喻,不像一般的平铺直叙;使用者必须深刻理解受比各方的"条件",否则就会闹出驴唇不对马嘴的笑话。所以,通过对有关比喻的了解,我们似乎可以从一个侧面接触到柏拉图对绘画艺术的某些技术性见解。在《克拉底鲁篇》里,柏拉图把话语的构组比作绘画中颜料的搭配:

> 像画家那样,我想,当他们打算进行摹仿,有时仅用红色,有时选用其他颜色,有时却采用多种颜色并用的方法,绘制人像或其他景观,根据画形的要求选用颜料,我们用字母表示事物,或用单个字母,如果出于需要,或用字母的连合,组成音节,像人们称呼它们的那样,然后用音节组成名词和动词——最后,通过名词和动词的结合,形成结构庞大、美观和完整的语句。正如人们通过绘画艺术(graphikē)制作图画,我们通过定名艺术(onomastikē)创制话语……[46]

这里"话语"亦可包含"诗歌",因为诗歌是语言的一种存在方式,亦需用字母和词汇合成。在本书第一章里,我们曾经讨论过 elenchos 的作用。我们说过,elenchos 的作用之一是清除人们原有的误解,形成新的"心智环境",从较为纯净的认知底线出发,排除各种偏见和世俗观点的干扰,运用新的方法,接触新的知识,开始新的探索。如果说,在早期的对话里这是一种求知的方法,在《国家篇》里,柏拉图已把它推而广之,作为一种立法的原则。柏拉图把它的设计看作是一种在许多方面均属全新的方案,既有自己的立论原则,又有配套的构组方式和内容。精美的比喻恰到好处地表述了一位"改革者"的勃勃雄心。在这

篇著名的极富文学色彩的对话里,柏拉图再次以绘画为例或作为比较的一方,施展了讲"故事"的才华:

> 他们(即法典制定者——译者按)会接过城市和民众的性格,如同拿过一块画板,先把它擦抹干净,而这并非一件易事。不管怎么说,你知道这是他们与其他平庸的改革者之间的第一个差别。他们不会接受任何个人或城邦,也不会贸然立法,除非已经有了一块干净的画板,或在他们自己动手,把它擦抹干净之前。⑰

接着,他们会动手绘制,设计出"宪法的图案"(schēmata tēs politeias)。在工作过程中,

> 他们会不时地左右环顾,时而看视正义、美、克制以及类似的要素,因为它们存在于事物的自然属性之中,时而看视他们打算在人间重现的景象(en tois anthrōpois empoioien),调和及匀合各种颜料,进行多种尝试,从对人的审视中作出判断——荷马也曾这样说过——找出其中的像神之处或神的形象……⑱

立法者不能下笔如神,一锤定音。他们会擦去不尽如人意的画迹,重新涂上颜料,修改斟酌,直至找到最佳的选择,使人的品质和性格尽可能地符合神的意愿,受到神的钟爱。⑲

法典制定者可以借用绘画的方法,更好地设计完美的城邦,塑造公民的性格,规划各个阶层的生活。老子说过,"治大国如烹小鲜"(一个绝好的比喻),柏拉图则认为,治国犹如绘画。我们不知道老子是否是一位美食家,却可以肯定柏拉图是一位极有眼光的艺术鉴赏家。不过,从柏拉图的一贯立场来判断,我们似乎没有理由相信他会要求法典制

定者在认识论平面上向画家看齐,因为后者只知道如何摹仿事物的表象。如果说法典制定者或哲学家,从某种意义上来说也是摹仿者,但他们摹仿的对象却是国家的"真形",是真善美在政治领域里的最好和最完美的体现。反过来,倘若鼓励画家和造型艺术家向法典制作者即哲学家学习,对此类"建议",我们或许可以假设,柏拉图一定会表示由衷的赞赏。事实上,此番推论符合他的一贯思想,即艺术摹仿只能反映事物的外观,而不能或很难触及它的实质。艺术若要显得深刻,必须借助哲学探究的切入方法,抓住表象下面的真实"框架",充分利用造型艺术的优势,展示尽可能美好的视觉图像。㊾在本书的最后一章里,我们将着重讨论柏拉图的美学思想。与此同时,我们将从另一个侧面揭示柏拉图对艺术问题的深沉思考。这位被黑格尔不无夸张地誉为"人类导师"的艺术理论家确实有一些十分精到和美妙的想法。

注　释

① 参看《国家篇》2.376E。此外,在公元前五世纪,悲剧诗人通常还要参加演出(并且是串演一个以上的角色)。荷马称诗为 aoidē,意为"歌"或"诗歌",称诗人为 aoidos(参考第一章注⑬)。《阿波罗颂》的作者用 sophia 指诗;品达有时亦把诗比作 sophia(智慧,参考第六章注⑰)。至迟在公元前五世纪,mousikē 已被用于指诗和音乐。Poiēsis 指诗或"诗的制作"(参考第七章注⑩)。诗与乐的并陈亦作 melos(歌),无音乐伴奏的诗为 ōidē。

② 当然,在论及纯音乐时(参考注⑫),我们可以"忘记"这一前提。在中国,周代盛行礼乐制,其中的"乐"亦包括诗和音乐(还有舞蹈,参考本书第五注⑨)。孔子曰:"志于道,据于德,依于仁,游于艺。"(《论语·述而》)这里所说的"艺"近似于"乐",泛指音乐、诗歌和舞蹈等艺术。对于古希腊人,mousikē(缪斯的艺术)可以包含两层意思,即(一)从事教育的手段及内容,包括阅读、书写、算术、绘画和诗歌;(二)音乐,换言之,与我们今天所说的"音乐"等义(J. Portnoy, *The Philosopher and Music*, p.21)。参考第八章注⑫。诗乐是古希腊人对儿童实施教育的主要手段,它的重要性远远超过今天的孩子们所熟悉的音乐课。所以,诗乐范围内的任何改动都是十分敏感的问题,都会引起社会贤达的关注。

③ "颂歌"(或"阿波罗颂"),伊俄尼亚方言作 paian,阿提卡方言作 paiōn,原意为"医者"、"治疗者",派生自动词 paiein(击打、用力点触)。"治疗者"是阿波罗的饰词,paian 也转义指对阿波罗的赞颂。阿波罗是古希腊人心目中的医神。Iē paiēōn(阿提卡方言作 Iō paiōn)——哦,医治之神!

④ "酒神颂"即狄苏朗勃斯,通常由歌队演唱,以唱诵酒神狄俄尼索斯的经历为主,其伴奏乐器为管箫。演出时歌队呈圆形,与悲剧歌队的长方形队式不同。在雅典,酒神颂合唱每年举行两次,一次在春季,一次在初冬,赛事分别在狄俄尼西亚和莱奈亚庆祭节里展开。

⑤ Nomos,"调子"、"曲调"[诗人阿尔克曼(Alkman)用该词指"歌"或"音乐"(参考 H. W. Smith, *Greek Melic Poets*, p. lviii)],最初指一种以史诗为内容的"歌"。公元前七世纪,莱斯波斯诗人泰耳庞德罗斯(Terpandros)将其改造成有歌本的文学形式,演唱时可由管箫或竖琴伴奏。Nomos 还有别的含义,它的深广潜力或许还有待于我们用理论的镢头来开发。我们说过,muthos(故事、神话)和 logos(理性、思辨)是撑托西方文化大厦的两根支柱(参考第五章注㊺;比较第三章注㉚、第八章注㊷等处)。如果说 muthos(秘索思)亦可表述真理(参见第八章注㉓),而 logos(逻各斯)也可以指称故事(参见《国家篇》2.376E,另参考第十章注㉒),nomos 则以更明晰的兼指功能更具概括力地展现出西方文化的兼容理性思辨与朦胧诗化的特征。Nomos 是表示"法"、"习俗"和"规则"的普通用语。在公元前五世纪至公元前四世纪,学者们围绕 nomos 与 phusis(自然、本性)的所指及功用展开过广泛和旷日持久的讨论。Nomos 也是指称"诗乐"或(某一类)"诗曲"的规范用词,频频出现在哲学家和文论家的著述里。柏拉图曾在同一篇对话里使用了 nomos 的这两种含义(参考第六章注①)。Nomos 浓缩性地反映了 muthos 和 logos(法律论著无疑是一种 logos)的所指,从它所占据的角度展示了西方文化的实质,展示了包含 logos 和 muthos 的诸多词义之中的西方人的既离不开"故事"、又侧重于理性思考的人文取向。

⑥ 详见《拉凯斯篇》188D,193D—E。在《国家篇》第三卷里,柏拉图指责伊俄尼亚和鲁底亚调"松弛"、"酥软",听后会瓦解卫士的斗志,故而应被逐出国邦,而多里亚(或多里斯)调和弗鲁吉亚调则饱含阳刚之气,显示赫赫的军威,故而可以留用(详见 398E 以下)。很明显,对于曲调和诗乐的取舍,柏氏的标准首先是道德(和政治)的,只有符合道德原则的音乐才可能成为最好的音乐。音乐可以改变人的心态,塑造性格,定导价值观的形成,因此它的好坏将直接影响教育的质量、公民的道德素质和城邦的未来。此外,音乐也是评审人的道德水准的尺码;节奏和音乐摹仿人的或好或坏的性格(《法律篇》7.798D)。比较:"故言,心声也;书,心画也;声画形,君子小人见矣。"(杨雄《问神》)我们注意到,在这一点上孔夫子和柏拉图可谓不谋而合,所见略同。孔子坚持"里仁为美"(《论语·里仁》),主张"尊五美,屏四恶"(《尧曰》)。他重视音乐的教育功能,恶"郑声",批评此乐"淫"(《论语·卫灵公》),喜闻古曲,尤爱齐国的《韶》乐(参考《八佾》、《述而》)。J. Portnoy 教授指出了这一"巧合",简要地研析了东西方文化的两位巨匠在这方面的雷同(*The Philosopher and Music*, p. 15)。不过,或许因为柏氏是一位创立了"形论"的哲学家,所以他会更多地考虑道德观念的知识背景问题,更多地强调"知"对"行"和进行评审的指导意义。我们及我们打算培养和教育的城邦的卫士们都不可能成为真正的音乐家(mousikoi,即有良好教养的文化人),柏拉图说道,除非我们都能正确理解什么是真正的节制(sōphrosunēs)、勇敢(andreias)、自由(eleutheriotetos)和雄心(megaloprepeias),正确理解含义上与之相和"相反"的概念(《国家篇》3.402B1—C5)。真正的 mousikoi 不仅应该热爱和"知晓"音乐(或诗乐),而且首先必须是酷爱和掌握知识的权威。参考注⑭。亚里士多

德也认为多里亚调是最好和最合宜的曲调：人们全都同意，"多里亚音乐最庄严，最能表现刚勇的气度"。像对道德观的解释一样，音乐要避免走极端的倾向，遵循"黄金中道"的原则。多里亚调不偏不倚，因此是适合于教育年轻人的曲调（《政治学》8.7.1342^b）。

⑦ 参考本书第七章第9段及本章注⑫和第七章注⑱等处。公元前590（一说前582）年，管箫乐独奏被列为普希亚赛会中的一个项目；前588年，竖琴独奏亦被纳入该赛会的竞比序列。在西库昂(Sikuōn)，至迟在公元前五世纪已出现竖琴合奏和管箫合奏。在喜剧里，人们偶尔用乐器的发声摹仿鸟鸣等声响（参考 A. W. Pickard-Cambridge, *The Dramatic Festivals of Athens*, p. 262）。亚里士多德认为，音乐可以摹仿人的行动和形象；即使没有话语，曲调亦能表现人的内在情感和道德意识（《问题》19.27.919^b；比较叔本华和尼采的观点，参考第七章注⑱）。就制作形象而言，音乐显然不如语言。柏拉图没有雨果的浪漫，把音乐比作思维者的声音；他似乎也不会赞同雨果的同胞莱修埃尔在《音乐见解》一书里表述的观点，以为音乐（从一定程度上来说）能"画出想画的一切"。然而，音乐的确具备描述的功能（参考 G. W. F. Hegel, *On the Arts*, translated by H. Paolucci, p. 138）。S. Qssowski 在其《美学基础》一书中谈到了音乐产生形象的问题，用"音乐形象"(musical images)一语指称描述性音乐所引发的想象(*The Foundations of Aesthetics*, translated by J. and W. Rodznsky, p. 84)。鲁宾斯坦称肖邦为"钢琴诗人"(*From Bach to Stravinsky*, edited by D. Ewen, p. 171)；施特劳斯声称，"总有一天，作曲家会谱写出餐桌上的银餐具，让听众听出刀叉的不同声音"(D. W. Sherburne, "Meaning and Music", *The Journal of Aesthetics and Art Criticism* 24, p. 581)。巴赫写过一个乐章，叫"公共马车咏叹调"，其中有摹拟马蹄的声响。法朴纳(Farina)的"斯特拉冯特随想曲"准确地摹仿了鸟儿的叫声，拉莫(Rameau)的"母鸡"一曲一开始就用"咯—咯"之声点出了作品的主题。约翰·芒迪(John Mondy)在其"幻想曲"里描绘了天气的变化，包括隆隆的雷鸣；威廉·拜尔(William Byrd)描写过战斗的全过程，从战士集到步兵行军，骑兵出动，从号角齐鸣到风笛奏响，长笛与锣鼓的配合，从战斗打响到大获全胜，凯旋而归（参见 C. S. Brown, *Music and Literature*, p. 257）。

⑧ 参考《克拉底鲁篇》423D；《法律篇》2.655D 以下，7.798D 以下和812C 以下。据说毕达戈拉学派的成员们喜欢竖琴，认为管箫(aulos,复数 auloi)声音粗糙，而且含糊不清。根据古希腊传说，安菲昂的竖琴音乐曾"唤起"石头，排成保卫古城忒拜的高墙。在公元前332 年以后的希腊化时期，新毕达戈拉学派的成员们曾尝试竞比奥菲俄斯的"魔术"，用竖琴音乐解救人的心魂，使其挣脱死亡的禁锢。管箫的声音尖利、刺耳、穿透力较强，虽说不太适合于对儿童和青少年的教育（详见亚里士多德《政治学》8.6.1341^{a}17 以下），却可以产生某些特殊的效果，比如协助治疗疯癫、昏迷和坐骨神经痛等疾病。古希腊人用"以管箫吹激"一语喻指使听者进入神志不清或"巫迷"的状态（见 M. L. West, *Ancient Greek Music*, p. 33）。柏拉图指责管箫"挑逗"，对多弦式的乐器亦感到难以放心。他认为，只有传统和结构相对简单的竖琴与牧人的管笛才是可以接受的、从道德角度来看"无害"的乐器，因此尤其适用于对儿童和青少年的教育。亚里士多德认为，音乐只是手段，不是目的。孩子们应该修习音乐，包括学习使用乐器，但不可沉溺太深，一味追求愉悦。孩子们要学会欣赏高雅的曲调，而不能只是喜欢普通（或流行）的音乐，因为即便是奴隶（甚至某些动物）都能从后者中汲取快感。管箫不适宜于表现道德性格，所以最好把它用于疏泄情绪，而不是

教育的目的。此外，管箫的乐声太过尖利，会吞没诗句的唱诵，这是它不适用于教育的另一个原因(1341ª)。不宜对孩子们进行专业化(指旨在参加比赛)的音乐训练(包括对曲调和乐器的掌握)，因为赛手通常不是为了提高自己的文化素养练习，他们的表演只是为了使听众高兴。亚氏看到了观众的喜好对演出者的影响，认为粗俗的审美情趣会降低作品的格调，侵蚀表演者的性格(参考1341ᵇ)。

⑨　参考《大希庇亚篇》298A。

⑩　《会饮篇》187C。

⑪　详见《法律篇》7.790—791。亚里士多德赞同柏拉图的观点，认为悲剧要表现人物的行动，通过引发怜悯与恐惧的感觉使观众得到情感上的净化(katharsis，参考《政治学》8.7.1342ª)，在《政治学》第八卷第七章里，亚里士多德把音乐按功能分为三类。一类适用于教育，另一类用于消遣，还有一类可像药物一样起净化和调理的作用。动感强烈的音乐可以引发某些人的宗教狂热，当情感的高潮一扫而过后，他们的心情就会趋于平静，就像得到了治疗和净洗一样(hōsper iatreias...kai katharseōs)。很明显，和他的同胞们一样，柏拉图和亚里士多德都熟悉毕达戈拉斯派的"音疗理论"，尽管最早将音乐用于治病的可能是东方的巴比伦人和非洲的埃及人。在我国，音疗的历史可以追溯到史前时代，源远流长。古希腊人相信，颂神诗(包括音乐)可以平息神的愤怒。在《伊利亚特》第九卷里，当俄底修斯一行进入阿基琉斯的军营时，发现这位联军的主力战将正和着"清脆悦耳"的琴声高歌，快慰自己的心灵(186—191)。比较："君子作歌，维以告哀"(《诗经·小雅·四月》)；"乐也者，郁于中而泄于外者也"(韩愈《送孟东野序》)。古希腊人熟知音乐的功用(参考第一章注㊱)，知晓它能对心魂产生强有力的震撼。他们意识到音乐的力量，"可以宽舒，可以抚慰，可以愉悦和激奋，可以挑逗，使人狂癫"(M. L. West，引书同⑧，p.31)。柏氏主张沿用传统的、已经定型的音乐。他赞赏埃及人的做法，用音乐压抑人的原始情感，净化他们的心灵(参考《法律篇》2.657)。音乐不应挑发偏离善好的激情，否则它就和巫术没有什么区别。

⑫　当然，这是希腊人的观点(参考亚里士多德《问题》19.29.920ª,19.27.919ᵇ)。亚里士多德把诗、音乐和舞蹈看作是一个"群体"，它们的一个共同点便是用节奏摹仿(《诗学》1.1447ª21—28)。柏拉图相信，诗乐教育是最庄严的事业，节奏(rhuthmos)与和谐的曲调(harmonia)是最能进入人的心魂(eis...psuchēs)并能最牢固地在里头扎根的东西(《国家篇》3.401D)。音乐教育必须从优避劣，使人们养成拒恶扬善的心理，在美好诗乐的熏陶下促进自身的完善。好的诗乐对青少年的成长大有益处，为他们接受高层次上的教育妥作准备。有了扎实的音乐基础，他们会本能地厌根丑恶，而及至能够进行思考和推理的年龄，他们会自觉地欢迎理性(logos)的到来(详见401E—402A)。古希腊乐师通常用一个音符标示一个音节；音节有长短之分，一个长音的占时等于两个短音节。古希腊音乐不具备现代意义上的和声体系。在公元前四世纪，一些诗人倾向于"扯开"音乐与唱词间的原本十分密切的关系，滥用音乐程式，引起了包括柏氏在内的一些人士的反对(参考第三章注㊺)。柏氏强调语言(或歌词)的重要，认为诗人应该围绕歌词谱曲。他反对乐师们谱写只求动听的纯音乐。"没有歌词"，他写道，人们将"很难弄懂音调与节奏的所指，也看不出它们摹仿了什么有意义的原型"(详见《法律篇》2.669—670)。近当代的许多哲学家和文艺

理论家们或许不会完全赞同柏拉图的观点(参考第七章注⑱)。兰博(Rambeau)认为,文学与艺术受到一个共同的原则,即和谐原则的支配(J. Portnoy, *The Philosopher and Music*, p. 151;比较注⑰;另参考注㊻)。瓦尔特·巴斯特(Walter Baster)在一篇论吉奥吉昂的文章中指出,"一切艺术都向往纯音乐的境界"(参见 M. Valency, *The End of the World*, pp. 48—49;比较毕达戈拉的显然是得到柏拉图赞同的观点:宇宙的生成和运动体现音乐与数理的原则)。语言似乎在向音乐靠拢,文学亦在某种程度上呈现出音乐化的趋势。我们从惠特曼的许多诗作中可以轻而易举地看出他对音乐(包括变奏、重音等)的摹仿。查曼兹·冷哈德(Charmenzs Lenhart)教授认为,《草叶集》与其他诗人的作品风格不同,形式上的区别主要体现在它的浓郁的音乐性:"惠特曼最优秀的诗歌听起来太像音乐了,评论家们不得不在音乐中寻找相应的作品。"(*Musical Influence on American Poetry*, p. 762)埃兹拉·庞德曾就詹姆斯·乔伊斯的《尤利西斯》发表过精到的见解,指出了该小说与音乐之间的相似性;这是一本"以奏鸣曲形式出现的小说,也就是说,它拥有这样的形式:主旋律、变奏、合并、展开、终曲"(*Literature and Music*, edited by N. A. Cluck; p. 214;以上摘引均由王天明先生译自本人用英语撰写的博士论文《从 IMI 到 IM:一种研究作为形象制作者的文艺的新途径》中的相关引文)。

⑬ 参考《国家篇》3.398C, 7.522A;《法律篇》2.264B 以下,660;《普罗泰戈拉篇》326A 等处。另比较《克里托篇》50D;《泰阿泰德篇》206A 以下等处。诗乐是古希腊人对儿童进行启蒙教育的手段。柏拉图重视诗乐的这种"先入为主"的优势,所以特别强调内容的合宜性和形式的固定性。

⑭ 参见《厄庇诺摩篇》978A。诗乐的主体是语言,作用在于教育儿童;芜杂的程式会喧宾夺主,削弱语言的地位,造成理解的困难(参考注⑫)。此外,柏拉图担心多愁善感、缠绵悱恻的"高雅"音乐会瓦解雅典人的斗志,在敌人的进攻面前退却。他反对作曲家采用复杂的节奏和混杂的音乐程式(《法律篇》3.700—701),赞赏斯巴达人的诗乐哲学,对他们的检审手段和恪守传统的做法颇感兴趣。音乐要庄重、简单、自然。柏氏劝诫诗人和作曲家们要注意音符的清晰,间隔要分明,不要搞得过于复杂。要避免弦乐和作曲家各行其是的做法,不要让前者奏出一种声响,而作曲家写的却是另一种音调。要注意和声的处理,不要把长短不同的音程、快慢不同的音调和高低不同的音符"堆在一块"。对立成分的"逼挤"会造成音乐的混乱,使孩子们难于理解——在初涉音乐的短短三年时间里(详见《法律篇》7.812D—E)。杂乱无序的音乐也同样不适合于成年人聆听,因为混杂和局促的节奏会导致心智的紊乱,导致其抵触与自然的"配合",达成和谐,从而让非理性的狂蛮占据心灵,促使人们做出愚蠢的行为,无益于稳定的(邦国)政治秩序的建立。音乐反映国民的政治风貌,也从一个方面影响着国民生活的安危。"治世之音安以乐,其政和;乱世之音怨以怒,其政乖;亡国之音哀以思,其民困;声音之道,与政通矣。"(《礼记·乐记》)标新立异是公元前五世纪的希腊音乐界的一大"景观"。一些诗人冲破传统的阻挠,锐意进取,给古老的艺术注入了新鲜血液。酒神颂诗人提谟修斯(生卒约在公元前 450—前 360 年)便是当时的一位先锋派人物。提氏公开声称:我不为过去歌唱,"新颖显示力量……让旧的缪斯滚下地狱"。阿里斯托芬坚持传统的立场,猛烈抨击过诗乐领域里"离经叛道"的倾向。另一位雅典诗人菲瑞克拉忒斯紧随其后,在一出喜剧里通过"音乐"之口抱怨当时的诗人们

对"她"(指音乐)的不公(片断157)。然而,喜剧诗人的嘲讽没有挡住诗曲家们创新的势头。柏拉图生活在音乐革新已在一定程度上蔚成风气的年代,对它的冲力予以了充分的重视。人们都爱唱新的诗曲(《奥德赛》1.351),而新的诗曲实际上即为一种新的诗风。所以,城邦的管理者们决不能采取听之任之的态度,必须全力以赴,禁止革新,捍卫传统(《国家篇》4.424B—C)。斯巴达人不允许诗家对传统诗乐作出任何改动,担心一发而不可收拾,产生连锁反应,积少成多,最终会动摇法律的根基(详见普卢塔克《关于拉凯代蒙人的法律与习惯》1.17)。柏拉图对此抱有同感,坚信曲调是国家意志的体现,曲调的不合宜的更新会导致国家根本大法(或基本的政治和社会规章)的改变(《国家篇》4.424C)。

⑮ 《法律篇》2.659D 等处。参考注⑫。在柏拉图看来,诗乐、宇宙和人的心魂是一个不可分割的整体,人与自然可以通过节奏和音乐找到连接的"交点"。

⑯ 参考第三章第13段和第八章第11段等处。Harmonia(和谐、对立面的联合),词干为harmo-(意为"连接"),动词harmozein。harmonia亦可作"音调"解。希腊音乐理论家阿里斯泰德(约生活在三至四世纪)指出,在古希腊,harmonia 和 melodia(歌、调)同义。

⑰ 参见《蒂迈欧篇》47D—E。比较《法律篇》2.658E,7.802D 等处。按照柏拉图的见解,真正优美的音乐不仅本身包含好的道德取向,而且势必会促进人的正向发展的道德观的确立。作为一个教育的手段,也作为一个文化的原则,人们应该把对音乐的认识(像毕达戈拉所做的那样)看作是了解宇宙和人生的途径。在《蒂迈欧篇》里,柏拉图主张从理性的角度出发理解世界,用几何的原理解释星体的排列。他试图借助科学的精巧和诗化描述的无穷魅力,论证音乐的作用是规导人的生存,帮助他们享过公正与和谐的生活(47)。优美(或合宜)的音乐会增强人对节奏的感受,协助心魂发挥自身的潜力,优化它的运作,使其和宇宙的运行"同步",达成与自然及天体的和谐。

⑱ 详见《普罗泰戈拉篇》316E,316D。柏拉图把智者比作画家,把智术比作绘画。智术是制作虚象(eidōla)的艺术(参考注㊲),传授不是有关事物本身的知识。

⑲ 《法律篇》2.655D。但是,"快感"效应仍然是需要的。即便是哲学也应避免平淡和乏味,如此才能吸引人,尤其是让青少年产生阅读或听讲的兴趣。哲学研讨也是一种游戏(参考注㊵),要有文学的趣味性。

⑳ 《法律篇》2.668A。柏拉图在2.667A以下提出了评审诗乐作品的三条标准,即(一)正确性(orthetēs),(二)实用性(ōpheleia),(三)愉悦性(charis)。然而,不能脱离"正确"和社会效应谈论"愉悦",不能脱离神学原则和道德标准提供"快感"。《国家篇》第三和第十两卷提供的一条毫不含糊的信息是,诗人和艺术家们不能我行我素,必须要有责任感。当然,柏拉图是以他的理解来阐释责任感的,在应用性方面或许存在局限。当今的一些现代派戏剧让人看后并没有多少"愉悦"可言,但是它们发人深省,催人思考。柏氏无缘目睹此类作品,否则,他一定会结合对"几何形图案"和揭示"美本身"的音乐(参考第十章注㊻)的理解,产生更多和更富哲理的遐想。

㉑ 参考第七章第9段和第十章第17段等处。另参考本章注⑭。

㉒ 《法律篇》2.655B。照料人的心魂既是苏格拉底的工作,也是柏拉图哲学关注的焦点。对心魂的研究使柏拉图哲学及以后的西方哲学拥有了一个颇具特色的宽阔层面。柏氏用关于心魂的学说横贯他的道德论和政治哲学,在本体论、诗艺论和宇宙论之间铺设

第九章　音乐·舞蹈·绘画·雕塑

㉓　女子亦应接受教育(参考第五章第 5 段及该章注⑤)。

㉔　参考《法律篇》7.800A。

㉕　详见同上,7.814D—815B。

㉖　同上,7.815C—D。

㉗　指我们今天所说的"艺术"或英美人所说的 fine arts。在柏拉图看来,制革也是一种艺术(technē)。在古希腊,"技艺"和"艺术"是同一个概念,古希腊人用一个词,即 technē 来表示这两层意思(参考 J. J. Pollitt, *The Ancient View of Greek Art*, p. 32)。罗马人用 ars 对译 technē,开创了用"艺术"释译 technē 的先河(参阅 R. G. Collingwood, *The Principles of Art*, pp. 5—7)。W. Jaeger 教授指出,希腊词 technē 并不完全对等英语词 art,二者既有相似的一面,也有某些微妙的差别。Technē 和 art 都强调制作活动的实践性,但 art 往往较多地突出个人的创造力,而 technē 则表示某种公认的知识和操作者使用知识的能力。Technē 的含义远比 art 宽广,可以涵盖任何职业或使用专门知识的行当,"不仅可指绘画、雕塑、建筑和诗乐",而且可指"医术、战略或导航的本领"(*Paideia* volume 2, pp. 129—130;参考 A. Burford, *Graftsmen in Greek and Roman Society*, pp. 13—14 和 J. J. Kockelmans, *Heidegger on Art and Art Works*, p. 6)。Technē 是介于经验(empeiria)和理论(theōria)之间的知识,有时与 epistēmē (系统知识)等义(参考第一章注⑧)。古希腊人之所以不刻意区分"技艺"与"艺术"的不同,或许与他们特别注重 technē 的通连理论与实践的特性有关。哲学家、数学家、科学家和工匠(或工艺家,尤其是建筑师、工程师、画家和雕塑家等)都需要接受理论的指导,都程度不等地从事各种实践(在柏拉图看来,哲学家应是最好的制法者,应直接参与管理城邦的事务)。在公元前六世纪以及整个古典时期,毕达戈拉及其学派成员关于和谐、音乐、数字和几何原理的论述不仅受到哲学家和理论家的重视,而且也是工匠和艺术家们在从事创作活动时不宜忽略的"学术"观点。不过,受职业的限制,实干家们往往只看重理论的实际效应,而不是对理论本身的探研。柏拉图或许正是看到了工艺活动的这种局限,所以才觉得有必要指出纯理论研究和应用性知识之间的差别。

㉘　比如,在《高尔吉亚篇》450C—D 里,他区分了以行动为标志的技艺(如绘画、雕塑等)和以词或符号为标志的技艺(如算术、天文学等);在《斐莱布篇》55E—56C 里,他把音乐、医术、军事和农业等归为一类,把木工(或建造,如造船、盖房)归为另一类,并指出后者具有更高的精度;在《政治家篇》258E 里,他似乎着意于区别应用性技艺和所谓的"纯"技艺。《智者篇》和《政治家篇》列举了三类技艺,即(一)获取(如贸易、狩猎),(二)分离(如苏格拉底的"诘问"),(三)生产或制作(包括"形象"的制作)。"获取"包括对可用于实践和理论研究的知识的汲取。理论包括"指导"(epikatikē)和"评判"(kritikē);评判的主要内容包括"计算"(logistikē)。某些技艺,如医术、体育、政治、养蜂等,是自然的"帮手",可以弥补自然的不足(《法律篇》10.889D;亚里士多德表述过类似的见解,参考《政治学》7.17.1337[a];《动物的部分》687[a—b];另参考《劝尚哲学》11)。斯多噶学派的成员们基本上沿袭了亚氏的观点。西塞罗在《论对至善与至恶的不同观点》第四卷里指出,技艺,尤其是道德哲学,协助自然实现自身无法实现的企愿。参考第七章注②。柏拉图重视人和技艺的作用,

相比之下,海德格尔等反对"主客二分"的当代哲学家们却侧重于强调人和技艺的生存必须依附于自然。在《论真理的本质》中,海德格尔认为真理的实质是"自由"或"让存在"(sein-lassen)。《通向语言之路》进一步解释了 sein-lassen 的含义,那就是(人必须)让自然界中的万物存在。在西方,直到近代以前,技艺(包括艺术)的划分一直是个比较"乱"的问题。普卢塔克区分了三种技艺,其中的"有助于完善"类包括自然科学、数学和天文学。罗马人把技艺分为"自由的"和"粗俗的"两类,伽勒努斯(Cloudius Galenus)笔下的"自由技艺"包括修辞、几何、算术、天文和音乐。西塞罗将技艺分作主要、中等和次要的三类(亦曾按"质地"划分,区分了"说话的"和"无声的"两个大类)。普罗丁重视精神,并把它的参与程度看作是区分技艺和划分等级的标准。由此划分的技艺门类包括(一)生产器物,(二)协助自然,(三)摹仿自然,(四)优化行为,(五)进行完全不受世俗干扰的思考(详见 W. Tatarkiewicz, "Classification of Arts in Antiquity", *Journal of the History of Ideas* 24, p. 238)。技术与艺术不分(或缺乏明确界定)的局面在整个中世纪里没有得到明显的改观。1537 年,意大利人尼福(Agostino Nifo)把"思考智能"分为"主要部分"和"从属部分"两类,前者包括物理、数学、天文、音乐和神学,后者包括语法、智术、修辞和诗学。1542 年,斯佩罗尼(Sperone Speroni)在 *Dialogo della rhetorica* 一书里将艺术分成"应用"和"娱乐"两类,并在娱乐型艺术中分出作用于身体和心魂的两种,前者包括绘画、音乐和烹饪,后者指修辞和诗艺。生活在公元六世纪前后的西方学者们倾向于把诗学看作是修辞学的部分(而二者又都是逻辑学的部分)。学问家奥伦庇俄多罗(Olumpiodoros,活动年代约在五世纪末以后)认为,亚里士多德的三段论有五个表现领域,即论证、分辨、修辞、辩说和诗学。修辞三段论的论证前提是真假参半的现象,诗学三段论的"论证"前提是完全虚构的现象。

㉙ 通常,技艺之间不仅互有关联,而且有高低之分。以"狩猎"为例。当打到(或逮着)猎物后,猎人自己不会收拾,故而把它交给厨师。几何学家和天文学家也是某种意义上的猎人,他们在较高的层次上工作,发现事物"真正的含义",但他们往往不懂如何使用发现的材料,故而只好把自己的发现交给辩析学家处理(《欧绪弗罗篇》290B—C)。在《斐多篇》里,苏格拉底回忆道:我在一生之中常常做着同一个好梦,以不同的形式出现,在不同的时候,但总是告知同一件事情,要我从事多种技艺,像一位旁观者激励奔跑的赛手。它要我从事技艺,而哲学是其中最了不起的一种;我现时正在从事这个行当(60E—61A;比较第八章注⑫)。苏格拉底的工作(或技艺)是照料人的心魂(参考《拉凯斯篇》185E),所用的方法是"接生婆的技艺"(参考《泰阿泰德篇》150B,151A,184B),即不是代替对方发现和掌握知识,而是通过持续的诘问和辩驳激发他们的求知热情,依靠自己的努力,对一些根本性的问题逐步形成正确和稳妥的见解。相比之下,智者的职业(或技艺)是"贩卖灵魂的所需",即传授世俗化的、教人投机取巧的实用知识(详见《普罗泰戈拉篇》313A;《智者篇》224B—C;另参考第六章注⑰)。

㉚ 细读《法律篇》2.667D,668A。

㉛ 此外,这些技艺或艺术虽以制作"形象"或"虚象"(eidōla)为业,却还具备服务于民众和社团的一面,所以符合"工艺"的目的。参考《高尔吉亚篇》503A 以下;《国家篇》3.402B 以下;《法律篇》2.660A 以下,662B 以下等处。

㉜ Technē(技艺)是主导人世间生成活动的三种力量中的一种,另两种是 phusis(自

然，或神力）和 tuchē（偶然、机缘）。在《法律篇》10.888E 里，柏拉图曾引用这一当时流行的观点；同样的划分也见诸亚里士多德的《物理学》2。参考第七章注②。在古希腊，technitēs（复数 technitai）既可指雕塑家，亦可指工匠和建筑师（详见 A. Burford，引书同注㉗，第 14 页）。

㉝ 细读《国家篇》10.596A—B。

㉞ 同上，10.596B。由于木工的制作是对"形"或"真形"的摹仿，因此他的产品尽管缺少 eidos 的精度和本体论意义上的真实性，但至少在某些方面像似"真实的存在"（ti toiouton hoion to on，《国家篇》10.597A），具备某些实在的意义。凭借 logos 的指引，工匠有可能摹仿事物的"真形"（eidos），反映事物的本质。倘若制作者（dēmiourgos）仰望永不改变的"真形"，按照一个亘古不变的模式（paradeigmati）仿制"产品"的形状和本质，那么他的作品就必然是完好和美的（kalon）。反之，如果他看视已被创制的事物，用它作为原型，那么他的作品就只能是 ou kalon（不美的，《蒂迈欧篇》28A—B）。当然，《蒂迈欧篇》29—30 里讲的是神工的创世，但神工毕竟也是一位"工匠"，他的创世与《国家篇》10.596B 里木匠的制床有着某些值得注意的相似之处。J. Pollitt 教授认为，《蒂迈欧篇》28A6 里的 dēmiourgos 指"任何工匠"，而非特指"神工"（The Ancient View of Greek Art, p. 100）。另参考注㊽。在《克拉底鲁篇》389A—390B 里，柏拉图举了一个例子。他说，当木工着手修理一个损坏的梭子，此君不看待修的器物，而是盯视它的原型，即决定其功用的本质，使之恢复原来和应有的形状，"不是根据自己的意愿，而是依据事物的性质"。《蒂迈欧篇》以同样的"方式"描述神工（dēmiourgos）的创世（参考第三章注㉞等处），称他仰视（即摹仿）一个亘古不变的原型（paradeigmatos），后者只能被理性和心智所感知（pros to logoi kai phronēsei perilēpton, 29A）。柏氏对木工业（包括造船、建房等）的评价有时相当之高。至少在《斐莱布篇》里，他认为木工的精度超过他所赞慕的医术（柏氏曾不止一次地把医术和智术相比，旨在提示后者的虚假，参考第六章注㉙）。如果说诗乐、医术和农业等凭借猜测、臆想和经验即可奏效，盖房和造船等则须借助精密的计量和测算方可运作（《斐莱布篇》56B—C）。和柏氏不同，亚里士多德把医术看作是严格意义上的高精度的 technē（细读《形而上学》1.1.981^{a}13 以下）。

㉟ 在《智者篇》264C—267A 里，造型艺术均属 phantastikē（幻象制作艺术）的范畴。

㊱ 《国家篇》10.598B。画家只能摹仿事物的颜色和形状（601A）。他不了解床的"真形"，也不具备制作床的技巧，只能仿制床的外貌，并且只是抓住一点，不及其余，用支离破碎的"重现"曲解事物的本质。在《国家篇》10.597 里，柏拉图提出了著名的"三张床"（trittai tines klinai）的观点。第一张"真正"的床存于"自然之中"（en tēi phusei, 597B6），由神明制作（theon ergasasthai, 597A6—7）。木工（ho tektōn）摹仿神的"产品"，造出另一张床；第三张床由画家（ho zōgraphos）制作——事实"难道不是这样"？画家、制床者（klinopoios）和神（theos）分别制造了三种床（trisin eidesi klinōn, 597A14）。画家仿造其他工匠（ekeinoi dēmiourgoi）制作的产品，因此是一个摹仿者（mimētēs），其产品"三度离异于自然"（ton tou tritou...apo tēs phuseōs, 597E）。这一点也适用于对悲剧诗人（ho tragōidopoios）的理解，如果"他也是一个摹仿者"（eiper mimētēs esti, 597E6），"处于远离王者和真理的第三位置"（tritos tis apo basileōs kai tēs alētheias, 597E7），"像所有别的摹仿者一样"（kai pantes hoi alloi mimētai,597E8）。参考第七章注②和第二章注㉙等处。柏拉图区分了具体的绘画技巧和作为整体的绘画艺术（《伊安篇》532E），并暗示优秀的艺术评论家应该谙熟绘画艺术的门道，而不能像只擅诵说荷马史诗的伊安那样，满足于对某一位画家及其作品的了解（参考《伊安篇》533A—C）。

㊲ 《智者篇》235D—236A。柏拉图认为，就自然中的景观和天体中的景物而言，人们似乎还能以较为宽容的态度接受艺术家的摹仿，尽管它只能体现"模模糊糊的相似"，因为我们掌握的有关摹仿对象的知识不可能十分准确（换言之，对宇宙的生成和运作人们只能作些"可能"，而不是确凿的解释）。但是，当评审的对象换成对人体的摹仿时，情况就不一样了。人们开始品头论足，日常生活中的见闻使他们成为信心十足的评论家。"我们严厉地批评作者"，倘若他"不能栩栩如生、惟妙惟肖地描绘我们的形象"。对待评论，"我们的态度也一样"（《克拉底鲁篇》107C—D）。然而，无论"像"与"不像"的摹仿都是对原型的背离，因而都不是《智者篇》236 里论及的狭义上的"仿象"（eikōn，参考注㊸）。《智者篇》谈论的"主体"是智者。为了说明智术（sophistikē）的虚幻性，柏氏引入了属于摹仿艺术（mimētikē technē）的绘画，并把智者和画家作了求同式的比较。柏氏认为，智者和画家都擅长摹仿，都能从事行骗儿童和青少年的活动（参考《智者篇》234B—235A）。在指出了智术的（用词语）摹仿性质之后，柏氏将智者的艺术（即智术）归入了虚象制作艺术（eidōlopoiikē）的范畴（235A—B）。接着，他在 eidōlopoiikē（或 eidōpoiikē）中区分出两个分支，即（一）复制艺术（或仿象制作艺术）和（二）幻象制作艺术。我们知道，在《国家篇》里柏拉图讲过"洞穴的故事"，并用"线条"的方式解说了认知的不同层次，把世间的万物当作"真形"的"仿象"（eikones）或"虚象"（eidōla）。像 eikones 一样，eidōla 可以具备物性（参考注㊸），但也可指不具任何物性的形象，即虚象。《国家篇》第十卷将画家绘制的形象和诗人制作的虚象归为一类，统称作 eidōla。智者、诗人和画家都是制作 eidōla 的摹仿者（mimētai）。广义上的 eidōla（单数 eidōlon）可以包括 mimēmata（拟象）、eikones（仿象）、phantasmata（表象、假象、幻象）和 phainomena（表象）。在《国家篇》里，柏拉图用 eidōlon、phainomenon 和 phantasma 指艺术家传送给观众和听众的 mimēma。Eikōn 强调画景的物性（《国家篇》6.510A），而 mimēma 则侧重于表示画景对原物的相似（参见 G. Sörbom，*Mimesis and Art*，p. 157）。在《智者篇》里，eikones 似同原型，但仍是"另外"的事物（236A），而 phantasmata（即由 phantastikē 制作的艺术品）则只是似乎相似但实际上却不似它所摹仿的对象（236B—C）。尽管忠实地再现了原型的风貌和部分之间的比例，eikones 毕竟不是原型本身，因此含带难以避免的虚假。

㊳ 《智者篇》236B—C。在这里，"原型"指完美的摹仿对象。柏拉图在 235E 和 236B 里两次表述了这一层意思。由此可见，这一"美妙的景观"应该具备它所代表的事物的本质，在一切方面正确体现事物的属性，使部分的联合反映应有和原有的比例，经得起人们从各个方向和角度的审视。Phantastikē（或 phantastikē technē）制作貌似原型，但实际上却背离或变动它的原有比例的"幻象"或"假象"（phantasmata），用人为的美感取代原型本身的绚美。画家和雕塑家们故意改变原型固有的比例（alēthinēn summetrian，《智者篇》235E），缩短人物的双腿，增长他们的躯体，以弥补观者在仰视造成的视觉误差，使其产生虚幻的美感。绘画和雕塑"欺骗"人的感觉，使他们相信作品拥有原型（即真实）的比例

(tas ousas summetrias)。事实上,原型本身是"制作完好的"(kalōn),不需要艺术家的改动——任何变动都将扭曲和损害其固有和完整的美。与原型相比,phantasma(复数 phantasmata)不仅和 eikones 一样是"另外"的(参考注㊲),而且还含带由于失真和变动造成的另一种虚假。与 phantastikē 相比,eikastikē 重视原型的真实比例(tas tou paradeigmatos summetrias,235D),而不是像前者那样专门展现只能从某些角度观赏方才显得"好看"的表象美[tas doxousas(summetrias)einai kalas,236A]。如果说复制艺术和幻象艺术都是只能制作形象(eidōla)的"摹仿",柏拉图却采取了区别对待的立场,对前者抱有明显的"同情",甚至表露出一定程度的赞赏。毕竟,说到底,智者是从事 phantastikē 的摹仿者(268C—D)。柏拉图熟悉 skēnographia 和 skiagraphia(参考注㊴)等制造逼真视感的绘画技术。一些西方学者认为,柏氏对 phantastikē(或 phantastikē technē)的批评和贬薄显示了他对这些绘画手段的"不恭"。不少学者认为,柏氏实际上否定了绘画艺术全面和全方位地"复制"原型的可能性,因此,只能是 phantastikē 中的一个分支(参考 F. M. Cornford, *Plato's Theory of Knowledge*, p. 198; S. Ringbom, "Plato on Images", *Theoria*, pp. 86—89; H. Gauss, *Philosophischer Handkommentar zu den Dialogen Platos* volume 3, p. 197),但持反对意见并提出不同见解的学者亦不在少数。

㊴ 《智者篇》234B。应该指出的是,柏拉图的此番评论不算十分公正。谁都知道,人们不能把艺术手段和"欺骗"混为一谈。艺术(如绘画)必须通过对技巧的使用,才能产生逼真的感觉,在平面上画出立体的、层次分明的景观。从另一方面来看,柏氏的评论实际上等于承认了造型艺术家的"能耐",能够在一维的平面上勾勒出三维的空间。绘画和雕塑包含深广和反映"实质"的潜力。对待艺术,柏氏崇尚"单纯"和表达形式上的简练。他喜欢纯净(即非混合)的颜色(《斐莱布篇》51D),赞美素雅和简洁明快的几何图形(51C;参考《蒂迈欧篇》53E—54A),并称此类线形比"活的生物和图画"(zōgraphēmata)更能使人产生快感(《斐莱布篇》51C;参考第十章注㊻)。他还赞扬(至少在《法律篇》里)埃及人的艺术风格,称他们用瑰美的图案(kala schēmata)"制作"形象,使古老的艺术一万年没有发生变化(2.65E)。埃及人早就找到了用艺术教育青少年的正确方法(656D)。在艺术形式方面,柏氏主张沿袭古制,反对变化,颇有孔子所谓"吾从周"的倾向;但在涉及作品(指史诗和悲剧,而非抒情诗)的内容时,他却是一位反传统的斗士,一位拼搏在第一线的改革家。他要从根本上批倒传统的荷马文化,在定形的认知模式中加入反思的机制,使公民们养成审视的习惯。在柏拉图生活的年代,画家们已普遍采用"景象(或影象)绘制艺术"(skiagraphia),即我们今天所说的明暗衬照法(chiaroscuro),借助光合的作用,在画面上形成划分空间的层次,常能取得极其逼真的视觉效果。据说青年时代的柏拉图曾师从雅典画家阿波罗道罗斯,后者是一位出名的绘影派画师(skiagraphos,参考普利尼《自然史》35.60)。柏氏曾多次挪揄和批评 skiagraphia;《国家篇》10.602C—D 指责它利用人的弱点进行欺骗,与巫术和杂耍没有本质的区别。此外,当时的画家们还善于利用另一种行之有效的手段,即是"深景(或景象)绘制技术"(skēnographia),提高了弄假成真的"精度"。现实主义的表现方式在公元前五至前四世纪受到画家和雕塑家们的青睐。生活在公元一世纪的学问家普利尼录写过一则有趣的传闻。据说画家宙克西斯和帕拉希俄斯曾进行过一场别开生面的比赛。宙氏画了一串葡萄,其逼真的程度引来了飞鸟的啄食。帕氏随即在葡萄

前面画了一幅挂帘。宙氏回转后信以为真,竟要求人们拉开遮帘,以便展现他的葡萄。真相大白后,宙克西斯当即承认了自己的失败(《自然史》35.65)。

⑩ 《国家篇》10.601D—602B。《政治家篇》重复了这一观点。苏格拉底指出,所有的摹仿艺术,无论是造型艺术还是诗乐(mousikēi),它们的目的只有一个,那就是供人消遣,给人愉悦(pros tas hēdonas monon)。艺术不具严肃的目的,只是闹着玩儿(alla paidias heneka panta dratai,288C)。柏拉图有时也把哲学研讨看作是游戏(paidia,参考第八章注㉑),但谈论的语境不同,表述时的心境和指向也大相径庭。哲学研究的游戏性质取决于作者对人生的深刻认识(凡人只是神明手中的玩物,因此不可能具备不打折扣的严肃性,参考《法律篇》7.803B,比较《国家篇》10.604B),取决于求知和心魂复归于"形"的艰难。在《斐德罗篇》里,柏拉图既提及了"对话"的包含"游戏"的一面,也论及了对心魂与知识的理解的严肃性(详阅276C以下)。"照料人的心魂"(参考第四章注⑬)是一件十分严肃的事情。《国家篇》是一场"游戏",但同时也蕴含深刻的思想,包藏严肃的目的,展示了柏氏对游戏和严肃事业的真正精到的见解(参考 P. Friedländer, *Plato 3*, p.139)。结合"玩笑"与正经的行文风格拓宽了文学的涵盖面,增强了它的表现力,坚固了《国家篇》的释解深层,其特有的韧性"比钢铁和花岗岩还要难以透穿"(K. Singer, *Platon der Gründer*, p.101)。相比之下,包括诗和绘画在内的摹仿艺术将取悦于民众当作唯一的目的。艺术不会严肃,也无须严肃,艺术家不会思考严肃的问题,因而也不会在认真思考之后选择包含哲理的笑谈。在柏拉图看来,低层次上的"游戏"是文艺的本质,艺术不可能依靠本身的能量摆脱与严肃的求索无缘的"玩笑"。从摹仿艺术(mimētai technai)的只是以取悦于人为目的的"游戏",到哲学研讨的包含对人生的清醒认识和展示人对生活及理论研究的真知灼见的"游戏","游戏"从它的一般领域进入了与哲学联手的特殊领域,发挥着更为重要的作用。通过游戏性的这种升华,柏拉图(尽管他本人或许没有完全意识到)完成了一件了不起的事情,即实现了文学的从纯粹的娱乐性(让我们沿用柏氏对传统文学的某一种定向的见解)向包含娱乐的哲学性的转变。正是在柏拉图的"游戏观"里,我们看到了诗化意识的飞跃,使文学跳出了进行一般性描述的老套,走向以哲学知识为背景的宇宙论(如《蒂迈欧篇》)和心魂论(如《斐多篇》)的创作,走向政治学说(如《国家篇》)和法规(如《法律篇》)的谱写。毕竟,在古希腊语里,paidia(游戏)和 paideia(教育)只有一个字母之差(即后者多了一个e),二者均与pais(儿童、孩子)的"成长"相关。Paidia 显示儿戏的轻松,paideia 则展示培养(即教育)的严肃,二者一弛一张,互为补充,兼顾了"乐"与"教"的需要。

㊶ 柏拉图说过,工匠仰视"真形"(eidos),制作睡床(《国家篇》10.596B)。同样,他认为画师具备一定的知识,有能力绘制"理想化"的美男子的肖像(细读5.472D)。"我取材于自然,抹去其脸上的皱纹和稀少的毛发,努力展现其真正的容貌"(巴拉赫语,多尔·阿西顿《二十世纪艺术家论艺术》,米永亮等译,第23页)。在《国家篇》6.500B8—501D1里,柏拉图暗示诗与画的摹仿有"好"与"坏"的区别(参考3.401A)。J. Tate 教授的两篇文章(即"Imitation in Plato's *Republic*"和"Plato and Imitation")为研究柏氏"艺术摹仿论"里的积极因素奠定了基础,他的立论得到了包括 Grube、Collingwood、Cornford 和 Lodge 等一批著名学者的赞同。Shorey、Cassirer 和 Friedländer 等学者否认柏拉图哲学里包含(肯定摹仿的)成系统的艺术理论;Wilamowitz 教授认为,《国家篇》5.472D 里的论述,与严格意义上的

美学理论"无关"(*Platon* volume 1, p. 703)。

㊷ 《普罗泰戈拉篇》312C—D。柏拉图在包括《克拉底鲁篇》、《国家篇》和《智者篇》等在内的几篇重要"对话"里对智者和画家进行了"比较研究"。柏氏认为,智者和画家(或画匠)具备一些令人瞩目的共性,二者都缺少哲学家的求"实"精神,也都没有把握世界之本质的能力。智者是一批争论家(《智者篇》232B),能够就任何话题展开辩争(232E),颠倒黑白,混淆是非,不择手段,只求取胜。同样,诗人和画家可以"制作"一切事物(233D—E),画中的景物和原型共有同样的名称(mimēmata kai homōnuma tōn ontōn, 234B)。智者用语言(正如画家用颜料)描绘世间的万物(deiknuntas eidōla legomena peri pantōn, 234C)。和画家(及诗人)一样,智者是一位摹仿艺术家(mimētēs, 235A)。Mimētēs 不具高层次上的知识(参考注㊸),只凭想象和"看法"(doxa)工作。他超越自己的潜限发挥,制作(即摹仿)所有的事物(《国家篇》10.596C—E),自以为仅凭所掌握的技艺即可无所不知,无所不能(598D—E)。当一个人声称自己知晓一切,当一个人自以为可以就所有论题提出权威的意见时,人们就应该对他的能力产生怀疑,对他的作为保持警惕。事实上,mimētēs 擅长欺骗(598C),他的技艺只是一场游戏(602B)。Tektōn 的形容词形式是 tektonikos(比较英语词 tectonic)。Tektōn 和 archi-(原则、领班)组成 architektōn(高手、建筑师),是英语词 architect(建筑师)的"始祖"。

㊸ "复象"或"仿象"(eikōn,复数 eikones)不具备严格意义上的本体内涵。柏拉图称感察 eikōn 的能力为 eikasia;后者在他的"线条说"里(详见《国家篇》6.509D—E)处于垫底的位置。Eikasia 指对虚象的体察,既不参与对知识(epistēmē)的把握,也不能直接反映人对事物的真知灼见。在《蒂迈欧篇》里,柏氏赋予 eikōn 某种程度上的本体性或实在的内容,认为可见的世界是可"知"的、体现"形"之存在的"真实"世界的 eikōn(30A—D,参考注㊲),即"智"的仿象(eikōn noētou,92C)。在《普罗泰戈拉篇》312C—D 里,正如在《克拉底鲁篇》432B 里一样,eikōn 指"形象"或"虚象"(即《国家篇》里的 eidōlon)。艺术的"专长"是制作"虚象"和广义上的"仿象",而不是或很难制作狭义上的,即完全或"全面"等同于原型的 eikōn。画家和诗人制作的不是工匠所做的床的"原封不动"的仿制品(或狭义上的仿象),而是再现(即有所取舍地摹仿)床的某个面观,仿制它的表象(phantasma)。在《智者篇》235—236 里,柏氏把"仿象"(eikōn)当作"虚象"(eidōlon)中的一部分,与"幻象"(phantasma)一起充当虚象制作艺术(eidōlopoiikē 或 eidōlopoiikē technē)的"制成品"。这种狭义上的"仿象"与 phantasma 不同,前者原封不动地照搬原型的景观和比例,因而是艺术(至少是绘画)很难做到的"复制"。和画家一样,智者(sophistēs)活动在表象或幻象艺术(phantastikē 或 phantastikē technē)的"生产"范围内,利用人的急功近利的弱点,从事制作虚象(eidōla)的生涯。指出 eidōla 的虚幻或虚假,目的在于论证智者的肤浅,证明他们并没有掌握真理,至少不像他们自己以为的那样拥有知识。

㊹ 《厄庇诺摩篇》975D。比较《法律篇》10.889D;《国家篇》10.597D 等处。

㊺ 《斐德罗篇》275D。关于"成文之作"参见本书第六章第5、6段。柏拉图喜欢结合绘画谈论诗歌,亚里士多德亦然。

㊻ 《克拉底鲁篇》424D—425A。诗人西蒙尼德斯说过,诗是"有声的图画",画作是"无声的诗歌"。诗与画自有相通的一面,据说里姆贝(Rimbead)曾试图将五个元音分别与

五种颜色搭配,以期达到沟通诗与画的目的,同时展现声音与颜色的效果(J. Portnoy,引书见注⑫,第 123 页)。"艺术家要致力于像一位诗人那样地刻画,要通过寓意的图画来描绘形象。"(温克尔曼语,见《世界艺术与美学》第一辑,文化艺术出版社,1983 年,第 232 页)小说家福楼拜说过,他希望自己的作品表现一些颜色:"在我的迦太基小说中,我想传送紫色,至于其他东西,人物呀,情节呀,只是细节问题。在《包法利夫人》中,我只想描出土鳖的灰色。"(*The Modern Tradition*, edited by R. Ellmann and C. Feidelson, p. 126)国画大师黄宾虹指出:"中国画有三不朽:一、用墨不朽也;二、诗、书、画合一不朽也;三、能远取其势,近取其质不朽也。"(《画家篇》)潘天寿无疑会赞同西蒙尼德斯的观点,虽然他是一位生活在二十世纪的画家,而西氏是一位活跃于公元前五世纪的抒情诗人:"世人每谓诗为有声之画,画为无声之诗,两者相异而相同。其所不同者,仅在表现之形式与技法耳。"(《听天阁画谈笔录》)绘画不仅和语言,而且还与音乐有着奇妙的相通之处(参考注⑫;比较第七章注⑱)。康定斯基曾有过一个新奇的想法,试图用线条表示乐器发出的响声:"用极细的线条表示小提琴、长笛或短笛的声音,用略粗些的线条表示中提琴或单簧管的鸣奏,用再粗些的线条表示低音乐器的深沉,用最粗的线条表示低音提琴或大号的最为深邃的音调。"(*Point and Line to Plane*, edited by H. von Rebay, New York, 1947, p. 98)参考第十章注㊼。

㊼ 《国家篇》6.501A。有趣的是,孔夫子亦作过类似的比喻。他把"仁"和"礼"的关系生动地比喻为"绘事后素"(《论语·八佾》),意为绘画应该先有素地,然后才能上彩着色,喻为人应先有美的素质(即"仁"),然后才能修礼文饰。"仁"、"礼"二者相辅相成,但"仁"为第一、"礼"为第二。不过,在《国家篇》6.501A 里,柏拉图强调了"擦抹",即把原有的图景"擦抹干净"的必要。制法者不是"无中生有",而是在"破旧"的基础上进行新的创造。哲学家应该先"破",然后才能"立",这似乎也是柏氏(或苏格拉底)在讨论认知问题时经常顾及的要点。人们应该养成对概念进行深入思考和审视的习惯,先端正求知的态度,然后再进行对真知的求索(有时这体现为一个"回忆"的过程,有时又必须通过辩析,还有时则要借助于"爱恋"的虔诚),先清除原有的自以为无所不知或知之甚多而实则一无所知或知之甚少的误解,实现心智的启蒙,然后认准方向,运用正确的方法(即 dialektikē,"辩析"),从新的起点出发,进行求知的尝试。柏拉图是一位天生的诗人和广义上的艺术家。在这里,他把立法比作绘画;在《法律篇》7.817B—C 里,他又把制法者(即哲学家)的设计比作悲剧。即便是最严肃的创作(如制定法律)也有与艺术相通的一面,即便是最理想的政治体制和管理程序也需要诗情画意的点缀。应该说,在柏拉图看来,诗的参与远远大于一般意义上的"点缀"——"理想国"本身就是一件艺术品,一部"最好的剧作"。柏氏无疑认为他所设计的国邦是比现实生活中所有的国邦都更接近于国家的 eidos(即"形")的政体,但是,他显然没有鼓励后世的人们就"理想国"的真假问题进行争论。许多人或许忽略了这一点,即柏氏的设计是一次体现政治活动的"艺术"性的尝试;他的国家存在于"话语之中"(参考第八章注㊹),像一幅格调清新、多姿多彩的图画。

㊽ 《国家篇》6.501B。在这里,如同在许多其他上下文里一样,柏拉图同意荷马的观点。艺术家柏拉图肯定会与诗人荷马达成一些共识。柏氏认为,城邦生活的设计者必须是哲学家,否则城邦政治(politikē)的运作将不会取得最好的效果。他把"负责"设计规划的哲人比作画家,(他们)依照一个神圣的模型(tōi theiōi paradeigmati),描绘美好的生活

(参考《国家篇》6.500E)。柏氏曾不止一次地提到所谓的"模型"(paradeigma),并暗示它具备"形"的绚美,是仿制的"样板"(参考注㉞)。在《国家篇》10.596B 里,木工仰视"真形"(idean)制床;同样,在《蒂迈欧篇》28A 里,工匠依照亘古不变的模型(paradeigmati)制作产品,二者(当然,尤其是后者)都和哲学家一样,能够摹仿"神圣的模型",制作尽可能完美的"景观"。R.C.Lodge 教授在 Plato's Theory of Art 一书中对柏拉图艺术理论中的核心成分作过精彩的分析,尽管个别论点似乎略显牵强。参阅并比较 Constantine Cavarnos 教授的 Plato's Theory of Fine Art (Institute for Byzantine and Modern Greek Studies, 1973)中的相关论述。

㊾ 《国家篇》6.501C。同样,寻索真理(或道德观念的正确定义)也要经过一个不断谈讨、审视和修正的过程,直到"觅得"最佳的解答,尽管一次"对话"不可能解决所有的问题,尽管有些问题或许会长时期地对人的智能构成挑战。重要的是不要停止求索,不要(用我们无须赞同的柏拉图的先验学观来解释)违背神的愿望。

㊿ 当然,这不是柏拉图艺术观里的主导理论,所以我们不能把他的某些包含现代色彩的提法推向极致。

第十章 柏拉图的美学思想

谈论诗和艺术不能不涉及"美"(to kalon)①的问题。事实上,美不仅是诗的"外表",而且是诗的"内心";"美"是诗的企望,代表了它的冀盼;"美"是诗歌探索的前沿,是它接受评论的纵深。世界上或许存在没有书面文字的民族,却没有不爱美的人民。爱美之心人皆有之。美感的出现或许早于文字,虽然对"美"的评论需要在文字产生以后才能得以全面和有效地进行。在柏拉图哲学里,"美"是一切善好事物的终端(即企望及达的目的),是爱美的人们或"美"的爱恋者们追求的目标,是最好的诗和哲学共同享有的"住宅"。尽管古希腊语里没有我们今天所说的"美学"一词,②但关于美的问题从来便是古希腊人关心的热门。柏拉图关于美的论述散见在多篇"对话"里,涉及面极其宽广,论及了美学中的一些基本问题。在前几章中,由于上下文的需要,我们已经零星地论及了柏拉图的某些美学观点,对于一部论述诗和艺术的专著来说,这或许是难以避免的交叉。本章将着重阐述柏拉图的美学思想,包括对某些前几章已经点到的问题作出进一步的研析,力求使读者了解柏拉图论美思想的精要,把握它的内容丰富的美学观的总体走向,从而进一步加深对他的诗学及艺术思想的理解和认识。

应该指出,在柏拉图以前,古希腊人对"美"的问题已有了较多的认识。不能设想一个对"美"无动于衷的民族会产生如此美好的艺术,会对世界文明产生如此重大的影响。古希腊艺术的伟大成就,从某种意义上来说,已经成为"难以企及的典范"(马克思语)。古希腊人爱美,但爱美爱到如苏格拉底这般投入的却仍然不为多见。作为一个爱美的人,苏格拉底曾在全希腊出名的美男子面前瞠目结舌,颤抖的心魂使他几乎难以自制。③柏拉图也是一位广义上的"爱者",苏格拉底的感觉中无疑包含他的同情和真切的感受。当苏格拉底对斐德罗精彩的"朗读"表示震惊,感到心潮起伏时,④我们似乎看到了柏拉图在美的震撼下激动不已的表情,听到了他怦然跳动的心声。对于爱美的学人,这个世界不缺使他大饱眼福的奇景。善好的心灵和敏锐的观察力使他在自然界中到处看到"美"的存在,大至宏观的天体,小至微观的一草一木。不要以为善于抽象思辨的哲学家缺少爱美的细胞。相反,在柏拉图看来,面对"美"的召唤,面对真情的寻呼,如果表现得麻木不仁,毫无反应,那么他就不是一个感情真挚、体验丰富的活人,就不可能揭示美的哲学内涵,划分美的层次,进行对"美本身"的分析与理解。只有爱美才能热爱哲学,只有爱美才能热爱生活,才能珍惜今天,向往明天。对生活的细致感受是分析和解释生活的必备条件。柏拉图从不厌恶生活。尽管他把大多数人的生存境况比作洞穴里的囚徒,但他同时也告诉人们洞外高悬着太阳,放射出多彩的知识光芒。以一位爱美者的身份,苏格拉底在《斐多篇》110E—111A 里指出:

地上的树木、鲜花和果实都体现出合乎比例的绚美。还有高山;至于石头,它们平滑、透明、显得那么匀称,更有那绝美的颜色……大地不仅有此类石块的装点,还家金、银和其他金属的点缀;它们数量众多,卧躺在大地的怀抱,各个平坦的去处,扫视的目光得见它们,使人感到幸福。

山林间奔跑的小鹿,天空中翱翔的飞鸟,还有其他各种动物,它们千姿百态,五彩缤纷,点饰大好的河山,增添自然的妩媚。美存在于自然之中。人是众灵之长,是唯一有政治意识的动物,他们不仅是感悟美的主体,而且是组成自然美的部分。索福克勒斯的悲剧不仅揭示人的局限,而且歌颂人的伟大,赞美人的拼搏精神(这是荷马史诗的传统)。菲迪亚的人像雕塑不是简单的对石块的"改造"——那是人的骄傲,是人文精神放出的光芒。不过,希腊文明兼具某种排外或蔑视东方的倾向,它的某些极端表现为日后风靡世界的"西方中心论"的形成埋下了伏笔。作为一个希腊人,柏拉图无疑受过哺育他成长的文化和艺术的深深的熏陶。讴歌人的俊美,赞慕人的伟大,弘扬人的自主精神,这些使后世的人文主义者和文艺复兴主义者激动不已的希腊观念,在柏拉图的心灵中刻下了鲜明的烙印。如果让他看到达·芬奇的绘画,看到米开朗琪罗的雕塑,他一定不会感到陌生。尽管对文艺复兴时期产生的某些观念这位思想家或许不会持赞同的态度,但在赞美人体这一点上,他无疑会成为人文主义艺术的一名积极的支持者。柏拉图是一个西方人。"我们宣称整个人体都是美的",《大希庇亚篇》的作者信心满怀地告诉读者,"有时体现在奔跑的时刻,有时体现在摔跤之中"。⑤俊美的人们,用强健的双手制作各种用品,有供征战的长矛和经商的海船,还有用于比赛的马车和汲水的坛罐。"美"使人愉悦,给人快感;诗和音乐可以舒慰人的胸怀:

> 毫无疑问,美的人体,所有装饰用品、图画和造型艺术都能使我们开心,只要我们看见它们,而它们又以美的形象出现。此外,优美的音响,以及作为整体的音乐,还有谈论和充满想象的故事,这些都能产生同样的效果……⑥

对于柏拉图,"美"从来不是个简单的、直截了当的、只有一个解析层面的概念。美不仅是一种"质量",不仅包含内容,而且形成标准。

美的外表,换言之,感官可以认知的"佳景",只是"美"的冰山裸露在海面上的一个小角;"美"的博大精深掩隐在蔚蓝色的海水之下,等待着人们的眼睛去"看视",去发现。在西方历史上,对"美"的全方位研究,正像对本体论的有层次的综合性研究一样,始于柏拉图。"美"有具体和抽象之分。包括诗人在内的艺术家一般只注重具体的美,而真正成熟的哲学家则总是试图透过美的表象,找出决定美的事物和升华美的意识的抽象成分。在《智者篇》里,柏拉图把美分作如下七个层次,使用了从具体到逐步抽象的分析方法:(一)美的人体,(二)多个美的人体,(三)所有美的人体,(四)美的心灵,(五)法律和社会组织的美,(六)知识的美,(七)美本身。⑦诗和艺术的美处于较低的层次,诗人和艺术家一般只能展现事物的表象,即感觉(包括视、听、嗅、尝、摸等)可以直接感知的景观。柏拉图设计的国家或"理想国"处于美的第五个层次,它力求体现政治组织和管理方式的美好。国家的管理者,即所谓的"哲学家王",按理可以及达第六个层面,即知识的美,但由于担任行政要职,他们必须处于管理的第一线,必须和具体的事物保持经常性的接触。⑧在《会饮篇》里,阿基比阿德认为苏格拉底是体现美的第四个层面的典范。苏氏丑陋的外貌和体型只是不重要的表面,包藏着一颗美好的心灵。阿基比阿德从苏格拉底的"心灵美"中看到了自己的渺小,尽管他是出名的美男子。美要有实用价值,在于事物本身之功用的正常发挥。一双眼睛,如果失去视力(即失去它的功用),也就无所谓美或漂亮可言。⑨同样,按照柏拉图的见解,一个政府,如果不能合理且有效地运用国家机器教育公民,保卫人民的利益,扼制各种失职现象的产生,那么这个政府的处事能力和工作效率就值得怀疑——换言之,这不是一个"美的"政府。

柏拉图坚信,一般的美高于具体的美,心灵或心魂的美高于肉体的美。外表的美会随着年龄的增长消失,而心灵的美却具有永久的意义。

柏拉图并不妒忌别人的俊美；相反，他同意一般希腊人的观点，即把相貌的美好看作是人的一种福分。但是，他知道相貌的俊美不能代替心灵的美好，漂亮的脸蛋远不能涵盖人生的全部佳好。如果一个人徒有其表而没有内才，没有高尚的情操（用我们的话来说，是个"绣花枕头"），他就不是真正善好的公民，不会有值得羡慕的善好人生。所以，他告诫人们不要把美的外表看作是美的最完善的表现形式，不要在表象美的"鸟语花香"里玩物丧志，忘却对心灵美的追求。柏拉图区分了两类"爱者"，一类迷恋于物质世界的绚美，追求肉体、而不是心灵的美好，"他一心追索变动中的东西"，因而不会有善好的性格，稳笃的见识。另一类爱者则自愿接受抽象美的感召，使自己养成定型的性格，向往永久的美好，成为真善美的信徒。⑩后一类人才是真正的"爱者"。美好的心灵不会从天而降（按照柏氏的见解，灵魂一旦与肉体结合便会忘却许多原来记取的知识），所以，人们必须加强自我约束，养成敬畏神明的习惯，树立建功立业的目标，升华追求精神而不是物质美的情操。柏拉图的美学思想和他的本体论珠联璧合，形成配套的整体。有人说，美学是哲学的缩影，这句话在柏拉图的著述中得到了验证。

　　真正的爱者不会停留在物质美的花丛之中；他会顺着"美"的阶梯，克服重重阻挠，费力地、然而却是不停地攀登，从对人体美的热爱走向对心灵美的寻求，走向对法律和政治美的爱好，不断积累知识，朝着美本身，或美的"真形"迈开脚步。

　　　　苏格拉底：我常常在梦中想到一件事情，克拉底鲁少爷，今天想听听你的意见。告诉我，世界上是否存在绝对的美或美好，是否还有其他绝对的存在？
　　　　克拉底鲁：肯定有，苏格拉底，你说得对。
　　　　苏格拉底：既如此，让我们追求真正的美好，而不要询问某个人的脸蛋是否漂亮和诸如此类的问题,因为这些存在都处于变动之中。让我们试问真正的佳美(to kalon)是否永远美好(aei estin)?

克拉底鲁:毫无疑问。⑪

绝对的美好不仅是心灵趋附的终点,而且也是城邦政治努力追寻的目标。美的真形(eidos)是全部智慧的结晶,是社团文化的顶峰。⑫爱美就是热爱智慧,爱美就是把政治体制的建设纳入尽可能完美的运行轨道。柏拉图不是一个空头理论家,所以,在他看来,对"美"的研究应该有益于人的生活。美好的人生只有在美好的国度里才能真正得以实现。波斯的君主不美,因为他们把应该属于每一个国民和家庭的国家看作是自己的所有;同样,波斯的人民也不算太美,因为他们把主要应该由自己来规划和决定的命运拱手交付给一些独断专行的世袭君主。

像世间其他事物一样,美也有真假之分。柏拉图告诫人们,不要笼统地谈论美好,不要不加分辨地接受别人的说教。分析美的现象或表现,不应离开对美的催导因素的研究。基于这一认识,柏拉图指出,烹饪是一种包含消极意义的"恭维",与包含积极意义的医术不同。⑬同样,化妆是体育的消极对应。化妆制造假象,使人看来气色很好,实则不能掩盖身体的虚亏,乃至酝酿中的病兆。人们将由此产生走捷径的心理,忽视体育的重要。用化妆替代体育和运动的结果,必然是真正的自然美的消失。⑭人体的美应该通过体育锻炼塑造,而不应借助包含欺骗的化妆。如同烹饪和化妆之于人体,讲演术和智者的艺术(即智术,sophistikē)梗阻心智的活力。它们使人养成巧辩的习惯,以为真理不需要中性的内容。智者们颠倒黑白,混淆是非,信口雌黄。他们利用战乱和动荡给人们带来的不安情绪,散布有害的实用主义思想。在当时口才最好的"教师"面前,见识粗浅、意志薄弱的市民们失去了对真善美的信念。人的心魂于是进入了投机取巧的迷途,既用虚假的美妙麻醉自己,又用动听的辞藻诓骗民众。[15]虚假的美好是一种丑恶。

在本书第七章里,我们讨论了柏拉图对技艺(technē)的基本态度以及诗与技艺的关系。在第九章注㉙里,我们提及了柏拉图技艺论中的等级观念。这里,我们打算对这一"观念"做一点补充。在重要的《斐莱布篇》55D—59D里,柏拉图对一些技艺进行了对比研究,所用的方法是"计量",采用的标准是所谓的"纯净"或"纯度"。柏拉图认为,建造(tektonikē)比音乐"真实"和"准确",因为它采用精度更高的"计量"。但建造(如造船)还不是计量的最佳表现形式。哲学家的数学或算术比建造更为精确,因为前者使用的计量单位更为抽象(亦即具有更高的纯度),并且一般具备不变的性质。[16]在55D—59D里,柏拉图使用了一组意思相近的术语,即真实、纯净、精确和计量。在他看来,这些不是孤立的概念,不是各行其是的独立单位,因为它们表现一个抽象度更高的概念的若干个互相关联的侧面,是一个包容广泛的基本原则的组成部分。这个基本原则柏拉图称之为"限度"(peras),认为它是制导生成和组合的颠扑不破的真理。任何"创造"和生产都离不开限度的原则,都离不开peras对"不限定"和"不确定"的原始状态的改造。健康的体魄、音调的和谐以及季节的正常或合乎比例的替换,都反映了限度的作用,反映了它的成功动作。[17]关于"限度"(或"限定")的思想从一个侧面反映了柏拉图的世界观,即从根本上肯定理性的作用,承认理性力量对非理性事物或过程的有效制约。

"限定"的工作"本能地"依循美和完善的法则。经由"限定"产生的事物无例外地包括如下特点。(一)它们拥有自己的部分,而每个部分都有明确的位置,经过严格的限定,由起始、中段和结尾组成。[18](二)它们的部分按合宜的比例(summetria)排列,体现数学或几何的概率。[19]

符合"限定"原则的事物是美的,反之则是丑的或不美的。在这方面,最成功的范例是神工(dēmiourgos)的创世。按照数学的比例,神或匠神创制了世界或"宇宙动物",柏拉图称之为"宇宙之魂"(psuchē tou pantos),也就是宇宙的内在框架,包括太阳、月亮、行星和恒星,排列有序,像一组音符。[20]这是世界上最美的"制作",因为根据柏拉图的观点,[21]任何机体的秀美都取决于它的心魂(psuchē)。心魂是事物的根本。在《诗学》第六章里,为了凸显情节(muthos)[22]的重要性,亚里士多德把它比作悲剧的"灵魂"。

美的事物必须符合完整和统一的标准。[23]"宇宙之魂"具有最圆满的统一性,它的完整存在于一个最好的几何范域之中。完整的事物(to teleon)不是部分的随意凑合,而是排列有序的部分的按比例的统一。完整是对混乱或杂乱无章的规范,因此能够表现事物的完美,反映逻辑的力量。6是个完整的数字(teleos arthmos),因为它既是部分相加的总和,又是部分排列的产物。Teleos反映部分间的合理排列(summetria),同时也表示这种排列构成了一个美的统一体。完美的事物不需要增添新的成分,也不能容忍丢失已有的某个成分;增添或丢失都将损害它的统一,减弱内在的和谐与外在的美观。部分的排列要依照合宜的次序(taxis),[24]明确各自的位置。整体中的部分有时各具特色,[25]有时甚至互相排斥,[26]summetria和taxis的作用是把对立的部分统一起来,恰到好处地平衡它们之间的关系。部分或部分之间在质或量方面常常呈现大小或强弱不一的态势,但它们必须围绕一个中心或主干成分,在它的带动下形成完美的统一。[27]宇宙中似乎存在着一种自我协调的机制,即便没有人的生存,它也会按照自己的方式运行。柏拉图关于美是"完整"或"整一"的思想曾深深地影响过包括亚里士多德和普罗丁在内的一大批优秀学者。

按照柏拉图的见解,诗歌或诗的制作若要显得美,也必须符合结构完整和统一的原则。㉘此外,诗和音乐都必须接受节奏与和谐的制约。㉙从这些论述中,我们可以看出柏拉图对做诗技巧的重视,看出技艺论是形成他的诗学思想的不可忽略的组成部分。在《高尔吉亚篇》里,柏拉图指出,好的画家、建筑师和造船匠"以及其他各类工匠",都是善于处理部分和整体之关系的行家。他们知晓如何把部分连接起来,使之排列得当,布局合理,形成和谐的统一。"和谐"(kosmos)与"顺序"(taxis)是建筑(或造房子)的关键;反之,"混乱"(ataxia)则是工程的大忌。㉚古希腊神庙、剧场等大型建筑给人对称、和谐、线条刚柔相济的感觉,是人类建筑史上的精品。艺术家的创造无疑影响过柏拉图的文思,给过他极为有益的启发。文艺相通,古来有之。《法律篇》第三卷对诗和艺术采取了较为宽容的态度,尽管"宽容"并不意味着可以降低审查的标准。某些艺术(包括绘画,graphikē)展示精妙的和谐(euarmostia)、优美的形式(euschēmosunē)以及平稳的节奏(eurhuthma),㉛所以明显地不在批评之列。

美是一种客观存在,但审美的主体是人。柏拉图认为,人生来就有审美的能力,对节奏与旋律(rhuthmos kai harmonia)有着出于本能的喜好。如果说爱美之心人皆有之,但具体的表现方式和喜好的对象则会因人而异。在象征主义者看来,艺术让人联想到永恒的存在,而在现实主义者看来,艺术是反映生活的镜子。卢卡契认为艺术是功利的,杜威则视艺术为"经验"。根据马丁·海德格尔的成熟观点,艺术是"物",有"物性"。同为哲学家,同为学园成员,柏拉图和亚里士多德对诗,尤其是悲剧的态度就很不一样,前者把它视为洪水猛兽(当然也有宽容的时候),后者则把它看作是宣泄情感的渠道。㉜幼儿喜爱玩偶表演,较大的男孩爱看喜剧,有教养的女子、年轻人和绝大多数市民嗜好悲剧,至于"像我们这样的老年人则更能从(史诗)吟诵诗人那里获得快感,如果他能出色地诵说《伊利亚特》、《奥德赛》或赫希荷德的作品"。㉝即便是同一个人,也会随着年龄的增长改变对诗和艺术的看法。柏拉图晚年对诗的相对宽容便是一个现成的例子。

我们说过,在《智者篇》235D—236B 里,柏拉图区分了两种形式的摹仿,即 eikastikē(复制艺术)和 phantastikē(幻象艺术)。[34] Eikastikē 产生"仿象"(eikones),严格摹仿事物(即原型)的比例(summetria),忠实和丝毫不走样地摹仿后者的形状,制作或"生产"它的复制品;[35] 而 phantastikē 则产生"幻象"或"假象"(phantasmata),不按实物的真实比例"绘制"。[36] 柏拉图肯定意识到了审美者的位置与审美效果的关系,认为 phantastikē 产生的幻象扭曲事物的原型,只是看起来显得较为美观,倘若观赏者"站在一个不合宜的角度"。[37] 在公元前五世纪至公元前四世纪,画家们已把越"真"越好当作评审作品质量(和作者功力)的主要标准。在柏拉图看来,艺术上的逼真意味着对真正的"真实"的背离;画家必须采用欺骗的手段方能在一维的平面上"分割"和绘制出三维的空间。像现代的印象派画家一样(尽管二者间的区别仍然是明显的),当时的画师们依据他们对"现实"和"逼真"的理解,强调纠正观赏者的视觉误差,使其产生虚假的真实感。很明显,柏拉图了解 phantastikē 作为一种创作手法的艺术潜力。然而,令人遗憾的是,在论及这一问题时,他所持的并不是积极和赞赏的态度。[38]

美学意义上的"美"与生活中的"好看"不是同一个概念,"美"的含义远比"好看"广泛。"美"自然包括一切"好看"的东西,但在某些特定的审美环境中也包括一些"不好看"的场景。"美"不等于"漂亮"或一般意义上的"愉悦"。苏格拉底长得丑陋,但心灵很美,所以是一个善好的公民;智者的话语构思巧妙,颇具文采,但因为服务于一个不"美"的目的,扰乱人的心魂,所以是不好的辞篇,应该予以批判。柏拉图似乎注意到了美和审美环境以及美和丑的辩证关系,只是他从未用明确的语言直截了当地阐述过美学领域里的这一重要命题。几何型图案可能不如传统的人物和风景画美观;史诗,尤其是荷马史诗也不像一般的田园诗那样充满温馨。事实上,《伊利亚特》是血与火的混合,是尸体和残垣断壁构成的森严可怕的图景。然而,在《伊安篇》里,柏拉图一再提及的佳美诗篇恰恰是《伊利亚特》。这自然不是出于某种误会或巧合;相反,这反映了作者的审美观。

审美的标准是主观的,但在柏拉图看来,人的主观见解必须揭示真理,换言之,必须尽可能地符合客观现实。否则,信口开河,乱发议论,这是草菅艺术的表现,和说谎欺骗没有什么区别。严肃的、负责任的哲学家和草率的、否定真理之客观性的智者的区别就在这里。作为审美的主体,人必须切实把握审视对象的内情外貌,必须掌握蕴藏在审视对象内部的原则和由这些原则定导的运作规律。从这个意义上来说,审美又是客观的;它似乎告诉人们,审美活动的成功与否最终取决于审视者是否对审美对象有真切和透彻的了解。按照柏拉图的观点,真理是一种客观存在,不管人们发现与否,它永远横卧在无垠的时空之中。[39]人的作用在于发现真理,帮助事物实现自己的企愿。

事物的美好并非出于偶然,艺术的感染力必定有出自内在的原因。柏拉图认为,事物的外表及其功用之美取决于事物内部的"秩序"(kosmos)。[40]在内容丰富的《法律篇》里,柏拉图提请人们注意摹仿艺术的"正确性"问题。他指出,人们不应根据是否"使人愉悦",而应根据是否"正确"来评价音乐的价值和品位。高尚或美好的音乐必须包容"摹仿的正确性"(mimēseōs orthotēs),[41]所以,若想评判艺术的好坏(to eu kai to kakōs),人们必须了解它的"正确性"(orthotēs)。[42]由此可见,摹仿有"正确的"和"不正确的"两种,关键在于摹仿者是否能够抓住摹仿的实际意义。那么,什么是摹仿的"正确性"的具体所指呢? 根据《法律篇》2.668E 的解释,摹仿的 orthotēs 体现在作品的内容和内容的展开。换言之,作品必须反映原型的"数字",反映它(即原型)的实质和部分间合宜的(prosēkousan)顺序以及它的颜色和形态(schēmata)。㊸一种音乐或曲调,如果具备合宜的成分(ta prosēkonta),也就等于具备了属于它的正确性。㊹在668C里,柏拉图颇为罕见地提到了艺术的"企愿"或目的(hē boulēsis),他说:

> 对于不想在评审中出错的人而言,他似乎有必要熟知每一件特定的作品,了解它的实质。如果不知道作品的性质,不了解它的企望……评论者就很难针对作品的正确性,或针对它是否实现了自己的企愿提出意见。

艺术包含自己的企愿,而企愿的实现取决于作品的正确性的实践。所以,正确性是作品固有或应有的成分,它协助企愿的实现,并通过实现的过程使作品拥有美的结构和形态。对于艺术的价值,人们可以持不同的看法,但对艺术作品的"正确"与否的评论,行家们应该依循更为客观的标准。应该从对作品本身的分析入手,分析它的意图,考察它的表述,评估它的效应。音乐或诗乐作品内在正确性的具体展现,反映在它的节奏和音调上:

> 评判任何作品(eikōn),无论以图画、音乐,还是以其他艺术的形式出现,明智的评审者必须知晓三件事情:第一,作品的性质;第二,是否正确;第三,以何种美好的形式完成了对语言、音调和节奏的处理。㊺

由此可见,作为美的审视者,评审人员应该首先把握作品的性质(即"它是什么",ho ti esti),其次是看它是否正确地实现了自己的企愿,第三是评判它——根据上下文来判断——是否通过节奏和音调表现了"善"。

如果说《国家篇》和《法律篇》对"美本身"的讨论比较含糊其辞，令人费解，在《斐莱布篇》51C 里，柏拉图对"美"的结构或形态（schēmatōn kallos）的解释则使用了明确和简练的语言，使每一个读过它的人都能留下鲜明的印象，浮想联翩。尽管《斐莱布篇》的成文年代可能在《法律篇》之前，但《法律篇》并没有重提或深入探讨《斐莱布篇》论及的一些至关重要的内容。《斐莱布篇》的作者知道，他打算在 51C 里谈论的是一个全新的问题，许多人或许会感到难以理解，因为"我现在要说明的美的形态，不是大多数人所能理解的那种东西；它们不是美的活的生物（zōgraphēmata），也不是图画"。值得注意的是，柏拉图并不打算在下文中谈论艺术的内在正确性问题，而是把"美本身"看作是某种外在的表现。当然，外在的形象出自内在的因素，内、外两因可以在某种条件下获得完美的统一。柏拉图紧接着我们刚才摘引过的那段话，作出了进一步的解释：

> 我所指的，我要说的是，那种直线或圆圈，那种用刨削的工具或木匠的尺子和丁字尺依循直线或圆形制造出来的平面和实体。我不知道你是否理解我的话。我认为，此类物体的美不像大多数事物那样是相对的——它们的美出自本身，具有永久的性质（all' aei kala），给人以只有它们才能给的那种快感（hēdonas oikeias），与搔痒带来的快感截然不同。[46]

柏拉图的意思很明确，他所指的是生活在今天的人们极为熟悉的几何形图案（或形观）。可惜，柏拉图没有见着达利和毕加索等现代立体派和抽象派画家的创作，否则，他或许会高兴得拍手称快。使我们感到震惊的是，这位伟大的艺术理论家竟有如此深刻的洞察力。生活在二十世纪的大艺术家们常能发表一些令人震聋发聩的见解,但我们注意到,从某种意义上来说,其中的许多话实际上是两千多年前的柏拉图"语录"的翻版。比如,法国画家塞尚(Paul Cézanne)说过,他在画面上描绘的不是一般意义上的个别的物体或人们所熟悉的生活景观,而是锥面、球形和圆柱体。[47]对此,柏拉图大概不会感到惊异。是柏拉图把人们的审美意识从表象引入深层(即从具体到抽象),又从深层带到一种表现深层内容的"表象"。这是一个具有重要意义的循环,它使人们看到了"美"的自我展示,看到了这一十分激动人心的"艰难跋涉"的全过程。按照柏拉图的本体论观点,"善之形"(idea agathou)是世界上最美的存在。但是,"善之形"并不是肉眼可以观赏的东西,因而具有强烈的形而上的色彩。与之相比,几何形的 schēmata(图案、形观)不仅肉眼可以瞧见,而且可以给人极富美感的抽象感受。在西方美学史上,直到康德以前,学者们对"美"的论述始终没有超过这个水平。

应该指出的是,在柏拉图看来,"美"(to kalon)不仅是个美学概念,而且也是个道德观念,因为美的艺术——这是典型意义上的希腊人的观点——必然会反映美的道德观。这位哲学家曾经不止一次地说过,善是美,善和美是同一种东西(agatha kala)。[48]愉悦不等于知识,[49]因此也不等于美;美是包含知识的、适度的愉悦。美好的事物会引发人们对知识的追求,会激励人们追索更高的生活境界。美的节奏和旋律表现运动的秩序,美的发音展示美好的心灵;从音乐中获取愉悦的人们会因此得到美好的启示,向往与美的趋同。[50]柏拉图坚信,音乐中美的形式(euschēmosunē),连同节奏和旋律,表现人的美好性格,而喜好此类音乐的人们日后将学会热爱通过理性思考认知的善好。[51]这种善好具备较多的中性意义,已经超越一般的"好"与"坏"的狭义区分。对待艺术(尤其是诗歌)柏拉图有时爱走极端,依据简单的是非标准,但有时却能摆脱功利的羁绊,采用更具普遍意义的道德原则。

柏拉图认为,善好的生活必须"包含"各种知识,尤其是解释永恒和不变的存在及真理的知识。这一点没有疑问。但是,如果有人只知晓关于线条、圆锥等形体的知识,即只掌握精确的数学和几何知识,而压根儿不懂关于这些抽象知识的大致和粗略的"近似物",换言之,不懂生活的常识,不理解生活中随处可见的具体事物,那么尽管此人本事很大,却依然无法高效率地施展自己的才能,不能适应具体的日常生活,甚至找不到回家的路子。没有人会同情找不到家的"书呆子"。所以,正如必须按适当的比例调匀蜜和净水才能配制出可口的饮料,人的知识结构中不仅应有纯净的"一流"知识,而且应有不那么纯净的"二流"知识,应有适度的以满足感官需要为目的的快感的补充。[52]哲学思考不能代替柴米油盐,对"美"的寻索不能离开对生活的热爱。掌握具体的生活知识(或常识)符合人的生存利益,也符合人的群体性质,只要人们保持清醒的头脑,不至于在以"近似"为特点的二流知识面前忘乎所以,忽略对纯正、准确的知识的追求。由此可见,人们没有理由贬薄现实,断然拒绝物质享受,以为只有这样才能过上幸福的生活。苏格拉底认为,生活中不能没有音乐,如果这是人的生活,尽管它的过程中充斥着猜测和摹仿,"缺少纯度"。[53]人的生活应该由哲学家来设计,但设计师们不能犯"本位主义"的毛病,不能把生活的全部内容都纳入哲学取舍的范围。

既然柏拉图允许生活中可以包容欢乐,现在的问题是,他打算接纳多少愉悦,或者说,在理智和严肃的生活中加入多少"蜜糖"?《斐莱布篇》较为详尽地讨论了这个问题,提出了一种意味深长的"混合"。"蜜糖"多了不行,少了也不行;"蜜"与"水"的混合必须适度。混合的成功与否取决于计量或比例;少了它,混合将变成混乱。好的形态是美的,它包括真(alētheia)、善(kalon)和对称或匀称(summetria)三个要素。在"混合"中,合宜(to kairion)荣居首位;处于第二位的是比例(或美和完整);占据第三位的是心智和智慧(nous kai phronēsis);知识、技艺和正确的观念(doxa orthē)占第四位;不包含痛苦的快感㊾占第五位;适度地满足感官需要的快感处于第六位。㊿包容或体现这种"混合"的生活是幸福的生活(eudaimonia),由此展开的人生是美好的人生。

人不仅是政治动物,而且是有感情的生灵,在人生的酸甜苦辣和诸多情感之中,快感(包括它的各种表现形式)或许是被美学家们谈论得最多的一种感觉。柏拉图重视对人的感觉的研究,因为"感觉"直接与人的思考和判断有关。在著名的《斐莱布篇》里,柏拉图探讨了愉悦或快感(hēdonē)和心灵的活动或思考(phronēsis)之间的关系。谈论中,他区分了两种类型的快感,即纯净型快感与非纯净型或混合型快感,㊶前者指不包含痛苦的美好感觉,后者指掺和痛苦的欢悦。为了行文的方便,我们拟从第二种快感入手,展开讨论。

非纯净或混合型快感分三种,第一种只与人的肌体或肌体的感受有关。柏拉图认为,人的生理机制的运行,从某种意义上来说,体现为一个"失却"(kenōsis)和"补充"[(ana)plēpōsis]的交替过程。"失却"通常以可感知的形式展开(比如痛疾、伤残等),而"补充"通常是有意识的自觉行为。"失却"意味着正常状态的丧失,"补充"使肌体恢复失去的平衡。㊷由于"失却"通常很难完全避免,所以"补充"不仅是必要的救护和保养手段,而且是包含极大快感的生理"活动"。"失却"包含痛苦,"补充"带来喜悦。柏拉图指出,绝大部分的肌体快感,或者说绝大部分直接作用于人体的快感,属于这种包含痛苦和喜悦的混合型欢乐。㊸以搔痒为例。身痒令人痛苦,但搔挠却使人产生快活的感觉。痛苦使人难受,欢乐使人开怀;痛苦与欢乐或快感互相交织,共同构成一种奇特的感受,一种谁都会遇到的人生经历。事实上,在混合型快感中,痛苦的存在或出现是产生快感的前提,它的强弱决定了快感的浓烈或平淡。所以,病人和浪荡子们有时可以感受到最强烈的快感。㊹

混合型快感中的另一种是与人的肌体和心灵(或意识)相关的欢悦。此类快感来自人的欲望(epithumiai)和欲望的满足。比如,有人感到口渴,这无疑是一种痛苦(口干舌燥的感觉并不好受),但他同时也知道可以通过喝水来解除痛苦的折磨,而这又是一种喜悦。[60]在这一过程中,肌体的需要引发心灵的活动,而心灵的活动则围绕着恢复肌体的平衡展开。此种快感强调心魂的参与,重视心灵在体验快感中的作用。喜悦亦可以和过去而不是将来的经历或活动相关,换言之,不是寄附于希望(比如,希望消除口渴的感觉),而是通过回忆(比如,回忆以往类似经历的结局)。然而,无论是寄附于希望还是通过回忆,由此产生的快感都取决于某种意见或观念(doxa),而后者的正确与否缺乏可靠的知识背景。换言之,它可能是正确的,也可能是错误的,并由此相应地决定快感的性质。[61]此外,包含欲念的需求往往永远难以满足:喝水可以止渴,但不能一劳永逸。与之相比,一种知识,一经掌握,便永久地归属于掌握者的支配。所以,学习(知识)和喝水不同,前者使人终身受益,而后者只能暂时减缓"燃眉之急"。吃喝只能果腹,而知识是规导行动(包括何时及如何吃喝)的指南。

混合型快感中的第三种只与人的心魂相关。生活中的人们会感受到多种强烈的情感;愤怒、恐惧和怨恨等不时纷扰着人的心灵。心魂是"感受"的主体。然而,尽管这些情感使人痛苦,但它们的疏泄却会带来快慰。荷马说过,发泄怒气是一种美好的感觉,比蜂蜜还要甘甜。[62]剧场里的观众为人物的不幸痛哭,但这并不影响他们对悲剧的喜爱。[63]这里,柏拉图看到了悲与喜的辩证关系,从一个侧面论及了悲剧的功用。可惜,《斐莱布篇》没有就此作出进一步的解释,但我们似乎可从《国家篇》的有关论述中读到补足这一缺憾的"下文"。在该篇10.605C—606D里,柏拉图指出,悲剧使我们渴望哀嚎和恸哭的情感得到满足,而这一满足使我们获得快感。换句话说,悲剧引发的快感具有第三种混合型快感的特点,即使人从痛苦的体验中获取美好的或包含喜悦的感受。柏拉图的研析无疑给了亚里士多德和后世的文论家们以极大的启示。

喜剧给人的感受似乎更明显地带有"好坏掺杂"的混合特点。柏拉图认为,怨恨或恶意(phthonos)是一种不好的、包含痛苦的情感,但在喜剧中,它却伴随着人们由于见到同胞们的不幸或"恶作剧"而产生的快感。[64]无知和愚蠢无疑是痛苦的事情,[65]也是人们厌恨的东西,但表现者本身的强弱决定了它们是否具备转换的条件。换言之,人们能够容忍和接受某种形式的无知,并有可能从中获取某种快感。如果伴随无知的是无能或软弱,那么,这种"自我欺骗"便不会给人带来严重的伤害,因而具备单纯"逗乐"的性质(然而,对于无知者本人,"无知"永远是一种缺憾)。但是,如果伴随无知的不是软弱,而是其他成分(比如强悍),那么,无知者的作为便可能构成对别人的极大威胁。正是前一种"无害的无知"形成了喜剧人物的性格特点,也正是在这些人身上我们感受到喜剧引发的快感。由此可见,尽管讨厌或怨恨喜剧人物的愚蠢和无知,但我们会对他们的无害性造成的滑稽感到快慰。人们的开怀大笑表明,他们在体验 phthonos 的同时也感受到某种喜悦。[66]柏拉图对快感的分析来源于他对戏剧艺术的深刻认识。像他的同胞们一样,柏拉图认为人生中包含"悲"的成分,许多事情以悲剧式的结尾告终。但是,他或许比许多人更清晰地感受到艺术氛围中悲与喜的转换关系,感受到审美过程中人们情感的细腻变化。柏拉图把"戏剧感觉"看作是生活感受的浓缩,在西方文艺史上首次提出了戏剧是生活的缩影,人生是戏剧的大舞台的观点(由此我们想到了莎士比亚和许多持相同或类似观点的后人):

  我们的讨论表明……在痛苦中(en thrēnois),在悲剧和喜剧中,不仅在舞台上,而且在整个充满悲剧色彩的人生里,痛苦中总是掺和着喜悦。[67]

现在,让我们回过头来,转入对第一类快感的讨论。纯净型或非混合型快感指心魂对美的"不掺杂"的感受,是心灵的"体验"。具体表现在以下两个方面。

(一)由某些形态(schēmata)、颜色(chrōmata)、声音(phthoggoi)和绝大部分气味[68]引发的快感。此种快感不包含痛苦,它的获取不以原先存在的包含痛苦的欲望为条件,因此和食欲、饮欲等愿望不同。此外,它也不构成程度方面的形成强烈对比的差异。由几何形的schēmata引发的快感亦不同于眼见其他图形,比如对动物的形体的摹仿所能感受到的愉悦(比较《诗学》第四章),因为在后一种情况下,人们之所以感到快慰,是因为看出了仿象和原型之间的相似。当然,我们可以说这种非混合型快感也是某种"补充",即对心魂之审美需要的满足,但在此类情况下,作为"补充"之先决条件的"丢失"或"欠缺"常常显得十分微弱,使人们难以感知它的存在。[69]"学习",即实现由不知到知的转变,是一种愉悦。

(二)由"科学"或"学问"(mathēmata)引发的智能快感。这是一种在学习和思考过程中可以感受到的愉悦,而学无止境,永远不会有彻底满足的时候。人对知识的追求永远不会穷竭。柏拉图知晓求知的无限性。智能快感不需要包含痛苦的前提;缺少几何知识不会造成痛苦,与饥饿不是同一个范畴的问题。人不吃饭会挨饿,饿久了还有生命危险;相比之下,没有知识固然不好,但至少还可以存活下去。此外,同(一)一样,智能快感的感受主体是心魂,不是肉体(或基本上与肉体无关)。诚然,人们不会乐于忘却某件如果不予忘记(对他们)或许更为有利的事情,但忘却本身与饱后又饥不同,不会造成痛苦。[70]

综上所述,我们可以看出,混合型快感需要一个包含痛苦和热切盼望的前提,因此带有"强暴"或"强求"的倾向,亟待"计量"或"适度"的调整。此外,它也表现为程度的波动,有"多"、"少"之分。与之相比,非混合型快感表现出一种有分寸的节制,强度"不偏不倚",适中有序。[71]这是个包含思考和心智体验的过程,通常以平缓的方式进行。两类快感间还有一点不同,那就是"真度"(alētheia)上的差异。正如一小片纯净的白色,不掺和任何其他颜料,比一大片不纯的或"掺杂"的白色具有更高的真度一样,一小份彻底、纯净的快感比大份的包含痛苦的混合型快感更具纯洁的真善美。[72]所以,柏拉图称之为真正的快感,而称混合型快感为虚假的或"骗人的"愉悦。在柏拉图看来,"纯"或"纯净"总比"浊乱"或"混合"来得可贵。当然,这位理论家在此讨论的是美学问题,并且似乎难能可贵地暂时和部分地摆脱了伦理学的通常是无孔不入和个别情况下稍嫌武断蛮横的纠缠。

值得一提的是,柏拉图关于非混合型快感的思想丰富了古希腊传统的美学观,发展了原来比较直观和简朴的"快感论"。在柏拉图(或苏格拉底)之前,文论家们通常把快感与直观的感受联系在一起,很少论及心智快感的问题。柏拉图的功绩在于明确区分了快感的层次,指出了心智快感的美学意义。

在西方人文科学的发展历史上,柏拉图(和苏格拉底)第一次以如此炽烈的热情,通过如此精到的分析,在如此宽阔的作业面上对美和审美问题进行了深入的研究,取得了极其丰硕的成果。他对快感以及快感与诗歌(悲剧、喜剧等)之关系问题的探讨,在一些方面具有开创性的意义,即使在今天看来仍然具有不衰的学术价值,永驻的历时性魅力。当然,对他的赞慕不能、也不应影响我们指出他理论中的某些细小的缺陷。学术争鸣是柏拉图一贯倡导的原则,所以他一定会原谅我们

的肤浅,即使在所表述的观点中包含他所不愿看到的片面。我们认为,柏拉图的"快感论"中大致包含如下几个问题:

(一)在区分纯净型与混合型快感时,他似乎忽略了感受主体的状态。比如,感受者可能在饥饿的情况下欣赏某个几何形图案——在此种情况下,他们不仅能够体验到纯净的美(或美本身),而且还会暂时忘却饥饿及其所带来的痛苦。我们是否可以由此推论:美的感受(至少暂时地)填补了肌体中的"失却"。

(二)如果我们接受(一)的推理,随之而来的问题是:纯净的或非混合型快感是否也可在某些情况下与人的肌体状况相关?不管答案如何,柏拉图似乎忽略了这一点。

(三)柏拉图认为"失却",即平衡的打破是一种痛苦,而对"失却"的补充会引发快感。现在的问题是,既然平衡是一种美好的状态,那么,处于"失却"之前的平衡状态中的心灵和人体是否也能感受到一种由自身的和谐引发的快感?如果承认这是一种快感,那么,它的归属何在?如果不是,又当如何(结合既有的理论)作出令人信服的解释?柏拉图的分析似乎缺少必要的铺垫。

(四)悲剧引发的快感(混合型快感中的第三种)似乎并非只是与心灵相关。快感的产生需要一个包含痛苦的前提(比如,看到人物吃苦受难),而这个前提引发的后果可能包括肌体的运动(如号啕大哭、捶胸顿足等)。既然快感是混合型的,也就是说,包含痛苦和喜悦,我们就没有理由把痛苦排斥在外;而既然不能排斥痛苦,我们也就不能排斥表示痛苦的行为。对此,柏拉图没有作出必要的说明,尽管细心的读者大概会很自然地想到这一点。

注　释

① 在古希腊,"美"(to kalon,形容词 kalos 的中性形式,加冠词 to,可作名词用)是个

含义广泛因而通常需要依据上下文来进行准确释译的词汇(参见 W. K. C. Guthrie, *A History of Greek Philosophy* volume 3, p. 170)。"美"不仅与艺术和创作有关,而且涉及社会生活和上层建筑的方方面面。人们不仅可以说"美的脸蛋"、"美的衣服",而且还可以说"美的港湾"、"美的营房";不仅可以说"美的脚踝"、"美的兆示",而且还可以说"美的行动"、"美的法律"。Kalos(或 kalon)可以表示"抵达"的"准时"或"及时",表示"死亡"是一件"美事"。副词 kalōs 可用于对说话、行为和生活等的包含肯定意义的评价(如"生活得好"),其取向可以是"技术性"(即就事论事)的,也可以是道德的。在不同的上下文里,kalos(及其变体词)可作"美的"、"好的"、"崇高的"、"合宜的"或"有用的"解。比较注㊽。"美"是个涵盖面十分宽广的概念,可指艺术作品(如绘画、雕塑和诗篇)所包含的审美价值,亦可指美德、真理所体现的智性和知识的绚美。"美"不仅是作品或物品的外在景观,不仅是它们所带来或造成的审美效果,而且还参与塑造人的性格,参与社会的伦理观和公众意识的组建(参考 W. Tatarkiewicz,"Classification of Arts in Antiquity", *Journal of the History of Ideas* 24, p. 231)。像他们的同胞们一样,柏拉图和亚里士多德都高度重视道德因素在审美和理解"美"的过程中的作用,都把"美"看作是哲学研讨中的一个重要内容。"美"可以不受学科的限制,通行无阻地在对各种问题的研究中发挥作用。

② 英语中的 aesthetics(美学)一词来自希腊语的 aisthēsis(感觉、感受,参考第二章注⑫和⑭,一说来自 aisthetikos)。直到十八世纪下半叶,人们方始采用现今得到公认的"美学"(aesthetics)一词,用来呼研究"美"的哲学,把它当作理论研究中的一个独立的领域〔见鲍桑葵(B. Bosanquet)《美学史》,张今译,商务印书馆,1986年,第5页〕。古希腊人没有把审美看作是一种专门以评赏和研析文艺作品为宗旨的学问,也不认为有必要把这种取向从人们对生活的总体"看法"中分割出来。"美"属于生活,属于哲学家、诗人和艺术家们对生活的饱含热情的"展现"和探讨。自十八世纪下半叶以来,西方人(包括俄国人在内)逐渐完成了美学领域内的系统工程的构建。古希腊语里亦没有近现代意义上的"文学"一词,但这似乎并不妨碍他们对包括诗在内的文学及文学作品的研究。

③ 《卡尔米德篇》155C—E;参考色诺芬《回忆录》1.3.13。当然,外表的漂亮不如心灵的美好;美的心魂远比"长得好看"珍贵(参考《会饮篇》210B—C)。苏格拉底也提倡用体育强身,但他给自己安排的工作却是照料人的心魂。心魂是立身的根本。健康的体魄不能自然而然地造就美的心魂,而美(或"好")的心魂则能使身体最大限度地发挥它的功用(《国家篇》3.403D)。人们通过感觉接触世界,享受人世间美的景状。凡是美的事物都能使人愉悦,得到禅益,但并非所有能使人高兴或乐于接受的事物都是"美"的。《大希庇亚篇》的作者(参考注⑨)区分了通过视、听获取的快感与通过其他感觉获取的欢悦,并认为前者具备审美的价值,而后者则只能使人感到愉悦。苏格拉底把"美"当作一个泛指的概念,用以涵盖几乎所有可以通过视、听接触到的美的事物(《大希庇亚篇》297E—298A)。一切动听之音,无论是艺术的(指我们今天所说的"艺术",如音乐和驰骋想象的故事)还是非艺术的(如好的讲演),都是"美"的;一切所见之物,只要是"好看的",不管是艺术的(如绘画和雕塑)还是非艺术的(如人和自然中的景物),也都是"美"的。与之相比,另一些感觉,如吃、喝和性等,虽说使人感到愉悦(尤其是做爱时的快感可谓人口皆碑)但却不在论"美"的范围之内。做爱只能在没有旁观者的情况下进行,尽管当事者能够尽情享受,但这

不是美的景观(299A)。在这里,苏格拉底谈论的实际上是人的欲望问题,所持的观点比《国家篇》第八卷里的探讨略显严厉。在该卷558D—559D 里(另参考本书第四章中关于欲望的论述)柏拉图区分了"必要的"与"不必要的"或"无法无天的"欲望,指出前者作用于维持人的正常生计,使人身体健康,生活幸福,而后者则有损他们的身体,毒害他们的心魂。当然,任何"现象"的美好都不如实质的美好,任何具体的美好也都不如"形"(或美本身)的美好,在这一点上《大希庇亚篇》和《国家篇》都没有表示过含糊。事实上,《大希庇亚篇》的结尾部分也像多篇寻找定义的"对话"一样否定了"美即视、听接收到的快感"的试探性结论,把进一步的探讨留给了读者的想象。否定的理由比较复杂,包括(一)"看"来让人愉悦的事物"听"来不一定如此,反之亦然;(二)使人愉悦并不是"美"的唯一特征;别的感觉也能获得并承受快感;(三)视和听并非二者的共性(换言之,"视"只能"看",不能"听")。从全篇内容来看,《大希庇亚篇》的作者显然是对表象美的背后之"物"或美本身情有独钟(参考注⑪),只是采用了苏格拉底惯常的做法,即在对所讨论的概念下定义时避免过于确切和把话说死的倾向。热衷于反"逻各斯中心主义"和形而上学的当代西方学者们或许应该对柏拉图哲学本身所包含的反形而上学的"基因"予以更多的重视。我们甚至可以说,反僵化是柏拉图的一个比较定型的看法(所以已经不是简单和弱小的"基因"),是他的治学观中的一个重要内容,是他有时显然是有意识地采取的一个平衡极端倾向的步骤。

④ 《斐德罗篇》234D,另参考《美涅克塞努篇》235A—C。古希腊人或许会赞同这样的观点,即审美固然需要陶渊明式的闲情逸致和康德倡导的"有修养的心炅",但典型意义上的美感却不能不包含汹涌澎湃的激情和对"美"的强烈的"爱恋"。阿芙罗底忒是一位司美的女神,秉性豪烈的古希腊人居然产生过与她"通婚"的念头(由此产生了一句旨在警诫和带有喻义的格言:不要试图婚娶金色的阿芙罗底忒)。和亚里士多德相比,有过行伍经历的苏格拉底和诗人柏拉图似乎更多一些如屠格涅夫所说的由"对美的共鸣"而产生的豪情。如果说亚里士多德使哲学具备了比较严密的系统,认为哲学研究需要精细的规划,柏拉图则可以说哲学是爱者的事业。求知呼唤饱满的热情,需要宗教式的信念。哲学是净化心魂和为来世妥作准备的"教仪"(参考第四章注⑫和第八章注㉓);关于苏格拉底对"死"的看法,参考第三章注㊳。哲学是美好的,它应该像高水平的讲演和文学精品一样给人强烈的美感,使人心潮起伏,热血沸腾,带着对"美"的执著求索,向往心魂对"形"的回归。或许,正是凭借这种对"美"的超乎寻常的敏感和发自内心的挚爱,柏拉图熟练地驾驭着诗歌马车的无穷想象("夫缀文者情动而辞发"《文心雕龙·知者》;"感人心者,莫先乎情"《与元九书》),写出了一篇篇饱含哲理和美好憧憬的"对话"(许多人称之为诗篇),设计出在他看来最美的城邦,如同一位最好的画家,摹仿一个"神圣的模式"(theiōi paradeigmati,《国家篇》6.500E;参考第九章注㊽)。

⑤ 《大希庇亚篇》295C。参考《会饮篇》210B;比较注③。

⑥ 《大希庇亚篇》297E—298A。参考《斐莱布篇》51B。

⑦ 此乃柏拉图美学思想的"精华"。详见《会饮篇》210B—211A。柏氏的话语有时充满诗意:"美是一位神明,她挚爱美好,不爱丑陋。"(《会饮篇》201A)"爱好声响、景观的人们",柏拉图写道,"陶醉于动听的音调、好看的颜色和形状……但他们的心灵不能欣赏和接受美本身"(《国家篇》5.476B)。在《会饮篇》里,柏拉图充分"利用"了希腊人对"美"

的理解,展示了"美"的深广内涵。任何"善"或"好"的事物都是"美"的。柏氏部分地摆脱了先验论的纠缠,认为人对"美"的认识必须经历一个由具体到抽象、由个别到一般的递进过程。当然,他所设置的"美"的终端(即"美本身")仍然是先验的,带有浓烈的形而上的色彩。应该指出的是,柏拉图的知识论也和他的宇宙论一样包含某些神秘的内容。在柏氏看来,知识可以包罗科学和非科学的解释,知识与玄学(或某种意义上的神秘论)之间没有泾渭分明的界限。柏氏可以毫无顾忌地同时谈论"崇高的思想"、"哲学的收获"、关于"美的单一的知识"(tina epistēmēn mian toiautēn,《会饮篇》210D6—7)和"入仪"、"启示"以及"爱恋的神秘"(pros ta erōtika paidagōgēthēi,210E1—3)。在他的心目中,"美"是个竖连具体和抽象、横贯知识与信仰的奇妙的概念。终极意义上的"美"是一个不变的奇景,它不生不灭,不盛不衰,对所有的崇拜者都以同一个面貌展现。"美"(本身)是个永恒和单一的整体,只由"美"组成,以自身的一体存在(all' auto kath' hauto meth' hautou monoeides aei on);美的事物分享它的美好,无论它们怎样来去匆匆,沧海桑田,"美"不增不减,一如既往,永远是一个不可和不受侵蚀的整体(... mēden ekeino mēte ti pleon mēte elatton gignesthai mēde paschein mēden,211B2—5)。像"形"一样,"美"带有一定的"物"性[人们可以"看视"(blepōn,210C7)它的存在,比较第九章注㊶等处],不是纯粹的精神或完全抽象的东西。"美本身"是一种特殊的存体,既有精神和概念的抽象,又有可感知和时空上的"具体"。想当然的哲学推理把柏氏送上了形而上学的绝路(为此他受到了海德格尔和德里达等近、当代学者的批评),而充满激情的诗化表述又使他在一定程度上冲破了以物质和概念两分世界的僵化。柏拉图哲学和美学思想的深广内涵,或许超过了多数近当代西方思想家们的评估。

⑧ 参考《会饮篇》210B。另参考 Darnell Rucker, "Plato and the Poets", in *The Journal of Aesthetics and Art Criticism* 25, p. 169。

⑨ 《大希庇亚篇》295C。《大希庇亚篇》是一部讨论"美"的对话。苏格拉底试图通过与希庇亚的讨论得出有关"美"的定义(比较其他以寻找定义为叙事主线的"对话":如《卡尔米德篇》提出的中心问题是"什么是节制",而《拉凯斯篇》则试图回答"什么是勇敢";参考 E. A. Havelock, *Preface to Plato*, pp. 224—225)。《大希庇亚篇》的写作年代大约在公元前435年以后。自十九世纪以来,西方学界对它的真伪(即是否由柏拉图所作)颇有争议,但争论的双方或各方都重视它所提供的信息。像大多数"对话"一样,这部作品的主角(或第一主角)也是苏格拉底,所表述的一些观点亦颇能吻合柏氏的思想。苏格拉底认为,美的事物应该有用(to chrēsimon),无用之物即便质地很好也是"不美"或"丑"的(参考290E,295D—E)。有用的事物或东西很多,如各种用具、商船、战舰、乐器、各种技艺,甚至包括法律(295D)。"有用",即为有能力实现事物的功效,所以"力"是"美"的,而"无力"则是"丑"的。然而,"力"是一种中性的东西,既可以从善,也可以作恶。于是,苏格拉底又提出了另一个概念,即"美"的事物不仅应该"有用",而且应该"有益"(to ōphelimon),即服务于好的目的。强健的体魄(kala sōmata)、好的规章制度(kala nomima),还有使人终身受益的智慧(sophia),都是美的(panta kala),"因为它们有益"(hōti ōphelima,296E2—4)。"美"即为"有益"(to ōphelimon... einai to kalon,296E5—6;比较《国家篇》5.457B)。参考注㊽。在一切事物中,智慧是最美的(hē sophia pantōn kalliston,296A5),而无知是最丑的(hē de amathia pantōn aischiston,296A6)。色诺芬的《回忆录》中的某些节段证实了"有用即美"的确是苏格拉底信奉的一条审美原则(当然不是最高原则):一只合用的粪篮是美的,而一面不敷实用的金盾则是丑的;最美的房居不仅应该冬暖夏凉,而且最好还能够有效防范盗贼的侵扰(在古时的雅典,小偷们常常通过挖墙洞的办法进屋行窃,见 H. Osborne,*Aesthetics and Art Theory*,p. 39)。

⑩ 详见《会饮篇》183E。在 187D—E 里,柏拉图区分了两种"爱慕",一位(作者把它们作了拟人化处理)是天界缪斯乌拉妮娅(Urania)的孩子,长得高雅、俊美;另一位是善歌的缪斯波鲁芙妮娅(Poluhumnia)的孩子,专司尘世化的爱欲。对后一种爱慕,人们要小心防范,不可陷入它的罗网。所以,无论是在饭桌旁,还是在欣赏音乐时,人们都要注意节制,注意区分两种爱慕,因为"你几乎可以确信,二者都在其中"。

⑪ 《克拉底鲁篇》439C—D。苏格拉底或许是西方历史上第一位意识到真理即知识的哲学家。当然,这种知识不应该出自人的杜撰。在苏氏看来,知识是一种客观存在,是人们用以认知和解释世界的客观标准。知识不是"规定"的,而是通过研讨和辩析"找"来的。认识世界和正确解释人的行为要从寻找定义开始。哲学家的"任务"是要冲破表象布设的迷阵,找出决定和说明现象的本质。把握本质就等于把握了事物"本身",实现了认识的飞跃,进入到自觉运用"形"和"形论"解释并超越现象的认知领域。在《欧绪弗罗篇》里,苏格拉底试图寻找使各种虔诚的行为成为可能的"虔诚"本身,即"虔诚"的"真形"(eidos,6D11)。美的事物不等于"美"本身。任何具体事物和现象的美都是"绝对美"的反映,介入并因此分享绝对美的"美"(《斐多篇》100C)。比较黑格尔的观点:"美就是理念的感性显现。"(《美学》,朱光潜译,商务印书馆,1979 年,第一卷,第 142 页)从根本上来说,美的事物不是因为它有奇特的色彩与形状,而是因为它与绝对美(即美本身,to kalon auto)的关联。这是一个必须予以重视的问题。在苏、柏二氏看来,"美"(本身)的存在是所有美好事物存在的前提,是决定后者的"美"的关键[all' hoti tōi kalōi panta ta kala(gignetai kala),100D]。在 100E 里,柏拉图再次强调了这一观点。《大希庇亚篇》多次论及"美本身"的问题。作者指出,"正义"和"美"都是不以人的意志为转移的存在。事物"因正义"(即由于"正义"的存在)而成为正义,"凭借美"(即由于"美"的存在)而得以显得绚美(287C—D)。"绝对美"(即"美本身",auto to kalon)编排世间的事物,凭借"美"之"真形"(eidos)的参与,它们具备了美的外形(289D)。"你还记得吗,我刚才问过什么是美本身(to kalon auto)",苏格拉底以假设的参与者的口气问道,"它使带有它的一切变得绚美,无论是树木、人或神明,还是每一种行动(pasēi praxei)或各种形式的学习(panti mathēmati)? 我问的是,先生,什么是美本身……"(292C—D;比较第二章注㉟)接着,苏格拉底谈到"合宜"以及"合宜的性质"(to prepon kai tēn phusin autou tou prepontos,293E),并由"合宜即美"转入了对"有用即美"的讨论(参考注⑨)。关于"美本身"的讨论,详阅 W. K. C. Guthrie,*A History of Greek Philosophy* volume 4,pp. 189—191;另参考注⑦以及 F. Copleston,*A History of Philosophy* volume 1,pp. 253—256。

⑫ 参看《国家篇》3.403C。

⑬ 参考本书第六章倒数第 6 段和第七章第 2、5 段。

⑭ 《高尔吉亚篇》465B。柏拉图和亚里士多德都认为,技艺应该辅助自然的工作,帮

助它实现自己的目的(参考第七章注②)。在这里,柏拉图拒绝把化妆当作真正的技艺。此外,柏氏或许会说,化妆只能使人"好看"一时,而无法长时期地产生美的效益。

⑮ 《高尔吉亚篇》465E。

⑯ 《斐莱布篇》56B—E(参考第九章注㉞)。柏拉图同意巴门尼德的观点,即只有不变的事物才能"提供"确切的知识,才能成为哲学研究的稳定的对象。

⑰ 无序和不均衡(即"无限")状态的存在,是有必要研究"限定"(peras)原则的前提。柏拉图认为,"更多"或"更少"以及与之相关的其他概念,如"更热"和"更冷"等都是"无边"(mē telos)的表现,而"无边"(atelē)意味着绝对的无限(... pantapasin apeirō gignesthon,《斐莱布篇》24B)。当这些属性(如"更多")"进入"事物以后,它们不是赋予后者以确切和固定的性质(如"温和"),而是造成"更多"或"更少"等不均的局面(24C)。人们将无法确定"更热"和"更冷"的量级,因为不停的变动会在试图确定的瞬间否定它的精确性。"更热"和"更冷"会不停地朝着"更热些"和"更冷些"的方向运动,不可能形成稳定的常态。所以,苏格拉底指出,"更冷"和"它的反面"必定只能是无限(apeiron)的状态(24D)。与之形成对比的还有另一个"家庭",苏格拉底称之为"限定"(peratos gennan),包括"平均"和"加倍"(tēn tou isou kai diplasiou)以及其他使对立面的抗争趋于中止的成分,通过引入数字(arismon),使对立的状态"形成比例,达成和谐"(summetra de kai sumphōna entheisa,25D—E)。"引入数字"意味着"限定"本身的介入,从而造成与"无限"的混合(sumbainein),改变原有的"无边"和无序的状态。对于高的或低的音调,对于快的或慢的速度,对于这些"无限的东西"(apeirois),苏格拉底问道,规限成分的引入难道不是即刻形成了限定(peras)的局面,使由部分组成的诗乐(mousikēn)臻达炉火纯青式的完美? 普罗泰耳科照例作出了完全肯定的回答:kallista ge(26A)。同样,"暴热"和"酷冷"是无限的表现,规限成分的介入可以铲除过分和"无限"(apeiron)的状况,构组起均衡和有分寸的势态(to de emmetron kai hama summetron apērgasato,26A)。由于"限定"与"无限"的混合,自然界才会有宜人的气候,才会有一切美好的事物(hosa kala panta,26B1—2),才会有美、力量、健康(meth' hugieias kallos kai ischun)和(发现在)心魂中的各种美好(kai en psuchais au... kai pankala,26B5—7)。菲莱波丝,美丽的女神(hē theos),一定看到了凡人由于缺少"限定"的制约而变得狂妄、无知和肆无忌惮地寻欢作乐的放荡情景,因此在人间建立了法规(nomon)和以"限定"为标志的秩序(kai taxin peras,26B7—10),使他们得以生生不息。Peras 是一切美好事物的特征,是形成比例和建立秩序的保证;它为人的生活设立规约的机制,在人们的伦理观(即行为哲学)与自然和宇宙的"理性"运作之间铺设了一个通连的环节。柏拉图的美学思想涉及面宽广,既涵盖人与自然的活动,也把人的生存状况和制度建设的重要性纳入了它的解析范围。

⑱ 详见《斐莱布篇》31A。比较《国家篇》2.371E,4.427E;《法律篇》1.643D,2.672C,3.678B 等处。参考《智者篇》244E;《巴门尼德篇》145E,137D,165A。部分与部分之间的关系,部分与整体之间的关系,部扮排列的比例问题,此外,还有接收角度的问题,这些都是使人产生"感觉"(包括美感)的基本"条件",也是审美者不可忽略的评判标准。美的事物必须是(一)有部分的,(二)部分间的排列是合乎比例因而能够使人产生美感的,(三)部分是为"整一",即整体美服务的。最高形式的美,即"美本身"是一个不变的整体(参考

注⑦)。另参考第七章中的有关论述。

⑲ 比较《斐莱布篇》25A。

⑳ 同上,35A—36D。比较：上帝看见他所创造的一切无不美丽非常(《创世纪》1.31;另见1.18和2.9等处)。上帝所有的作品都很美,他的创造使世界充满生机。不过,上帝也"建造"丑陋的去所,比如地狱。参考注㉗。毕达戈拉关于音乐和数理的学说无疑影响过柏拉图对宇宙及其运作规律的思考。关于宇宙之魂的"音乐性"及其运作的"和谐性",参考 F. M. Cornford, *Plato's Cosmology*, pp. 66—93。柏拉图心目中的神或神工(dēmiourgos)不是或不等于基督教里的"创世者"(参考第三章注③),前者用已有的材料创世,后者则无中生有,从"无"中创造世界。Dēmiourgos 并不首创造世的材料,他"接过"已有的存在,将"智"(nous)的秩序注入原有的无序或混乱之中。像人间的工匠一样,神工也受到材料的限制,在已有材料的基础上"尽可能完美地"创世。神工不是万能的上帝(或耶和华),他对人类抱有良好的愿望(参考《蒂迈欧篇》42D),但也只能让他们自己面对生活中的不测。所以,按照柏氏的见解,宇宙的产生是"智"或理智(nous)与"必然"(anankē)的既抗争又合作的结果(《蒂迈欧篇》48A1—2),"必然"催导物质或材料的本能运动,不受理性目的的制约,柏氏称之为"错误的动因"。Nous 必须制服 anankē 的盲目,规劝后者在定导绝大部分事物的活动中予以合作,以期取得最佳的效果(to beltiston agein)。在创世之初,"理智"通过合理的规劝战胜"必然",制作了宇宙(48A5)。Dēmiourgos 不是"善之形"(idea agathou),也不等于制导一切的"智"(nous);他有"勉为其难"的一面,不能把自己的工作做得绝对完美无缺。宇宙的秩序是美好的,但也必须"容忍"anankē 的"作怪",继续与之保持合作。"必然"独立于"理智"(nous),其不稳定的特性可以导致不规则的偶发现象(tuchē,《斐莱布篇》28D),许多人把它比作拟人化的"自然"(phusis,《智者篇》265C)。亚里士多德赞同柏氏的观点,将"必然"与"偶发"、"巧合"、"机遇"和"自发"联系起来,使之形成"自然"运作的一方,与包含理性的"设计"或"规划"形成对比。某些事情只能这样、而不是那样发生(用我们的话来说,瓜熟蒂落),不受目的的支配。老天下雨并不是为了催熟庄稼,而是出于必然(ex anankēs)。同样,如果有人的麦子烂在打谷场上,雨水也无须为之负责——雨水不得不下,不是为了浸蚀麦粒(详见《物理学》2.8.198ᵇ)。然而,对 anankē 的重视并没有抵消柏氏对"理性世界"的信念。在柏氏看来,最早的宇宙论学者和自然物理学家们不恰当地强调了"必然"的参与,他们认为宇宙的生成部分地取决于自然(phusei),部分地取决于"偶然"(tuchēi),"规划"或"技艺"(technē)只起到三分之一的作用。物质(如水、火等)的存在只是凭借"自然"和"偶然",与"规划"无关(参考第九章注㉜)。太阳、月亮和行星等均按出于"必然"的需要运行,无所谓规则的指导,技艺(technē)是一种后出的东西。法律是人为的,不是自然的;宗教和道德原则可以因地而异,因人的意志而异,以约定俗成的观念为依据。柏拉图认为,上述看法(或言论)会把人们导向对权力意志的遵从,导致分裂和渎神倾向的产生(详见《法律篇》10.888E—890B)。以后,公元前五世纪的哲学家们用"外在的"动力(论)取代了泰勒斯的"神灵无处不在"的思想,琉基伯和德谟克利特则更进一步,提出了排斥理性作用的"原子论"。柏拉图不会接受一个在原则上不受神力(或理智)制导的世界。神灵不仅"无处不在",而且起着压倒"必然"和"偶然"的定导和规约作用,使宇宙不但展现神意的正确,而且(他认为阿那克萨戈拉忽略了这一点)反映道德原则

的绚美。在《斐莱布篇》28E 里，柏拉图通过普罗泰耳科的答言说道：理智规导所有的一切，这一点体现在宇宙的动作之中，体现在太阳、月亮和星星在天体里有序的位置(详阅 F. M. Cornford, *Plato's Cosmology*, pp. 159—176)。

㉑　《蒂迈欧篇》30A。参考注③以及第四章注④等处。

㉒　《诗学》里的 muthos 是个多义词。亚里士多德沿用了 muthos 的"本义"，即"故事"、"传说"(《诗学》8.1451^{a}22)，但在多数情况下却用它引申指作品的"情节"。有了情节，悲剧方可实现它的功效(ergon)，而实现功效即为达到目的(telos)。情节是"事件的组合"(《诗学》第六章)，应有一定的长度(第七章)，它的"解"应是事态发展的必然结果(第十五章)。情节是对行动(praxis)的摹仿，应该摹仿一个完整的行动(第八章)。Muthos 有时是"悲剧"的同义语(6.1450^{a}3)，有时又是"行动"的同义词(9.1451^{b}33,1452^{a}37)。在 5.1449^{b}8 里，muthos 几乎和通常与之形成对比的 logos(参考第三章注㊴)等义。柏拉图意识到 muthos 与 logos 的不同，有时也在表述上予以刻意的区别。他把诗划入 muthos 的范围，尽管也常常称之为 logos——其时 logos 是个一般性术语，意为"内容"(E. Havelock *Preface to Plato*, p.236)。

㉓　详见《巴门尼德篇》137C,148D 等处；《蒂迈欧篇》30C—D；《法律篇》10.903B 以下。柏拉图常常谈论部分与整体或部分与部分之间的关系(参考《伊安篇》532C 以下；《泰阿泰德篇》204 以下；《卡尔米德篇》156E；《斐德罗篇》270C；《国家篇》5.474C,6.485B；《法律篇》10.902D 以下；《克拉底鲁篇》385C；《普罗泰戈拉篇》329C,349 以下；《巴门尼德篇》138E,142D 以下，148B,150A,153C,157C 以下，以及 159D 等处)。部分的存在及其特色的具备要符合整体美的需要，不能自作主张，各行其是，破坏应有的比例，有损整体的和谐。比较亚里士多德《诗学》第八章。参考注㉗

㉔　Taxis 是柏拉图(亦是亚里士多德)美学思想中的一个重要内容。参阅《斐德罗篇》268D,269C；《斐莱布篇》26B；《高尔吉亚篇》503E 等处。另参考注⑰。正如宇宙的美好在于它的和谐，人间生活的美好也离不开井然的秩序。分工合理、明确是"美"的体现。规划城邦的生活要从大处着眼，顾及全局(holēn)，不能只为少数人(oligous)或一个阶层的国民(《国家篇》4.420C3—4)。不同阶层的人民都应该从属于他们的常规生活中享受幸福，做出各自的奉献。部分的属性要和它们的奉献相符，接受合宜的待遇，发挥各自的作用。假如我们正在为一尊雕像着色，柏拉图以绘画为例写道，有人走来指责我们，说我们没有把眼睛这一人体中最美的部分绘成紫色(此乃最美的色彩)，其时我们应该回答此君，请他不要指望我们把眼睛描得太美，以致使其失去应有的样子。描绘身体的其他部分也要遵循真实可信的原则，该着什么颜色就用什么颜色，使各部分都能呈现与其属性相符的合宜的色彩，组成一个绚美的整体(to holon kalon poioumen,420D4—5)。

㉕　比较《高尔吉亚篇》503E；《国家篇》4.443D—E；《政治家篇》308C,311A；《斐莱布篇》63E 等处。

㉖　细读《政治家篇》306C；《斐莱布篇》25D—26B；比较《会饮篇》185E—188D。

㉗　详见《国家篇》9.586D—E,588B—E,10.611E 以下。比较《美诺篇》88E—89A；《法律篇》1.625E 以下等处。按聪明人的说法，苏格拉底对卡利克勒斯说道，天和地、人和神组成了一个有序的整体，联合的因素包括亲情、友谊、秩序、节制、正义等(《高尔吉亚篇》

508A)。强调"联合"实际上等于承认对立面或需要联合的各方的存在。从宏观上来看，"智"(nous)与"必然"是一对既斗争又联合(或在"智"的劝说下进行合作)的矛盾(参考注㉗)。矛盾的双方都有"合法"存在的理由(记得黑格尔说过，凡是存在的都是合法的，或凡是现实的都是合乎理性的)，因此不能通过彻底消灭一方的做法来达到实现一统的目的。在古希腊悲剧里，抗争的双方往往都是"好"人，都是为了"正义"，都有强有力和正面走向的道德观的支撑。在《奥瑞斯提亚》三联剧里，埃斯库罗斯形象地用宙斯和复仇女神的纠纷展示了"智"与"必然"的抗争，最后通过雅典娜的调停实现了冲突双方的和解，让复仇女神体面地执行宙斯的意志，造福雅典公民。一般认为，这(即对立面的合作)也是柏拉图的《蒂迈欧篇》、《克里提亚篇》和未及成文的《赫耳谟克忒斯篇》(即他的"大西洋岛三联剧")所要描述的中心思想。就局部或具备各自的系统的研讨对象而言，部分在整体中展现自身的价值，通过自身价值(或作用)的实现反映整体(to holon)的活力，接受更高和更能反映整体美的某个统括和单一因素的支配，实现本系统的最完美的统一。各种勇敢的行动都将受到作为定义的"勇敢"的审视，而"勇敢"本身又是"智慧"的体现。各种具体的"形"最终都将在"善之形"中找到归宿，而各种"美"最终也将在"美本身"(to kalon auto)里摈弃各自的局限和"俗"性，与单一和真正的瑰美同在。具体的事物由部分组成，部分的排列要体现比例的精美，互相衔接，通力合作，形成一气呵成的整体。起始、中段和结尾都要发挥各自的作用，服务于整体的组建，使之"像一个活的生物"，给人栩栩如生的感觉。

㉘ 参考第七章相关节段。

㉙ 参考第九章第4、5段。

㉚ 《高尔吉亚篇》503E,504A。

㉛ 《法律篇》3.397A—B,400D—401A。

㉜ 参见《诗学》6.1449ᵇ24—28。亚里士多德认为，情感(如恐惧等)的积淀于身心的健康不利，因此有必要把它疏泄出去，以便保持心魂的和谐。在《国家篇》10.605—606 中，柏拉图亦论及悲剧的宣泄作用，但他不认为由此引发的是"纯净"的，即真正的快感。

㉝ 《法律篇》2.658C—D。柏拉图喜爱荷马史诗，由此可见一斑。

㉞ 参见本书第九章第13段。在《智者篇》里，柏拉图用"虚象制作艺术"(eidōpoiikē, eidōlopoiikē)涵盖绘画和智术，认为二者都以制作虚象(eidōla)为特征(参考第九章注㉗)。他从 eidōpoiikē 里区分出两种实施手段，即复制艺术(eikastikē)和表象艺术(phantastikē)。Phantastikē(即 phantastikē technē)制作像似原型而实则扭曲原型比例的 phantasmata(表象、幻象)，投机取巧，以假乱真，利用人的感觉的不精确性使其产生虚假的美感(参考第九章注㉘)。人们知道艺术与现实的区别，知道作品(如雕塑、画作)是摹仿现实的"艺术形象"。然而，人们愿意接受这种虚假，并在进入审美情境时把它当作是真实的或等同于生活的"写照"。柏拉图认为，幻象的产生固然是因为艺术包含天然的"欺骗"倾向，但也与人的心态的"组合"有关。《国家篇》讨论过"假象"的问题。在《智者篇》里，"陌生人"指出了心态的三种存在和表现"景况"，即思考(dianoia)、观点(doxa)和幻觉(phantasia, 263D)。人们容易在 doxa 的驱使和配合下进入 phantasia 的状态，而这既是创作者对外部世界的感知心境，也是艺术品(包括诗歌、绘画等)得以取得"虚假"效果的接收基础。关于 dianoia, 参考第二章注⑫等处。

㉟ 事实上这等于是制作第二个原型,因此,从这个意义上来说,超出了艺术摹仿的正常(或常规意义上的)工作范围(参考第九章注㊸)。然而,这不等于说艺术家不能用近似于原型的比例创制作品,并形成一种尽可能如实地反映原型之风貌和比例的制作风格。据说在公元前五世纪,雕塑家阿尔卡墨奈和菲迪亚进行过一场"对抗"。起先,阿尔卡墨奈的工作受到了观众的赞扬;然而,当成品出来以后,人们却转而赞慕菲迪亚的制作;最后,菲氏获得了比赛的胜利。阿尔卡墨奈按照部分间应有的真实比例(尽管不可能做到绝对的求真)创作,而菲迪亚则使用视觉纠正技巧,"扭曲"(即改动)部分间的比例。菲氏的创作被放上合适的位置(即石柱的顶部)后,看来比阿氏的作品更显瑰美,而阿氏的雕塑则适合于近距离的观赏,从某个特定的审点看去胜似菲氏的作品(参考 G. Sörbom, *Mimesis and Art*, p. 160)。

㊱ 《智者篇》235E—236A。幻象(phantasma,复数 phantasmata)和仿象(eikōn,复数 eikones)都是虚象(eidōla,单数 eidōlon),都是虚象制作艺术(eidōpoiikē)的"产品"。然而,在《智者篇》235E 里,柏拉图却不认为制作在比例和色彩方面完全等同于原型的仿象是雕塑家和画家的常规业务;艺术家只能或通常只能在 phantastikē 的范域里工作,制作比例失真的幻象(236B)。当时的画家们已普遍掌握"影像绘制技术"(skiagraphia)和"深景绘制艺术"(skēnographia)。柏拉图不会不知道 phantastikē 是造型艺术家们必须或多或少地予以运用的技巧,他之反对"虚象摹仿"的目的(至少在《智者篇》里)是为了揭露智者的虚假。他先把智者归入 eidōla 制作者的行列,进而又区分出 eikastikē 和 phantastikē 的不同,从而为否认智者拥有知识创造了条件:phantasmata 比 eikones 更多一层虚假(参考第九章注㊲和㊳)。

㊲ 《智者篇》236B。换言之,倘若观赏者站在一个合宜的,即"令人满意的"位置,他或许就能看出艺术品与原型的"差距",看出前者对后者的正确比例的扭曲。Phantasmata 只是"好看"(而且它的"好看"还取决于看视的角度),但实际上并不真实,不是真正的美好。"夫美也者,上下、内外、小大、远近皆无害焉,故曰美。"(《国语》卷十七,《楚语》)

㊳ 比较《国家篇》第十卷对文学和艺术的批评。

㊴ 参考注⑪。

㊵ 《国家篇》10.601D—E,602A;《高尔吉亚篇》506D。

㊶ 《法律篇》2.668B。参考第九章第 6 段和第七章注㉓等处。

㊷ 《法律篇》2.668D。"正确"与"不正确"形成对比。

㊸ 同上,2.668E。

㊹ 同上,2.670C。

㊺ 同上,2.669B。这些标准今天仍然适用。请注意,柏拉图在此谈论的不是评判纯音乐,而是诗乐(或者说诗歌)和造型艺术的标准(参考第九章注⑳等处)。在"语言"、"音调"和"节奏"中,"语言"是最能表义的成分(《法律篇》2.669E)。关于歌(melos)的组成,参阅《国家篇》3.398C—D。参考并比较第七章注⑱。

㊻ 《斐莱布篇》51C—D。此外,某些色彩(chrōmata)也具备这一性质;某些乐曲,即那种"简朴、纯净的旋律",是真正或内含美的音乐。此类音响的美出自本身(all' autas kath' autas)包含内在的愉悦(sumphutous hēdonas,51D)。真正美好的艺术(柏拉图或许会同意)不会使人听后或看后感到痛苦(参考注⑩)。柏拉图因此提出了一个非常重要的思

想;他在51C里关于审美的非功利性的论述以及在包括《欧绪弗罗篇》和《克拉底鲁篇》等对话里关于"美本身"的探讨,代表了古代西方美学研究的最高水平。不过,审美的主体是人。所以,人的教养、气质、文化程度和经历等势必会影响人对事物的审视。柏氏还在此(即正文注㊻所示引文里)区分了美的相对和绝对性,在"量"的方面区分了"美"的层次(比较《会饮篇》对"美"的由具体到一般,再由一般到抽象的等级划分)。绘画可以力求"形似",也可以反映"精神"。许多当代画家和艺术理论家相信,表现事物或"存在"的实质(包括"精神")要比摹仿它们的表象远为困难。安德烈·纪德(Andre Gide)认为,真正的基督教艺术家不应机械地描绘《圣经》里的人物与情节,而应表现福音的精神实质。"令我惊奇的是,竟然没有人表现过福音中的美学真谛。"(详见 *The Modern Tradition*, edited by R. Ellmann and C. Feidelson, p. 926)T. E. 休姆(Hulme)不满于文艺复兴时期及以后的画师们对宗教主题的人格化处理,主张表现宗教事件应用别的方法:"此类手法并非源于对生活的热爱,而是来自对某些绝对价值的感情。"艺术家讨厌生活的琐碎,"一直在寻找简朴的东西,它们具有……生活中的人和事物所不可能具备的稳定性和永久性,具备完美性与严肃性。为此,艺术家们用了一些我们甚至可以称之为几何式的图形"(出处同上书,p. 938)。二十世纪的艺术家们似乎对"几何图形"情有独钟。比利时人班托格鲁指出,随着人类文明的发展,"从人的性格爱好来看,几何艺术似乎更具有表现力,不是用来制作工艺品,而是用来表现千姿百态的艺术奥秘"(多尔·阿西顿《二十世纪艺术家论艺术》,米永亮等译,上海书画出版社,1989年,第45页)。

㊼ H. B. Chipp, *Theories of Modern Art*, p. 19. 这只是一个例子;类似的观点也见诸包括毕加索在内的一些现当代艺术大师的言论。画家乔治·布拉格(Georges Braque)说过,想画圆圈的画家只会画出曲线来(参见 *Artists on Art*, edited by R. Goldwater and M. Treves, p. 42)。波西奥尼(Boccioni)在1910年秋天写的一封信中说道:"在我看来,最理想的情况是,当画家想表现睡眠时,他所想的不是睡觉中的人或动物,而是通过线条与色彩去让人联想起睡眠———一种超越时空的、普遍意义上的睡眠。"(H. Osborne, *Abstraction and Artifice in Twentieth Century Art*, p. 86)G. A. 奥里尔(Aurier)在评论保尔·科利的作品时指出,绘画和"其他艺术"的"理想的目标"不是照搬现实,绝对不是"直接表现物体",而是通过"特殊的语言表现观念"(M. Valency, *The End of the World*, p. 17)。

㊽ 参看《会饮篇》201C;《吕西斯篇》216D;《斐莱布篇》64E;《蒂迈欧篇》87C,从某种意义上来说,kalon 的含义与 agathon 相当接近,可以作"善"或"好"解(参考 C. Seltman, *Approach to Greek Art*, p. 29)。古希腊人甚至把二者合并,创造出一个新词,即 kalokagathia(善好)。尽管如此,kalon 和 agathon 并非总能互换使用,更不是严格意义上的同义词。Agathon(参考第二章注⑰)不带有现代意义上的"纯净"的审美内涵,它的所指通常包含"特定"之意,指当事者在某一方面的才华,可以"有效地"做好分内的工作(比如:一个好木匠)。此外,agathon 是表示"好"的规范或更常见的用语(比如:一个好人,agathos anēr);在讨论伦理问题时,它比 kalon 更近似于 aretē(美德、善)的含义。Kalon 是柏拉图谈论美或美学问题时的常用术语。按照亚里士多德的理解,kalon 比 agathon 具有更大的涵盖面,agathon 只"修饰"行动(包括行为),而 kalon 则可用于不容纳行动和运动的语境(《形而上学》13. 3. 1078^a31;另参考《欧德米亚伦理学》1248^b18;《修辞学》1390^a1;《尼各马可斯伦理学》

1207^{b}28)。当柏拉图称"好的"(agathos)即为"美的"(kalos)时,他或许实际上已经先行认可了亚氏的上述观点(详见 W. K. C. Guthrie,引书同注⑪,p. 178)。Kalon 的反义词是 aischron(丑的、卑劣的),agathon 的反义词是 kakon(恶的、坏的)。然而,或许是出于深化思考的需要,也可能是为了引诱希庇亚得出尚需商榷的结论,苏格拉底在《大希庇亚篇》297B 里否认 kalon 与 agathon 的等同,理由是"有益"(参考注⑨)是"好"的动因(aition agathou),而动因和结果不可能是同一个东西。Kalon(美、有益)是 agathon 的动因,用形象的话来说,它是"善"(即"好")的父亲(patros... to kalon tou agathou,《大希庇亚篇》297B6—7)。在《斐莱布篇》26E—27A 里柏拉图继续了这方面的探讨,最终得出的结论是:"善"在"美"的性质里栖居(64E)。亚里士多德认为,在某些情况下,动因和结果不仅可能,而且必须或只能是一样的:只有热才可能生烫,只有人才可能生人(《物理学》8. 5. 257^{b}9,3. 2. 202^{a}11)。参阅 W. K. C. Guthrie,引书同注⑪,p. 186。孔夫子和《周易》的作者都曾较为广泛地论及"美"与"善"的所指。和柏拉图及亚里士多德不同,孔子在赞"美"的同时突出强调了"善"的重要,将后者置于前者之上。他称《韶》"尽美矣,又尽善也",谓《武》"尽美矣,未尽善也"(《论语·八佾》)。在《论语》里,"善"是个包含鲜明道德色彩的概念。"诗三百,一言以蔽之,曰:'思无邪'。""善"(不完全等同于 agathon)是孔夫子评诗的第一标准。符合"礼"的思想和行为是"善"的,因而也必然是"美"的。"里仁为美。"(《论语·里仁》)"美"从"善",亦可代"善";《说文解字》的作者甚至认为二者可以互训。《淮南子·修务训》云:"君子修美",此"美"宜作"善"解。《韩非子·内储说上》作:"君子不蔽人之美,不言人之恶"——在此,"美"指"善",指人的美德。《周易》中的"善"和"美"均出现在传文里(经文中不见),含"善"字十八例,"美"字凡五例。乾《文言传》称"善事而不伐",《系辞传上》云:"出其言善"(比较《系辞传下》:"善不积不足以成名")。《周易》有时以"不善"代"恶",如"积不善之家必有余殃"(坤《文言传》)。"美"主要指对自然及其属性(如"阴虽有美,含之");指人的品行、修养时,《周易》一般用"善"字代之。

㊾ 《高尔吉亚篇》495C。参考《斐莱布篇》65E。

㊿ 详见《法律篇》2. 653E—655B,664E—665E。

(51) 详阅《国家篇》3. 401B—402C。参考第八章第 2 段和第九章第 3 段等处。

(52) 细品《斐莱布篇》61B。公众的意见(doxa)并非都是错的或肤浅的,诗人的话也并非绝对与真理无缘。柏拉图曾广泛引用荷马和其他诗人的语句,用以佐证自己的观点。Muthos(故事)是虚假的,但也包含真理。生活需要经验(empeiria),而从某种意义上来说,经验是 doxa 与 technē(技艺)的混合,带有与知识(epistēmē,phronēsis)通连的一面。低层次上的知识也有存在的必要和理由,柏拉图并不否认和反对这一点。人的"无知"并非在于所知甚少,而在于以"少"代"多",固步自封,以无所不知的误解自欺欺人。掌握"二流"知识是必要的,也是重要的,但它的握有者不能把它看作是知识本身,不能因为有了一些生活常识就沾沾自喜,不思对"一流"知识的求索。哲学是最纯净的知识,经过哲学抽象的智慧(sophia)不仅将最大限度地裨益人的生活(哲学家拥有最自由的心魂,《国家篇》9. 577C—D),而且也将通过辩析(dialektikē)的协助系统地梳理知识的脉络,分清它的层次,阐述各个层次之间的关系,指明它们的作用。柏拉图不是一个禁欲主义者;他主张人们应该接受适度的、对心魂和社区生活有益的娱乐。对儿童的教育仍然应从诗歌(mousikē)开始(《国家篇》2.376E)。在公元前五至前四世纪,尽管奥菲俄斯宗教和各种秘仪对古希腊人的影响趋于明显,但苦行禁欲却始终没有成为他们生活中的主流。希腊地区阳光灿烂,气候温暖;希腊人心情开朗,能歌善舞,热爱生活。他们首创悲剧,但似乎同样或更加爱看喜剧。在悲剧的黄金时代过去以后,喜剧却呈现出蓬勃发展的势头,先后出现了"中期"和"新喜剧"两个创作高峰。此外,悲剧的诞生很可能与庆祭酒神狄俄尼索斯的活动有关。早期的模式化情节固然讲述狄氏所受的苦难,但同时也庆贺他的"新生"。悲剧鼓励人们审视而不是厌弃生活。在公元前五世纪,诗人携三出悲剧和一出内容荒诞的萨图罗斯剧参赛,目的是为了让人们在痛哭流涕(释放感情也是一种喜悦)之余开怀大笑(参考注(63))。悲剧诗人或许比常人更"看重"或热爱生活中的欢乐。虔诚的索福克勒斯曾衷心祝愿欢悦与人生同在:"没有欢乐,我想一个人就不算活在世间;我把他当作一堆行尸走肉。"(《安提戈妮》1165—1171)柏拉图承认,他对诗的魅力十分敏感,只是真理对他的吸引力更大,不能因为对诗的喜爱而"出卖真理"(《国家篇》10.607C3—8)。事实上,所有的人,"无论成人孩童,无论男女,无论是自由民还是奴隶,"都必须经常不断地"用我们所谈论的"曲调嬉娱或"迷幻"自我,享受生活中醉迷人心的甜美。内容健康的乐曲可以形式多样,变幻无穷(柏氏没有解释提倡多样化与反对创新之间的矛盾应该怎样解决),如此才能使表演者久唱不厌,从中获取常新的喜悦(《法律篇》2.665C2—7)。诗乐和艺术不仅可以服务于教育的目的,而且可以用于催发"无害的喜悦"(670D6—7)。

(53) 《斐莱布篇》62C。"音乐"原文为 mousikē,包括故事,可作"诗乐"解。

(54) 参考注㊻。关于"快感"(包括"愉悦"、"快乐"等义),另参考《高尔吉亚篇》494C;《国家篇》9.582E;《斐德罗篇》237A 以下;《大希庇亚篇》299D 以下;《法律篇》6.782E,783C 等处。

(55) 《斐莱布篇》66A—C。当然,幸福的生活也包括对关于神的知识的理解和对美德(aretē)的追求。以为柏拉图只注重精神而全然不关心物质享受的观点,多少包含一些误解。当然,享受必须适度,不应为所欲为。物质生活比精神生活似乎更需要接受理性的制约。

(56) Katharai(《斐莱布篇》52C,63E),ameiktoi(50E),meichtheisai(50E)或 summeiktoi(46A)。

(57) 详见《斐莱布篇》31D—E;《国家篇》9.585B;《蒂迈欧篇》65A。肌体状态的变化是运动(kinēsis)或伴随生成的变动(genesis)。心魂中的欢乐与痛苦的产生亦是一种运动(比较《国家篇》9.583E 等处)。

(58) 《斐莱布篇》40A。比较该篇 36B;《国家篇》9.586B。"失却"意味着痛苦,"补充"带来喜悦。

(59) 《斐莱布篇》45A—E。

(60) 同上,36A—B。这种关系也可以颠倒过来,即感受喜悦,但预期将至的痛苦。

(61) 同上,36E—40E。

(62) 同上,47D—E。荷马的原话见《伊利亚特》18.109—110。

(63) 《斐莱布篇》48A。记得弗·培根在《随笔集》里说过:人要是没有哭,便不会有笑;所以一个人不先了解悲哀,便不会了解快乐。亚里士多德曾多次提及悲剧的功效(ergon),认为功效的实现即为目的的达到。悲剧引发一种特有的快感,它的功用需要借助催发怜悯与恐惧的情感得以实现(参考《诗学》14. 1453b8—14;另参考该书第二十六章中的有关论述)。当代学者 D. D. Raphael 指出,悲剧使观众获得美学意义上的满足。悲剧是一种崇高的艺术,具有当代的生活(悲)剧所不可替代的特殊的美学价值,给人美的享受("Why Does Tragedy Please?" in *Tragedy: Vision and Form*, pp. 195—197)。R. Morrell 教授认为,悲剧快感不同于文评家们常说的"诗的正义"(poetic justice),后者是人们期待得到的"结果"(所谓善有善报),而前者则是人们试图"阻止",但最后毕竟到来并使人感受到自己的"强大"的快乐("The Psychology of Tragic Pleasure",载书同上,p. 203)。我国汉代学者王充不仅看到了"美",而且还深刻地指出了"悲"与快感的连接:"美色不同面,皆佳于目;悲音不共声,皆快于耳"(《论衡》;比较亚里士多德在《诗学》4. 1448b 里的有关论述)。古希腊悲剧包含丰富的思想内容,带有深广的释解纵深。自十八世纪末以来,西方学人对悲剧的解释花样翻新,佳作迭出,各种著述数量之多可谓汗牛充栋。相比之下,作为诗评大师并有幸目睹"原装"古希腊悲剧的柏拉图,却在一些重要方面忽略了对悲剧艺术的探究,给后人留下了太多的空白。亚里士多德要比他的老师做得好些,但仍然没有把诗评的质量提高到与作品等值的程度。与诗的创作相比,公元前五世纪至公元前四世纪的诗评显得过于保守、拘谨、力度不够(参考第三章注㉚)。

(64) 《斐莱布篇》48B。亚里士多德表述过近似的观点。他在《诗学》第五章里指出,喜剧摹仿品行低劣的人,而非无恶不作的歹徒。滑稽的事物"或包含谬误,或其貌不扬,但不会给人造成痛苦或带来伤害"(1449a31—34)。近现代喜剧理论,无论在"面"的宽度还是"点"的深度上都超过了柏拉图和亚里士多德的论述。学者们根据新的体验和新的"现实",从不同的角度出发针对喜剧的性质和创作特点等提出了不同的见解。亨利·伯格森认为,喜剧的戏剧性得之于生活的机械性,重复和事件的相互干扰是产生喜剧效应的内在原因(H. Bergson, *Laughter: An Essay on the Meaning of the Comic*, pp, 94—96)。西蒙·弗洛伊德就喜剧"情境"作过精到的分析,指出喜剧效应的取得依赖于观众对喜剧人物的优越感(详见"Jokes and the Comic", in *Jokes and Their Relation to the Unconsious*, p. 188 以下)。

(65) 关于 48E—49A 中提及的三种"无知"(或"错觉"),参阅本书第一章第 15 段。"无知"表示一种不好(应该说十分糟糕)的心智状态,是人的一种需要改变的道德属性。无知者将与真正的幸福无缘。

(66) 《斐莱布篇》49E—50A。Hēdonēn de epi tois tōn philōn kakois(50A2)。参考注(63)。意大利人哥尔多尼主张喜剧应"以嘲笑惩戒"邪恶为原则,使生活中的"劣迹"受到讽刺;喜剧是"高尚有益的东西"。《汉堡剧评》的作者莱辛在这一点上显得更为宽容,认为喜剧要用笑,但却不是用嘲笑来改善一切。显然,柏拉图和亚里士多德都不会赞同喜剧是"高尚的东西"的观点,也不会认为喜剧应该与嘲笑绝缘。然而,柏拉图没有把喜剧人物的"无知"与作为一个整体的人的"无知"联系起来。我们说过,在描述洞穴生活的黑暗时,柏氏讲述的实际上是人的生存景况,是人生的难以完全避免的悲哀。人必须实现心智的启蒙,必须开拓自己的视野,必须把握自己的命运,克服满足于现状的惰性。很可惜,柏拉图没有把这一认识扩展到对喜剧(和文学作品)的解释,否则生活在二十世纪的一批喜剧大师们(如尤涅斯库等)便可能在他的言论里找到知音。我们知道,画家保尔·科利、剧作家贝克特和小说家卡夫卡都曾以各自的方式深刻地提示过现代西方人的生存危机,他们的作品既带有涂抹不掉的悲剧色彩,又在传统的滑稽里加入了现代喜剧的苦涩。柏拉图关于喜剧艺术的某些论述或许具有原创的意义,他的把“无害”作为评论喜剧快感的核心成分的观点,无疑得到了亚里士多德的赞同。

(67) 《斐莱布篇》50B。不过,戏剧毕竟不是生活;艺术总是含带虚构的成分。生活中的许多令人伤心之事并不能像悲剧那样可给人以快感,更不能使人感到喜悦。此外,人们在生活中还可体验到下文将要讨论的“非混合型快感”,所以,生活中的快感并非无例外地掺和痛苦。

(68) 同上,51A—B。“绝大部分”自然和“全部”不同。柏拉图认为,某些气味,如食品的香气或动物的雌性激素发出的气味(对雄性动物,这是一种求偶的信号),它们的效应常常取决于先行存在的欲望,即摄取者的需要。与图形、颜色和声音比较,气味在引发情感方面显得相对逊色(《斐莱布篇》51E)。

(69) 参阅《蒂迈欧篇》64A—65B。

(70) 《斐莱布篇》52A—B。参考 A. E. Taylor,*Plato:The Man and his Work*,pp. 426—427。“智能快感”的感受主体是心魂(psuchē);心魂既是它的载体,又是它的受益者。当然,按照柏拉图的见解,心魂是肉体的根本,心魂的善好决定物质生活的质量和人生的意义(这或许便是苏格拉底能够临危不惧和视死如归的精神支柱)。照此类推,“智能快感”实际上也将使肉体(或身体)受益。不过,柏拉图知道,人不可能总是处于思考的状态;只思考不享受与只享受不思考一样,都不是值得提倡的生活(详阅《斐莱布篇》20C—22C)。适当的消费和物质享受不仅是必要的(它使生命得以延续),而且也是生活中的乐趣(尽管不是最纯的乐趣)之一。它使人的思考成为可能,为人的自我完善和进行精神方面的追求提供了“物质”保证。当然,享受必须适度,必须接受基于思考的理性(logos)和克制(sōphrosunē)的制约。

(71) 《斐莱布篇》52C。

(72) 详见同上,52D—53C。柏拉图推崇非混合型快感,但并不否认人的生活需要混合型快感的调节(事实上,谁也不能否认它的存在)。柏氏把抽象度的高低当作一条审美的标准,在讨论快感的问题上注入了严肃的哲学思考。前苏格拉底思想家们也谈论“对称”、“和谐”、“秩序”,也谈及文学艺术与审美的关系问题,但谁也没有像柏拉图那样深挖美学研究的潜力,重视对快感的划分,背靠一种有深度的哲学观点,在一些重大的美学问题上得出了有影响的结论——从普罗丁的审美观中便可清晰地看出这一点。从这个意义上来说,我们似乎可以把柏拉图看作是西方美学和“艺术哲学”(philosophy of fine arts)的主要奠基人之一。

附录一　论柏拉图哲学的文学基础

按照亚里士多德的观点,柏拉图思辨体系中的核心思想的形成主要受到三种哲学"思潮"的影响,即(1)苏格拉底的归纳法和旨在探寻伦理观念的普遍性及一般定义的理论,(2)毕达戈拉学派关于事物摹仿数字或数理原则的观点[柏拉图的改造在于用"介入"(methexis)取代了"摹仿"],和(3)赫拉克利特关于(感官)可感知世界总是处于变动状态因而不宜和不可能成为分析求证及认知实体或对象的学说。①很明显,在亚里士多德看来,柏拉图哲学思想和体系的形成在很大程度上受益于某些前辈思想家对实体、概念和运动的研究。亚里士多德的上述观点不仅没有受到包括西塞罗在内的古代思想家的质疑,而且也得到了包括格思里(W. K. C. Guthrie)在内的许多重要的近当代西方古典文化评论家和古希腊哲学史家的认同。②对此,我们不持异议。然而,我们的研究表明,亚里士多德在《形而上学》1.6.987里的概述既不全面,亦没有顾及"纯"哲学以外的因素对柏拉图哲学的成型所发挥的至关重要的影响。比如,尽管巴门尼德的"一体论"实际上是柏拉图"形论"某种意义上的概念先行,但亚氏却对此只字不提,而尽管德谟克利特的原子论很可能是促使柏拉图撰写《蒂迈欧篇》、《克里提亚篇》和《赫耳谟克拉忒篇》③的"导因"之一,但亚氏却在论及与《蒂迈欧篇》所涉内容相关的议题时对此置若罔闻。此外,在论及柏拉图哲学的继承和发展问题时,亚里士多德一般不谈文化、更不用说文学的参与,而近当代的西方著名哲学家们(如德里达等)在涉及这一课题时,虽然看到并指出了神话、宗教、语言、社会形态和人文意识对柏拉图哲学的影响,却往往忽略或很少论及作为一个整体的古希腊文学对哲学的促动以及对柏拉图哲学(包括认识论、本体论和方法论)的深、表层次上的导向、牵引和有时甚至是起着决定性意义的构建。几乎没有一位西方学者将古希腊文学对柏拉图哲学的影响探究到"基础"的深度,没有哪一位国内著述家对这一问题作过较为全面、较为透彻和包含开阔文论纵深意义的阐释。基于这一考虑,笔者愿借本文有限的篇幅,就古希腊文学对柏拉图哲学的某种形式上的铺垫、组合乃至在某种程度上形成"基础"这一耐人寻味的课题作一次探讨,目的在于揭示柏拉图哲学与古希腊文学在深层次上的关联,论证在柏氏哲学的形成与发展过程中文学所起的作用(而这种作用或许远远超过我们,包括许多西方学者以往认可或习惯于认可的程度),并由此作为起点,提请学人对古希腊文化中的文学为哲学提供"基础",二者并存、互补和互促现象的重视。本文的讨论将针对和围绕下列问题展开:(1)古希腊文学是否具备引导哲学思辨所必不可少的认知倾向、切入角度和宏观上的制控能力?(2)如果说答案是肯定的,那么前者是在哪些方面,在何种程度上影响并制约了柏拉图的思考?(3)柏拉图以前的学问家们的论述具备什么特点?这些特点是否影响,乃至轨导了柏拉图哲学的表述方式和"对话"的内容配置?(4)如果说柏拉图哲学的文学性并非只是体现在形式方面,那么我们将如何合理评估文学在柏拉图哲学中的参与程度,怎样理解对话中 muthos(复数 muthoi)的作用,并进而怎样公正地确定文学在他的思辨体系中的地位?

(一)

我们说过,在古希腊,文学是哲学的摇篮。[④] 古希腊文学[⑤] 反映了诗人蓬勃向上的创作意识,展现了他们对世界和人生不懈的求索精神,弘扬了他们世代因袭的文学传统,再现了他们耳濡目染的生活景观。文学从来不是一种简单的娱乐。早在荷马生活(确切地说,应为描述)的年代,诗歌已被看作是祭神和表述多种情感的手段,⑥看作是记叙功过、评判是非的工具。⑦在那个粗朴和充满神秘气氛的年代,诗人既是历史的记叙者,又是宇宙观的阐释者,既是原始神学的奠基人,又是各种知识和技艺的传授者。荷马的博学很少受到后人的挑战;即使在柏拉图生活的年代,这位盛名不衰的诗人仍然是"希腊民族的教师"。⑧地理学家斯特拉堡把荷马史诗当作哲学论著(philosophēma),⑨而学问家第欧根尼·拉尔修则把赫希荷德看作是一位早期的诗人哲学家。⑩诗人是最早的"知识分子"。他们垄断对神意的诠释,因而是神谕的代言人;他们辨察并卜解自然界中的变化,⑪用以掌控和规范民众的行为,因而是受人敬重的广义上的哲学家。⑫苏罗斯的菲瑞库德斯(Pherekudēs,约生活在公元前六世纪)写过一部名为《五大陷窟》(*Pentemuchos*)的宇宙论专著,从神学、物理学、心魂学和地壳学相结合的角度出发,荒唐而又不无道理地表述了作者的充满离奇想象的天体观。菲瑞库德斯的学说(或诗体"小说")曾经影响过毕达戈拉和柏拉图的思考。数百年后,新柏拉图主义的哲学家们(显然是沿用了柏拉图的思考方式)又从中感悟到寓指(allēgoria)的魅力,认为心魂的超度也像地貌的生成与演变一样必须经历众多的劫难。⑬

古希腊文学体现了它的编制者和写作者们注重并突出作品的说理性,亦即人物的理性意识的创作取向。荷马了解"思"的意义,知道心智的活力和基本作用是对粗莽的激情的制约。或许是出于刻意的安排,抑或是出于创造性地继承文化传统的愿望,荷马一方面并非总是严格区分"感觉"与"知"或"知晓"的区别,一方面又在人体中设置了三个程度不等地兼具"感"与"思"的中心,即 thumos, phrēn 和 noos。Thumos 侧重于表示人的情感，phrēn（复数 phrenes）是实施思考或思维的主体，而 noos 则凌驾于 phrēn 之上，既指复杂的心智活动，亦指思考的结果，即计划的形成。按照荷马的理解，心智（noos）优于意志，[14]因为前者展示人的理性意识，而后者则更像是蛮横无理的战争强加给勇士们的一种以破坏和杀伤为特征的凶悍。荷马甚至把 noos 升拔到"神圣的"（dios）的高度，从而使心智及心智的活动（即思考）有可能脱离思考的载体，成为畅游在宇宙之中的纯净的"精神"。后世的思辨哲学家们无疑从荷马的叙述中得到过启示，围绕着 noos（即 nous）的神圣性和独立性大做文章，使其一度成了古希腊思辨哲学的"轴心"。[15]

　　西方文化最早的组建者们心目中的二元世界不是心魂与物质的对立，而是"思"与自然的并存。"思"的结果必然导致"知"的产生；"思"与"知"的配套构成了荷马与赫希荷德初朴认识论的基础。在赫希荷德看来，"知"是"行"的前提，是诗人得以权威地从事分内工作的保证。赫氏声称是缪斯给了他唱诗的本领，用以描述神的活动。[16]按照荷马的观点，"知"不仅反映人物的认知状态，而且表现人对自我的认识，展示人对自己的社会地位和生存环境的理解。所以，王者"知晓正义"，[17]妇女"知晓贞洁"，[18]而暴跳如雷的阿基琉斯则"知晓"对敌人喷泄狮子般的怒气。[19]史诗里的人物把"知"扩伸到表述性格和价值观的范围，把"知"与行的结合归纳为一个完整的行为规范的两个侧面。他们知晓友谊，知晓关照和爱护邻居；就连操做越轨（包括邪恶）之事也有颇为正当的理由：人物知晓不规则或"反社会"的行为（athemstia）。在荷马史诗里，细心的读者或许可以看到苏格拉底的影子，可以感悟到柏拉图在读到这些段子时的激动心情。在西方人文史上，难道不是荷马（或史诗诗人，荷马是史诗诗人的"代表"）第一次指明了"知"的重要？难道不是荷马第一次点明了以后成为西方伦理哲学所关注的焦点问题之一的知—行关系？当然，荷马没有把"知"伸展到知识背景的广度，没有明确分辨"知"的不同层次,更没有意识到,作为"知"的核心,即它所包含的中性观念应该成为主导行为哲学的指针。荷马史诗里的阿基琉斯还不是一位头脑清醒的斗士:他之所以复出战斗主要不是为了集体的利益,而是因为个人的恩仇。

古希腊文学家们不仅涉及并部分地解决了一些重要的哲学问题,从而在一定程度上为思辨哲学的发展铺平了道路,而且还在一些具有终极意义的问题上首次试探性地提出了自己的见解,客观上起到了开拨后人(包括哲学家)的思路,引发后人的探讨,牵导思辨的触角向问题的纵深伸展的良好作用。埃杜德·策勒尔(Eduard Zeller)教授称赫希荷德为思辨哲学的"先驱",[20]赫耳曼·法兰克尔教授则认为《神谱》(尤其是第 722—755 行)包含极其深刻的本体论内涵。[21]赫希荷德曾对事物的起源和宇宙的极限问题进行过认真的思考。带着紧张和敬畏的心情,这位几乎与荷马齐名的诗人小心翼翼地谈到了世界以外的虚缈。按照他的见解,世界起源于混沌(chaos),由"界线"圈围并与界外的无极形成对比。[22]因此,"界线"不仅是存在与非存在的标志,而且还是存在的起始和"渊源"。一百多年后,针对米利都哲学家泰勒斯关于世界起源于"水"的学说,阿那克西曼德提出了宇宙的本源(archē)应为"无限"或"无界"(apeiron)的主张。如果说赫希荷德划分了界内—界外的区别,阿那克西曼德则打通了存在与虚缈之间的界限,借助 apeiron 的无限表述了万物一体的大宇宙思想。像荷马史诗里神灵,apeiron"长生不老"(片断 A15,B3),硕大,没有疆界。

赫希荷德的思想也深深地影响过巴门尼德的思考。他沿用了赫希荷德的诗化表述手段,在《论自然》里重复了知识或真实的述说得之于神明的观点。然而,巴门尼德并不满足于对"事物"进行一般意义上的研讨;他想知道的是:事物(on, onta)是什么。[23]巴门尼德不同意赫希荷德主张的"存在"与"虚缈"对应的设想,坚持真实的存在不可能与非存在共存的立场。可以知晓并可能成为研讨对象的只能是超越生成和变化的"在",而一切似在非在和忽在忽不在的事物(包括我们生活的世界)都只能是虚缈和不真实的"在"(片断4,8)。显然,在巴门尼德看来,赫希荷德的"存在"实际上是非存在的延伸。赫拉克利特是巴门尼德的同时代人。这位立论精辟并曾影响过索福克勒斯的哲人也同样对赫希荷德的某些疑惑颇感兴趣。事实上,赫希荷德在《神谱》里有关黑夜与白天[24]互换、从不同居一堂的描述,已经相当接近于赫拉克利特在一些片断里所表述的事物总是处于变动之中(panta rhei)以及构成对应和矛盾的事物互补共存的思想。赫希荷德或许糊涂了一点,还不甚了解白天与黑夜互换的性质——它们是一对矛盾的两个方面,二者"本是一家"(片断57)。赫希荷德播下辩证对立的种子,在赫拉克利特的农田里飘溢出熟果的芳香。[25]

(二)

作为一位酷爱诗歌的哲人,柏拉图无疑比其他古希腊思想家们(或许只有塞诺芬尼例外)更多和更深地受到文学的感召、浸染和多方面的陶冶。他所接受的传统是荷马的,哺育他成长的教育是荷马的,就连他所激烈批评的文化观里的负面因素常常也是荷马的。荷马的身影似乎总是闪现在他的眼前;荷马、赫希荷德以及悲剧和某些拟剧诗人的作品是他认知、解释和批判传统文化的依据。在评估人性中的精华时,他想到了荷马;[26]在论及神族成员的分工时,他引述了荷马的观点;[27]在谈论文学的表述形式时,荷马"再次"出现在他的眼前:诗人的风格被作为兼采叙述和表演的混合手段加以定位。[28]

对荷马史诗超乎寻常的熟悉使柏拉图几乎是出于本能地把谈话的主角苏格拉底描绘成了荷马史诗里的英雄。他有意识地拉大时间和空间距离(atopos),使苏格拉底不同于所有的雅典市民,俨然鹤立鸡群。与此同时,他不无夸张地"塑造"了苏格拉底的外部形象,即使其形似于传说中的希勒诺斯和萨图罗斯(狄俄尼索斯的随从),[29]从而更有效地增添了人物的传奇(即文学)色彩。苏格拉底坚毅、刚强,像荷马和其他诗人所描述的英雄们一样能够经受严寒、酷暑和逆境的考验。作为新时代的英雄,他富有智慧,自制力(sōphrosunē,此乃荷马赞慕的美德)极强,比古代的英雄豪杰们更能抗拒性和美酒的诱惑。[30]俄底修斯曾忍辱负重,漂洋过海,审视接触交往的人们,探察他们的心态;同样,苏格拉底串街走巷,不辞辛苦,"诘问"不同阶层的人士,启发他们的心智,揭示他们的无知,引导他们正确认识自己和周围的世界。当然,俄底修斯是在神的指引下还家,而苏格拉底则是受命于神的感召,引导人们寻找伦理观的知识底线。苏格拉底的活动无疑更具哲学意义上的主动精神。不过,尽管如此,柏拉图笔下的苏格拉底的主导性格仍然是英雄式的。事实上,他毫不畏惧死亡。死后,他将前往冥府,会见阿伽门农、帕拉墨得斯和西绪福斯等古代英雄——像俄底修斯一样。[31]在这里,柏拉图沿袭的是荷马的思路,他所刻画的人物及其全身心地投入对话的场景栩栩如生,取得了枯燥乏味的"纯"哲学叙述所不可能产生的感人至深的文本效应。

柏拉图接续了荷马的做法,重视对制导人的行为的情感—精神成分(或广义上的心魂状态)的研究。他的叙述有时明显地裹挟着荷马的诗味。在著名的《国家篇》里,柏拉图将心魂(psuchē)分为三个部分[merē,如同国家或政制(politeia)本身一样],即(1)理性(to logistikon),(2)情感(to thumoeides),和(3)欲望(to epithumētikon)。[32]To logistikon 乃心魂中神圣的部分,也是区分人与动物的标志;to thumoeides 为人和动物所共有,优于 to epithumētikon,因而是 to logistikon 的天然盟友。[33]我们知道,心魂三分是荷马的做法,尽管也是毕达戈拉学派的某些成员们的喜好。值得一提的是,荷马史诗里的 thumos 和柏拉图"对话"里的 to epithumētikon 在词源上是同一个词根的两个变体。此外,虽然从表面上来看柏拉图似乎用 to logistikon 取代了荷马的 noos,但这一改动的意义实际上仅限于调整的范围。柏拉图并没有取消 nous,而是把原来作为一个中心的 nous 改造成 to logistikon 认知 eidē(形)的工具。㉞很明显,nous 的性质没有改变:荷马和柏拉图都把它看作是一个最能表现人的才智的认知单位。在《蒂迈欧篇》69D—70A 里,柏拉图划分了三个部分的位置:理性控制人的头脑,激情占据胸腔,而表示兽性的欲望部分则作乱于横膈膜以下的肚腹。在这里,荷马的智慧仍然是柏拉图进行形象思维和创作的源泉。熟悉荷马的同仁们知道,正是这位饱受柏氏抨击的诗人首先提出了激情滋生和活跃在人的心脏和肺叶的观点。㉟荷马给柏拉图的启示和感触何止仅限于"对话"所直接提到的那一些?

　　荷马史诗是西方文化史上最初朴的"哲学"读本。荷马知道用局部表现整体,如用"我的手臂"表示"我";㊱也知晓用具体的"战力"表示勇士无坚不摧的信心。㊲在荷马看来,人体的每一个部分都具备接受"精神"的潜力,物质与精神常常处于共存的状态。㊳诗人继承了古希腊文学有意识地糅合生灵与事物和概念的传统。斯卡曼德罗斯既是一条河流,又是一位神灵,㊴而呼普诺斯则既是"睡眠",也是致睡的主体。㊵在"对话"里,柏拉图相当自觉地沿用了这一做法(比如对"爱"的处理)。《斐多篇》把心魂和"形"(eidos)混为一谈;《国家篇》走得更远,指明了"形"与美和真理的内在关系。在《柏拉图哲学导读》里,埃里克·哈夫洛克教授分析了荷马史诗所包含的哲学"基因",并从一个侧面间接地提出了柏拉图的"形论"(the theory of forms)有可能通过哲学抽象受惠于其中的某些论述的观点。㊶荷马曾用典型的描述性文字表述过"对"与"对"冲突的思想。在《伊利亚特》第一卷里,迫于阿基琉斯的责难，阿伽门农表示答应交出床伴，但同时也要求保住面子，要联军给予等价的补偿。[42]军队不能毁灭——阿基琉斯的主张是"对"的，但阿伽门农不能没有战礼——作为全军的最高统帅，阿伽门农的要求似乎也完全在理。以后，古希腊悲剧诗人沿着荷马的思路编剧，在更大的范围内、在更复杂的剧情里和更深的层次上系统地展示了道德力量的"对"与"对"的抗争（这一"发现"应该归功于黑格尔[43]）所产生的震撼人心的艺术张力。在埃斯库罗斯的《奠酒人》里，奥瑞斯忒斯明确表示，他与母亲的抗争是"战力搏击战力，对与对的火并"；[44]在索福克勒斯的《安提戈妮》里，安提戈妮决心坚持捍卫亲缘的立场，不惜与城邦的法令对抗，[45]最终为此献出了生命。不难看出，理解"对"的含义需要厚实的知识铺垫；古希腊悲剧的精湛和耐人回味正是部分地取决于它所包含的深刻哲理。当然，抗争并非总是最佳的办法。我们将在下文中谈到，在处理两股强大势力的抗争问题时，柏拉图采取了埃斯库罗斯的务实态度，实现了对立面的统一。

史诗和悲剧如是，抒情诗如何？我们由此想到了品达。这位杰出的诗人是古代伦理学中的"诗化价值论"的集大成者。品达区分了价值的"等级"，认为黄金代表价值取向的峰巅，凝聚了价值观的精华：

　　名称繁多的塞娅，赫利俄斯的亲娘，由于你的指点，凡人认知了黄金巨大的力量，珍视它的价值，胜似所有别的家藏。[46]

柏拉图熟悉品达。在阐述心魂的神性时，他引用了品达的诗行，并说这也是许多"受神明感召的诗人"的想法；[47]在谈论自然法则时，他更是不止一次地提及或重复了品氏的观点。[48]品达重视价值观的共性和最高体现的倾向，至少间接地启迪或影响过柏拉图的文思。正如品达实现了价值观的升华，柏拉图从纷繁芜杂的世界里抽象出"形"和"善

之形"的框架。在《国家篇》7.517B—C 里,他用了品达的诗化语言,旨在表述善之形与美和美德的关系:

> 在人的感知范围内,最后和几乎难以发现的是善的真形(agathou idea),见过它的人知道,它乃一切美好、原则和全部美德的动因(aitia);在这个可见的世界里,它催生光线和光线的主导……[49]

在这里,柏拉图用善的真形取代了品达笔下的女神塞娅。尽管他没有在上下文里提到品达的名字,但如此近似的表述,用法兰克尔教授的话来说,"几乎不可能出于偶然"。[50]古希腊文学从一个不同的角度,在一个重要的方面为柏拉图哲学提供了一条通向"形"或"真形"的途径。

在公元前四世纪,如何解决自然哲学与形而上学的通连及配套问题是摆在哲学家们面前的当务之急。哲学研究的中心已从原来的物质世界转向人的生存。人神关系和一些有争议的道德问题成了学术界讨论的热点。作为一位系统思想家,柏拉图试想用一般人可以理解的方式打通哲学与神学的连接,使人的道德观念在一种与之配套的神学里找到终端(比如,善有善报)。很明显,传统文学不仅不能满足柏拉图的愿望,而且还阻挠着他决心实现哲学(尤指行为哲学)与神学通连的企愿。荷马把宙斯描写成骗子,[51]而赫希荷德笔下的乌拉诺斯家族更是一群嗜喜恶斗和弑父的魔王。[52]尽管神明无须说谎,[53]但埃斯库罗斯却让作品里的塞提丝指责阿波罗先是言行不一,谕言(她)将幸福,结果却"夺杀我的儿男"。[54]诗人"胡编虚假的故事,过去述诵,今天仍在说传"(elegon te kai legousi)。[55]不反对诗和诗人,不把他们逐出"理想国",哲学将不可能大踏步地前进,而哲学与神学通连的美梦最终也将成为泡影。为此,柏拉图对诗和诗人进行了极其严厉的抨击。[56]

然而,柏拉图对诗和诗人的指责尽管不无道理,却不够公正,并且在一些方面明显地流于片面。对政治和道德问题的关心冲淡了他把文学作为一种本体研究的兴趣。此外,他似乎还忽略了一个起码的事实——他或许没有看到,最早意识到用自然主义的手法描述神祇行为的弊端并采取实际步骤予以纠正的并不是哲学家,而是诗人。在《伊利亚特》里,阿芙罗底忒对海伦颐指气使,酷似暴君;阿波罗背信弃义,在赫克托耳亟需帮援之际扬长而去。然而,在荷马晚年创作的《奥德赛》里,雅典娜始终站在俄底修斯一边,人神交往中的那种友好、亲近和互相信赖的关系"在《伊利亚特》里找不到明显的对应"。[57]阿伽门农曾错待阿基琉斯,并由此导致了联军在战场上的失利。然而,在追究错误的原因时,他不是痛责自己的鲁莽,而是怪罪宙斯、命运和复仇女神的干预,"用粗蛮的欺骗抓住了我的心灵"。[58]与之形成对比的是,在《奥德赛》里,当众神谈论埃吉索斯谋杀阿伽门农的劣迹时,宙斯明确指出:凡人祸咎自取,实非神明所致。[59]由此可见,古希腊人把荷马誉为民众的教师或许并非过分之举,因为他不仅敢于酣畅淋漓地抒发诗的豪情,而且还勇于进行反思,对不恰当或不甚妥帖的表述予以合乎情理的调节。撇开塞诺芬尼及赫拉克利特等思想家对柏拉图的影响不谈,[60]从某种意义上来说,柏拉图对文学作品中非道德倾向的批评实际上只是用另一种方式继续了由荷马本人开创的工作,实现了荷马逐步完善神明形象,优化人神关系,以更负责任的态度对待文学创作的企愿。

像荷马一样,对世代传诵的故事品达采取了精选和予以优化的态度。根据传说,坦塔洛斯曾杀子裴洛普斯,用人肉款待天神。众神发现"来者"不善,遂离席而去,唯有女神黛弥忒耳沉迷于痛失女儿的悲苦,于心神恍惚之中咽下了一块肩肉。在《奥林匹亚颂》1里,品达反思了这则故事渎神的所指,决心"违背传统",以自己的方式改述它的内容。神明不应也不会吞食人肉。"对于神祇,凡人应宜讲说好话",[61]"出言中伤者常常因此遭受痛苦"。[62]诗人决非如柏拉图所说的那样全然没有维护神明尊严的意识。对于埃斯库罗斯和索福克勒斯,宙斯始终是最高的权威,是正义的化身("正义"是宙斯的女儿)。宙斯的统治,索福克勒斯写道,不会随着时间衰亡,(它)闪现在"奥林波斯的明光之中"。[63]诗人典雅庄重的语言"使我们想起埃斯库罗斯和品达",他所表述的思想"更接近于塞诺芬尼和赫拉克利特的观点,而不是流行的宗教信仰"。[64]公元前431年,伯罗奔尼撒战争爆发。战乱带来的痛苦动摇了雅典人对神谕的信念。在同年上演的《菲洛克忒特斯》里,欧里庇得斯把神谕视为骗局。[65]面对这种形势,索福克勒斯创作了名剧《俄底浦斯王》,用匠心独到的构思强调了阿波罗及其祭司们的"正确",否定了伊娥卡丝忒和俄底浦斯的怀疑主义。

古希腊人崇高理性的作用,但同时也承认"必然"("大地"的名称之一)或"需要"(anankē)是一种与理性抗衡的、难以战胜的力量。这一共识反映在荷马史诗里命运(moira, aisa)对宙斯的制约,体现在柏拉图《国家篇》里心魂"三分"的学说,见诸埃斯库罗斯的《善好者》里"黑夜的女儿"(即复仇精灵们)与宙斯和雅典娜的纷争。在英雄时代,"命运"是一种连宙斯也必须敬重的"蛮力"。宙斯同情赫克托耳的处境,"心里为他悲伤",[66]但无奈命运的不可逆转,只能让赫克托耳接受"早已注定的死亡"。[67]萨耳裴冬乃宙斯的亲子,然而,在"命运注定的"必死之日,大神尽管于心不忍(为此他痛降血雨),也只能眼睁睁地看着他倒死在阿基琉斯的好友帕特罗克洛斯的枪下。[68]理性显示了凡人把握和解释世界的信心,命运或"必然"则把这种信心限制在一个不可能得到充分拓展的范围内。试图超越自我和现实而最终却不能如愿以偿——这便是人生的基本状况,是古希腊"悲剧思想"的核心。柏拉图无疑知晓这一切。

理性与"必然"的抗衡既是古希腊诗人的一个了不起的发现,也是他们致力于仲裁与调和的一对矛盾。神学的发展不能容忍两个权力中心的存在,神学—伦理学的最终确立要求有一个神圣的、一统的、不受必然和非理性因素干扰的权威。赫希荷德讲述过代表正义和智慧的奥林波斯众神战胜代表野蛮与落后的巨魔的故事,悲剧诗人们用阿波罗的理性改造了狄俄尼索斯的粗莽。索福克勒斯试图把"命运"降格为宙斯的意志;在《奥瑞斯提亚》三连剧里,埃斯库罗斯以一流艺术家的洞察力和绝顶才华最终较为圆满地解决了这个几百年来悬而未决的难题。《善好者》以大跨度移动的情节,通过雅典娜苦口婆心、恩威并施的劝说,艰难地促成了宙斯(代表神圣的理性)与复仇女神(代表盲目的"必然")的和解:

> 接受和睦的降临,它会日久天长……无所不见的宙斯和命运联合,结局方能这样。[69]

对宇宙和人的心魂中的不稳定因素,柏拉图也像埃斯库罗斯一样有着清醒的认识。宇宙是"理性"和"必然"的产物,因此宇宙的运作大体上接受了理性的制导。然而,"理性"难以彻底制服"必然",因为后者作为"错误的动因",是伴随时间展开的运动的主导。[70]就连神圣的"宇宙之魂"(psuchē tou pantos)中也包含某种形式的可感知存在(ousia),[71]因而不可避免地带有动乱(或非理性)的基因。所以,柏拉图认为,最佳的天体状态应为"理性"与"必然"和平共处、通力合作的状态,而"理性"最终战胜"必然"的最佳手段不是诉诸暴力,而是通过劝说。在不及完成的"大西洋岛三联剧"里,柏拉图已经和试图进一步深入表述的,正是埃斯库罗斯的杰作《奥瑞斯提亚》的中心思想。《克里提亚篇》描述了代表理性的雅典与象征霸权的大西洋岛的抗争,"结果导致了人类的绝迹"。[72]未及撰写的《赫耳谟克拉忒篇》——根据科尔福德教授的受到许多同行赞赏的猜测——将会接着讲述文明的新生:新兴国的宪法一方面仍将继续反映人的崇高理想,但另一方面也会作出某些合理的让步,充分照顾人性的本质,以便使"可怜的凡人"(荷马语)得以在一个和平的氛围里生生不息。[73]有趣的是,促使柏拉图形成成熟宇宙论思想的不是哲学家苏格拉底的说教,而是悲剧诗人埃斯库罗斯的创作。出于疏忽(抑或出于成见),柏氏没有提到这一点,但有心考证的读者或许能从《蒂迈欧篇》的开篇部分觉察到一些被科尔福德称之为"线索"的蛛丝马迹。[74]柏拉图曾点名批评过荷马和埃斯库罗斯,但这一切似乎都不会妨碍他甚至在一些带有终极意义的论题上接受他们的观点。文学对柏拉图哲学的影响之深由此可见一斑。

(三)

在讨论柏拉图以前的哲人们的构思习惯和写作风格之前,我们不妨先来看看希腊词 philosophia 的含义。Philosophia 由 philo(爱)和 sophia(智慧)组成,意为"热爱智慧"。据第欧根尼·拉尔修考证,毕达戈拉是第一位使用该词的学问家。[75]毕达戈拉心目中的 philosophia 是一种包含强烈宗教色彩的活动,该学派的成员们把热爱智慧看作是如何明智地对待今世的生活并实现最佳转世的关键。在《斐多篇》里的苏格拉底看来,philosophia 是一门"为死亡妥作准备"的学问。在毕达戈拉生活的年代,philosophoi(热爱智慧者)或许仅限于对他的学派成员的称谓。换言之,在当时,该词既不是一个对热爱智慧者的统称,也不是一个有着广泛应用面的词汇。对有学问的人们(包括所谓的"七贤",如林多斯、比阿斯、梭伦和泰勒斯等),公众用得更多的似乎是另外一些称谓,如 phusikoi(自然研究者)、sophoi 或 sophistai(智者)等。[76]高傲的赫拉克利特曾批评 philosophoi 的治学方法,指责他们兴趣过于广泛(片断35,40)。史学家希罗多德曾用动词 philosophein 形容梭伦的海外阅历,[77]修昔底得则用它赞扬雅典人的求知精神。[78]在柏拉图的"对话"里,philosophia 的所指仍有较大幅度的移变性。比如,在《卡尔米德篇》153D 里该词指广义上的学问,而在《普罗泰戈拉篇》335D—E和 342A—D 里则指"对接受教育的渴望"。[79]

由此可见,在古希腊,至少在公元前四世纪中叶以前,philosophia 并不对等我们今天所说的现代意义上的"哲学"。无论是毕达戈拉还是来自伊俄尼亚的赫拉克利特,都没有意识或认识到哲学与文学的根本区别。古希腊文化的跨学科性质的形成有其深刻的历史原因。自公元前八世纪末起,荷马史诗以其特有的融会和兼顾诗、史、思的叙事风格赢得了越来越多的希腊人的喜爱,逐渐登上了统领民族文化的宝座,成为民族精神的代名词。以荷马史诗为代表的传统文化对古希腊社会的冲击涉及生活的方方面面,其来势之猛,渗透之深,规导力之强完全可以匹比孔孟之道对古代中国社会的影响。像一条挣不脱的纽带,传统的诗歌文化牵导着古希腊人的表达方式;它的束缚如此之紧,以至于在公元前六世纪,当学人们试图用不同于荷马用过的入点探讨物质和世界的起源时,他们竟然找不到一种不同于诗化表述的方式。或许,他们根本没有想到有必要寻找;或许他们找过,但没有或无法找到。事实上,尽管有人表面上采用了不同的方式,如用散文体取代原来的诗体,但在实质上却没有跳出荷马编织的网络。他们自觉或不自觉地踏上荷马走过的老路,沿用诗化表述的叙事风格,用史诗般的既包含现实意义的成分而又常常令人莫测堂奥的表述实施对传统文化的(局部的)反叛。他们可以不同意荷马的这个观点,也可以反对荷马的那个观点,但是,谁也不能走出荷马规定的文化圈围,谁也不能丢弃诗化表述的方式,采用纯理性的替代,用成套和规范的专业术语表述自己的哲学观点。在科学的童年时代,谁能全然抛弃诗化表述的法宝,谁有那个能耐？于是,早期的学问家们用故事式的语句表述他们的"科学"思想,用反科学的叙述掩饰内容的荒唐。著述家们的行文倾向决定了著作的性质:早期的古希腊"泛"哲学实际上是一个并陈文、史、哲、天文、地理和物理知识(或想当然的"知识"),混合警句、格言、比喻、寓言、教义、巫卜、医道、智辩、政论、杂谈、传说、故事、神话和传奇的结构上极其庞大的文化"总汇"。⑩

从某种意义上来说,早期的古希腊学问大师们大都是知识渊博的杂家。那些被亚里士多德称为"神学家"的人们⑪其实都是当时最好的文学家、巫师、星象学家和广义上的自然物理学家。除了奥菲俄斯,我们知道的还有慕赛俄斯和利诺斯等早期的诗人学问家。菲瑞库德斯是一位"半是神学家,半是自然科学家"式的人物;⑫而泰勒斯,这位被亚里士多德誉为"物理科学的奠基人"⑬的先哲,更是一位知识广博、在经济、机械、地理、天文和政治领域均多少有所建树的杂家。毕达戈拉通晓数理,谙熟音律,既是一个学派的创立者,又是一个宗教派别的领导人;在几何领域,他还是"毕达戈拉定律"的发明者。⑭像诗人哲学家塞诺芬尼一样,巴门尼德用诗体写作,借助离奇的方式探讨严肃的"存在"问题。同样,恩培多克勒亦用六音步史诗体写作;这位自认为身兼先知、诗人、医者和领袖才干的"神一样的"人物,⑮以他的独特的多元论否定了巴门尼德关于真实的"存在"中不可能容纳运动的思想。理性与神秘性的和平共处,科学与非科学或反科学的通力合作,哲学与巫术和奇妙想象的互相补充,诸如此类会让现代科学家们感到不可思议的古怪现象,在古希腊人居住的土地上如鱼得水,几乎是不受阻挡地横冲直撞。作为对严密的科学论证(logos)的协调和补充,"非"理性的诗化描述(如神话、故事,即 muthos)发挥着 logos 所无法替代的作用。古希腊思想家们或许是出于无奈而被迫和广泛使用的结合"论证"与"描述"的表述方式不仅适应和满足了当时的需要,而且还歪打正着,逐渐发展成为一种定向的做法,成为后世许多西方人效仿的榜样。⑯Logos 和 muthos 始终是支撑西方文化大厦的两根缺一不可的顶梁柱。

诗化意识在早期思想家们的头脑中占有重要的位置。塞诺芬尼曾是一位职业诗人,他的《论自然》中的诗化倾向自不待言。他的"一论"(en kai pan)⑰既是一个实体,又是一个概念,还是一位神灵。这种含糊其辞的做法是诗化表达的特征。恩培多克勒写过颂神诗,写过说教式的医学论著;⑱在撰写三卷本的《自然论》时,⑲"他把荷马当作效仿的先师"。⑳除了在形式上采用诗体外,巴门尼德还大量"借用"诗歌语言,包括象征表述、喻指和严格意义上的隐喻。他的某些用词显然是品达《奥林匹亚颂》6 的翻版。在《论自然》里,他沿袭了赫希荷德《神谱》748—749 中的"大门"形象,而他的关于驾着马车寻求真理的"想象",似乎亦和赫希荷德在《农作与日子》658—659 中的描述异曲同工:缪斯姐妹在赫利孔的山脚下首次把我送上瑰美的诗歌之路。诗化表达与"枯燥乏味"的纯散文式表述形成了鲜明的对比,㉑给品达的文思插上了飞离尘世的翅膀。

在古代希腊和罗马,逻辑、语法、辩析、诗艺和修辞等均为语言艺术的分支。诗艺(technē poiētikē, ars poetica)和修辞艺术(technē rhētorikē, ars oratoria)的一个重要区别,便是前者主要依靠想象,而后者(尤其是所谓的"法庭雄辩")则必须依据事实。㉒有趣的是,在早期的古希腊泛哲学里,这两门语言艺术的侧重点得到了调和式的应用。早期的自然哲学家们一方面提出了许多有价值的、符合科学原理的见解,另一方面也编造了不少完全出于想象和虚构的无稽之谈。比如,泰勒斯认为天然磁铁拥有的心魂,只因它能吸动铁块;阿那克西曼德假设星辰乃一些由"气"组成的轮盘型的物体,里面是火,从表层的气孔射出。阿那克西美尼坚信地球像一张桌面(比较赫希荷德的观点:大地是浮在俄开阿诺斯河上的圆盘),而毕达戈拉则更为荒唐,力劝人们不要食豆,因为里头有小孩脑袋的胚形。值得提及的是,米利都思想家们大都用散文体写作,但作品的诗化倾向却在许多方面可以与巴门尼德和恩培多克勒的奇妙想象相媲美。亚里士多德的高足塞俄弗拉斯托曾写过一部古代哲学史。在搜集资料时,他发现阿那克西曼德的语言有时"展现出诗的风味"——事物的变动似乎已不是一般的散文现象,作者的"思想似乎已经超越散文可以评析的范围"。⑬迟至亚里士多德生活的年代,这种以诗化的想象取代科学论证的做法仍然拥有广阔的市场。亚里士多德是一位重视观察的思想家,然而他的物理学里仍有被后人当作笑谈的成分。在他的强项生物学里,这位被托马斯·阿奎那称为"哲学家"(含有贬低其他哲学家之意)的奇才居然提出了某些物种"突发衍生"的古怪理论。⑭和柏拉图一样,亚里士多德有时过分固执地坚持自己的成见,并且过于轻易地"接受了旅行者们说讲的故事"。⑮

柏拉图继承了前辈思想家的遗产,采取了多入点、大跨度和形象化的治学方法。他的著述不仅没有摆脱泛哲学的性质,而且还加剧了诗化哲学的倾向。他在论述中加大了想象和形而上学、包括所谓的来世学(eschalogy)的比重,他的"对话"几乎无所不包,涉及了当时的人们所知晓或有所知晓的每一种知识。他的取向是科学的,同时也是非科学或反科学的;他的风格是写实的,同时也是浪漫的;作为必然的"结局",他的研究成果是精湛的,同时也是虚缈的。他可以在同一篇对话里谈论风马牛不相及的问题,也可以在讨论真理的同时穿插明显的谬误。作者的无拘无束甚至可以使他用错误的方式探讨真理。在谈论荒唐的事情时,柏拉图的热情一点不比毕达戈拉逊色;只要需要,他会用阿那克西曼德式的想象论证自己的学说。他的著述具有"新"(以区别于荷马的"旧")百科全书的性质。多种迹象表明,他似乎并不是没有想过这种可能,即试图用他的泛哲学取代荷马的泛百科,用他的涉及面更广的政治与社会学说取代荷马的英雄观,用他的诗化哲学取代荷马的包含明显哲理倾向的诗歌。柏拉图对荷马和悲剧诗人的批评,似乎部分地取决于进行这场抗争的企图。

阅读柏拉图的论著,人们除了可以感受到作者力透纸背的哲学功力之外,还可以朦朦胧胧地感悟到一种优雅的、连绵不断的、总在配合哲理的陈述而又经常试图超越它的古板和拘谨的诗意的滚动。情况往往是这样,越是精彩的章段,诗的感觉越浓;越是体现哲理光彩的句子,越能反映诗化的作用。事实上,就形式而言,柏拉图使用了除开诗格以外的绝大多数修辞方式,把诗的参与伸拓到最大的广度,让诗化的进程为哲学的发展开辟更大的纵深。柏拉图的"对话"是一种诗化哲学,它在早期自然哲学的基础上加强了"诗"对"泛"的改造,使诗与哲学的结合从以前的被动应付变为一种有意识、有目的的活动。除开采用戏剧形式这一显而易见的事实外,柏拉图著述的诗意效果的取得,恐怕主要应该归功于作者对诗化(亦即文学化)表述的几乎是无可限量的潜能的深切感悟和认真开发。

柏拉图哲学的文采得到了古今哲学家、文论家和诗人的不持异议的认可。亚里士多德将"苏格拉底对话"和拟剧归为一类,⑯从一个侧面肯定了柏拉图"对话"的文学价值。作为一位生活在中世纪的基督徒哲学家,但丁曾深受阿尔伯特和托马斯经院哲学的影响。在对世界的认识方面,但丁无疑更像是一位亚里士多德主义者。然而,"作为诗人",他的心灵与柏拉图息息相通,"他是柏拉图的伙伴"。⑰但丁曾高度评价柏拉图高超的"喻指"手法,赞扬他成功地"暗示"了"直接陈述"所无法阐明的思想。⑱在脍炙人口的《餐桌谈》里,科尔里奇称柏拉图是"一位顶尖的天才"。雪莱对柏氏的仰慕似乎更富感情色彩,对他的哲学造诣和诗文才华倍加赞赏:"柏拉图使严密和微妙的逻辑论证与诗歌的普希亚激情实现了罕见的结合,用句式的璀璨与和谐将二者融化成一股产生音乐印象的不可抗拒的洪流……"⑲以诗人的敏锐,雪莱看到了柏拉图的历史功绩,以他的方式认定柏氏实现了诗与哲学在泛哲学基础上的结合。当代学者亨廷顿·凯恩斯称赞柏拉图是一位第一流的文体学家,"作为诗人,他戏剧化地阐述了自己的哲学思想";在表达内容与情感方面,"对话"使他"拥有了现代小说家般的自由"。[100]柏拉图从前辈诗人和自然哲学家手中接过诗化表述的武器,用得娴熟自如,常有神来之笔,近似呼风唤雨。文本的风格于是从中产生,有时沿袭几乎是难以察觉的程序,取得了诗体散文的效果。"对话"中,P. E. 伊斯特林接着写道,"典雅的辞藻、句式、隐喻,更绝的还有明喻,发挥着各自的作用"。他会"进入诗人想象的世界,虽然在某些方面显得生疏、古怪,但诱人,可以接近",给人足份的愉悦。[101]尽管伊斯特林也同样没有看到古希腊泛哲学家们的"选题"和行文习惯对柏拉图的影响,但他在上述引文中所用的"想象的世界"(imagined world)、"生疏"(unfamiliar)、"古怪"(strange)和"诱人"(inviting)等词语似乎间接地证明了我们的观点。[102]显而易见的是,这些词藻也同样适用于对古代泛哲学论著的评价。柏拉图不是戏剧式"对话"的发明者(爱利亚的芝诺早已采用问答的形式写作),也不是这一文学体裁的唯一使用者(色诺芬、埃基奈斯等都写过"对话"),但是,对纯理性表述之局限性的深刻认识以及对诗化描述的真诚理解,使他的著述跨入了几乎是不能摹仿的境界。在"教育与讲演"一文中,H. I. 马罗指出:许多人摹仿过柏拉图的创作,包括罗马学者西塞如、奥古斯丁和马克罗比。然而,人们的效仿总是不很成功,"常常显得笨拙",因为重现原型的实质通常大大难于机械地搬用写作的套路。[103]

(四)

柏拉图是诗化哲学的集大成者。他的贡献主要体现在两个看似互相矛盾的方面。柏拉图珍视理性的力量,突显了知识的重要。他区分了知识的层次,在比较坚实的认识论基础上提出了以"形"为中心的本体论,从而极大地压缩了早期泛哲学中的猜想成分,基本上完成了哲学由猜想向思辨的过渡。另一方面,柏拉图强化了诗在哲学中的地位,更经常地采用了诗化表述的手段,而其中最引人瞩目的一点便是多样化和大范围地使用了"故事"。柏拉图的第一点贡献直接为亚里士多德对学科和概念的系统化处理铺平了道路,而他的带有浓烈宗教色彩的诗化论述则在普罗丁、斐罗和奥古斯丁等思想家的心目中找到了知音,成为中世纪神秘主义思潮风行的主要推力之一。

受希罗多德等前辈学者的影响,柏拉图有时倾向于把传统意义上的故事(muthos,[104]复数 muthoi)看作是理性思考和分析(logos)[105]的对立面,[106]并对前者中所包含的非道德内容进行了严厉的批评。然而,他或许不会全无保留地赞同黑格尔关于一旦概念知识得以形成,人类便会当即抛弃神话的观点。[107]在柏拉图看来,传统的故事尽管出于虚构,但也包含真理。[108]此类故事"古老、众多",记载往事,虽说可能冗长一些,"但却是真的",[109]因此对它们置之不理或许并非明智之举。[110]

柏拉图知道,哲学首先是一种包含和阐述 logos(逻各斯)的以求知为目的的活动。只有借助 logos 的活力和精确的分辨,只有释放它的每一分能量,充分发挥它的每一分潜力,哲学才有可能沿着辩析艺术指引的方向,找到人的智力可以及达但却无法超越的"知识线条"的顶端。换言之,logos 既是凡人借以展示逻辑力量和理性的巨大威力的工具,又是使人认识到自己的肤浅,认识到自己正置身于至少是对"顶端"以外的事情一无所知的认知窘境的警诫。正是这一无法回避的事实给不受理性约束的 muthos 的存在和活动提供了空间。然而,也许是出于对"确定"的难度的考虑,在"理性"与"必然"的交接或调和之处,柏拉图无意严格划分 logos 与 muthos 的界线。所以,尽管他从来不把一个定义或一次逻辑论证称作 muthos，但有时却会在某个特定的上下文里将某些在别的上下文里或许被称为 muthos 的内容称作"形象"或 logos。⑪在这类情况下，muthos 是"真实的"，因为它像 logos 一样反映了人的睿智，用形象的语言准确和贴切地反映了人的愿望。在《高尔吉亚篇》里，苏格拉底把他打算说讲的故事称作 logos，一个"很说明问题的道理"（mala kalou logou）。此番话语，他对卡利克勒斯解释道，"你会以为只是一个故事（muthon），但我却认为是一次说理性的叙述（logon）"，因为好人必须得到好报，这是"真理"（alēthē）。⑫其后，苏格拉底重申了他的观点，即相信这是一段真实（或包含真理）的叙述（pisteuō alēthē einai）。⑬当然，苏格拉底不会不知道以描述为主的 muthos 和以叙述为主的 logos 的本质区别。他之所以这么说的意思是，只要情况允许，muthos 可以兼具 logos 的某些特性，发挥 logos 的作用，代行它的"职权"。柏拉图显然还不太习惯于明目张胆地宣称 muthos 可以对等 logos 的地位，但他的上述"对比"实际上已从一个侧面肯定了 muthos 的只有 logos 可以比及的文本效应。

由此可见，采用诗化（即故事化）的写作手法不仅是一种策略，而且还是基于一种必要。精细的哲理不能包打天下；哲学的困惑在于它也有无计可施的时候。通常属于文学的诗化表述常可使哲学家们摆脱"江郎才尽"的尴尬局面[有趣的是，在这个中国典故里，"才尽"的不是哲人，而是文学家江淹（《诗品·齐光禄江淹》）]，于"山穷水尽"之际找到"柳暗花明"的起点。或许，正是在这个意义上，苏格拉底在《政治家篇》268D5 里把故事比作探索的"另一条途径"（heteran hodon）。柏拉图知道，哲学的最佳表述有时离不开作为其重要支撑的文学。没有文学的衬托，哲学会在抽象的概念、公式和"水至清则无鱼"的词海里失去本来应该属于它的风采。所以，《斐多篇》用 logos 把握中心，借 muthos 提纲挈领，在全"剧"的高潮中收尾。同样《国家篇》的"神奇"

毫无疑问地得之于故事和诗化描述的铺垫。苏格拉底承认,这部"对话"中的精品混合了神话的诗意与逻辑的严密。[114]

公元前六世纪,带有明显东方文化色彩的奥菲俄斯秘仪从希腊以北的斯拉凯(或色雷斯)传入了阿提卡地区。奥菲俄斯(Orpheus)是一位诗人,他的说教主要通过诗歌传播。毕达戈拉大概接受了奥菲俄斯的某些教义,而柏拉图亦在接受毕达戈拉学说的同时广泛接触了奥菲俄斯的诗体教义,受到至深的影响。[115]奥菲俄斯秘仪是一种结合神学、心魂学和来世学的宗教,以不同于荷马史诗的入点阐述了人生的苦难渊源,在古希腊历史上第一次引入了"经典"意义上的灵魂不灭和转世的思想。[116]柏拉图几乎是全盘接受了奥菲俄斯宗教的这些观点。在《美诺篇》里,虔诚的苏格拉底振振有词地说道:须知心魂(psuchē)不灭(athanatos),多次转世(pollakis genonuia),所以它见多识广,知晓一切。[117]肉体是心魂的桎梏,[118]它的欲望阻碍心魂的哲学化(亦即宗教化)进程。柏拉图区分了"知识的爱者"和"肉体的爱者",[119]区分了求知的渴望与肉体的欲望,并由此引申出区分美德(aretai)的观点,认为前者与"哲学美德"相关,而后者可能导致"奴隶之德"的产生。[120]所以,柏拉图心目中的哲学家把死亡看作是摆脱肉体禁锢的"解放";没有欲念的干扰,心魂将获得最佳的认知环境。[121]为了来世的幸福,也为了维护心魂状况的美好,生活在今世的凡人必须自觉接受道德原则的约束,"尽可能虔诚地生活"。[122]真正的美德是一种宗教式的净化(katharsis ti),最高的智慧体现在某种净化仪式(katharmos tis)的过程。[123]对于善好的人们,裴耳塞丰奈会接受报偿,不再缠绵于过去的悲痛,[124]释放他们的心魂,使之转世为高贵的王者,智勇双全的英雄。[125]

在这里,柏拉图借用了品达转述的 muthos,一方面表示了他对心魂不灭的坚定信念,另一方面也借助 muthos 浓烈的诗文情调表述了他所一贯坚持的主张,即人的道德观念并不是一个自足的体系,它的最终完善将受到形而上因素的制约。所以,作为信仰的组成部分,稳妥的道德情操必须和富有诗意的宗教热情结成同盟。必须使人们相信,他们之所以从善拒恶并不完全是为了帮助别人,造福社会,因为在助人的同时他们也在兼顾自己的心魂,为了维护自身的善好,为来世的生活先作准备。从善符合人的根本利益。奥菲俄斯—毕达戈拉的神学、心魂学对柏拉图思路的牵导还见之于《政治家篇》里的诗化描述,见之于《斐德罗篇》里的"心魂马车"和《国家篇》里艾耳讲说的见闻(muthos)。㉖宙斯从亚细亚和欧罗巴挑选了三位判官,他们将在荒原的十字路口等候,一条通往幸福之岛,另一条通往深渊泰耳塔罗斯(eis Tartaron)。拉达曼索斯将审判来自亚细亚的灵魂,埃阿科斯将裁夺来自欧罗巴的死鬼,而米诺斯则将对二者难以判定的人选实施复审,以便使法庭的判决最大限度地体现公正(hōs dikaiotatē)。㉗善好的人们死后可在幸福之岛上享受悠闲,而作恶者(如西绪福斯、提托斯和塞耳西忒斯等)的魂魄(荷马没有说错)已经并将继续在泰耳塔罗斯的水深火热之中忍受煎熬。㉘从这个 muthos 里,苏格拉底声称"我将得出引申性的结论":死亡何足惧哉,不就是心魂与肉体的分离?㉙谈论心魂的永恒和来世问题,muthos 或许是最合适的载体。诗化的语言(即文学)可以使人冲破纯理性思维的束缚,摆脱抽象的推理论证的局限。文学得出的结论有时无须接受逻辑和物理学的检验。柏拉图需要诗歌,需要诗化表述的配合,这不仅仅是因为他是一位天生的诗人,而且更重要的是,还因为他的保留了泛哲学特色的知识框架,从一开始就已经把形而上的内容圈入了自己的研讨范围。你们会以为"这只是一则老妪的趣谈"(legesthai hōsper graos),苏格拉底在《高尔吉亚篇》527A—B 里说道,

> 此举不足为怪……倘若尔等能作出更好和更真实的表述。然而,事实上你(指卡利克勒斯)和波洛斯,还有高尔吉亚,作为当今

全希腊最有学问的智者(sophōtatoi),却提不出更好的方案,不同于我的使凡人显然亦能在来世受益的主张(hosper kai ekeise phainetai sumpherōn),证明人们应按另一种方式生活(allon tina bion)。

柏拉图从传统的 muthoi 中取用原型,但经常不是完全照搬,而是予以必要的增删、改动和精练。像埃斯库罗斯、索福克勒斯和希罗多德等前辈一样,柏拉图决非简单的 muthologos(说书人)。《斐德罗篇》里的心魂故事已接近于创作的性质,其中的一些关键内容肯定出自柏拉图的想象。[130]《斐德罗篇》描述了哲学与非科学的预卜以及捉摸不定的性爱和应用性极强的政治演说之间的微妙关系。总的来说,柏拉图倾向于用 muthos 说明仅靠 logos 无法进行深究、突破和澄清的问题。[131]艾耳的故事(或许纯属柏氏的虚构)不仅重复了心魂不灭的观点,而且较为详细地描述了灵魂转世的"内幕"。[132]如果说奥菲俄斯—毕达戈拉宗教哲学使柏拉图找到了谈论"不可能之事"的灵感,那么,由他自编的"大西洋岛的故事"[133]则在宇宙论领域里为他提供了用诗化表述的手法探讨物理和本源问题的可能。

我们知道,在认识论领域,柏拉图区分了两个世界,一个是感官触及的变动中的世界,另一个是只能通过心智的抽象思维接近的永恒不变的"形"化存在。第一个世界只是第二个世界的"复制品"或"仿象"(eikōn),以物质的形态迷惑人们的感官。知识的可靠性取决于它的研述对象的稳定性。柏拉图一反自然哲学家们把物理研究看作是一门科学的做法,认为在自然哲学领域人们无法进行寻找确切答案的思辨,因此不存在形成科学的问题。[134]和数学及辩析学不同,物理针对永远处于变动之中因而无法予以"确定"的世界。宇宙是一个充满"可能"(eikōs)的范域,因此对它的描述,或者说任何以解释自然为目的的宇宙论,包括德谟克利特的原子论和柏拉图自己的《蒂迈欧篇》,都是也只能是"可能的故事"(eikota muthon)。[135]

在物理和宇宙论领域,人们需要的是讲故事的本领,[136]而不是数学或辩析学的抽象。在这里,柏拉图全然不想贬低文学的价值;相反,他认为在这些领域,故事或诗化表述是比自然哲学家们的"科学研究"更为可取的手段。此外,按照柏拉图的见解,宇宙不是一个盲目聚散和冷漠无情的"存在",因为它像人一样拥有心魂,接受理性的指导,依循既定的程序发展,为了实现一个符合道德原则的目的。[137]所以,在柏拉图看来,他的故事显然优于从纯物理角度出发制定的一般的宇宙论。"讲故事"不仅使他圆满实现了自己的创作意图,而且从某种意义上来说,也是他充分阐述自己的大宇宙论思想的唯一可行的方式。

终于,柏拉图从一般的诗化表述走向了诗篇的创作,从对 muthos 的有选择的使用走向了对它的全面依靠,从把它当作是 logos 的帮手走向把它看作是哲学进行自我防卫(即增强其深层次上的可释性)和完善的机制。苏格拉底曾在《斐多篇》里宣称,如果有人能告诉他宇宙的形成受到某种"善好与合宜的因素"(to agathon kai deon)的支配,他将愿意洗耳恭听。《蒂迈欧篇》推出了代表动因(aitia)[138]的神工(dēmiourgos),使其竭尽全力,不图回报,创造了一个"尽可能完美"(但不是十全十美)的世界。他制造了宇宙之魂和人的心魂中"神圣的"部分,[139]通过与"必然"(anankē)的互让和协调,使天体的运作体现神的定导,规律致送的和谐。《蒂迈欧篇》实现了柏拉图在《斐多篇》里表述的心愿。[140]A. E. 泰勒教授称《蒂迈欧篇》是一个"故事"(myth),[141]科尔福德教授则不止一次地称之为"诗"和"诗篇":

《蒂迈欧篇》中的宇宙论是一首诗歌,一个形象,比其他任何宇宙论都更接近于传送真理……《蒂迈欧篇》是一部诗篇,不仅不比卢克莱修的《论事物的自然属性》缺少,而且还在一些方面比后者更富诗意。两位诗人……关心的都是我们对待世界的态度——我们将如何在其中安身立命,如何面对将来的死亡。[142]

柏拉图对 muthos 和诗化方式的使用,已经远远超过了许多西方哲学家和文论家们所认可的作为阐述哲学观点的手段的程度。[143]在不少"对话"里,muthoi 是构成文本不可分割的部分,是连贯和"固系"作者思想的纽带。Muthos 在《美诺篇》、《斐多篇》和《高尔吉亚篇》里占据中心的位置,在《政治家篇》里占用了大比例的篇幅,最后在《蒂迈欧篇》里,诚如弗里德兰德教授所说的那样,"填满了整篇对话"。[144]柏拉图哲学吸收了奥菲俄斯宗教文学和毕达戈拉泛哲学中的核心观点。它用理性的泉水清除了奥菲俄斯—毕达戈拉学说中的某些荒诞成分,借助诗的催化将哲学和宗教熔为一炉。他用明晰的哲学语言平衡"心魂不灭论"中的神秘,把它改造成为一个规划哲学研究的"主导成分"(dominant principle),"使之从原来的宗教信条升格为科学理论"(scientific theory),冲破了原来只是作为"人类学意义上的一条教理"的狭隘,具备了一种以"吞含整个宇宙"为目的的哲学体系的规模。[145]尽管策勒尔教授没有把奥—毕论说对柏拉图的影响看作是文学和泛哲学的,但他的评论,除了在个别用词上值得商榷外,[146]揭示了柏拉图哲学的一个重要的理论来源。在《美诺篇》和《斐多篇》里,与"心魂不灭论"配套的"回忆说"起着连接"形"与心魂的作用。奇妙的《斐德罗篇》顺着这一思路发展,将作为认知高级手段的辩析法也纳入了"回忆"的范围。[147]此外,"回忆"还是由爱恋激发的迷狂(mania)的基础;辩析和迷狂构成了求知的基本形式,使人们"沿着'回忆'指明的方向,攀登'形'(eidos)的高峰"。[148]心魂与肉体二分的学说"不仅与柏拉图的整个形而上学,而且还凭借'回忆说'的协助与他的认识论密切相关"。"二元心理学",老资格的策勒尔教授接着写道,乃撑托"柏拉图伦理学、政治学和美学思想的一个带有根本性质的基础"(ultimate basis)。[49]不言而喻,"二元心理学"(dualistic psychology)是一个严格意义上的心理学概念;策勒尔无意从文学的角度解释这里所说的 basis。

综上所述,可以看出:(1)古希腊文学和在很大程度上沿用了文学手段表述初朴宇宙论思想的泛哲学,曾对柏拉图的哲学思辨和行文风格产生过重要的影响;(2)无论就深度还是广度而言,这种影响或许都可以等同甚至超过纯哲学(见本文开篇部分)对柏拉图的"触动";(3)muthos 在一些"对话"里起着 logos 不可替代的作用:作为后者的对应、互换和互渗成分,它在大作业面上形象地表述了柏拉图的某些最精湛的思想。基于这几点认识,我们认为,将文学看作柏拉图哲理框架的一个缺之不可的"撑托"或许不算过分。文学和泛哲学中的诗化表述,为柏拉图哲学体系的组建提供了一个坚实的基础。[50]

注　释

① 《形而上学》1.6.987^{a-b}。亚里士多德曾提及恩培多克勒多次表述过的"物以类知"(或"同类相知")的思想。他指出,在《蒂迈欧篇》里,柏拉图"以同样的方式"说明了心魂的形成(《论心魂》1.2.404^{b}16 以下)。此外,"定义"在数学中的作用无疑也给柏拉图留下了深刻的印象(William Kneale and Martha Kneale, *The Development of Logic*, Oxford: Clarendon Press, 1962, p. 21),浓添了他对"下定义"(即寻求共性)的兴趣。参考 R. D. Archer-Hind, *The Timaeus of Plato*, New York: Arno Press, 1973, p. 3。说明:此文原载《外国文学评论》1997 年第一、二期,现经增改并征得该杂志编辑部同意,作为附录收入本书。

② 详见 W. K. C. Guthrie, *A History of Greek Philosophy* (in six volumes) volume 3, London: Cambridge University Press, 1975, pp. 32—34。参考 G. M. A. Grube, *Plato's Thought*, London, 1935, pp. 3—4。

③ 其时,柏拉图年事已高。《克里提亚篇》未及收尾,《赫耳谟克拉忒篇》不曾见诸文字——柏拉图急于从事《法律篇》的写作,搁置了原定的计划。倘若这部"三联剧"得以完成,它的重要性"甚至会把《国家篇》抛入阴影之中"(F. M. Cornford, *Plato's Cosmology*, London: Routledge and K. Paul, reprinted 1977, p. 263)。

④ 详见拙文《诗与哲学的结合——柏拉图的心愿》,载《外国文学评论》1995 年第四期,第 121 页。

⑤ 在西方古典研究领域,人们对"文学"可作广义与狭义的理解,本文拟用该词的狭义,涵盖范围包括古希腊神话、故事和诗歌(含史诗、宗教诗、悲剧和喜剧等)。

⑥ 《伊利亚特》1.473—474,22.391—392,18.590—605;《奥德赛》8.246—253。

⑦ 《伊利亚特》6.343—358;《奥德赛》3.198—199,24.199—200 等处。

⑧ 《国家篇》10.606E。早在公元前六世纪至公元前五世纪,赫希荷德已被尊为"民众的教师"。

⑨ 《地理》1.2.17。波弗里奥(Porphurios)称荷马为"神学家"(theologos,转引自 Robert Lamberton, *Homer the Theologian*, Berkeley: University of California Press, 1986, p.22)。亚里士多德将"神论学"(theōretikē)看作是"思辨科学"(theōrētikai)中的一个分支(《形而上学》6.1.1026ᵃ19)。柏拉图曾把荷马和哲学家赫拉克利特、恩培多克勒及智者普罗泰戈拉相提并论。"所有的事物都处于变动之中",苏格拉底对泰阿泰德说道,在这一点上,"除巴门尼德外,整个哲学家群体已经达成共识"。荷马说过,"俄开阿诺斯,神族的源头"(《伊利亚特》14.201)——"他的意思是,世上的万物全都出自那条变动中的奔腾不息的长河"(《泰阿泰德篇》152D—E)。

⑩ 《著名哲学家生平》9.22。西方哲学起始于赫希荷德的宇宙论和作品里的格言、警句等(参考 George Kennedy, *The Art of Persuasion. in Greece*, New Jersey: Princeton University Press, 1963, p.4)。G. S. Kirk 等认为有必要区分赫希荷德的神学与阿那克西曼德的哲学,但他们同时也承认,将赫氏当作"第一位前苏格拉底哲学家"是许多学者认同的观点(参见 *The Presocratic Philosophers*, Cambrideg University Press, 1991, p.73)。

⑪ 从这个意义上来说,他们是下文将要提及的泛哲学家们的"先师"。参考注⑨。

⑫ 无独有偶,据 C. M. Bowra 考证,拉丁语中的 vates 既指祭司,亦指诗人(参见 *The Greek Experience*, New York: The American Library, p.135)。Vates 所示的"诗人"一义后来被 poeta 所取代。

⑬ 详见 Eduard Zeller, *Outline of the History of Greek Philosophy*, 13th edition, revised by Wilhelm Nestle, translated from the German by L. R. Palmer, London: Routledge and K. Paul, 1969, p.18。

⑭ 荷马史诗里没有严格意义上的"意志"一词。生命的活力体现为 menos、phrēn 和 thumos 的运动(参见 *Homer's the Iliad*, edited by Harold Bloom, New York: Chelsea House, 1987, p.72)。人死后,心魂(psuchē)飘离肉体,进入冥府,荷马称之(指 psuchē)为 eidōlon(虚影),有时亦直呼其名,称之为 psuchē。一般认为,"虚影"缺少活人的 phrenes,即心智的活动。

⑮ 细读 Hermann Fränkel, *Early Greek Poetry and Philosophy*, translated from the German by M. Hadas and J. Willis, Oxford: Basil Blackwell, 1975, p.78。Nous 是阿那克萨戈拉(Anaxagoras)哲学的核心。古罗马人将 nous 译作 mens(心智),可与英语词 mind、intelligence 和 spirit 等义。参考 Lionel Pearson, *Popular Ethics in Ancient Greece*, Stanford: Stanford University Press, 1966, p.55。苏格拉底早年曾师从阿那克萨戈拉,但后者将 nous 的阐释范围仅限于自然物理领域的做法使他颇感失望(《斐多篇》97C—98C)。

⑯ 《神谱》24—28;参考《农作与日子》662。

⑰ 《奥德赛》2.231。

⑱ 《奥德赛》4.232。
⑲ 《伊利亚特》24.41。
⑳ 引书同注⑬,p.11。
㉑ 引书同注⑮,p.105。
㉒ 细析《神谱》736—737。
㉓ 详见 Julián Marías, *History of Philosophy*, translated from the Spanish by S. Appelbaum and C. C. Strowbridge, New York: Dover Publications, pp.19—25。巴门尼德的思想和诗化表述无疑给柏拉图留下了深刻的印象。柏拉图写过一部《巴门尼德篇》,探讨了一些深奥的哲学问题,基本上采用了客观和细致(即不同于浪漫的诗化)的分析方法。
㉔ 按照赫希荷德的观点,黑夜的产生先于白天(《神谱》123)。
㉕ 应该指出的是,文学与哲学的影响是双向的,而不是单向的。文学为哲学的思辨指示方向,提供素材,而哲学也反过来启迪文学,为它的描述铺设深层,为它的发展开拓新的领域。"哲学是超实际的,这就是说,它高高地君临于实践之上。"(《马克思恩格斯全集》第二卷,第49页)欧里庇得斯曾受益于公元前五世纪的智者们的说教,抒情诗人品达亦曾从赫拉克利特著作的字里行间搜寻思想的火花。比如,根据赫拉克利特的见解,"水"是植物生命的象征,与缺少生机的"土"相对应,而"火"则代表高阶段的生活["火所燃起的光使生命充满欢乐,因为光是使痛苦神圣化的香膏"(雅各·波墨语),详见黑格尔《哲学史讲演录》第四卷,贺麟、王太庆译,商务印书馆,1983年,第50页],在另一个层次上与"水"和"土"形成对比。赫氏还把黄金看作是表示(物质)价值的理想金属,将"火"比作形而上学意义上的衡量价值的尺码(片断90)。在夜晚,"火"是光的象征,辉映昏暗;在白天,太阳是最显耀的火光,灿烂无比,使群星黯然失色。品达的诗颂直接或间接地表述了赫拉克利特的这些显然是受到诗意点缀的思想(参阅并比较品达《奥林匹亚颂》1.3和《伊斯弥亚颂》5等诗篇中的相关行段)。
㉖ 《国家篇》6.501B。
㉗ 《高尔吉亚篇》523A。
㉘ 《国家篇》3.392D。参阅 E. A. Havelock, *Preface to Plato*, Oxford: Basil Blackwell, 1963, pp.11,49。
㉙ 参阅《会饮篇》215A—D。另细读 Paul Friedländer, *Plato 1: An Introduction*, translated from the German by Hans Meyerhoff, Princeton, 1969, pp.173—174。
㉚ 参看阿基比阿德的见证(《会饮篇》219E)。比较 Robert Eisner 的解析(见"Socrates as Hero", *Philosophy and Literature* volume 6, 1982, pp.106—109)。
㉛ 《申辩篇》41A—C。参考《国家篇》及《克拉底鲁篇》中的某些段落。为寻求提瑞西亚的咨询,俄底修斯曾冒险前往冥府(《奥德赛》11)。
㉜ 详见该书4.435E—444E。这一划分还出现在《国家篇》9.580D—581A,《斐德罗篇》246A—B, 253C—255B 以及《蒂迈欧篇》69D—72D 里。
㉝ 需要说明的是,第一,这里说的"部分"(meros)不具"物质"的含义;第二,"欲望"仅指肉体的需求,以区别于 to logistikon 的"爱欲",即对真理的"爱恋"与追求。Meros 出现在《国家篇》4.444B3 里,在此之前作者用了 eidos("形")一词。这一"择用"表明,柏拉图

心目中的三个“部分”似乎更接近于我们通常所说的“原则”、“形化存在”或“功用”等。参考并比较 F. Copleston, *A History of Philosophy* volume 1 (Greece and Rome), New York: Doubleday, 1993, p. 208。

㉞ 参见《国家篇》10. 508E。细读 F. E. Peters, *Greek Philosophical Terms*, New York: New York University Press, 1967, p. 133。

㉟ F. Copleston, 引书同注㉝, p. 209。关于古希腊哲学家们的行文和表述特点，我们将在本文第三、四部分讨论。

㊱ 《伊利亚特》1. 166。

㊲ 同上, 6. 127。

㊳ 波塞冬曾给两位阿开亚勇士注入 menos(战力), 使他们顿感手脚中有用不完的力气(《伊》13. 59—61)。在《奥德赛》里，雅典娜把勇气注入娜乌茜卡的心魂，抽走她四肢里的恐惧(6. 140)。

㊴ 《伊利亚特》21. 212—221。

㊵ 同上, 14. 231—233, 242—246。参考 23. 198 等处。

㊶ 详见 E. A. Havelock, 引书同注㉘, pp. 265—266。

㊷ 《伊利亚特》1. 116—120。

㊸ *Hegel on Tragedy*, edited by Anne and Henry Paolucci, New York: Doubleday, 1962, pp. 370—371. 当然，苏格拉底和柏拉图都十分重视道德行为的知识背景问题，但他们似乎没有把这一“认识”引向对古希腊悲剧的深层次上的研究。

㊹ 《奠酒人》461。

㊺ 《安提戈妮》10332—1047。

㊻ 《伊斯弥亚颂》5. 1—3。对于黄金的“能量”，莎士比亚发表过更为深刻的见解。莎翁的同胞、讽刺作家巴特勒(Samuel Butler) 不无夸张地指出：“黄金是全部文明生活的灵魂，它既可以将一切归为己有，又可以将自己转化为一切。”(《平凡的观察》)

㊼ 《美诺篇》81B。

㊽ 《高尔吉亚篇》484B, 488B;《法律篇》3. 690B, 4. 714E 等处。

㊾ “光线的主导”指赫利俄斯，即太阳。

㊿ H. Fränkel, 引书同注⑮, p. 487。

(51) 《国家篇》3. 383A。

(52) 同上, 2. 377E—378A。

(53) 同上, 3. 382E。

(54) 同上, 3. 382E—383B。

(55) 同上, 2. 377D。

(56) 详阅《国家篇》之第二、三、十卷以及《法律篇》里的相关论述。

(57) Mourice Bowra, “Composition”, *A Companion to Homer*, edited by A. J. B. Wace and F. H. Stubbings, New York: The Macmillan, 1963, p. 64. 参考 *The Oxford Clasical Dictionary*, edited by N. G. L. Hammond and H. H. Scullard, Oxford, 1992, p. 525。耶格尔(Werner Jaeger) 教授认为，第一位从事“此类批评”的实际上是“写作《奥德赛》的诗人”，“他显然作出了巨大的努

力，使神祇的所作所为比在《伊利亚特》里更显崇高”[*Paideia* volume 2, translated from the German by Gilbert Highet, Oxford University Press, 1986 (originally published 1943), p. 213]。美国学者爱德华兹(M. W. Edwards)就这一论题发表过精湛的见解，用取自荷马史诗里的实例论证了诗人(即荷马)在处理人神关系上的一致性和某些微妙的变化(参见 *Homer: Poet of the Iliad*, Baltimore: The Johns Hopkins University Press, 1990, pp. 128—129)。在《奥德赛》里，求婚者们罪有应得，为自己的恶行付出了生命的代价(24.351—352)。

(58) 《伊利亚特》19.86—88。

(59) 《奥德赛》1.32—34。

(60) 针对荷马的神学观，塞诺芬尼提出了反拟人化的单一的、非实体的精神之神的观点。他的神明无所不知，无所不见，用整体思考，不变，不动(比较《国家篇》2.381—E)，超然(参阅片断 17.24—26)。关于赫拉克利特对诗人的严厉态度，参阅 M. C. Naham 编纂的 *Selections from Early Greek Philosophy* (New York: Appleton-Century-Crofts, 1964)之第 70 和 75 页。

(61) 《奥林匹亚颂》1.35。

(62) 同上，1.52。

(63) 详见《安提戈妮》第 604 行以下。当然，这些都只是神话，我们大可不必对此太过认真。

(64) T. B. L. Webster, *An Introduction to Sophocles*, London: Methuen, 1969, p. 21. 比较埃斯库罗斯《祈援女》91—92；品达《普希亚颂》2.91。参考注(65)和(73)等处。

(65) 欧里庇得斯 片断 793。史学家修昔底得认为，关于那场战争的谕示只有一条得以兑现。欧里庇得斯的观点可能代表了当时相当一批人对神意的“正确性”的怀疑。从无神论的角度来看，欧氏的态度无疑比索福克勒斯的更值得赞赏。

(66) 《伊利亚特》22.169。

(67) 详见同上，22.273—363。

(68) 详见同上，16.433—461。

(69) 《善好者》1044—1046。荷马用过“宙斯的命运”(或“ 配置”)一语；较明显的“一神论”(monotheism)倾向始于公元前六世纪(参考 F. M. Cornford, *Greek Religious Thought*, London: J. M. Dent and Sons, pp. xvii—xviii)。同样，在“普罗米修斯三联剧”里，埃斯库罗斯亦表述了向往对立面达成统一的思想。在《被绑的普罗米修斯》(*Prometheus Bound*，希腊语作 *Promētheus Desmōtēs*，拉丁语作 *Prometheus Vinctus*)里，作为暴力之象征的宙斯始终没有露面：“埃斯库罗斯将观众置于宙斯和普罗米修斯之上，目的是为了……达成权力与仁慈的结合。”(D. D. Raphael, “Why Does Tragedy please?” in *Tragedy: Vision and Form*, edited by R. W. Corrigan, San Francisco: Chandler Publishing Company, 1965, p. 197)

(70) 《蒂迈欧篇》47E—48A。

(71) 同上，34A—37C。

(72) F. M. Cornford，引书同注③，p. 364。

(73) 同上。按照荷马的观点，凡人至多也只能领受好坏参半的命运。在《伊》第二十四卷里，阿基琉斯描述了“站立在宙斯门前的两个坛罐”，一个装着“苦难”，另一个装着

"祝福",但沉雷远播的宙斯不会让凡人接受清一色(即不掺和苦难)的福佑(详见526—532)。埃斯库罗斯几乎重复了荷马的观点,在《祈援女》的接尾部分让同情伊娥的歌队唱道:"愿宙斯让女人获取胜利!我甘愿接受掺和的生活,比遭透强些,满足于两份善好掺和一份邪恶的命运,满足于宙斯的安排,参照我的求祈。"(1068—1071)

(74)　引书同注③,p. 361。

(75)　毕达戈拉称自己是一位philosophos(《著名哲学家生平》1.12)。

(76)　请注意,泰勒斯乃一般中外教科书中所公认的"西方哲学之父"。梭伦喜用诗体写作讲演稿,是一位诗人政治家。柏拉图把荷马、赫希荷德和奥菲俄斯当作智者;"智术是一种古老的行当"(《普罗泰戈拉篇》316D—E)。无独有偶。在我国古代,"哲人""哲王"之"哲",如同"圣人""圣王"之"圣","哲"、"圣"("聖")二字可以互训。"哲"不表"哲学"之义,"哲人"也非我们今天所说之"哲学家"(详阅侯外庐等著《中国思想通史》第一卷,人民文学出版社,1980年,第34页)。

(77)　《希波战争史》(即《历史》)1.30。有趣的是,在古希腊,"历史"本身便是一门得之于"看"或"见多识广"的学问。Historia(历史)的词根意思是"看"和通过看而达到的"知"。这一本义仍然保留在动词histōr(判断)里。在希罗多德生活的年代,historia仍可作"探究"、"查询"及相关的意思解。R. G. 科林伍德(Collingwood)认为,希罗多德有意识地在historia里加入了"历史"的含义,从而为自己奠定了"历史之父"的地位(参考*The Idea of History*, Oxford: The Clarendon Press, 1948, p. 19)。

(78)　philosophoumen aneu malakias(《伯罗奔尼撒战争史》2.40)。参考Charles Singer, "Philosophy", in *The Legacy of Greece*, Oxford University Press, reprinted 1969, p. 59。

(79)　亚里士多德继续了由柏拉图开始的使philosophia成为一个规范的技术性用语的努力。亚氏有时互用philosophia和epistēmē(科学知识),即把它(指philosophia)看作是一门按一定的逻辑程序组织起来的、用规划指导理解的、以寻求"原因"为目的的学问(参考《形而上学》6.1.1026^{a})。关于philosophia和pholosophos的含义,另参考Edward Schiappa, *Protagoras and Logos*, University of South Garolina Press, 1991, p. 5。

(80)　确切地说,严格意义上的哲学(不是"泛"哲学)论述只是构成这一"总汇"或综合体的一个部分。"泛哲学"乃笔者在本文中尝试性地提出的一个观点。

(81)　《形而上学》9.6.1071^{b}26—27;参考13.4.1091^{b}。

(82)　参见E. Zeller,引书同注⑬,p. 18。柏拉图或许意识到了神学家(theologos)与自然科学家(phusikos)的不同(参阅《斐德罗篇》229C—230A),但在实际写作中却经常混淆神学与自然科学之间的界限。

(83)　《形而上学》1.3.983^{b}20。

(84)　欧几里得《几何原理》1.47。

(85)　见M. R. Wright, *Empedocles: The Extant Fragments*, New Haven: Yale University Press, 1981, p. 10。

(86)　可以作为例证的佳作层出不穷,如《新约》、《九章集》、《上帝之城》、《乌托邦》、《悲剧的诞生》和《西绪福斯的故事》等。比较《易经》、《庄子》等我国古典名篇。随着科学的发展和时间的推移,文学与哲学在经过一段"分家"的日子后,当今又呈现出某种程度上的重新弥合的趋势。现当代的一些有影响的哲学家们把语言看作是存在的居所(如海德格尔),因而经常标榜自己摆脱了系统哲学的束缚。然而,他们其实并没有走出西方传统文化的氛围,仍然在 logos 与 muthos 这两个"魔圈"里徘徊。维特根斯坦从神秘性(西方现代语言中的"神秘"一词大都源生自古希腊词 mustērion)走向解说的信心,而海德格尔则从"反传统"走向形而上学的神秘性。

⑧⑦ 参见柏拉图《智者篇》242D。

⑧⑧ 比较亚里士多德《诗学》1.1447^{b}16—17。

⑧⑨ 对公元前六至前五世纪的泛哲学家们的著述,后人大都以"论自然",即"关于自然"(peri phuseōs)相称。必须指出的是,这里的自然(phusis)包含"生长"、"生成"之意,故而更接近于我们今天所说的"生命",而不是"物质"(参考 F. M. Cornford, *From Religion to Philosophy*, New York: Harper and Row, 1957, p. 7)。

⑨⓪ Oskar Seyffert, *A Dictionary of Classical Antiquities*, revised and edited by H. Nettleship and J. E. Sandys, New York: Meridian Books, 1959, p. 212. 希罗多德的《历史》体现了荷马史诗的风范(朗吉诺斯说过,希罗多德是最具荷马遗风的著述者),欧墨罗斯和安提马科斯等曾用六音步诗体编写主要取材于神话和传奇的"历史"。荷马和赫希俄德的影响不仅见诸诗人,而且还以同样的强度见诸历史学家的写作(参见 T. A. Sinclair, *A History of Classical Greek Literature*, New York: Haskell House, 1973, p. 156)。

⑨① 详见 H. Fränkel, 引书同注⑮, p. 351。

⑨② 参看 C. S. Baldwin, *Ancient Rhetoric and Poetics*, Westport: Greenwood, 1971, p. 3。

⑨③ H. Fränkel, 同⑮, p. 266。

⑨④ 《动物史》5.1.539^{a}15 以下,《动物的生成》1.23.731^{b}9 以下。另参考《动物史》5.16 和《动物的生成》2.5 中的有关叙述。这一学说的影响一直持续到十九世纪。

⑨⑤ 详见 *The Cambridge Companion to Aristotle*, edited by Jonathan Barnes, Cambrideg University Press, 1995, p. 161。

⑨⑥ 《诗学》1.1447^b。另参考第欧根尼·拉尔修《著名哲学家生平》3.18;阿塞纳俄斯《学问之餐》11.504B,14.620D—622D。事实上,厄庇卡耳摩斯和索弗荣的拟剧是柏拉图喜读的作品;此外,他还摹仿过索弗荣的写作风格(详见 H. C. Baldry, *Greek Literature*, Cambridge University Press, 1959, pp. 263—264)。

⑨⑦ František Novotný, *The Posthumous Life of Plato*, Martinus Nijhoff, 1977, p. 325.

⑨⑧ 详见 *The Latin Works*, translated by P. H. Wicksteed and A. G. F. Howell, London, 1904, pp. 347—348。但丁本人也是一位极擅"喻指"的高手。我国古代文论家刘勰认为,优秀的辞章作者要善于引用典故,以说明难懂的事理。才气重要,但学识亦不可偏废(参考《文心雕龙·事类》)。所谓"谈说之术,分别以喻之,譬称以明之"(《荀子》);"假象取耦,以相譬喻"(《淮南子》)。

⑨⑨ F. Novotný, 引书同注⑨⑦, pp. 602—603。

⑩⓪ Huntington Gairns, "Introduction", in *The Collected Dialogues of Plate*, editd by E. Hamilton and H. Cairns, Princeton University Press, 1985, p. xiv.

⑩① *The Cambridge History of Classical Literature*, P. E. Easterling(general editor), volume

1, part 3, Cambridge Univerisity Press, 1989, pp. 83, 85. 柏拉图出众的构思技巧甚至得到了极力反对他的政治学说的卡尔·波普尔的赞赏。波普尔称他为"艺术家";"像许多最好的艺术家一样,他试图形象化地显示原型……"(详见 K. R. Popper, *The Open Society and its Enemies* volume 1: *The Spell of Plato*, New Jersey: Princeton University Press, 1971, p. 165)。

⑩② 《斐德罗篇》用了"最荒诞"的词语"描写精神之爱"(Iris Murdock, *The Fire and the Sun*, Oxford University Press, 1978, p. 35)。当然,诗味浓了,思辨的"气氛"就会淡些,此乃泛哲学的特点。依安纳斯(Julia Annas)教授的见解,从哲学的角度来看,"太阳"、"线条"和"洞穴"同时给人太多不同指向的提示,使读者难以形成精确和细致的理解(参见 *An Introduction to Plato's Republic*, Oxford: Clarendon Press, 1981, pp. 249, 256)。

⑩③ 详见 H. I. Marrou, "Education and Rhetoric", in *The Legacy of Greece*, edited by M. I. Finley, Oxford Univerity Press, 1981, pp. 194—195。在五年前出版的一本专著中, J. A. Arieti 提出了柏拉图对话不是戏剧式的,而是"就是戏剧"的观点,认为其中的哲论实际上"从属于戏剧"(即"对话",详见 *Interpreting Plato*: *The Dialogues as Drama*, Rowman and Littlefield, 1991, pp. 3—5)。笔者不敢苟同 Arieti 先生的这种过激的提法。柏拉图"对话"的首要目的是为了表述他的哲学观点,为了在诗与哲学相结合的基点上更全面、因而也更"准确"地反映他的人生观和宇宙观。柏拉图是一位诗人哲学家,而不是哲学家诗人(参考 Gregory Nagy, "Early Greek Views of Poets and Poetry", in *The Cambridge History of Literary Criticism*, edited by G. A. Kennedy, Cambridge University Press, 1989, pp. 147—148)。我们认为,文学是形成柏拉图哲学的基础;确切地说,是基础之一。文学不能、也无意取代哲学,成为哲学本身。

⑩④ Muthos 源自 muō(以特殊的方式说话),其同源词包括 mustēs(加入秘仪者)和 mustērion(神秘、秘仪)。所有这些词汇都与"神话"、"神秘"和"教仪"有关。在荷马史诗里,muthos 可表"话语"、"叙说"或"谈论"之义(《奥德赛》4.214,597;15.196),有时亦可作"想法"、"考虑"或"内心独白"解(参见《伊利亚特》1.545;《奥德赛》15.445)。赫希荷德自称受过缪斯(Mousai)的点拨,并称她们的话语为 muthon(tonde de me...muthon eeipon,《神谱》24)。另参考注⑬。本节中的"故事"指"神话故事"。柏拉图还借用和自编了大量的非神话故事,如"洞穴"、"线条"、"鸟笼"和"蜡板"等。柏氏称"线条"和"太阳"为 homoioteta(明喻,《国家篇》10.509C6)。

⑩⑤ Logos 直接源于动词 legein(收聚、讲、述说),后者或许派生自印欧语词根 leg-。比较拉丁词 legere(意思与希腊词 legein 相近)。Logos 的派生及复合词中包括 logia, logikos 和 logikē(逻辑)。从词源上来看,muthos 和 logos 均与"说"、"讲"和"叙述"有关。由此我们可以看出西方文化的生成和发展与语言及其运用之间的关系该有多么密切。

⑩⑥ 细读《欧绪弗罗篇》6A—C,《斐德罗篇》229C—230A 和《国家篇》376E—380C 等处。参考《蒂迈欧篇》40D—41A。但柏拉图知道,muthos 经常可以取代 logos,二者在表义上存在互通的一面。

⑩⑦ Hegel, *Werke*, 14、189;转引自 P. Friedländer,引书同注㉙, p. 209。

⑩⑧ 《国家篇》2.377A。

⑩⑨ 《法律篇》11.927A。

⑩⑩ 《政治家篇》271A。"从某种意义上来说,热爱神话者也是热爱智慧的人。"(亚里

士多德《形而上学》1.2.982^{b}18）

⑪　详阅 M. L. Morgan, *Platonic Piety*, New Haven: Yale University Press, 1989, p. 170。当然，这是一种转喻式的表述；从本质上来看，muthos 的内容决定了它的"故事"性质。

⑫　《高尔吉亚篇》523A。

⑬　同上，524A—B。正如哲学家可以讲故事，诗人也可以表述真理。通过缪斯姑娘（她们是"强有力的宙斯的能说会道的女儿"，《神谱》29）之口，《神谱》的作者向世人介绍了诗人的本领：我们会说许多像似真实的谎言；此外，"只要愿意"（eut' ethelōmen），也可以"讲诵真理"（alēthea gērusasthai, 27—28）。

⑭　参阅《国家篇》6.501E。用赫克斯利的话来说，《国家篇》是"一部崇高的哲学传奇"（转引自 Paul Shorey, "Introduction", in *Plato* volume 5, The Leob Classical Library, Harvard University Press, reprinted 1982, p. xxxi）。当代哲学家 I. Murdock 在 *The Fire and the Sun* 一书中指出，《蒂迈欧篇》是一部神话宇宙论，它成功地体现了糅合"道德形象"与"科学思辨"的写作手法（p.50）。

⑮　苏格的底（或柏拉图笔下的苏格拉底）熟悉作为诗人和早期神学家的奥菲俄斯和慕赛俄斯（参见《伊安篇》533C,535；《申辩篇》40A—C 等处）。在柏拉图看来，苏格拉底是"神圣的"（tōi daimoniōi hōs alēthos，《会饮篇》219B—C；另参考 221D 以下），是巴斯斯秘仪中的魔幻者和庆祭者，但他的工具是"词和言谈"，而非一般魔幻师的管箫。毕达戈拉和恩培多克勒也都是具有强烈宗教热情的泛哲学家。柏拉图或许是第一位正式摘引"奥菲俄斯文学"（亚里士多德称之为"所谓的奥菲俄斯史诗"）的哲人。

⑯　奥菲俄斯的"神秘论"中包含对人种起源的诗化描述：凶暴的泰坦撕食了狄俄尼索斯，由此引来宙斯的愤怒，用炸雷将其焚为灰烬。凡人从灰烬中诞生，因此凡身中既有得之于狄俄尼索斯的神圣，又带着得之于泰坦的罪孽。

⑰　《美诺篇》81C。因而获取知识是一个"回忆"的过程。

⑱　《斐多篇》67C—D。

⑲　比较："财富和名利的爱者"，"权力与威望的爱者"。细读《斐多篇》64E 和 82C 等处。

⑳　M. L. Morgan 对这一议题作了精湛的分析（参见注⑪之引书第 60—61 页）。

㉑　《斐多篇》66B—68B。重点参阅 66D7—E4,67B7—C3 等行次。

㉒　《美诺篇》81B。

㉓　哲学的功用是净化心魂（参考《斐多篇》67—68）。

㉔　狄俄尼索斯乃宙斯和塞勒美之子，但在厄琉西斯秘仪中他却被当作裴耳塞丰奈之子（或兄弟）。

㉕　详见《美诺篇》81B7—C3。

㉖　muthos esōthē kai ouk apōleto（《国家篇》10.621B8）。

㉗　详见《高尔吉亚篇》523E—524A。

㉘　同上，525D—E。参考《斐多篇》81C—82B,88A—B,107C—D；《斐德罗篇》248A—B 等处。

㉙　《高尔吉亚篇》524A—B。

⑬⓪ 柏拉图常常编写"自以为合宜的故事"(P. Y. Forsyth, *Atlantis*: *The Making of Myth*, McGill-Queen's University Press, 1980, p. 77)。请听斐德罗的评论:"对你来说,苏格拉底,此事轻而易举,随心所欲地自编来自埃及或其他任何地方的故事。"(《斐德罗篇》275B)。

⑬① 参阅 H. Fränkel, 引同同注⑮, p. 98; M. L. Morgan, 引同同注⑪, p. 151; P. Friedländer, 引书同注㉙, p. 189。

⑬② 详见《国家篇》10.614—621。艾耳还带有人的一旦条件具备便可能倾向于作恶(或作出错误抉择)的本能。或许,这也是悲剧人物性格上的弱点(参考 Alister Cameron, *The Identy of Oedipus the King*: *Five Essays on the Oedipus Tyrannus*, New York: New York University Press, 1968, p. 152)。

⑬③ "大西洋岛的故事"得之于梭伦的提法(《蒂迈欧篇》20E)很可能只是一句托词,一种写作上的策略。

⑬④ 就连毕达戈拉派的成员们亦不怀疑自然科学的高度"可能性"(参阅《形而上学》1.8.989^b—990^a)。

⑬⑤ 或"可以权且接受的故事"(详见《蒂迈欧篇》29D1—2)。

⑬⑥ 对"生成"或"变动"现象的探讨只是"一种游戏"(详见《蒂迈欧篇》50C—D;另参考《斐德罗篇》278E)。完全纯粹的知识只能属于神明(他们无须欺骗,参考《国家篇》2.382c)。

⑬⑦ 详阅《蒂迈欧篇》29E—30B, 35B—36B, 38C—39E 和 89—90D 等处。

⑬⑧ 《斐莱布篇》26E, 27B。

⑬⑨ 《蒂迈欧篇》29D—30C。

⑭⓪ P. Friedländer, 引书同注㉙, p. 200。

⑭① A. E. Taylor, *A Commentary on Plato's Timaeus*, Oxford University Press, 1928, p. 59. 参考 Perceval Frutiger, *Les Mythes de Platon*, Paris: Alcan, 1930, 第 173 页等处。

⑭② F. M. Cornford, 引书同注③, pp. 30—31。柏拉图的诗才给他带来的不是一部、两部,而是"一批"诗篇。埃德温·布莱克(Edwin Black)盛赞《斐德罗篇》是一部"最辉煌的诗作"[参阅"Plato's View of Rhetoric", *Quarterly Journal of Speech*, 44(1958), pp. 362—363]。H. G. 伽达默尔则认为,柏拉图"创造了一种真正的哲学诗歌";"他的对话只不过是戏剧性的暗指";"它们只有对那些能够透过其表面论述找到深层意义并且允许这些意义影响他们的人来说,才是言之有物的"(《伽达默尔论柏拉图》,余纪元译,光明日报出版社,1992 年,第 78 页)。

⑭③ 比如,菲利浦·锡德尼认为,柏拉图"对话"乃诗形在外,哲理居中(详见《诗辩》3, in *Literary Criticism*: *Plato to Dryden*, edited by A. H. Gilbert, Detroit: Weyne State University Press, 1962, pp. 408—409)。参考 H. Fränkel, 引书同注⑮, p. 98; S. E. Stumpf, *Socrates to Satre*, New York: McGraw-Hill, 1988, p. 78。

⑭④ P. Friedländer, 引书同注㉙, p. 198。随着年龄的增长,柏拉图对 muthos 的依赖性变得越来越大,在创编与使用的技巧上也渐趋成熟和完善。柏氏一方面用他的基于寻找"普遍定义"的认识论反对并否定传统诗歌(或故事)的不确定性(因而不可能成为哲学研究的对象),但另一方面又以大量创编"故事"的做法弥补他的宇宙论和心魂学说在精度上

的欠缺。柏拉图反对朦胧,但又身不由己和难以避免地依赖朦胧。这或许是柏拉图的悲哀,但同时也足以说明一个问题,即创建并有效捍卫一种以设置某个终端为目的的宇宙论、生命哲学和社会学说的艰难。

⑭ E. Zeller,引书同注⑬,p. 150。
⑯ 比如,"科学理论"一语似乎用得欠妥,恐怕连柏拉图本人也不会同意这一提法。
⑰ 详见《斐德罗篇》249B—C。
⑱ P. Friedländer,引书同注㉙,pp. 195—196。
⑲ E . Zeller,引书同注⑬,p. 136。
⑳ "坚实的"指文学对柏拉图哲学所做的"贡献"而言;柏拉图哲学本身的先验性质决定了它在实证层面上的脆弱性。

片断:

H. Diels and W. Kranz, *Die Fragmente der Vorsokratiker*.

A. Nauck, *Tragicorum Graecorum Fragmenta*.

附录二　自然、技艺、诗
——论亚里士多德的美学思想

根据德国学者马丁·海德格尔的观点，对美和艺术的成系统、有创见和包含内行批评的研究，起始于古希腊哲学和文学的黄金时代接近终结的公元前四世纪，其主要代表人物是牵导了两千多年来西方思想走向的两大哲学巨子，即柏拉图和亚里士多德。[①]正是他们，提出了哲学范围内的对美和艺术进行多角度研究的入点，阐释了审美哲学的研究对象和活动范围，在西方历史上第一次系统地指出了"美"的哲学含义和构成美的本体要素。柏拉图和亚里士多德的思考和论述在很大的程度上引导了西方人的审美意识在学术研讨中的发展趋向；他们对表象美的理解，他们对实质或内在美的揭示，他们对"美"的功利和非功利性的关注，他们对一系列审美原则的精到分析，开创了西方人以总体知识为背景的、采取配套方法探讨美和美学问题的先河。柏拉图的审美哲学内涵丰富，立意深邃，亚里士多德的美学思想针对性较强，在对悲剧美的研究上尤显功力。深入理解柏拉图和亚里士多德的审美观，将不仅有助于我们更好地把握他们的诗学思想，而且将无疑增进我们对西方古典诗艺理论的了解。基于这一认识，笔者拟用不太长的篇幅，以亚里士多德整体哲学为背景，结合他的有关自然与技艺的学说，对这位哲学大师的美学和诗艺思想作一次切入点比较明确和剖析面较为宽广的研究。我们打算从以下四个方面展开讨论。

（一）　哲学背景

亚里士多德把知识或科学分作三类，即（1）理论或思辨科学（theōria），（2）实践或行为科学［即有关 praxis（行动、行为）的学问］，（3）制作或制造科学［即有关 poiēsis（制作）的学问，即 poiētikē 或 poiētikē technē］。制作科学（包括制鞋和写诗等）的任务是"制造"，其目的体现在制作活动以外的产品上。实践科学（如政治和伦理学）包含行动的目的，其意义体现在行动或活动（energeia）本身。"制作"为外在的受体服务，而"实践"的意义却体现在实践过程的实施，不一定与外在的"效果"挂钩。所以，实践科学是自足（autarkeia）的科学。根据亚里士多德的观点，实践科学高于制作科学，因为凡是自足的事物便理所当然地高于或优于不自足（因而是有缺陷）的事物。但是，实践科学一般不包括自己的工作对象，比如，政治一般不包括作为其工作对象的城邦和公民。从这个意义上来说，实践科学还不是严格意义上的、解析性定义可以不予附加说明的完全自足的科学。真正自足的科学是理论科学［如物理学（在柏拉图看来，任何物理学说和宇宙论都只能是"可然的故事"，而不是严格意义上的科学）、数学、形而上学或第一哲学等］，因为它不仅包括行动的目的，而且还包括各自的工作对象，即求实（物理学）和求真（形而上学）意义上的思辨内容。理论科学在神（theos）的活动中找到自己的"归宿"。神（或纯度最高的抽象意识）的活动是理论科学之"自我实施"的最佳典范。神的活动是作为最高活动形式的"思想"，其思辨对象是作为最高思辨受体的神本身。神是"思想的思想"（noēsis noēseōs）[②]高精度、高纯度的思辨是最彻底、最完美、最自足的"善"（aretē）。和柏拉图不同，亚里士多德没有给他的形而上学备设怀疑和"突破"形而上存在的机制，没有为思考对形而上学实行诗化的超越留下想象的空间。亚氏似乎没有写过一部类似于《会饮篇》或《蒂迈欧篇》的著作,不具备柏拉图式的把哲学看作是"游戏"的属于诗人的情怀。

这里,我们想要提请读者注意的是,尽管亚里士多德意识到"美"是一种客观存在,"美"不等于简单的愉悦,但是,他也和老师柏拉图一样,没有用过"美学"这个词,也没有涉及过"审美观念"、"审美意识"等名词术语。换言之,在他的学科体系中没有独立于物理学、形而上学、政治学和伦理学的美学的地位;"审美"不是一门单独立项的学问。虽然在对诗,尤其是悲剧的研究中相对突出地表述了他的文学和艺术哲学思想,亚里士多德却似乎没有把美学(即对"美"的研究)看作是一门独立于诗学、修辞学和逻辑学的"科学",也从未明确地将美学或"关于艺术的哲学"(philosophy of art)归为上述三类科学中的某一类。"审美"既不属于自然科学的研究范畴,也不属于形而上学(即所谓的"第一哲学")的研讨范畴,既非制作科学里的分支,也不是行为科学和理论科学里的单项。这是个明显的、由于时代的局限而造成的缺憾(当然,用今天的眼光来看,把学科分得太细太死也不一定就是一件好事)。像他的前辈们一样,亚里士多德似乎更乐意于零碎而不是系统地谈论美和审美问题,倾向于多谈"美"给人的感受,而不是审美是否需要知识。在他看来,即便世界上存在着客观上(即本身)美的事物,人们也无须把对"美"的研究追索到"形"(eidos 或 idea)的"深"度。这种务实的态度一方面使他避免了重蹈柏拉图唯心主义的"形论"(the theory of ideas)的覆辙,但另一方面也在一定程度上禁锢了他的思维,使他往往与机遇擦肩而过,对"美"的中性问题谈得太少,深究得不够,立论上有时亦显得比较拘谨,给人缺少原创性和力度不够的感觉。

亚里士多德重视学问体系的建立,这一点没有问题。然而,亚氏毕竟生活在公元前四世纪,他的治学观不会不受到传统的百科全书式的荷马文化和巴门尼德、恩培多克勒等习惯于泛谈一切(包括玄学)的学问家们(包括柏拉图)的带有严重诗化倾向的泛哲学的影响。亚里士多德对学科的理解远不是"清晰不误"的,他对"科学性"的理解还没有走出柏拉图式的泛谈和形而上学的阴影,因此还不具备现代意义上的"就事论事"的特点。在他看来,学科意识不是、也不应是僵硬的;一个学科的涵盖面可以与毗邻的学科交错,它的跨度也可以自由伸缩,可以无所顾忌地择用阐述的内容。所以,他可以在讲解修辞时讨论伦理问题,在阐述写诗的技巧时只字不提抒情诗的存在(在现代,抒情诗几乎是诗的同义词),似乎这是个无需或不值得探讨的议题。如果说关于"美"的叙述在他的论著里常常只是一笔带过,但他的伦理学或行为哲学的涵盖面却大得惊人,几乎鲸吞了他的政治学说。事实上,他把自己的《政治学》(书名由后人所加)看作是有关伦理或行为哲学中的一个部分(参见《尼各马可斯伦理学》10.9.1181^{b}12—13)。当代政治哲学家们关心的政治权威问题,在亚里士多德的论著里甚至没有占到"敲边鼓"的位置。③

亚里士多德认为,不同的学问虽然各有体系,却不是各自为阵和互不相干的"独立体"。所有的学科都互有关联,都是构成学问或知识的总体框架中的部件。接收范域(或学科)和研究对象之间可以不形成完全对应的关系;换言之,一个"对象"可以在不同的接收范域里受到不同或不尽相同的"待遇"。这也是柏拉图的惯常做法;④作为与他共处二十年的学生和同事,亚里士多德不可能完全避免这种研讨的游移性。当然,亚里士多德可能试图通过对某个研讨对象的不同取向和入点的讨论使读者对有关事物或现象形成"立体"的感觉;此外,我们似乎也应该允许作者在论及不同的问题或主题时,对同一个"对象"采取不同或略有出入的处理方式。我们指出这一点的目的,是想提请读者注意亚里士多德立论的跨学科性质,重视对他的学问体系的研究,善于从横向入手,即从不同的论著里找出对同一个事物或现象的看法和评价,得出尽可能客观的结论。我们将会看到,这一点对研究某些"边缘"问题(如"美"和审美)显得尤为重要。

除了《诗学》以外,亚里士多德对诗的看法散见于多篇论著,显得比较零碎,取向上也是各显神通,各具特点。在《政治学》里,诗是一种产生效能或功效的因素,有助于培养合格的公民;在《修辞学》里,诗是研究修辞技巧的"素材",和语言学的关系亦颇为密切。此外,众所周知,在《诗学》里,诗是一种通过技艺(technē)实现自身目的的"摹仿"(mimēsis)。诗不仅是工具,而且有自己的目的(telos)。⑤在对待"美"(to kalon)、"快感"(hēdonē)以及"善"(to agathon,或"好")之关系问题上,亚里士多德的观点并不十分明晰,在"交叉点"上呈现出含糊不清的势态。比如,在《诗学》里,他认为美的事物(如悲剧)应该和必定会使人产生快感;⑥有关的上下文并没有说明快感与欲望的区别。值得注意的是,亚氏还提到另一类事物,它们本身不美,甚至近于丑恶,但当"我们观看此类物体的极其逼真的艺术再现时,却会产生愉悦之感"。⑦在《问题》里,作者区分了性的偏好和审美的选择,⑧从而在一定程度上区分了快感的层次,暗示真正的美感应该与低级的欲望脱钩,而与审美的情趣相连。在部分间的连接相对松散的《修辞学》里,亚里士多德谈到了"美"与"善"的关系。他指出,美的事物是(1)善的,和(2)因为善而能够产生快感。⑨"美"即"善"。也就是说,"美"不是"恶",也不是"丑";丑或恶的事物是不善的,因此也是不美的。现在的问题是,如果说亚里士多德看到了"欲望"与(审美)"快感"的不同,他却没有令人满意地解决"美"与"善"及"快感"之间的关系问题。从《诗学》4.1448^b 和《修辞学》1.9.1366^a 里的有关论述可以看出,亚里士多德似乎愿意接受丑的事物可以是美的或可以给人美感的观点,但却似乎不打算提出丑的事物也可以是善的主张。他一方面认定"美"是"善",另一方面又梗阻了二者之间的通连。当然,要做到这一点必须"有所铺垫",必须做些理论上的组建工作(因为这是一项系统工程),要对一些基本概念(包括美、善、丑、恶、快感等)作一次彻底的梳理。一位系统哲学家也会有不够系统的时候。当然,我们不能因此责怪亚里士多德,他已经为后人做了太多的工作。在公元前四世纪,美学还不是一门独立的学科。

(二) 自然/技艺

亚里士多德认为,自然(phusis)是一种包含实体的存在,具有生成(genesis)和运动(kinēsis)的功能和特点。不仅如此,phusis 还是一种原则(archē),一种动因(aitia),像人的灵魂或心魂(psuchē)一样具有精神的属性,[10]按自己的意愿,朝着既定的目的(telos)或目标运行。[11]

随着人对自然的介入,生活中产生了技艺(technē,比较拉丁语词 texere)。自然界中的生成叫"生长",人工的生产叫"制造"(poiēsis);自然界的生成依循本身的规则,人工的生产靠的是技艺的指导。Technē 是关于 poiēsis(即如何"生产",包括做诗和绘画等)的知识。古希腊人认识到生成是一种普遍现象,也知道 technē 是方便、充实和丰富生活的"工具",但是,他们没有用不同的词汇严格区分我们今天所说的"技术"和"艺术"(fine arts)。换言之,正如 technitēs 既可指雕塑家,亦可指采石工或建筑师一样,technē 既可指生产中的技术,亦可指给人以美好享受的艺术。[12]事实上,在古希腊人看来,任何受人控制的有目的的生产、合成、维系、改良和促进活动,都是包含 technē 的"制作"过程。辩说家普罗泰戈拉声称教育公民是一种 technē,即如何使个人适从于城邦生活的艺术。[13]苏格拉底说过,他的工作是"照料人的心魂",而这也是一种 technē,[14]并非谁都可以或乐于胜任。作为泛谈技艺的必然结果,古希腊人一般不区分对我们今天所说的"技术产品"（如桌子、鞋等）的"美"的审视和对我们所说的"艺术产品"（如诗、画）的"美"的欣赏。"美"是一个笼统的概念,⑮既可指人的长相,亦可指人的穿着,既可指法律的公正,亦可指行为的善好。荷马说过"美的港湾"（《奥德赛》6.263）和"美的北风"（《奥德赛》14.253）。在柏拉图看来,"美"(kalos)与"善"(agathos)有时是一对可以互通的概念,"美"的涵盖面甚至大于"善"。在《大希庇亚篇》里,苏格拉底称"美"是"善的父亲"(297B)。亚里士多德继承了他的同胞们泛谈"美"的做法,把 to kalon 用于对包括概念和性格在内的几乎是一切美好事物的"称呼"。事实上,汉语里没有任何一个词可以一以贯之地准确对译亚里士多德作品里的 to kalon（及其变体词）。W. R. 罗伯兹教授大概也对如何准确英译 to kalon 煞费过一番苦心,在释译《修辞学》1366^a 中对 to kalon 所下的定义时用了"崇高"一词。⑯

柏拉图知道, technē 包含知识;所以,他有时不那么严格区分 technē 和 epistēmē（系统知识、科学知识）的不同。⑰Technē 和 epistēmē 都高于一般的经验(empeiria)。但是,technē 有时比 epistēmē 更注重知识的实践性,它的位置似乎介于 empeiria 和 theōria（理论知识）之间,同时具备实践和理论的属性,在柏拉图的知识论和技艺论,亦即有关各种技艺,包括文学和艺术的理论中都占有重要的地位。在《高尔吉亚篇》里,柏拉图拉开了技艺与"日常事务"(empeiria)的档次,并认为讲演术(rhētorikē)不是技艺,只是一种常规性的事务(empeirian egōge tina),⑱目的只是为了取悦于人,使听众满意(charitos tinos kai hēdonēs apergasias)。⑲苏格拉底同意波洛斯的意见,认定 rhētorikē 不美;⑳稍后,他又称之为（一种）"恭维"(kolakeia)。㉑像烹饪一样,讲演术只求谄媚,"无视美好",既不能说明本专业的办事原则,又无法解释它的工作性质和提供服务的原因。讲演不受逻各斯(logos)的指导,而任何非理性的东西(alogon)都不是技艺。㉒柏拉图看到了 technē 的规则性，看到了它的理论上的可塑性。像 epistēmē 一样，technē 可以教授，可以通过学习"获取"，可以进入知识的流通渠道。与此同时，柏拉图也注意到了理论在应用范围内的可能存在的死角；换言之，包括技艺在内的常规意义上的知识可能会在实践中遇到不被"重用"的时候。正是出于这一认识，柏拉图指出了诗与技艺的"对立"（比如他认为做诗无须技艺），认为做诗需要天分，诗人通神的"才华"客观上高于一般的技艺。㉓所以，尽管通过 technē 人们可以制作精美的器物，但柏拉图却不认为它（指 technē）可以取代人的审美感受，可以代替诗的激情。尽管 technē 可以在一定程度上推动和促进自然（phusis）的"工作"（如医生治病，农人耕殖等），㉔但某些"自然程序"（phusei tini），㉕比如做诗，则要靠神的引领，靠"藐视"技艺的灵感的运作。㉖诗歌是美的，美得超出了技艺可以完全涵盖的范围。㉗

亚里士多德熟悉柏拉图的理论，也认真研究过自然和技艺以及二者之间的关系。亚里士多德认为，自然和技艺是两个有目的的运作实体，它们的活动依循了相似的方式和原则。亚氏多次提及"技艺摹仿自然"的观点（hē technē mimeitai tēn phusin），㉘认为技艺摹仿自然的生存原则，制作有实用或审美价值的成品。然而，在自然面前，技艺并不总是个被动的摹仿者。与柏拉图相比，他似乎更倾向于强调技艺的"主动性"。自然具备自我调节和医治的功能，但它并非总能事事如愿。于是，自然（比如人的病体）就要求助于医生的帮助，后者会用合乎自然本身运作规律的手段祛除人体的疾病。此外，政治和教育还补足了自然的缺陷，㉙满足了城邦建设的需要。诚然，在我们提及的上述例子里，technē 的直接所指或许应为"技术"或狭义上的"技艺"，但亚里士多德本人并没有明确作过这样的限定。在论及诗的构思和产生时，亚里士多德大大淡化了柏拉图的"神赋论"，指出做诗也和其他制作活动一样,可以依循既定的、反映理性思考的原则,凭靠 technē［它是经验(empeiria)㉚的总结］的指引。事实上,他的《诗学》并不是一部艰深的纯理论著作,而是一本普通的、针对性极强的实用手册。《诗学》告诉人们如何写诗,如何创作悲剧。作为一个整体,技艺摹仿自然的活动程序,表现出高度的能动精神。它顺应自然的要求,辅助自然的进程,它实现自然的企愿,弥补自然的不足。实现了本身愿望的自然是美的,就像按照高于经验的科学方法制成的产品也必然是美的一样——亚里士多德或许会赞同我们的引申——技艺以符合艺术美的手段和方式,㉛在完美的劳动成果中体现出作为"美"的制作者或合作者的存在意义和价值。

  Technē 不仅是制作的手段,而且还是一种相对稳定的"属性"。因此,从某种意义上来说,Technē 是亚里士多德审美心理学的一个重要组成部分。亚里士多德认为,评估事物的价值要从审视它们的功用入手。人所特有的功用是理性或理性的思考(logos),亦指在理性的指导下从事实践和制作活动的能力。功用的"圆满"实施要遵从事物本身的善好,即事物特有的德或德性(kata tēn oikeian aretēn)。㉜人的德或善(aretai)分两种,一种是智能美德,另一种是伦理或道德美德,前者可以通过学习(即接受教育)获取,后者则要能过反复的训练习得。㉝智能美德包括理论智慧(sophia)、实践智慧(phronēsis)、系统知识(epistēmē)和技艺(technē);道德美德包括节制和慷慨等。智能美德为道德美德提供理论基础,但后者的获取必须通过反复的实践,要求实践者针对具体的问题作出居中(即不走极端)的选择(proairesis)。㉞所以,包括节制(sōphrosunē)在内的各种道德美德实际上构成了指导人的习惯性行为的准则,是经过长期和反复训练和实践形成的 hexeis(习惯)。㉟我们注意到,在分析心魂(psuchē)的"所有"时,亚里士多德再次提到了 hexis。心魂是为人的根本;人的幸福(eudaimonia)在于心魂的接受最好和最完整的美德之指导的活动。㊳人的心魂(1)可以处于表达情感或激情(pathos)的状态,(2)具备产生和感受情感的能力(dunamis),(3)具备承受和处理情感的习惯(hexis,复数 hexeis)。美德不是情感(如恐惧、愤怒等),后者只是表示善与恶的载体,并非善恶本身。美德也不是能力,人们不会因为"我们具备感受情感的能力"而评估我们的善恶;此外,能力是生而有之的东西,而人的善与恶却并非得之于天生。由此可见,美德(aretē)必然是一种常态,一种指导判断和行为的习惯(hexis)。㊳所有与广义上的实践(包括思考)相关的知识(如 nous、sophia、phronēsis、epistēmē)都是稳定或趋于稳定的状态,technē 自然也不例外。技艺是理性思考和活动的产物,反映拒斥盲目和混乱无序的理性原则,它得之于心态的稳定,体现人对现象的归纳。技艺不是感情(pathos),也与体验感情的能力(dunamis)有别,因此只能或必须与 hexis 相关。此外,技艺参与对人的道德美德的培养,促进知识在制作范围内的传播。也许是因为技艺具备某种"常态"并与"习惯"相关联的特点,亚里士多德在给 technē 下定义时,称它是一种在理性原则指导下进行制作或生产的 hexis。㊳

Technē 是指导生产和制作的知识,一头连接理论,一头通连经验(empeiria),因此必然带有较强的"实践性"。在认识论范域,亚里士多德认为,technē 还不是典型意义上的、纯度较高的知识或理论知识(epistēmē),因而还不是高层次上的思辨的载体,不足以展示理性思考的全部内容,不是智慧在纯理论领域里的体现。在他看来,epistēmē 是一种高于 technē 的、更具理论色彩的知识。前者是关于原则或原理的学问,后者是关于生产或制作的认识;前者针对永恒的存在,后者针对变动中的具体事物。㊴Technē 可以指导生产和制作,但却不能解释抽象的原理。亚里士多德以他的方式阐述了理论知识与实用性知识的区别。Technē 有它的长处,也有它的短处,有供它大显身手的领域,也有无可奈何的时候。Technē 可以创造美的形式,但不能说明"美"的内在意义;它可以给人美的享受,但不能穷尽人们对"美"的辩析。作为一种智能美德,technē 把人的理性精神作用于外在的事物,实现了其摹仿自然的心愿。此外,尽管 technē 部分地实践了人的功用,体现了心智的美德,但它在亚里士多德知识论里的作用仍然是局部和相对次要的:它既不参与对永恒事物的研究,也不直接作用于对人的道德行为的规范(这是 phronēsis 的任务)。高纯度的思辨由 epistēmē 和 nous(智、智性、直感知识)联手进行(二者的结合产生最高层次上的知识,即 sophia),通常与 technē 无缘。作为一个特定层次上的具体知识的体现者,technē 站在 empeiria(经验)的肩上,眺望着 epistēmē 和 nous 的光彩。然而,technē 的局限并没有妨碍它在亚里士多德的知识论里发挥应有的作用:它和其他知识一起,为组成一内容丰富和层次分明的结合伦理学说的知识论体系做出了自己的贡献。任何由部分的有机组合构成的、体积上适度的整体都是美的。[40]如果说亚里士多德的上述理论符合这一原则,那么我们就会由此联想到 technē 作为一个"部分"的价值。没有它的参与,亚里士多德的学说或许就不会有今天这样的完整性,就不会——我们是否可以这样猜测——给人以得之于立论的妥帖性与布局的完整性的美感。

(三) 美学原则

希腊人爱美。他们爱山、爱水、酷爱美的人体(《大希庇亚篇》296C—D),热爱美好的心灵(《会饮篇》210B—C)。他们仰慕竞技场上的英雄,赞美露天剧场里演员们脆亮的嗓音。真正爱美的人们不会长期停留在对"美"的感官享受上。古希腊思想精英们没有陶醉在"美"的花丛里。他们追索"美"的实质,[41]寻找产生美感的原因,循着"美"的指引,把对美的现象和艺术的研究带入对幸福和美好生活的追求。

希腊哲学认为,"美"(to kalon)或"审美"是一种涉及面极其宽广的文化(而不仅仅是文学和艺术)现象。"美"源于人的感觉,源于人对美好事物的认识。"美"可以包容在我们今天看来与审美无关或没有直接关联的内容,比如物品的应用价值。在《大希庇亚篇》里,苏格拉底认为任何有用的东西都是美的(kalon)。一只装粪的篮子,若很实用(只要结实,外形不一定十分美观),便是美的;反之,即使是一面金盾,如果不敷实用,也是丑的。[42]当然,我们不宜把色诺芬的这一"记叙"推向极致。亚里士多德因袭了本民族人民的审美习惯,常常倾向于泛淡美的"表现",也会把"美"与"善"(即"好")混为一谈。不过,这不等于说亚氏对审美的原则和"要求"缺乏认识,不等于说他对"美"的论述只是停留在泛淡而不是予以必要的精练和抽象概括的阶段。

亚里士多德的审美观里深深地烙刻着柏拉图美学思想的印记。尽管也有自己的创新,但亚里士多德在一些重要的方面接受并在很大程度上因袭了柏拉图的思想。柏拉图认为,一切"过多"或"过少"的事物和现象都是不合适或不适中的表现。"过干"、"过湿"、"过高"、"过低"、"过快"和"过慢"等都属于过分和不合宜的事例,是导致不均衡和混乱的因素。柏拉图把低于或高于正常景况的现象称为"无限"或"无界"(apeiros),认为"限定"或"界定"(peras)是对"无限"的改造和规范(《斐莱布篇》26A—B)。对于过冷和过热的状态,peras 要去除其中"过量"和"过限"(apeiron)的成分,从而变过度为适度,使温度趋于"平衡"(emmetron),变得适宜(summetron)。Teras 的具体所指包括真实、纯净、准确和限度等。此外,美的事物必须是完整的统一体,它的部分应该是适度的、与其他部分互为关联的"可组合成分"。柏拉图多次谈到部分的作用,[43]认为完美的事物应该包含合宜的部分,而部分之间的排列应有适当的比例(summetria)。凭借炉火纯青的工艺,神工

(dēmiourgos)巧用比例等原则,创制了宇宙或"宇宙动物"(zōion),使其成为美和精度的典范。柏拉图称这个神造的构架为"宇宙之魂"或"世界之魂"(psuchē tou pantos)。在这个巨大无比的框架里,太阳、月亮、行星等天体成分均以精确的数学比例排列,像一组优美的音符。[44]在柏拉图看来,神造的宇宙是"智"的仿象(eikōn tou noētou),是可见的神明(theos aisthētos),最杰出(aristos),最伟大(megistos),最美(kallistos),是千古永存的唯一的精品。[45]对整体的分析或剖析可以从部分入手,有时也可以将整体划分为"首"、"身"和"脚"三个部分。[46]一篇好的讲演或"话语"(logos),应该由起始、中段和结尾组成。

亚里士多德接受了柏拉图关于"限定"的重要性和必要性的思想。在《形而上学》里,亚氏几乎重复了柏拉图的观点,指出审美的核心成分是顺序(taxis)、[47]匀称(summetria,亦可作"比例"解)和限度(to hōrismenon)。[48]像柏拉图一样,亚里士多德强调这些核心成分应以数学意义上的精度为基础。多年的师生和同事关系使亚里士多德十分熟悉柏拉图的思维方式、治学思想和行文风格,甚至"细致"到所用的词汇。"美"是对"无限"或"无界"(即无序)的事物和现象的"限定",而"限定"是"确定"的前提。经过"限定"的事物可以给人美感,而经过"确定"的事物将会有助于增进人们对相关事物和"体系"的理解。在区分诗的门类时,亚里士多德运用了柏拉图在《智者篇》等对话里用过的"对分法"(diairesis)——一种从属项中分出种项,再从种项中分出支项,直到分至最小支项(infima species)的分辨方法。[49]像苏格拉底和柏拉图一样,他重视定义(horos)的作用,突出强调了定义的科学性。在《分析续论》里,他提出了对事物进行科学界定的原则。界定者应该做到:(1)选出表现事物实质的属性,(2)按合宜的方法将选出的属性排成顺序,(3)择选中不应出现遗漏(2.13.97^{a}24—26)。亚里士多德坚信,准确的定义是认识事物的基础,是进行科学研究的前提,是得出正确结论的必不可少的条件。只有方法的完善(这也是一种"美")才能导致结论的完善,而只有结论的完善才能体现思辨的效益。亚里士多德给悲剧所下的定义(《诗学》6.1449^{b}24—28)较为成功地体现了科学鉴定的原则。在《诗学》第一至第四章里,亚里士多德先行谈到了组成定义的诸要素,包括:悲剧(1)是一种摹仿艺术(第一章),(2)摹仿高贵者(即严肃的)行动(第四章),(3)应有一定的长度(第四章),(4)摹仿的媒介是节奏、唱段和格律文(第一章),(5)由不同的部分(即对话与合唱)组成(第一章),(6)采用表演的方式(第三章;至于行动必须"完整"的问题,亚氏在第七章里作了"补充"说明)。有了上述铺垫,亚里士多德在第六章里对已经谈及的内容做了阶段性总结,适时提出了解说悲剧之性质(ousia)的定义(horos):⑤

  悲剧是对一个严肃、有一定长度的行动的摹仿(mimēsis praxeōs spoudaias kai teleias megethos...),它的媒介是经过装饰的语言(hēdusmenōi logōi),以不同的方式分别被用于剧的不同部分,它的摹仿方式是借助人物的行动(drōntōn),而不是叙述(ou di' apangelias),通过引发怜悯和恐惧使这些情感得到疏泄(katharsin)。㉑

亚里士多德的"悲剧定义"从一个侧面反映了他的美学观。定义中涉及的内容大都与快感(hēdonē)相关;换言之,都具备引发快感的潜力,因而初步具备了接受审美的条件。首先,摹仿是一件令人快慰的事情,"每个人都能从摹仿的成果(即艺术品)中得到快感"(《诗学》4.1448^{b}8—9)。再者,所谓"经过装饰"的语言实际上包括唱段,原文用了 melos 一词(6.1449^{b}29)指广义上的抒情诗。众所周知,诗歌具备娱乐的性质,谁都喜欢。唱段(melopoiia)是"最重要的装饰"(1450^{b}17)。

最后，悲剧的作用是引发并"净化"观众的怜悯和恐惧，从而产生一种特有的功效，使人们感受到一种应该由它（指悲剧）引发的（alla tēn oikeian）快感（14.1453ᵇ11；参考26.1462ᵃ16,1462ᵇ1—15）。㊵当然，快感并不完全等于美感，但二者之间无疑具有相通的一面。悲剧的美来自它的特有功效的实现。像柏拉图一样，亚里士多德认为，结构完美的作品应由起始、中段和结尾三部分组成：无论是活的动物（zōion），还是任何有机的整体，若要显得美（to kalon），就必须符合以下两个条件，即：(1)各个部分的排列（taxis）要适当，(2)要有一定（或适当）的规模和体积。"美"取决于一定的体积和良好的次序（to gar kalon en megethei kai taxei estin）。㊶在上文引述的定义里，亚里士多德称悲剧是对"严肃、完整、有一定长度的行动（praxis）的摹仿"。很明显，"一定的长度"（megethos）既是使悲剧实现其功效并因此得以引发快感的保证，也是使它的潜力得以充分发挥、较好地展示悲剧美的必要条件。关于悲剧的定义实际上是对悲剧美的诠释，在成功地回答了诸如"什么是悲剧"一类的问题的同时，也附带对诸如"什么是悲剧美"和"为什么说悲剧是美的"一类的问题作出了较有说服力的解释。古希腊悲剧为亚里士多德论"美"提供了一个不可多得的"境域"，也为他比较系统地阐述自己的诗艺思想并在一定范围内发挥和修正柏拉图的见解提供了一个很好的"机会"。

　　亚里士多德认为，完美的诗文体现了部分与部分、部分与整体有机结合的原则。悲剧的组成不是部分的随意或任意的堆砌。悲剧摹仿一个单一、完整的行动。因此，组成情节的各个部分必须主次分明，环环相扣。事件的组成要严密到这样一种程度，"以至若是挪动或删减其中的任何部分，就会使整体松动和脱节"。㊷如果说柏拉图赞美的是荷马的诗才，亚里士多德欣赏并在《诗学》里反复赞扬的，则是荷马出类拔萃的构思和非同寻常的组合技巧。在《诗学》第八章里，他高度评价荷马对情节的处理,赞扬他取舍有方,在创编《奥德赛》时摈弃了一些次要的事件,摹仿了一个完整的行动(mian praxin hoian)。⁵⁵荷马重视突出中心,也知道如何编排组成情节的部分。《伊利亚特》包含许多各有自己的中心和"具备一定规模"的部分,但荷马却能统筹兼顾,巧妙安排,避免了结构松散和"欠完美"的结局。荷马史诗"在构合方面取得了史诗可能取得的最佳成就",⁵⁶是文学美的典范。

部分间的关联不仅要体现经验的作用,而且要反映哲理的指导,经得起哲学的检验。顺序可以表示先后,也可以体现前因后果,即事件之间的因果关系。亚里士多德要求诗人不要满足于对顺序的一般意义上的先与后的认识,而要"透过"表层,抓住内容的实质,学会用因果的原理指导(对)剧情的构思和事件(pragmata)的编排。诗人要按必然(ex anankēs)或可然(kata to eikos)的原则写作,展示情节的合乎情理和符合逻辑规则的结局。事件与事件之间的关系"是前因后果,还是仅为此先彼后,大有区别"。⁵⁷此外,诗人的职责不在于描述已经发生的"事实",而在于描写可能发生的、即按可然或必然的原则可能发生的事件。对于传说和神话中的故事,诗人要有不同于常人的理解,不能或不宜完全忠实于原型,不思变通。诗人不应按照"事情本身是怎样发生的"理解创作,而是要有所提炼,有所创造,根据立意的要求决定事态发展的走向,规定"应有"的冲突和情节的必然结局。所以,诗人和艺术家没有必要拘泥于完全真实地(用现在的话来说,像照相机似的)摹仿现实。"波鲁格诺托斯描绘的人物比一般人好,泡宋的人物比一般人差,而狄俄尼西俄斯笔下的人物则形同我们这样的普通人。"⁵⁸按必然或可然的原则组成的事件可以使人们通过戏剧学到知识,进行推论。人们在欣赏艺术作品时会进行三段论式的推理,在享受快感的同时增长知识。⁵⁹所以,诗人和历史学家的区别不在于是否用格律文写作(希罗多德的作品即使被改写成格律文,也还是一种历史),而在于前者摆脱了机械摹仿和直接反映的束缚,而后者则受囿于记述性艺术的运作规律,在一本本"流水账"中小心翼翼地如实记录。诗倾向于表现带普遍意义的事并因此更接近于普遍真理,而历史则只能或通常倾向于记载具体的事件。诗和历史同为语言艺术的分支,但不同的叙述目的和载体形式却把前者引向某种意义上的提炼和归纳,把后者引向对具体事件的"复述"与纪实。亚里士多德或许会用"历史性"来解释我们今天所说的文艺创作中的现实主义[在当时"历史"(historia)是组成广义上的文学的一个部分],用"较少哲学性"来评述巴尔扎克等现实主义大师对细节的十分具体的描写。在亚里士多德看来,诗(史诗、悲剧等)的构合形式及表述特征决定了它是一种比历史更富哲学性的概括,一种更严肃,或许(我们似乎可以这么说)也更具美感的艺术。⑩柏拉图曾论及诗与哲学的抗争(《国家篇》10.607),却从未就诗与历史作过比较。诗是哲学的"对头",是与之对立的"事物";从这一分析来理解,我们似乎可以推论柏拉图会把历史置于上述两股对抗"势力"的中间。不过,这仅仅是一个推论,一种缺少直接论证支撑的猜测。事实上,柏拉图常常并不严格区分诗(包括神话、故事)与历史的界限。他可以任意"编造"雅典的历史(参阅《克里提亚篇》),也可以像希罗多德一样,随心所欲地讲述"来自埃及的故事"。⑪在肯定文学的"学术性"方面,亚里士多德似乎走在柏拉图的前头。文学包含虚假的一面,但也能反映带有普遍意义的真理(柏拉图理解这一点)。优秀的文学作品必须、也必然会比历史更能体现哲理的概括作用。诗和文学不仅不是哲学的敌人(柏氏始终坚持诗与哲学抗争的观点),而且是哲学可以争取和应该尽力帮助的朋友。亚里士多德关于文艺包含向哲学趋同倾向的论述,是对柏拉图否定诗的哲学价值和文学真实性观点的间接反驳,在当时这是一种难能可贵的见识。应该指出的是,柏拉图的"对话"实际上是一种广义上的文学(尽管古希腊语里并没有现代意义上的"文学"一词),是结合 logos(分析、论述)和 muthos(故事、神话等)的诗篇。M.F.科尔福德教授称《蒂迈欧篇》是"一部诗篇",[62]P.弗里德兰德教授也把《国家篇》看作是往返或"徘徊在理智(logos)和神话(myth)之间的"文学精品。[63]尽管亚里士多德在一定程度上看到并承认了柏拉图作品的文学性,[64]但他却可能没有意识到"对话"对统括和支配它所包含的部分所起的特殊作用,[65]没有充分意识到"诗化"在柏拉图哲学中所占有的极其重要的位置。

柏拉图认为,幸福的生活需要有一定的物质基础,完整的人生也不能排除体验喜怒哀乐等各种情感,因为哲学是"爱者"或"爱恋者"的事业。柏拉图重视人的"喜悦之情"或快感的产生,并把这看作是讨论纯净美感的入点。他看到了快感(hēdonē)与美(to kalon)的通连,在有意识地区分快感之类型的同时似乎附带性地区分了"美"的层次。在著名的《斐莱布篇》里,柏拉图区分了一般意义上的快感(hēdonē)和心灵的活动(phronēsis)。接着,他把快感分作两类,一类是纯净的或不掺杂它物的快感,另一类是不纯的或混合的快感。[66]混合式快感指掺杂痛苦的喜悦,分三种,其承受实体分别为(1)肉体(或肌体,如挠痒),(2)肉体与心魂(或心灵,如解渴),(3)心魂。柏拉图称悲剧提供的快感是混合型的,它的承受实体主要是人的心魂(即属于上述第三种情况)。悲剧满足人们恸哭和悲号的欲望,使他们从饱含或引发痛苦的剧情和自己的号啕大哭中得到快感。[67]纯净或纯一的快感指不掺杂它物或伴随痛苦的喜悦。此种快感产生于对静态中的点、圆圈、线条和图形框架(schēmata)等的审视和思考。[68]Schēmata 不表示人的行动,它们以线条分明的几何图形提供没有"具体"所指的景状。像当今的抽象派艺术大师们一样,柏拉图相信这类图景包含永久的审美内涵,本身即是抽象意义上的美的体现。美存在于这些图景或图式之中,存在于它们的本质之中。[69]面对这样的 schēmata,人的心魂可以享受到一种不包含痛苦的美感,进入悠闲、舒适的审美情态,与体验挠痒的感觉(或快感)不同。[70]根据上述分析,我们似乎可以从中得出三点试探性的理解,即(1)在柏拉图看来,快感有纯净和非纯净的区别,换句话说,有"绝对的"和"相对的"之分;(2)某些事物给人不包含痛苦的美感,使他们体验到绝对的快慰;而绝大多数事物则只能给人掺和痛苦的快慰,并因此使他们体验到相对的美感;(3)真正"精良"的艺术应该给人纯净的美感。所以,即便是从审美而不是伦理和政治的角度来衡量,柏拉图也不会把悲剧(更不用说喜剧)看作是文艺中的极品。

很明显,柏拉图的上述理论包含"无偏见"审美和艺术本体论的基因。尽管在处理物质条件与生活幸福的关系问题上亚里士多德似乎比柏拉图更注重强调物质基础的必要性,但这却并不影响他在反对不适度的享受时赞同柏拉图的立场。两位哲学家都认为不节制是一种错误,而过分贪图享受,如同过分热衷于追求名利一样,不符合人的根本利益。纵欲不仅不美,而且丑恶。亚里士多德认为,美和快感既有通融的一面,也有各自的特点,带有形成区别的一面。美不等于单纯的快感,也不等于欲望的简单的满足。他区分了性的偏好和审美的选择,[71]从而划清了审美的客观性与受欲念驱使的本能倾向和行为之间的界线。数理科学(mathēmatikai)研究真实的存在和不变的"事物",因而基本上独立于人的欲望。然而,在亚里士多德看来,这些学科却并非如我们今天所理解的那样与美(to kalon)无关。

尽管如此,亚里士多德对纯净的快感和纯净的美感(即抽象的艺术美)的问题谈得不多;事实上他似乎是有意识地避开了对此类论题的详谈。对于相对务实的亚里士多德,诗的功用和本体属性似乎更能引发并投合他的兴趣。他把诗看作是一门可以和应该具备相对独立性的学科,在诗歌和艺术研究上倾注了大量的心血。他撰写过多部专著,包括《诗人篇》、《诗论》、《论音乐》、《论悲剧》、《荷马问题》和《技艺集锦》等,可惜只有《诗学》的前半部分留传至今。[73]从某种意义上来说,亚里士多德比柏拉图更明确、更具体地肯定了文艺作为一种本体存在的研讨价值。他在《诗学》的开篇部分告诉读者,他打算把诗歌作为研讨的对象,对"诗艺本身"(peri poiētikēs autēs)及相关的问题作一番研究。写诗(或编剧)是一种技术性很强的细活,要求剧作家们掌握写诗(即编剧)的技巧(poiētikē)。亚里士多德重视作为一门艺术的悲剧写作的可析性,在关注整一性的同时,从各种不同的角度出发反复划分了组成悲剧的"部分"。"部分"是"整体"存在的必要条件,而"整体"又是显示事物的本体性和独立性的重要鉴别"特征"。亚里士多德认为,从"质"的方面来看,悲剧由六种成分(eidē、merē)组成,即情节(muthos)、[74]性格(ēthos)、思想(dianoia)、言语(lexis)、音乐(molopoiia 或 mousikē)和戏景(opsis),以情节的重要性为最。此外,从量的方面来看,他认为把悲剧"切分成节段的部分"有四个,即开场白(prologos)、场(episodion)、退场(exodos)及合唱(chorou melos)。在《诗学》第十八章里,亚里士多德冒着有可能引起理解混乱的风险,又提出了"结"(desis)和"解"(lusis)的组合:一部悲剧由结和解组成。我们注意到,亚里士多德在此指出了"剧外事件"(exothen)的构合作用,认为它(协同某些剧内事件)是组成"结"的部分;"解"由清一色的"剧内事件"(esōthen)组成。[75]"结"和"解"是构成悲剧的两大部分,本身又囊括作为其部分的剧内和剧外事件,构成了一个有可能大于剧内情节的整体。如果这一理解可以成立的话,"结"和"解"实际上有可能把"情节"降格为构合的(一个)部分。在《诗学》的现存部分里,亚里士多德没有就第六章里的"情节"和第十八章里论及的"结"与"解"的异同和涵盖范围作过明确的解释。亚氏经常提及的另一类"部分"是 pragmata(事件、事情)。情节(muthos)是"事件的组合"(hē tōn pragmatōn sustasis,6.1450^{a}15),是"由事件组成的"(sustasin pragmatōn,1450^{a}31—32);事件是情节的部分。[76]"部分"形成"整体",在"整体"美的"整一"中体现自身的价值,增强整体的合成感。

悲剧有自己的"根本"(archē),有自己的灵魂(psuchē),那就是它的由事件(pragmata)组成的情节(muthos)。⑱悲剧是"对行动的摹仿"(mimēsis praxeōs)。⑲稍后,亚里士多德在重复这一层意思时,强调"情节是对行动的摹仿"(estin dē tēs men praxeōs ho muthos hē mimēsis)。⑳在这里,"情节"等于悲剧,是悲剧在结构上的体现。情节摹仿"行动",因此也可以等同于行动;情节和行动(或事件)是悲剧的"目的"(telos)。"没有行动即没有悲剧,但没有性格(ēthos),悲剧却可能依然存在。"㉑悲剧的成功与否取决于内在的原因,取决于情节的"质量"。亚里士多德认为,复杂情节优于简单情节;"复杂行动"(即复杂情节)中的变化(metabasis)有"突转"(peripeteia)和"发现"(anagnōrisis)的伴随。㉒"突转"和"发现"不能随意滥用,不能牵强附会,而应顺理成章,"出自情节本身的构合"(ex autēs tēs sustaseōs tou muthou)。㉓悲剧要能震撼人心,使观众产生恐惧和怜悯之感。为了达到这一目的,诗人要在情节的构思上狠下功夫,不能一味求助于怪诞的戏景。诗人必须使情景或事件包蕴产生此种效果的动因。㉔悲剧属于编写它的技艺,为自己的成败负责。

柏拉图和亚里士多德都是技艺等级论者。在他们看来,政治(politikē),作为一门管理城邦事务和组织城邦生活的艺术,是理所当然的技艺之"王"。㉕但是,在处理政治与技艺的关系上,亚里士多德并没有像柏拉图那样把政治的统领作用推向极端,也没有把道德的原则引申用于对所有诗艺现象的评论。悲剧的"美"得之于结构的合宜与完整,取决于自身功效的圆满实现。政治不能取代艺术,道德的制约也不应扩展到鼓励违背或不顾做诗的规律。柏拉图指责包括史诗和悲剧在内的传统文学毒害人的心智,阻碍积极向上的道德观的建立,不利于对青少年的教育。他"决定"把颂神诗和赞美诗以外的其他诗歌赶出理想国,建议用国家的法令和道德原则严格规范诗剧的创作。然而,柏拉图似乎没有看到,每一种艺术都有自己的"传统",有自己的"套路",即必须遵循的创作规律。事实上,他在抨击诗和诗人的时候并没有涉及诗的"程式",所以也不可能把"形式的需要"当作驱逐诗歌的理由。⑧在这一点上,亚里士多德无疑表现得比他的老师明智。亚氏不仅抓住了诗的"程式",而且还肯定了它在指导诗剧创作中的作用。悲剧人物没有必要十全十美(柏拉图认为,文学应该为青少年提供学习的榜样),也不应该白璧无瑕。悲剧艺术的性质决定了剧作的主人公们不能、也不应该是没有缺点的完人(epieikeis andres)。理想的悲剧主人公"比我们好",⑧但"不具十分的美德,也不十分公正";他们之所以遭受不幸,结局悲惨,是"因为犯了某种错误"(hamartian tian)。⑧诗人应该描写诸如此类的人物(如俄底浦斯、苏厄斯忒斯等),因为作为有缺点和犯下严重错误的好人或高贵者,他们的不幸会引发观众的怜悯与同情,从而使"悲剧产生应有的功效"(tēs tragōidias ergon)。⑧尽管用道德的观点来衡量,善有善报和恶有恶报(参考《国家篇》3.392B)是人人都希望能够得到彻底兑现的准则,但悲剧却不宜"表现极恶的人由顺达之境转入败逆之境——此种安排可能会引起同情,却不能引发怜悯或恐惧"。⑨惩恶扬善反映了老百姓的道德取向,但诸如此类的故事却不应成为悲剧的首选情节。为了迎合公众的喜恶,有的诗人编写了此类"由于观众的软弱"而被误以为是"第一等"的佳作,但是,他们的作品只能提供"更像是喜剧式的"(mallon tēs kōmōidias oikeia),而不是悲剧所应该引发的快感(ouch hautē... tragōidias hēdonē)。⑨在悲剧里,"错"(hamartia)既不是"恶"的同义语,也不是评价"好人"的障碍。悲剧给人的美感中包含主人公性格上的缺陷或所犯的过错,典型的悲剧美会促使人们对英雄人物的由顺达之境走向败逆之境的悲惨命运及其催导因素的思考。求知不仅于哲学家,而且对一般人来说都是件"最快乐"的事(《诗学》第四章)。通俗的道德观(含政治观)在悲剧里不一定完全适用,"诗的正义"(poetic justice)也不是指导悲剧创作的主要原则。亚里士多德认为,"衡量政治和诗的优劣标准不同;衡量其他技艺和诗的优劣情况也一样"。[92]在论及诗艺的错误(hamartia)时,亚里士多德把它们分作两类,一类属"诗艺本身"(kath' hautēn)的失误,另一类则是"出于偶然"(kata sumbebēkos)。倘若诗人打算摹仿什么,结果却因功力不足而摹仿得不像,"此乃艺术本身的错误"(autēs hē hamartia);但是,倘若出于不正确的认识(或选择的不当),"过错就在于其他某种技艺","而不在于诗艺本身"(ou kath' heautēn)。[93]评论诗的质量主要应按艺术或诗艺本身确定的标准。优秀的悲剧应该取材于"不幸遭受过或做过可怕之事的人的故事",因为"用艺术的标准来衡量(kata tēn technēn),最好的悲剧出自此类构合"。[94]亚里士多德喜用"缺少艺术性"来形容剧作在体现诗艺性方面的欠缺。在《诗学》第十四章里,他告诫诗人要重视构组情节的技巧,因为滥用戏景是"缺少艺术性"(atechnoteron)的举措。[95]在第六章里,他把戏景(opsis)看作是决定悲剧之"质"的六个成分中最次要的一个,称它"最少艺术性(atechnotaton),和诗艺的关系也最疏"。[96]"艺术性"(即技艺,technē)是反映诗作结构美的主要手段,是体现诗的整一性的"内在机制",它帮助诗歌挖掘自身的潜力,展示自己的风貌,实现悲剧的功效。

(四) 美与道德

在古希腊文学和哲学里,"道德"是个内涵深广的概念,包含我们今天所说的"道德观"、"行为意识"、"价值标准"、"气质"、"品质"和"禀性"等内容。在荷马看来,"勇敢"和"智慧"既是人的品质,又能表现人的精神状态和道德风貌。所以,阿伽门农、阿基琉斯和埃阿斯长相俊美,作战勇敢,奈斯托耳和俄底修斯足智多谋,精于韬略;他们是人中的佼杰,是最好或最优秀的阿开亚人(即希腊人)。诗是美的,既是受人喜爱的消遣,也是教育的手段。赫希荷德首开以诗寓教的先河,阿里斯托芬自认为有资格教育民众,而品达则是一位有着强烈社会责任感的、以诗文颂扬贵族政治和传统道德风范的诗颂大师。柏拉图认为,人的诗学和艺术观念必然反映人的政治观念,而人的政治观念又必然反映他们的道德倾向。所以,对诗和艺术的批评不仅是个技术或学术问题,而且还是个政治和伦理问题。政府有权对公民的文艺活动进行监督,把"不好"的诗和诗人驱逐出境(参阅《国家篇》第十卷)。

像他的同胞们一样,柏拉图并没有刻意地划分过"好"(to agathon)与"美"(to kalon)之间的界线。任何"好"(或"善")的事物都是"美"的。对于一个习惯于把伦理(或道德)和审美看作是同一种东西(或大同小异的现象)并常常用同一套标准裁断和评价发生在这两个领域里的"事件"和"现状"的民族,严格和截然区分"美"与"好"不仅没有必要,而且,如果硬要这么做的话,难免显得荒唐。生活是"艺术的",而艺术(包括诗歌)是生活的写照。生活和艺术互相交错、通融,道德与审美(或美学)互相补充、促进,形成互为依存、难以严格切分的人文势态。[97]在柏拉图看来,审美是艺术的,也是生活的。美的事物应该"有用"(to chrēsimon),无用之物即便质地精良也是"不美"或"丑的"。[98]"好"(或"善")即"美"(ta de agatha kala),[99]柏拉图不止一次地重复过这一观点。[100]但是,kalon 和 agathon 并不是在任何情况下都可以互换使用的同义词;前者似乎多一点审美的情趣,而后者则着重指人或事物的实现自身功用和"德"或"德性"(aretē)的能力。在表示"美本身"时,柏拉图用了 to kalon auto 一语。[101]Kalon 的涵盖面似乎大于 agathon。在《大希庇亚篇》297B 里,苏格拉底耐人寻味地否定了 kalon 与 agathon 的等同。他指出,"有益"(即"美",参考注⑱)是"好"的动因(aition agathon),而动因和结果(即"好")不可能是同一个东西。所以,kalon 促动 agathon 的产生(故而是后者的动因),二者是"促动"和"被促"的关系。⑩

亚里士多德接续了古希腊人"泛"谈"美"和"好"的传统。在他看来,"美"是一个适用性极广的概念,可以横贯整个知识体系,可以在制作科学、行为科学和理论科学里找到发挥作用的支点。他比较明确地划分了区别"美"与"好"的界线。和柏拉图相比,他的思路更为清晰,在用词遣句方面也显得更为达意、简练。在《形而上学》里,他明确指出了"好"(to agathon)和"美"(to kalon)的不同,认为"好"总是与行为相关,即"总是参与在行为里"(aei en praxei),而"美"则可以与状态相关,即"还可以出现在不动的事物里"(kai en tois akinētois)。⑩亚里士多德的意思是,"美"不仅可以反映处于运动中的事物(包括人的行为),而且还(kai)作用于不动的事物,体现在抽象的原理或理论里。然而,亚里士多德毕竟是一个希腊人,即使在有意识地区分"美"与"好"的上下文里,他也会很自然地并用二者,仿佛它们是一对含义相同的概念。在指出了"美"与"好"(或"善")的差别后,亚氏写道:所以,"那些以为数理科学不能揭示美或好(peri kalou hē agathou)的人全都错了",数理科学(mathēmatikai)能在"最高的层次上"描述和显示这些"性质";不要以为它们在显示的过程中没有直接提到"美"和"好",就以为它们与二者无缘。⑩

亚里士多德认为,任何事物的价值(或有意义的存在)取决于它的"德"或美德(aretē)。人的 aretai 分两类,一类是智能美德,另一类是道德(或行为)美德。⑩亚里士多德允许诗和艺术可以拥有一定和有限的主动性,却并不准备或试图放弃哲学和道德原则对诗艺的规导。⑩他把诗艺(poiētikē)当作一门艺术(technē),是高于经验的知识,负有影响和规范人的行为准则的责任。尽管指导行为主要由 phronēsis 分管,但诗和艺术在此并非无所作为，不会完全没有建树。在《修辞学》里，亚里士多德指出了"美"与"好"通连的一面，强调美的事物即为因为好而能够给人快感的好的事物。[107]在《诗学》里，他阐述了摹仿与求知的关系，认为"通过对作品的观察"，人们"可以学到东西"，进行某种形式的"推论"。[108]

艺术不能、也不可能仅仅为了自身而存在，因为各种艺术之间互有关联（比如诗与绘画），因为诗和艺术本身必然与人的性格、品质、秉性等表示道德"状态"和取向的属性密切相关。文学和艺术可以反映人的思想风貌，表现人的道德情操。颜色和图画可以反映人的气质，是"道德属性的象征"；音乐是性格的"直接表述"。旋律和节奏能抒发人的道德感，能对包括愤怒和勇气在内的诸多情感进行"最真实的摹仿"，[109]因而都是"塑造性格"的手段。[110]亚里士多德不认为音乐可以脱离道德。相反，在他看来，道德倾向"铸刻"在音乐之中，似乎是音乐固有的"组成部分"。即使没有词汇［即歌词（logos）］，音乐和旋律也具有某种"道德性质"。[111]亚氏把音乐按功能分为三类，一类适用于教育，另一类适用于消遣（因为它可以松弛神经，给人以美的享受），还有一类音乐则可以像药物和疗法一样调理和净化（katharsis）人的身心。听众从第三类诗乐中得到的是一种无害的快感。[112]像音乐一样，绘画可以反映人的精神面貌，表现人物的性格特征。波鲁格诺托斯（Polugnōtos）善于描绘处于是非冲突中的人物，逼真地刻画他们的表情，[113]他所创作的形象"比一般人好"。[114]亚里士多德无疑知晓绘画可以"成教化"的功用。他鼓励青少年们观赏波鲁格诺托斯等擅长表现性格（或好的气质和精神风貌）的画家的作品，劝他们少接触泡宋的画作。[115]毕竟"善不积，不足以成名；恶不积，不足以灭身"（《周易·系辞下》）；尽管"小疵不足以妨大美"（吴兢《贞观政要·公平》），但"从善如登，从恶如崩"（《国语·周语下》）——亚里士多德知道这一点。

音乐和绘画展示人的道德情操，诗歌也不例外。诗的美好体现在它所描述的行动（praxeis），在于它用艺术的手段集中和概括地展示了人对美好生活的追求和自身局限的挑战。《尼各马可斯伦理学》的作者告诉我们，每一种技艺和寻索，每一种行动和追求，都无例外地以获取善好为目的；幸福是一切"事物"追寻的目标。⑩ "幸福"，原文用了 eudaimonia，亦可作"善"、"美好"和"昌达"解。亚里士多德认为，人生的目的是追求幸福（eudaimonia），但"幸福"不是状态，而是一种活动；确切地说，幸福体现在"心魂依据最佳好的美德所进行的活动"之中。⑪ 所以，人必须在心魂的催导下为了生活幸福而行动。不难看出，这种意义上的"行动"包含强烈的道德色彩。了解了这一点以后，我们就不难理解亚里士多德为什么在《诗学》里反复强调悲剧是对行动的摹仿的观点，并由此认知这种摹仿所包含的道德内涵。在著名的"悲剧定义"里，亚里士多德指出："悲剧是对一个严肃、完整、有一定长度的行动的摹仿。"接着，在 6.1450ª16—17 中，他又补充道：悲剧摹仿的不是人（ouk anthrōpōn），而是行动（alla praxeōs），⑲ 是生活（kai biou）——换言之，是人对幸福的追求。生活的目的是某种行动（praxis tis），而不是品质（ou poiotēs）。人的性格（ethē）决定他们的品质，"但他们的幸福与否却取决于自己的行动"。⑲ 悲剧中的人物在幸福与不幸的两极间经受考验，奋力拼搏。他可能作出明智的决定，也可能做下蠢事；他可能跟从善的指引，也可能受恶（指性格上的缺陷等）的驱怂，铸下大错。令人遗憾的是，在现存的悲剧里，后者往往是人物在关键时刻作出的抉择。

诗歌摹仿负载剧情的行动，表现的不是木然无为，而是"行动中的人"。他们不会无所选择，不会在所有的问题上保持中立，不会以矛盾和激烈的冲突中"掩蔽"自己的道德倾向。所以，这些人必然（anankē）不是好人（或高贵者，spoudaious），便是"小人"（phaulous）；人的性格（ēthē）因善（aretēi）与恶（kakiai）相区别。所以，剧作家描写的人物"要么比我们好,要么比我们差,要么是等同于我们这样的人"。⑫接着,亚里士多德以摹仿的对象为基准鉴别出悲剧和喜剧的不同,指出前者倾向于表现比今天的人好的人(beltious),而后者则一般表现比今天的人差的人(cheirous)。⑫在亚里士多德看来,悲剧主人公的本质应该是"好"的。他们可能在性格和秉性方面存在某种欠缺,但却不是卑俗的小人,更不是十恶不赦的坏蛋。亚里士多德用了不同的词汇表示悲剧人物性格的"主流"和道德感的基点,以此突出他们出类拔萃的人格品位,肯定他们"行动"的意义,提示悲剧美的伦理属性。在《诗学》第四章里,亚里士多德指出,诗的发展依作者性格的不同形成两大类,较稳重者摹仿高尚的行动(tas kalas emimounto praxeis),即好人的行动(tas tōn toioutōn),而较浅俗者则摹仿低劣小人的行动。⑫在第十三章里,作者认为悲剧人物应是"不具十分美德"的好人,当事人的品格"应如上文所示",也可以"更好些"(beltionos),但"不能更坏"(cheironos)。⑫第十五章重点表述了作者关于人物应该"好"的思想,并结合"性格"谈到了言论或行动与抉择的关系。关于性格的刻画,诗人应该做到的第一也是最重要的一点是,性格应该好(chrēsta)。"悲剧摹仿比我们好的人"(beltionōn ⟨ē kath⟩hēmas),所以诗人应向优秀的肖像画家学习,在求得相似的同时,适当拔高和优化人物的形象。诗家要把他们写成好人,像荷马所做的那样:阿基琉斯尽管倔犟,但仍然是个好人。⑫有缺点并不等于彻底的"坏"。"悲剧是对一个严肃……的行动的摹仿",其中"严肃的"一词原文作 spoudaios,亦可作(诚如上文所示的那样)"好的"、"高贵的"解。悲剧不宜描述十全十美的好人的行动(我们知道,欧里庇得斯部分地突破了这一点),而应该表现人的生活,描写他们对命运的抗争。"好"(to agathon)总与人的活动或行动相关(aei en praxei,《形而上学》13.3.1078^{a}31—32)。在亚里士多德看来,"好"与"美"(to kalon)是两个并不构成实质性矛盾的、可以并立和"互补"使用的近义词(参考同上,1078ª31—35)。死是痛苦的;对一个品格高尚、生活幸福的人士(或好人),死亡意味着比常人失去更多值得留恋的东西。然而,为了国家,他们会勇敢地面对死亡,因为此举壮美(kalon),烈士死得其所。[128]诗的"美"既有共性,也有个性,既得之于普遍适用的原则,也得之于具体的、必须与类型相适应的"条件"。各种类型的诗歌(指史诗、悲剧、喜剧等,不含抒情诗),若要显得美,就必须得有组合完好的情节,要有一定的体积[只要脉络清晰,剧情可以长些,因为"长才能显得美"(einai kalliōn esti kata to megethos)],[129]就应该摹仿人物的行动,表现"带普遍意义的"事件。然而,悲剧摹仿好人或高贵者的行动,描写他们的不幸,这就(至少在亚里士多德看来)与喜剧不同,和其他"要素"一起构成了悲剧美的基础。悲剧人物的过错(hamartia)有助于使作品产生震撼人心的效果,实现悲剧艺术的功效,使观众和读者体验到"应该由它引发的"快感。与此同时,悲剧人物的"高贵"及其主导性格的"好",还从正面规定了悲剧艺术的基调,点明了严肃艺术不同于非严肃艺术的区别性特征,由此为行动的合理性作了必要的道德铺垫,为思想(dianoia)的展开准备了接收的支点,为艺术的"美"和性格的"好"提供了交叉与融合的渠道。

注 释

① 详见 Joseph J. Kockelmans, *Heidegger on Art and Art Works*, Dordrecht: Martinus Nijhoff Publishers,1985,p.5。当然,我们不应该忘记苏格拉底。柏拉图的某些有关"美"的观点实际上很可能是苏格拉底的。柏拉图和色诺芬都提到过苏氏关于美的事物必须"有用"的论述。此外,既然苏格拉底追索过"勇敢"和"虔诚"等一系列道德概念的知识背景,我们似乎可以和应该相信他也曾以同样的热情寻求过有关"美"的定义(即回答诸如"什么是美"一类的问题,参考《克拉底鲁篇》439C—D;《斐多篇》100C—D;《大希庇亚篇》287C—D,289D和292C—D等处)。由于苏格拉底本人没有著述传世,学者们出于习惯,大概也为了图方便,常常把柏拉图"对话"里提及或论及的有关"美"的观点归集到柏氏的名下。不过,即使有些论点的确是苏格拉底的,我们也不能因此低估柏拉图对西方美学和审美学说的形成所做出的巨大和开创性的贡献。亚里士多德在许多方面得益于柏拉图的教诲,并在一些

具体的提法(包括用词)上沿用了柏氏的做法。

② Julián Marías, *History of Philosophy*, translated from the Spanish by Stanley Appelbaum and C. C. Strowbridge, New York: Dover Publications, 1967, p. 65。英国学者柯林武德(R. G. Collingwood)以近似的理解将亚里士多德的观点从"天上"搬至人间:"哲学是反思的。进行哲学思考的头脑并不是简单地思考一个对象而已;当它思考一个对象时,它同时总是思考着它自身对那个对象的思想。因此哲学也可以叫作第二级的思想,即对思想的思想。"(《历史的观念》,何兆武、张文杰译,中国社会科学出版社,1986年,第1页)

③ C. C. W. Taylor, "Politics", in *The Cambridge Companion to Aristotle*, edited by Jonathan Barnes, Cambridge University Press, 1995, p. 233。

④ 比如,在柏拉图哲学里,eidos 有时指"形",有时指"类",有时甚至与"自然"(phusis)同义。"对话"里的 epistēmē 时而与 technē(技艺)等义,时而又与 sophia(智慧)联手,就连哲学(philosophia)的含义也可以因语境的不同而有所异变,有时代表知识,有时指人对生活的态度,还有时指宗教或秘仪活动。柏拉图可以承认智术(sophistikē)是一种技艺,也可以指责它的虚伪,称其为不同于医术的"恭维",只能制作虚象(eidōla,《智者篇》234C),不具备严格意义上的技术性。同样,他可以因研讨目的的不同而以同样自信的口吻肯定做诗无需技艺(《伊安篇》532C)和认定做诗需要技艺(《会饮篇》205B—C)。

⑤ 在《诗学》里,亚里士多德谈到了诗(即悲剧)的两个目的。一个指诗歌门类(如严肃作品和非严肃作品)本身的完美。荷马是严肃文学的杰出大师(也是第一位为喜剧勾勒出轮廓的诗人),悲剧继承了荷马史诗的风格,在内容和形式方面逐步完善起来,"每接受一个新的成分",诗人便对它加以改进,经过许多演变(pollas metabolas metabalousa,《诗学》4.1449ª14),在具备了它的自然属性以后(epei esche tēn hautēs phusin, 1449ª15)停止了发展。根据亚氏的观点,事物包含可以实现的潜力(dunamis),而潜力的实现即为获取事物本身的自然属性的目的的实现。一个充分"展开"的事物(如上文论及的悲剧)即为实现或"获取"了自己的 phusis 的事物(hē de phusis telos estin, 详见《政治学》1.2.1252ᵇ30 以下;参考《物理学》2.1;《形而上学》5.4)。悲剧艺术的另一个目的是实现自我的功效(ergon tragōidias),也就是说,悲剧的作用是通过能使人惊异的剧情引发怜悯和恐惧,并使人们(观众或读者)在体验这些情感和情感的"净化"中获得快感(参考《诗学》第六、十四、十八、二十五和二十六章中的有关论述)。功效的圆满实现意味着悲剧作为一种严肃艺术的审美功用的实现,意味着悲剧的目的的实现,尽管这一过程的完成似乎应有观众或读者的参与。

⑥ 26.1462ᵇ13 等处。

⑦ 4.1448ᵇ11—12。

⑧ 896ᵇ10 以下。关于《问题》的"著作权"学界尚有争论。不少学者认为,该书出自亚氏的某个学生或亚里士多德学派的某位成员的伪托,但不管怎样,《问题》所论及的内容和行文风格都具有明显的"亚里士多德色彩"。

⑨ 1.9.1366ª33—36。

⑩ 《物理学》2.193ª。Phusis、technē(技艺)和 tuchē(偶然、机遇)是主导生成活动的三种力量。柏拉图曾在《法律篇》10.888E 里引用这一当时流行的观点;同样的划分也见之于亚里士多德的《物理学》2。柏、亚二氏的研究重点是前两个,即 phusis 和 technē。

⑪ 《物理学》2.194ᵃ。比较：大自然里的一切都随着规律运动；大自然的秩序证明了宇宙这一建筑师的存在（康德语）。自然中充满了一种使人心平气和的美与力（托尔斯泰语）。

⑫ Alison Burford, *Craftsmen in Greek and Roman Society*, London：Thames and Hudson, 1972, p. 14. 在荷马史诗里，technē 意为"手艺"或"技艺"。赫克托耳的兄弟帕里斯曾把赫氏比作技艺纯熟的工匠（《伊利亚特》3.61）。工艺得之于神明的"恩赐"，受赫法伊斯托斯和雅典娜指点的金匠掌握"每一种技艺"（《奥德赛》6.234）。Technē 还可作"狡诈"和"魔幻"解（参考《奥德赛》4.455, 529）。Thchnē 包含"工于心计"之意（所以，后世的哲人们称它与理性、即 logos 相关）；生活在公元前七世纪的赫希荷德曾用该词指伽娅和乌拉诺斯商定的"计划"（《神谱》160）。

⑬ 《普罗泰戈拉篇》319A。这里所说的"艺术"包括口才训练和修辞技巧的提高，此外还有讲演心理学原则的运用。

⑭ 《拉凯斯篇》185E。照料人的心魂也就是关心人的根本，关心生活的真实意义（参考《斐德罗篇》246C；《国家篇》5.462C—D；《申辩篇》29D—30B, 31B 和 36C 等处）。

⑮ 详阅 W. K. C. Guthrie, *A History of Greek Philosophy* volume 3, Cambridge University Press, 1969, pp. 169—170。

⑯ 详见牛津版《亚里士多德全集》第十一卷。我们将会谈到，在《形而上学》里，"美"与"好"（即"善"）是一对可以并立和等义使用的概念。

⑰ 参考《智者篇》257D；《伊安篇》537D—E, 538B 等处。柏拉图认为，technē 是包含、实施和体现理性原则（logos）的制作或行为（参见《高尔吉亚篇》465A）它可以近似乃至等同于 epistēmē，但又不是严格意义上的纯理论（参考《政治家篇》258E 等处）。技艺与"伪技艺"（或"恭维"，如讲演术）的区别在于前者自觉地接受 logos 的指导，而后者则热衷于欺骗（参阅《高尔吉亚篇》462 以下）。Technē 是介于经验（empeiria）和智慧（sophia）之间的理性"活动"。在《论化学的作用》一书里，罗蒙诺索夫对科学与工艺的"关系"作过一番精湛的评论：科学对各种事物提出明确的概念，提示各种作用和属性的潜在原因；工艺则利用这些成果，为人类谋求更大的利益。

⑱ 《高尔吉亚篇》462C2；参见 C6。

⑲ 同上，462C7。

⑳ 同上，462C8—12。苏格拉底的意思是明确的：讲演术不仅不美，而且"丑陋"（aischron, 463C3）。

㉑ 同上，463C1。参考 464D, 502D 等处。

㉒ 同上，465A。苏格拉底的原话是："我不会称任何非理性的事物为技艺"（465A5—6）。

㉓ 《斐德罗篇》245A。

㉔ 《法律篇》10.889D—E。

㉕ 《申辩篇》22C。

㉖ 《伊安篇》533E 以下。

㉗ 参考同上，534A—B；《法律篇》4.719C, 3.682A。

㉘ 《物理学》2.2.194ᵃ21；《气象学》4.3.381ᵇ6。亚里士多德认为，technē 具备以下几

个特点,即(1)包含某个层次的知识,服务于生产或制作的目的;(2)以规则化的形式展开,重在实践;(3)实践中需要心力(即智力)与体力的配合;(4)功用在于改变"材料"的形状、体积和位置;(5)从某种意义上来说,是自然的"对应"和对立面(细读《形而上学》7.7.1032^{b}1—2;《物理学》2.8.199^{a}8—21;《尼各马可斯伦理学》6.4.1140^{a}1—24)。

㉙ 《政治学》4.17.1337^{a}1—2。当然,柏拉图已先行提出过类似的观点(见注㉔)。传统的中国学观强调人与自然(即"天")的配合,认为人的活动应该合于"天意",所谓"顺乎天而应乎人"(《周易·革卦》)。然而,人的智慧和力量也可以弥补"天"的不足,刘禹锡称之为天的"不能":"天之道在生植,其用在强弱;人之道在法治,其用在是非。天之能,人固不能也;人之能,天亦有所不能也。"(《天论》)

㉚ 不过,亚里士多德只是少谈天分和灵感的作用,却并不否认二者的存在。做诗不能光凭僵硬的技艺,"诗是天资聪颖者(euphous)或迷狂者(manikou)的艺术,因为前者适应性强,而后者能忘却自我(ekstatikoi)"(《诗学》17.1455^{a}32—34)。天资聪颖者(euphueis)有较强的分析判断能力(参考《尼各马可斯伦理学》3.5.1114^{b}4—9),善用隐喻(《修辞学》3.10.1410^{b}8;善用隐喻乃天分高的表现,《诗学》22.1549^{a}6—8;另参考《尼各马可斯伦理学》3.5.1114^{b}8—12;《修辞学》3.2.1405^{a}8—10),有较大的可塑性。相比之下,感情炽热、激越的人容易摆脱理性的约束,进入"迷狂"(mania)的心态,成为创作力勃发的"迷狂者"(manikoi)。苏拉库赛诗人马拉科斯(Marakos)在"迷乱中"(hot' ekstaiē)能写出更好的作品(《问题》30.1.954^{a}38)。某些ekstatikoi具有特别敏锐的感察力(参考《论梦中的预示》2.464^{a}24—26)。柏拉图认为,神赐的mania比人所拥有的sōphrosunē(节制)更可贵;通过mania,凡人可以接到最美好的信息(《斐德罗篇》244A—B)。哲学家是酒神巴科斯真正的信徒(参阅《斐多篇》69C;《会饮篇》218B)。和柏拉图不同,亚里士多德一般不把灵感和天分与"神赐"直接扯在一起。

㉛ 参阅《诗学》第七章。

㉜ 《尼各马可斯伦理学》1.7.1089^{a}16。

㉝ 同上,2.1.1103^{a}14—18。

㉞ 详阅同上,2.6.1106^a—1107^a。

㉟ 详见J. J. Pollitt, *The Ancient View of Greek Art*: *Criticism*, *History*, *and Terminology*, New Haven: Yale University Press, 1974, p.50。

㊱ 《尼各马可斯伦理学》1.7.1098^{a}17—18,1.13.1102^{a}5—6。心魂之符合理性原则的活动使人的功用得以实现(1.7.1098^{a}7—8)。

㊲ 详见同上,2.5.1105^{b}19以下。

㊳ 同上,6.4.1140^{a}7,20—21。

㊴ 《分析续论》2.9.100^{a}9。

㊵ 悲剧是对一个完整划一的行动的摹仿。一个完整的事物由起始、中段和结尾组成(《诗学》7.1450^{b}27—28),部分的组合要严密到环环相扣的程度(8.1451^{b}32—33),如此才能编写出精美的情节(7.1450^{b}33—34)。接着,亚里士多德谈到了审美的要求,即美的事物(to kalon)所必须具备的条件。亚氏的意思是明确的:任何符合他在第七章里论及的要求并由起始、中段和结尾组成的完整的事物都是美的,悲剧的情节也不例外。

㊶　在《大希庇亚篇》里，苏格拉底谈到了“美本身”的问题（292C—D，293C，294C）。他从“有用的”美的事物（如海船、乐器、艺术、法律等，295D）讲到“力”的美（dunamis men ara kalon，295E9；缺少“力”的事物是丑的，adunamia de aischron，295E10），讲到智慧（sophia）的美（296A）。智慧是一切事物中最美的东西（hē sophia pantōn kalliston，296A5），而与之形成对比的无知（amathia）则是“最丑的东西”（pantōn aischiston，296A6）。

㊷　色诺芬《回忆录》3.8.4—7。我国古人也有过近似的论述。比如，伍举曾从普遍性和“无害”性的角度出发阐述过“美”的实用意义：“夫美也者，上下、内外、大小、远近皆无害焉，故曰美。若于目观则美，缩于财用则匮，是聚民利以自封而瘠民也，胡美之为?”（《国语》卷十七，《楚语上》）

㊸　柏拉图在多篇“对话”里讨论过部分与整体的关系。部分是构成整体美的“材料”（参考 J. P. Maguire，“Art in Plato's Aesthetics”，*Harvard Studies in Classical Philology* 68，p. 401）。宇宙的和谐体现为天体成分（如星星、月亮等）的合乎比例的排列。同样，生活的美好应该通过劝导社会的各个阶层各司其职、通力合作来实现。部分的位置确定了，作用发挥出来了，这是实现整体（即全社会）美好的基础（参考《国家篇》4.420D—421A）。

㊹　详阅《蒂迈欧篇》35A—36D。柏拉图在此实际上重复了毕达戈拉及其学派成员们的观点。关于毕达戈拉的宇宙论对柏氏的影响，参阅亚里士多德的《形而上学》1.6.987。柏拉图的“创新”或许在于看到了宇宙中仍有非理性因素的存在。Dēmiourgos 并非万能；他以原有的“材料”创世，还必须照顾到“必然”（anankē）的作用（《蒂迈欧篇》47E—48A），所以只能使宇宙“尽可能”地完美（30B），而非十全十美。

㊺　《蒂迈欧篇》92C。在这里，eikōn 似乎明显带有一定程度的褒义。天体的构组是神（dēmiourgos）的杰作，是对“智”的摹仿。在《国家篇》和《智者篇》等“对话”里，eikōn 似乎经常是个贬义词。柏拉图称感察 eikōn（复数 eikones）的能力为 eikasia，后者在他的“线条说”里处于垫底的位置（《国家篇》6.509D—E）。Eikasia 指对虚象或影象的感察，一般不参与对真知灼见的把握，与智性（noēsis）的体察截然不同。Noēsis 指 nous 的展开或运作。在《普罗泰戈拉篇》312C—D 和《克拉底鲁篇》432B 等节段里，eikōn 指“形象”或虚象，等于《国家篇》第十卷里 eidōlon（复数 eidōla）。诗人和智者是制作 eidōla 的专家。

㊻　柏拉图把这看作是构思讲演稿或“任何话语”（panta logon）的原则。一篇 logos 应由“首”、“身”、“脚”三个部分组成，连接巧妙，相辅相成，“像一个活的生物”（hōsper zōion，《斐德罗篇》264C）。参考注㊵。

㊼　参考《斐德罗篇》268D 以下；《高尔吉亚篇》503E 以下；《斐莱布篇》26B 等处。

㊽　13.3.1078^{a}36。

㊾　应该看到的是，亚里士多德对 diairesis 的运用是创造性的。严格说来，他在区分诗与摹仿（mimēsis）的门类时所用的不是对分，而是均分法（参阅《诗学》1.1447^a 以下）。

㊿　horon tēs ousias（6.1449^{b}23—24）.

(51)　悲剧的目的或功用（ergon）是实施对怜悯（eleos）和恐惧（phobos）的“净化”（katharsis）。亚里士多德在下文里反复论及了悲剧的功用（或许他认为此项内容比较重要，故而要留待稍后讨论；此外，《诗学》一至五章亦非研讨功用的合宜语境）。

(52)　亚里士多德特别强调，剧作家要通过“情节本身”和组织情节的技巧来实现悲剧的功效。那种借助怪诞的戏景(opsis)吓人的剧作家不仅会造成浪费,而且只能是“悲剧的门外汉”。悲剧必须通过剧情引发那种应该由它引发的,而“不是各种各样的快感”(详阅《诗学》第十四章)。

(53) 《诗学》7.1450^{b}34—38。

(54) 同上,8.1451^{a}32—34。

(55) 同上,8.1451^{b}28。参考26.1462^{a}11—12。亚里士多德赞慕荷马的奇才,称他不知是通过技艺(dia technēn),还是凭借天赋(dia phusin),在编制史诗的一切方面具有极深的造诣(1451^{a}22—24)。

(56) 《诗学》26.1462^{b}10—11。

(57) 同上,10.1452^{a}20—21。

(58) 同上,2.1448^{a}5—6。歌德指出:“艺术家在个别细节上当然要忠实于自然,要恭顺地摹仿自然……但是,在艺术创造的较高境界里,一幅画要真正是一幅画,艺术家就可以挥洒自如,可以求助于虚构。”(《歌德谈语录》,朱光潜译,人民文学出版社,1980年,第136页)“我取材于自然”,德国人巴拉赫说道,“抹去其脸上的皱纹和细小的毛发,努力展现其真正的容貌……”(多尔·阿西顿著《二十世纪艺术家论艺术》,米永亮等译,上海书画出版社,1989年,第23页)

(59) 细读《尼各马可斯伦理学》1.11.1371^{b}4;《诗学》4.1448^{b}12—19。

(60) 参考《诗学》9.1451^{b}5—6。这或许是亚里士多德原创的观点,前苏格拉底哲学家和柏拉图似乎都没有作过类似的论述。生活在公元前二世纪的历史学家波鲁比俄斯(Polubios)曾比较过历史和悲剧,认为前者优于后者(《罗马史》2.56)。

(61) 《斐德罗篇》275B。当然,柏拉图的“故事”通常都负有配合logos(叙述、理性分析)展开工作的使命,服务于严肃的目的。

(62) F. M. Cornford, *Plato's Cosmology*, London: Routledge and Kegan Paul, reprinted 1977, p. 31. 据西塞罗记载,有人认为德谟克利特和柏拉图的作品比喜剧更富诗味(《演说家》67)。

(63) Paul Friedländer, *Plato 3*, Princeton University Press, 1970, p. 139. 关于柏拉图“对话”的行文风格,另参考 Franz Susemihl, *Die genetische Entwicklung der platonischen Philosophie* volume 2, Leipzig, 1860, pp. 110, 216; Kurt Singer, *Platon der Gründer*, Munich, 1927, pp. 68, 76, 117。

(64) 亚里士多德曾把“苏格拉底对话”(Sōkratikoi logoi)与索弗荣和塞那耳科斯的拟剧相提并论。我们知道,所谓的“苏格拉底对话”指的是柏拉图、色诺芬和埃斯基奈斯等人的对话体作品。亚氏在已经佚失的《诗人篇》中指出,忒俄斯人阿勒克萨梅诺斯首创“对话”(片断72),柏拉图的“对话”是一种介于诗和散文(即非格律文)之间的作品(片断72)。亚氏本人也写过诗,尚有残篇传世。

(65) 也就是说,要想正确释读各个部分的含义不能脱离对作为一个整体的“对话”的理解。只有把部分放入“对话”的总体结构之中,部分才能显出各自的意义,才可能是“对的”。自亚里士多德以来的许多西方哲人“忽略了这部作品(指《国家篇》)的整体上的神话结构”(P. Friedländer 语,引书同注(63),p. 138)。

(66) 《斐莱布篇》50E,52C,63E 等处。

(67) 《国家篇》10.605C—606D。

㊻ 《斐莱布篇》51C—D。纯真的美感并非只能得之于美的图形。某些色彩(chrōmata)也具备纯美的性质。此外，某些乐曲，即那种"简朴、纯净的旋律"，是真正或本身包含美的音乐。此类音乐(或声响)的美出自本身(all' autas kath' hautas)，与其他事物无关，传送内在的愉悦(sumphutous hēdonas，《斐莱布篇》51D)。

㊼ 此类事物的美，苏格拉底在《斐莱布篇》51C—D里解释道，不是像绝大多数事物的美那样是相对的。它们的美是"永久的，出自本身的属性"(all' aei kala kath' hauta)，给人"属于它们的特有的美感"(tinas hēdonas oikeias)。

㊽ 《斐莱布篇》51D。

㊾ 参见《问题》10.896^{b}10—28。

㊿ 事实上，数理学科体现"美"的主要属性[亚氏称之为"部分"(eidē)，包括顺序(taxis)、比例(summetria)和限度(to hōrismenon)]。参阅《形而上学》13.3.1078^{a}31—^{b}6。

○73 在《诗学》第六章里，亚里士多德开宗明义地指出，喜剧是他将要论及的一个"项目"。由此可见，《诗学》还应该有一个第二部分，重点讨论喜剧(《诗学》的现存部分主要评析悲剧和史诗)。亚氏在《政治学》8.7.1341^{b}39里承诺，他将在"论诗的著作里"解释katharsis(净化)。由于在《诗学》的现存部分中找不到这一解释，一些《诗学》专家认为，有关论述可能包容在已经佚失的那一部分或别的诗论著作里。

○74 Muthos通常作"神话"、"故事"或"传说"解，但在《诗学》里则常表"情节"之义。

○75 《诗学》18.1455^{b}24—26。"结"包含剧外事件的提法拓宽了情节(muthos)的外延，使之得以涵盖剧情以外的事件。

○76 正如有时把"行动"(praxis)当作情节的同义词一样，亚里士多德有时也会扩大"事件"的所指，使其等同于情节(hōste ta pragmata kai ho muthos telos tēs tragōidias,6.1450^{a}21—22)。

○77 像构组情节的技巧一样，"诗的组成部分的数量和质量"(ek posōn kai poiōn esti morion,1.1447^{a}3—4)是讨论"有关诗艺本身"(peri poiētikēs autēs,1447^{a}1)的问题时所必须涉及的内容。亚里士多德开门见山，在《诗学》的首句里便点明了诗的本体属性以及展示这种属性的具体内容。

○78 《诗学》6.1450^{a}37。参考1450^{a}3，^{a}5。

○79 同上，6.1449^{b}36。

○80 同上，6.1450^{a}3—4。

○81 同上，6.1450^{a}22—24。

○82 同上，10.1452^{a}17—18。

○83 同上，10.1452^{a}18—19。稍后，亚里士多德用 ex autēs tēs sustaseōs tōn pragmatōn 表述了同样的意思(14.1453^{b}2)。

○84 ...en tois pragmasin empoiēteon(14.1453^{b}13—14)，直译作"……安置在事件里面"。

○85 详见《政治家篇》305C—E；细读《尼各马可斯伦理学》1.1.1094^{a}25—^{b}10。

○86 关于柏拉图对诗和诗人的批评与"监督"，重点参阅《国家篇》第二、三、十卷和《法律篇》第三、四、七等卷。

○87 《诗学》15.1454^{a}9。

⑧ 当然，他们不是本性歹毒的坏人(《诗学》13.1453ᵃ7—10)。
⑧ 同上，13.1452ᵇ29—30。
⑨ 同上，13.1453ᵃ1—4。
⑨ 详阅同上，13.1453ᵃ30—39。
⑨ 同上，25.1460ᵇ14—15。"优劣"原文作 orthotēs(正确、正确性)。"政治"原文作 politikēs(politikē 的单数所有格形式)，亦可作"政治艺术"解。
⑨ 同上，25.1460ᵇ15—22。
⑨ kallistē tragōidia ek tautēs tēs sustaseōs esti(详见 13.1453ᵃ22—23)。亚里士多德提醒诗人注意"感察的效果问题"，因为"这一点必然与诗艺有关"(tei poiētikei, 15.1454ᵇ16)。
⑨ 同上，14.1453ᵇ7。
⑨ 同上，6.1450ᵇ18—19。
⑨ 严格意义上的美学直到十八世纪下半叶方始形成，然而泛谈"美"的做法却没有因此趋于中止。美和生活确实有着难以切分的一面。席勒说过，美固然是形式，但同时也是生活；车尔尼雪夫斯基无疑赞同这一观点。罗丹指出，在艺术家看来，一切都是美的；马尔库塞则从"感受"的角度出发，认为"审美的根源在于感受力"，即人对事物的感觉。
⑨ 《大希庇亚篇》290E，295D—E。苏格拉底用"有用"来概括一些艺术的和非艺术的事物，如乐器、各种技艺、用具、商船，甚至还有法律(295D)，认为这些都是美的。当然，美的事物不仅应该有用，而且还必须"有益"(to ōphelimon)，即服务于好的目的(296E)。智慧是最美的，而它的反面，即无知是最丑的(296A)。
⑨ 《会饮篇》201C。
⑩ 《吕西斯篇》216D；《斐莱布篇》64E；《蒂迈欧篇》87C。
⑩ 细读《大希庇亚篇》289D，292C—D；《斐多篇》100C—D 等处。有关"美本身"的讨论，参考 W. K. C. Guthrie, *A History of Greek Philosopohy* volume 4, Cambridge University Press, 1975, pp.189—191。
⑩ "美"是"好"的"父亲"(patros... to kalon tou agathou,《大希庇亚篇》297B6—7)。《斐莱布篇》26E—27A 继续了这方面的探讨，最终得出了类似的结论，即认定"好"在"美"的属性里栖居(64E)。亚里士多德曾在不同的语境里谈到动因和结果可以一致的问题：只有热才能生热，只有人才能生人(见《物理学》8.5.257ᵇ9, 3.2.202ᵃ11)。
⑩ 《形而上学》8.3.1078ᵃ31—33。在汉语里，"善"与"美"在字形上均取"羊"为顶，词义上也常常紧密相关。孔子游齐，闻《韶》乐，以致三月不知肉味。《韶》尽美矣，又尽善也。"(《论语•八佾》)"美"可以指道德品质的"善"。比如，子曰："如有周公之才之美，使骄且吝，其余不足观也已。"(《泰伯》)墨子云："名立而功成，美章而恶不生"(《墨子•尚贤上》)，"务善则美"(《非儒下》)。韩非曰："君子不蔽人之美，不言人之恶。"(《韩非子•内储说上》)比较："世溷浊而嫉贤兮，好蔽美而称恶，闺中既以邃远兮，哲王又不寤。"(屈原《离骚》)
⑩ 《形而上学》8.3.1078ᵃ34—37。
⑩ 参考上文及注㉜、㉝、㉞和㉟所示著作。
⑩ 亚里士多德肯定不会赞同"为艺术而艺术"的观点。文学和艺术可以是道德或不

道德的,但不可能是非道德的。

⑩⑦ 《修辞学》1.8.1366ª33—36。

⑩⑧ 《诗学》4.1448ᵇ14—17。

⑩⑨ 《政治学》8.5.1340ª18。

⑩⑩ 详见同上,8.5.1340ᵇ10—13。

⑪⑪ 《问题》19.27.919ᵇ26。柏拉图认为,诗乐由语言(logos)、音调(harmonia)和节奏(rhuthmos)组成(《国家篇》3.398C—D)。没有语言(即词汇),音乐难以表现或摹仿具体的形象(参考《法律篇》2.669E)。比较:"声乐之入人也深,其化人也速"(《荀子》);"音乐,德之华也";"乐者,天地之和也;礼者,天地之序也。和,故百物皆化;序,故群物皆别"(《礼记·乐记》)。我们知道,自文艺复兴以来,西方文人和艺术家们对音乐的礼赞所指大都是没有 logos 的纯音乐。贝多芬称音乐为"比哲学更高的启示",莎士比亚则相信"音乐有一种魔力"。在叔本华看来,音乐直接表现人的意志,因而是文艺中执牛耳的佼佼者。"音乐肯定不像其他艺术那样摹仿观念,而是摹仿意志本身……音乐表现事物本身。"(*Philosophies of Art and Beauty*,edited by A. Hofstadter and R. Kuhns,New York:The Modern Library,1964,p.488)尼采认为,纯音乐的表述功能远远优于语言;语言只能涉及表象,而纯音乐则"与原始统一体中最基本的矛盾与痛苦之间存在着象征关系"(*The Birth of Tragedy*,translated by WM. A. Haussmann,New York:Russell and Russell,1964,p.202)。叔本华和尼采,自然还有黑格尔的见解,一定程度上影响了近当代的一些艺术家和文学家对音乐与文学之关系的思考。瓦尔特·巴斯特(Walter Baster)认为,"一切艺术都向往纯音乐的境界"(Maurice Valency,*The End of the World*,Oxford University Press,1980,pp.48—49)。兰博(Rambeau)的观点或许代表了一批人的见解:文学与艺术受到一个共同的原则,即和谐原则的支配(参见 Julius Portnoy,*The Philosophy and Music*,New York:The Humanities Press,1954,p.151)。一些评论家曾就乔伊斯的《尤利西斯》的"音乐性"发表过有深度的见解。埃兹拉·庞德称它是一部"以奏鸣曲形式出现的小说","拥有主旋律、变奏、合并、展开和终曲"(详见 *Literature and Music*,edited by N. Cluck,Provo:Brigham Young University Press,1981,p.214)。

⑪⑫ 参见《政治学》8.7.1342ª5—16。

⑪⑬ 参考 J. J. Pollitt,*The Ancient View of Greek Art:Criticism,History and Terminology*,New Haven:Yale University Press,1974,pp.188—189。波鲁格诺托斯是公元前五世纪的大画家。

⑪⑭ 《诗学》4.1448ª5—6。参考注㊳。

⑪⑮ 《政治学》8.5.1340ª35—37。雅典画家泡宋擅绘滑稽可笑的人物,是公元前五世纪知名的"漫画家"。黑格尔指出,画家的任务"在于表现丰富的内心生活中经过特殊具体化的多种多样的细节"(《美学》第三卷,朱光潜译,商务印书馆,1981 年,第 233 页)。古希腊人一般倾向于用"性格"表示黑格尔在这里所说的"内心"。中国是个诗画大国,古代的文人墨客们对于绘画有着许多精到的见解。南朝齐人谢赫指出,"故画者,莫不明劝诫,著升沉,千载寂寥,披图可鉴。"(《古画品录序》)唐朝人张彦远的见解似乎更为全面,深刻地阐明了绘画的精义:"成教化,助人伦,穷神变,测幽微,故而可"与六籍同功,四时并运"(《历代名画记》)。

⑯ 《尼各马可斯伦理学》1.13.1102^{a}5。
⑰ 同上,1.1.1094^{a}1—3。参考注㊱。
⑱ "悲剧是对行动的摹仿(mimēsis praxeōs),它之摹仿行动中的人物,是出于摹仿行动的需要。"(《诗学》6.1450^{b}3—4)所以,说到底,悲剧是对行动的摹仿。
⑲ kata de tas praxeis eudaimones ē tounantion(6.1450^{a}19)。
⑳ 《诗学》2.1448^{a}1—5。
㉑ 同上,2.1448^{a}17—18。
㉒ 同上,4.1448^{b}24—27。
㉓ 同上,13.1453^{a}15—16。
㉔ 同上,15.1454^{b}8—15。
㉕ 详见《尼各马可斯伦理学》3.9.1117^{b}9—16。
㉖ 《诗学》7.1451^{a}10—11。

附录三　古希腊悲剧研究

继荷马史诗之后,悲剧是古希腊文学史上又一座高耸的丰碑。多姿多彩的古希腊文化在荷马史诗中得到凝聚,通过西蒙尼德斯和品达等抒情诗人的作品得到传扬,在埃斯库罗斯、索福克勒斯和欧里庇得斯的悲剧中形成定型的模式,接受人们审视的目光。悲剧拥有史诗的庄严,抒情诗的优美,拥有酒神颂的细腻,萨图罗斯剧的粗犷,它兼具歌的绚美,对话的多姿,既有"阳春白雪"式的高贵,又不失"下里巴人"式的通俗——那种颇具现代意识的人民性。在人类历史上,希腊悲剧是现存最早的有剧本传世的戏剧。然而,和科技领域内产品的更新换代或推陈出新不同,在文艺领域,"早"并不总是"低级"与"落后"的同义语。事实上,近当代剧评家和文艺理论家们对古希腊悲剧的赞赏,远远超过了柏拉图和亚里士多德对它的评价。在西方历史上,希腊悲剧(部分地通过古罗马悲剧)对后世的影响,似乎仅次于在许多方面受到古希腊宗教观影响的《圣经》。由荷马史诗开创并经由希腊悲剧精炼的悲剧意识,造就了西方一代又一代的学术精英。希腊悲剧具有一切伟大艺术所具备的跨时代的魅力,它所包容的受人羡慕的经典性质和所占据的不可动摇的精品地位,来自它的得到历史认可的可贵的中性意识,来自许多人试图摹仿而总是以失败告终的那种罕见的宽广与深沉。狭隘从来便是艺术的敌人。面对悲剧的震撼,权倾一时的显贵和接受政府补贴看戏的平民一样泪流满面;面对悲剧的感召,政见不同的官员和经常进行激烈论争的学子一样受到不可抗拒的美的陶冶。悲剧的赞慕者中，有英国的经验主义者，法国的启蒙主义思想家，有爱喝伏特加的俄罗斯诗人，有常吃炸土豆条的美利坚学究。酷爱思辨的德国人似乎特别欣赏古希腊人的思考习惯和行文方式，不管他是悲观消沉的宗教哲学家，还是亢奋激越的离经叛道者，不管他是庞大的唯心主义哲学体系的"建筑师"，还是曾经深远地影响过人类历史进程的无产阶级革命家。

与现代戏剧相比，古希腊悲剧是一种具有强烈宗教色彩的社区活动，而不是世俗意义上的完全以个人经历为基础的观赏对象，它是一种受国家支持的竞赛机制，而不是面对市场、以挣钱赢利为目的的商业行为。古希腊悲剧是一首永远传唱的歌，它把全人类作为自己的听众；古希腊悲剧是一幅不会退色的画，它把人的生活和他们最神圣的企求描绘得栩栩如生。

（一） 古希腊悲剧的起源和发展

希腊悲剧现存三十三部，均由居住在雅典的作家所作，所以又叫"阿提卡悲剧"（雅典是阿提卡地区的主要城市）。由于年代的久远和资料的佚失，对公元前五世纪以前的悲剧发展情况，我们所知不多。一般认为，希腊悲剧最早起源于古代的宗教仪式，可能与祭祀酒神狄俄尼索斯的活动有关。狄俄尼索斯曾经死而复生，悲剧在"阳春三月"庆祭狄氏的"回归"和万物的复苏。[①]

悲剧，希腊人称之为 tragōidia，意为"山羊歌"，由 tragos（山羊，或公山羊）和 ōidē 或 ōidia（歌）组成。"山羊歌"的得名事出何因现在还很难精确考证，但似乎不应超出以下三点所涵盖的范围：（一）悲剧的歌队成员最初身披山羊皮，（二）与祭祀中所用的山羊祭物有关，（三）得胜者以山羊为酬。悲剧的山羊歌属性亦可能部分地得之于人们对狄俄尼索斯的"印象"。在厄琉塞莱（Eleutherai）的狄俄尼索斯庆祭活动中，人们称这位神祇为 melanaigis，即"身披黑山羊皮的神明"。

（1）亚里士多德的观点

在现存的公元前三世纪以前的文献资料中，亚里士多德的《诗学》是唯一较为系统地论及悲剧起源的名篇。根据亚氏的观点：

（a）伯罗奔尼撒的多里斯人声称首创悲剧；

（b）悲剧起源于酒神颂（或狄苏朗勃斯）歌队领队（exarchōn）的即兴口诵；

（c）悲剧扩大了篇制，从短促的情节和荒唐的言语中脱颖而出——它的前身是萨图罗斯剧式的构合——直至较迟的发展阶段才成为一种庄严的艺术；

（d）念白的产生使悲剧找到了符合其自然属性的格律。在所有的格律中，短长格是最适合于讲话的。②

毫无疑问，亚里士多德掌握的有关悲剧和悲剧起源的资料应该比我们现在可以搜集到的远为丰富，他的叙述具有重要和不可忽视的参考价值。作为一位感觉细腻、思想敏锐的哲学家，亚氏的见解常能使人读后回味无穷。要想避开亚里士多德来谈论悲剧的兴衰是不可能的。但是，我们切莫以为《诗学》所提供的带有严重目的论倾向的悲剧起源论是一种十分完备的、甚至在细节方面都不容置疑的定说。事实上，亚里士多德有时避免使用确切的语言，在倾向于认为悲剧起源于伯罗奔尼撒的同时（尽管这是一种很有吸引力的提法），也实事求是地承认他的观点是基于"那里的"多里斯人的"声称"。③关于悲剧的前身是"萨图罗斯剧式的构合"的提法似乎包含较多的猜想成分——对一位坚定的目的论者，严肃戏剧的发展似乎必然只能从萨剧的粗俗走向悲剧的崇高。此外，至少在《诗学》里，亚里士多德亦令人费解地没有提到一些为后世的悲剧研究者们所熟悉的名字，如忒斯庇斯和弗罗尼科斯；在论及狄苏朗勃斯时，他也没有提及阿里昂。诚然，《诗学》或许只是一个用于教学的提纲,而亚里士多德亦可能在一些早已佚失的著作(如《论悲剧》和《诗人篇》等)里较为详尽地讨论过悲剧发展的来龙去脉,但历史形成的遗憾已经给研究的深入造成了困难。如今,学者们只能根据古文献中的一些零星记载填补《诗学》留下的"空隙",用比较和推理的方式,外加不可缺少的想象,来解决一些由于资料的匮缺而不易解决的问题。

(2) 阿里昂

阿里昂(Ariōn,活动年代约在公元前600年左右)出生在莱斯波斯的墨苏那(Methumna),父名库克琉斯(Kukleus)。阿里昂是和雅典政治家梭伦同时代的诗人,据说是抒情诗人阿尔克曼的学生,曾长期旅居科林斯,对狄苏朗勃斯的发展做出过重要的贡献。据古文献《舒达》(hē Souda,作于十世纪)记载,阿里昂首创悲怆的曲调(tragikos tropos),率先使用了取消走动的歌队,让他的萨图罗斯歌手们吟诵由他写作的诗行。另据德孔的约翰不算十分可靠的记叙,在他的对句格诗(elegies)里,梭伦曾把首次上演悲剧(drama tēs tragōidias)的"功绩"归之于"墨苏那的阿里昂"。④我们似乎有理由相信,阿里昂的歌队以唱颂英雄们的业绩为主,在题材的选用方面接近于悲剧的内容。在当时,歌队的成员们或许已被称为"山羊歌手"(tragōidoi),他们的歌唱已在某种程度上具备悲剧的(表述)性质(tragikon drama),尽管"吟诵诗行的萨图罗斯"显然还不是担任指定角色的悲剧演员。

(3) 西库昂的英雄祭祀

西库昂(Sikuon)是一座古老的城镇,位于科林斯(或科林索斯)以西,距海两英里。公元前六世纪上半叶,在专权的克里斯塞奈(Kleisthenēs)的统治下,该地曾经是一个富足、强盛的城邦。西库昂曾一度与阿耳戈斯交战,克里斯塞奈于是决定废除祭祀阿耳吉维英雄阿德拉斯托斯(Adrastos)的活动,将原来用于吟唱阿德拉斯托斯受难的

tragikoi choroi（悲歌歌队）改用于对酒神狄俄尼索斯的庆祭。⑤有理由相信，希罗多德在此提及的 tragikoi choroi 是一种包含悲剧基因的立队合唱，其表演形式至少在某些方面大概近似于阿里昂的经过革新的狄苏朗勃斯。希罗多德没有提及转向后的合唱歌的内容，但有一点似乎可以肯定，即合唱的表述基本上和以前一样，与狄俄尼索斯的经历无关。西库昂的厄庇革奈斯⑥或许在公元前六世纪编写过此类悲歌。生活在四世纪的希腊修辞学家忒弥斯提俄斯（Themistios）或许正是依据 tragikoi choroi 与悲剧的某些相似之处，作出了"西库昂人发现了悲剧，雅典诗人使它臻于完善"的似乎是过于大胆的结论。⑦

（4）忒斯庇斯

根据古文献记载，忒斯庇斯（Thespis）⑧出生在阿提卡的阿卡西亚（或阿卡里俄斯），曾对希腊悲剧的形成和发展起过举足轻重的作用。据相对而言较为可信的 *Marmor Parium* 记载，公元前 536—前 532 年间，"忒斯庇斯，第一位（悲剧）诗人"，在城市狄俄尼西亚（en astei）上演了一出戏剧，所获的奖酬是："一只山羊"。罗马诗人贺拉斯称忒斯庇斯为"悲剧缪斯"，说他"曾在大车上上演剧目"，表演者的"脸上涂满酒糟"。⑨学问家普卢塔克（约生活在一至二世纪）认为，忒斯庇斯曾经结识梭伦，并说忒氏也像其他早期的诗人一样亲自参加演出。⑩阿塞那伊俄斯（约生活在二世纪）记录了他的前辈和同辈们对古代诗人的看法：忒斯庇斯、普拉提纳斯和弗鲁尼科斯等人不仅做诗，而且还是教授舞步的行家。⑪

忒斯庇斯的最大功绩或许在于完成了严肃诗歌的由歌手合唱向演员表演的转变。亚里士多德认为，悲剧起源于狄苏朗勃斯歌队领队的即兴口诵，⑫《诗学》的现存部分没有提及忒斯庇斯，但根据忒弥斯提俄斯的记载，亚里士多德曾在已经失传的对话体作品《论诗人》里提及忒斯庇斯的作品：最初，诗人启用歌队以赞颂神明，其后，"忒斯庇斯率先使用开场白和(供诵说的)话语"。[13]话语(rhēsis)的创用使诗人从原来的歌队领队(exarchōn)变成了与歌队(或新的歌队领队)进行"对答"的成员,他的身份亦因之由原来的唱诵者至少暂时地变成了某种程度上代表角色的"回答者"或"述说者"(hupokritēs)。在论及戏剧的形式时,第欧根尼·拉尔修沿用了古来有之的观点:"忒斯庇斯创用了第一位演员。"接着,他几乎照搬了亚里士多德在《诗学》第四章中提出的见解,"埃斯库罗斯使用了第二位演员,索福克勒斯把演员的人数增至三位",从而使悲剧具备了表现情节所需要的人员。[14]忒斯庇斯或许还在原有的基础上对面具(可能用麻布制成)进行了一些改造,使之更适合于戏剧化的表演。《舒达》认为忒斯庇斯首创面具,此论似乎难以成立,因为人们使用面具的历史实际上或许和从事宗教祭祀活动的年代一样久远。《舒达》记载了忒斯庇斯的四部剧作的名称,包括《裴耳修斯》,但似不甚可信。

(5) 弗鲁尼科斯

公元前550年,希腊悲剧的轮廓大致已经形成。弗鲁尼科斯(Phrunichos)是一位颇有成就的诗人,长期生活在雅典。古时的文论家中,有人把他和忒斯庇斯相提并论,认为此君和忒氏一样是悲剧的"开创者"之一。弗鲁尼科斯的年龄或许稍长于埃斯库罗斯,大约在公元前520年前即已开始写作,于前511—前508年间首次获胜。前492年,由海战英雄忒弥斯托克勒(Themistoklēs)作为歌队的赞助(chorēgos),弗鲁尼科斯上演了一出以波斯人攻占米利都为题材的悲剧(这是我们所知道的第一部取材于当代事件的剧作),并因此受到了罚款的惩处——因为雅典人不想看到移居他乡的同胞们遭受苦难的情景。[15]继《波斯人》(一说或为《攻占米利都》)之后,弗鲁尼科斯再次以刚刚结束的希波战争为题材,创作了《腓尼基妇女》。尽管如此,弗鲁尼科斯的作品绝大部分取材于古代的传说和吟诵诗人们世代传讲的故事(muthoi),在这一点上他与后世的悲剧诗人没有太大的区别。弗氏的剧作虽已如数佚失,但从古文献所记载的剧名中我们可以大致推导出作品的"中心内容"。比如,《坦塔洛斯》大概以裴洛普斯家族的故事为背景,《达奈俄斯的孩子们》或许以描述达奈俄斯的女儿们的经历为主线,而《安泰俄斯》和《阿尔开斯提斯》则大概取材于有关力士赫拉克勒斯的传说。

从现存的零星片断来看,弗鲁尼科斯是一位很有才华的诗人,所用词汇丰富多彩,绚美绮丽,颇具埃斯库罗斯的豪华文风。喜剧诗人阿里斯托芬曾多次赞扬他的文采。[16]尽管在使用隐喻方面,弗鲁尼科斯也和公元前五世纪的一些学者文人一样,似乎不能总是做到合宜贴切。唱段或唱词在弗鲁尼科斯的悲剧中占有很大的比重,此乃早期悲剧的一个特点,但这位悲剧诗人很可能沿用了忒斯庇斯首创的"开场白",并在演员的诵说部分里使用了三音步(实为六音步)短长格或四音步(实为八音步)长短格。弗鲁尼科斯也许使用过"辅助歌队"(subsidiary choruses)。此外,他或许还是(如果我们可以相信《舒达》的记叙)第一位创用女性面具,亦即引入第一位由男演员扮演的女性角色的悲剧诗人。

(6) 普拉提纳斯和科厄里洛斯

普拉提纳斯(Pratinas)出生在阿耳卡底亚的弗里俄斯(Phlios),《舒达》称之为"一位悲剧诗人"。在公元前499—前496年间(或更晚一些),普拉提纳斯曾与埃斯库罗斯和科厄里洛斯竞争,现存的古文献中没有关于他何时迁居雅典以及对悲剧的发展做过何样贡献的记录。根据《舒达》的介绍,普拉提纳斯是"第一位撰写萨图罗斯剧的诗人",曾写过五十个剧本,其中有三十二个是萨图罗斯剧。普氏曾至少一次在戏剧比赛中获胜。另据生活在二世纪的希腊旅行家包桑尼亚(Pausanias)的记载,普拉提纳斯和他的儿子阿里斯提亚斯是仅次于埃斯库罗斯的优秀的萨图罗斯剧作家。[17]不过,《舒达》的记载或许言过其实,因为早在公元前六世纪上半叶,萨图罗斯剧已是一些地区的人们喜闻乐见的艺术形式。在公元前五世纪初,萨图罗斯剧的选题和表演方式大概出现过较为明显的偏离原来以描写狄俄尼索斯的活动和经历为主的倾向,普拉提纳斯的作品扭转了这一势头,使萨剧的表演重新围绕以前的中心展开。其后,萨剧正式成为戏剧比赛的一个组成部分,成为三出悲剧外加一出萨图罗斯剧这一搭配模式中的一个固定成员。[18]除了悲剧和萨剧外,普拉提纳斯还写过狄苏朗勃斯和 huporchēmata(一种具模拟性质的歌舞)。

关于科厄里洛斯(即科伊里洛斯,Choirilos),我们同样所知不多。据说科厄里洛斯出生在雅典,公元前 523 年开始编剧的生涯,据说写过一百六十出悲剧和萨图罗斯剧,曾十三次在比赛中获胜。公元前五世纪初,科厄里洛斯曾与埃斯库罗斯和普拉提纳斯竞争,尽管他的知名度似乎不如埃斯库罗斯。《阿洛珮》是科氏的创作中今天唯一知晓剧名的作品。据说科氏在选用面具和设计人物的服装方面做过一些创新,但在编写剧作的技巧方面似乎没有太多的建树。从后人引述的零星语句来看,科氏擅用隐喻,但也和同行弗鲁尼科斯和埃斯库罗斯一样追求堂而皇之的表述,行文缺少耐人寻味的细腻和隽永。

罗马文人普洛提乌斯(Plotius)曾引用过一位佚名人士的诗行,该引语称科厄里洛斯为"萨图罗斯中的国王"。[19]此语曾被人们用作赞褒科氏萨剧功底的证据,但对它的不同理解也偶尔见诸今人的文篇。

(7)阿伽松

继埃斯库罗斯等三巨头之后,[20]阿伽松(Agathōn)是另一位蜚声希腊世界的悲剧诗人。阿伽松出生在雅典,提萨墨诺斯之子,长得相貌堂堂,一表人才,于公元前 416 年在莱奈亚戏剧比赛中获胜,其时年方三十。[21]阿伽松是欧里庇得斯和柏拉图的朋友,柏拉图的《会饮篇》记载了某次贺胜的景况。同情安提丰的反民主倾向使阿伽松受到了阿里斯托芬的嘲弄。公元前407年,阿伽松前往马其顿(一说与欧里庇得斯同行),成为国王阿开劳斯的宾客,于前401年左右卒于该地。

阿伽松曾经受到当时授学雅典的著名智者高尔吉亚和普罗底科的影响,[22]他在《会饮篇》中的讲话体现了高尔吉亚的演说风格。在作品里,阿伽松发展了由欧里庇得斯"帮助"开创的注重修辞和雄辩的风格,从一个侧面反映了当时修辞学和雄辩术对诗艺的渗透。阿伽松是一位悲剧的革新者,他的主要创新(比如在《花》,一说应为《安修斯》一剧中)体现在用自创的情节和虚构的人物取代以往例行的从传统故事中搜取题材的做法。[23]根据亚里士多德的记载,阿伽松在悲剧发展史上首次完全割断情节与唱段之间内容上的联系,从而使合唱变成与剧情无关的"插曲"(embolima)。[24]在《诗学》第十八章里,亚里士多德还批评了阿伽松的编剧方式,指出剧作家不应在一出悲剧里表现一个冗长的故事(如特洛伊的失陷)。在音乐方面,阿伽松似乎过多地试用了某些花哨的"变化",包括对半音的不合宜的使用。阿里斯托芬曾批评阿伽松对唱腔的处理着力不够,认为有的唱段骄奢浮夸,缺乏力度。[25]尽管如此,作为一位有才华的诗人,阿伽松对悲剧的"现代化"处理仍然在一些方面具有不可否认的积极意义,比如他自编情节的创举就可能有助于选题范围的拓宽。阿伽松的作品仅剩三十多行传世。

(8) 阿斯图达马斯(父子)和塞俄得克忒斯

阿斯图达马斯(Astudamas)父子是公元前四世纪有影响的悲剧诗人。据说老阿斯图达马斯是谟耳西摩斯之子,而谟耳西摩斯又是埃斯库罗斯的外甥菲洛克勒斯的儿子。两位阿斯图达马斯中有一人曾是修辞学家伊索克拉底的学生,在修辞和诗学方面均有较高的造诣。公元前399(一说前398)年,老阿斯图达马斯编写了他的第一出悲剧,据说一生中曾十五次获奖,活到六十岁。根据 Marmor Parium 71 中的记载,(可能是小)阿斯图达马斯曾于前372年首次在比赛中获胜;阿氏的作品包括《阿基琉斯》、《阿萨马斯》和《安提戈妮》等。《苏达》和福提俄斯(生活在九世纪)将 Parthenopaeus 一剧归为由老阿斯图达马斯所作的记载似有"张冠李戴"的嫌疑。此剧上演后引起轰动,雅典人还专门在剧场里置放了阿斯图达马斯的塑像。㉖小阿斯图达马斯无疑掌握了写作悲剧的最微妙的技巧,在编排情节方面表现出一位一流诗人的眼光和才华。在《诗学》第十四章里,亚里士多德提及了他的《阿尔克迈恩》一剧对情节的处理,暗示剧作家让主人公在"无知"(即不知情)的情况下杀死母亲(而不是像传说中那样故意杀亲)是一种符合编写悲剧原则的改动。普卢塔克曾高度赞扬小阿斯图达马斯的《赫克托耳》。阿斯图达马斯父子的作品流传至今的还不到二十行。

塞俄得克忒斯(Theodektēs,约公元前 375—前 334 年)出生在鲁基亚的法塞利斯(Phasēlis),长期定居雅典,曾先后师从柏拉图、伊索克拉底和亚里士多德,集修辞学家和悲剧诗人于一身,写过五十多个剧本,在十三次比赛中八次获胜(其中七次在城市狄俄尼西亚)。公元前 351 年,悲剧《毛索洛斯》在比赛中获奖。塞俄得克忒斯善于构组情节。在谈到悲剧的"突转"时,亚里士多德肯定了他对《仑丘斯》一剧结局的处理,认为剧情的转变符合可然或必然的原则。㉗当论及人应该有坚强的意志时,亚里士多德举了塞俄得克忒斯的《菲洛克忒特斯》中的主人公为例。㉘像不少公元前四世纪的悲剧诗人一样,塞俄得克忒斯比较注重把修辞技巧用于对剧中人的话语(即台词)的写作。㉙西塞罗曾赞扬他精致的行文风格。从现存不多的片断中可以看出,塞俄得克忒斯作品的文句结构严谨,流畅自如,颇有欧里庇得斯的遗风。

(9) 开瑞蒙

悲剧诗人,公元前 380 年后在雅典成名,作品的数目及获奖情况不明。有趣的是,亚里士多德没有把他的《马人》当作典型意义上的悲剧,而是称之为 rhapsōidia(叙事诗)。㉚《马人》混用了各种诗格(或许不包括众多的抒情诗格,即用于写作唱段的格律),受到亚里士多德的批评。[31]应该指出的是,开瑞蒙擅写主要供人阅读的作品,[32]而在公元前四世纪以前,悲剧诗人的创作一般只供演出。有人据此推测当时已有少量专供看读的作品,尽管在开瑞蒙生活的年代,人们接触文学作品主要还是通过剧场里的"观看",而不是家中采光不佳的斗室里的"阅读"。开瑞蒙的作品仅剩少量片断传世,其中的一些语句似乎证实了阿塞那伊俄斯的分析:这位悲剧诗人"特别喜欢鲜花"。[33]从《俄伊纽斯》的片断中可以看出,开瑞蒙有较好的审美眼光,善于描述,对事物的外观和颜色较为敏感,但在使用隐喻方面有时牵强附会,凿痕比较明显。

在公元前四世纪,埃斯库罗斯、索福克勒斯和欧里庇得斯的作品仍是公众喜爱的"热门"。从前341年起,每次戏剧庆典均以上述三位诗人的某部作品开始(一说紧接在一出萨图罗斯剧之后)。从前五世纪末起,戏剧活动开始在各地兴起,剧场遍布希腊世界的许多城镇。在公元前三世纪,托勒密·菲拉德尔福斯(公元前285—前247年)的宫廷里活跃着七位悲剧诗人,包括霍墨罗斯、鲁科弗荣、菲利科斯、索西修斯和亚历克山大。古文献为我们提供了六十多位希腊化时期悲剧诗人的名字,虽然他们的作品也同样早已荡然无存。古希腊悲剧的创作和上演持续了七八百年,中止于公元二世纪。

(二) 狄苏朗勃斯(或酒神颂)

在莫衷一是的悲剧起源论中,亚里士多德关于悲剧诞生于狄苏朗勃斯歌队领队的即兴口占一说是最吸引人的一种。早期的狄苏朗勃斯以唱诵酒神狄俄尼索斯的活动为主。Dithurambos或许是个外来词,就现存的资料来看,最早出现在抒情诗人阿耳基洛科斯(生活在公元前七世纪)的作品里:"当美酒酥暖我的思绪,我便知晓如何唱领狄苏朗勃斯,唱响动听的歌儿,尊崇王爷狄俄尼索斯"。㉞柏拉图似乎赞同传统的观点,即承认狄苏朗勃斯与狄俄尼索斯庆祭活动的渊源关系:"还有另一种诗歌……(关于)狄俄尼索斯的诞生,我想,即所谓的狄苏朗勃斯。"㉟

大约在公元前600年左右,活跃在科林斯的墨苏那诗人阿里昂把原来散见在村里乡间的狄苏朗勃斯改造成一种比较定型的、有连贯和对称表演程序的艺术形式。阿里昂的改革包括使这种合唱艺术有了更为完备和连贯的内容或情节,或许还使用了一些以后被阿提卡悲剧所吸收和融合的曲调。史学家希罗多德称阿里昂是"我们所知道的第一位写作狄苏朗勃斯的诗人"或许略有言过其实之虞,㊱但他紧接着介绍的却有可能是一个可信的事实:阿里昂按唱诵的内容使不同的段子有了各自的名称。㊲以后,赫耳弥俄奈的拉索斯(Lasos)把经过改良的狄苏朗勃斯从科林斯引入雅典。公元前509年,狄苏朗勃斯被正式纳入狄俄尼西亚的竞赛序列,第一位获奖诗人是卡尔基斯的呼波底科斯(Hupodikos)。在所有的狄苏朗勃斯诗人中,出生在开俄斯的西蒙尼德斯(约公元前556—前468年)无疑是最成功和最有声望的一位,曾五十六次在比赛中获胜。

在雅典,狄苏朗勃斯是一种载歌载舞的表演形式,比赛以部族(或村社)为单位,十个部族各出一支歌队,每队由五十名男子或男孩组成。㊳表演的常态队列呈圆形(kuklios choros;在戏剧演出中,歌队以长方形队列布阵),人员一般不戴面具;在城市狄俄尼西亚的庆祭活动中,比赛一般在剧场的 orchēstra(舞场)里进行。狄苏朗勃斯的伴奏乐器是管箫(aulos)。排练歌队(choros)所需的费用由富有的公民负担,是为 chorēgos(歌队的资助者),表演以歌唱为主,或许兼带少量的吟诵。歌队获胜后,资助者的名字即被载入专门记录比赛成绩的官方文献,而诗人(在公元前四世纪还有管箫吹奏者)的名字则被列入部族或

chorēgos 家族的记功碑。获胜的部族可得一只三脚鼎,由 chorēgos 主持,献祭给酒神狄俄尼索斯。荣获第一名的诗人可得一头公牛。㊴

公元前470年左右,在墨拉尼庇得斯、菲洛克塞诺斯和提摩修斯等诗人的推动下,狄苏朗勃斯在内容和表现形式方面发生了一些明显的变化。总的说来,音乐的比重开始逐渐增大,以至喧宾夺主,部分地削减了语言(亦即情节)的作用。与此同时,与"转动"(strophē)对应的"回转"(antistrophē)开始在改革者的作品里消失,原有的结构上的匀称逐渐被表演者的噱头所"荫蔽"。㊵ 发生在公元前五世纪至公元前四世纪初的变革还包括独唱(anabolai)的产生(其中没有歌队的"回转")和唱词写作中的繁芜、雕琢倾向的发展。公元前四世纪以后,狄苏朗勃斯开始逐渐失去雅典公民的青睐,尽管它也像悲剧一样,不会在一夜之间退出历史舞台。据文献记载,从公元前286到172年,类似的歌舞比赛仍在德洛斯(Delos)持续不断地进行。另据历史学家波鲁比俄斯(Polubios)记叙,在他生活的年代(约公元前二世纪),狄苏朗勃斯还在阿耳卡底亚的一些城镇里唱演。㊶ 在雅典,狄苏朗勃斯诗人的写作一直延续到罗马(或帝国)时代。除了巴库里得斯(Bacchulidēs)的某些诗篇外,世界文学宝库中已找不到完整的狄苏朗勃斯作品。

(三) 萨图罗斯剧

在古希腊神话里,萨图罗伊(Saturoi,单数 Saturos)是一群出没在山林水泽间的精灵。他们是狄俄尼索斯的随从,基本形态似人,但也带有某些明显的动物特征,如长着马的尾巴和山羊的腿脚或耳朵(在公元前四世纪,他们常以山羊的模样出现在萨图罗斯剧里)。他们生性狡诈,通常比较胆小,行为放荡,整天寻欢作乐,喜好酒和女人。萨图罗伊们身段灵活,擅长跑跳一种叫作西基尼斯(Sikinnis)的舞蹈。从阿提卡瓶罐画面上还可以看到另一类人兽结合的精灵,即塞莱诺伊(Seilēnoi,单数 Seilēnos),通常长着马的耳朵和蹄腿。在西方,古代的著述家们常常把塞莱诺伊混同于萨图罗伊,尽管二者之间存在明显的区别。一般说来,萨图罗伊年轻力壮,能跑善跳,而塞莱诺伊则是老年人的化身,因而更有智慧。Seilēnos 通常是萨剧歌舞的领队。

萨图罗斯剧得名于它的由萨图罗伊组成的歌队,是阿提卡戏剧"三套车"中的一员,另二者是悲剧和喜剧。生活在公元前六世纪末至公元前五世纪初的弗里俄斯的普拉提纳斯曾对萨剧的形成起过至关重要的作用。他把常见于家乡的某种歌舞艺术(或某种狄苏朗勃斯)中的萨图罗伊歌队和当时盛行于雅典的戏剧结合起来,使之成为一种颇有特色的表演艺术,受到了悲剧作家和阿提卡观众的好评。[62]经过一段时期的适应,萨图罗斯剧约在公元前 500 年左右正式加入狄俄尼西亚戏剧比赛,成为三出悲剧后起到调节观众情绪作用的"小品"。萨剧大多取材于传说和世代相传的故事,但风格喧嚣怪诞,手法灵活多变,带有喜剧和闹剧(尤其在舞蹈中)的色彩,表演中注重歌队与情节的呼应,突出萨图罗伊的性格和活动特点。歌队的人数大约为十二或十五人。萨剧的形式近似于悲剧,由"场"和"唱段"组成,内容上偶尔与承接的悲剧相关,但一般自立门户,自成一体。欧里庇得斯的《圆目巨人》尚有相当数量的行段传世。萨剧的写作一直延续到罗马时代,贺拉斯的《诗艺》还为之"规定"了创作的原则。

(四) 庆祭与节日

古希腊人的节日往往与祭神活动有关。在雅典,每年庆祭酒和丰产之神狄俄尼索斯的节日有四个:城市狄俄尼西亚、乡村狄俄尼西亚、莱奈亚和安塞斯特里亚。除了安塞斯特里亚外,其余三个节日包含戏剧表演,虽说在公元前450年以前,戏剧比赛似乎只在城市狄俄尼西亚举行。雅典人不用戏剧敬祭别的神明,包括众神之王宙斯。

(1) 城市狄俄尼西亚

贵族出生的雅典主政(或僭主)裴西斯特拉(Peisistratos)是一位颇有建树的政治家。据史料记载,裴氏在主政期间,把庆祭狄俄尼索斯的活动从位于阿提卡和波厄俄提亚交界处的厄琉塞莱引入国邦。城市狄俄尼西亚又叫"大狄俄尼西亚",在每年的 Elaphēboliōn(约等于公历三月下旬至四月初)举行,正式创始于公元前534年。节日前夕,人们抬出安置在狄俄尼索斯剧场边庙堂里的神像,将其放入雅典郊外的开菲索斯地方的某个庙宇里,以便日后能把神像抬回剧场,象征性地再现神明从厄琉塞莱初次临抵雅典的盛况。送像的人群由火把开路。城市狄俄尼西亚由行政执政官(archōn epōnumos)主持,于 Elaphēboliōn 的第十天正式拉开序幕,人群在浓烈的宗教气氛中开始规模盛大的游行,簇拥着男性生殖器的模型,以示对神祇(即狄俄尼索斯)的崇敬,在狄俄尼索斯的祭坛前献出一头公牛后结束穿走街区的行进。在正常年份,比赛一般持续五天,头两天用于狄苏朗勃斯的比赛,后三天用于完成悲剧和萨图罗斯剧的赛事,每天上演一位悲剧诗人的作品。公元前486年后,五天中的每天下午上演一出喜剧。[43]在伯罗奔尼撒战争期间,为了节省开支,节日的用时减少,参赛的喜剧作品亦从五出减至三出。公元前499年前,评奖只涉及剧本,其后范围逐渐扩及演员。

城市狄俄尼西亚是戏剧节中最具"国际性"的一个。作为德利亚联盟(Delian League)的盟主,雅典长期接受盟员国的进贡。贡品通常被置放在剧场前的 orchēstra(舞场)内。节日不仅是弘扬国威的"良辰",而且还是进行爱国主义教育的绝好时机。热衷于公众事业的公民们当众受到表彰,为城邦捐躯者的孩子们在剧场内列队游行——作为对存活者的激励,对死难者的慰藉。

(2) 乡村狄俄尼西亚

乡村狄俄尼西亚或小狄俄尼西亚在年底的 Poseideōn(约等于公历十二月下旬至来年一月初)举行,历时数天,各地的开始时间不一。柏拉图曾作过人们在看罢一次庆祭后又去别地观赏另一次庆祭活动的记载。[64]行进的队列中最引人瞩目的是一个被人高高举起的巨大的男性生殖器模型(phallos),意在一年中最寒冷的冬天召盼繁殖和衍生时节(即春天)的复归。喜剧诗人阿里斯托芬曾在一部作品里生动地再现了雅典人隆重庆祭的情景。[65]乡村狄俄尼西亚允许奴隶参加,整个庆祭过程更具狂欢的色彩。戏剧比赛进入乡村狄俄尼西亚的时间应在公元前五世纪,但确切年份不明。资料表明,在公元前四世纪,演员们常常上演公元前五世纪的佳作(指悲剧),有时也推出一些有新意的实验作品。

(3) 莱奈亚

莱奈亚(Lēnaia)得名于 lēnai(狄俄尼索斯的女信徒们),[66]于每年的 Gamēliōn(公历一至二月间)的第十二天举行,由雅典的主持宗教事务的官员(archōn basileus)负责督导,庆祭狄俄尼索斯·莱奈俄斯。在阿提卡的村社中,举办乡村狄俄尼西亚的一般不再举办莱奈亚。莱奈亚庆祭活动通常只在城里举行。至迟在公元前442年,戏剧比赛已进入莱奈亚;公元前五世纪后期,比赛开始在雅典的狄俄尼索斯剧场进行。莱奈亚早先只接纳喜剧(颇多讥讽时政和官员的作品),约在前432年后扩展到悲剧。和城市狄俄尼西亚一样,每届莱奈亚可有五位喜剧诗人参赛,但至少在公元前419年至公元前418年期间,参赛的悲剧诗人仅限于两位,每人上演两部作品。狄苏朗勃斯和萨图罗斯剧从未进入莱奈亚的比赛序列。

（五）　剧场

　　古希腊剧场呈圆形，[47]露天，在公元前五世纪至公元前四世纪，以雅典的狄俄尼索斯剧场（Theatre of Dionysus）最负盛名。狄俄尼索斯剧场位于雅典卫城的东南端，依山筑建，主要由景棚（skēnē）、戏场、舞场（orchestra）和看台（theatron）组成。

　　早先的 skēnē 只是个简易的临时装置（取代更早的神龛），形同帐篷或棚屋（此乃 skēnē 一词的原义），供演员换装和置放道具之用。至埃斯库罗斯生活的年代，skēnē 已发展成为有一定容量的具有某种意义上的神庙性质的建筑，比较牢固，可以支撑较重的机械。与此同时，skēnē 比以往的简易神龛更正规地承担起"布景"的任务；上演埃斯库罗斯的《奥瑞斯提亚》需要一座"宫殿"作为背景。公元前五世纪末期，skēnē 的两边开始向外扩展，形成连接中心建筑的两翼，增加了供演员出入的边门。公元前330年，执政官鲁库耳戈斯下令翻修剧场，包括用石料取代原有的木质 skēnē。[48]

　　公元前五世纪的狄俄尼索斯剧场是否已有戏台（即高出地面的演出场地，位于 skēnē 之前），一直是西方学术界争论不休的问题。持肯定意见的学者认为：(1)许多古代著述家（尽管他们生活在雅典的戏剧黄金时期早已过去的年代）都有过这方面的记载；(2)某些现存的剧本表明演员所处的位置在空间上高于歌队成员；(3)演员和歌队的接触机会有限，只要在较低的戏台边附加几级木阶即可解决问题。持否定意见的学者则据理力争，指出：(1)悲剧是一种综合艺术，演员和歌队常常"联合"演出，高出地面或舞场的戏台会妨碍人员的融汇和交流；(2)现存的剧本中从未提及戏台；(3)在公元前五世纪，希腊语里尚无"戏台"一词，而 logeion（说话的地方）的使用开始于"高台"的出现以后;(4)学界至今尚无关于发现戏台遗迹的报道。争论的双方各有理由,但较具权威性的研究一般倾向于支持"肯定派"的观点。作为"肯定派"的主要成员,彼得·阿诺特(Peter Arnott)认为,当时的戏台高四英尺,用台阶连通舞场。皮卡德-坎伯里奇(Pickard-Cambridge)不赞成"高戏台"的提法,但也承认 skēnē 前或许有较宽的台阶或有过高出舞场一至三英尺的戏台。[49]戏台许为木质建筑。在阅读剧本的过程中,读者有时或许会产生"有戏台"的感觉,但戏台究竟多宽,面积多大,则有待于更为深入的研究和将来的考古发现。至迟在公元前四世纪末期,较高的平台开始在剧场里出现,由一排圆柱托起,形成收聚观众视野的表演场地。

"戏场"的前面是舞场(orchēstra)。舞场为圆形,在伯里克利于前450年左右翻修剧场期间的直径为六十英尺。舞场用石板铺成,正中有一祭坛(thumelē),[50]节日期间人们每天一早在此祭祀酒神。演出时,管箫或箫笛吹奏者的位置一般在祭坛边。歌队队长有时亦站位祭坛的边沿,登高答对歌队的成员。舞场的两边(位于舞场和戏场之间)各有通道(parodos 或 eisodos),主要供歌队使用,但演员和观众亦可由此出入。剧场内的走道由舞场向外辐射,将看台切分成整齐的"看区"。

看台位于舞场前面,希腊语作 theatron,意为"观看的地方"。狄俄尼索斯剧场的看台设在山坡上。早先,人们或坐或站在坡面上看戏,以后有了成排的座位,阿里斯托芬称之为 ikria,即木质的长凳。石凳取代木凳是个渐进的过程,最终完成于公元前 338—前 332 年间。据估计,彻底竣工后的石料看台至少可容纳 14000 至 17000 名观众。[51]一般认为,来自不同区域(或村社)的观众各有自己的座区,妇女亦似有指定的排位。最前排的座位做工考究,[52]中间是狄俄尼索斯祭司的专座。官员、贵宾、使节和城邦指定的人员亦在前几排的保留位子上入座。阵亡将士的儿子们可在指定的保留席上入座。剧场内有专人维持秩序。

亚里士多德认为,索福克勒斯率先使用画制的布景(skēnographia),但维特鲁维乌斯(Vitruvius,生活在公元前一世纪)则把此项发明归于埃斯库罗斯。一般认为,古希腊人首用画景的时间约在公元前468年后,公元前456年前,即埃斯库罗斯和索福克勒斯同时活跃在雅典剧坛的时期。画景分两种,一种叫pinakes(平面图景),另一种叫periaktoi(三面图景)。一个periaktos由三幅画面组成,成竖条的三角形状,可按剧情的需要提供不同的景观。㊵在公元前五世纪,periaktoi的使用或许只是处于草创阶段。以后,此项技术渐趋普及,并逐步形成规范:戏台右边的布景表示城市附近的景观,左边的periaktos则表示远郊的田园。

画景一般展示户外的景观,而不是发生在户内的"事件"。在雅典的剧场里,展示后一种景观主要通过一种叫作ekkuklēma的装置来实现。Ekkuklēma是一个可以连接或安装在skēnē内的平台,使用时从skēnē的中门转出,展示某些富有戏剧性的场面和人物造型,包括亮出死者的"尸体"。在《复仇女神》(或《善好者》)一剧里,情节中的相当一部分发生在德尔福的神庙内。该剧所用的ekkuklēma应有较大的容量,至少可容纳十几个人的活动和造型。公元前430年后,剧场里较常使用的机械还有一种类似于简易吊车的装置,叫mēchanē(或machina),可用于载荷悬空和"飞行"中的角色(如裴耳修斯和他的飞马),亦可将人物从skēnē的顶面降至戏场(或戏台)。Mēchanē常被用于展示神的出现(deus ex machina),欧里庇得斯常用此法解决剧情中的冲突,受过亚里士多德的批评。㊶演出所需的"道具"包括马车、棺材、神像以及用于表示夜晚的火把和提灯。除了供老弱病残者使用的躺椅外,上演希腊悲剧一般不用家具,尽管家常使用的什物在喜剧中并非罕见。剧场里有时也出现摹拟电闪雷鸣的景象,但这些技术的普遍运用似乎应在公元前460年以后。

（六） 歌队

歌队（choros）是古希腊戏剧的一个重要组成部分。悲剧的产生与歌队的活动和演变密不可分，这一点已经得到专家学者的公认。早期的悲剧只有一位演员，通常串演不同的角色，歌队和音乐是戏场上举足轻重的成分，合唱占据绝大部分的表演时间。在埃斯库罗斯的作品里，尽管已有第二位演员分担角色，从而使对话的使用率逐步增大，但半数左右的诗行仍由歌队唱诵。在他的《祈援女》中，歌队的唱词占作品诗行的半数以上。随着第三位演员的起用，话语开始成为悲剧的主导成分。在索福克勒斯和较他年轻的同辈欧里庇得斯的作品里，歌唱的比重一般不超过作品长度的四分之一（或更少一些）。索福克勒斯仍和前辈诗人一样重视情节或人物的行动与歌队的有机结合，但欧里庇得斯则开始了让歌队的合唱"脱离"于剧情的尝试。及至亚里士多德写作《诗学》的年代，由阿伽松首创的将与剧情发展关系密切的合唱改为可以在不同的作品里随意串用的"插曲"（embolima）的做法，已经成为编写悲剧中的时髦。在公元前五世纪中至末期，演员已开始在戏台上引吭高歌。[55]

不少专家认为，悲剧歌队的成员（choreutai 或 choreotai）最初为五十人。[56]可以论证这一观点的理由主要有两条，即（1）根据亚里士多德的观点，悲剧的前身是狄苏朗勃斯，而后者的歌队由五十人组成；（2）在埃斯库罗斯的《祈援女》中，歌队成员由达奈俄斯的女儿们组成，而根据传说，达奈俄斯有五十个女儿。按悲剧是由某种形式的合唱发展而来的共识来分析，这一观点无疑具有较大的吸引力。另一种观点把埃斯库罗斯所用的 choreutai 定为十二人，理由是《阿伽门农》中有一段十二行的唱词（有人认为，该唱段由十二名歌队成员一人一句唱完）。此外,偶数的歌队成员亦有利于合唱时的对等划分(即一边六人)。公元前三世纪后,一些古代著述家们倾向于把索福克勒斯和欧里庇得斯所用的 choreutai 定为十五人,后世的学者文人一般沿用这一观点。[57] 前四世纪以后,歌队人数逐渐缩减,有时只有寥寥三人。

少数悲剧似乎需要两支歌队。在《祈援女》中,除了达奈俄斯的女儿们外另有一支歌队,由女儿们的侍女组成,在该剧的结尾部分入场(第一支歌队此时已在场内)。欧里庇得斯的《希波鲁托斯》亦明显地起用了第二歌队。

在 orchēstra 里,悲剧歌队的基本队列呈长方形,人员站成三排,分作五行。歌队成员一律佩戴面具,队列齐整,举止庄重,紧接在"开场白"之后,从观众的左边,沿着通道(parodos)[58] 入场。入场的队形一般为三或五排,有时亦呈单排鱼贯或三五成群之状。入场后,歌队领队的位置一般在第一排(第三行)的正中,左右两名队员是他的主要助手(parastatai),在作用上仅次于领队。较好的队员通常处于第一排,次好的处于第三排,较差的夹在中间,位于第二排。歌队的入场和退场一般由管箫吹奏者引导,后者通常衣着漂亮,不戴面具。

有时,歌队分成两个部分,替换着表演。有时,歌队与人物对答台词;由歌队成员单独说诵的例子应属罕见。对话时,歌队成员一般用三双音步短长格,偶尔也用四双音步长短格。当歌队停止表演时,成员们一般列队或分组站立,面向观众。通常,歌队入场后于终场前不作退场,但偶尔也有出而复归之举。

开场后歌队的第一次合唱是帕罗道斯(parodos,"入场歌"),可包含某些"行进格律"(如短短长格诗行)。歌队入场后(stasis)或在悲剧的演出过程中所插入的合唱歌叫斯塔西蒙(stasimon);歌队与演员对唱的哀歌是为孔摩斯(kommos)。古希腊悲剧从开演到剧终一般一气呵成,斯塔西蒙可部分地起到划分场或幕的作用。

综观现存的三十余部悲剧,我们似乎可以把歌队的作用大致归纳为如下几点。(1)作为情节的"参与者",歌队可以发表见解,进行劝告,提出问题,甚至直接介入"行动";(2)作为"旁观者",歌队设定行为的伦理规范,为观众对人物和事件的评判提供标准,使他们在剧中人的言论之外听到"另一种声音";(3)作为悲剧的组成部分,歌队参与设定作品的格调,突出作品的风格,强化作品的戏剧色彩;(4)作为与由演员扮演的英雄或"大人物"形成对比的"普通人",歌队(成员)的活动缩小了观众与剧中人之间的距离;(5)作为对话语(对话、独白等)的"调剂",歌唱和舞蹈可以调节作品的布局,丰富作品的表现力,在宽敞的露天剧场内为观众提供较大规模的具体、生动和层次分明的景观。

和训练狄苏朗勃斯歌队一样,训练悲剧歌队所需的费用由社区内富有的公民承担。不同的是,狄苏朗勃斯歌队的资助者(chorēgoi)由部族自行挑选,而悲剧歌队的资助者则由雅典的执政官选定。[59]在雅典,悲剧的资助制度(chorēgia)约起始于公元前六世纪末。Chorēgoi 的主要任务包括挑选歌队成员,提供训练场地,支付包括制装在内的各项费用和督促训练计划的实施。获胜的 chorēgoi 一般都将名字刻上碑匾,以志纪念。

(七) 演员

在公元前五世纪初叶,参加悲剧比赛的基本阵容由诗人、另一位演员、歌队和一名管箫吹奏者组成。其时,悲剧诗人既是剧作家,又是演员,而且通常扮演主要角色。此外,他还负责设计歌舞,监督排练,担任导演(didaskalos,"教师"),解决所有与演出有关的技术问题。公元前 468 年,索福克勒斯改变了以往的做法,增设了第三名演员。但是,剧作家最终与演出"脱钩"当在公元前五世纪中叶以后。公元前 499 年,悲剧比赛中增设了表演奖,从范畴上将剧作和表演区分开来。演员的薪酬由城邦支付。虽然收入的差别或许不算明显,但只有主要演员才能接受评选,其他演员与演出奖无缘。公元前449年以后,原来由诗人(即剧作家)选用演员的做法逐渐被新的录选机制所取代。其时,主要演员大概由抽签决定归属(即归于具体哪一位参赛的剧作家),其余两位演员则可能由剧作家和主要演员共同挑选。职业悲剧演员的批量产生大概是在这一时期。

公元前五世纪中叶后,以三位演员出演全部角色的做法逐渐成为比赛的规范。在欧里庇得斯的《美狄娅》里,主要演员扮演美狄娅,第二位演员串演伊阿宋、克瑞恩和埃勾斯等,而第三位演员则可能扮演保姆和信使。所有的角色均由男演员扮演。上演有的悲剧似乎需要四名演员,比如索福克勒斯的《俄底浦斯在克罗诺斯》,除非由一名以上的演员串演同一个角色(即塞修斯)。除了三位演员外,演出中有时还需要一些"龙套",他们一般没有台词,至多只有三言两语。比如,《安提戈妮》中的克瑞恩带有卫士,《俄底浦斯王》的开场部分应有恳求国王采取行动消除瘟疫的人群。在现存的欧里庇得斯的作品里,九部悲剧中出现送葬的人群。此外,采用第二歌队意味着需用更多的参演人员,而此举的结果除了能增强作品的观赏性外,便是加重了资助者(chorēgoi)的负担。

狄俄尼索斯剧场规模宏伟,容量巨大,从戏场到最远点的观众之间距离可达三百英尺以上。所以,拥有高亢洪亮的声音无疑是成为演员尤其是优秀演员的首要条件。除此以外,演员必须善于恰到好处地运用自己的嗓音,掌握变化的技巧,以表现不同性别、年龄和性格的人物。[60]合格的演员必须具备使用语言的三种本领,即讲说、朗诵(或吟诵,parakatalogē)和歌唱。观众对演员的念说十分敏感,即便是细小的失误也会招致嘲笑和批评。演员赫格洛科斯曾因念错了一个词音而给挑剔的雅典人留下了嘲弄的笑柄。[61]

由于佩戴面具,演员的面部表情难以为人察觉,因此不是表述情感的重要手段。所以,除了声音,演员必须注意运用自己的身姿、动作和步态等来表现作品的力度,体现戏剧的魅力。宽阔的场地和较远的观看距离决定了演员的动作必须舒展、简练,既要有所夸张,又不能使人产生生硬、僵涩的感觉。一般认为,悲剧演员的表演(说、唱、动作等)具有某种程式化的特点,含带某种独特的表现功用,富于象征的意味。和诗人一样,悲剧演员在社区中享有良好的声誉,其中的佼佼者理所当然地受到人们的尊敬。[62]

(八) 服装面具

古希腊悲剧中人物穿用的服装主要有 chitōn(不带袖子的衬衣)和披篷两种。披篷分长、短两式,分别叫作 chlamus 和 himation。Chitōn 用一块布料做成,披篷更为简易,实际上只是大片的披裹织物。至迟在公元前五世纪初期,具有东方色彩的长袖图纹衫袍开始出现在古希腊悲剧戏台上。一般认为,长袖衫袍多为神祇、外国人和神职人员的着装,传说和故事中的人物大都穿用传统的衫衣和披篷。[63]戏台上的妇女(由男子扮演)一般穿用裙袍(即长至膝下的 chitōn),只有狄俄尼索斯的祭司例外,她们的 chitōn 只至胯下膝上。

承认演员的服饰具有某种程度上的定型特点,并不等于否认诗人(即剧作家)有根据需要进行"变通"的自由。在欧里庇得斯的《阿尔开斯提斯》里,"死亡"全身漆黑,看了让人不寒而栗。在索福克勒斯的《菲洛克忒特斯》和《俄底浦斯王》里,主人公形容不整,衣衫褴褛。埃斯库罗斯的《复仇女神》(或《善好者》)在渲染恐怖方面或许超出了常规:他的歌队成员如妖似怪,致使观戏的妇女中有数人当即流产。少数剧作中或许还出现过一丝不挂的演员,这在崇尚人体美的古希腊或许不足为怪。悲剧歌队的服饰亦可因剧情的需要有所变异,但一出戏中的同一支歌队的成员一般穿用同样的服装。

悲剧演员穿着的脚靴(kothornos 或 kothornus)款式多样,但一般均呈筒袜之状,薄底,及至小腿顶端,有的在内侧设置开口,有的在靴口缝制花边,左右脚可以混穿。萨图罗斯和狄俄尼索斯的女祭司们通常光脚,演员和歌队成员有时亦不穿脚靴。

古希腊面具连带头发,可以展示各种发型,有的还带有胡须,可供饰演老人和留须角色的演员使用。悲剧面具的部位比例摹仿人的容貌,一般不作大的夸张,双唇微启,表情端庄、自然,但也有例外。在公元前五世纪,除了管箫吹奏者外,所有的演出者均佩戴面具。变换面具是一位演员在一出戏中串演不同角色的主要手段。至于悲剧演员是否使用"角色面具"仍是个有争议的问题,但我们似乎有理由假设个别剧作家或许在这方面做过尝试。面具的颜色可能因性别、年龄而有所不同。从瓶画上看,女子的面具多为白色,而萨图罗斯的面具则以红色为主。

公元前五世纪后,悲剧服饰开始朝着"理想化"的方向发展。为了使人物显得高大魁伟,设计者们加大了面具的尺寸,强化了人物的表情,加厚了脚靴的底部,垫高了演员的双肩。高筑的演出场地(即戏台)和"拔高"了的人物形象,使剧场和演出景观的空间比例更趋和谐。

萨图罗斯剧的歌队成员们一般系戴山羊皮的遮挡,前面是自然形状的勃起的生殖器模型,后面摇动着像似马尾的尾巴。从瓶画上看,人体的其他部分裸露,但在剧场里,扮演者可能穿着肉色的紧身衣衫。他们通常鼻子扁平,须发黑乱,双耳尖翘,形似马耳。作为歌队的领队和萨图罗斯们的父亲,塞莱诺斯身披多毛的兽皮,外加一双羊皮的裹腿,戴一张胡须虬杂的面具,头发灰白,顶着两只兽耳。一般认为,萨图罗斯剧演员佩戴的面具和悲剧演员的没有太大的区别。

（九） 音乐和舞蹈

音乐是希腊戏剧不可分割的部分。对古希腊人来说，没有音乐和舞蹈的戏剧是不可想象的。音乐"伴和"人物的朗诵，在歌唱中起着为语言增色、强化语言的感染力的重要作用。在演出中，只有人物的"讲话"（用三双音步短长格）通常无须音乐的伴奏。悲剧的伴奏乐器并不复杂，通常只是一支阿洛斯（aulos，即管箫）而已。⑭管箫发声尖利，穿透力极强，能在偌大的露天剧场里伴和十几个人的高歌而不致被声浪吞没。瓶罐陶器画所示的 aulos 较多呈双管状，这无疑是为了增加可供吹奏者选用的音符。有专家估计，至公元前五世纪，管箫吹奏者手头或许已有十五或十六个音符供他"调兵遣将"。

古希腊音乐以调喻情，因此在很大的程度上不同于西方的现代音乐，而更接近于印度乐曲中的"拉伽"。在柏拉图看来，只有多里亚调和弗鲁吉亚调才适合于自由人的耳朵，而鲁底亚调和伊俄尼亚调则通常缠绵悱恻，所以应该予以限制。⑮根据音乐理论家阿里斯托克塞诺（Aristoxenos，约出生在公元前 370 年左右）的分析，崇尚勇武精神的多里亚调和激情澎湃的米克西俄—鲁底亚调是最适合于悲剧的曲调。他认为索福克勒斯是第一位将适用于狄苏朗勃斯的弗鲁吉亚调引入悲剧的作家。在公元前五世纪，作曲通常是诗人的事情；以后，管箫吹奏者似乎逐步担负起此项任务，但史料中并没有确切的记载。此外，管箫吹奏者还兼任合唱的"指挥"。⑯及至欧里庇得斯生活的年代，悲剧音乐渐趋繁杂，音程五花八门，尖利的音响冗长不绝，常常模糊词语的收听。这或许亦是公元前四世纪歌队的作用趋于衰微的原因之一。

和音乐一样，希腊悲剧中的舞蹈含带浓厚的伦理色彩。舞蹈表现人的性格、志向和气质，反映不同阶层的人们的生活观。古希腊人认为,舞蹈的核心是节奏。因此,作为一种艺术形式的舞蹈不仅仅局限于腿脚的运动。富有节奏感的动作(如摹拟等)同样具备舞蹈的性质。在剧场里,舞姿经常配合话语展开,包含象征的意味。

在公元前四世纪,人们开始用 emmeleia 一词形容悲剧中的舞蹈,表示崇高、典雅与和谐的意思。当然,歌队的舞蹈多种多样,有的表示喜庆,有的表示迷狂,还有的表示激奋,很难用"崇高"和"典雅"等几个词汇一言以蔽之。[67]

(十) 观众

节日期间,演出一般从清晨持续到黄昏甚至夜幕降临。市民们通常先在家中饱餐一顿,然后带着酒、甜点和水果,兴致勃勃地走向剧场,有的还头戴花环。观众主要由市民组成,包括男孩和妇女。奴隶似亦可随主人入场,但人数不会太多。为了使穷人亦有看戏的机会,伯里克利于公元前450年前后设立了"戏剧基金"。公元前五世纪或许已有凭票入场的制度,但古文献并没有为我们提供直接的证据。公元前四世纪下半叶,除了由城邦掌握的保留席位外,所有的座位均以每席两个奥伯尔的低价出售。

多数观众看戏(尤其是悲剧)相当投入。据希罗多德记载,弗鲁尼科斯的《攻占米利都》曾使观众潸然泪下。[68]对爱看的情节或优美的台词,观众常常报之以雷鸣般的掌声和呼喊,而对不爱看或拙劣的表演则报之以尖利的嘘声,甚至出现哄赶剧作家和演员的事例。关于剧场内的喧闹景况,柏拉图在《国家篇》和《法律篇》里均有提及。[69]据说为了躲开观众的声讨,埃斯库罗斯曾逃往祭坛边"避难"。剧场中偶尔也出现打斗现象,但参与闹事的观众一般会受到法律的制裁。

至公元前四世纪,观众的喜恶已在较大程度上影响了对作品的评判。对剧作家和演员为迎合观众的趣味而降低作品标准的做法，柏拉图和亚里士多德都曾表示过不满。[70]观众的审美情趣高低不一，对作品的评价意见纷纭；议论戏剧是市民们日常生活中的趣事。公元前四世纪中叶以后，观众对演员的要求呈抬高的趋势，评论相当挑剔。

（十一） 作品的入选和评定

在古希腊，戏剧比赛是一种由城邦规划和参与资助的社区行为。希望参赛的剧作家们必须事先向执政官（archōn）提出要求拨予歌队的申请。Archōn 的具体做法我们不得而知，但他或许至少会召请一批懂行的人员，并让每一位剧作家依次在他们面前念诵一段作品。[71]下届比赛的参赛作品一般在本次比赛后的一个月内裁定，从而使参赛的各方有较多的时间进行准备。Archōn 是歌队赞助人的指定者。早先，歌队由剧作家负责教练；以后，此项工作多由有经验的专业人员承担。城邦负责修缮剧场，准备奖品，支付演员或许还有剧作家的薪金。[72]

比赛的参评人员通过保密系数很高的程序选定。参评的候选人员来自十个村社。刻写他们名字的小薄片被分别放入十个瓮罐之中。在比赛的当日，执行人员从十个瓮罐中分别取出一个名字。演出结束后，十位被抽签挑中的评判者分别写出对参评作品的裁决，但十份"裁决"中最终只有五份能够成为决定结果的依据。或许是有感于评判的不够公正，柏拉图曾提醒有关人员不要被观众的情绪所左右。[73]获胜诗人的奖酬是一个用常春藤编织的枝冠，但或许亦有钱财方面的收益。

注　释

① 详见 Gilbert Murray, "Excursus on the Ritual Forms in Greek Tragedy", in Miss Jane Harrison's *Themis* (Cambridge, 1912), pp. 341—363。里杰威教授持另一种意见，认为悲剧发轫于古代的英雄祭祀，相关仪式一般在墓前举行（现存的悲剧中有这样的场景；详见 William Ridgeway, *The Origin of Tragedy*, Cambridge, 1910)。

② 细读亚里士多德《诗学》第三、四、五章。

③ 从分析早期悲剧的抒情诗(或唱段)中的语言可以看出,多里斯人似乎确实为悲剧的发展做出过贡献。就总体而言,悲剧的用语属于阿提卡方言,虽说其中仍有不少属于史诗用语(来源于荷马的影响)和伊俄尼亚方言的成分。

④ John the Deacon, *Commentary on Hermogenes*, edited by H. Rabe, Rhein Mus. 63 (1908), p. 150。

⑤ 希罗多德《历史》(即《希波战争史》)5.67。不久后,裴西斯特拉(Peisistratos)在雅典采取了类似的做法。

⑥ 一些不甚可靠的记载(如《舒达》中的记叙)把厄庇革奈斯列为最早的悲剧诗人,并将忒斯庇斯的排名降至第十六位。

⑦ 详见 T. B. L. Webster, *Dithyramb, Tragedy and Comedy*, Oxford; Clarendon, 1962, p. 101。

⑧ 据埃尔斯(G. F. Else)考证,Thespis 或许是 Thespios(神圣的诵说)或 thespioidos(神圣的歌唱)的缩略形式。荷马曾两次使用 thespin aoidēn(神圣的诗歌,《奥德赛》1.328, 8.498)这一短语,分别指对德摩道科斯和菲弥俄斯的唱诵。参考 G. F. Else, *The Origin and Early Forms of Tragedy*, Cambridge(Massachusetts); Harvard University Press, 1967, p. 51。

⑨ 贺拉斯《诗艺》275—277。贺氏的叙述在一些方面或许不甚可信,他似乎混淆了悲剧和喜剧的起源。显然,他所依据的可能是希腊化时期(即公元前三世纪以后)的文献或民间传闻。

⑩ 普卢塔克《梭伦》29。

⑪ 阿塞那伊俄斯《学问之餐》1.22。

⑫ 详见《诗学》第四章。

⑬ G. F. Else,引书同注⑧, p. 53。《诗学》虽然没有提及忒斯庇斯,但却作过如下提示:悲剧的演变以及促成演变的人们,我们是知道的。换言之,在亚里士多德生活的年代,这些是"有案可查的"(详见《诗学》第五章)。

⑭ 第欧根尼·拉尔修《著名哲学家生平》3.56。

⑮ 详见希罗多德《历史》6.21。

⑯ 阿里斯托芬《鸟》748 以下;《黄蜂》220;《妇女的节日》164 等处。

⑰ 包桑尼亚《描述希腊》2.13.6。

⑱ 参赛诗人有时用一出悲剧或内容严肃的剧作代替萨图罗斯剧。从公元前四世纪中叶起,除了在节日的初始阶段上演一出萨剧外,戏剧比赛中一般不再包容 satyric plays。

⑲ 普洛提乌斯是诗人维吉尔和贺拉斯的朋友。

⑳ 埃斯库罗斯、索福克勒斯和欧里庇得斯不仅是著名的悲剧大师,而且也是古希腊历史上仅有的三位有完整及批量作品传世的悲剧诗人。我们期待着日后能有机会对这三位悲剧大师作一次专题研究,进行较为深入的探析。

㉑ 或不到三十(参考柏拉图《会饮篇》198A)。

㉒ 参看柏拉图《普罗泰戈拉篇》305D。

㉓ 详见亚里士多德《诗学》第九章。

㉔ 详见亚里士多德《诗学》第十八章。
㉕ 《妇女的节日》101以下。
㉖ 第欧根尼·拉尔修《著名哲学家生平》2.43。
㉗ 详见《诗学》第十一章。
㉘ 详见《尼各马可斯伦理学》7.7。
㉙ 亚里士多德的分析或许不无道理:"昔日的诗人让人物像政治家似地发表议论,今天的诗人则让他们像修辞学家似地讲话。"(详见《诗学》第六章)
㉚ 《诗学》第一章。但阿塞那伊俄斯则把它当作一出drama,即"戏剧"(《学问之餐》608E)。
㉛ 详见《诗学》第二十四章。
㉜ 亚里士多德《修辞学》3.12。至于开瑞蒙是否有意为之则不得而知。
㉝ 《学问之餐》608D。
㉞ 阿耳基洛科斯 片断77。
㉟ 柏拉图《法律篇》3.700B。
㊱ 阿耳基洛科斯的生活年代或许比阿里昂早半个世纪。
㊲ 希罗多德《历史》1.23。
㊳ 一说比赛在五支成年男子歌队和五支男孩歌队之间进行。年龄在四十岁以下的公民,一般不得担任男孩歌队的 chorēgoi。
㊴ 品达《奥林匹亚颂》13.18。
㊵ 参考亚里士多德《问题》19.15和《诗学》第二十六章。
㊶ 波鲁比俄斯《历史》4.20。
㊷ 这一观点(参考 O. Seyffert, *Dictionary of Classical Antiquities*, revised by H. Nettleship and J. E. Sandy, 1959, p. 559)显然不同于亚里士多德的见解,后者把萨图罗斯剧看作是悲剧的前身。普拉提纳斯的贡献还在于提高或加强了萨剧的文学性。
㊸ 一说全部五出喜剧均在上演悲剧的前一天赛完。如此,赛事须用六天完成。希腊悲剧专家霍根(J. C. Hogan)认为,戏剧比赛历时四天,三天用于悲剧,一天用于喜剧。(见 *A Commentary on the Complete Greek Tragedies: Aeschylus*, Chicago: The University of Chicago Press, 1993, p. 1)
㊹ 《国家篇》5.475D。
㊺ 详见《阿卡尼亚人》241—279。
㊻ 一说得名于 lēnos(酒缸、酒桶)。
㊼ 据考古发现,公元前六世纪的希腊露天剧场为长方形,和克里特的古剧场一样。
㊽ 有学者认为,公元前五世纪末期狄俄尼索斯剧场已完成对 skēnē 的石料改造,但证据似不够充分。
㊾ 详见 O. G. Brockett, *History of the Theatre*, 4th edition, Boston, 1982, pp. 38—39。"戏台",希腊语常作 proskēnion(即 skēnē 前面的地方),有时也用 okribas 或 bēma 表示之。
㊿ 有人认为,戏台的中间亦有一个祭坛。
㊀ 一说可容纳27500名观众。柏拉图所述某次观看阿伽松剧作的人数达到三万

(《会饮篇》175E 以下)一说似不可信。

㊾ 头排席位共有六十七个大理石座椅,其中四十五个专供神职人员使用。

㊿ O. G. Brockett,引书同注㊾,p. 38。大多数希腊悲剧的"行动"在一个地点展开,但一天中上演的几出悲剧往往以不同的地点为背景。此外,有的悲剧(如埃斯库罗斯的《善好者》和索福克勒斯的《埃阿斯》)要求有一个以上的场景。不过,悲剧是某种程度上的程式化艺术,地点的变动只需人物的三言两语即可交代清楚,并不一定非要变换布景不可。

㊋ 详见《诗学》第十五章。

㊌ 换言之,成段的独唱已开始在悲剧中出现。但这么说并不排斥独唱出现在更早期的悲剧里的可能。

㊍ 持不同意见的亦大有人在。

㊎ 一般认为,萨图罗斯剧的歌队成员人数等同于悲剧;旧喜剧的歌队由二十四名成员组成。

㊏ 入场歌由此得名,亦为 parodos。

㊐ 负责此项工作的在狄俄尼西亚是 archōn epōnumos,在莱奈亚是 archōn basileus。

㊑ 有理由相信,在某些剧作里,演员或许使用了假音。有人猜测,扮演安提戈妮的演员或许用假音唱咏剧中的孔摩斯,而更能说明问题的则应该是《奥瑞斯忒斯》中的弗鲁吉亚奴隶,因为他是一个阉人(详见 Leo Aylen, The Greek Theatre, London: Associated University Press,1985,p. 99)。

㊒ 参考阿里斯托芬《蛙》304。

㊓ 希腊戏剧最早起源于祭神的宗教仪式。和古时的祭司一样,悲剧演员头戴面具,在某种意义上继续充当着神与人之间的"中介"。

㊔ 也有人认为,长袖衫袍是悲剧人物(即出现在悲剧"舞台"上的所有角色)的标准着装。他们的立论主要依据公元前五世纪以后的陶器画,同时也掺入了自己的想象。

㊕ 演员的独唱可能由竖琴伴奏。在《善好者》(即《复仇女神》)第 332—333 行里,模样可怕的女神们称她们的歌唱 aphorminkton,即"没有竖琴的伴奏"。由此可见,歌队的合唱似乎偶尔亦可由竖琴伴奏。但此间的 aphorminkton 有可能是一种泛指的说法,意为"没有音乐的伴奏"。非伴奏音乐在悲剧中极少出现。

㊖ 详见柏拉图《国家篇》3. 398E—399A。

㊗ 有史学家认为,剧场内的管箫吹奏者足蹬木履,踏地击拍。

㊘ 关于舞蹈,另参考"歌队"和"萨图罗斯剧"等节段。

㊙ 《历史》4. 21。

㊚ 《国家篇》6. 492B;《法律篇》3. 700C 以下。

㊛ 《法律篇》2. 659B—C,3. 700C—701A;《政治学》8. 1341^{b}15;《诗学》13. 1453^{a}34。

㋀ 细读柏拉图《法律篇》7. 817D。据说索福克勒斯曾在一次"听读"中落选。

㋁ 培训歌队的费用由歌队的资助者(chorēgoi)支付。

㋂ 《法律篇》2. 659A,3. 700C—D。

附录四 论秘索思——关于提出研究西方文学与文化的"M—L模式"的几点说明

古希腊人创用的 λόγος(logos)是个多义词。在讨论并解释该词在公元前五世纪的含义时,当代古希腊哲学史家格思里(W. K. C. Guthrie)用了长短不一的十一个"条目"。① 早在公元前一世纪,logos 已是个国际词汇,古罗马哲人和文论家们熟悉它,出生或生活在以色列、巴勒斯坦、埃及、南意大利和地中海沿岸其他地区的学者及宗教界人士知道该词的主导含义。Logos 指"话语"和借助话语进行分辨的能力,代表"分析"和进行"说理"所必须依循的"规则",显示理性的沉稳和科学的规范,象征逻辑(logikē,派生自 logos)的力量。在《牛津英语词典》(OED)里,logos 是个拥有众多"派生词"的重点词条。同样,在陆谷孙教授主编的《英汉大词典》里,logos 是为数不多的可以用音译直接表示的词汇。② 研究表明,在我国,"逻各斯"早已是一个为学界所认可和接受的规范用语。③

不过,本文的主旨是讨论"秘索思"(参见注㉒),而笔者却以逻各斯开篇,是否有文不对题之嫌?南辕北辙?牛头不对马嘴?非也。作为一个能够到位标榜西方理性主义文化,亦即它的"逻各斯精神"的核心词汇,logos 受到了公元前五世纪以后几乎所有时代的西方学人的重视。对一个如此重要的文化"内核",我们理应在探讨秘索思时予以必要和足够的提及。笔者自己谈论,并且也不反对别人谈论逻各斯;使我们感到担心的,是学界对作为或有资格作为一个与逻各斯互为补充的核心概念的秘索思的长期和习惯性的忽视。与长盛不衰的 logos 相比,同样来自希腊语的 muthos(或 mythos,"秘索思")在被欧洲各主要语言中的"神话"和"神秘"取代后,几乎被打入了无人问津的冷宫,处于"门可罗雀"的凄凉境地。如果应该用两条腿走路,而我们却坚持只用单脚,如果有两个中心概念,而我们却只是反复强调其中的一个,这么做当然可以,但却不一定公正,也肯定不算合理。所以,当着现今东西方某些学者大炒逻各斯的时候,我们似乎有必要为"隐居深闺"的 muthos (须知在此之前,它还没有一个中文的直译名称)讨个"说法",争个"公道"。这一动机的付诸实施将会把学人的思路引向 logos 以外的广阔天地,引向对原有的单一或割裂模式的破坏,最终实现或接近于实现我们的构想,即通过大幅度提高 muthos 文化地位的做法,初步建构起一个可以接纳双向运动的研讨机制,使 muthos 与 logos 并立互补,互为铺垫,牵导理论研究的触角沿着由它们定设的格局朝着西方文学与文化的纵深延伸。不言而喻,这里所说的一切都将无从谈起,倘若我们不能证明秘索思确实是这么一个具有重要意义的成分,确实具备在构架上撑托一种源远流长的文明的能力。鉴于这一认识,笔者愿借本文不算太长的篇幅,力求提纲挈领,多方论证,努力实现把上述设想变为可以接受的论点的目的。本文拟从研析 muthos 的词义入手,在总体上纵向铺开,着力于说明秘索思的本源属性,展现它在组建西方文化和轨导其走向方面所起的极其巨大的作用,揭示其宽广的文学及文化内涵。西方文学和文化是一趟奔驰在 M(uthos)—L(ogos)双轨上的列车,尽管它的重心似乎总在左右摆动,晃晃悠悠地向前开进。认识西方固然不可放过 logos,但似也不应忽略作为一个范畴的 mythos。让我们清除 M

车轨上的积尘,使其像 L 车道一样不被"遮蔽",名正言顺地履行它的义务,实践它的使命。

（一）

马丁·海德格尔说过,语言乃存在之居所。我们认为,语言既是存在的某种意义上的居所,又是打开这一居所之门的钥匙。和 logos 一样,muthos 是撑托西方文化大厦的基石。Muthos（μῦθος）可能与动词 muein（紧闭）同根,④追溯起来,最终可以在印欧语词根 mu（比较古希腊语的 mū 和拉丁语的 mu）里找到它的"祖宗"。Muein 的作用是合拢双唇,以便实施 muō,后者意为"(我)合拢我的双唇"[或"(我)闭上我的眼睛"],⑤时而发出低沉的声音。"闭嘴"不等于简单的无声,而经常是为了浓添宗教氛围的庄重,表示"司仪场合的寂静"。⑥作为一个古老的词汇,my(s)已被迈锡尼王国（约公元前 1600—前 1100 年）的祭司们用于有关的祭祀场合,尽管由于年代的久远,该词的具体实施情况已经很难确切考证。⑦根据执教于哈佛大学的 G. 纳吉教授的分析,mūo 在教仪的"标记语境中"可作不同于常规情况下的解释,意为"我用特殊的方式说话"（或"我用特殊的方式看视"）。这一层意思既包含在 mustēs（入仪者）和 mustērion（神秘、秘仪）之中,也见之于同样派生自 muō 的 muthos 的词义,后者指"特殊的话语","与日常的言谈形成对比"。⑧Muthos 直接或经由拉丁词 mythus（即 mȳthus）进入其他欧洲语言,成为英语词 myth 以及德、法、意、西、葡等语言中相关词语的前身。

虽然从词源上来看,muthos 是个带有某些神秘色彩的词汇,但在实际生活中,它却很少被用于正式的秘仪场合。⑨事实上,在荷马史诗里,muthos 是个中性,即不带伦理和褒贬倾向的词语,并不总是具备"特殊话语"的属性。"眼下,让我们再次念想晚餐",墨奈劳斯对来访的奈斯托耳之子及众人说道,"忒勒马科斯与我可在明晨再谈"(muthoi... diaeipemen allēloisin)。⑩日后,忒勒马科斯寻父心切,告辞出行,虽然墨奈劳斯的口才使他钦服,"我原在此坐上一个整年……你的故事(muthoisin)和谈论(epessi)使我心旷神怡"。⑪在这里,荷马将 muthos 与 epos(词、话语)并用,似乎不带刻意区别词义的用心。荷马并不在乎故事(muthos)的真实与否;在那个年代,人们更为注重的通常是语言(和诗歌)迷人的魅力。生活在公元前五世纪的悲剧诗人们因袭了荷马的传统,有时亦用 muthos 泛指话语(包括故事)。或许,正是看到了这一事实和沿袭了几百年的"雷同",A. J. 库登(Cuddon)将 myth(GK mūthos)解释为"任何说出口的言辞"。⑫在荷马看来,能说会道不仅表明人们驾驭语言的能力(而这是一个受人羡慕的优点),而且还是一位王者所必须掌握的本领。能够在军事首长的议事会上口若悬河,滔滔不绝,能在各种场合里说话得体,是出人头地和跻身英雄行列的必备条件。荷马心目中的王者应是善用语言的辩士(muthōn te rhētēr)和敢作敢为的豪杰(prēktēra te ergōn)。⑬随着岁月的流逝,荷马史诗本身也和(史诗)人物的讲述一起变成了诗人传诵的故事,肩负起教育民众的使命。

然而,库登教授的"定义"尽管言简意赅,却没有点明 muthos 在公元前六世纪末以后所逐渐带上的贬义。事实上,用比较符合理性原则的方式处理和改编神话与传说的进程几乎与荷马史诗的成篇同步展开,较为明显地见之于在生活年代上稍迟于荷马的赫希荷德的创作。公元前六世纪,古希腊的思想精英们继续了赫希荷德的探讨,在接受来自埃及的几何和巴比伦的数学及天文学"触动"的同时,开始逐步实施西方思想史上的一次划时代和影响极其深远的"嬗变"。他们开始抱怨和批评荷马用诗和诗化表述解释一切的做法,逐渐认识到荷马及古代诗人的局限,着意于试图从神话(即 muthos,参考注㉒)以外寻找解释宇宙和自然的途径。泰勒斯提出了"水"乃万物之源的观点;不久以后,阿那克西美尼建议用"气"取而代之。毕达戈拉力主确立以音乐和数学为轴心的释事原则,并打算以此奠定(准)科学宇宙论的基础,巴门尼德则独辟蹊径,首次比较系统地提出了在西方哲学史上占有重要地位的关于存在(on, onta)的学说。所有这一切反映了古希腊学人试图通过理性分析(logos)认知世界的愿望,在认识论领域引发了一场伟大的革命。宙斯和传统神学的统治第一次受到了强有力的挑战,奥林波斯众神的宝座在 logos 的冲击下呈现出摇动的态势。Logos 无须宙斯的络腮胡子,既没有他的用橡树枝盘成的顶戴,也用不着他的烈焰腾腾的炸雷,却依然可以"高高在上,辉煌、威严"。[14]赫拉克利特宣布:永恒的 logos 乃统治宇宙的导因(片断72),世间的一切按 logos 的安排运行(片断1)。Logos 无形,但却永存,威力无比(比较:"道冲,而用之或不盈……湛兮,似或存"《老子·四章》);"别听我的,听从 logos"的指引(片断50)。逻各斯的"登基"催发了科学精神和思辨意识的觉醒,这是西方人所取得的一个历史性的胜利。然而,它的到来或许略显仓促,此外似乎也过早了一些,因为实验科学还没有为理论的宏观抽象打好基础,生产技术的进步也还远没有达到为跨学科的综合性研究提供得出正确结论的水平。古代的天才们只能一脚踏着诗的过去,一脚踏入思辨哲学的门槛。赫拉克利特自然也不能例外。他的 logos 送来了理性与思辨的长风,但也缠裹着朵朵神秘的雾团,让世人难以洞悉堂奥,倒是为连接中世纪的宗教哲学埋下了沟通的伏笔。

强调探索、分析、研究和论证的逻各斯精神的产生,给老资格的神话和依附于诗歌的传统构成了强劲的挑战。在生产力低下、人民愚昧无知的年代,诗(或文学)与神话是合二为一的祖传之宝。琐罗亚斯德教的信徒们把《阿维斯塔》奉为"圣经"。这部广为传诵的经典不仅是一册"宗教文献",而且还是伊朗部族"最古老的文学"。[15]同样,对于古希腊人,"诗与神话(myth)是可以互换的用语"。[16]在《斐德罗篇》里,苏格拉底构思了一段"神话诗颂",并随之称它"富有诗意"。[17]祭司、先知和诗家都是通神的能人(enthousiōntes);[18]在《伊安篇》534 里,柏拉图间接地点明了三者的共性。传统的荷马文化用诗化的朦胧隐罩世界的理性内核,用文学的光怪陆离误导人的想象,把假定的神的意志强加给极易被诗乐和通俗宗教迷惑的民众,诱导人们将宙斯的定夺奉为"标准"和不受挑战的"导因"。很明显,在公元前六世纪至公元前五世纪的许多希腊人看来,传统的诗歌文化是形成神话(秘索思)的温床,是用想象或遐想取代求索的典型,是试图用虚假取代真知并使人沉湎于幻觉之中的诗情画意(叔本华会说,此乃文学的现实;鲍德里亚会把这看作是语言符号的魅力)。于是,在一些人的心目中,过去通常被当作中性术语的 muthos 开始带上了"虚假"、"虚构"和"不真实"的贬义;muthos 的"故事"(即"神话")含义被人们作了反向引申,使它的潜在的负面效应变成了渐为人知的事实。闪电不是宙斯的炸雷,地震也不是波塞冬的杰作;所有的物理现象都可从"自然研究"中找到符合理性原则的答案。[19]Logos 对世界的重新解释破坏了 muthos 的信誉,严重地削弱了后者昔日的权威。当然,logos 与 muthos 的抗争决非两个希腊词汇之间简单的碰撞。逻各斯代表新生的科学意识,秘索思则代表陈旧的宗教观念;逻各斯象征哲学的明晰和散文(logos)的简洁,秘索思则象征诗的模糊和格律文的繁琐;逻各斯鼓励人们进行解析、归纳、说理、创新,秘索思则反其道而行之,崇尚守旧,不图进取,僵化人的思想,阻滞思辨取向的形成。逻各斯和秘索思代表了西方文化中的两种传统,集中反映了西方人对宇宙和生命的两种不同的理解,概括了两种对立和互补的思路。柏拉图可以把诗与哲学看作是"长期抗争"的对手,[20]尼采也可以把悲剧的诞生形象地比喻为狄俄尼索斯的放荡与阿波罗的严谨的结合。[21]在所有诸如此类的表述的深层(尼采的提法宜另当别论),我们看到的是秘索思与逻各斯的较量,看到的是两股"原力"之间的拼搏。

秘索思的内容是虚构的，展开的氛围是假设的，表述的方式是诗意的，指对的接收"机制"是人的想象和宗教热情，而非分析、判断和高精度的抽象。在公元前五世纪，秘索思仍可指"话语"、"言谈"、"故事"、"见闻"、"传说"和"神话"；所不同的是，人们在使用该词时往往会把它放入一个特定的语境，或明或暗地把它当作是一个与逻各斯形成对比的词项。[22]

（二）

Logos 试图取代 muthos 的努力引发了西方认知史上第一场旷日持久的启蒙运动，其影响涉及政治、社会、宗教等领域，强烈地震撼了人们的思想。[23]诗人赫希荷德生活在一个呼唤法律与和平的年代，[24]他比荷马更深刻地理解日常生活的艰难。或许是先行看到或感悟到了逻各斯的力量，这位像荷马一样用六音步长短短格写作的诗人讲述了一则"五个种族"的故事，并说这是一个 logos（可作"蕴含哲理的叙述"解），要求听取的对方把它"铭记在心"（eni phresi）。[25]公元前六世纪，诗人哲学家塞诺芬尼对荷马的多神论和"拟人化"描述进行了不留情面的抨击。与此同时，大都用散文体写作的自然哲学家、历史学家、医学专家和广义上的学问家们几乎"一哄而起"，借助逻各斯的精密直接或间接地驳斥了秘索思的荒唐。作为高等教育家的智者（sophistai）当然也不会甘于寂寞，失去广收学费的良机。他们也举起逻各斯的旗帜，对神话和诗化传统发起猛烈的攻击。普罗泰戈拉很少引用诗人的语句，而高尔吉亚的写作虽然诗味浓厚，却更多地显露出修辞的锋芒。他的说教和实践代表了学界风尚的由尊崇"mythos 的传统朝着人文和理性方向的转变"。[26]

历史（historiē, historia, 解作"游记"亦未尝不可）[27]是早期散文或非格律文写作中的一个重要门类。早期的历史学家们是 logos 在人文领域的主要传播者。泰勒斯的同乡、米利都人赫卡泰俄斯是一位出色的地理和民俗学著述家(logographos)。他曾漫游小亚细亚,去过埃及,写了一部《导游》(或《世界游》)。㉘在他的第二部著作《家谱记》(或《英雄家族记》,*Hērōlogia*,后人亦称之为 *Historiai*)里,赫卡泰俄斯追溯了"神的后代"的家谱,对神话和传闻采取了批判与筛选的态度:"米利都的赫卡泰俄斯声明,由于希腊故事为数众多,而且在我看来内容荒诞,我将以自认为合宜的方式记叙。"㉙不错,《英雄家族记》肯定还只是一部"mythographic work",㉚但似乎有迹象表明,赫氏在著述里有意识地削减和限制了神的参与。㉛几十年后,被西塞罗誉为西方"历史之父"的希罗多德公开打出了 logos 的牌子,表示了赞同调查、求真和写实的治学取向。他称自己的作品为 logos,称其中的部分为 logoi。与此同时,他把某些源远流长的神话(如荷马所说的俄开阿诺斯乃一条环绕大地的长河等)归入了 muthos。㉜希罗多德强调了写作"历史"的目的,那就是探寻导发希波战争的原因(hēn aitiēn)。㉝Logon didonai(提供解释)是那个时代的学人们试图和力图遵循的治学原则。㉞希罗多德重视实地考察,对材料进行了去粗取精式的遴选,适时地纠正了某些明显出自臆想的荒唐。他曾亲自沿着尼罗河的水浪行走,㉟也曾宣称不信斯库西亚以北住着羊脚人的怪诞说法。㊱"希腊人中流传着许多经不起推敲的故事",比如有关埃及人杀祭赫拉克勒斯的传闻。"在我看来,传讲这个故事的人们对埃及族民的秉性及其习俗一无所知。"对于埃及人,使用动物祭神尚为亵渎,"何谈祭杀活人?"㊲

希罗多德试图让 historia 挣脱 muthos 的罗网,但哺育他成长的荷马文化却使他不可能像一位现代历史学家那样,用科学和就事论事的方式记叙史实。荷马史诗和悲剧诗人的构思仍在相当大的程度上影响和制约着他的写作,神话、故事和五花八门的传说仍然是他创作的源泉。《论崇高》的作者称他是一位"最具荷马风范"的著述家。㊳与希罗多德相比,年龄上大约小他一辈的修昔底得似乎更清醒地意识到了历史作为一种记叙艺术的作用,因而更明晰地划清了 logos 与 muthos 之间的界限。㊴修昔底得肯定读过希罗多德的《历史》,并倾向于把这位颇具悲剧诗人气质的同行看作是一位还不够严谨的广义上的历史学家。修昔底得劝告读者接受他的结论,不要听信"诗人们(poiētai)夸张性的描述和散文作家(logographoi)的记载",因为他们不顾事实,只是为了讨好(即取悦于)听众。㊵不难看出,修氏在此影射了希罗多德的叙事风格。接着,他批评了《历史》中的两个"所谓的'错误'"。㊶修昔底得承认,由于缺少 muthos,即"故事"(to muthōdes)的点缀,他的作品可能读起来乏味一些;但是,对于那些想要了解过去和将来的读者,一部立论严谨的著述将使其颇有收获。修昔底得决心着力于揭示历史发展的规律(因此他拒绝神话或诗化式描述),使他的论著成为一部"彪炳千秋的力作"(ktēma te es aiei)。㊷历史是一门严肃的学问,它需要逻各斯的精密,需要知识(epistēmē、technē)的指导。为此,它必须剔除诗的轻浮,必须——在修昔底得看来,排除秘索思的干扰。

面对逻各斯的进逼,秘索思只能在文理科的各个领域全线"后撤"。展开正面冲突,进行对具体问题的局部和实验式的论证,不是秘索思的强项。秘索思似乎必须承认逻各斯的力量,容忍它的存在,同时也要看到自身的不足,以避免既有局限的扩大。昔日以创编秘索思见长的诗人,其时也跟上了历史的步伐,以他们的方式推动着弘扬逻各斯精神的时代潮流。埃斯库罗斯关心理性与"必然"(anankē)的合作,在《普罗米修斯》(三连剧)和《奥瑞斯提亚》里形象地描写了理性原则对粗野与蛮横(hubris)的"统合"。索福克勒斯坚信神力不同于机遇或"偶然"(tuchē),强调了象征规律的神谕的正确。和索福克勒斯一样,欧里庇得斯也曾深受智者的影响,仰慕逻各斯的力量,和一批同时代的悲剧诗人一起开创了写作颇具智辩风格的大段演说词的先河。在公元前四世纪,接受高深的修辞训练几乎是所有悲剧诗人的愿望。

品达以擅写长句闻名,他的隐喻难懂,可以像晦涩的谜语一样让人绞尽脑汁。然而,他也有头脑清醒的时候,在处理秘索思与逻各斯的问题上,这位才华横溢的抒情诗人似乎比悲剧作家们更准确地把住了时代的脉搏。品达不满古代诗人(或神话的编制者)对神明的亵渎:坦塔洛斯曾杀子款待神明,而黛弥忒耳竟于悲痛之中吞咽了一口人肉。品达认为,诸如此类的故事(muthoi)充斥着"精心编制的虚假"(pseudesi poikilois),旨在欺世盗名,"超越了真实的叙述"(huper ton alathē logon)。[43]他表示要纠正前辈诗人的错误(antia proterōn),[44]在《奥林匹亚颂》1里改写这段故事,暗示他的叙述将是一个真实的logos。品达拒绝接受有关赫拉克勒斯在普洛斯大战波塞冬、阿波罗和哀地斯的传说,声称"辱骂"神明是一种"可恨的小聪明"(echthra sophia)。[45]荷马所说的并非全都可信,他对俄底修斯的称颂"言过其实"。[46]在指责荷马方面,塞诺芬尼无疑显得更加锋芒毕露,[47]但就涉及logos与muthos的比较而言,品达的敏锐似乎给人留下了更多回味的余地。

如果说品达侧重于对神话或故事的优化,喜剧诗人阿里斯托芬则似乎更想在对"叙述"的划分上做点文章。在《黄蜂》里,剧作家描写了老头菲洛克勒昂与儿子贝德鲁克勒昂之间的一段有趣的对话。儿子动问关心公众事务的老子,问他是否能讲几则适用于体面场合和内容高雅的故事(logoi)。菲洛克勒昂随即开口,举出例子:恶女拉弥娅被抓后连放臭屁……卡耳多比昂……。贝德鲁克勒昂打断父亲的叙述,纠正道:"不要讲述神话(muthoi),我要你讲说人间的事情……在家里说的那种。"菲洛克勒昂再次理解出错,以为儿子要他说个寓言逗乐:"从前,有一只老鼠和一只白鼬……"[48]儿子有意让老子讲述有关生活中"常人"的故事,而菲氏则先用神话,继而又用寓言(亦是传统文学中的一个支项)搪塞,闹了个不大不小的笑话。此段剧情表明阿里斯托芬有意区分两类"故事","one human and the other mythical"⁴⁹——换言之,一类更接近于 logos,另一类则是基本出于虚构的 muthoi。当然,只要是诗人就不可能完全摈弃 muthos,否则就等于彻底取消虚构,抹掉文学。这应该不是阿里斯托芬的初衷,也不是品达和其他诗人的心愿。然而,在公元前五世纪,至少在某些诗人中似乎已经达成两点"共识":(1)故事是可以优化的,经过优化即理性化处理的故事可以表述正确或正面走向的"观点";(2)故事是可分的,而那种包含一定哲理和论证性较强的有关人和生活的谈论,已经得到了一些市民的青睐。

应该指出的是,muthos 和 logos 并非两个总是互不相容的"死对头"。Logos 可以表示"思考",即内心的独白(古希腊人将此理解为人与自己心魂的对话),欧里庇得斯在《美狄娅》第 872 行里的表述显示了这一传统。格思里教授在讨论 logos 的一条词义时指出:"同样,在荷马的《伊利亚特》1.545 里,muthoi 也指'内心的想法'。"⁵⁰ 地理和历史学家赫卡泰俄斯称自己的写作为 muthos(他用了动词 mutheomai),而把他不打算接受的别人录写的"故事"归为 logoi。⁵¹ 品达似乎倾向于把好的(或合适的)muthos 等同于 alathēs logos;也就是说,logoi 可以包含某些 muthoi。上文提及的菲洛克勒昂的误会,实际上亦由贝德鲁克勒昂有意识地利用了 logoi 的大涵盖面的词义所致:对时尚显然不如儿子敏感的父亲凭老经验办事,将 logos 误解成了 muthos。Muthos 已经带上了贬义,这一点没有问题。但是,即使迟至公元前四世纪,在一些无须突出对比的上下文里,著述家们仍可无所顾忌地"等义"使用二者,尽管这么做可能在读者的心目中引起误会。

（三）

公元前四世纪是古希腊历史上的一个集大成的时代。走在这一时代前列的是两位出类拔萃的学问大师——柏拉图和亚里士多德。柏拉图的研究具备承前启后的性质。他强化了前辈学人对 muthos 与 logos 的区分，此乃承前；他的论述为亚里士多德的形式逻辑（logikē）奠定了理论基础，为文理科领域内学科体制的创立铺平了道路，此乃启后。M. L. 摩根认为，柏拉图看到了神话（myth）与论述（logos）的不同。[52]L. 柏里松指出，柏拉图从语义学的角度出发考察了这两个词汇，基本上确定了各自的所指范围。[53]P. 维纳肯定了 muthos 与 logos 的"分工"，在《希腊人是否相信他们的神话？》一书中写道：自柏拉图起，muthos 开始成为指称"神话"的专门术语，而 logos 则带上了更多"理性的"和"哲学的"言外之意，从亚里士多德的逻辑抽象走向圣约翰的"福音"。[54]柏拉图认为，muthos 既是话语（logos）中的"部分"，又是一个可以与 logos 并立的相对自足的表义"成分"。在讨论对儿童的教育时，柏拉图沿用了传统的观点，即指出教育的"手段"分两种，一种是诗乐（mousikē），另一种为体育（gumnastikē），前者调养人的心魂（psuchē），后者强健人的体魄（sōma）。[55]接着，柏拉图使用了 logos 的广义："你说的诗乐包括叙述（logous），对吗？""是的。""叙述分两类，一类是真实的（alēthēs），另一类则是虚假的（pseudos），对吗？""是的。"然而，二者虽有真假之分，但却不可偏废；教育"应以虚构的（故事）开始"。[56]在这里，柏拉图笔锋一转，将"虚假的"与"真实的"并立使用，使二者在"名分上"具有了同等重要的地位。"我们先用故事（muthos）教育儿童"，[57]至于 logos（说理、分析）——假如读者愿意依据上下文推测——可在教育的第二阶段中实施。作为一个整体（to holon），muthoi 是虚构的（所以是"假"

的),但也包含真理(alēthē)。⑱

故事(muthos)包含有限的 alētheia,却并不等于真理。柏拉图不会把荷马史诗"整体地"视为真理,否则他将无法解释为何对它进行了如此严厉的批评。柏拉图大概不会反对我们的"引申":秘索思若想真正做到与逻各斯平分秋色,就只有最大限度地展示自己表述真理的潜能。秘索思是教育儿童必用的初级教材,但教育者却不能不分青红皂白,一概用之。事实上,柏拉图随即对传统诗歌进行了猛烈的抨击,⑲决心把除了颂神诗和赞美诗以外的诗文逐出邦国。⑳秘索思是虚构的,所以国家必须规定和审查诗人进行虚构的方式,使之服务于教育的目的;秘索思可以包含真理,也有糟粕以外的精华,所以理应受到哲学家的重视,对其实行改造(包括创新),以便为哲学的拓展开辟另一条途径。这,或许便是柏拉图对待和处理秘索思的两点基本态度。我们将在下文中谈到,在开发秘索思的潜能方面,柏拉图的努力既为中世纪神学的盛行借来了东风,也为近当代西方学人提供了一个成功使用秘索思的范例。柏拉图的研讨,加之对荷马(即传统的诗歌)文化的批评,使 muthos 与 logos 的对垒变得更加泾渭分明。㉑秘索思(诗、神话)是古老和不真实的"谎言"。在它的对面,生机勃勃的逻各斯方兴未艾,以一个背靠哲学和辩析的后起之秀的架势,虎视眈眈,威胁着秘索思的生存。在公元前四世纪末,秘索思的地位已经江河日下,今非昔比。人们已把秘索思贬为"玩笑",当作"老妪的趣谈"。㉒"Myth is left behind",㉓已被飞跑的逻各斯马车抛在后头,像一位不再走红的歌手,失去了昔日的风采。

(四)

秘索思难道真会就此作罢,退出历史舞台?一位在荷马时代叱咤风云的"英雄"难道真会偃旗息鼓,在盛气凌人的逻各斯面前认输了结?不。一个曾经长期主导西方文学与文化的核心成分不会轻而易举地消失,不会因为另一个核心成分的突起而成为历史的垃圾。逻各斯可能暂时占据了主导地位,但这并不等于像一些西方学者所以为的那样,意味着 muthos 现象的终结。不过,逻各斯的进逼确实来势凶猛,不可小觑。事实上,就连柏拉图这样的在著述中广泛和大量使用秘索思的诗人哲学家,也不得不在理性主义的威逼下"退避三舍",在沿用和创编神话(或故事)时玩起了"暗度陈仓"的把戏。柏拉图既是传统的诗歌文化的批判者,又是它的改编者和某种意义上的"新神话"的创作者。由于 muthos 名声不佳(这里面自然也有柏氏的功劳),所以在使用故事时,柏拉图往往会冠之以 logos 的美名,以此提高"趣谈"的文化品位。比如,在《美诺篇》里,为了"证明"心魂不灭,苏格拉底转述了品达讲过的故事,并说诸如此类的叙述是"真的"(alēthē)和"好的"(kalon,即"美的")。㉔尽管这个故事采用了神话的形式,但在柏拉图看来,这是个 logos alēthēs(真实的叙述),"不是 muthos"。㉕同样,在《高尔吉亚篇》里,柏拉图采用了混合 muthos 和 logos 的做法,所不同的是,这一回作者使用了主要由他本人创编的故事。苏格拉底称之为 logos,而且还是一个"mala kalou logou"(一段很好的叙述)。㉖柏拉图知道,公元前四世纪的读者会倾向于把他的故事纳入 muthos 的范围,所以他特别让苏格拉底对卡利克勒斯强调:"我想你会以为这是一个故事(muthon),但我却认为这是一段叙述(egō de logon)";我会让你明白,"这是真理"。㉗

柏拉图可以用 logos 指称他所编写的故事,但却不能改变神话的本质。Muthos 依然存在("对话"中的神话也还是神话),只是戴上了一顶 logos 的桂冠。不仅如此,由于柏拉图的改造,还使得神话摇身一变,像似镀上了一层思辨的赤金,与过去的对手(即哲学)紧紧地牵起手来。柏拉图发展了祖传的结合 logos 与 muthos 的叙事手法,升级换代了巴门尼德和恩培多克勒的混用哲学化和诗化的拿手好戏。《斐多篇》借

logos(说理、分析)开篇,以 muthos(故事)收尾;⁶⁸《会饮篇》交叉使用了抽象和形象的"叙述";在重要的《国家篇》里,柏拉图把诗与哲学的结合推向极致,创编了一部新时代的"神话"。⁶⁹秘索思恰到好处地配合了逻各斯的展开,完成了仅靠逻辑(by logic alone)难以完成的学问体系的组建。⁷⁰我们同意耶格尔教授的分析:"柏拉图神话的精妙在于它与逻各斯的合作,服务于一个共同的目的。"⁷¹故事(the myth)比论述(logical arguments)更能给人留下深刻的印象,成为代表柏拉图全部著述和思想的"象征"(symbol)。⁷²柏拉图把 logos 引入了 muthos,又用 muthos 画龙点睛般地突显出 logos。秘索思依然存在,它分享逻各斯的精密,掩饰思辨的短缺。柏拉图使古老的秘索思获得了新生。⁷³

如果说在文本的结构设置方面,柏拉图为秘索思扫除了与逻各斯合作的障碍,那么,在文本的内容配置方面,他也以同样老到的功力为神秘主义在理性时代的生存开辟了空间,打通了神学与哲学之间的关节。柏拉图远不是一位彻底的理性主义者。从某种意义上来说,他是一位放荡不羁的诗人,一位想法奇特和古怪的神秘主义者。在他看来,真正的哲学家应该像一位虔诚的入仪者(teletēs),像一个经常参加 mustērion(秘仪)的宗教狂。哲学家是巴科斯的(为数不多的)最忠实的信徒(bacchoi)。⁷⁴在《会饮篇》里,柏拉图把心魂向绝对美或美之形的靠拢看作是进入秘仪的过程。⁷⁵真正的美德(aretai)是自愿接受"某种净化"(katharsis tis),而思考(phronēsis)则只是实施净化的工具。⁷⁶柏拉图不仅接受了诗人奥菲俄斯(Orpheus)的灵魂转世"学说",而且还由衷地赞同哲学家泰勒斯有关"神灵无处不在"(panta plērē theōn)的泛神论思想。这就等于承认"任何事物都具有心魂",包含某种"神秘的活力"。⁷⁷柏拉图有时也谈论单一的神明,并且似乎有意识地在 theos(神)与 idea agathou(善之形,等于美之形)之间暗示了某种"等号"。然而,他始终没有用明晰的语言解说这一问题,而是巧妙地依赖于诗意的朦胧,满足于"不说"(arrhēton)或不予说透的神秘。《蒂迈欧篇》宣称神工(dēmiourgos)创造世界,但同时也作了留有余地的"注脚":宇宙的父亲和制作者难以寻找;即便能够找到,我们也无法公开解说他的性质。[78]善之形"住在天上",理想国也不在人间——它存在于 logoi(语言)之中,[79]既非现实,也不等于实践。[80]正如智慧、意志和信仰是组成基督世界的三种成分,logos、ethos 和 mythos 构成了柏拉图哲学的"中坚"。[81]

(五)

基督教的产生及其在罗马帝国的逐步"确立",中止了西方历史上第一个崇尚非功利性的哲学研究和旨在从自然中寻找生命及宇宙之起源问题的答案的、背靠古希腊文化并以它的展开为实际内容的时代,开辟了一个以系统神学为背景、以信仰为主导、以秘索思为叙事核心的宗教气氛极为浓烈的新纪元。《圣经》或许是一部接收面最广的宗教文学作品,是全世界有史以来最"畅销"的小说。《宗教和哲学词典》的编纂者称《圣经》为"a literature","not a book";[82]《希腊文学简史》的作者将"基督教文学"列入了专节讨论,并说该文学(literature)的鼎盛时期为公元一至五世纪,由大量的作品组成。[83]当然,literature 有广义与狭义之分,但《圣经》的文学性之强,诗意之浓和涵盖的文学门类之广,当是不争的事实。在结构上,《圣经》由宗教化(因而带有严重虚构倾向)的历史(《旧约》追溯了以色列民族的历史)、讲述耶稣生平的故事(以《新约》为主)、诗歌(如《圣咏集》、《雅歌》)以及众多的格言、比喻、训导和寓言组成。《圣咏集》含 150 首诗歌,是一部"诗辑",中国的基督教徒们称之为《旧约》中的"诗经",是该经典中最受教徒喜爱的"圣言"。《圣咏集》的作者并非一人,但无疑都具有很高的诗文造诣,他们的创作涉及当时的人们所熟悉的五个诗歌门类。赞美诗歌颂天主的威严、全能、忠信和慈爱;咏史诗申述天主制定的法律(立法是以色列人的强项),主张惩恶扬善;预言诗赞叹未来之王默西亚,描述他的"神国"的辉煌;抒情诗表述教民们对天主的感激与热爱;哀怨诗则抒发他们的悲伤之情,为以色列民族所遭受的痛苦诉怨。

诗乃文学中的极品,是最能体现秘索思的"想象力"的工具。《圣经》中的"雅歌",希伯来文的原意为"歌中之歌",可作"最美的恋歌"解。⁶⁴《雅歌》以"幕"的形式划分,"幕"中含"章","章"中是人物(主要是"新娘"、"新郎")的对话,颇有戏剧的情趣。《雅歌》抒情、飘逸,文句如玑珠串联,写得似山花烂漫:

　　新娘:君王正在坐席的时候,我的香膏已放出清香。我的爱人有如没药囊,常系在我的胸前……
　　新郎:我的爱卿,你多么美丽,多么美丽!你的双眼有如鸽眼。
　　新娘:我的爱人,你多么英俊,多么可爱!我们的床榻,是青绿的草地。
　　新郎:香松作我们的屋梁,扁柏作我们的屋椽。⁶⁵

《雅歌》不仅语言秀美,而且通篇沿袭了喻指的主线。这种被后世古希腊新喜剧作家和希腊化时期小说家们"学而时习之"的技巧,在《雅歌》作家的手里得到了全面和超常规的运用,给优美的田园诗般的氛围增添了几分神秘。全诗歌颂了天主与选民(即以色列人)的"神婚",表达了相互之间强烈的爱慕之情。在上述引文中,"新娘"指"天主的选民","新郎"指万能的上帝,"床榻"指土地肥沃的巴勒斯坦,"屋梁"、"屋椽"泛指家园。然而,"诗剧"中的喻指有时陷于晦涩。比如,我们该如何理解1.1中的"热吻"、"尔的帐篷"和"香液四射"?面对此类显然是充满激情的描述,读者将如何领会诗人的意图,需要何样的浮想联翩?⑯喻指是一种典型的文学手段;《圣经》作者们的诸如此类的引导,使中世纪的神职人员们踏着秘索思的用神话和神秘铺成的思路,走向难以自拔的黑魆魆的宗教深渊。

采用诗和文学的形式作为载体是秘索思的一大特色。然而,决定秘索思本质的还是它所讲述的内容,那种严重依赖于充满神奇想象和大力度地使用神话式虚构的行文风格。据说《旧约》是天主与选民在西乃山上所立的圣约,以糅合写实和虚构的方式编制了一部"世界文学史上的杰作"。⑰古希腊诗人赫希荷德写过一部《神谱》,解说了宇宙的起源;柏拉图亦曾写过一部《蒂迈欧篇》,描述了神工的创世。同样,《创世纪》的作者也借助秘索思的非实证性"逻辑",编制了一部据说是不容置疑的"太古史":"在起初天主创造了天地。⑱大地还是混沌空虚,深渊上还是一团黑暗,天主的灵在水面上运行。天主说'要有光!'就有了光……天主说'在天空中要有光体'……天主于是造了两个光体:较大的控制白天,较小的控制黑夜……天主说'水中要繁生蠕动的生物,地面上、天空中要有鸟飞翔!'事就这样成了……天主于是照自己的肖像造人……造了一男一女……这是第六天。"⑲

天主(即上帝)呼风唤雨,以令人难以置信的速度(而这正是秘索思可以容纳的荒诞),在短短的六天里创造了人和世界。《新约》成书于二世纪,着重"介绍"了耶稣的身世和传教的经历。为了显示"神性"和争得民心,耶稣必须普降福音,广积善德,以只能被诗和文学接受的奇术轻而易举地造福人间。《新约》的作者是新一轮神话的编制者;他们超限度地拔高主人公的形象,把他描写成了一位包治百病的神医。耶稣用一句话治愈了患者的癫疾,一伸手又治好了伯多禄岳母的热症。⑳如此手到病除的神通恐怕连荷马也不敢设想,却被笔走龙蛇的基督神话的创作者们描绘得有声有色,栩栩如生。历史上或许确实有过耶稣其人，但是关于他的生平的许多描述则显然是出于子虚乌有的编造。公元前一世纪（亦即在基督出生的年代）前后，充满动乱和极不稳定的生活在把成千上万"受压迫"和"身心备受折磨的劳苦大众"推向宣扬来生的各种形式的秘仪的同时，[91]也为成系统的宗教故事的大面积传播打下了"应运而生"的社会基础。那是一个消极地依附于信仰，而不是积极地崇尚科学的时代。

《圣经》结合了通俗文学的可读性和高雅文学的思想性。尽管这部宗教经典没有像《高尔吉亚篇》那样指出 muthos 与 logos 之间（至少是表层上）的区别，但它的编制者们显然也像巴门尼德和柏拉图一样，对有机地掺和 muthos 与 logos 的表现方式心领神会。《箴言》中既包含成语、谚语、格言和比喻，也穿插着讲授智慧的散文;《德训篇》中既有"太空的三大奇观日月星"和"海洋的神秘伟大"等涉及宇宙论的奇谈，又有诸如"要时常追求正义"、"待朋友要忠信"和"害人反害己"等具有一定哲理深度和实用性很强的处世箴言。耶稣的一生是传教的一生，也是经受磨难的一生。他行善不得好报，"受人戏弄"，"上山受钉"，和两个强盗一起，"身悬十字架上"。路人对他"摇头辱骂"，"司祭长和经师及长老们也同样戏弄说'他救了别人，却救不了自己。'"忍辱负重和迷惑不解的耶稣临死前大声疾呼："'厄里、厄里、肋玛撒巴黑塔尼!'也就是说:'我的天主,我的天主! 你为什么舍弃了我!'"[92]《若望福音》(即《约翰福音》)"混合了诗与宗教"的精义，其中耶稣在最后的晚餐上的讲话显示了"难以抗拒的深刻"。"柏拉图会由衷地赞慕《若望福音》的作者在深化秘索思的哲理性方面所取得的成功。[93]如果"福音"表现的仅仅是人生的苦难和某种不可逆转的命运，那么它与古希腊悲剧在人生观的立意方面就不会有太大的区别。彼得·列维（不少西方文论史家们亦然）指出了"福音"悲怆的一面，[94]但却忽略了耶稣"复活"后的"升天"。"死而复生"是一种在意义上远远超过一般的

"喜剧式"终场的结尾;⑮它给教民们带来的"启示"是希望,是基督教所赖以构建其全部学说的"心魂不灭"。我们当然没有义务,也没有必要接受《圣经》所宣扬的观点。但是,我们似乎应该重视这一现象,把它看作是秘索思的在自身原有基础上的拓展,看作是基督文化对古希腊文化的一种带有根本意义的"补充"。很明显,这一带有新意的走向给原先垂头丧气的秘索思注入了期待得到的活力,增强了它与逻各斯合作和抗衡的后劲,部分地实现了"趣谈"向严肃的"教义"的转变。

（六）

埃斯库罗斯可能确实想过打算留下一批传世的佳作,伊索也可能确曾希望能够通过寓言教育民众。但是,谁能企望将自己编写的故事定格为左右人的信仰的真理,成为千古绝唱的教规?荷马知道,他的史诗不同于祭司的巫卜。在《斐多篇》里,柏拉图针对自己方才讲毕的故事(muthos)说道:崇尚理性的人们不会坚持把他(指柏拉图)的叙述当作确凿无疑的事实;主张心魂不灭可能包含"危险",尽管这是件值得一试的"崇高的险事"。⑯然而,在《圣经》里,秘索思却摇身一变,成了"上帝的智慧"。天主的言语是不容置疑的真理和"永久的诫命"。⑰敬畏上帝的教民必须虔诚,严格"遵守他的诫令"。⑱文学被套上了一个神圣的光环,从原先的"娱乐"变成了纪元初年许多人头脑中的信念,从原先的结合泛哲学的宇宙论变成了统治人民思想的教规。早期的基督教辩护士们,从君士丁(Justin)到克勒门特(Clement),从奥里根(Origen)到公元311年殉道的梅索丢思(Methodius),无不竭力宣扬信仰的重要,几乎是一哄而上地维护《圣经》的尊严,在有选择地接受"希腊思想"的同时,与各种异教和"邪说"进行了长期的斗争,最后"三人成虎",逐步确立起《圣经》文学在西方世界的霸主地位。

必须看到的是,就在秘索思大踏步地走向执西方文化之牛耳的重要位置之时,它所扛举的却不是写着自己名字的招牌,而是逻各斯的大旗。这里或许有传统的因素,[99]抑或也有柏拉图当年有过的顾忌。[100]总不能把真理说成神话,那可是一件丢脸的事情。好在逻各斯是个现成的词汇,它的所指已经历了几个世纪的风风雨雨。赫拉克利特曾把 logos 抽象为制导宇宙万物的原则,而柏拉图则由此引申出"理性神"的联想。斯多噶学派的成员们结合了 logos 与 nous(心智)的神性,认为 logos 体现神的思想,反映神的智慧。斐罗是基督的同时代人,他加重了 logos 原有的神秘色彩,认定它乃神与世界的中介,兼具"超越"和"实在"的属性。[101]Logos 既是"神智的人格化体现",又是"神的长子";通过他,上帝"创造了世界"。[102]《新约》的作者们当然知道 logos 的可信度较高的名声;要人们相信什么,最好的办法就是用宗教的权威"迫使"他们承认:这是 logos。尽管赫拉克利特难以想象用一种宇宙论统治人们的信仰,尽管柏拉图也不会把任何一个同时代或去世不久的凡人称为神明,但《若望福音》的作者却可以说:"在起初已有圣言(logos),圣言与天主同在,圣言就是天主。"[103]在这里,"圣言"既是天主的"话"(或智慧),又是天主的"儿子"(即耶稣),还是——虔诚的人们必须相信——天主本人。很明显,这种集"三位"于"一体"的表述糅合了具体的实在与超越的抽象,结合了神话古已有之的玄幻和新时代的强调信仰的特色。应该说,这是个令人吃惊的"巧合",是秘索思创造的奇迹。在圣经故事里,logos 的庄严实际上已被 muthos 的虚构吞没,成为一个最大的文化奇观中的赖以增强可信度和权威性的点缀。[104]这个 logos 不仅不需要,而且还出于本能地排斥实证(而这正是当年修昔底得指责 muthos 的理由),因此在本质上与科学和理性的逻各斯精神背道而驰。秘索思可以借用 logos 的"虎皮",却不能改变由内容决定的实质;以 logos 命名的秘索思还是秘索思。我们不能不赞叹秘索思"偷梁换柱"的本领,它的"鱼目混珠"甚至骗过了海德格尔和以反对"逻各斯中心主义"(logocentricism)而闻名于世的德里达的十分挑剔的目光。西方文化并非只有一个"中心";除了逻各斯,它还有秘索思,我们似乎应该在这一点上达成共识。

公元五世纪以后,秘索思继续保持着文化导向上的领先地位,只是在某些方面进入了更加"隐秘"的氛围。解释《圣经》的需要,受某些"反逻辑"(秘索思不可能不反逻辑)问题的困扰,以及对传统的罗马天主教会的时而产生的逆反心理,这一切促使人们超限度地使用灵感,"离奇"和"怪诞"不是中世纪许多神学理论家们忌讳的字眼。革新和某种程度上的离经叛道似乎是难免的。秘索思张开了无边的袋口,比古希腊史诗更多地容纳起无法验证的故事。[105]像滚雪球一样,秘索思沿着普罗丁的"流溢说"和阿伯拉尔的怀疑论开出的滑道越滚越大,升托起一片偌大的神秘主义阴霾,笼罩着中世纪的农夫和市民的心灵。终于,神学的发展到了需要正本清源和破除异端的时候。于是,波拿文图拉的《通向上帝的心灵历程》应运而生;在《反异教大全》里,托马斯·阿奎那力主信仰的真理与理性原则的统一,要求人们"沉思上帝"。迈蒙尼德(Maimonides)认为,神秘并不意味着排斥精确,关键在于正确使用和理解隐喻。他的《迷途指津》主要"针对研究过哲学的有识之士以及'由于宗教著作中充斥的含混而又华而不实的言词而变得困惑和手足无措的人们'"。[106]从文学(包括宗教文学)的角度来看,秘索思似乎比逻各斯具有更大的容量,可以把某些形式的"logos"(如《圣经》)纳入其纵深极其宽广的表述体系。此外,秘索思还有自己的更新和调节机制,擅长于在神秘的"格局"里讨论需要厚实的知识铺垫的"信仰"。我们可不能小看了它的能量;在二十世纪的西方,秘索思在受过一些理论家的打击之后再次发展壮大,把风靡世界的科幻文学和越写越奇的武打小说也圈入了它的势力范围。

（七）

经过中世纪漫长的严冬之后，欧洲大陆迎来了文艺复兴的春天。长期受到教会和教规压抑的崇尚科学的理性精神开始缓慢复苏，逻各斯再度跃跃欲试，寻找大显身手的时机。人们开始强调自己（亦即"人"）的意志，宣扬人性的伟大。诗人要服从"内心发出的命令"，表现艺术家的"自由选择的意志"（但丁语）；人是"宇宙的精华，万物的灵长"（莎士比亚语）。[⑩]十七世纪见证了伽利略和牛顿的科学，而紧随其后的十八世纪，同样是一个理性主义大放光彩的时代。狄德罗的《百科全书》提倡科学，主张用理性的原则改造社会。伏尔泰是逻各斯的崇拜者，坚信没有形而上学的帮助，人类也可以依靠自己的力量治理世界。十九世纪初年，黑格尔宣称"理性是世界的灵魂"；[⑩]稍后，诗人海涅指出，理性是"人类唯一的明灯"。[⑩]逻各斯精神推动了西方的工业革命，促进了相对论和量子力学的诞生，在计算机和生命科学的帮助下，把心理和伦理观方面尚未准备就绪的人类带入了建造宇宙空间站和克隆生物的新时代。逻各斯无疑还会创造更多的奇迹，对此我们将拭目以待。

如果有人赞同我们的提法，即认为逻各斯在文艺复兴以后恢复了过去的自信，重新迈向统领的宝座，我们将感到欣慰。然而，问题并非如此简单；我们不能像古时的两位同胞那样，只看到金银盾的一面。秘索思还在，并且仍在发挥巨大的作用，在理论和实践两个方面展开与逻各斯的竞争（当然也包括合作），展示自己不衰的魅力。基督教受到了冲击，却远没有消亡；各种以宗教为背景的神秘论受到了遏制，却远没有绝迹。作为"神秘"之载体的秘索思不是简单的无稽之谈，不是那种说不要就可以不要的东西。秘索思的生命力何在？他给喜爱逻各斯，但也同时感到逻各斯之欠缺至少是需要某种补充的人们的"启示"何在？

十九世纪初叶，德国学者克琉泽尔（G. F. Creuzer）发表了一部颇有特色的著作，名为《古代先民的象征主义与神话》，至少影响了两代人的思考。以他为首的一批学者提出了一系列重要的观点，认为神话表述的并不是离奇的天方夜谭，而是包含深刻的可思辨内容的真理。马克斯·缪勒（Max Müller）极为重视神话研究，从比较语文学的角度出发探讨了神话与自然现象之间的关系，论证了前者"象征"规律的作用。德国学者的工作拉开了近当代西方学人系统和多角度地研究神话的序幕。过去侧重于描述的秘索思其时成了接受描述的对象，过去的诗人灵感的结晶其时成了触发灵感的火花，过去与分析和推理无缘、甚至对立的名声不佳的"老妪的趣谈"，其时成了为多种理论提供权威信息的素材。秘索思的所得不仅在于涵盖面的扩大，而且还在于潜力的充分发挥，在于与逻各斯的更加密切和默契的配合。

像罗马诗人奥维德一样，弗洛伊德对神话人物那尔基索斯产生过浓厚的兴趣。这位有创见的奥地利心理学家在1920年发表的《愉悦原则之外》里指出，那尔基索斯代表一种由外向（即对自然）转入内向（即对自我）的挚爱，因而是一个典型的"精神变异"现象。弗洛伊德认为，所有出于本能的感觉（包括"自爱"）都直接指对向"原初事物状态的复归"，"生命的目的是死亡"。⑩若干年后，弗洛伊德深化了他的思想，在《文明及其不满》中作了进一步的理论抽象。弗洛伊德指出，"那尔基索斯主义"是人类意识发展史上的初级阶段在神话中的真实反映，表明当时的ego（自我）还不具备理性地区分自己与世界的能力。⑪古老的希腊神话似乎为弗氏研究人的潜意识及一切原始和本能的感觉提供了最理想的"原始"资料。俄底浦斯被当作恋母妒父的典型（C. 列维-斯特劳斯也对俄底浦斯神话进行过"破译"），而厄勒克特拉则被看作爱父恨母的样板。弗洛伊德从这两套"故事"中分别归纳出著名的"俄底浦斯情结"和"厄勒克特拉情结"。[112]弗洛伊德的门生荣格在"情结"的基础上对神话进行了精炼,提出了对当代许多文艺评论家们产生过重大影响的"原型模式"。按照荣格的见解,影子(自我中阴暗面的原型)、anima(男性的女性原型)、animus(女性的男性原型)和"母亲"是最经常和最能困扰 ego 的四种神话原型。[113]此外,基督神话实践了凡人"企求永生"的愿望。[114]荣格区分了"意识"、"个人无意识"和"集体无意识",认为"集体无意识"不是个人行为,而是决定一个部族或民族的思维模式的心理基础。所以,不是歌德创造了《浮士德》,而是《浮士德》创造了歌德。集体无意识"由神话动机和原始的形象组成",因此,神话是民族精神的"真正表述者"。[115]

(八)

我们不知道,对迎面扑来的各种有时似乎是过高的评价,秘索思会产生什么"感想"?但愿它不至于手足无措,大喜过望。W. 布莱克称神话为人类全部历史的内在结构,托马斯·曼誉之为(他用了 mythus 一词)生活的基础;C. 列维-斯特劳斯认为,人类学家应该沿用索绪尔的语言分析方法,进入文化积淀的深层,从神话里找出具有普遍意义的结构。加拿大学者 N. 弗莱在其《批评的解剖》一书中对神话进行了综合研究,提出了一种近似于循环论的揭示文学样式更替的"变换模式"。弗莱指出,西方文学经历了神话、罗曼斯(即传奇小说)、高级摹仿、低级摹仿和反讽的循序变换后,如今又回到了神话文学的阶段。弗莱教授似乎忽略了中世纪文学的神秘性和文学品位的交叉性。尽管如此,我们赞同他的提法,二十世纪的西方文学长河里确实涌起了一股向神话回归的大潮。

秘索思具有逻各斯所没有或缺少的瑰美，那种令人"销魂"的诗意。果戈理曾亲往耶路撒冷朝圣，高尔基也主张要创造一个公正的上帝；巴尔扎克并不认为坚持现实主义的创作原则会与宗教和对神的信仰构成矛盾，叶芝也曾在神秘主义的陷窟里挣扎，从中寻找生活的真谛。卡夫卡希望能揭示"真实的生活"，里尔克亦表述过同样的愿望。法国小说家和文评家M.普鲁斯特说过，他要进行类似的寻找，并称文学就是真实的，即真正意义上的"最终被发现和照亮"的生活。⑲文学是神话原初的领地；在这里，秘索思无拘无束，可以接受任何必要或旨在表述"观点"的改造，适应各种"尝试"。在第一次世界大战以前及战争期间，德国剧作家们创编了一批取材于古希腊悲剧的"应景之作"。霍夫曼斯塔尔（H. von Hofmannsthal）的《厄勒克特拉》描述了社会生活中的"强暴"，威菲尔（F. Werfel）的《特洛伊妇女》强调了战争给妇女带来的痛苦，哈森克勒弗（W. Hasenclever）的《安提戈妮》影射了威廉二世的专制。瑞士诗人施皮特勒（C. Spitteler）混合了古希腊神话的隽永、基督文学的神秘和他本人的超验感受，创作了《普罗米修斯与厄庇米修斯》和更为神奇的《奥林匹斯山的春天》，后者使他获得了1919年的诺贝尔文学奖。像易卜生一样，尤金·奥尼尔是一位重视人性和社会问题的剧作家。在《哀悼》里，这位肯定受过弗洛伊德影响的美国人改变了原作（即埃斯库罗斯的《奥瑞斯提亚》）的道德指向，以内战后的新英格兰为地域背景，通过对人物心理的细致描述，试图用时髦的"性压抑"理论取代古希腊人的命运意识，在如何解释"悲剧人生"方面进行了兼具正负面效应的尝试。谈论"神秘"，我们大概也不应忽略福克纳的《喧哗与骚动》，这部小说在结构上明显带有《圣经》故事的影子。D. M. 卡蒂加纳将卡夫卡的《审判》解释为对约伯的有意识的戏谑，K. 韦恩柏格也在《卡夫卡的创作：对神话的讽刺性模拟》里分析了卡夫卡的创作动机和刁钻的行文风格。

秘索思可以使作者挣脱"现实"的捆绑,使读者进入不同于分析和推理的接收领域,使文本透溢出不同于科学论著的灵气。《奥德赛》和有关俄底修斯的传说曾使一代又一代的西方文学家们产生美妙和奇特的遐想。在古罗马,在中世纪,在文艺复兴时代,俄底修斯时而走向前台,时而若隐若现,却始终没有"绝迹"。自十九世纪以来,俄底修斯(即尤利西斯)的传奇依旧撩拨着人们的心弦。背靠同一类 muthos 的创作活动将丁尼生、莫拉维亚、帕斯科利(Pascoli)、塞菲里斯(Séféris)和卡赞扎斯基(Kazantzaski)等一批作家增入了"俄底修斯文学"创作者的名单。乔伊斯的创作不仅削弱了传统意义上的情节和性格刻画的主导地位,而且经常"无视"一般的逻辑规则,不受事件编排的次序和因果关系的制约。在名著《尤利西斯》里,乔伊斯讲述的不是某一个人的经历,而是作为一个群体的人(或海德格尔所说的 das Man)的生存状况。像那位爱尔兰犹太人利厄波尔·布卢姆("象征"俄底修斯;比较托尔斯泰笔下的伊凡·伊里奇)一样,人们生活在芜杂的世界里,面对无法或难以作出解释的现实。⁽¹¹⁷⁾乍看混乱无序的事件在时而变幻莫测、时而又凝固不动的时间里暗示着这部不寻常的小说与神话的通连。人物的出现,场景的变换,主动和被动意义上的行为,所有的一切"仿佛出自魔术"一般。⁽¹¹⁸⁾

T. S. 艾略特曾盛赞《尤利西斯》的艺术成就。⁽¹¹⁹⁾凑巧的是,艾略特也在同年(即1922年)首次发表了他的《荒原》,以诗的形式对等了乔伊斯在小说领域里取得的巨大成功。在《奥德赛》第十一卷里,荷马描述了手握黄金节杖的提瑞西亚(或泰瑞西阿斯)的足智多谋;在《变形记》(Metamorphoses,比较卡夫卡的《变形记》)第三卷里,奥维德转述了一些有趣的古代神话,巧妙地融合了有关提瑞西亚、艾科和那尔基索斯的传说,托出了一个脍炙人口的故事拼盘。自从戈尔丁(A. Golding,生卒约为1536—1605年)的英译本问世以来,《变形记》曾使不少英国诗人为之"动心"。艾略特将提瑞西亚引入了《荒原》，使古老的叙事诗中的人物在现代"哲学诗人"的作品里体验"象征"带来的玄妙和"超越"所包含的凄楚。在"古代"和"现代"的背后隐藏着跨越时空的诗的久远。显然，艾略特不会因为神秘感的困扰而放弃他的艺术追求。诗人曾对《荒原》作过有针对性的"自注"，其中的某些内容或许会有助于读者对作品的解析。提瑞西亚是"串联"全诗的纽带。事实上，正如荷马"笔下"的提氏（的心魂）能对俄底修斯透露"真情"，[120]在《荒原》里，艾略特让提瑞西亚"看到了""诗作的实质"。提瑞西亚是作品中"最重要的成员，串联所有别的角色。"男性人物并非迥然不同，"所有的女人归结为一个女人，两种性别在提瑞西亚这里汇集"。[121]毫无疑问，这种"汇集"只有在允许艺术"夸张"的氛围里才能成为可能，而艾略特的结合"现实"与"永恒"的创作意图，也只有在秘索思的可以容纳神话的框架里才能得以实现。

应该说，文学家们对神话和神秘产生兴趣不足为怪，因为即便是一位没有丝毫神秘感的作家也必须在秘索思（即文学创作）的范围内工作。必须引起我们重视的还有哲学家的动向，他们的叙述（和"疏忽"）或许更能证明秘索思的价值，证明它对"科学"和"理论"的不容忽视的适应能力。雅斯贝斯区分了"历史"和"历史科学"，并称"历史"具有"历史典籍"所不具备的超越性（无独有偶，德里达也曾表述过类似的观点）。这个超越性使它成为一种"密码"。作为"密码"的语言分三种，即原始的、直观的和哲学的。[122]"原始语言为形而上学之'体验'，直观语言为神话，哲学的则为'思辨的语言'。"[123]我们知道，卡西尔区分过神话思维与理论思维，[124]所不同的是他没有把二者看作是"密码"的支项。法国神学哲学家J.马利坦认为，哲学家需要一种神秘的经验，它比信仰更有用处。所谓的"圣宠"对哲学家非常重要；"如果不借助于圣宠就不能达到一种完全的、毫不掺杂错误的哲学智慧"。[125]看来，马利坦先生是打算以《圣经》的作者们或许不会赞同的方式来提高秘索思的地位，即不仅把它置于逻各斯之上，而且还想使其拥有凌驾于信仰之上的权威。

在维特根斯坦看来，语言的自我表达和人的叙述是两码事。语言（或许应该包括索绪尔所说的语言和话语）不能表示（语言）本身所能反映的内容。世界上"当然有说不出来的东西；它显示自己，这就是神秘的东西"。[126]维特根斯坦虚构出一套连 B. 罗素亦感到颇为不安的神秘主义理论，"因为在他那里，所谓'显示'是神秘的，'可显示的东西'也是神秘的"。[127]然而，维特根斯坦是一位极其注重"结构"的哲学家；逻各斯常常是他心目中与神秘构成对比的另一个"方面"。逻辑与神秘的结合产生了一种"古怪"的理论，即维氏的"逻辑神秘主义"。"逻辑神秘主义"不是一套思路十分清晰的理论，它用逻辑的技巧布设迷阵，又用神秘的诗化使人产生似是而非的感觉。"神秘主义理论"为维特根斯坦的哲学研究开辟了另一条途径，尽管依然"未能帮助他的唯我主义接近真理"。[128]

作为诗人哲学家，海德格尔赞同荷尔德林"诗意是一种尺度"的说法。此外，他也毫无保留地接受了后者"人诗意地居住"的观点[129]。我们注意到海德格尔哲学严重的诗化倾向；理解他的思想（正如想要"吃透"柏拉图哲学一样）谈何容易？即便有很高的悟性，读者也难免在神秘的氛围里晕头转向。柏拉图依靠的是故事（muthos），海德格尔器重的则是柏拉图或许会有所保留地称之为 melos（抒情诗）的等同于 logos 的哲理"诗"。海德格尔喜欢谈论"玄秘的 Ereignis"（道，据说等于逻各斯），提倡对"非知识逻辑的神秘启悟"，[130]主张"思乃原诗"，"诗即思"。[131]和德里达一样，海德格尔反对传统的形而上学。然而，他在这么做的时候，所借助的却经常不是冷冰冰的哲学分析，而是充满诗意的逻各斯与"解蔽"的合一。海德格尔从秘索思的协助中得到实惠，打出的却是逻各斯的招牌。他认定西方文化只有一个中心,即要么是传统意义上的逻各斯(即各种"在场的形而上学"),要么是他的 logos,亦即反形而上学的"思"。传统哲学的"错误"在于用逻辑(logik)取代了逻各斯(logos)的本源精神。[132]所以,海德格尔的全部努力就是要让西方重返对逻各斯的冥思(用胡塞尔的话来说,就是要"回到事情本身")。我们知道,海德格尔曾追溯过 logos 的词源,并且针对它的含义作过略似"六经注我"式的引申。[133]然而,像近当代几乎所有对古希腊哲学感兴趣的西方哲学家一样,他似乎也忽略了对 muthos 的考证,从而在词源上放过了一条重要的线索,最终只能从对 logos 某种意义上的超限度开发中寻找出路。海德格尔既没有在区分传统诗歌和他的"诗"(等于"思")时使用具有明显的鉴别效果和特征的词汇,也没有从 logos 的表示一般意义上的"思"(即分析、推理,参阅《形而上学导论》)和作为"诗的邻居"的"思"(参阅《何谓诗》等著作)的不甚明了的叙述中(德里达也曾以同样隐晦的笔调描写哲学与"哲学";比较维特根斯坦的语言和"语言"本身)看出区分逻各斯与秘索思的必要。传统诗歌和文学的活动范围何在?秘索思的"名正言顺"的功用何在?看来,海德格尔是不想,也可能是没有想到要让秘索思与逻各斯平分秋色,尽管他对逻各斯(当然还有用传统的观点来"看"与之不甚协调的"诗")的过分倚重实际上从一个侧面肯定了秘索思的作用,为它的呼之欲出创造了条件。[134]

康德指出,没有逻各斯的规范,神话构思(mythical thought)将会趋于盲目,而没有"鲜活"的神话构思的衬托,遵循逻各斯原则的论述(logical theorizing)也将会流于空洞。[135]乔伊斯知道,西方文化的大河里耸立着一峰岩石(Rock),那是亚里士多德,代表教条(Dogma);它的对面是"卡鲁伯底斯",一个水流湍急的旋涡,那是柏拉图,代表神秘主义

(Mysticism)的险恶。[18]西方学人中显然不乏康德和乔伊斯式的聪达之士,他们看到了文化中的理性与神秘对立的现象,用不同的方式表述过近似的思想。然而,他们中有人用逻各斯取代秘索思,[19]有人用秘索思贬低逻各斯,还有人虽然有意区分二者的不同,却往往浅尝辄止,未作深入的探析,没有将二者一起提升到文化本源的层面上来加以认识。逻各斯与秘索思共存互补、互渗互促的问题长期未能得到有效的分解和"回顾"性的梳理,学界在强调并突出逻各斯的同时忽略了对秘索思的注意。我们说过,我们要为秘索思讨个"说法",争个"公道";说得学术化一点,就是要确立起秘索思的牵引地位,构组一个研究西方文学和文化的 M(uthos)—L(ogos)模式。[20]有必要说明的是,在文科领域,完全泾渭分明地切分范畴是困难的。水至清则无鱼。但是,即便是研究"合作"或"互补",也应该从明晰的概念划分开始,否则除了引起混乱,一切都将无从谈起。重要的是抓大放小,提纲挈领。如此,研究秘索思的战略,而不仅仅是战术意义便会显现出来。有理由相信,揭示秘索思的元概念属性,将有助于我们更为"均衡",也更为有效地解析西方文化,更为"形象",也更为明晰地看到它的远非由单一的逻各斯构建的质里。

注　释

① *A History of Greek Philosophy* volume 1, Cambridge University Press, 1962, pp. 420—424. 格思里所列举的 logos 的词义中包括"话语"、"言论"、"思考"、"度量"、"关系"、"比例"、"规则"、"原理"、"原因"和"说理的能力"等。

② 《英汉大词典》收 mythos 词条,但编纂者没有对它进行音译(即直译)处理。

③ "'逻各斯'这一概念的发现和理论表述,揭示了运动变化的规律性,在以后西方哲学的发展中成为'规律'的概念,并作为'逻辑'、'学科'等词的词根。"(《西方哲学史新编》,苗力田、李毓章主编,人民出版社,1990年,第17页)"生命"与"逻各斯"是"希腊伦理精神深处的两大客观、真切、实在的核素"(《生命与逻各斯》,包利民著,东方出版社,1996年,第2页)。

④ 比较梵语词 mūka-和希腊词 mudos(缄默)。

⑤ *The Cambridge History of Literary Criticism* volume 1, edited by G. A. Kennedy, Cambridge University Press, 1989, p. 3。参考 A. R. Burn, *The Lyric Age of Greece*, London: Edward Arnold, 1967, p. 345。布尔克特教授对这一传统的解释持谨慎的怀疑态度,认为这一解法有可能只是出自"popular etymology"(Walter Burkert, *Ancient Mystery Cults*, Harvard University Press, 1987, p. 137)。Mu 还是西方主要语言中一批表示"神秘"之意的词汇的原始词根。以英语为例。现代英语中的 mystery 在中世纪时作 mysterie,是希腊词 mustērion 的拉丁化形式 mysterium 的"翻版"。Mustērion(神秘、秘仪)派生自 mustēs(参加秘仪者),由动词 muein(入仪)"延伸"而来,后者与其"前身"múein(词根 mu-)的差别仅在于重音的位置(参考 W. W. Skeat, *An Etymological Dictionary of the English Language*, Oxford: the Clarendon Press, impression of 1953, p. 394)。

⑥ 埃利亚德(Mircea Eliade)教授还提请读者比较希腊词 myō(埃氏对其中的 v(= u)作了拉丁化处理;对本文中出现的类似现象,笔者不再另作说明)、myeō(意为"介入秘仪")和 muēsis("入仪",详见 *A History of Religious Ideas* volume 1, translated by W. R. Trask, The University of Chicago Press, 1978, p. 458)。

⑦ 参考 W. Burkert,引书同注⑤,第 8—9 页。

⑧ Gregory Nagy, "Early Greek Views of Poets and Poetry",引书同注⑤所示第一本,第 3 页。比较立陶宛语中的 maudžu 和 maūsti(渴望)、古斯拉夫语中的 mysle(思考)、古爱尔兰语中的 smūainim[(我)想],和印欧语词根 mud-及 mudh-(思考、想象)。参考 Eric Partridge, *Origins: A Short Etymological Dictionary of Modern English*, third edition, London: Routledge and K. Paul, 1961, p. 424。

⑨ 参考注⑨。

⑩ 《奥德赛》4.214—215。

⑪ 同上,4.595—597。"故事"在此作"往事"解。比较 15.196 等处。

⑫ *A Dictionary of Literary Terms*, revised edition, Penguin Books, 1979, p. 408。

⑬ 即"行动的实践者"(《伊利亚特》9.443)。

⑭ 详见 Robert Rayne, *Ancient Greece*, New York: W. W. Norton, 1964, p. 389。

⑮ 《世界史》(上册),崔连仲主编,人民出版社,1994 年,第 147 页。

⑯ E. E. Sikes, *The Greek View of Poetry*, New York: Barnes and Noble, reprinted 1969, p. 84。"神话(myth)和英雄诗"是希腊民族寻找榜样的"取之不尽的源泉"[Werner Jaeger, *Paideia: The Ideals of Greek Culture* volume 1, translated by Gilbert Highet, Oxford University Press, 1967(originally published 1939), p. 41]。在讨论神话问题时,近当代文论家们也经常涉及诗歌(参阅"The Mythico-Poetic Attitude", *Companion to Literary Myths, Heroes and Archetypes*, edited by Pierre Brunel, Routledge, 1992, pp. 861—866)。德国文论家 F. 施莱格尔认为:"神话与诗歌一体,不可分割。"("Dialogue on Poetry", translated from the German by I. Wohlfarth and the editors, in *The Modern Tradition*, edited by R. Ellmann and C. Feidelson, Oxford University Press, 1965, p. 661)比较 F. W. 谢林的观点:"希腊神话乃是诗歌世界的最高原型。"(《艺术的哲学》,俄文版第 92 页,转引自《神话的诗学》,叶·莫·梅列金斯基著,

魏庆征译,商务印书馆,2009年,第14页)。

⑰ 265C。诗与神话(muthos)的对手是哲学,是爱好思辨的logos。

⑱ 《美诺篇》99C—D。

⑲ 按照赫希荷德的想象,宇宙的原始状态是一个巨大的chaos(《神谱》116),洛伊德教授将其解作"the yawning gap"。泰勒斯的贡献在于用一种物质(即水)取代了赫希荷德的"神秘的'yawning gap'"(G. E. R. Lloyd, *Early Greek Science: Tales to Aristotle*, W. W. Norton, 1970, p. 19)。

⑳ 《国家篇》10.607B。修辞学家伊索克拉底认为,他所从事的行当即为"哲学"(philosophia)——所以诗也是修辞或讲演术的"敌人"。像高尔吉亚一样(参阅《海伦颂》),他对logos的奇妙感到激动不已(详见《尼可克勒斯》5—9;比较《礼仪讲演》47—50)。

㉑ 细读尼采《悲剧的诞生》21—22。类似的对比常见于西方古今哲人和文论家的著作,也是一大批文学作品试图刻意表现的主题。比如:法规(nomos)与自然(phusis)的对立、激情与理智的抗争、"必然"与理性的"协调",意识与潜意识的冲突,梦幻与现实的比较,以及个性与社会的"矛盾"和浪漫与现实主义的互不相容等。

㉒ 正如在英语中找不到一个可以在所有语境中准确对译logos的单词一样(参观 W. K. C. Guthrie,引书同注①,第38页),汉语中似乎也没有一个可以完全胜任对译muthos的词汇。关于muthos的词义变化,参考 P. Y. Forsyth, *Atlantis: The Making of Myth*, London: McGill-Queen's University Press, 1980, pp. 45—47。另参考并比较 *Harpper's Dictionary of Classical Literature and Antiquities*, edited by H. T. Peck, New York: Cooper Square Publishers, 1965, p. 1072。在本文中,"秘索思"主要指诗、神话、神秘、故事以及由此引申出来的诗意和诗化表述等,其确切含义应视上下文而定。

㉓ 有的西方学者将这一进程看作是一次社会巨变,它促使古希腊社区政治从"传统的封闭"走向鼓励学术竞争的"开放社会"(G. S. Kirk, J. E. Raven and M. Schofield, *The Presocratic Philosophers*, second edition, Cambridge University Press, 1991, pp. 73—74)。

㉔ 参阅《神谱》881行以下。

㉕ 《农作与日子》106行以下。荷马本人亦已在一定程度上开始了对神话的改良,使之更符合于人们对神祇行为的"期待"。(参考拙文《论柏拉图哲学的文学基础(一)》,载《外国文学评论》1997第一期,第5—14页)。

㉖ 详见 Edward Schiappa, *Protagoras and Logos*, University of Chicago Press, 1991, p. 58。

㉗ 古希腊人好旅游,重记载。Historia(复数 historiai)派生自动词 histōr(察看、判断),原义为"探究"、"询索"(在希罗多德的《历史》,即《希波战争史》里,historiē可作"历史"解的只有绝无仅有的一例,见7.96),是一种不同于诗(mousikē)的求知和记叙手段。另参考 T. A. Sinclair, *A History of Classical Greek Literature*, New York: Hanskell House, 1973, p. 160。在公元前五世纪,人们对历史学家并没有专门的称谓,"散文写作者"(logographoi)或"散文制作者"(logopoioi)是他们与编年史家和地理学家们共有的名称(参考 Oswyn Murray, *Early Greece*, Stanford University Press, 1983, p. 28)。最早的历史学家(或家谱和地方志作家)也用六音步长短短格写作;在散文(logos)产生之前,六音步长短短格是史诗、训导诗、历史、医书和自然哲学论著的共同载体。Historia的研讨对象既可以是社会与民俗,也可以是自然。

㉗ 欧里庇得斯认为,historia 不适用于对自然或亘古不变的物理世界以外的事物的研究,因为社会是"变动的",从政者将无例外地被卷入争斗和仇恨的旋涡(详见 W. Jaeger,引书同注⑯,第 388 页)。

㉘ 赫卡泰俄斯(约生活在公元前 500 年前后)的著述均已佚失。希罗多德熟悉这位 logopoios(《历史》2. 143)的作品,并曾广采其中的叙述。

㉙ FGH 片断 1,转引自 O. Murray,引书同注㉗,第 26 页。

㉚ The Oxford Classical Dictionary, edited by N. G. L. Hammond and H. H. Scullard, second edition, 1992, p. 490.

㉛ 此举意义重大,显示了"历史意识"的觉醒。"历史"是人的生存与活动史。

㉜ 《历史》2. 33。希罗多德有意识地突出了 muthos 与 logos 的比较,强调了 muthos 的虚构性(参考 Paul Veyne, Did the Greeks Believe in their Myths? The University of Chicago Press, 1988, p. 1)。

㉝ 《历史》1. 1。

㉞ "Logos 不只是一个'词汇'";它是一个"指对'真理'和真实存在"的可作大写的"词"(Paul Friedländer, Plato 3, translated by Hans Meyerhoff, Princeton University Press, 1970, p. 138)。诚如亚里士多德所指出的,一个完整的定义必须包含对起因的阐释(参见 W. K. C. Guthrie,引书同注①,第 38 页)。当然,诗化描述远没有退出历史舞台;相反,它仍然是包括希罗多德在内的公元前五世纪的学者们手中的一件常用法宝。

㉟ 《历史》2. 29。

㊱ 希罗多德录写了一些外邦人"可能"的奇异长相。在《历史》4. 23—24 里,他提到了穿戴斯库西亚服饰的鼻子扁平的"光头人"部族。

㊲ 《历史》2. 45。

㊳ 希罗多德频频提及诗人(尤其是荷马)的名字。像许多从小受到荷马文化熏陶的古希腊学人一样,希罗多德熟悉荷马史诗,甚至可以背诵其中的诗行(参考 T. A. Sinclair,引书同注㉗,第 165 页)。据地理学家斯特拉堡(Strabōn,约出生在公元前 63 年)分析,荷马史诗包含 historia(真实的叙述)和 muthos(虚构的故事);"历史"有助于阐述真理,"故事"(muthos)能给人愉悦,使人激动不已(详阅《地理》1. 2. 17)。

㊴ 一个世纪以后,亚里士多德或许正是因为有感于希罗多德的《历史》的"芜杂"而得出了诗歌高于历史,并比历史更富哲学性的结论(philosophōteron kai spoudaioteron poiēsis historias estin,《诗学》9. 1451^{b}5—6)。

㊵ 《伯罗奔尼撒战争史》1. 21。

㊶ "Introduction", in The History(by Herodotus), translated by David Grene, The University of Chicago Press, 1988, p. 2. 比较:"故《诗》之失,愚;《书》之失,诬。"(《礼记·解经》)史书中亦有虚构之事,"《左氏》浮夸"(韩愈《进学解》)。

㊷ 《伯罗奔尼撒战争史》1. 22。

㊸ 《奥林匹亚颂》1. 28—29。即所谓的"以假乱真"。参考《奈弥亚颂》7. 23,8. 33;欧里庇得斯《希波鲁托斯》197。比较《伯罗奔尼撒战争史》1. 21. 8。

㊹ 《奥林匹亚颂》1. 36。

㊺　同上,9.35—39。

㊻　《奈弥亚颂》7.20—24。

㊼　详见 C. M. Bowra, *Problems in Greek Poetry*, Oxford: Clarendon Press, 1953, pp. 10—12。

㊽　《黄蜂》1174—1181。

㊾　*Approaches to Greek Myth*, edited and introduced by Lowell Edwards, The Johns Hopkins University Press, 1991, p. 3.

㊿　W. K. C. Guthrie,引书同注①,第 421 页。参考《奥德赛》15.445。荷马也用 epos 指格思里所说的"unspoken thoughts"(《伊利亚特》1.543)。柏拉图的《蒂迈欧篇》既是一个 eikos logos,又是一则 eikos muthos(可能的故事),参考 G. E. R. Lloyd,引书同注⑲,第 70 页。此外,logos 和 muthos 均可指"词"和"话语"等。作为一个技术性术语,《诗学》里的 muthos 常作"情节"解。在5.1449^{b}8 里,亚里士多德等义和并立使用了 logos 和 muthos:"克拉忒斯首先……编制出能够反映普遍性的剧情(logous),即情节(muthous)。"

(51)　Lowell Edwards,引书同注㊾,第 4 页。参考 S. G. Pembroke, "Myth", in *The Legacy of Greece*, edited ty M. I. Finley, Oxford: Clarendon Press, 1981, p. 302。同样,historia 除了常指"历史"外,亦可指"神话"。公元前 150 年左右,雅典神话研究者阿波罗道罗斯读到了一部名为《梅罗庇斯》的史诗,并对其中的一则有关雅典娜在科斯岛上的活动的"奇特的神话故事"(to idiōma tēs historias)产生了浓厚的兴趣。一些学者以研究古代文学经典名著为业,把从各处搜集到的几百例"'mythical narratives'(historiai)"填入了对荷马史诗的"注释"(scholia)里(Albert Henrichs, "Three Approaches to Greek Mythology", in *Interpretation of Greek Mythology*, edited by Jan Bremmer, London: Routledge, 1988, pp. 242—243)。

(52)　M. L. Morgan, *Platonic Piety*, Yale University Press, 1992, p. 170.

(53)　详阅 Luc Brisson, *Platon: Les mots et myths*, Paris, 1982,第 114 页以下。

(54)　Paul Veyne,引书同注㉜,第 1 页。

(55)　《国家篇》2.376E。

(56)　同上,2.376E8—377A1。

(57)　同上,2.377A4—5。

(58)　同上,2.377A5—6。

(59)　详见同上,2.377B 以下。公元前四世纪末,学者帕莱法托斯(Palaiphatos)曾以柏拉图式的严厉指责建立在虚构基础上的秘索思(stories of myth)"荒谬"(geloion)、"虚假"(pseudes)、"神话味十足"(muthōdes agan)、"不可信"(apistos)、"(令人)难以置信"(adunaton)和"不可能"(ouk eikos)。详见 D. C. Feeney, *The Gods in Epic*, Oxford: Clarendon Press, 1991, p. 31。

(60)　《国家篇》10.607A。参考并比较《法律篇》3.700A 以下,7.801E。

(61)　A. E. Havelock, *Preface to Plato*, Oxford: Basil Blackwell, 1963, p. 236.

(62)　柏拉图《高尔吉亚篇》527A;比较《斐多篇》114D。亚里士多德肯定熟知 muthos 在当时的"处境",所以他告诫诗人不要照搬神话,不要抓到什么就写什么。他把 muthos 当作一个技术性术语加以使用(参考注㊿),提高了它的哲学含金量。这就使得他有可能加大 muthos 的作用;事实上,亚氏已把用符合"因果原则"(参考《诗学》8)构组的情节(muthos)

看作是比格律文更能表示诗人之性质的“特征”(《诗学》9.1451^{b}26—29)。

(63) W. Burkert,引书同注⑤,第312页。

(64) 《美诺篇》81A。

(65) F. M. Cornford, *Plato's Theory of Cosmology*, London: Routledge and K. Paul, reprinted 1973, p. 2.

(66) 《高尔吉亚篇》522E—523A。

(67) 同上,523A。稍后,苏格拉底重申,这是一段“真实的”叙述(524A8—B2),不同于一般意义上的故事(muthos)。比较狄娥提玛关于“爱”的充满神秘色彩的“叙述”(ton logon,《会饮篇》212D1)。

(68) M. L. Morgan教授对此作了精湛的分析,详见注(52)之引书第71页。

(69) 柏拉图声称,他将“像荷马一样”祈求神灵,他的叙述将沿用悲剧的风格(《国家篇》8.545E)。《国家篇》是“我们用词语讲说的故事”(muthologoumen logōi,5.501E)。

(70) C. M. Bowra, *The Greek Experience*, The New American Library, 1957, p. 132.

(71) W. Jaeger,书名及译者同⑯, volume 2, Oxford University Press(renewed copyright), 1986,第151页。毕竟,热爱神话即是热爱求知(亚里士多德称之为“惊异”),所以从这个意义来说,神话的爱好者也就是知识的爱好者,即哲学家(hō philomuthos philosophos,《形而上学》1.2.982^{b}18—19)。

(72) W. Jaeger,同上。伯瓦拉教授表述过近似的观点:即使在哲学取代了诗歌,担负起解释复杂和棘手的生存问题以后,神话(myths)仍然占有属于它的一席之地,通过自己的努力使一些“带有根本意义的论题”变得“生动”、易懂(引书同注(70),第132页)。

(73) 另一方面,柏拉图也在logos中掺入了更多的神秘。柏拉图是西方思辨神学的主要奠基人之一(E.凯尔德称柏氏为西方“思辨神学的奠基人”, *Evolution of Theology in the Greek Philosophers*, in two volumes, Glascow, 1904, p. 791)。柏拉图很可能是theologia(神学)一词的创用者(参见《国家篇》379A)。和亚里士多德一起,柏氏为思辨神学的建立[包括某些“标准”(tupoi)的确立]奠定了必要的基础(参阅并比较W. Jaeger, *The Theology of the Early Greek Philosophers*, Oxford: Clarendon Press, 1936, pp. 4—5)。

(74) 《斐多篇》69C—D。

(75) 《会饮篇》211C。柏拉图的神秘主义思想影响过普罗丁和犹太人斐罗的思考。新柏拉图主义是受到几乎所有中世纪思想家们重视的“基础理论”。

(76) 《斐多篇》69B—C。

(77) W. Jaeger,引书同注(73),第21页。

(78) 《蒂迈欧篇》28C。三百多年后,斐罗几乎重复了这一思想。

(79) 《国家篇》9.592A。

(80) 同上,5.473A。

(81) P. Friedländer,引书同注㉞,第59页。弗里德兰德教授在此引述了Erich Frank在*Wissen, Wollen, Glauben*一书中表述的观点。布尔克特保留了myth和logos,但用nomos取代了ethos(引书同注⑤,第333页)。

(82) Geddes MacGregor, *Dictionary of Religion and Philosophy*, New York: Paragon House,

1989,p.66.《圣经》英语作 the Bible,希腊语作 ta biblia,意为"书的汇编",亦可作"文献集"解。有人把古希腊悲剧、印度戏剧、但丁的《神曲》以及现代俄罗斯小说相提并论,将它们一起归入了"偏远文学"之列(详见 I. F. Wood and E. Grant, *The Bible As Literature: An Introduction*, New York: The Abingdon Press, 1914)。一些西方著述家(如德国的谢林和俄国的梅列金斯基等)甚至用了"基督教神话"和"《圣经》神话"一类的词语形容基督教文献。

⑧ Jacqueline de Romilly, *A Short History of Greek Literature*, translated by Lillian Doherty, The University of Chicago Press, 1980, p. 214. 在古代,宗教与文学常常是构成各种"经典"的两个合二为一的部分。"佛教中许多佛典本身就是瑰丽的文学作品;巴利文的《佛本生经》是一部包含547个故事的寓言故事集,《百喻经》也是一部寓言故事集。"(《略论东方文化》,卞崇道著,载《东方哲学与文化》第一辑,社会科学文献出版社,1996年,第215页)

⑭ 比较埃及的宗教诗歌以及古代印度的情歌。

⑮ 《雅歌》1.12—17。本文采用中国天主教主教团核准的《圣经》(1992年8月版)译文。

⑯ 参考《雅歌》5。喻指(即象征)是基督教神学家们常用的手法。著名的基督教辩护士(apologist)君士丁(约生活在二世纪)甚至敢于打破对"异教"的偏见,大胆地从古希腊神话里选用素材。比如,他曾把耶稣喻比作传播信息的赫耳墨斯,将他的问世与裴耳修斯的出生构成某种神意义上的"对应"(详见《辩护》1.21 以下)。据美国人类学家怀特的不无夸大的解释,"象征是所有人类行为和文明的基本单位",是全部文化的总和(详见《多维视野中的文化理论》,浙江人民出版社,1987年,第239页以下)。诗歌也是古代印度(诗人)思想家们阐述古朴的神学观和宇宙论的工具。《梨俱吠陀》包含大量的颂神诗,如《万神赞》、《因陀罗赞》和《婆楼那赞》等,而象征表述是全部吠陀文学的"生命线"。比较禅宗文化里的各种"传灯录"。《五灯会元》中的许多偈示比《雅歌》更难理解,不亚于最难猜的谜语(详见《传统智慧再发现》上卷,王树人、喻柏林著,作家出版社,1996年,第166—167页)。

⑰ 引书同注⑮,第5页。"伟大的文艺作品是基督教所结的果子……在公元前一千多年中所结的果子就是《旧约》……初期基督教底果子,就是一部《新约》文学。"(《基督教与文学》,朱维之著,上海书店出版,1992年,第1页)

⑱ 古希腊人讲创世,所指侧重于对原有的混乱状况的梳理,因此不是"无中生有"(creatio ex nihilo)。这是古希腊宇宙论与基督教创世论的一个重要区别。

⑲ 《创世纪》1。

⑳ 详见《玛窦福音》8,《弥谷福音》1—2,《路加福音》4。道格培里:是的,上帝是个好人(莎士比亚《无事生非》3.5.39)。

㉑ Thomas Hägg, *The Novel in Antiquity*, Basil Blackwell, 1983, p. 87.

㉒ 详见《玛窦福音》27。

㉓ Peter Levi, *The Pelican History of Greek Literature*, Penguin Books, 1985, p. 457.

㉔ 同上。

㉕ 有的古希腊悲剧以"大团圆"(此乃中国古典悲剧的特色)结尾,如欧里庇得斯的《伊菲格妮娅在陶里人里》等。

㉖ 详见《斐多篇》114D。柏拉图并没有声称他的故事"are literally true"(C. M. Bowra,引书同注⑩,第132页)。

附录四　论秘索思　443

⑨⑦　《德训篇》1.5。

⑨⑧　同上,2.21。参考奥古斯丁《忏悔录》1.4 以及托马斯·阿奎那在《神学大全》里所作的相关表述。"宗教家和神学家认为《圣经》的全部内容都是'上帝之言'。上帝通过启示的方式把他的旨意传给先知,由先知公之于众,笔之于书。《圣经》是神圣不可侵犯的经典,信徒对其中的每一句话都只能绝对信仰,不得丝毫怀疑。"(《西方宗教学术史》,吕大吉著,中国社会科学出版社,1994 年,第 232—233 页)

⑨⑨　在古老的厄琉西斯和其他秘仪中,"圣言"(hieros logos)发挥着重要的作用。斯多噶学派的克鲁昔波斯认为,对于入仪者(teletai),传播"神的话语"至关重要。类似的"话语"也见诸恩培多克勒和巴门尼德的作品;柏拉图《会饮篇》里狄娥提玛的"讲叙"(201D—202C)亦带有 hieros logos 的性质。我们在上文中说过[详见(一)],赫拉克利特笔下的 logos 已带有神秘论的基因。

⑩⓪　参看本文(四)。

⑩①　Andrew Louth, *The Origin of the Christian Mystical Tradition*, Oxfrod:Clarendon Press, 1981, p. 27.

⑩②　František Novotný 还谈到了斐罗的 logos 与柏拉图的 logos 的异同(*The Posthumous Life of Plato*, Martinus Nijhoff:The Hague, 1977, p. 129)。参考《基督教哲学史》,尹大贻著,四川人民出版社,1978 年,第 38 页。

⑩③　《若望福音》1.1。参考君士丁《辩护》1.5。

⑩④　恩格斯指出:"当基督教要想使自己具有科学外貌的时候,它的形式就是神学。"(《马克思恩格斯全集》,人民出版社,第一卷,第 536 页)这一论断的精湛见之于波拿文图拉的《论科学向神学的复归》、邓斯·斯各脱的《论本原》和托马斯·阿奎那的《神学大全》。

⑩⑤　亚里士多德认为,史诗规模宏大,因此比悲剧更能容纳"不近情理之事"(to alogon,参考《诗学》24.1460^{a}12—13)。"All works on Christian spirituality are necessarily largely concerned with mysticism." (*The Oxford Dictionary of the Christian Church*, second edition, edited by F. L. Cross and E. A. Livingstone. Oxford University Press, 1983, p. 952) "总的说来,中世纪文学仍然处于基督教宗教神话的左右之下。"(梅列金斯基,引书同注⑯,第 313 页)

⑩⑥　参考《世界哲学宝库》,F. N. 麦吉尔主编,中国广播电视出版社,1991 年,第 347—348 页。在十七世纪,本杰明·维奇科特(B. Whichcote)、拉尔夫·库德华兹(R. Cudworth)和约翰·史密斯(J. Smith)等"剑桥柏拉图主义者"着重强调并发挥了普罗丁神秘主义理论中的理性学说,主张超自然与自然的和谐(即不构成矛盾)及灵性与理性的统一。维奇科特显然不会赞同基督教是一种依赖于"神秘"和"象征"的宗教的提法,尽管他也无法从本质上否认基督教的神秘性(参考"Aphorisms"889, 见 *The Cambridge Platonists*, edited by C. A. Patrides, Edward Anald, 1969, pp. 334, 17)。受剑桥柏拉图主义者的影响,洛克(J. Lock)撰写了《基督教的合理性》(1695 年),托兰德(J. Toland)则写出了难以自圆其说的《不神秘的基督教》(1696 年;同上书,p. 16)。

⑩⑦　"人类是一件多么了不起的杰作……在行为上多么像一个天使! 在智慧上多么像一个天神!"(《哈姆雷特》2.2.300—303, 见《莎士比亚全集》,朱生豪等译,人民文学出

版社,1988年,第九集,第49页)

⑱ 《小逻辑》,黑格尔著,贺麟译,商务印书馆,1980年,第80页。

⑲ 《论德国宗教和哲学的历史》,海涅著,海空译,商务印书馆,1974年修订版,第54页。

⑳ *Beyond the Pleasure Principle*, London: Hogarth Press, 1955, pp. 37—38.

㉑ 详见 *Civilization and Its Discontents*, London: Hogarth Press, 1949, p. 12 以下。

㉒ 参阅 Gilbert Highet, *The Classical Tradition*, Oxford University Press, 1976, p. 523; Sigmund Freud, "The Oedipus Complex", R. Ellmann and C. Friedelson, 引书同注⑯, 第576—580页。可以看出,蛰伏在弗洛伊德本人潜意识深处的是《圣经》的"原罪论",此外可能还有被中世纪的包括鲍格米勒派成员在内的教徒们所大肆宣扬的邪恶的撒旦的精魂。

㉓ 详见"Aion: Contributions to the Symbolism of The Self"和"Psychological Aspects of the Mother Archetype", in *The Collected Works of C. G. Jung* volume 2, part 2, translated from the German by R. F. C. Hull, New York: 1959, pp. 8—20。关于荣格对自己在学生时代所做过的"影梦"的回忆,参见他的 *Memories, Dreams, Reflections*, recorded and edited by Amelia Jaffe, translated by Richard and Clara Winston, New York: Vintage Books, 1965, pp. 87—88。

㉔ 详见 C. G. Jung, "Christ, A Symbol of the Self"(Aion: Research into the Phenomenology of the Self), in *The Collected Works of C. G. Jung* volume 9, part 2, translated from the German by R. F. C. Hull, Routledge and K. Paul, 1981, pp. 40, 62—63。基督就是"自我","既在天国,也在我们之中"(p. 37)。

㉕ C. G. Jung, "The Structure of the Psyche"(The Structure and Dynamics of the Psyche), in *The Collected Works of C. G. Jung* volume 8, 译者及出版者同上, 1981, p. 152。

㉖ 见 May Bilen 的文章, Pierre Brunel, 引书同注⑯, 第733页。

㉗ 参考 Oto Bihalji-Merin, *Adventure of Modern Art*, New York: Harry N. Brams, 1966, p. 7。

㉘ Martin Ross, *Music and James Joyce*, The Argus Bookshop, 1973, p. 5. 被称为"现代诗歌"之首创者的法国人波德莱尔一生热夷于从自然和生活中"找出神秘晦涩的形象";"这样,诗就不再是写作诗句的艺术,它同时还是一种达到更真实更实在的存在领域的魔术工具。诗成了宗教的替代品"(《非理性的人》,威廉·巴雷特著,段德智译,上海译文出版社,1992年,第135页)。

㉙ 艾略特认为,《尤利西斯》是那个时代所能"找到"的"the most important expression"。他特别提到了乔伊斯对神话的巧用,详见"Ulysses, Order and Myth", *The Dial* LXXV (1923), pp. 480—483。不过,当艾略特发表上述评论时,他的所指不仅是乔伊斯的《尤利西斯》,而且肯定还有出现在"心目中"的他自己的《荒原》(详见 Derek Traversi, *T. S. Eliot: The Longer Poems*, London: The Bodley Head, 1976, p. 12)。

㉚ toi nēmertea eipō(《奥德赛》11.96)。

㉛ *Masterpieces of World Literature*, edited by Frank N. Magill, Harper and Row Publishers, 1989, p. 940。《荒原》或许可以改变我们对"诗"的看法(参考 James Reeves, "Cambridge Twenty Years Ago", *T. S. Eliot: A Symposium*, edited by Richard March and Tambimuttu, London, 1948, p. 42),但却没有,也不可能改变秘索思的与神话通连的"本质"。

⑫ 《哲学》，雅斯贝斯著，第三卷第129页，转引自《诗·史·思》，叶秀山著，人民出版社，1995年，第257页。

⑬ 同上，即叶著之第257页。

⑭ R. Ellmann and C. Friedelson，引书同注⑯，第618页。

⑮ 《现代西方哲学概论》，王守昌、车铭洲著，商务印书馆，1983年，第184页。和他的同胞萨特不同，加布里埃尔·马塞尔认为，"存在主义的思想就是关于'难以捉摸的自我'的思想"（引书同注⑯所示第一本，第1216页）。

⑯ 维特根斯坦在其《逻辑哲学论》一书里"系统"地表述了这一观点（重点参考该书之4.12,121;6.43,45等处）。罗素的《维特根斯坦〈逻辑哲学论〉》揭示了维特根斯坦语言学说中的矛盾。美国存在主义神学家P.蒂利希"力求在后现代时期人的焦虑和绝望中，寻找到一种敢于把毁灭无意义这一最具毁灭性的焦虑纳入自身的最高勇气"（《后现代主义文化与美学》，王岳川、尚水编，北京大学出版社，1992年，第39页）。英国宗教哲学家J.麦奎利在其《二十世纪宗教思想》一书中指出，在后现代社会，"宗教和宗教的思索绝对没有死亡"，因为"人是一种奥秘……他随身带来了理解超越意义的线索"（《二十世纪宗教思想》，1981年英文版，第380和411页，转引自王岳川等，同上书，第39页）。

⑰ 《维特根斯坦哲学评述》，舒炜光著，生活·读书·新知三联书店，1982年，第268页。

⑱ 同上，第273页。

⑲ "人诗意地居住在此大地上"（《诗·语言·思》，海德格尔著，彭富春译，文化艺术出版社，1991年，第195页和第185页）。海德格尔论诗（及艺术）和语言的著作甚丰，如《走向语言之途》、《思的事情》、《何谓诗》、《林中路》、《荷尔德林诗的阐释》和《路标》等。另参考《诗·语言·思》中的《诗人哲学家》、《艺术作品的本源》、《诗人何为?》、《语言》诸篇。

⑳ 《说不可说之神秘》（海德格尔后期思想研究），孙周兴著，三联书店上海分店，1994年，第279页和第323页。

㉑ 此乃海德格尔在《林中路》等几本著作里所表述的一个"中心思想"。另参考 D. Halliburton, *Poetic Thinking: An Approach to Heidegger* (Chicago, 1981) 中的有关内容以及《现代西方的超越思考——海德格尔的哲学》，俞孟宣著，上海人民出版社，1989年，第368—379页。我们不知道海德格尔是否会把他的哲学（即他的"思"）看作是真正的诗歌。不过，有一点可以肯定，那就是在他的心目中，"诗"高于一般意义上的叙述。或许，我们也可以从这个角度出发理解伽达默尔对柏拉图"对话"的评价："柏拉图并不关心论述是否生动有力（应该说，这是对柏拉图文体风格的误解——笔者），而是关心……这些讨论的助产术的力量"，柏氏"创造了一种真正的哲学诗歌"，他的创作"是真正的诗"（《伽达默尔论柏拉图》，H.G.伽达默尔著，余纪元译，光明日报出版社，1992年，第78页）。海德格尔笔下的"诗"的神秘性是显而易见的。此外，他还重视"诗"，即德语词 dichtung（动词 dichten）所包含的"编造"和"虚构"之意，认为"诗"的作用在于"真理的促成"。

㉒ 逻各斯和秘索思的界限有时不易准确切分（这一点上文已有提及），但这不是我们从范畴上忽略秘索思的理由。与逻各斯相比，秘索思无疑更能名正言顺地担负起指对"诗"（以及"诗思"）、"神话"和"神秘"的重任。

⑬ 详见 Martin Heidegger, *Early Greek Thinking*, Harper Collins Publishers, 1984, pp. 59—78。参考"逻各斯的概念"(见《存在与时间》, 海德格尔著, 陈嘉映、王太庆节译, 生活·读书·新知三联书店, 1987 年, 第 40—43 页)。

⑭ 应该说, 海德格尔具有强烈, 如果说还不是过强的秘索思意识, 尽管他很可能没有想到, 他所津津乐道的诗的神奇, 其实就是秘索思的功用和巨大能量的生动展示。

⑮ W. Jaeger, 引书同注⑯, 第 152 页。借此机会, 笔者愿提请读者注意当今西方后现代主义理论家丹尼尔·贝尔和尤尔根·哈贝马斯的"对立"。贝尔主张求助于一种普济天下的"新宗教"(参阅他的《资本主义文化矛盾》), 而哈贝马斯则认为西方的出路在于"新理性"的确立(参阅他的《现代性对抗后现代性》等著作; 比较弗·杰姆逊的"新历史主义")。

⑯ 引书同注⑫所示第一本, 第 915 页; 参考 Harry Blamires, *The New Bloomday Book: A Guide through Ulysses*, London: Routledge, 1988, p. 71。参阅《奥德赛》12.84—110;《尤利西斯》故事 9: 斯库拉和卡鲁伯底斯。关于"the Platonic Stephen"和"the Aristotelian Bloom", 参考 D. R. Schwarz, *Reading Joyce's Ulysses*, London: The Macmillan Press, 1987, pp. 110—112; 另参阅该书 pp. 139—142, 233—234。这使我们想起斯威夫特的《格利佛游记》里的拉普特飞岛, 想起那里的妻子们与她们的"作为柏拉图信徒的丈夫们"在一起所过的并不十分和谐的生活。

⑰ 当然, 他们中的大多数人并没有直接使用 muthos 或 mythos(秘索思)一词, 而是用了与之相关的"替代", 如 myth、mystery 和 mythical story 等。

⑱ 应该说, "l(ogos)模式"实际上是现成的。已有不少中外学者以逻各斯或逻各斯中心主义为基点, 在对西方文化及中西文化的比较研究方面取得了可喜的成绩。出于这一考虑, 本文重点突出了秘索思。笔者认为, 形成 mythos 与 logos 对立互补的格局不但不会削弱 logos 的重要性, 而且反倒可能因为有了这"另一半"的牵制、辅佐和促动, 增强它的理论可塑性。

索　引

（一）　部分人（神）名

A

阿波罗　27,34,37,70,80,143,208,210,211,249

阿尔克曼　50,70,250

阿耳基洛科斯　23,50,51,141

阿芙罗底忒　69,97,124,212,227,286

阿伽门农　69,60,74,129,150,158

阿伽松　12,177

阿基比阿德　5,51,70,213,216—218,234,267

阿基琉斯　34,70,129,141,240,252

阿奎那　33,187

阿里斯托芬　12,14,35,69,72,127,131,132,143,161,180,201,203,253

阿那克萨戈拉　81,95,167,177,290

阿那克西美尼　40,83,120

阿斯克勒庇俄　182

埃斯库罗斯　14,38,60,74,87,88,96,99,118,131,148,159,177,207,292

爱因斯坦　69

安提马科斯　6,11

奥古斯丁　8,79,98,187

奥菲俄斯　27,96,101,120,131,143,179；奥菲俄斯宗教（或秘仪）94,118,119,123,229,296；参看：宗教、神话、心魂、psuchē

B

巴尔扎克　121,288

巴赫　251

巴赫金　12

巴科斯　28,94,213,229,230,241

巴库里得斯　27,38,201

巴门尼德　14,42,43,67,81—83,99,184,191,192,203,217,228,231,237

柏拉图　生平 1—4,11,12；著述 5,8,9,48,49,79,127,154,161,186,188,219,231,235,268；诗才（文采）6—8,207,217,222,231；诗人气质 20,71,140,184,202,221—223,227—229,235,262,296；喜爱诗歌 12,132,146,206—209,213,272,292；赞赏多里亚调 236；教育家 134,135,145,223；艺术理论家 241,249,276；熟悉奥菲俄斯宗教及多种秘仪 118,119；诗论的多元 8—10,12,13,172,173,185,186,196,233；创立"形论"（the theory of ideas）9,66,250 等处；强调知和知识的重要 16,35,36,44,45,64,123,146,148,165,168,200,201,203,214,278,288；归集与划分 47,196（参看 182,209）；心魂"三分论"121；坚持道德取向 75,131 以下,142,143,146,180,205,225,240,241,250—253；对文艺实施检查评审 135 以下,147,180,201,205,

225,254；评审标准 86,87,135 以下,190 以下,202,238—240,254,275,289,293；治学观 8—10,65,68,72,85,121,141,142,182,187,188,200,234,235,286,287；反对诗乐的革新 101；驱逐诗和诗人 64,75,116,117,125,146,228,246；批判并试图取代传统的荷马文化 144,225,233,235,259；"同情"诗歌 20,29,37,64,206,228；引用或赞同荷马及其他诗人的观点 18,32,37,111,143,206—208,226,248,262,280,295；广泛创用故事 6,7,11,38,44,67,90,98,100,119,120,123,175,200,218,219,229,231—233；故事可以表述真理 90,134,230,232；诗与哲学的结合 210 以下,217,218,220,224,229,231—235,260；"对话"（或柏拉图哲学）的诗文特色 2,38,200,223,231,232,234,235,248,287；适用于对年轻人的教育 225；对形而上学某种程度上的超越 13,235,286,287（参考 117,157,174,175,199,200,229,233,286）；对亚里士多德的影响 58,74,95,176,177,198,204,281,291,297；对后世的影响 10,46,58,65,74,75,79,80,84,95,98,151,175,176,225,235,281,294,298；与老子（比较）67,234,248；与孔子 67,79,80,106,123,124,133,135,137,141,145,146,155,170,175,230,249,250,259,262,295；与孟子 244；对柏拉图学观取向、文艺思想及相关论点的批评 61,63,73,74,92,93,98—101,115,116,119,124,140,148,172,223—225,239,259,283,284,297（另见 45—47,67,148 和 172 等处）；参看：荷马、苏格拉底、诗、诗人、语言、哲学、神话、诗论、知识、文艺理论、美、音乐、摹仿、形、辩析、技艺、philosophia、logos、logismos、nous、sophia、epistēmē、technē、mousikē、muthos、doxa、psuchē、mania 等

贝克特　108,204,297

毕达戈拉　14,17,42,43,53,103,119,127,143,160,237,253,254,290；宇宙音乐 17；数学—音乐理论 42（参看 53,237,255,290）；毕达戈拉学派 2,118,251,252,255；毕达戈拉宗教哲学 119

毕加索　276,294

别林斯基　146

波弗里奥　101,327

波鲁格诺托斯　23,35,145

波普尔　10,12

伯格森　297

伯里克利　1,15,16,149,167,178,216

C

车尔尼雪夫斯基　12

D

达·芬奇　266

但丁　152

德里达　12,151,155,175,287

德谟克利特　14,15,17,32,33,39,40,53,70,96,102,103,119,142,197,227,228,231,290

德谟塞奈斯　204

狄俄尼索斯　180,212,229,230,250,296；参看：巴科斯

笛卡尔　77,152,226,235

第欧根尼（拉尔修）7,11,178

第欧根尼（阿波罗尼亚的）196

董仲舒　26,84,109

杜威　272

E

俄底修斯　35,100,141,150,158,226,234,252；与苏格拉底（比较）234

厄庇卡耳摩斯　6

恩格斯　12,52

恩培多克勒　12,14,40,69,81,127,184,217,228,229,231

F

菲迪亚　75,160,178,181,266

斐德罗 175,178,194,213,214,233,234,
  265
斐罗 84,95,96
伏尔泰 199
福柯 153,202
福楼拜 262
弗洛伊德 122,201,297

G

高尔基 152
高尔吉亚 14,118,141,160—162,164,
  171,176,177—179,230
歌德 144,231

H

哈贝马斯 153,202
海德格尔 7,65,73,148,152,164,202,
  225,256,272,287
荷尔德林 7,200,229
荷马（和荷马史诗） 11,12,14,17,18,21—
  24,27—38,40,49,55,59—61,69,70,72,
  75,77,79,80,84,87—89,94—103,108,
  112,115,117—120,123,124,127,129,
  131,132,140—144,148,150,151,155,
  157—160,167,177,179,183,189,190,
  192,197,201—203,206—208,210,214,
  217,221,225—228,233—236,239,240,
  246,248,249,258,259,262,266,274,280,
  292,295,296;aoidos(诗人、唱诗人);希腊
  民族的老师131;古代的百科全书132,
  144;诗歌神赋167;得之于诗人的"自
  学"167;诗是"长了翅膀的话语"55,91,
  140,150,228;对"知"的重视35;心魂观
  102,103,112,123;"像荷马那样"286;荷
  马史诗的影响12,31,35,128,129,132,
  144,151,207,208,228,234,240,246;参
  看：诗、史诗、神话、诗人、aoidos、aoidē、
  poiētēs、柏拉图、阿基琉斯、俄底修斯、秘
  索思
赫拉克利特 11,14,17,98,118,131,141,
  197;赫拉克利特学派2
贺拉斯 144,146,212
赫希荷德 21,23,34,37,38,69,72,79,80,
  84,90,95—98,100,101,103,123,131,
  141,144,160,174,179,198,201,206,210,
  227,228,239,272
黑格尔 13,49,74,77,124,125,174,249,
  288,292
胡塞尔 175
华兹华斯 231
怀特海 46,144
黄宾虹 262
惠特曼 253

J

伽达默尔 13,156,174,176,233
加缪 107

K

卡夫卡 297
卡莱尔 144
卡西尔 41,297
康德 69,77,163,205,226,235,277,286
康定斯基 262
科比埃尔 126,147
克尔凯郭尔 174,176
孔子 67,79,106,123,133,135,141,145,
  146,175,199,201,220,249,250,259,295
奎因 123
昆提里安 176

L

拉康 12,153
拉辛 144
莱布尼茨 77,95
朗吉诺斯 234
老子 42,67,137,211,248
卢卡契 272
卢梭 120
罗蒂 74

罗素 11,74

M

马尔库塞 123
马克思 12,187,264
马拉美 126
蒙田 94
孟子 42,96,213,220,244
弥尔顿 144
米开朗琪罗 266
米勒 204
缪斯（Mousa，Mousai） 27,28,37,142,143,190,195,199,201,202,204,205,208—210,212,214—217,223,224,226—228,231,232,234,249,253,255,288
墨子 64,99,123,143,199
慕赛俄斯 101,108,131,143

N

拿破仑 129
尼采 38,46,88,124,203,220,235,251

O

欧几里德 3
欧里庇得斯 38,98,118,124,127,177—179,190,194—196,199,204,207

P

潘天寿 262
培根（F.） 187,199,202,296
品达 14,27,37,38,70,96,101,103,111,112,118,142—145,160,167,177,181,201,202,207,212,227,246,249
普兰特 123
普卢塔克 11,254,256
普罗底科 14,177,178
普罗丁（或普罗提诺） 65,75,187,256,271,298
普罗米修斯 118
普罗泰戈拉 31,32,71,130,141—143,155,160—162,164,171,177—179,203

Q

乔姆斯基 157
乔伊斯 253

R

热奈特 74

S

萨福 50,70,202,207
萨特 44,87,107
塞俄德克忒斯 162
塞诺芬尼 72,81,95,97—99,124,141,230
色诺芬 31,32,34,69,118,119,121,141,145,177,231,285,288
莎士比亚 144,281
叔本华 203,251
斯宾诺莎 33
斯特拉堡 11,143,225
苏格拉底 有着超人的毅力 51；最有智慧的人 232；爱者 48,51,69,213,227,265；唯一和真正的政治家 138,150,233；与智者不同 161,256；听从神意 85,97,99,213,226；自我审视 18,32；求知即回忆 48,66；对概念的普遍适用性的关注 11,17,32—34,100,203；定义 11,17,32,47,66,100,242 等处（参看"定义"）；美德即知识 33,35,201；知识的"接生婆" 105,256；对雅典人的启蒙 15 以下,149,150,247,262；对行为和知识的检验 18,19,47,67；行动（或行为）的知识基础 35,122,149,203；认知革命 16,18；照料人的心魂 105,109,119,121,142,149,168,171,197,222,229,234,254,256,260,285；美的事物应该有用 287；应该有益 287；人应该公正地生活 250；对柏拉图的影响 11,45,150；参考：柏拉图、哲学家、政治、道德、爱、德、善、定义、aretē、epistēmē、sophia、elenchos 等

索引 451

梭伦 1,2,6,15,32,101,129,143,160,202,214,220,221,229
索福克勒斯 32,50,99,118,143,160,177,190,194—196,199,207,266,296
索弗荣 6,12,218,222
索绪尔 157,175,222

T

泰勒斯 40,80,95,102,229,290
陶渊明 220,286
忒斯庇斯 60
提西亚 159,176,178,229
屠格涅夫 286
图泰俄斯 32,38,221
托尔斯泰 140,147
陀思妥耶夫斯基 13

W

瓦格纳 99
王尔德 126,147,197
王国维 230
维吉尔 144
维柯 41
维特根斯坦 152,174

X

锡德尼 6,12
希波克拉底 53,70,183,197
西俄格尼 38,143,144,179
希罗多德 14,32,95,118,155,160,201,231,232
西蒙尼德斯 70,101,143,239,262
西塞罗 7,11,17,94,95,123,176,230,246,256
席勒 144

修昔底得 32,118,149,155,177
雪莱 123,144

Y

亚里士多德 2,3,5,11,12,17,21,31—35,37,39,49,52,53,58,62,63,67,69,70,72,74,76,95,98,99,101,102,109,116,119,121,123—125,127,130,132,136,141,143,145,146,149—151,157,161,163,164,171,173,176,177,179,181,187,188,197—199,201—204,207,217,218,220,222,225,227,232,235,238,241,246,251,252,255—257,261,271,172,281,285,286,288,290—292,294—298;技艺摹仿自然198;正、反向功能63;诗是对行动的摹仿198;比历史更富哲学性69,141,198;悲剧的功效(ergon)296,297;与情感的净化252;情节(muthos)是悲剧的灵魂(psuchē)204;technē 的定义198;讲演的三种类型176;智术像似哲学其实不然163,177;区分道德美德和智能美德149（另见35）;热爱神话即热爱智慧69;参看：诗、悲剧、音乐、自然、技艺、摹仿艺术、讲演术、politikē、paideia、mousikē、poiētikē、praxis、aretē、epistēmē、phronēsis、dianoia、nous 等
伊索克拉底 6,11,62,98,144,146,151,160,162,167,176—179,181,186
尤涅斯库 176,204,297
雨果 251

Z

芝诺（爱利亚的）7,67
宙克西斯 63,181,260
庄子 104,175,219,234

（二） 重要词汇和概念

A

爱（爱恋）48,51,105,120,200,209,211—213,227,228,262,286,287；爱与哲学 48,200,209,211 以下；爱是一种迷狂 211；是诗人 214；是神灵 227；对美的爱恋 286；参考：哲学、诗、诗人、erōs

爱者（爱恋者）31,48,67,69,200,209,211,228,264,268；参看：哲学家、erastēs、erōtikos（见"erōs"）、苏格拉底；比较：诗人、智者、工匠、艺术家

B

悲剧 6,14,21,26,32,35,37,50,52,58,62,63,70—72,74,91,99,101,108,113—115,121,124,129,135,136,141,144—146,151,159,169,178,179,182,190,195,201,203,204,208,209,225,229,230,234,236,241,250,252,259,262,266,271,272,280,281,283,284,291,292,296—298；悲剧美 207；悲剧与"恭维"169；谄媚 182；充满悲剧色彩的人生 282；现代悲喜剧 298；参看：柏拉图、亚里士多德、诗、心魂、快感、tragōidia、mimēsis、muthos（情节）、praxis；比较：史诗（epos）、喜剧、抒情诗、绘画等

悲剧诗人 12,33,60,64,71,72,88,96,98,114,118,124（指荷马），127,131,132,143,162,163,184,194,199,202,207,222,226,233,245,249,257；参看：诗人、埃斯库罗斯、索福克勒斯、欧里庇得斯

比例（匀称）72,238,243,258,259,261,265,270,271,273,278,289,291—293；参考：美、taxis、peras、teleos、summetria

辩驳 19,67,156,178,180,203,256；参看：苏格拉底、辩析、elenchos、dialektikē

辩析（学、法）3,19,33,37,47—49,67,68,72,84,91,102,105,146,148,149,170,171,174,176—178,180,182,190,195,198,200,215,228,246,262,288,295；探寻终极真理的最佳手段 68；哲学本身 68；与争辩不同 270,271；高于诗学 68,246；参看：dialektikē、elenchos、diairesis；比较 eristikē、antilogikē

辩析学家 9,68,102,171,180,228,256；参看：哲学、真理、哲学家、mousikos、erōtikos；比较：诗人、演说家、智者、画家、艺术家、工匠

D

道德（道德观念、道德意识等）11,34,38,63,69,72,98—100,127,133,135,137,140 以下,147—150,178,180—182,198,200,203,238,250,277,295 等处；道德美德（见"德"）；参看：美、诗、音乐、政治、诗人、诗论、德、善、形、心魂、智者等

德（德性、美德）19,32 以下,41,66,103,121,137,141,148,149,177,178,198,200,203,294 等处；"四德"149；美德即知识 33,35,146,201；即力量 33,149,200,201；道德美德 149,198；智能美德 149,198；政治美德 141；参看：形、知识、aretē、dunamis、epistēmē、politikē

雕塑 24,73,81,209,241,255,259,285,292,293

雕塑家（雕塑匠）24,55,181,243,244,246,255,258,259,293

定义 11,17,19,32—34,47,68,100,148,177,182,195,200,203,204,242

F

仿象 36,54,55,66,69,73,258,261,273,282,293；参看 eikōn；比较：虚象、幻象、拟象

G

工匠 33,55—57,72,83,182,197,199,201,
209,227,242,245,246,255,257,260,261,
263,272,290;参看:艺术家、摹仿者、画
家、雕塑家、诗人、dēmiourgos

故事 6—8,11,17,20,21,23,25—27,40,
41,50,58,59,77,85,86,88,90,108,113,
115,133—135,161,184,208,218,219,
246,248,266 等处;参看:诗、神话、语言、
muthos、muthologia、mousikē、aoidē

管箫(阿洛斯) 27,64,169,182,193,203,
205,229,230,250—252

诡辩(辩说) 91,154,161,163,176,177,
181;参看:智者、智术、sophistikē、eristikē

H

和谐(harmonia) 62,69,84,95,111,113,
115,121,124,131,136,144,197,203,215,
216,236,238,252—255,270—272,284,
289—292,298;参看:harmonia、psuchē、音
乐、比例、节奏

画家 24,35,55—58,63,64,71,73,145,
177,179,181,197,242—247,249,254,
255,257—263,272,273,276,277,286,
293,294,297;乃摹仿者 58,241—246;摹
仿表象 242—245,257,258,261;掌握(制
作)的知识 245,261 等处;摹仿"形"233;
与制法者 247,249,262;参看:诗人、智者、
绘画、eidōlon、eidōpoiikē、mimētēs

幻象 56,72,73,243,257—259,261,273,
292,293;参看:phantasma;比较:虚象、仿象

回忆 48,66,105,262;参看:anamnēsis、知
识、心魂;比较:辩析、辩驳、爱恋(均为求
知的手段)

绘画 24,63,72,73,147,179,197,236,241,
242,245—249,254—256,258—262,266,
272,285,291,292,294;参看:画家、艺术、
摹仿;比较:智术、诗、音乐

J

技艺(技术、艺术) 8,23—26,28,33,35,53,
63,68,70,72,130,139,164,167—171,
176,180—182,184—190,192,193,195—
202,212,228,241,247,255—257,261,
270,272,279,287—290,295;摹仿"真形"
263;摹仿自然 53,70,75,197,256;协助自
然 53,183,197,255,256,288,289;与自然
抗争 197;与灵感 184—187,202,212,
228;与天分和实践 167,181,186;与经验
185,190,199;技艺的真伪 169,170,182,
185,198,269,289;划分及高低之别 68,
183,197,241,242,255—258,270—272;参
考:艺术、艺术理论、语言艺术、智术、绘
画、诗、摹仿、technē、epistēmē、theōria、doxa;
比较:灵感、迷狂、爱(爱恋)、mania、erōs

讲演术(修辞) 3,11,158—160,162—166,
169,171,172,176,177,182,183,205,269;
定义 182;魅力(或魔力)124,143,180,
195;三种类型 176;真正的讲演术 183(参
看 182);参考:智者、语言、智术、诡辩、诗

诘问(或基于诘问的辩驳) 19,67,149,156,
203,256;参看:辩驳、elenchos

节奏 72,73,133,136,162,169,190,202,
203,205,209,215,235,237,238,240,250,
252—254,272,275,277,293;参看:和谐、
比例

酒神颂(狄苏朗勃斯) 6,23,37,62,74,151,
169,182,193,213,236,250,253

K

快感(愉悦) 114,121,215,239,252,254,
259,266,272,276,278—286,292,296—
298;纯净型快感 279;混合型快感 279—
284,298;智性快感 282,298;参看:hēdeia、
美、审美、限定、诗、讲演术

L

灵感(通神、神赋论) 22,23,28,29,35,37—

39,92,153,177,184—190,195,196,199—202,211,212,227,228,233；entheos 227,228；参看：迷狂、爱、诗人

逻各斯 12,108,142,151,204,205,250；逻各斯中心主义 12,41,156,175,176,226,286；参考：秘索思、logos、muthos

M

美 8,42,43,65,69,76,94,128,211,215,277,258,259,264以下,273以下,284以下,291—295等处；美与善（即"好"）69,74,287,295；美的"形"决定事物的美 65；美与真理 285；抽象美 268；美之形 67,141,268；美本身 254,265,267,268,276,284,286—289,292,294；美与道德 127,277,294,295；美的层次 265,267；一般高于具体 267；美与爱恋 286；与诗和艺术 267,285,293,294,297；与限定（peras）270,271,289；美的事物应该完整 271,272,289,291,292；有序 238,271,272,274,275,291,298；和谐 272,298；有用（to chrēsimon）267,287；有益（to ōphelimon）287；美不对等愉悦 273,285,286；不对等美的事物 288；智慧最美 287；悲剧美 207（参看280—281,284等处）；审美 42,128,252,277,281—283,294等处（详见"审美"）；参看：诗、音乐、绘画、雕塑、爱、快感、agathon、kalon、aisthēsis、taxis、teleos（271）、holon（292）

迷狂 28,29,31,37,39,102,107,199,200,205,211—214,225,227—230,246；迷狂论 205；参看：灵感、诗人、哲学家、爱、宗教、mania、erōs、mousikē、rhapsōidos；比较：巫卜、巫术

秘索思 6,25,108,151,205,250；参看：muthos（或 mythos）、logos；秘索思和逻各斯乃西方文化的基本要素 108,151,250；参看：宗教、神话、故事、悲剧；比较：逻各斯、logos

名词（词、名称）50,54,66,68,70,71,84,154,173,176,177,188,191,230,247,284；比较：动词（rhēma）73,79,191；参看：语言、讲演术、logos、onoma、lexis

缪斯的艺术（mousikē）142,190,195,201,209,215,226,231,232,249,255；参看：诗、音乐、哲学、哲学家、艺术、muthos、muthologia、alētheia

摹仿 7,8,12,24,40,46,52—64,70—75,77,83,84,89,92,114,116,123,124,132,136,144,145,147,154,173,175,179,186,190,193,197,198,202,203,222,225,227,233,234,237,238,241—244,246,247,249—253,256—261,263,273,274,278,282,286,291—294,297；扮演 59—61,74,75,88,89,113—115,202；作为一个应用面极广的原则 53,54,71；正确与否 274,275；摹仿表象 249；摹仿实质 63,71,249,257,263；凭知识（不同于出于无知）的摹仿 75；参看：摹仿艺术、艺术、讲演术、诗、悲剧、绘画、虚象、仿象、幻象、语言、哲学、mousikē、mimēsis、mimēma、mimetikē

摹仿艺术 54,61,73,74,113,116,179,197,209,227,234,237,241,242,245,258,260,261,274；亚里士多德的摹仿论 74；参看：诗、音乐、绘画、雕塑、史诗、悲剧、喜剧、抒情诗、酒神颂、摹仿

摹仿者（或摹仿艺术家）54,58,63,71,73,74,92,145,179,203,214,227,243—245,249（哲学家和法典制定者）,257—259,261,274；参看：mimēsis、mimētēs

N

拟象 73；参看：mimēma

S

善（善好）43,46,69,76,82,84,87,94,121,138,148,149,170,181,200,204,215,254,276,277,295,295；参看：形、德、美、善之形、真理、philosophia、on（onta）、aretē、agathon、alētheia

善之形 43,46,66,67,94—96,138,141,
149,181,200,235,277,290,292；真善美
29,76,94,105,249,268,269,283
神赋论 28,184；参看：灵感、诗、迷狂
神话 11,17,21,26,40,41,69,75,86,88,
95,100,120,153,175,219,226,230,231,
234,241,250；参看：秘索思、史诗、故事、
语言、宗教、诗化及诗化表述、muthos、
muthologia；比较：哲学、辩析、逻各斯
神工 57,71,93,94,99,119,122,147,242,
246,257,271,290；参看：工匠、宇宙、宇宙
之魂、dēmiourgos、kosmos、theos
神学（家）3,14,16,17,22,27,37,65,69,
75,76,78—99,101,109,111,127,132,
145,179,187,207,213,226,235,254,256；
参看：宗教、哲学、故事、哲学家、诗人、荷
马、赫希荷德、theos、daimōn、theologia、
muthos
审美 42,128,194,238,252,272—274,277,
281—283,285,286,288,289,292,294,
298；参看：美、艺术、艺术理论
诗（诗歌）乃神的赐予 9,26 以下,184,188,
196,201,210,228；长了翅膀的话语（见
"荷马"）；特殊的语言 101（参看 294）；经
过提炼的语言 113；包括音乐 117,201,
238,252（参看 292）；魅力 28,108,124,
137,140,146,195,254,296；如同"药物"
29,180；产生仿象 55；意在谄媚 123,169,
182,204,244；取悦民众 135,143,166,
169,204,260；诱发激情 112—115,132 等
处；渎神 72,73（参看 290）；诗的堕落 74,
101,127,193,252（参看 253,254）；是一种
制作 57,188,189,201,233；可以催发无害
的喜悦 296；表述真理 100,230（参看 74,
154,182）；诗与教育 122,123,131 以下,
141,143 以下,159,160,206（参看 223,
224,236 以下,254）,229,249,259,296；与
宗教（神学）26 以下,79 以下,84 以下,
120,123,124,126,229,237,254；与历史
12,58,86,141,150,151,179,192,206,

222,233；与政治和道德 52,64,85,100,
115—117,126—129,140—141,146,147,
169,239,250,251,254；为政治服务 220；
与讲演 158,162,163,166,169,178,180,
182,204,227；与散文（即非格律文）12,
73,162,175,179,220,222,223,233；与技
艺 23—26；需要技艺 23,185—190,
192—195,201,202,204；与绘画 181,
197,261；与音乐、舞蹈 38,55,131,190,
236—238,252；与迷狂 212,227,228；与
真理 21,49,55,57,74,98,134,295；与
哲学 7,8,30,31,49—52,85,132,141,
142,196,199,200,208,212,214 以下,
224 以下,229 以下,260；与哲学的抗争
30,31,37,38,51,52,57,200,201,206,
222,223,225,227,233；参看：诗人、史
诗、神话、宗教、语言、悲剧、喜剧、抒情
诗、酒神颂、音乐、讲演术、智术、绘画、快
感、摹仿、诗艺、艺术理论、神赋论、缪斯
的艺术、柏拉图、亚里士多德、aoidē、
poiēsis、 poiētikē、 mousikē、 rhapsōidikē、
technē、muthos、muthologia、nomos、alētheia、
paideia；比较：哲学、辩析、定义、philos-
ophia、elenchos、logos、sophia、epistēmē 等
诗化及诗化表述 6,12,96,120,145,174,
192,200,213,219,222,223,229,231,232,
235,254,260,262 等处；参看：诗、故事、神
话、秘索思、缪斯的艺术、宇宙之魂、诗人、
柏拉图
诗论 9,14,37,52,62,73,99,108,120,186,
233,246（参看 20 以下,118 以下,140 以
下,207 以下,254 以下,280 以下）；诗论家
15,53,80,144,145,184；诗评落后于创作
98,297；参看：诗、音乐、诗艺、语言艺术、
宇宙论、艺术理论
诗人 民众之师 21,22,27,34,38,111,131,
141,143,144,146,174（参看 206,225 等
处）；受神意驱导 26—29,35,69,92,167,
184,186,189,202,206,212,228 等处；无
知或所知甚少 21 以下,55,58,63,73,91,

92,165,166;摹仿者 56,56,73,92,145,179,214,243,244,249,257,258;摹仿一切 72—75,123,147,179,261;（像画家一样，其作品）两度离异于真理（即处在第三的位置上）57,58,197,242—244;欺骗 60,72,88—90,97,99—101,165,179,244（参看 243,259,261,269,273,292）;渎神 86—89,92,97,123,190;制作者 34,56—58,73,74,77,78,188,189,201,225,233,234,236,249（指哲学家或法典制定者，参看259,274）;可以拥有知识 195,196;讲说真实的故事 37,90,206；亦可表述真理 100;与先知、巫卜 29,39,85,95,101,228;与画家 57,58,71,73,179,197,244—246,257,258;与工匠 56,57,71,201,227;与智者（诡辩家、辩说家）34,91,163,156,165,177—180,221,227;与哲学家 30,37,38,55,68,69,76,200,205,206,221,228,233;参看：荷马、摹仿者、诗、诗论、技艺、心魂、爱、灵感、德、语言、音乐、aoidos、poiētēs、mousikos、rhapsōidos、mimētēs、muthologoi、paideia

诗艺 9,13,22,35,49,58,86,101,130,140,141,161,189,190,198,201,243,256;诗论 255,诗艺观 31,127,144;诗艺理论 3;诗艺思想 100,185

史诗（荷马史诗）12,22,23,26,31,32,34—36,40,49,59,61,62,70,73,75,80,96,97,102,108,113,115,117,118,123,124,128,129,132,135,141,142,144—146,151,155,157,159,167,179,189,190,192,197,202,203,208,213,217,225,227,234,236,239,250,258,259,266,272,274,292;史诗诗人 28,64,72,74 等处;参看：诗、诗人、荷马；比较：悲剧、喜剧、抒情诗、酒神颂

抒情诗（或竖琴诗）6,50,70,73,108,141,145,236;抒情诗人 21,23,27,28,51,70,72,101,103,118,167,201,239,262;参看：诗、音乐、品达、萨福、melos、mousikē

W

巫卜 27,83,95;参看：巫术、智术、goēteia

巫术 48;与语言 163;与诗歌 26（参看 180）;与讲演 180;与音乐 252;与绘画 245,259（参看 179）;是医术的反衬 180;巫师 26,279,180

舞蹈 38,55,72,117,131,190,210,226,230,236—238,240,241,249,252;参看：艺术、诗、音乐、节奏;比较：绘画、雕塑

X

喜剧 14,35,62,74,115,124,132,145,151,226,231,241,251,272,281,283,296—298;参看:诗艺、快感

喜剧诗人 12,21,72,127,160,180,201,207,254;参看：阿里斯托芬

先知 22,27,29,38,39,95,101,160,182,201,227,228,231;参看:诗人、迷狂

限定 94、224、270、271、289；与无限 289；参看：美、peras

心魂 17,19,38,48,66,67,71,75,82,91,94,96,102 以下、110,118 以下,136,137,142,148,168,179,177,180,197,203,215,227,229,234,237,238,240,244,251,255,267,271,280,282,285,289,296,298 等处;最早出生 119（另见 103）;五德 198;与"形" 67,260;事物的根本 271（参看 298）;与肉体 104,105,118,120,196,215,268,282,298;三分论 110,112,121,122;照料人的心魂 105,109,119,121,142,149,168,171,179,222,229,235,254—256,260,285;和宇宙之魂相通 71,148;贯通人与自然 253;神—诗—心魂 108,109,111;参看：形、德、爱、宗教、苏格拉底、柏拉图、哲学家、宇宙之魂、nous、psuchē、aretē、politikē

心魂学 8,65,71,72,120,122,149;心魂学家 104

形（真形）29,36,37,41,43,47,55,56,58,

64—66、71、72、75、77、78、92—94、120、138、155、198、215、219、229、230、242、243、246、249、258、260、263、268、269、288；善之形 66、67、138、155、277；美之形（等于善之形）67、141；参看：哲学、辩析、善、真理、idea、eidos、nous、agathon、dialektikē

形论　9、13、42、65—67、93、141、250、288

虚象　62、66、71、73、155、169、179、243、245、254、256、258、261、292、293；参看：eidōlon、edōpoiikē、mimetikē、technē；比较：幻象、仿象

学园　1、3、4、11、49、52、58、62、146、167、171、177、272

Y

演说家　32、38、69、135、141、155、165—167、170、176、177、181、182、194、196、204、207、214、216、220、221、228、239；参看：智者、诗人、讲演术、rhētōr、rhētorikē

艺术　3、8、26、38、50、59、64、101、112、124、137、147、168、179、188—191、194、199、203、241、249、255、259、267、275、277、285、296 等处；与自然 72、197 等处；摹仿自然 197；修补自然的不足 75（参看 260）；与"形"75；与美 285；为艺术而艺术 126、147；政治艺术 142、150、181、233；参看：自然、技艺、摹仿艺术、美、缪斯的艺术、灵感、快感、艺术理论、音乐、绘画、舞蹈、aisthēsis、eidōlon、eidōpoiikē、eikōn、phusis、kalon、mania、mimēsis、technē、mousikē、poiētikē

艺术家　12、15、25、57、72、73、75、92、128、158、172、188、203、212、222、243、244、254、259、272、285、293、294；摹仿者 54；摹仿艺术家 179、203、227、245、261；参看：诗人、画家、雕塑家、哲学家、摹仿艺术家

艺术（文艺）理论　9、173、243、261、263、294；艺术理论家 241、249、294；文艺理论家 12、58、253；文艺摹仿论 75；参看：艺术、音乐、诗论、诗艺、technē、mimētikē、mousikē

音乐（或诗乐）14、17、26、29、38、53、55、70、72、101、117、125、131、133、136、137、142、143、145—147、162、169、173、190、193、201—203、205、206、208、209、215、220、226、235—241、249—256、262、266、270、272、275、277、278、285、290、293、296；描述 251；摹仿 55、250、251；最擅摹仿 238；摹仿的正确性 274；与"美"和"善"277（参看 285）；对美的趋同 55；三种作用 252；教育功能 210、238、250、251—254；与道德、陶冶性情和性格塑造等 55、237—240、250—253；与心魂 72、131、145、215、216、238、239、252；净化功能 237（参看 251）；纯音乐 203、236、251—253；难以形象地表达意思 36、190、237、252、253；与数字 42、53、237、238、253、290；宇宙音乐 17；参看：诗、缪斯的艺术、艺术、技艺、艺术理论、摹仿、节奏、和谐、心魂、毕达戈拉、mousikē、aoidē、melos

音乐家　34、196、216；音乐词汇 39

游戏　艺术摹仿是游戏 63、234；智术是游戏 261；游戏与思辨 235；学问的游戏性 233—235；哲学也是一种游戏 234、260；paidia（游戏）与 paideia（教育）260；比较：pais（儿童）234

语言（文字）12、34—36、38、42、48、51、54、55、58、59、62、63、73、94、100、101、113、118、139、140、152—157、162—164、170、171、173—175、178、182、186、190、193、202—204、214、220、222、226、229、230、232—235、237、238、247、251—253、261、262、273、275、276、293；乃组成诗乐的核心成分 73、101、190、293；能量 164；魅力 154、174、179、216、217；对心魂和情感的触动 118 等处；多变性 156；对事物的摹仿 54、59、73、153、154；制造虚象 175、179；不能对等真理 34、154；不能准确表义 34、154、174、204（参看 191）、232；难以表达真正深刻的思想 155、234；摹仿实质 62；表述真理 154；词类的划分 71、173；两类词

汇 191；书面语言 11，156，175，176，204，229；是对口语的摹仿 175；是口语的虚象 155（参看 234）；像图画 153，154，156，246；与修辞技巧 162；参看：摹仿、摹仿艺术、技艺、比喻、虚象、仿象、幻象、讲演术、诗、onoma、rhēma 、logos、dianoia、muthos、lexis、sophistikē、eristikē、rhētorikē

语言艺术 6,162,190；语言艺术家 186,191,227；语言学 6,8,68,71；语言学说 235；语言哲学（即分析哲学 74）

宇宙 15,17,46,53,54,69—71,80,81,83,84,93,99,101,104,105,138,147,148,197,237,253,271,289—291 等处；起源或生成 14,253,258,290；是"可见的神灵" 65；受"太空之智"（或"宇宙之智"，即 nous）的制导 147；与摹仿 54,70,71 等处；与人生 22,254；参看：心魂、形、宗教、自然、摹仿、dēmiourgos、kosmos、theologia

宇宙论 13,65,72,95,96,141,166,174,192,232,235,260,287；宇宙观 40,145；大宇宙论 97,229；神学宇宙论 79；宇宙论和心魂学 65,260；诗艺论和宇宙论 254；《蒂迈欧篇》是一部神学宇宙论 38

宇宙之魂（或世界之魂）71,83,95,104,119,120,148,200,271,290；与人的心魂 83,104；天与心魂 84；参看：宇宙、宇宙论、心魂、dēmiourgos、nous、psuchē tou pantos

Z

照料人的心魂（见"心魂"）；therapeia psuchē 105；参看：苏格拉底、哲学、诗、语言、音乐、心魂学、psuchē、polis、politikē

哲学 2,8,16,21,32,41,57,69,76,85,92,103,112,123,132,146,158,163,171,185,195,210,220,235,246,256,260,278,285 等处；为死亡做准备 94,286；最高形式的迷狂 200；自然哲学 8,14,41,65,174,232；政治哲学 65,121,188,219；道德哲学 298；艺术哲学 298；哲学的 logos 和文学的 muthos 40；哲学与诗的抗争（见"诗"）；与爱和迷狂 228；参看：辩析、真理、哲学家、诗乐、艺术、心魂、缪斯的艺术、迷狂、philosophia、dialektikē、on（onta）、diairesis、alētheia、theōria、theologia、mousikē、logos、erōs、eidos、nous、noēsis、epistēmē、phronēsis、dianoia

哲学家 3,10,26,37,44,52,69,77,80,92,103,118,121,130,145,148,155,167,176,186,198,200,205,206,212,225,235,261,263,272,288,190 等处；自然哲学家 80,81；哲学家王（哲学王、哲学王子）4,68,128,130,137,148,149,220,267；辩析学家 68,228（参看 149,181,182）；真正的政治家 138,150,181,232,233；城邦的立法者 221—223,227,234,247,248,262,263；真正的爱者（爱恋者）51,67,200,205,209,212,213,286；拥有最自由的心魂 295；具宗教热情 69,94,213—217,229；巴科斯的信徒 94,229（参看 241）；迷狂 37,212,228；迷狂的哲学家 29；摹仿 55,71,249,263；最好的诗人 209,212；与 mousikē 232；哲人和诗人都受制于迷狂 225；都是缪斯的追随者 209；参看：苏格拉底、柏拉图、亚里士多德、爱者、philosophos、dialektikos、mousikos、erōtikos、erastēs、philosophia；比较：摹仿者、智者、诗人、画家、艺术家

真理 10,20,33,43,47,55,68,76,91,98,100,118,121,134,144,154,169,177,182,192,209,214,228,235,242,256,258,261,263,274,285,296 等处；真理本身 166；与美 67,285；与善之形 96,277；即知识 288；真善美 29,94,269；参看：善、善之形、哲学、诗、语言、alētheia、idea、eidos、logos、muthos

政治（政治艺术、治理城邦的艺术）121,130,141,142,149,177,188,262 等处；真正的政治艺术应该研究人的心魂 142；真正的政治家 138,150,233；参看：哲学、诗、技艺、苏格拉底、polis、politikē

知识　2,15—26,32—37,43,56,64,75,81,96,105,109,127,137,142,146,149,154—156,165—170,176—179,185,192,198—204,214,228,234,244—247,254,261,277—280,287—289,295 等处;与力 201;最宝贵的财富 167;与天分和实践 167;美德即知识 146,178,201 等处;诗艺是一种知识 198;参看:柏拉图、苏格拉底、辩析、形、德、美、sophia、phronēsis、epistēmē、technē、logos;比较:智术、eristikē、doxa

智(心智)　33,36,68,81,118,122,147,198,290 等处;参看:nous、noēsis、logos、logismos、dianoia、哲学、辩析、知识

智术(智者的技艺或艺术) 169,176—180,182,239,254,256—258,269,292;虚象制作艺术 258;参看:智者、讲演术、巫术、eristikē、sophistikē;比较:辩析、回忆、爱、elenchos、诗、绘画

智者　17,32,71,73,100,130,141—143,158—165,176,177,182,191,207,209,227,239,243,254—259,261,269,274 等处;定义 160,177;教师(或教育家)34,141,142,146,160,161,177,178,239;缺少真知灼见 165 以下,177,293;以实用主义态度对待知识 142,163,256;收费(因而是职业教师)146,178,181;诡辩 161,163,176,177,181,261;摹仿者 179,261;制作虚象 179,258,261,293;以假乱真,欺骗民众 179,182,239;批发或零售"灵魂粮食的商人" 161(另见 256);毒害心魂 239,273;与诗人 34,161,163,165,179,182,261;与绘画 179,292;和画家一样 179,245,258,293;泛指诗人和哲学家等 177(参见 179);参看:语言、诗人、技艺、摹仿者、sophistēs、sophistikē

自然(自然界、自然景物) 14,16,18,29,40,53,54,62,70,73,75,101,105,113,152,173,184,185,196,197,201,242,255,256,258,265,266,285,290;人与自然 254 等处;自然与成规(nomos)173,196,250(参看 184);技艺摹仿和协助自然(见"技艺");自然哲学(见"哲学");自然哲学家(见"哲学家");自然科学 17,95,158,235;参看:phusis、polis、kosmos、宇宙、摹仿、艺术;比较:技艺、工匠、technē、tuchē、nomos、poiēsis

宗教　38,69,84,94,108,120,127,129,143,200,211,228,229,241,244,286,290,294;与诗(或诗乐)26,237,252 等处;与文学和历史 30;与哲学的互动 229,286;宗教哲学 79,81,94;宗教观 85;宗教信仰 108,111;宗教仪式 115,131,241;荷马的心魂观 102,123 等处;奥菲俄斯宗教(见"奥菲俄斯");厄琉西斯宗教(或秘仪)119;参看:神学、哲学、巫卜、巫术、宇宙、心魂、神话、诗、灵感、柏拉图

(三)　部分古希腊语词汇(用拉丁字母表示)

A

agathon(to,善、善好)　69,138,148,294,295;agathos 98,122,148,295;参看:to kalon、aretē、summetria、peras

agathou idea(善之形)　67,94,138,200,235;参看:idea、agothon

agnoia(无知)　106,122,123;比较:gnōsis、sophia

aisthēsis(感觉、感知)　36,68,104,285;参考并比较:eikasia、phantasma、doxa、empeiria、technē、epistēmē、nous、sophia、alētheia

aition(aitia,动因)　66,199—201,295;aition agathou 295

alētheia(真、真实、真理) 37,58,173,230, 258,278,283; alēthēs 142
anamnēsis(回忆) 48,105
anankē(必然) 78,99,290; ex anankēs 290
andreia(勇敢) 32,148,149; 参看: aretē、dikaiosunē、sōphrosunē、hosiotēs
antilogikē(反驳术) 176,180; 比较: eristikē、sophistikē、elenchos、dialektikē
aoidē(诗、歌) 249; 比较: poiēsis、mousikē
aoidos (诗人、唱诗人)34,201,249; 比较: rhapsōidos、poiētēs、mousikos
aporia(梗阻) 19
archē(原因、始因) 66,80,81
aretē(德、德性、美德) 18,32—34,36,37, 66,103,119,137,148,149,181,198,200, 201,294,296; 参看: epistēmē、dunamis、hexis

C

charis(愉悦) 254
choros(歌队) 227
chrōmata(单数 chrōma) 282,293

D

daimōn(精灵、神灵) 48,70; daimonion 97, 99; 比较: theos、dēmiourgos
dēmēgoria(演说) 169
dēmiourgos(dēmiourgoi、工匠、神工) 71, 83,93,94,96,99,119,122,147,257,271, 290; 参看: theos、kosmos; 比较: poiētēs、technitēs
diairesis(分辨、对分) 47,53; 比较: sunagōgē、epagōgē
dialektikē(辩析、辩析法) 33,47—49,67— 69,76,84,105,149,176,180,228,262, 295; hē dialektikē methodos 68; 比较: eristikē、antilogikē; 参看: idea、nous、logs、elenchos
dialektikos(辩析学家、哲学家) 9,67,68, 200,228; 比较: mousikos、poiētēs、sophistēs

dianoia(思想、思考) 36,37,47,56,68,72, 106,201,292; 参看: nous、noēsis、logos、epistēmē、technē; 比较: doxa
diēgēsis(叙述) 59,74,159; 比较: mimēsis
dikaiosunē(正义、公正) 33,110,149,150; dikē 150; 参看: aretē、sophia、andreia、sōphrosunē
doxa(观点、意见、看法) 21,25,33,36,68, 109,165,261,280,292,295; orthē doxa 33, 36; alēthēs doxa 36; 与 logos 36; 与 epistēmē 的区别 33,36; 参看: aisthēsis、epistēmē、sophia、philosophia
dunamis(dunameis,力、能量) 102,149, 200,201

E

eidos(形、真形) 29,32,34,37,43,49,55, 65—67,71,75,77,78,82,83,88,93,96, 120,149,154,174,215,242,257,260,262, 269,288; 参看: idea
eidōlon(eidōla,虚象) 57,73,118,155,243, 258,261,293; 参看: eikōn、phantasma、mimēma、phainomenon、eidōpoiikē、mimēsis、mimētikē、technē
eidōpoiikē(虚象制作艺术) 258,292,293; 参看: eikastikē、phantastikē、eidōlon、phantasma、eikasia、zōgraphia
eikasia(感察) 56,261; 参看: eikasitikē
eikastikē(复制艺术) 243,259,273,292, 293; 参看: eikasia、eidōpoiikē、phantastikē、technē
eikos(可然) 159,166
eikōn(eikones,仿象) 54,55,73,258,261, 275,293; 参看: eidōlon、phantasma、mimēma
elenchos(诘问、辩驳) 19,34,47—49,67, 68,76,132,149,156,161,174,178,180, 197,203,235,246,247; 与 eristikē(争辩) 的区别 67,163,180; 与 antilogikē(反驳) 的区别 180; 与 sophistikē(智术) 的区别 161; 参看: 苏格拉底、dialektikē

empeiria(经验) 169,185,199,255,295;参看: theōria、epistēmē、sophia、technē;比较: doxa

enkōmia(赞美诗) 37;参考并比较: humnoi、mousikē、poiētikē

epagōgē(归纳) 34;比较: diairesis、sunagōgē、dialektikē、elenchos

epistēmē(知识、科学知识、系统知识) 19, 24,33,35—37,64,75,94,122,137,139, 154,165,167,168,185,186,189,190, 198—201,230,237,244,255,261,295;与 technē 33,35,168,190,199;与 doxa 的区 别 33,36;参看: sophia、logos、philosophia、theōria、dianoia、nous、noēsis;比较: doxa、technē、phronēsis、empeiria

epithumētikon(to,心魂之欲念部分) 105, 106,124;参看: thumos、psuchē;比较: logistikon、thumoeides

erastēs(爱者) 48,51; 参看:erōs

ergon(功效) 100,103,148,200,291,296

eristikē(争辩、争辩术) 67,163,164,176—178,180,181,232;参看: antilogikē;比较: elenchos、dialektikē

erōs(爱、爱恋、爱欲) 48—51,69,97,105, 106,121,200,211,214,227,228,246; erōtikos 200,205,228;参看: mousikos、philosophia;比较: mania

eudaimonia(幸福、昌达) 69,139,150,279

G

genesis(生成) 65,81,82,296;比较: kinēsis、phusis、technē、tuchē

gnōsis(知识、认知) 33,139,198;参看: sophia、epistēmē、phronēsis、technē

goēteia(巫术) 180

gramma(grammata,书写、文字) 148,175

grammatikē(书写术、语法) 31,71;比较: grammatologie 156,175

grammatistēs(教书写者、教师) 146;比较: kitharistēs 146;paidotribēs 146

graphikē(绘画) 247,272;参看: zōgraphos

gumnastikē(体育) 142

H

hamartia(错误、缺点) 98

harmonia(和谐、音调) 84,190,203,238, 252,254,272;参看: summetria、peras、taxis、rhuthmos、melodia

hexis(heixeis,习惯、常态) 198

hēdeia(快感、愉悦) 117,230

hēdonē(快感) 279;sumphutous hēdonas 293

historia(历史) 222,225

hosiotēs(虔诚) 149;参看: aretē、sōphrosunē、dikaiosunē、andreia、sophia

humnoi(颂神诗) 27,37;比较: enkōmia

hupodochē(受体) 41,45,54,65,82,83;参看: eidos、phusis、ousia

hupothesis(hupotheseis,假设) 68,72

I

idea(ideai,形) 29,32,37,43,49,65,66, 77,93,154,219;中译 65,66;参看: eidos、kalon、agathon、philosophia、dialektikē、idea agathou

idea agathou(同 agathou idea,善之形) 43, 277,290

K

kakia(坏、恶) 122,200

kallos(美) 48;参看: kalon

kalon(to),kalos,kala(美、崇高) 25,37, 69,244,257,264,278,285,288,291,294, 295;to kalon auto 288,292;kalos te kai agathos 122;agatha kala 277;panta kala 287;参看: agathon、idea、harmonia、summetria、rhuthmos、taxis、peras、teleos

kinēsis(运动) 81,82,237,296

klea andrōn(人的光荣、英雄们的业绩) 34,70,150

kolakeia(kolakeiai,恭维、讨好) 169,170;

参看：sophistēs、sophistikē、mimitēs、mimētikē technē、eidōpoiikē、rhētorikē
kosmos（宇宙） 84,101,274；和谐、秩序 272,274
kōmos（狂欢歌） 38；比较：skolia 38

L

lexis（话语） 232；参看：logos、gnōsis、onoma
logismos（理性、理智） 36,68；参看：nous、logos、dianoia
logistikon（to，心魂之理性部分） 68,105—107,124,147；logistikoi 147；logistikē 255；比较：thumoeides、epithumētikon；参看：psuchē
logographos（logographoi，散文或非格律文作者、讲稿写作者） 12,159
logos（logoi，话语、叙述、句子、理由、判断、原因、分析、定义等） 6,7,11,12,17,23,33,36,38,40,68,70,73,77,98,100,108,119,142,143,147,151,164,166,173,175,176,178,190,198—200,204,205,222,226,229—232,250,252,257,291,298；logos ousias 33；kata logon 121；psiloi logoi 175；Sōkratikoi logoi 231；logocentrism 41（另见156）；与muthos 6,7,11,17,23,33,36,38,40,77,78,98,100,108,119,151,205,226,229—232,250,291；参看：logismos、nous、dianoia、noēsis

M

mania（迷狂） 31,37,39,102,107,186,199,200,205,211,212,214,225,227,228,230,246；参看：erōs、teletē、erōtikos、entheos、mousikos、mimētēs、philosophos
melodia（歌、调） 254
melos（歌） 70,190,294,293；melē 118；参看：logos、rhuthmos
meros（merē，部分） 65
methexis（介入） 53
methodos（方法） 68；methodos tōn logōn 68

metron（格律文、计量） 12,70,188,222
mimēma（mimēmata，拟象） 54,71,73,74,88,154,258；mimēma paradeigmatos 54；参考并比较：eidōlon、eikōn、phainomenon、phantasma
mimēsis［摹仿（名词）］ 12,53,60,70,71,73,74,222,225,227,233,237,243；phantaōmatos mimēsis 243；参看：mimēsthai、mimētēs、mimētikē technē、poiēsis、zōgraphia；比较：phusis、technē、poiētikē、graphikē、sophistikē、eidōpoiikē、paidia、alētheia
mimēsthai［摹仿（动词）］ 60,70（另见63）；参看：mimēsis、mimētēs、mimētikē
mimētēs（摹仿者） 58,72,74,257,258,261
mimētikē technē（mimētikai technai，摹仿艺术） 54,241,258；参看：mimēsis、technē
moira（命运） theia moira 39,228；比较：theos、daimōn、tuchē、mania
mousikē（缪斯的艺术、诗、音乐） 34,35,38,70,97,131,142,143,188,190,195,201—204,209,215,226,232,236,237,249,260,295,296；mousikē technē 190,201；psilē mousikē 236；参看：aoidē、poiētikē、rhapsōidikē
mousikos（mousikoi，诗人、音乐家、缪斯的追随者、哲学家） 142,193,204,205,208,209,213,216,221；比较：philosophos、philologos、poiētēs
muthologia（故事、神话、神话研究） 95
muthologoi（说书人） 59（参看232）
muthos（muthoi，故事、神话、传说、话语） 6,7,11,17,23,25,33,36,38,40,41,77,78,97,98,100,108,119,151,174,205,225,226,229—232,250,291,295；情节 271,291；与logos（见"logos"）；与historia 225；参看：muthologia、mousikē

N

noēsis（智性、智感、智析、思） 36,56,68,72,106,120,147；参看：nous、sophia、di-

anoia、idea、logos、dialektikē、epistēmē
nomos(诗、歌、法律、规约) 127,173,174,184,196,250;与 phusis 250;比较:muthos、logos、aoidē、melos
nous(智、心智) 33,36,47,68,75,81,104,118,120,122,147,198,279,290,292;noos 118;nous kai phronēsis 279;参看:sophia、noēsis、dianoia、logismos、idea、eidos、alētheia、psuchē(psuchē tou pantos)

O

on(onta,在、存在) 33,36,43;参看:idea、eidos、nous、noēsis;比较:genesis、kinēsis
onoma(onomata,名词、名称) 54,71,154,171,173
onomastikē(定名、定名艺术) 247
orthētēs(正确) 254
ouranos(ouranoi,天、天空) 84,97
ousia(实质、本质) 66,73,174

P

paideia(教育) 12,38,99,140,144,178—180,199,234,255,260;pais 234,260;paidia 234,260;paidagōgos 146
paradeigma(paradeigmata,模型、模式、原型) 66,223,263;参看:mimēsis、mimēsthai
paradeigmatos eidos(样板形态) 54;比较:theiōi paradeigmati 262,286;mimēma paradeigmatos 54(另见 257)
pathos(激情、痛苦) 113
peras(限定、限度) 270,289;apeiron 289;参看:kalon
phainomenon(phainomena,表象) 243,258
phantasma(phantasmata,幻象) 72,73,258,261,293;比较:phantasia 292;参看:eidōlon、eikōn、mimēma、phainomenon
phantastikē(幻象制作艺术) 73,243,257—259,261,273,292,293;phantastikē technē 258,259,261,292;参看:eikastikē、eidōpoiikē

pharmakon(药物) 29,146,155;比较:goēteia
philokalos(爱美者) 209
philologos(philologoi,言谈或话语的爱好者) 167,216
philosophia(哲学、爱智慧) 48,68,69,76,120,127,143,151,177,200;参看:dialektikē、diairesis、idea、eidos、alētheia、on(onta)、noēsis、sophia、epistēmē;比较:mousikē
philosophos(哲学家、爱智慧者) 120,177,200,228;参看:mousikos、dialektikos、erastēs;比较:poiētēs、rhapsōidos、sophistēs、mimētēs
phronēsis(知识、实践智慧、思考) 32,104,139,147,149,150,198,203,229,279,295;比较:sophia、nous、epistēmē、technē
phusikos(phusikoi,自然研究者、自然哲学家) 81,102;参看:philosophos
phusis(自然) 53,66,101,151,173,174,184,196—198,250,256,290;phusei 196,197,256,290;真实的存在 197;与 technē 53,257;与 idea 66;与 eidos 174;与 nomos 174,184,196;比较:technē、poiētikē、tuchē
poiēsis(诗、制作) 56,70,78,143,188,189,198,201,221,233,249;lurikē poiēsis 70;比较:melos、nomos、aoidē、tragōidia
poiētēs(poiētai,诗人、制作者) 34,35,60,89,142,144,201,214,218;poiētikos 209;poiētikoi 117;参看:mimētēs、rhapsōidos、aoidos、mousikos
poiētikē(诗艺) 35,49,161,189,190,198,201;poiētikē technē 161,189;参看:mousikē、mimētikē technē、technē;比较:sophistikē
polis(城邦) 129,130,137
politikē(政治、治理城邦的艺术) 121,130,141,142,149,178,181,202,262;politikē aretē 178;politikē technē 142,181;参看:polis、rhētōr

praxis(praxeis,行动) 198,232,291;比较：
  poiēsis、theōria
psuchē(心魂) 38,67,71,82,83,96,102—
  104,108,117—121,142,198,204,244,
  271,298;与thumos的异同 118;psuchē tou
  pantos 71,83,271;therapeia psuchēs 105;参
  看：thumos、nous、aretē

R

rhapsōidikē(technē,吟诵艺术) 189
rhapsōidos(rhapsōidoi,吟诵诗人) 22,34;比
  较：aoidos、poiētēs、mousikos
rhētōr(讲演者、政治家) 176
rhētorikē(讲演术、修辞) 151,153,162,165,
  170,171,176,182,189,202;rhētorikē
  technē 176;technē rhētorikē 158,159,161,
  176,189,191;参看：sophistikē、eristikē；比
  较：dialektikē
rhuthmos(节奏) 190,203,237,252,272；
  eurhuthma 272

S

schēma(schēmata,图案、图形) 60,74,275,
  277,282;schēmata tēs politeias 248;kala
  schēmata 259（参看 267）;euschēmosunē
  272,277
schēnographia(深景绘制) 259,293
sēmeion(符号、标志) 54
skiagraphia(影象绘制) 179,259,293
sophia(sophiē,智慧) 33,36,104,123,143,
  147,160,177,196,198,245,249,287,295;
  hē sophia pantōn kalliston 287;参看：nous、
  dianoia、epistēmē、phronēsis、gnōsis、technē
sophistēs(sophistai,智者) 74,144,160,
  177,261;参看：poiētēs、zōgraphos；比较：
  philosophos、dialektikos
sophistikē(智术) 239,258,269;参看：
  graphikē、rhētorikē、eristikē、antilogikē；比
  较：dialektikē、philosophia
sōma(躯体) 103,118,204;kala sōmata
287;比较：psuchē
sōphrosunē(节制、克制) 31,32,36,110,148,
  298;参看：aretē、sophia、andreia、dikaiosunē
summetria(比例、对称、匀称) 270,271,
  273,278;参看：kalon、harmonia、rhuthmos、
  peras、taxis、teleos
sunagōgē(归集) 47;参看：diairesis、epagōgē

T

taxis(顺序、次序) 271,272,291；kai taxin
  peras 289;参看：kalon、summetria、harmonia
technē(technai,技术、艺术、技巧、工艺)
  23,24,33,35,53,68,142,154,158,159,
  161,168,171,176,181,182,184,185,187,
  189—191,193,196—199,201,207,243,
  255—259,270,290,292,295;定义 198;体
  现理性原则 197,198;doliē technē 198;
  logōn technē（即 rhētorikē）176;technikos
  25,198;与 empeiria 199,255;与 theōria
  199,255;与 sophia 36,198;与 epistēmē
  198,199,255;与 phronēsis 198;与 phusis
  197,256;参看：nous、sophia、epistēmē、di-
  anoia、logos、logismos、theōria、empeiria
technitēs(technitai,工匠、技师) 257;techni-
  kos 25;参看：technē
tektōn(tektones,工匠、木匠) 198,201,245,
  257,261;tektonikē 270
teleos(完整) 229,271;to teleon 271;另见
  to holon 292;to holon kalon poioumen 291；
  参看：summetria
teletē(秘仪) 229
telos(目的) 80,204,289,291；mē telos 289
theios(神圣的) 93; theion 80,81,84
theologia(神学) 79,95
theos(theoi,神) 70,78,80,81,83,93,257,
  289;hē theos 289;与 dēmiourgos 93;其他所
  指 93；entheos 277,278;参看：daimōn、
  dēmiourgos
theōria(理论) 198,199,255;沉思 94;参
  看：epistēmē、phronēsis、technē、empeiria；比

较：praxis、poiēsis

thumoeides（to，心魂之激情部分） 105，106，122，124；比较：logistikon、epithumētikon；参看：psuchē、thumos

thumos（魂气、命息） 118；比较：psuchē

tragōidia（悲剧） 71，124

tuchē（偶然） 197，257，290；tuchēi 290；比较：phusis、technē、moira

Z

zōgraphia（绘画） 24，241；zōgraphēmata 155，259，276；比较：poiēsis、tragōidia、sophistikē

zōgraphos（zōgraphoi，画家、画匠） 57，257；比较：sophistēs、poiētēs、mimētēs、tektōn

主要参考文献

（一） 西方古典著作

（*号表归属尚有争议之作）

柏拉图
  《申辩篇》
  《克里托篇》
  《斐多篇》
  《卡尔米德篇》
  《拉凯斯篇》
  《吕西斯篇》
  《欧绪弗罗篇》
  《美涅克塞努篇》
  《小希庇亚篇》
  《伊安篇》
  《高尔吉亚篇》
  《普罗泰戈拉篇》
  《美诺篇》
  《欧绪德谟篇》
  《克拉底鲁篇》
  《斐德罗篇》
  《会饮篇》
  《国家篇》
  《泰阿泰德篇》
  《巴门尼德篇》
  《智者篇》
  《政治家篇》
  《斐莱布篇》
  《蒂迈欧篇》
  《克里提亚篇》
  《法律篇》
  《厄庇诺摩篇》*
  《大希庇亚篇》*
  《书信》（二、七）

亚里士多德
  《论题》
  《动物的部分》
  《动物的生成》
  《诡辩反驳》
  《论心魂》
  《物理学》
  《形而上学》
  《政治学》
  《尼各马可斯伦理学》
  《问题》*

主要参考文献

希罗多德
　《历史》(即《希波战争史》)

修昔底得
　《伯罗奔尼撒战争史》

高尔吉亚
　《海伦颂》

伊索克拉底
　《交换》
　《反智者》
　《致尼可克勒斯》

色诺芬
　《饮讨会》
　《回忆录》
　《征战记》

斯特拉堡
　《地理》(或《地理志》)

普利尼
　《自然史》(或《自然研究》)

普卢塔克
　《鲁桑德罗斯》等

第欧根尼·拉尔修
　《著名哲学家生平》(或《哲学家生平》)

西塞罗
　《布鲁吐斯》

《图斯库仑谈讨》
《学术》
《论对至善与至善的不同观点》

普罗丁
　《九章集》

荷马
　《伊利亚特》
　《奥德赛》

　《荷马诗颂》(非荷马所作)

赫希荷德
　《神谱》
　《农作与日子》

品达
　《奥林匹亚颂》
　《普希亚颂》
　《奈弥亚颂》
　《伊斯弥亚颂》

埃斯库罗斯
　《祈援女》
　《波斯人》
　《被绑的普罗米修斯》
　《七勇攻忒拜》
　《奠酒人》

索福克勒斯
　《俄底浦斯王》
　《厄勒克特拉》

《菲洛克忒特斯》
《俄底浦斯在克罗诺斯》

欧里庇得斯
《赫拉克勒斯的疯迷》
《希波鲁托斯》

《腓尼基妇女》
《伊菲格妮娅在陶里人里》

阿里斯托芬
《鸟》
《蛙》

（二） 其他外文著述

Adam, J. *The Republic of Plato* volume 2, Cambridge University Press, reprinted 1963.

Annas, Julia. *An Introduction to Plato's Republic*, Oxford: The Clarendon Press, 1981.

Arieti, J. A. *Interpreting Plato: The Dialogues as Drama*, Rowman and Littlefield Publishers, 1991.

Armstrong, A. M. *An Introduction to Ancient Philosophy*, London: Methuen, 1959.

Asmis, Elizabeth. "Plato on Poetic Creativity", in *The Cambridge Companion to Plato*, Cambridge University Press, 1992.

Baldry, H. C. *Greek Literature*, Cambridge University Press, 1959.

Baldwin, C. S. *Ancient Rhetoric and Poetics*, Westpoint: Greenwood, 1971.

Bergson, Henri, *Laughter: An Essay on the Meaning of the Comic*, translated by C. Brereton and F. Rothwell, London, 1911.

Black, Edwin. "Plato's View of Rhetoric", *Quarterly Journal of Speech* 44(1958).

Bremmer, Jan. *The Early Greek Concept of the Soul*, New Jersey: Princeton University Press, 1983.

Brickhouse, T. C. and Smith, N. D. *Plato's Socrates*, Oxford University Press, 1994.

Brown, C. S. *Music and Literature*, Georgia: The University of Georgia Press, 1965.

Burford, Alison. *Craftsmen in Greek and Roman Society*, London: Thames and Hudson, 1972.

Burnet, J. *Greek Philosophy: Thales to Plato*, London: Macmillan, 1914.

Butcher, S. H. *Aristotle's Theory of Poetry and Fine Art*, fourth edition, New York: Dover Publications, 1951.

Cairns, H. "Introduction," in *The Collected Dialogues of Plato*, edited by Edith Hamilton and Huntington Cairns, Princeton University Press, 1985.

Cavarnos, Constantine. *Plato's Theory of Fine Art*, Institute for Byzantine and Modern Greek Studies, 1973.

Chipp, H. B. *The Theories of Modern Art*, Berkeley and Los Angeles, 1968.

Clark, B. H. *European Theories of the Drama*, newly revised by Henry Popkin, New York: Crown Publishers, sixth printing, 1972.

Close, A. J. "Art and Nature", *Journal of the History of Ideas* 30 (1969).

Cluck, N. A. (editor) *Literature and Music*, Provo: Brigham Young University Press, 1981.

Collingwood, R. G. *The Principles of Art*, Oxford, 1938.

Copleston, F. *A History of Philosophy* volume 1, part 1, New York: Image Books, 1962.

Corbett, E. P. J. *Classical Rhetoric*, Oxford University Press, 1971.

Cornford, F. M. *The Republic of Plato*, Oxford: The Clarendon Press, 1942.

——. *Greek Religious Thought*, London: J. M. Dent, 1923.

——. *Plato's Theory of Knowledge*, London: Routledge and K. Paul, reprinted 1973.

——. *Plato's Cosmology*, London: Routledge and K. Paul, reprinted 1977.

Easterling, P. E. and Kenney, E. J. (general editors) *The Cambridge History of Classical Literature* volume 1, part 3, Cambridge University Press, 1989.

Edmunds, Lowell (editor). *Approaches to Greek Myth*, Baltimore: The Johns Hopkins University Press, 1990.

Edwen, David (editor). *From Bach to Stravinsky*, New York: W. W. Norton, 1933.

Ellmann, Richard and Feidelson, Charles (editors). *The Modern Tradition*, Oxford University Press, 1965.

Else, G. F. "Imitation in the Fifth Century", *Classical Philology* 53 (1958).

——. *Plato and Aristotle on Poetics*, edited with Introduction and Notes by Peter Burian, Chapel Hill: University of North Carolina Press, 1986.

Ferguson, John. *Moral Values in the Ancient World*, London: Methuen, 1958.

Field, G. C. *Plato and his Contemporaries*, London: Methuen, 1967.

Finley, M. I. (editor). *The Legecy of Greece*, Oxford: University Press, 1981.

Flashar, H. *Der Dialog Ion als Zeugnis platonischer Philosophie*, Berlin, 1958.

Freeman, Kathleen. *God, Man and State: Greek Concepts*, Greenwood Press, reprinted 1970.

Freeney, D. C. *The Gods in Epic*, Oxford: The Clarendon Press, 1991.

Freud, Sigmund. "Jokes and Comic", in *Jokes and Their Relation to the Unconscious*, W. W. Norton, 1960.

Friedländer, Paul. *Plato 1*, translated from the German by Hans Meyerhoff, Princeton, 1969.

——. *Plato 3*, translated from the German by Hans Meyerhoff, Princeton University Press, second printing, 1970.

Furley, D. J. "The Early History of the Concept of the Soul", *Bulletin of the Institute of Classical Studies* 3(1965).

Gauss, Hermann. *Philosophischer Handkommentar zu den Dialogen Platos* volume 3, Bern, 1961.

Gentili, Bruno. *Poetry and Its Public in Ancient Greece*, translated by A. T. Cole, Baltimore: The Johns Hopkins University Press, 1988.

Goldwater, Robert and Treves, Marco (editors). *Artists on Art: From the XIV to the XX Century*, New York: Pantheon Books, 1972.

Greene, W. C. "Plato's View of Poetry", *Harvard Studies in Classical Philology* 29 (1918).

——. "The Spirit of Comedy in Plato", *Harvard Studies in Classical Philology* 31 (1920).

Gulley, Norman. *The Philosophy of Socrates*, London: Macmillan, 1968.

Grube, G. M. A. *Plato's Thought*, London, 1935.

Guthrie, W. K. C. *A History of Greek Philosophy* volume 1, Cambridge University Press, 1962.

——. *A History of Greek Philosophy* volume 3, Cambridge University Press, 1969.

——. *A History of Greek Philosophy* volume 4, Cambridge University Press, 1975.

——. *Socrates*, Cambridge University Press, reprinted 1979.

——. *The Sophists*, Cambride University Press, reprinted 1991.

Hackforth, Reginald. *Plato's Phaedrus*, translated with Introduction and Commentary, London, 1952.

Hall, R. W. "Plato's Theory of Art: A Reassessment", *The Journal of Aesthetics and Art Criticism* 33(1974).

Halliway, S. *The Poetics of Aristotle*, The University of North Carolina Press, 1987.

Hammond, N. G. L. and Scullard, H. H. (general editors) *The Oxford Classical Dictionary*, second edition, Oxford: The Clarendon Press, reprinted 1992.

Havelock, E. A. *Preface to Plato*, Oxford: Basil Blackwell, 1963.

Hegel, G. W. F. *On the Arts*, abridged and translated by Henry Paolucci, New York: Frederick Ungar, 1979.

Hertz, P. D. "Minimal Poetry", *The Western Humanities Review* 24 (1970).

Hofstadter, Albert and Kuhns, Richards (editors). *Philosophies of Art and Beauty*, New York: The Modern Library, 1964.

Irwin, T. H. "The Intellectual Background", in *The Cambridge Companion to Plato*, edited by Richard Kraut, Cambridge University Press, 1992.

——. *Plato's Moral Theory*, Oxford: The Clarendon Press, 1977.

Jaeger, Verner. *Paideia: The Ideals of Greek Culture* volume 1, translated from the German by Gilbert Highet, renewed copyright, New York: Oxford University Press, 1986.

——. *Paideia: The Ideals of Greek Culture* volume 2, translated from the German by Gilbert Highet, renewed copyright, New York: Oxford University Press, 1986.

——. *Paideia: The Ideals of Greek Culture* volume 3, translated from the German by Gilbert Highet, New York: Oxford University Press, fifth printing, 1960.

Kennedy, G. A. *The Cambridge History of Literary Criticism* volume 1 (Classical Criticism), Cambridge University Press, 1989.

Klein, Jacob. *A Commentary on Plato's Meno*, Chapell Hill: The University of North Carolina Press, 1965.

Klosko, George. *The Development of Plato's Political Theory*, New York and London: Methuen, 1986.

Kneale, William and Martha, *The Development of Logic*, Oxford: The Clarendon Press, 1962.

Kockelmans, J. J. *Heidegger on Art and Art Works*, Dordrecht: Martinus Nijhoff Publishers, 1985.

Lamberton, Robert. *Homer the Theologian*, The University of California Press, 1986.

Lenhart, Charmenzs. *Musical Influence on American Poetry*, Athens: The University of Georgia Press, 1956.

Liddell, H. G. and Scott, R. *Greek-English Lexicon*, Oxford: The Clarendon Press, reprinted 1951.

Lloyd, G. E. R. *Magic, Reason and Experience*, Cambridge University Press, 1979.

Lodge, R. C. *Plato's Theory of Art*, London: Routledge and K. Paul, 1973.

Louth, Andrew. *The Origins of the Christian Mystical Tradition*, Oxford: The Clarendon Press, 1981.

Maguire, J. P. "Art in Plato's Aesthetics", *Harvard Studies in Classical Philology* 68 (1964).

Marías, Julián. *History of Philosophy*, translated from the Spanish by Stanley Appelbaum and C. C. Strowbridge, New York: Dover Publications, 1967.

Marrou, H. I. "Education and Rhetoric", in *The Legacy of Greece*, edited by M. I. Finley, Oxford University Press, 1981.

Morgan, M. L. *Platonic Piety*, New York and London: Yale University Press, 1989.

Morrell, Roy. "The Psychology of Tragic Pleasure", in *Tragedy: Vision and Form*, edited by R. W. Corrigan, San Francisco: Chandler, 1965.

Morrow, G. R. "Plato's Conception of Persuation", *The Philosophical Review* 62 (1953), pp. 234—250.

Murdock, Iris. *The Fire and the Sun*, Oxford University Press, 1978.

Nagy, Gregory. "Early Greek Views of Poets and Poetry", in *The Cambridge History of Literary Criticism*, edited by G. A. Kennedy, Cambridge University Press, 1989.

Nahm, M. C. *Selections from Early Greek Philosophy*, New York, 1964.

Nietzsche, Friedrich, *The Birth of Tragedy*, translated by WM. A. Haussmann, New York: Russell and Russell, 1964.

Onians, R. B. *The Origins of European Thoughts*, Cambridge University Press, reprinted, 1988.

Osborne, Harold. *Aesthetics and Art Theory*, New York: E. P. Dutton, 1970.

——. *Abstractions and Artifice in Twentieth Century Art*, Oxord: The Clarendon Press, 1979.

Ossowski, Stanislaw. *The Foundations of Aesthetics*, translated by Janina and Witold Rodznsky, Boston: D. Reidel, 1978.

Partee, M. H. *Plato's Poetics: The Authority of Beauty*, University of Utah Press, 1981.

Peters, F. E. *Greek Philosophical Terms*, New York University Press, 1969.

Pickard-Cambridge, A. W. *The Dramatic Festivals of Athens*, second edition, Oxford:

The Clarendon Press, 1968.

Pollitt, J. J. *The Ancient View of Greek Art: Criticism, History, and Terminology*, New Haven: Yale University Press, 1974.

Popper, K. R. *The Open Society and Its Enemies* volume 1, Princeton University Press, 1971.

Portnoy, Julius. *The Philosopher and Music*, New York: The Humanities Press, 1954.

Puhvel, Jaan. *Comparative Mythology*, Baltimore: The Johns Hopkins University Press, 1988.

Raphael, D. D. "Why does Tragedy Please?" in *Tragedy: Vision and Form*, edited by R. W. Corrigan, San Francisco: Chandler, 1965.

Rimbom, Sixten. "Plato on Images", *Theoria* (1965), pp. 86—109.

Robinson, Richard. *Essays in the Greek Philosophy*, Oxford: The Clarendon Press, 1969.

——. *Plato's Early Dialectic*, Oxford University Press, 1970.

Robinson, T. M. *Plato's Psychology*, Toronto, 1970.

Romilly, Jacqueline de. "Plato and Conjouring", in *Plato: True and Sophistic Rhetoric*, edited by K. V. Erickson, Armsterdam, 1979.

Rose, H. J. *A Handbook of Greek Literature*, London: Methuen, 1956.

Ross, David. *Plato's Theory of Ideas*, Oxford: The Clarendon Press, 1982.

Ryle, Gilbert. *Plato's Progress*, Cambridge University Press, 1966.

Santas, G. X. *Socrates*, London: Routledge and K. Paul, 1979.

Schiappa, E. *Protagoras and Logos*, University of South Carolina Press, 1991.

Schopenhuaer, Arthur. *The World as Will and Idea* volume 3, translated by J. G. Gary, New York: Harper Torch Books, 1970.

Seltman, C. T. *Approach to Greek Art*, London, 1948.

Sesonske, Alexander. *Plato's Republic*, Belmont: Wadsworth, 1966.

Sherburne, D. W. "Meaning and Music", *The Journal of Aesthetics and Art Criticism* 24 (1966).

Shorey, Paul. *What Plato Said*, The University of Chicago Press, 1962.

——. "Introduction," in *Plato* volume 5, The Loeb Classical Library, Harvard University Press, reprinted 1982.

Sikes, E. E. *The Greek View of Poetry*, New York: Barnes and Noble, reprinted 1969.

Sinclair, T. A. *A History of Classical Greek Literature*, New York: Hanskell House, 1973.
Singer, Kurt. *Platon der Gründer*, Munich, 1927.
Smyth, H. W. *Greek Melic Poets*, New York: Biblo and Tannen, 1963.
——. "Epic Poetry", in *Greek Literature*, New York: Books for Libraries Press, 1969.
Snell, Bruno. *The Discovery of the Mind*, New York: Dover Publications, reprinted 1982.
Solmsen, Friedrich. *Plato's Theology*, Cornell University Press, 1942.
Sörbom, Göran. *Mimesis and Art*, Uppsala (Scandinavian University Books), 1966.
Stewart, J. A. *The Myth of Plato*, London and New York: Macmillan, 1905.
Tatarkiewicz, W. "Classification of Arts in Antiquity", *Journal of the History of Ideas* 24 (1963).
Tate, J. "Imitation in Plato", *Classical Quaterly* 22 (1928), pp. 16—23.
——. "Plato and Imitation", *Classical Quaterly* 26 (1932). pp. 161—169.
Taylor, A. E. *A Commentary on Plato's Timaeus*, Oxford: the Clarendon Press, 1962.
——. *Plato: The Man and his Work*, London: Methuen, 1949.
Taylor, C. C. W. "Politics", in *The Cambridge Companion to Aristotle*, edited by Jonathan Barnes, Cambridge University Press, 1995.
Thayer, H. S. "Plato: The Theory and Language of Function", in *Plato's Republic*, edited by Alexander Sesonske, Belmont: Wadsworth, 1966.
Thomas, Rosalind, "The Place of the Poet in Archaic Society", in *The Greek World*, edited by Anton Powell, London, 1995.
Valency, Maurice. *The End of the World*, Oxford University Press, 1980.
Webster, T. B. L. *An Introduction to Sophocles*, London: Methuen, 1969.
West, M. L. *Ancient Greek Music*, Oxford: The Clarendon Press, 1992.
Wilamowitz-Moellendoff, U. von, *Platon* volume 1, Berlin, 1920.
Wright, M. R. *Empedocles: The Extant Fragments*, New Haven: Yale University Press, 1981.
Zakopoulos, A. N. *Plato on Man*, New York: Philosophical Library.
Zeller, E. *Plato and the Older Academy*, translated from the German by S. F. Alleyne, New York: Russell, reprinted 1962.

片断

Diels, H. and Kranz, W. *Die Fragmente der Vorsokratiker.*

Nauck, A. *Tragicorum Graecorum Fragmenta.*

Page, D. L. *Greek Literary Papyri.*

Ross, W. D. *Aristotelis Fragmenta Selecta.*

（三） 中文典籍图书

《周易》

《老子》

《论语》

《孟子》

《墨子》

《文心雕龙》

陈康，《陈康：论希腊哲学》，商务印书馆，1995 年。

汪子嵩、范明生等，《希腊哲学史》第二卷，人民文学出版社，1993 年。

王宏文、宋洁人，《柏拉图研究》，山东人民出版社，1991 年。

恩斯特·卡西尔，《语言与神话》，于晓等译，生活·读书·新知三联书店，1988 年。

汉斯-乔治·伽达默尔，《伽达默尔论柏拉图》，余纪元译，光明日报出版社，1992 年。

其他中文图书已在相关引文后注明；附录均有各自的引证书目。